国家出版基金项目

国家"十二五"重点图书

世界主要政党规章制度文献

丛书主编：俞可平
执行主编：陈家刚

德 国

主编：张文红

中央编译局文库出版工作领导小组(编委会)

组　　长：贾高建
副 组 长：魏海生　陈和平　柴方国　季正聚
成　　员：崔友平　沈红文　杨雪冬　冯　雷　陈家刚
　　　　　赖海榕　郗卫东　张文成　葛海彦

中央编译局文库出版工作领导小组办公室

主　　任：薛晓源
成　　员：徐向梅　苗永姝

中央编译出版社文库编辑中心编辑小组

葛海彦　董　巍　贾宇琰　曲建文　苗永姝
杜永明　盛菊艳　李媛媛　薛迎春　董　妍

总　序

近代的政党,是基于一定的阶级或阶层之上,为了夺取和巩固国家的政治权力,从而维护特定利益的政治组织。与其他政治组织相比,政党最明显的特征,就是它有着明确的政治目标,即夺取政权和维护政权。除了执掌国家政权这一基本职能外,政党也是现代社会中最重要的利益表达和利益综合机构,是连接政府与民众的政治桥梁。政党还是国家政治生活的最重要组织者,是公民参与国家政治生活的重要平台,它履行着政治动员、公共参与和政治教育等重要的政治职能。因此,从权力的角度看,在所有政治组织中,政党是最重要的政治组织,它对近代国家的政治生活有着极为重要的影响。实际上,近代政治就是政党政治。国家权力主要由政党掌握,并且通过政党运行。

由于政党在国家公共政治生活中起着如此关键性的决定作用,规范政党组织本身及其成员的行为和活动,就变得极其重要。从国家的角度看,宪法及相应的专门法律,通常要对政党参与国家政权的方式、途径、范围等作出原则性规定,从而形成了不同的政党制度,如多党制、两党制、一党制、一党主导或一党独大制、多党合作制等。从政党自身的角度看,每个政党都必须有一整套政治纲领和规章制度,明确宣示政党的性质、使命、目标、任务和政策倡议,详细规定党员的资格、条件、义务、责任、权利,以及党的组织形式、选举制度、领导机制、决策程序和纪律约束等。广义上说,政党制度既包括政党的外部制度,也包括政党的内部制度,它们一起构成国家政治制度的重要组成部分。

如果说主权国家是国际政治舞台的主角，那么政党便是国内政治舞台的主角。除了少数小国之外，世界上绝大多数国家的政权实际上都掌握在执政党手中。一个个政党的产生、发展、壮大、掌权、下台、消亡，以及各个政党之间的竞争、合作、争斗、兼并、分化、组合，构成了现实政治生活一幅五彩斑斓的图景。要真正了解当代世界，就要了解世界各国的政治图景，那就不能不了解主演这些政治图景的各个政党。世界的丰富多彩，不仅体现在文化传统、生活方式和乡土风情上，也体现在社会结构、发展模式和政治体制上。进而言之，要真正了解一个国家，就要了解这个国家的政治体制；而要了解一个国家的政治体制，就不能不了解这个国家的政党制度。

中国共产党是按照马列主义原则建立起来的一个革命政党，在夺取国家政权后，特别是在改革开放后，它逐渐从一个革命党转变为执政党。党的根本宗旨没有改变，但党的群众基础、指导思想、组织结构、领导机制和执政方式等，都发生了重大的变化。坚持人民主体地位，发展人民民主已经成为中共执政的基本政治目标；民主、自由、平等、公正、法治、和谐，已经成为中共追求的核心政治价值；民主执政、依法执政和科学执政，已经成为中共的基本执政方式；建设中国特色的社会主义法治国家，推进国家治理现代化，已经成为中共全面深化改革的总目标。所有这些都表明，中国共产党自身正处于现代化的转型之中，实现治理的现代化，不仅是党执政治国的目标，也是党自身建设的目标。政党治理的现代化，是世界各国主要政党共同面临的时代课题。一些政党在推进治理现代化方面，取得了成功的经验，得以继续在本国的政坛叱咤风云；而另一些政党则付出了惨重的代价，直至失去了政权。学习和借鉴国外政党的成功经验，汲取它们的失败教训，对于中国共产党实现治理现代化，有着重要的现实意义。

1998 年，我曾经主编过当时国内唯一的《当代各国政治体制》丛书，总共有 16 册之多，内容包括了世界各主要国家。那套丛书比较客观地介绍了各国主要政治体制，为读者全面了解当代世界的各种政治制度提供了翔

总 序

实的资料,从而广受好评。此后,我一直想编纂一套介绍世界各主要政党制度的丛书,可惜终未如愿。巧的是,前几年中央为了加强党内法规建设,需要了解和借鉴国外政党的经验做法,有关部门便委托我局编译国外主要政党的规章制度。我认为,这些党内规章制度,虽不能在整体上等同于政党制度,但却在很大程度上体现了党的组织制度、领导制度、决策制度和纪检制度,因而,编译这些国外政党的法规制度,不仅对于我们加强党内法规建设有其借鉴意义,而且将这些材料正式汇编出版,也可以在一定程度上起到帮助读者了解世界各国政党制度,从而更全面地了解世界各国政治制度的作用。

《世界主要政党规章制度文献》丛书,总共有20卷,收录了当今世界绝大多数重要政党的代表性规章制度。在收集、编选和翻译这套丛书的过程中,我们得到了社会各界的大力支持。例如,一些从事世界政党研究的专家学者提出了很好的编纂建议,一些驻外使领馆人员为我们提供了所在国主要政党的最新材料,一些译者放弃休息时间,努力按照要求完成翻译任务;国家出版基金给了专项出版资助。在此,我代表编者向所有为本丛书出版作出过贡献的朋友们表示衷心的感谢。参与本丛书的许多译者,是年轻的博士后和博士生,他们积极性高,责任心强,但尚缺乏足够的翻译经验,错讹之处还望读者谅解并不吝批评。

俞可平

2015年1月13日于方圆阁

目 录

导 言 …………………………………………………………… 1

第一部分 宪法、全国性涉党法律 …………………………… 1
德意志联邦共和国基本法 ………………………………… 3
德国政党法 ………………………………………………… 105

第二部分 主要政党内部规章制度 …………………………… 133
德国社会民主党基本纲领（汉堡纲领） ………………… 135
德国社会民主党组织章程 ………………………………… 184
德国社会民主党选举条例 ………………………………… 203
德国社会民主党仲裁条例 ………………………………… 210
德国社会民主党财政条例 ………………………………… 222
自由与安全 ………………………………………………… 232
德国基督教社会联盟纲领 ………………………………… 306
德国绿党纲领 ……………………………………………… 398
德国左翼党纲领 …………………………………………… 512
德国自由民主党纲领 ……………………………………… 590

导　言

德国实行多党制，但其政党体制既不同于两党轮流执政又不同于多党林立，而是独具特色的从"两大一小"发展到"两大两小"再到"两大三小"的体制。联盟党（基民盟/基社盟）和社民党这两个大党轮流执政，自民党（后来还有绿党）这样的小党则是大党不可或缺的执政伙伴。"一大一小"两党联合执政构成了德国战后民主政治的常态。执政党严格按照宪法，即《德意志联邦共和国基本法》治国理政。

一、德国政党概况

20世纪90年代以前，除了德意志党（Deutsche Partei，DP）等几个小党①在联邦德国成立初期曾经短暂地进入议会之外，能够长期稳定地获得5%以上选票而进入联邦议会的政党只有联盟党、社民党和自民党。在1990年10月两德统一之后举行的首次全德联邦议会选举中，有6个政党进入议会，它们是：德国社会民主党、基督教民主联盟、基督教社会联盟、自由民主党、联盟90/绿党以及民主社会主义党（2007年之后，成为左翼党）。此后的历次大选结果仍然是这6个政党分享联邦议会的议席。各个政党的基本情况如下：

---

① 进入联邦议会的另一个小党是全德联盟/流亡与权利被剥夺者联盟（Gesamtdeutscher Block/ Bund der Heimatvertriebenen und Entrechteten，GB/BHE）。该党于1953年进入四党联合政府，后来党的领导人因党内矛盾而退党，转而加入基民盟，所以该党参与执政的时间非常短暂。

1. 德国社会民主党（Sozialdemokratische Partei Deutschlands，SPD），简称社民党，是德国目前的执政党之一。德国社民党的前身是1869年成立的德国社会民主工党，该党于1875年同德国工运中的拉萨尔派"全德工人联合会"（1863年成立）合并。该党在纳粹时期被希特勒政府取缔而被迫转入地下，1945年10月重建。社民党的党员主要来自工人和职员，截至2015年底，该党拥有党员442814人。

2. 德国基督教民主联盟（Christlich-Demokratische Union Deutschlands，CDU），简称基民盟，也是德国目前的执政党之一。基民盟成立于"二战"结束后的1945年12月。该党政治倾向保守，党员主要是基督教徒，截至2015年底，拥有党员444400人。该党分别于1949—1969年和1982—1998年执政。2005年11月，该党与社民党一道组成了德国战后第二个大联合政府，并在2013年9月大选之后，继续保持大联合政府，执政至今。

3. 基督教社会联盟（Christlich-Soziale Union in Bayern e.V.，CSU），简称基社盟。该党于1945年10月成立，只在德国南部的巴伐利亚州设有组织，其活动范围也仅限于巴伐利亚州。该党自成立以来，一直是巴伐利亚州的执政党。截至2015年底，基社盟拥有党员144360人，其成员约70%—80%是基督教徒，并且大部分为大企业主和中高级职员。该党代表着一些大财团、大银行、大企业的利益。

1947年之后，基民盟与基社盟结成姐妹党（Schwesterparteien），被称为联盟党（Union）。这两个政党在意识形态、政策政纲、组织架构和历史背景方面的差异甚微。二者都是基督教政党，主要面向基督教教派的选民。两党经常联合组成基督教联盟党参加竞选，并且在战后的历届议会中都是以组成一个议会党团的方式运作。两党除了在1980年和1998年的大选中共同推举基社盟主席施特劳斯、施托伊贝尔作为联邦总理候选人之外，在其余16届的议会选举中推荐的联邦总理候选人都出自基民盟。

4. 自由民主党（Freie Demokratische Partei，FDP），简称自民党。该党成立于1948年12月。战后50多年里，自民党在德国政治舞台上一直扮演着"中间人"的角色，在联盟党与社民党这两大阵营之间起着"平衡器"的作用，决定着竞争双方谁能执政。自民党主要代表中产阶级的利益，明确主张经济自由主义，其党员主要是中小企业主、自由职业者和一些官员，截至2015年底，自民党拥有党员53197人。该党在德国的政治光谱中居于右翼，是新自由主义的积极推行者。

5. 联盟90/绿党（Bündnis 90/Die Grünen），绿党崛起于20世纪70年代末的联邦德国，最初是各种环境保护组织的联合体，于1980年1月建党。该党于1983年3月首次进入联邦议会，1985年12月在黑森州与社民党组成红绿联合州政府。1993年5月，德国西部绿党与德国东部联盟90（Bündnis 90）合并组成联盟90/绿党。后者原为德国东部地区的生态政党，以反抗前东德统一社会党的政权而闻名。该党在1990年12月两德统一后的首次议会选举中，因唯一一次不受得票门槛的限制而赢得8席（得票率为1.2%）。绿党的党员主要是环境保护主义者、和平主义者、反核能者，截至2016年10月，绿党拥有党员59944人。

6. 左翼党（Die Linke）。该党的前身主要是前东德的执政党——德国统一社会党，1990年2月改名为民主社会主义党，2005年7月18日改名为左翼党—民社党。德国统一之后，民社党难以在全德国范围内发挥作用，其影响和活动区域主要局限于东部地区，党员主要来自东部的工人、职员、教师、少量的官员和自由职业者。在1990年的大选中，民社党得益于5%门槛条款对新老联邦州有所区别的特殊规定而进入联邦议会。在2005年9月结束的第16届联邦大选中，民社党和德国西部的"选举替代——劳动与社会公正"①组成竞选联盟并获得8.4%的选票，成为议会第四大党。2007年6月16日，德国左翼党—民社党和"选举替代"在柏林合并，成立了新的"左翼党"（Die Linke）。截至2015年底，左翼党拥有58989名党员，其中女党员21954名，占37.22%。

---

① "选举替代——劳动与社会公正"于2005年1月22日在哥廷根成立。其成员主要是反对当时施罗德政府实施"2010规划"的德国西部工会人士和社民党内的左翼人士。

二、德国现行政党格局的形成

"二战"结束以来,德国政党格局经历了从"两大一小"(亦称两个半)、"两大两小"到"两大三小"的发展。要了解德国今天稳定的政党格局是如何形成的,就必须回顾自魏玛共和国以来德国政党发展的曲折历程。

(一)魏玛共和国时期的比例代表制

在魏玛共和国时期(1919—1933年),德国政坛呈现的是一种"分裂的政党体制"。全国共有大小政党100多个,其中能够经常进入议会的有20多个。在联邦议会的选举中,将全国作为一个大选区,各个政党在全国范围内按照比例代表制竞争议席。这种规定助长了弱小政党的力量,使得众多小党能够合法地进入议会并利用议会舞台逐步发展壮大。当时,联邦议会内通常有两三个大党和若干个小党,但没有一个大党能够获得绝对多数,全部席位被十几个政党瓜分。德国社会民主党、德国共产党、德意志人民党、天主教中央党、德意志民族人民党和国家社会主义工人党(纳粹党)等政党是具有一定影响力的主要政党。

由于各个政党都坚持本党的立场,政府在重大决策上很难达成一致,议会的立法功能因各党的意见分歧和相互争吵而削弱,政府因不能获得议会的稳定多数而频繁更替。从1918年到1928年,魏玛共和国更换了10届政府,每届政府的平均寿命只有1年。

魏玛共和国宪法比例代表制所包含的这种致命的"制度性缺陷"最终导致了纳粹党于1933年上台。极右翼的纳粹党在1919年成立之后的最初几年中只不过是一个默默无闻的小党,但却得益于比例代表制而逐渐发展壮大。该党在1928年拥有党员10万人,到1931年的党员人数就超过80万。在1930年9月举行的议会选举中,纳粹党得票率为18.3%,议席由原来的12席骤增至108席,一跃成为国会第二大党;在1932年7月的选举中,纳粹党获得37.4%的选票,议席增至230席,成为国会第一大党。在

1933年3月的选举中，纳粹党的议席增至288席，占全部议席的43.9%，加上其伙伴党民族人民党所获得的8%的选票，已接近52%。希特勒因此掌握了国会多数，开始了长达12年的纳粹统治时期。

(二)"二战"后的混合选举制度

"二战"后，为了避免重蹈魏玛共和国时期议会民主制失败的覆辙，德国从根本上调整了宪法和法律的内容。1948年9月1日，由各州议会指定的65名议员和西柏林5位无表决权的代表组成了以康拉德·阿登纳为首的议会理事会，负责为即将成立的联邦德国制定《德意志联邦共和国基本法》(Grundgesetz für die Bundesrepublik Deutschland)。议会理事会于1949年5月8日以52票赞成、12票反对、1票弃权通过了《基本法》，西方三国军事长官于5月12日在法兰克福批准《基本法》。5月23日，在美、英、法三国代表参加的情况下，阿登纳公布了《基本法》；5月24日，《基本法》正式生效。德意志联邦共和国作为议会民主制国家成立了。1955年，随着西方九国《巴黎协议》的签署，《基本法》正式具有全国最高法律效力，成为联邦德国的根本大法。《基本法》规定，国家的立法机构是联邦议会(Bundestag)和联邦参议院(Bundesrat)，只有联邦议会需经选举产生。《基本法》对联邦议会的选举制度做出了重大修正，实行单名选区制与比例代表制混合，形成了一种新的混合选举制度。其目的是对政党制度进行有效规范，限制小党进入议会，确保国家政治稳定。

所谓混合选举制，就是将联邦议会的全部议席一分为二，其中一半议席按照单名选区制分配，另一半议席按照比例代表制分配。每名选民在选举中要对这两部分分别投票，即直接投给所在选区候选人的第一票和投给政党的第二票。联邦议会的法定议席数和选区数根据全国人口统计的变化而变化，从1990年至1998年为656席，在全国328个选区内选举产生；2002年以来为598席，在299个选区内进行选举。[①] 选举结束后，根据第二票的得票率决定各个政党可以获得的总议席数，即联邦议会中的力量分

---

① 参见 http://www.bundeswahlleiter.de。

配。因此，第二票更为重要。

以目前联邦议会的598个议席为例，第一票的299个席位是直接投票给候选人的，每一个选区有一个议席，由得票最多的候选人获得（不一定超过半数）；第二票的299个席位投给选民所属联邦州参加竞选的政党，由各政党自己决定本党进入议会的人员名单。但在分配各党按照第二票比例所获得的席位时，要先减去该党在第一票中已经获得的席位。例如，某一政党在第二票中获得50%的选票，按598席计，它应得299席，但如果该党的候选人在第一票中已有200人当选，则该党在第二票中只能分得99席。如果该党在第一票中囊括了全部的299席，即使在第二票中得到50%的选票，它也不能再分到席位。只有获得超过50%的第二票，它才可以按比例参与这一部分议席的分配，假如获得60%的第二票，它才可以按比例参与这一部分议席的分配，即可以得到60席，加上第一张票的299席，则该党在议会中一共拥有359席。如果某个政党在第一票中获得的直选议席超过了按第二票比例所应分得的议席，它可以保留这些席位，称作超额议席（Überhangmandat）。由于有超额议席的存在，德国议会的实际议员总数一般都比法定人数要高，如本届联邦议会为630席。

为了避免众多小党，特别是像纳粹那样的极端主义政党进入联邦议会，德国《基本法》和1967年制定的《政党法》（*Gesetz über die politischen Parteien*）都对政党的组织和选举等问题做出了新的规定。在保障结社自由的一般原则基础之上，要求政党组织必须符合民主原则，禁止企图危害和废除民主自由秩序的政党活动。在选举方面，规定了政党必须获得超过5%的选票才能够在第二票中获得议会席位的"门槛条款"。

在1949年联邦德国第一次大选时，该条款规定的是参选政党必须在西德任何"一个州"取得超过5%的有效第二票，或者是通过第一票赢得一个选区的议席。由于这一门槛很低，结果共有11个政党进入联邦议会。从1953年开始，政党进入议会的门槛提高，规定政党必须在"全德的总票数"中取得至少超过5%的有效第二票（统一后的德国仍然沿用此门槛），否则不能参与第二票的席位分配。从1957年开始，政党若未能达到5%的门槛而进入议会的途径是获得至少3个选区的直选议席。

这一限制条款使进入联邦议会中的政党数量有所减少。1953年联邦选举后进入议会的政党减少到6个，1957年减少到4个，到1961年只有3个，即联盟党、社民党和自民党。从1961年至1983年，联邦议会的政党数量一直保持在3个。直到绿党于1983年突破5%的门槛限制，成为进入议会的第四个政党（自1945年至1990年，联邦德国政坛也曾出现过规模较小的左翼及右翼激进政党，但因没有足够的支持而未能获取联邦议会的议席）。选举制度的这种重大变化促使德国政党体制朝着"两大一小"格局发展。

（三）德国现行政党格局的形成

混合选举制使得德国政党从分裂型向聚合型政党体制演进，形成了通常所说的"两大一小"格局或两个半政党体制。战后德国政党体制的发展大致经历了以下几个阶段：1945年至1949年，是德国政党的建立和重建时期；1949年至60年代初，各个政党之间呈多元化、不稳定的联合态势；1961年至1983年期间，德国的政党格局基本上维持"两大（联盟党与社民党）一小（自民党）"的态势，自民党的态度成为决定德国联邦议会与各州议会政党结盟的成败关键；1983年绿党进入议会之后，尤其是1998年社民党与绿党联合执政以来，德国政党格局又从稳定的"两大一小"转向"两大两小"格局。

1949年至60年代初，德国的政党格局尚未成形，联邦议会内政党之间的联合与重组较为频繁。1953年第二届议会选举之初，联盟党尽管拥有将近半数的议席（243/487），却仍然与自民党、德意志党和全德联盟/流亡与权利被剥夺者联盟（GB/BHE）组成四党联合政府。正是这一时期不断进行的政党联合与重组，推动了德国政党体系向"两大一小"的格局发展。

从20世纪60年代初到1983年的历届选举中，联盟党和社民党的势力都大体相当，各自获得的选票均在35%—45%之间，鲜有超过50%的记录。这两大政党控制了联邦议会大约90%的选票和席位，而第三党——自民党则始终拥有10%左右的选票和席位，是联邦议会中的小党。这种"两大一小"的政党格局持续了20多年，自民党作为能够左右德国政治天平的一颗砝码，在德国政治生态中发挥着平衡作用。

稳定的政党体制也有利于政府的稳定。在"两大一小"的政党格局下，联盟党和社民党各自的选票和议席都很难超过50%（只有1959年出现过一次例外），而自民党的得票率从未超过13%，该党的所有席位都来自第二票的比例代表制部分。两个大党若想执政就必须与小党联合，否则就将沦为反对党。因此，自民党就成为一个举足轻重的关键性小党。从1949年至1966年，联盟党与自民党联合执政17年；1969年至1982年，社民党与自民党联合执政；1982年至1998年，联盟党与自民党再度联合执政。两个大党的轮流执政都没有离开自民党这一"小党"的支持。联邦德国18届政府中的14届都有自民党的加盟，"两大一小"的政党格局基本成型。议会中的政党力量相对集中，朝野双方的权力分配也比较均衡，国内政治格局稳定。

直到20世纪80年代绿党的崛起才改变了这种格局。在1983年3月举行的第十届议会大选中，绿党以5.6%的得票率顺利进入联邦议会，组成拥有27个席位的议会党团。由于绿党的加入，联邦议会构成也随之发生明显改变，联邦议会党团由3个增加为4个，德国的政党政治生态也由过去的"两大一小"变为"两大两小"的局面。

前东德统一社会党的后继者民主社会主义党在1990年两德统一后的首次大选中进入议会，这在一定程度上使德国政党格局再度回到多党竞争的时代，呈现"两大三小"的态势。但是，德国的执政党联盟仍基本维持"一大加一小"的格局，包括1998年和2002年社民党与绿党的"红绿联盟"也沿袭了这一基本架构。2005年议会选举之后，开启了新一轮联盟党和社民党的大联合执政时期，至今已持续11年。

战后德国联邦层面历届联合政府一览①

联合执政党	执政期	联合政府形态	总理
联盟党+自民党+德意志党	1949.9—1953.10	三党小联合政府	康拉德·阿登纳
联盟党+自民党+德意志党+全德联盟/流亡与权利被剥夺者联盟	1953.10—1955.7	四党小联合政府	康拉德·阿登纳
联盟党+自民党+德意志党	1955.7—1956.3	三党小联合政府	康拉德·阿登纳
联盟党+德意志党+自由人民党	1956.3—1957.10	三党小联合政府	康拉德·阿登纳
联盟党+德意志党	1957.10—1960.9	两党小联合政府	康拉德·阿登纳
联盟党	1960.9—1961.11	一党多数政府	康拉德·阿登纳
联盟党+自民党	1961.11—1963.10	两党小联合政府	康拉德·阿登纳
联盟党+自民党	1963.10—1966.10	两党小联政府	路德维希·艾尔哈德
联盟党	1966.10—1966.11	一党少数政府②	路德维希·艾尔哈德
联盟党+社民党	1966.11—1969.10	大联合政府	库尔特·乔治·基辛格
社民党+自民党	1969.10—1972.12	两党小联合政府	维利·勃兰特
社民党+自民党	1972.12—1974.5	两党小联合政府	维利·勃兰特
社民党+自民党	1974.5—1976.12	两党小联合政府	赫尔穆特·施密特
社民党+自民党	1976.12—1980.10	两党小联合政府	赫尔穆特·施密特
社民党+自民党	1980.10—1982.9	两党小联合政府	赫尔穆特·施密特
社民党	1982.9—1982.9月底	一党少数政府	赫尔穆特·施密特
联盟党+自民党	1982.10—1983.3	两党小联合政府	赫尔穆特·科尔
联盟党+自民党	1983.3—1987.2	两党小联合政府	赫尔穆特·科尔
联盟党+自民党	1987.2—1991.1	两党小联合政府	赫尔穆特·科尔

① 资料来源:http://www.info-kalender.de。
② 几次少数政府基本上属于过渡性质,执政时间都不太长。

(续表)

联合执政党	执政期	联合政府形态	总理
联盟党+自民党	1991.1—1994.11	两党小联合政府	赫尔穆特·科尔
联盟党+自民党	1994.11—1998.11	两党小联合政府	赫尔穆特·科尔
社民党+联盟90/绿党	1998.11—2002.11	两党小联合政府	格哈德·施罗德
社民党+联盟90/绿党	2002.11—2005.11	两党小联合政府	格哈德·施罗德
联盟党+社民党	2005.11—2009.9	大联合政府	安格拉·默克尔
联盟党+自民党	2009.9—2013.9	两党小联合政府	安格拉·默克尔
联盟党+社民党	2013.9—	大联合政府	安格拉·默克尔

三、德国执政党依法执政的法律环境

如前所述，由于德国联邦议会主要根据比例代表制以各政党在大选中的得票率分配议席数，而在历次大选中登记参选的政党数量众多，选票流向分散，几乎没有一个政党能够在大选中取得超过半数的绝对优势，因此，大党难以单独执政，必须与小党结盟组成联合政府。

德国政党之间结成联盟的过程非常严谨。早期的联盟往往是通过由两党或多党的高层领导人之间非正式会晤完成的，大都采取不公开的承诺方式。从1961年开始，德国政党联盟谈判的过程发生变化，在谈判之前就组成"联盟委员会"（Koalitionsausschuβ）。1961年9月17日第四届议会选举之后，联盟党与自民党在媒体上公布了双方的联盟条约。其中大致规定了：两党保证联合执政4年；联盟期间内保证不接受其他政党的联盟建议；支持阿登纳担任联邦总理；承诺不在议会支持倒阁案；规范"联盟委员会"的任务与功能；明确议会党团主席参与内阁会议的权利；确定外交、内政、经济、交通、两德关系、农业与社会政策的基本原则。

1998年之后，政党之间的联盟条约都是公开发表的。联盟条约的内容除了涉及国防、外交、经济、财政、税制、能源、交通、社会福利、健保、妇女、家庭、社会安全等政策之外，还会规范联盟政党双边或多边在议会和内阁的合作方式，甚至在内阁的重要人事安排方面也做出细致规定。

1998年10月德国第14届联邦议会大选结束3天之后，社民党就开始与绿党进行联盟谈判。两党谈判的主要议题集中在内阁人事安排、联邦总理人选及政策走向。双方除了都把失业问题列为优先解决的目标之外，在"生态税制改革"、废除核能与难民政策等问题上还存在争议。经过共同努力，双方最终于1998年10月20日正式签署题为"起航与革新——德国迈向21世纪之路"的组阁协议，规定了德国新政府在外交、安全、内政等方面的执政框架原则。德国首个"红绿联盟"政府诞生。

2005年9月18日，德国举行第16届联邦议会大选。结果，联盟党的得票率比社民党仅仅高出1个百分点，即使加上盟友自民党，也没有达到单独组阁所需的48.5%的门槛票数。德国政坛随之出现了罕见的政府"选"而未决的胶着状态。在数轮试探性磋商之后，联盟党和社民党最终同意就组建大联合政府举行正式谈判。经过长达26天的艰苦谈判，双方于11月12日公布了题为"以勇气和人道共同为德国奋斗"的长达近130页的施政纲领。接着，基民盟、基社盟和社民党分别召开党代会，三个政党最终都以压倒多数的赞成票批准了这份以"整顿、投资、改革"为主旨的纲领。社民党的代表大会还选出以马蒂亚斯·普拉策克为主席的新领导班子。至此，大联合政府无论是在权力结构，还是在主要政策方面，都已经准备就绪。2005年11月22日，德国历史上第一位当选女总理默克尔正式宣誓就职。

战后德国民主政治的常态是"一大一小"两党联合执政。如果联合执政的政党能够掌握50%以上联邦议会多数的支持，那么政府的立法意图就能够得以实现，政府的决策就能够顺利实施，联合政府也就能够拥有比较广阔的执政空间。而《基本法》宪政体制、联邦议会中得票多数的政党执政、责任内阁制政府、立法权和行政权的合一与制衡、法治化的政党政治以及参与型的政治文化等因素构成了德国政治环境的典型特征。这种规范的民主和法治的环境决定了执政党必须依法活动、依法执政，这也是德国执政党能够长期、平稳执政的根本条件。

《基本法》是德国的根本大法，它所规定的宪政民主秩序是德意志联邦共和国民主治理的基础。相对于其他社团组织而言，德国政党享有《基本法》所赋予的独特地位。政党的地位、政党的运作、政党间的竞争以及政党的施政都在《基本法》第21条中做出了明确规定，政党必须在国家法律的框架内活动。政党同其他机构和利益集团的关系乃至政党内部的组织关系，也要通过法律方式予以调节。

德国《基本法》规定，政党旨在协助凝聚民众的政治意志。任何人可自由成立政党，政党的内部秩序必须符合民主原则，必须公开说明经费来源。① 为了避免再度发生在纳粹统治期间颠覆及摧毁民主政府的情况，《基本法》同时规定如果政党的宗旨及其党员行为妨碍或违反自由民主的基本秩序，或是危及德意志共和国的存在，就是违反宪法。联邦宪法法院将就政党是否违宪的问题进行裁决。② 自1949年联邦德国成立以来，联邦宪法法院曾分别于1952年10月和1956年8月判定极右翼的德国社会主义帝国党（Sozialistische Reichspartei，SRP）和德国共产党（Kommunistische Partei Deutschlands，KPD）违宪并强制解散。2001年初，德国政府、联邦议会及联邦参议院曾希望联邦宪法法院启动法律程序，取缔德国国家民主党（Nationaldemokratische Partei Deutschlands，NPD），但却因程序问题而未果。

德国《政党法》也贯彻落实了《基本法》第21条的原则。德国是世界上较早制定并颁布《政党法》的国家。其实，德国各政党早年对《政党法》的出台并不积极。第一部政党法草案于1959年由联邦政府提出，历经多年反复，直至1967年，联邦议会才终于通过了各党都能接受的折中版

---

① Grundgesetz für die Bundesrepublik Deutschland, Artikel 21 (1).

② Grundgesetz für die Bundesrepublik Deutschland, Artikel 21 (2).

本。《政党法》共 7 章 41 条，其内容是进一步规范了《基本法》所涉及的政党内部民主、政党财务以及政党查禁这三大主题，另外还有一个附则。可以说，这是一部比较成熟的关于政党的法律。

德国《政党法》于 1967 年 7 月 24 日公布实施，其后经过了几次修改，最后一次修改是在 2002 年 6 月 28 日。《政党法》的历次修改都与政党财务问题（政治献金、国家经费补助、财务报告等）有关，也有应联邦宪法法院相关判决而做的调整。除此之外的其他条文以及全文架构基本未作修改。

《政党法》的详尽规定使得《基本法》第 21 条的政党民主、政党财务和党禁等问题得以全面落实，为德国各政党的活动，尤其是执政党治国理政奠定了规范的法律基础。德国各政党都必须公开自己的纲领，必须承认《基本法》，维护现行的国家制度，接受国家有关法律法规的监督和约束。如果违反了《基本法》，将被宣布为非法或被取缔。各政党通过参加州和联邦议会的选举，使其政策主张影响到联邦议会、政府以及其他社会团体。执政党的领袖出任联邦总理，并根据《基本法》和政府工作条例代表政府行使职能。

四、德国政党纲领建设的一些做法

重视党的纲领建设是德国各主要政党共同的重要特征。通过制定新纲领，与时俱进地修正自己的路线、方针、政策，以期重新凸显自身特色。目前大联合政府中的德国社民党和基民盟这两个执政党在 21 世纪分别制定的新纲领就充分体现了这一点。[1]

（一）德国社会民主党：最与时俱进的政党

德国社会民主党在 150 多年的发展进程中不断调整自身的角色和定位，

---

[1] 由于出版时间所限，除德国社民党章程之外，已完成初稿翻译的其他政党的章程及相关条例来不及校对并收入本书，这是一个遗憾。也因此，导论部分就不涉及各党的基层组织、财务、纪律要求等方面的内容。

是其能够历经磨难而生存至今的重要原因。最成功的调整当属该党顺应战后社会发展，于1959年通过《哥德斯堡纲领》，实现了从无产阶级工人政党向人民党的重要转变，使选民基础扩展到社会所有阶层。《哥德斯堡纲领》突破了阶级斗争的传统思想，社会主义被看作长远目标；而1989年的《柏林纲领》则吸收了20世纪80年代新社会运动的一些重要思想，社民党由此告别了单方面的进步思想和增长思想。但另一方面，《柏林纲领》并没有预料到柏林墙的倒塌和德国的统一，更没有关于全球化的论述，因而只是反映了部分现实。

世纪之交，在传统社会民主主义意识形态影响力下降的背景下，德国社民党力求通过纲领政策的更新来适应社会的新变化。该党在1999年12月召开的党代表大会上决定修改党的纲领，并为此展开了关于新党纲的全党大讨论。新纲领的核心在于如何令人信服地回答社会民主党的认同问题，即"我们来自何处"，以及在21世纪的今后几十年内"我们将走向何处"等问题。

社民党把纲领讨论的主题归纳为13个，包括我们想要什么——我们的未来之路；国家和社会中的民主；团结互助社会中的人人平等；通过社会公正达到团结互助的社会；劳动和自由时间的未来；承担生态和社会责任的经济；共同安全下的和平；文化生活；欧洲；我们政策的基础；全球化；社会和经济数据等。

这场讨论被看作是提高社民党的吸引力的一种手段，也是统一思想、澄清认识的过程。社民党认为讨论党的纲领的过程比最终出台的新纲领更加重要。而且党纲讨论的参加者不限于德国社民党党员，该党还邀请了非党人士及欧洲其他国家的社会党参加讨论。德国社民党原定于2005年11月份在卡尔斯鲁厄党代表大会上通过新党纲。由于提前举行国会选举，新党纲的出台不得不推迟。

2007年10月26—28日，德国社会民主党在汉堡举行党代表大会，希望修正施罗德时期社民党的改革政策，赋予该党更多社会公正的特点，从而使社民党摆脱士气低落、民心丧失的危机。大会通过了该党历史上的第八部纲领《汉堡纲领》[①]。德国社民党一向重视基本纲领的作用,《汉堡纲领》是该党在"二战"之后通过的第三部纲领,也是第一部在该党执政期间通过的纲领。新党纲旨在对21世纪所面临的诸多新挑战做出反应。鉴于社民党目前所面临的党员与选民大量流失的困境,新党纲在"出新"的同时不忘继续强调社民党的传统,继续将"民主社会主义"作为自己的政治理想。舆论普遍认为社民党在汉堡党代表大会上进行了政策修改,重新向左倾斜。

《汉堡纲领》明确了社民党的基本价值观和长远目标,突出特点就是重新强调社会公正,并在纲领中保留了社会主义这一概念。《汉堡纲领》的要点如下:再度确认"自由、公正和团结互助"是社民党的最基本价值;主张"可持续的进步和质的增长",认为全球化创造了就业岗位并为全世界带来富足的机会,但全球化中的金融和资本市场更加需要监控和透明化;提出预防性福利国家(Vorsorgende Sozialstaat),即在个人责任和国家保护中寻求平衡;主张人人都有"好的工作"并实现充分就业;提出建立德国和欧洲的最低工资标准制度,继续主张解雇保护、员工参与企业决策权、建立劳资社会权利平等的企业基本章程、劳资自主权和行业普遍工资标准制度;强调教育对保障生活机会平等和社会整合的作用,主张政府更多地投资教育事业;把欧盟看作是"对全球化的回应"。关于国家与市场的关系,强调从政治上对市场进行调控的必要性,反对极端市场化;在能源政策方面,拒绝核能;在社会福利政策方面,社民党希望实施公民保险,并扩大法定保险范围,要求自由职业者等高收入者参加法定保险;在教育政策上,反对大学收费。

《汉堡纲领》分析了当前局势,认为社会发展正处于大变革的时代,国家和民众都面临着巨大挑战,但却未做出明确的战略回答。从整体上看,社民党看到了当今社会的问题和不足,因而仍将社会主义作为长远目

[①] 见《当代世界社会主义问题》,2008年第1期。

标；把全球化看作重要的挑战，并且强调目前这种全球化的风险。关于自我定位，社民党定位于"左翼人民党"（linke Volkspartei）。社民党在党纲中还努力尝试重建与工会的伙伴关系。

《汉堡纲领》论及了所面临的种种挑战，阐述了社民党对于核心的社会政治冲突所持的基本立场，但却并未确定是维持已有发展路线抑或转向新的发展路径。需要在不同社会阶层和社会环境中达成政治妥协，以获得尽可能广泛的社会支持。

（二）基民盟：唯一的人民党？

1945年7月成立的基民盟自我定位于中间派的人民党。该党1978年《路德维希港纲领》和1994年《汉堡纲领》中的第一句话都是"基督教民主联盟是一个人民党"，面向"德国各个阶层和群体的所有公民"[①]。基民盟制定政策的基础是"人类的基督教观念和对神的责任"，以自由、团结和公正为基本原则，致力于建立社会市场经济和联邦法制国家。基民盟的党员涵盖了天主教徒、新教徒、工会、企业界、工人阶级、中产阶级等派别的成员；从选民构成来看，该党的支持者也堪称广泛多元，包括从新教徒到天主教徒、从农民到公务员、从蓝领工人到白领职员、从小企业主到商界精英等各个阶层。

2007年12月2—4日，基民盟在汉诺威举行第21次党代表大会，通过了名为《为了德国的准则》的新纲领，确立了该党未来20年的路线方针和行为准则。此次大会打出的标语口号就是"中间"，力图获取德国政治中间力量的支持。默克尔总理认为新党纲体现了自由、团结、公正的精神，突出了基民盟"中间人民党"的性质。她明确宣称"中间就是我们，只是我们"，清晰表明了基民盟的基本立场。在德国社民党重新强调传统价值、回归传统阵营之后，基民盟理所当然地自认为是德国社会的中间派

---

① Grundsatzprogramm, "Freiheit, Solidarität, Gerechtigkeit", 23 – 25, Oktober 1978, Ludwigshafen; Grundsatzprogramm der CDU Deutschlands: "Freiheit in Verantwortung", 21-23, Februar 1994, Hamburg

别,是德国唯一的人民党。

基民盟纲领的篇幅比社民党的《汉堡纲领》长了一倍,这份基本纲领同样试图对21世纪面临的新挑战做出回答,包括人口变化、放宽对解雇保护政策、继续深化劳动力市场改革、在国内动用联邦国防军和改善儿童托管条件;逐步分开医疗和护理保险,主张不再通过一揽子交纳保费来筹资等内容。此外,还提出对有孩子的家庭实行特别的税收优惠政策;重申了兵役义务,并认为近期内不应取消核能。

两部新党纲分别是社民党和基民盟在1945年之后的第三部纲领。对于制定新党纲的原因,两党都认为是社会条件发生了根本改变,新的挑战层出不穷,旧党纲不再适应时代发展的要求。此外,这两部党纲还是在两党组成大联合政府的情况下制定的,因而也是两党彼此界定,确立自我形象的举措。同时,两党对纲领的态度也不尽一致,社民党是纲领党,党纲对于社民党比对于基民盟更加重要;而基民盟则是保守的实用主义政党,一些学者认为,正是这种不确定性是基民盟成功的秘诀。

这两个执政党都自称是人民党。基民盟现在更把自己看作是唯一的人民党。社民党则与施罗德的"新中间"拉开了距离,转而寻求社会上"团结互助的大多数"。之所以这样做,是希望扭转前一时期留给世人的不再关心"小人物"利益的印象。因而,对双方的新党纲进行比较并非毫无意义。舆论普遍认为,在经济和社会领域,社民党与基民盟如今已是界限模糊,区别日渐减少。在新党纲中,这种趋势是否依然存在?有人甚至认为这两个党基本没有什么区别,都在执行新自由主义政策。在新党纲中是否真的如此?

总的说来,这两部新纲领在分析世界发展趋势和政策纲领方面存在一系列共同点,并未清晰阐明两党的实质区别。虽然两份纲领都分析了当前局势,并认为社会发展正处于大变革的时代,国家和民众都面临着巨大挑战,但却均未做出明确的战略回答。从整体上看,社民党比基民盟更多地看到了当今社会的问题和不足,因而仍将社会主义作为长远目标,而基民盟则在社会市场经济中看到人类社会发展的终点和顶峰；两党都把全球化看作重要的挑战，基民盟侧重强调这一进程的机遇，而社民党则强调目前这种全球化的风险。尽管两党都认为欧盟是对全球化的回应，社民党希望在这一层面推行得更远一些，而基民盟则希望保留民族国家，认为地区（家乡等）应发挥更大作用。

关于自我定位，基民盟在新党纲中强化了其"中间人民政党"（Volkspartei der Mitte）的性质，试图进一步淡化基民盟作为传统右翼政党的色彩和形象，进而笼络中间选民，而社民党则定位于"左翼人民党"（linke Volkspartei）①。

关于国家与市场的关系，基民盟无疑更倾向于市场，而社民党则强调从政治上对市场进行调控的必要性；基民盟希望继续推行私有化战略，社民党虽然原则上不反对私有化，但却提出了诸多限制，同时希望建立非私有化的公共社会保障体系。尽管上述内容在党纲中只是一般性描述，但却表明社民党反对极端市场化，明显有别于基民盟市场优先的立场。

在能源政策方面，基民盟原则上主张继续利用核能以减少温室气体排放，而社民党则拒绝核能；社民党注重男女平等，基民盟则依然坚持传统的家庭观念，一如既往地认为婚姻是最重要的家庭形式；在社会福利政策方面，社民党希望实施公民保险，并扩大法定医疗保险范围，要求自由职业者等高收入者参加法定医疗保险，而基民盟则追求完全不同的奖励模式；在教育政策上，基民盟坚持现行的三元学校体制，而社民党则希望实现尽可能长时间的共同学习，希望建立直到十年级的共同学校；基民盟赞成大学收费，社民党则拒绝收费；基民盟毫无保留地赞成兵役义务，而社民党在这个问题上持折中意见。

两部新纲领在一般性陈述方面和各个政治领域都存在明显区别。无论是在私有化政策方面，还是在雇工权利、公共领域就业、劳动时间以及最

---

① Was die CDU in den nächsten 20 Jahren vorhat, die Kernpunkte des neuen Programms, www.welt.de, 2007.12.04.

低工资等领域都是如此。在这些方面也体现出两党和工会的亲疏远近。社民党在党纲中还努力尝试重建与工会的伙伴关系。①

两部纲领都论及了所面临的种种挑战,从上述异同点中可以看出这两个人民党对于核心的社会政治冲突各持怎样的基本立场,基民盟基本是按照既定方针办,即沿着已被社会发展所证明的成功之路前进;而社民党则并未确定是维持已有发展路线抑或转向新的发展路径。两部纲领的区别呈现出两种不同的社会现代化战略,但两党的分歧和区别却由于大联合政府而被淡化了许多。这两个政党都需要在不同社会阶层和社会环境中达成政治妥协,以获得尽可能广泛的社会支持。因为一个勉力为之的人民党难以提出积极的新举措,更不用说把这些举措付诸实践了。

总之,联邦德国迄今为止的发展证明,《基本法》为稳定的民主秩序和能发挥作用的国家制度奠定了有承受力、面向未来的基础。在宪政制度下,依法治国的本质要求实行法治,依法办事。德国各个政党都希望通过选举进入议会,成为国家政治体制结构的重要组成部分,成为执政党。执政党要依法运作国家制度,领导国家生活。执政党的活动必须遵守《基本法》和《政党法》的规定,遵循体制内的规则,在议会内必须通过立法程序才能使执政党的政策主张变为国家的法律,然后通过国家政权机关贯彻自己的政策。行政机关也必须始终严格依法办事、依法行政,从而实现治国理政。执政党与国体的宪政关系,实质上是代表社会大多数民众的某种政治力量如何行使公权力的问题,反映了执政党与民众、执政党与国家、执政党与公权力、执政党与社会的关系。

主要参考文献:

1. ABC der Bundestagswahl 2005, http://www.bundeswahlleiter.de.

---

① Horst Dietzel, Die neuen Parteiprogramme von CDU und SPD-ein Vergleich, Standpunkte, 2008(3); Was die CDU in den nächsten 20 Jahren vorhat-Die Kernpunkte des neuen Programms, www.welt.de, 2007.12.14.

2. Grundgesetz für die Bundesrepublik Deutschland, Bundesgesetzblatt, 1949 Nr.1.

3. Gesetz über die politischen Parteien, http://www.jusline.de/BGB.html.

4. Richard Stass (Hrsg.), Parteienhandbuch: Die Parteien der Bundesrepublik Deutschland 1945-1980, Band II, Opladen: Westdeutscher Verlag, 1984.

5. Koalitionsvereinbarung zwischen der Sozialdemokratischen Partei Deutschlands und Bundnis 90/Die Grünen, Bonn, 20. Oktober 1998, http://www.bundesregierung.de.

6. M. Geyer, D. Kurbjuweit, C. Schnibben: Operation Rot-Grün, Deutsche Verlags-Anstalt, München und Spiegel-Buchverlag, Hamburg, 2005.

7. Antonia Gohr, Martin Seeleib-Kaiser (Hrsg.): Sozial- und Wirtschaftspolitik unter Rot-Grün, Westdeutscher Verlag, 2003.

8. Julia von Blumenthal, Auswanderung aus den Verfassungsinstitutionen, Aus Politik und Zeitgeschichte Beilage zur Wochenzeitung Das Parlament, B43/2003.

9.《德国宪法与法制》，德国驻华使馆宣传手册。

10. 马敏:《德国选举制度对政党政治的影响分析》，载《德国研究》2002年第1期。

11. 叶阳明:《德国民主治理之经验》，http://www.sjsmit.edu.tw。

第一部分
宪法、全国性涉党法律

德意志联邦共和国基本法

(1949 年 5 月 23 日由国会颁布并生效)

目 录

序 言
第一章 基本权利
第二章 联邦和州
第三章 联邦议院
第四章 联邦参议院
第四章之一 联合委员会
第五章 联邦总统
第六章 联邦政府
第七章 联邦立法
第八章 联邦法律的执行和联邦行政管理
第八章之一 共同任务
第九章 司法
第十章 财政制度
第十章之一 防御状态
第十一章 过渡及最后条款

序 言

德意志人民意识到自己对上帝和人类的责任，本着作为一个联合的欧洲中的平等成员为世界和平做贡献的意愿，基于其制宪权制定此基本法。

巴登-符腾堡（Baden-Württemberg）、巴伐利亚（Bayern）、柏林（Berlin）、勃兰登堡（Brandenburg）、不来梅（Bremen）、汉堡（Hamburg）、黑森（Hessen）、梅克伦堡-前波莫瑞（Mecklenburg-Vorpommern）、下萨克森（Niedersachsen）、北莱茵-威斯特法伦（Nordrhein-Westfalen）、莱茵兰-普法尔茨（Rheinland-Pfalz）、萨尔（Saarland）、萨克森（Sachsen）、萨克森-安哈特（Sachsen-Anhalt）、石勒苏益格-荷尔斯泰因（Schleswig-Holstein）及图林根（Thüringen）州的德意志人依自由决定完成了德国的统一与自由。因此，本基本法适用于全体德意志人民。

第一章　基本权利

第一条

1. 人的尊严不可侵犯。尊重和保护人的尊严是一切国家权力的义务。

2. 为此，德国人民信奉不可侵犯和不可转让的人权是所有人类社会以及世界和平与正义的基础。

3. 下列基本权利作为直接适用的权利，约束立法、行政和司法。

第二条

1. 在不侵害他人权利，不违背宪法秩序和道德规范的前提下，人人享有自由施展其人格的权利。

2. 人人享有生命和身体不受侵犯的权利。人身自由不可侵犯。只有依据法律才能介入此类权利。

第三条

1. 法律面前人人平等。

2. 男女平等。国家促进男女事实平等的实现，并致力于消除现存不足。

3. 任何人不得因其性别、血统、种族、语言、出生地和出身、信仰、宗教或政治观点而受歧视或优待。任何人不得因残障而受歧视。

第四条

1. 信仰和良心的自由以及信奉宗教和世界观的自由不可侵犯。

2. 不受干扰地从事宗教活动受到保障。

3. 任何人不得被迫违背其良心携带武器服兵役。具体细则由联邦法律予以规定。

第五条

1. 人人享有以语言、文字和图画自由发表和传播观点以及不受阻挠地从普遍公开的来源中获取信息的权利。出版自由以及广播和电影的报道自由受到保障。对此不得进行审查。

2. 一般法律的规定、有关青少年保护的法律规定以及个人名誉权构成上述权利的界限。

3. 艺术和科学以及研究和教学是自由的。教学自由不得脱离对宪法的忠诚。

第六条

1. 婚姻和家庭受国家秩序的特别保护。

2. 抚养和教育子女是父母的天然权利,也是其首先须承担的义务。国家机构对此类行为予以监督。

3. 在违背教育权利人意愿的情况下,仅当教育权利人不能履行义务或子女出于其他原因面临无人照顾的危险时,才可依据法律将子女与家庭分离。

4. 所有母亲均有请求社会保护和照顾的权利。

5. 立法为非婚生子女创造与婚生子女同等的身心成长条件和社会地位。

第七条

1. 全部学校教育事业受到国家监督。

2. 教育权利人对于子女是否参加宗教课程享有决定权。

3. 除与宗教无关的学校外,宗教课程在公立学校是一门正式教学科目。在不违背国家监督权的情况下，宗教课程根据宗教团体的原则进行。不得违背教师的意愿分派宗教课程。

4. 开设私立学校的权利受到保障。开设私立学校以代替公立学校须经国家批准并遵守各州法律。如私立学校的教学目的、教学设备和教师的受教育程度不滞后于公立学校且未鼓励根据父母财产情况区别对待学生，则予以批准。如教师的经济和法律地位未得到充分的保障，则不予批准。

5. 仅当课程管理机关认可存在特殊教育利益或应教育权利人的申请，国民学校作为综合学校、宗教学校或培养特定世界观的学校而设立且当地又无此类公立国民学校时，才可允许设立私立国民学校。

6. 仍不得开办预备学校。

第八条

1. 所有德国人均享有不携带武器进行和平集会的权利，集会无须事先通告或许可。

2. 对于露天集会的权利，可通过法律或依据法律予以限制。

第九条

1. 所有德国人均享有结社的权利。

2. 如社团的宗旨和活动违反刑法、宪法秩序或国际民族谅解精神，则予以禁止。

3. 保障所有人和所有职业为维护和改善劳动和经济条件而结社的权利。企图限制或妨碍此项权利的协议无效，为此采取的措施均属违法。对于第 1 句所指社团为维护和改善劳动和经济条件而进行的劳资斗争，不得采取第十二条 a、第三十五条第 2 款和第 3 款、第八十七条 a 第 4 款和第九十一条所指措施。

第十条

1. 通信秘密以及邮政、电信秘密不可侵犯。

2. 此项权利只能依据法律予以限制。如此种限制有利于保护联邦和州的自由民主基本秩序或保护联邦和州的生存或安全，法律可规定受限制人不被告知且由代议机关指定的机构和辅助机构替代法律诉讼对有关情况进行审查。

第十一条

1. 所有德国人均享有在整个联邦境内自由迁徙的权利。

2. 在缺乏足够的生活基础且会给公众带来特别负担时,或在联邦或州的生存或自由民主的基本秩序面临危险而需要进行防御时,为抵抗瘟疫的危害、自然灾害或特别重大事故,为防止青少年陷入无人照顾的境地或为预防犯罪行为而具有必要性时,可通过法律或依据法律对迁徙自由权予以限制。

第十二条

1. 所有德国人均享有自由选择职业、工作岗位和培训场所的权利。从事职业可通过法律或依据法律予以规定。

2. 除针对所有人均相同的传统的一般公共服务义务,任何人均不得被迫从事特定的劳动。

3. 仅在法院判决剥夺自由时,才可允许实施强制劳动。

第十二条 a

1. 男子年满 18 周岁的,可课以在武装部队、联邦边防部队或民防组织中服役的义务。

2. 对于出于良心方面的理由拒绝携带武器服兵役的,可课以替代役义务。替代役的期限不得超过服兵役的期限。具体细则由法律予以规定,但此法律不得限制良心决定自由,必须规定替代役的可能,且替代役与武装部队或联邦边防部队的组织无关联。

3. 对于未根据第 1 款或第 2 款应征服役的服役义务人,可通过法律或依据法律课以在防御状态下包括民防在内的防御性民事役义务并订立劳动关系。仅在执行警察事务或此类只可通过订立公法服役关系才可执行的公共行政主权任务时,才可课以公法服役义务;可在武装部队的后勤或公共行政中建立第 1 句所指的劳动关系;仅在满足生活必需品供应或保障安全时，才可准许在民事后勤领域课以劳动关系义务。

4. 在防御状态下，如自愿参加民役的人员不能满足民事卫生救护以及固定地点的军事救护组织的需要，可通过法律或依据法律规定 18 周岁至 55 周岁的妇女参加此类民役。妇女在任何情况下均不负有携带武器服役的义务。

5. 防御状态之前的阶段，第 3 款所指义务只能根据第八十条 a 第 1 款的规定予以设立。如第 3 款规定的服役需要专门知识和技能，为准备此服役，可通过法律或根据法律课以参加培训活动的义务。此种情形下，第 1 句的规定不予适用。

6. 防御状态下，第 3 款第 2 句所指范围内自愿服役的劳力不能满足需要时，可以以保障这一需求为目的通过法律或根据法律限制德国人放弃从事某项职业或工作岗位的自由。进入防御状态之前，第 5 款第 1 句的规定相应适用。

第十三条

1. 住宅不受侵犯。

2. 只有在法官发布命令后，才可按照法定形式对住宅进行搜查，对于延误有危险的，也可依据法律规定由其他机构发布搜查令且搜查只得以法律规定的形式进行。

3. 如依据有关事实怀疑某人犯有法律规定的某项特别严重的罪行，且以其他手段对案情进行调查格外困难或无望，可依据法官的命令对犯罪嫌疑人可能停留的住宅采用技术手段进行紧急监控以侦查案情。监控措施应有期限。有关监控命令由 3 名法官组成的审判组织作出。延误有危险时，监控命令亦可由 1 名法官作出。

4. 为防止紧急危害公共安全，特别是为防止公共危险或生命危险，只有依据法官命令才可对住宅采用技术手段进行监控。如存在延误危险，亦可由法律指定的其他机构颁布命令；此种情况下应立即补全法官裁判。

5. 如使用技术手段仅对监控时在住宅中活动的人员进行保护，则可由法律指定的机构命令采取有关措施。只有出于侦查犯罪事实或排除危险的目的,且法官事先对有关措施的合法性确认过时,才可对所获取的情况作其他方面的使用;有延误危险时,应立即补全法官的裁判。

6. 对于依据第 3 款和第 4 款联邦主管范围内所采取的技术手段,以及在法官有必要进行审查的情况下依据第 5 款所采取的技术手段,联邦政府每年向联邦议院报告情况。联邦议院选举产生的委员会依据此项报告实施议会监督。各州保障同样程度的议会监督。

7. 此外,只有在为防止公共危险或个人生命危险,以及依据法律防止紧急危害公共安全和秩序时,特别是在为解决住宿紧缺、对抗瘟疫危害或为保护受到危害的青年时,才可对此进行干预和限制。

第十四条

1. 财产权和继承权受到保障。内容和限制由法律予以规定。

2. 财产权负有义务。其行使应同时有利于公共福祉。

3. 只有为实现公共福祉才可允许剥夺财产权。对财产权的剥夺只能通过和依据规定了财产补偿方式和程度的法律进行。确定补偿时要公正权衡社会公共利益和相关人的利益。对于补偿额有争议的,可向普通法院提起诉讼。

第十五条

以社会化为目的,土地、自然资源和生产资料可以依据规定了补偿方式和程度的法律转为公有财产或其他形式的公有经济。对于补偿,第十四条第 3 款第 3 句和第 4 句相应适用。

第十六条

1. 德国国籍不容剥夺。国籍的丧失只能依据法律进行,如违反当事人意愿,当事人不得因此成为无国籍人。

2. 任何德国人均不得被引渡到国外。对向欧洲联盟某一成员国或某一国际法院的引渡,在遵守法治国家各项原则的前提下可通过法律作出不同规定。

第十六条 a

1. 遭受政治迫害的人享有避难权。

2. 来自欧洲共同体成员国的公民，或来自其他"难民法律地位条约"和"保障公民人权和基本自由公约"得以适用的国家的公民，不得主张第 1 款所规定的权利。对于满足第 1 句前提条件的欧洲共同体以外的国家，由须经联邦参议院批准的法律予以确定。在第 1 句所指情形中，可不考虑对此提起的法律救济而执行结束居留权的措施。

3. 法律可确定某些国家的法制状况、法律实施和一般政治条件显示在该国家既不存在政治迫害也不存在非人道的或歧视性的处罚待遇现象，但此法须经联邦参议院的批准。如来自此类国家的外国人未陈述有关事实证明其受到政治迫害，则认定其没有遭受迫害。

4. 在第 3 款的情形中和其他明显无理由或明显不能被视为有理由的情形中，只有对结束居留措施的合法性存有严重怀疑时，才可由法院决定暂停执行；对有关审查范围可予以限制，对未按时提交的有关理由可不予考虑。具体细则由法律予以规定。

5. "难民法律地位条约"和"保障公民人权和基本自由公约"在缔约国须予以保障实施，就难民申请的审查，包括相互承认难民申请决定，以及就欧洲共同体成员国遵守上述条约和公约的义务，成员国之间签订的或与第三国签订的国际法协议不与第 1 款至第 4 款发生冲突。

第十七条

所有人均有以个人方式或与他人共同的方式书面向主管机构和代议机关提出请求和申诉的权利。

第十七条 a

1. 有关兵役和替代役的法律可以规定，在服兵役或替代役期间，对武装部队成员和替代役人员以语言、文字和图画自由发表和传播观点的基本权利（第五条第 1 款第 1 句前半句）、集会自由的基本权利（第八条）以及法律准许可同他人共同提出请求和申诉的请愿权（第十七条）予以限制。

2. 为包括民防在内的防御而制定的法律可规定对迁徙自由（第十一条）和住宅不受侵犯的基本权利（第十三条）予以限制。

第十八条

滥用观点表达自由，特别是出版自由（第五条第1款）以及滥用教学自由（第五条第3款），集会自由（第八条），结社自由（第九条），通信、邮政和电信秘密（第十条），财产权（第十一条）和避难权（第十六条a）来攻击自由民主的基本秩序的人，丧失相应的基本权利。基本权利的丧失和丧失程度由联邦宪法法院宣布。

第十九条

1. 依据本基本法规定，如某项基本权利可通过法律或依据法律予以限制，该法律须具有普遍适用效力，而不得仅针对个别情况。此外，该法律须指明引用有关基本权利的具体条款。

2. 任何情况下均不得触及基本权利的实质内涵。

3. 如基本权利依其性质也可适用于法人，则适用于国内法人。

4. 无论何人的权利受到公权力的侵害，均可提起诉讼。如无其他主管法院，可向普通法院提起诉讼。第十条第2款第2句的规定不受影响。

第二章　联邦和州

第二十条

1. 德意志联邦共和国是民主的和社会的联邦国家。

2. 一切国家权力来源于人民。国家权力由人民通过选举和表决以及通过立法、行政和司法机关来行使。

3. 立法权遵循宪法秩序，行政权和司法权遵守法律和法律规范。

4. 对于任何企图废除这一秩序的人，如不存在其他救济方式，所有德国人均有反抗权。

第二十条 a

出于对后代的责任，国家在宪法秩序的范围内，通过立法并依法由行政和司法机构保护自然生活条件和动物。

第二十一条

1. 政党参与人民政治意愿的形成。政党的建立是自由的。政党内部组织须符合民主制度的各项原则。政党须公开说明其经费来源和使用情况以及财产状况。

2. 如政党的宗旨或政党拥护者的行为有意破坏或推翻自由民主的基本秩序，或有意危害德意志联邦共和国的生存，则该政党违反宪法。政党违宪与否由联邦宪法法院予以裁判。

3. 具体细则由联邦法律予以规定。

第二十二条

1. 德意志联邦共和国的首都是柏林。在首都代表整个国家是联邦的任务。具体细则由联邦法律予以规定。

2. 联邦国旗为黑—红—金三色旗。

第二十三条

1. 欧洲联盟承认民主、法治国家，社会国家和联邦制的各项原则以及辅助性原则，保障实施与本基本法实质内容类似的基本权利保护制度，为实现统一的欧洲，德意志联邦共和国参与欧洲联盟的发展。经联邦参议院批准，联邦可制定法律移交有关主权。对于欧洲联盟的成立、欧洲联盟协议基础的修改以及对本基本法内容予以修改或补充或使此类修改或补充成为可能的类似规定，第七十九条第 2 款和第 3 款相应适用。

1a. 联邦议院和参议院有权因欧盟的立法行为违反辅助性原则而向欧盟法院提起诉讼。依四分之一成员所提议案，联邦议院有义务提起该诉讼。为保障欧盟基础条约中所赋予的联邦议院与参议院的权利，可以允许法律对第四十二条第 2 款第 1 句以及第五十二条第 3 款第 1 句进行例外规定，但该法律须经联邦参议院批准。

2. 联邦议院以及各州通过联邦参议院共同参与到欧盟事务中。联邦政府应全面、及时地向联邦议院和联邦参议院报告情况。

3. 在参与欧盟的法律制定工作前，联邦政府应给予联邦议院发表意见的机会。在谈判时，联邦政府须考虑联邦议院的意见。具体细则由法律加以规定。

4. 如联邦参议院本应对相应的国内政策施加影响或者各州在相应的国内事务上享有管辖权，则联邦参议院应参与到联邦的意志形成过程中。

5. 只要在联邦专属的权限领域内触及各州利益，或者在其他联邦拥有立法权的情况下，联邦政府须考虑联邦参议院的意见。尤其当重点涉及各州的立法权限、各州行政机构的设置或者其行政程序时，在联邦的意志形成过程中，应在相当程度上考虑联邦参议院的意见；在此也应维护联邦对国家整体的责任。对于可能导致联邦增加支出或者缩减收入的事项，有必要征得联邦政府的同意。

6. 当重点涉及各州在学校教育、文化或者广播电视的专属立法权限时，则联邦德国作为欧盟成员国所享有的权利应由联邦委托一名由联邦参议院所任命的州代表行使。该权利的行使须联邦政府参与并与联邦政府取得一致；在此应维护联邦对国家整体的责任。

7. 有关第4款至第6款的具体细则由法律加以规定，但该法律须经联邦参议院批准。

第二十四条

1. 联邦可通过法律将主权让渡至国际机构。

1a. 只要各州对国家权限的行使以及国家任务的履行负有管辖权，它们就能在联邦政府批准的情况下将主权让渡至睦邻性的机构。

2. 出于维护和平的需要，联邦可加入一种相互的集体安全体系；为此，联邦可同意对其主权加以限制，以在欧洲和世界各族人民之间建立并保障和平、永久的秩序。

3. 为解决国际争端，联邦可加入到就一般性、广泛性、义务性的国际仲裁法院系统而签署的协定中。

第二十五条

国际法的一般规则是联邦法律的组成部分。它们优于法律,并直接为联邦领土上的居民创设权利和义务。

第二十六条

1. 可能且蓄意破坏各国人民和平共处的行为,尤其是准备发动侵略战争的行为,均属违宪。对该项行为应予以刑事处罚。

2. 只有经联邦政府批准,才能制造、运输及流通特定的战争武器。具体细则由联邦法律加以规定。

第二十七条

所有德国商船组成一个统一的商船队。

第二十八条

1. 各州的合宪性秩序必须与基本法意义上的共和国、民主以及社会法治国原则相符。在州、县和乡镇中,人民必须拥有一个由普遍、直接、自由、平等且无记名方式选举出来的代表机构。在县和乡镇的选举中,根据欧共体的法律规定,拥有欧洲共同体成员国国籍的人同样享有选举权和被选举权。在乡镇中,乡镇公民大会也可取代由选举产生的公法团体。

2. 应保障乡镇在法律框架内自主管理本地区所有相关事务的权利。在法律规定的任务范围内,根据法律规定,乡镇联合也享有自治权。自治之保障同样包含了财政上自我负责的基础;乡镇凭借营业税稽征率的调整权而拥有的与经济实力相关的税源,即属此类。

3. 联邦应保障各州的合宪性秩序与基本权利相吻合并符合第1款和第2款的相应规定。

第二十九条

1. 联邦领土可以进行重新划分,以保证各州根据其幅员及能力有效完成加诸其身的各项任务。重新划分时,应考量乡土认同感、历史与文化联系、经济上的合目的性以及空间秩序和地区规划的需要。

2. 联邦领土重新划分的措施由联邦法律加以规定,该法律须全民公决加以认可。应听取相应各州的意见。

3. 在其领土或者领土的一部分应当被组成一个新州或者重新定界的各州中（相关各州），应举行全民公决。相关各州是应继续存在还是应组成新州或重新定界应进行投票表决。在相关州的未来领土以及现有全部领土或者在涉及州属关系发生变化的部分领土中，相应变动均获得半数以上同意时，为新州组成或者重新定界而举行的全民公决才告完成。在相关各州的任一州中，如果半数以上多数否决了该变动，则全民公决未获通过；但如果在涉及州属关系发生变化的部分领土中，由三分之二以上的多数同意该变动，则上述否决即告失效，除非在相关州的全部领土中，由三分之二多数否决该变动。

4. 隶属多个州、至少拥有 100 万居民、因关系紧密而被界分出来的居住与经济区，如果其中拥有联邦议院选举权的十分之一通过人民请愿的方式要求在此区域建立统一的州属关系，则应当通过联邦法律在两年内决定是否根据第 2 款规定变更州属关系或者在相应各州进行民意调查。

5. 民意调查旨在确定在法律中所建议的州属关系的变动是否能够获得同意。法律可提出不同的民意调查建议，但不得超过两个。如果半数以上多数同意所建议的州属关系的变动，则应当通过联邦法律在两年内决定，是否根据第 2 款规定变更州属关系。如果一项提交民意调查的建议获得与第 3 款第 3 句和第 4 句所规定标准相符的同意，则应在民意调查之后的两年内颁布组建所建议之州的联邦法律，该法律不再需要公民公决的认可。

6. 在全民公决和民意调查中的多数是实际投票者的多数，但前提是至少四分之一有联邦议院选举权的公民被包含在内。另外，关于全民公决、人民请愿以及民意调查的具体细则应由联邦法律加以规定；该法律同样也可规定：人民请愿在 5 年之内不得重复进行。

7. 当州属关系应发生变更的领土拥有不超过 5 万人的居民时，有关各州领土现状的其他变更可通过各参与州之间签署的国家条约或者通过由联邦参议院批准的联邦法律加以规定。具体细则由联邦法律加以规定，该法律须经联邦参议院批准，并且经联邦议院成员多数表决通过。该法律必须规定举行相应市镇与县参与的听证。

8. 对所属领土或者部分领土的重新划分，各州可通过国家条约作出异于第 2 款至第 7 款的规定。应听取相关市镇与县的意见。国家条约需要通过在每一个参与州举行的全民公决加以认可。如果国家条约涉及各州的部分领土，则通过全民公决所进行的认可仅局限于部分领土之内；第 5 句中的后半句不予适用。在举行全民公决时，实际投票的多数可决定之，其前提是至少有四分之一有联邦议院选举权的公民被包含在内；具体细则由联邦法律加以规定。国家条约须经过联邦议院的批准。

第三十条

国家权限的行使与国家任务的履行属各州事务，但基本法有其他规定或允许其他规定时除外。

第三十一条

联邦法优于州法。

第三十二条

1. 与其他国家维护外交关系属联邦事务。

2. 签署触及一州特别关系的条约之前，应及时听取该州意见。

3. 各州在其立法权限范围内，经联邦政府批准，可与外国签署条约。

第三十三条

1. 在任一州内，所有德国人均享有同等的国民权利与义务。

2. 所有德国人根据其资格、能力与专业水平享有同等担任公职的机会。

3. 市民权与国民权的享有、进入公职的录取以及在公共服务中所获得的权利不受宗教信仰的影响。任何人不得因信奉或者不信奉某种宗教教义或者世界观而受到歧视。

4. 主权的行使作为持久之任务通常应委任给处于公法的勤务与忠诚关系中的公共勤务部门的成员。

5. 制定与发展有关的公共勤务法应考虑职业公务员制度的传统原则。

第三十四条

任何人在履行委任的公职时,如果违反了赋予他的相对于第三方的公职义务,原则上应由国家或者其所属的公法团体承担相应责任。但如果出于故意或者重大过失则保留对其的追索权。对于损害赔偿的请求权以及对于追诉而言,不得排除普通法院的法律救济途径。

第三十五条

1. 联邦与各州的所有行政机构都要互相提供相应的法律与职务协助。

2. 一州在发生重大事件时,如警察在没有联邦边防军及其设施的帮助下不能完成或很难完成相关任务,为维护或重建公共秩序或安全,则可以请求联邦边防军支援。为抵御自然灾害和特别严重的不幸事件,一州可请求其他州的警察力量、其他行政部门以及联邦边防军和军队的军力与设备进行援助。

3. 如自然灾害或者不幸事件威胁超出一州的领土,联邦政府出于有效抗争的必要,可以命令州政府指挥其他州的警察力量,并动用联邦边防部队以及军队对警察力量予以援助。无论何时应联邦参议院要求,或者在危险解除之后的第一时间,联邦政府根据第1句所采取的措施应予撤销。

第三十六条

1. 联邦最高行政机构中的公务员应从所有各州按适当比例加以选用。在其他联邦行政机构中的工作人员,通常应从机构所在州中选任。

2. 国防法同样应考虑联邦在各州的划分以及特殊的乡土关系。

第三十七条

1. 如果一州未能履行基本法或者其他联邦法律赋予它的联邦义务,经联邦参议院同意,联邦政府可以采取必要措施,以联邦强制的方式规训该州履行其义务。

2. 为执行联邦强制,联邦政府或其委托人有权向所有各州及其行政机构发布命令。

第三章 联邦议院

第三十八条

1. 德国联邦议院的议员由普遍、直接、自由、平等以及无记名的方式选举产生。他们是全体人民的代表,不受委任与命令约束,仅遵从其良心。

2. 年满 18 周岁者享有选举权;达到成年人年龄者,享有被选举权。

3. 具体细则由联邦法律加以规定。

第三十九条

1. 联邦议院每 4 年选举一次,但下述另有规定时除外。其任期结束于新一届联邦议院第一次举行会议时。新的大选最早在任期开始后的 46 个月之后、最迟在 48 个月之前举行。在联邦议院解散的情况下,重新大选在 60 日之内举行。

2. 联邦议院需在选举之后的 30 日内召集会议。

3. 联邦议院自行决定其议事会的结束与重开。联邦议院议长可以提前召开会议。当联邦议员的三分之一、联邦总统或者联邦总理提出要求时,联邦议院议长有义务召集会议。

第四十条

1. 联邦议院选举出议长、副议长以及书记员。制定出议院章程。

2. 议长在联邦议院大厦内行使内务权与警察权。未经议长同意,不得在联邦议院的房间内进行搜查与扣押。

第四十一条

1. 选举审查属联邦议院事务。由其决定联邦议院的议员是否丧失议员资格。

2. 不服联邦议院决定的,可向联邦宪法法院提起诉愿。

3. 具体细则由联邦法律加以规定。

第四十二条

1. 联邦议院的会议公开。根据十分之一的议员提案或者根据联邦政府的提案，在二分之三多数同意的情况下可以不公开进行。有关提案在非公开的会议中决定。

2. 联邦议院决议的作出需由实际投票的多数通过，本基本法另有规定者除外。对于由联邦议院进行的选举而言，议院章程可以进行例外规定。

3. 对于联邦议院及其委员会所召开会议进行的任何真实报道，无须承担任何责任。

第四十三条

1. 联邦议院及其委员会可以要求联邦政府任一成员列席会议。

2. 联邦参议院和联邦政府的成员及其委托人可出席联邦议院及其委员会的所有会议。他们可随时发表意见。

第四十四条

1. 联邦议院有权、在四分之一议员提案时有义务组成调查委员会，以在公共磋商中提出必要的证据。其公开性是可以排除的。

2. 在调查取证时，刑事诉讼的相关规定相应地得以适用。不得侵犯通信、邮政以及通讯秘密。

3. 法院以及行政机构有义务提供法律援助和公务协助。

4. 调查委员会的决议可不受法官审查。法院可自由对通过调查得出的事实加以判断与评估。

第四十五条

联邦议院设立欧盟事务委员会。联邦议院可授权该委员会根据第二十三条规定针对联邦政府行使联邦议院的权利，也可授权该委员会行使在欧盟基础条约中所赋予联邦议院的权利。

第四十五条 a

1. 联邦议院设立外交事务委员会以及国防委员会。

2. 国防委员会同样有权行使调查委员会的权利。根据委员会四分之一成员的提案，国防委员会有义务将相关事务列为调查对象。

3. 第四十四条第 1 款不适用于国防领域。

第四十五条 b

为保护基本权利以及作为联邦议院在进行议会监督时的辅助机构，联邦议院可以任命一名军事专员。具体细则由联邦法律加以规定。

第四十五条 c

1. 联邦议院设立请愿委员会，该委员会有义务处理根据第十七条向联邦议院提交的请求与诉愿。

2. 委员会的诉愿审查权由联邦法律加以规定。

第四十五条 d

1. 联邦议院设立审查委员会以审查联邦的官方新闻通报活动。

2. 具体细则由联邦法律加以规定。

第四十六条

1. 议员在任何时间均不得因其投票行为或者他在联邦议院或其委员会中所进行的意见表达而受到法院或者官方迫害，或者其他在联邦议院之外所进行的责任追究。但其诽谤性的侮辱除外。

2. 非经联邦议院许可，不得因涉嫌犯罪行为而对议员追究责任或予以逮捕，除非他在犯罪时或在犯罪次日被逮捕。

3. 如果要进一步对议员的个人自由施加任何其他限制或者根据第十八条启动针对议员的相关程序时，必须征得联邦议院同意。

4. 任何刑事程序或者根据第十八条规定所启动的任何针对议员的程序、任何监禁或者其他对人身自由的限制都必须应联邦议院的要求而中止。

第四十七条

议员因其议员身份而被他人告知事实或者因其身份性质而告知他人事实的，议员可以拒绝就他人或者事实本身作证。如果议员拒绝作证，则不得没收相关文件。

第四十八条

1. 竞争联邦议院席位者,有权为准备竞选而进行必要的休假。

2. 不得阻止任何人当选议员和履行议员职务。不得基于此种理由,对议员进行解雇与免职。

3. 议员有权要求适当的、能保障其独立性的补偿。议员有权免费使用所有的国家交通工具。具体细则由联邦法律加以规定。

第四十九条

[已废除]。

第四章 联邦参议院

第五十条

各州通过联邦参议院参与联邦的立法和行政以及欧洲联盟事务。

第五十一条

1. 联邦参议院由各州政府任免的州政府成员组成。他们可由各州政府的其他成员予以代表。

2. 每州在联邦参议院至少有 3 票表决权,居民人数超过 200 万的州有 4 票,超过 600 万的州有 5 票,超过 700 万的州有 6 票。

3. 每州可派遣与其表决权票数相同的参议员。每州只能统一地且只能由出席会议的议员或议员代表人行使表决权。

第五十二条

1. 联邦参议院选举产生议长,任期 1 年。

2. 议长召集联邦参议院会议。若至少有两个州的代表或联邦政府提议,则议长必须召集会议。

3. 联邦参议院的决议至少需获得参议院多数票才能通过。联邦参议院制定议事规则。参议院的会议公开进行。参议院可不公开议事。

3a. 有关欧洲联盟的事务,联邦参议院可设立一个欧洲事务委员会,该委员会作出的决议视为联邦参议院的决议；依照第五十一条第 2 款来分配各州一致表决的票数。

4. 联邦参议院各委员会的委员可以是各州政府的其他成员或受委托人。

第五十三条

联邦政府的成员有权并根据要求有义务参加联邦参议院及其委员会的会议。必须随时听取他们的意见。联邦政府应向联邦参议院及时报告政府事务的情况。

第四章之一 联合委员会

第五十三条 a

1. 联合委员会三分之二的成员由联邦议院议员担任，三分之一由联邦参议院议员担任。联邦议院根据议会党团强弱比例确定议员数额；他们不得是联邦政府的成员。各州任命的联邦参议院议员代表各州；此类议员不受有关指令的约束。联合委员会的组成及其程序由一项议事规则规定，该规则由联邦议院通过并须获得联邦参议院的批准。

2. 联邦政府应向联合委员会通报有关防御计划。第四十三条第 1 款所规定的联邦议院及其委员会的权利不受此影响。

第五章 联邦总统

第五十四条

1. 联邦总统不经讨论由联邦大会选举产生。每个年满 40 周岁，并享有联邦议院选举权的德国人均有资格参选。

2. 联邦总统任期 5 年，只能连任一次。

3. 联邦大会由联邦议院议员和同等数量的、由各州的人民代表根据比例选举的原则选出的成员组成。

4. 联邦大会最迟应于联邦总统任期届满前 30 日召开，总统提前卸任时，最迟应于其卸任后 30 日举行大会。联邦大会由联邦议院的议长召集。

5. 选举任期届满后，第 4 款第 1 句所指的期限应自联邦议院的第一次会议起算。

6. 获得联邦大会成员的多数票者当选。如果两轮投票中没有候选人获得多数票，则在下轮投票中得票最多者当选。

7. 具体细则由联邦法律规定。

第五十五条

1. 联邦总统不得兼任联邦或州的政府或立法机构的成员。

2. 联邦总统不得兼任其他有薪酬的职务，不得从事经营活动和其他职业，不得兼任以营利为目的的企业的管理人员和监事会成员。

第五十六条

联邦总统就职时，在联邦议院议员和联邦参议院议员面前作如下宣誓：

"我宣誓，我将为德国人民奉献我的力量，增进其利益，为其消除损害，维护和捍卫基本法和联邦法律，认真履行义务，公正对待每个人。愿上帝保佑！"

宣誓可以不采用宗教誓言。

第五十七条

在无法行使职权或提前卸任的情况下，联邦总统的职权由联邦参议院议长行使。

第五十八条

联邦总统的命令和指令经联邦总理或分管部长副署方可生效。该规定不适用于联邦总理的任免，也不适用于根据第六十三条的联邦议院的解散和根据第六十九条第 3 款的请求。

第五十九条

1. 联邦总统在国际法上代表联邦。他以联邦的名义与外国缔结条约。他派遣和接受使者。

2. 调整联邦政治关系或涉及联邦立法事项的条约，需要以联邦法律的形式以及负责联邦立法的主管机关的同意或参与。有关联邦行政的规定适用于行政协定。

第五十九条 a

［已废除］。

第六十条

1. 联邦总统任免联邦法官、联邦公务员、军官和下级军官，法律另有规定的除外。

2. 联邦总统在个别情况下代表联邦行使赦免权。

3. 联邦总统可将其权限委托给其他机关。

4. 第四十六条第 2 款至第 4 款的规定适用于联邦总统。

第六十一条

1. 联邦议院或联邦参议院就联邦总统故意违反基本法或其他联邦法律的行为，可向联邦宪法法院提出弹劾请求。弹劾请求须经至少四分之一的联邦议院议员或四分之一的联邦参议院投票同意方可提出。弹劾决议需联邦议院议员三分之二的多数或联邦参议院表决票三分之二的多数通过。弹劾须由一个弹劾机关授权的人代理。

2. 如果联邦宪法法院确认联邦总统因故意违反基本法或其他联邦法律而负有责任，可宣告联邦总统丧失职权。提起弹劾后，联邦宪法法院可以作出暂时命令，使联邦总统暂时停止行使职权。

第六章 联邦政府

第六十二条

联邦政府由联邦总理和联邦各部部长组成。

第六十三条

1. 联邦总理根据联邦总统的提名，由联邦议院不经讨论选举产生。

2. 获得联邦议院议员半数投票者当选，并由联邦总统任命。

3. 如果被提名者未能当选，联邦议院可在选举后 14 日内以其议员二分之一以上的投票选举联邦总理。

4. 如在上述期限内选举未成功，应立即举行新的选举。在该选举中得票最多者当选。如当选人获得联邦议院过半数投票，联邦总统须在选举后 7 日内予以任命。如当选人未获得过半数投票，联邦总统在 7 日内或予以任命，或解散联邦议院。

第六十四条

1. 联邦各部部长由联邦总统根据联邦总理的建议予以任免。

2. 联邦总理和联邦各部部长就职时，在联邦议院作第五十六条规定的宣誓。

第六十五条

联邦总理确定政策的方针，并对此承担责任。在该方针的范围内，联邦各部部长独立领导其业务部门，并承担责任。联邦各部部长意见不一致时，由联邦政府裁决。联邦总理根据联邦政府通过的，并经联邦总统批准的议事规则领导其工作。

第六十五条 a

1. 联邦国防部长享有对武装部队的命令权和指挥权。

2. ［已废除］。

第六十六条

联邦总理和联邦各部部长不得兼任其他有薪酬的职务，不得从事经营活动和其他职业，不得兼任以营利为目的的企业的管理人员，未经联邦议院同意，也不得兼任其监事会成员。

第六十七条

1. 通过以其议员的多数票选出继任者并请求联邦总统罢免现任联邦总理，联邦议院可以对联邦总理提出不信任案。联邦总统必须满足其请求，并任命当选者。

2. 从提案到表决必须间隔 48 小时。

第六十八条

1. 如果联邦总理提出议案要求对其表示信任而未能得到联邦议院多数议员支持，联邦总统可以根据联邦总理的建议在 21 日内解散联邦议院。只要联邦议院以其议员的多数票选出另一位联邦总理，解散权即失效。

2. 从提案到表决之间须间隔 48 小时。

第六十九条

1. 联邦总理任命一位联邦部长为副总理。

2. 在任何情况下，联邦总理或联邦各部部长的任职在新一届联邦议院召集时终止，联邦各部部长的任职也随联邦总理的其他原因卸职而终止。

3. 联邦总理根据联邦总统的请求，联邦各部部长根据联邦总理或联邦总统的请求，有义务继续履行其职务直至任命继任者。

第七章 联邦立法

第七十条

1. 如果基本法没有授予联邦立法权，各州享有立法权。

2. 联邦和各州之间权限的划分应根据基本法关于专属立法和竞合立法的规定。

第七十一条

在联邦专属立法的范围内，各州只有在联邦法律明确授权时，才有立法权。

第七十二条

1. 在竞合立法的范围内，只有在联邦不行使立法权制定法律时，各州才有立法权。

2. 在第七十四条第 1 款第（4）、（7）、（11）、（13）、（15）、（19a）、（20）、（22）、（25）和（26）项的范围内，如为在联邦境内建立同等的生活关系或在全国利益下维护法制和经济的统一而有必要由联邦法律规定，则联邦享有立法权。

3. 如果联邦行使立法权，各州可以通过法律对下列事项作出不同的规定：

（1）狩猎（不包括狩猎许可证法）；

（2）自然保护和风景维护（不包括自然保护的一般原则、物种保护法或海洋自然保护法）；

（3）土地分配；

（4）土地规划；

（5）水的管理（不包括与物质和设施相关的规定）；

（6）高校的录取和毕业。

上述范围的联邦法律最早于公布的 6 个月后生效，除非经联邦参议院的同意另有规定。在第 1 句所涉的范围内，联邦法律和州法律的关系适用新法优先的原则。

4. 通过联邦法律可以规定，某项联邦法律规定不再具备第 2 款所指的必要性时，可由州法律取代。

第七十三条

1. 联邦就下列事项享有专属立法权：

（1）外交和包括民防在内的防御；

（2）联邦的国籍；

（3）迁徙自由、护照、登记和证件、移民、引渡；

（4）通货、货币和铸币、度量衡和时间的规定；

（5）关税和贸易区域的统一、贸易协定和航运协定、商品流通自由、与外国的商品交易和支付往来自由，包括关税保护和边境保护；

（5a）保护德国的文化财产不流失国外；

（6）航空交通；

（6a）所有权完全或大部分由联邦掌握的铁路交通（联邦铁路）、联邦铁路的建设、维修和运营以及铁路网使用费的征收；

（7）邮政和电信；

（8）在联邦和联邦直属的公法团体中任职人员的法律关系；

（9）工业产权的保护、著作权和出版权；

（9a）如存在跨国危险，州公安机关的管辖权不明确或州最高机关请求接管的情况，通过联邦刑事警察局防范国际恐怖主义的威胁；

（10）联邦与州之间的下列合作：

（a）在刑事警察方面；

（b）为保护自由民主的基本秩序、联邦或州的存续和安全（宪法保护）；

（c）防止在联邦领域内发生的有害德意志联邦共和国对外关系利益的暴力行为或以此为目的的准备行为，以及联邦刑事警察的设立和国际犯罪的防治；

（11）服务联邦目的的统计；

（12）武器法和炸药法；

（13）战争伤员、死者家属以及前战俘的照顾；

（14）基于和平目的的制造和使用核能，为防止核能释放时或电离辐射产生的危害为目的而建造和维护设施，以及清理放射性物质。

2. 第1款第（9a）项的法律须联邦参议院批准。

第七十四条

1. 竞合立法包括以下领域：

（1）民法、刑法、法院组织、司法程序（不包括执行羁押的法律）、律师制度、公证人和法律咨询；

（2）个人情况登记事务；

（3）结社法；

（4）外国人居留法；

（5）[已废除]；

（6）难民和被驱逐者的事务；

（7）公共救济（不包括收容疗养法）；

(8)［已废除］；

(9) 战争损害和赔偿；

(10) 阵亡军人墓地、其他战争牺牲者和暴力受害人员的坟墓；

(11) 商店关门、酒店、游戏厅、公开场所的人体表演、博览会、展览会和集市法律以外的经济法（矿山、工业、能源、手工业、商业、贸易、银行、证券交易制度和私法保险制度）；

(12) 包括企业组织、劳动保护、职业中介在内的劳动法以及包括失业保险在内的社会保险；

(13) 培训津贴的规定和促进科学研究；

(14) 在第七十三条和第七十四条规定范围内的财产剥夺；

(15) 土地、自然资源和生产资料向公有财产或其他形式公有经济的转变；

(16) 防止经济权力地位的滥用；

(17) 促进农业和林业生产（不包括土地重划法）、保证粮食供给、农林产品的进出口、远洋和沿海渔业以及海岸防护；

(18) 城市建设的土地流通、土地法（不包括土地开发使用费）、住房补贴法、遗留债救助法、住房建筑补贴法、矿工住房建筑法、矿工住房法；

(19) 防止人和动物遭受公共危害和传染性疾病的措施、医师职业、其他医疗职业和医疗营业的准入，以及有关药店、药品、医疗产品、医疗手段、麻醉物和毒药的法律；

(19a) 医院在经济上的保证和医院护理费的规定；

(20) 包括被加工为食品的动物在内的食品法，有关奢侈品、生活必需品、饲料的法律，农林业种子和植物的交易中的保护以及植物病虫害的防护和动物保护；

(21) 远洋和沿海航运、航路标志、内陆航运、气象服务、海洋航路和供一般交通使用的内陆水路；

(22) 道路交通、机动车辆、长途公路的建设和维护，以及公共道路使用费的征收和分配；

（23）非联邦铁路的轨道交通（不包括山岭铁路）；

（24）废弃物经济、保持空气清洁和噪声防治（不包括防止人为噪声）；

（25）国家责任；

（26）人工授精、遗传信息的研究和人为改变以及器官、组织和细胞移植的规制；

（27）各州、市镇和其他公法团体的公务员以及各州法官的身份权利和义务（不包括职业生涯、薪水和供给问题）；

（28）狩猎；

（29）自然保护和风景维护；

（30）土地分配；

（31）土地规划；

（32）水的管理；

（33）高校的录取和毕业。

2. 第1款第（25）项和第（27）项法律须经联邦参议院批准。

第七十四条 a

[已废除]。

第七十五条

[已废除]。

第七十六条

1. 法律提案由联邦政府、联邦议院议员或联邦参议院向联邦议院提出。

2. 联邦政府的提案应首先提交联邦参议院。联邦参议院有权在6周内对该提案提出意见。出于重要原因，特别是考虑到法案的篇幅，联邦参议院可要求延长期限，延长后的期限总计9周。联邦政府向联邦参议院提交时表明提案属于特别紧急的例外情况时，联邦政府向联邦参议院提案3周后（当联邦参议院根据第 3 句要求延期时，为 6 周后）可将法案提交联邦议院；联邦政府在收到联邦参议院的意见后应立即转交联邦议院。提出修改基本法的提案和第二十三条或第二十四条所指的转移主权的提案时，期限为 9 周；第 4 句不予适用。

3. 联邦参议院的法案应在 6 周内通过联邦政府提交联邦议院。联邦政府提交法案时应提出自己的意见。出于重要原因，特别是考虑到法案的篇幅，联邦政府可要求延长期限，延长后的期限总计 9 周。联邦参议院表明法案属于特别紧急的例外情况时，则期限为 3 周（联邦政府根据第 3 句要求延期时，为 6 周）。提出修改基本法的提案或第二十三条或第二十四条所指的转移主权的提案时，期限为 9 周；第 4 句不予适用。联邦议院应在适当的期限内讨论提案并作出决议。

第七十七条

1. 联邦法律由联邦议院议决。联邦法律通过后，联邦议院议长应立即送交联邦参议院。

2. 联邦参议院在收到法律决议后 3 周内可以要求召集由联邦议院议员和联邦参议院议员组成的委员会，共同审议法案。该委员会的组成和审议程序由议事规则予以规定，该议事规则需要联邦议院决议并得到联邦参议院的批准。该委员会中的联邦参议院议员不受有关指令的约束。如某项法律须经联邦参议院批准，联邦议院和联邦政府可以要求召集委员会。如具委员会建议修改法案决议，联邦议院应重新作出决议。

2a. 如某项法律须经联邦参议院批准，未提出第 2 款第 1 句所指要求或调解程序结束时未提出修改法案决议的建议，联邦参议院应在适当期限内就是否同意作出决议。

3. 如某项法律无须经联邦参议院的批准，在第 2 款规定的程序结束后，联邦参议院可在 2 周内对联邦议院议决的法律提出异议。在第 2 款最后一句所指情形中，提出异议的期限自收到联邦议院重新作出的法律决议之日起算，在其他情况下，提出异议期限自收到第 2 款所指委员会主席的通知告知该委员会审议程序已经结束时起算。

4. 如异议以联邦参议院多数票通过，可由联邦议院多数议员的决议驳回。如异议以联邦参议院至少三分之二多数票议决，联邦议院驳回该异议时，也需要三分之二多数票议决且至少所有联邦议院议员过半数同意。

第七十八条

如联邦议院议决的法律获得联邦参议院批准，联邦参议院未依据第七十七条第 2 款提出请求，在第七十七条第 3 款规定的期限内未提出异议或撤回其异议，或该异议被联邦议院否决，则该法律成就。

第七十九条

1. 基本法只得被法律修改，该法律应明确规定修改或补充基本法的条款。签订以和平、准备和平或废除占领法规定的秩序为内容的国际条约时，或签订有利于联邦共和国国防的国际条约时，为明确基本法条款不与此类条约的缔结和生效相抵触，对基本法条文予以补充即可，但补充的内容仅限于明确上述目的。

2. 修改宪法的法律须经联邦议院议员三分之二的同意和联邦参议院表决票数的三分之二的同意。

3. 对基本法的修改不得涉及联邦由各州组成的事实，各州参与立法以及第一条和第二十条所规定的原则。

第八十条

1. 联邦政府、联邦部长或州政府可经法律授权颁布行政法规。授权法律须确定授权内容、目的和范围。行政法规中应指明其法律授权根据。如授权法律规定，此项授权可再转授的，则此项授权的再授权须由行政法规规定。

2. 除联邦法律另有规定外，联邦政府或联邦部长就联邦邮政和通讯设施使用的原则与收费、联邦铁路设施使用的收费原则、铁路的建造和运营所制定的行政法规，以及基于须由联邦参议院批准才能通过的联邦法律而制定的行政法规，或各州为执行联邦委托的事务或作为自身事务而制定的行政法规，均需取得联邦参议院的批准。

第八十条 a

1. 如本基本法或涉及包括民防在内的防御的联邦法律规定，只能依照本条规定适用有关法律规范时，除出现防御状态外，此类法律规范只能在联邦议院确定已出现紧急状态时，或者在联邦议院特别批准适用时，方可适用。紧急状态的确认和第十二条 a 第 5 款第 1 句和第 6 款第 2 句情形中所需的特别批准，均应取得联邦议院中参与投票的三分之二以上多数同意。

2. 联邦议院可要求废止依照本条第 1 款的法律规范所采取的措施。

3. 依据国际机构在由联邦政府批准的国际条约范围内作出的决议，法律规范的适用可偏离本条第 1 款的规定。但联邦议院半数以上议员要求时，根据本款采取的措施应予废除。

第八十一条

1. 在第六十八条所述情形中联邦议院未被解散的，当某项议案为联邦议院否决，而联邦政府又申明该议案为急案时，联邦总统在联邦政府的请求下，并经联邦参议院批准，可宣告此时进入立法紧急状态。这一规定同样适用于联邦总理在提交法案时一并提交第六十八条所规定的信任案，但该项法案仍被否决时。

2. 如在立法紧急状态宣告后，联邦议院再次否决该法案，或者联邦议院通过包含有为联邦政府所不能接受的内容的法案时，只要联邦参议院批准该法案，该法律即视为通过。这一规定同样适用于法案再次提出后 4 周内，联邦议院未予通过时。

3. 在联邦总理任期内，其他被联邦议院否决的任何法案，在第一次宣告立法紧急状态之后 6 个月内，可根据本条第 1 款和第 2 款的规定予以通过。在同一联邦总理的任期内，上述期限经过后就不得再宣告立法紧急状态。

4. 根据第 2 款而制定的法律不得对本基本法作出修改，或宣布其全部或部分丧失效力或排除其适用。

第八十二条

1. 根据本基本法颁布的各项法律，经副署后由联邦总统签署，并在联邦法律公报上予以公布。行政法规由颁布机关签署，除法律另有规定外，行政法规应在联邦法律公报上予以公布。

2. 各项法律和行政法规均应规定生效日期。未规定生效日期的，则其在联邦法律公报公布后的第 14 日起生效。

第八章 联邦法律的执行和联邦行政管理

第八十三条

除本基本法另有规定或批准外，各州将联邦法律作为自己的事务予以执行。

第八十四条

1. 各州将联邦法律作为自己的事务予以执行时，应对行政机关的设立和行政程序作出规定。如联邦法律另有规定，各州可以作出不同规定。如某一州依据本款第 2 句作出不同规定，联邦有关行政机关设立和行政程序的规定此后最早也要在公布后 6 个月在该州生效，除非经联邦参议院批准另有规定。第七十二条第 3 款第 3 句的规定对此同样适用。在例外情况下，联邦可以根据联邦行政程序的统一规则所产生的特殊需要，制定要求各州毫无差异地予以适用的相关法律。这类法律须经联邦参议院批准。联邦法律不得将此任务委托给市镇和市镇联盟。

2. 联邦政府经联邦参议院批准可颁布一般的行政规则。

3. 联邦政府监督各州按照现行法执行联邦法律。联邦政府为此可在各州最高行政机关同意时向其派遣专员，或者在各州最高行政机关否决时，经联邦参议院同意，向各州下级行政机关派遣专员。

4. 联邦政府认为各州执行联邦法律时有误，但各州未予纠正的，联邦参议院根据联邦政府或各州的提议，作出决议确认该州的行为是否违法。对联邦参议院的决议不服的，可向联邦宪法法院提出申诉。

5. 为执行联邦法律，经联邦参议院批准，联邦法律可授权联邦政府就特殊情形发布个别指令。除联邦政府认为情况紧急外，此类指令应向各州的最高行政机关发布。

第八十五条

1. 各州接受联邦委托执行联邦法律时，有关行政机关设定的决定权限归属于各州，但经联邦参议院批准的联邦法律另有规定时除外。联邦法律不得将此任务转交给市镇和市镇联盟。

2. 联邦政府经联邦参议院批准，可颁布一般的行政规则。行政规则可针对公务员和职员的统一培训作出。中层行政机关首长的任命须经联邦政府的同意。

3. 各州行政机关应服从相关的联邦最高行政机关的指令。此类指令应向各州最高行政机关发布，但联邦政府认为情况紧急时除外。各州最高行政机关应保证指令的执行。

4. 联邦监督的范围包括法律执行的合法性和适当性。联邦政府可为此要求各州提供报告和档案文件，并可向所有机关派遣专员。

第八十六条

联邦通过隶属于联邦的行政机关或联邦直属的公法机构和组织执行法律时，除法律另有规定外，联邦政府可颁布一般行政规则。除法律另有要求外，行政规则中应包含相关行政机关的设立事项。

第八十七条

1. 外交事务、联邦财政和依照本基本法第八十九条规定的联邦水路和航运事宜，由联邦行政及其下属机构予以执行。联邦法律可规定设立联邦边防机关、有关警察问询和情报收集的中央机关、刑事警察的中央机关以及出于保护宪法和防止联邦地区出现以暴力或暴力预备性行为而危害德意志联邦共和国外交利益等目的，而从事情报搜集的中央机关。

2. 管辖区域已跨越一州范围的社会保险机构，应以直属于联邦的公法机构的方式设立。管辖区域跨越一个州但不超过三个州的社会保险机构，在相关各州指定一州行使监督权后，可以不依据本款第 1 句的规定以州直属公法机构的方式设立。

3. 此外，为处理联邦立法权限范围内的事务，联邦法律可规定设立独立的联邦高级行政机关和新的联邦直属的公法机构和组织。为执行在联邦立法权限范围内的新增任务，经联邦参议院批准和联邦议院议员多数同意，联邦可基于此项紧急需求设立联邦直属的中级和下级行政机关。

第八十七条 a

1. 联邦为防御目的可成立武装部队。在其预算中须载明有关武装部队的数量及其组织规模的基本情况。

2. 除用于防御外，武装部队只有在本基本法明确准许时才能投入使用。

3. 在防御状态和紧急状态下，只要为履行防御任务所必需，武装部队有权保护私人财产、实施交通管制。此外，在防御状态和紧急状态下，武装部队可接受委托承担为以支援警察的行动而保护平民财产的任务；武装部队为此应与主管机关进行协作配合。

4. 当具备第九十一条第 2 款所指的前提条件，且警察和联邦边防部队力量不足时，为抵御对联邦或州的存续以及自由民主的基本秩序构成的紧急危险，联邦政府可动用武装部队支援警察和联邦边防部队，以保护私人财产和平息有组织的军事武装叛乱。联邦议院或联邦参议院可要求停止使用武装部队。

第八十七条 b

1. 联邦国防行政由联邦直属的行政机关及其下属机构执行。联邦国防行政履行武装部队的人事任免和直接充实军需的任务。残废军人救济和工程营造任务，只有依照联邦参议院批准的联邦法律，方可交由联邦国防行政予以执行。此外，凡授权联邦国防行政干涉第三人权利的法律也须经联邦参议院的批准；但有关人事范围内的法律除外。

2. 此外，有关国防、包括征兵和民防的联邦法律，经联邦参议院批准，可规定该项法律全部或部分由联邦直属的行政机关及其下属机构自行执行，或由联邦委托给各州执行。如此项法律由联邦委托给各州执行，经联邦参议院批准，该项法律可规定将根据第八十五条属于联邦政府和主管的联邦最高行政机关的职权，全部或部分转移给联邦高级行政机关；此类法律还可以同时规定，联邦高级行政机关在按照第八十五条第 2 款第 1 句颁布一般行政规则时，无须取得联邦参议院的批准。

第八十七条 c

依据第七十三条第 1 款第（14）项制定的法律，经联邦参议院批准，可规定由各州经联邦委托执行该项法律。

第八十七条 d

1. 航空行政由联邦行政机关自行执行。航空安全任务也可由经欧洲共同体法律批准的国外航空安全管制组织履行。具体内容由联邦法律予以规定。

2. 经联邦参议院批准，联邦法律可将航空行政管理的任务委托给各州执行。

第八十七条 e

1. 有关联邦铁路的铁路交通行政，由联邦直属的行政机关负责。联邦法律可将铁路交通行政的任务委托给各州，并作为各州自己的事务予以执行。

2. 联邦法律授权的、超出联邦铁路范围以外的铁路交通行政由联邦完成。

3. 联邦铁路以私法上的企业形式运营。只要该企业的行为涉及铁轨的铺设、维修和运营时，联邦铁路就属于联邦的财产。联邦向本款第 2 句所指的企业转让股份时，应依据相关法律进行；此类企业的多数股份由联邦掌握。具体内容由联邦法律予以规定。

4. 联邦须保证在扩建和维护联邦铁路网络，以及在安排有关非客运性质的交通运输服务时，考虑公共利益，特别是交通的需求情况。具体内容由联邦法律予以规定。

5. 依据第 1 款至第 4 款所制定的法律须获得联邦参议院的批准。规定有关联邦铁路企业的合并、分立，联邦铁路线路向第三方转让以及联邦铁路线路的停运事项的法律，或对铁路客运交通产生影响的其他法律均应获得联邦参议院的批准。

第八十七条 f

1. 联邦依据经联邦参议院批准的法律，保证在邮政和电信领域提供覆盖面广、适宜且充分的服务。

2. 本条第 1 款所规定的服务，由基于德国联邦邮政的特别财产而成立的企业和其他私人服务机构，以私法形式予以提供。邮政和电信领域的公法任务，由联邦直属的行政机关予以管理。

3. 在不违背第 2 款第 2 句的情况下，联邦可根据联邦法律规定，以联邦直属公法机构的形式，对涉及基于联邦邮政特别财产而成立的企业的事务予以管理。

第八十八条

联邦设立负责货币管理和纸币发行的联邦银行。联邦银行的任务和职权在欧洲联盟范围内可转移给独立的、负有稳定物价这一优先义务的欧洲中央银行。

第八十九条

1. 前帝国国有水道属联邦所有。

2. 联邦通过其自设机关管理联邦水道。联邦对超出一州范围的国家内河航运事务和法律授权的海洋航务予以管理。联邦可以根据某州申请将其领域内的联邦水道委托该州管理。流经多州地界的水道，联邦可将管理权委托给有关各州所建议的一州行使。

3. 在管理、扩建和新建水道时，联邦应征得各州同意以适应农业和水利的需要。

第九十条

1. 前帝国高速公路和帝国公路属联邦所有。

2. 各州或根据州法设立的主管自治机构，经联邦委托，对联邦高速公路和其他联邦长途公路进行管理。

3. 联邦可基于州的申请，对位于该州领域内的联邦高速公路和其他联邦长途公路予以接收并交由联邦直属的行政机关管理。

第九十一条

1. 为抵御危及联邦或州的存续或自由民主的基本秩序的紧急危险，一州可要求其他州的警察，以及其他行政机关和联邦边防部队的人员和设备予以协助。

2. 面临危险的州，如果无法独立排除危险的，联邦政府可对该州警察和他州警察部队发布指令，以及调遣联邦边防部队。危险排除后，联邦参议院可随时要求取消上述指令。当危险蔓延至一州领域以外，为有效排除危险，联邦政府在必要范围内，可向各州政府发布指令；第 1 句和第 2 句不受影响。

第八章之一 共同任务

第九十一条 a

1. 各州执行下列领域内的任务，当此项任务对于联邦整体具有重要意义，且联邦的协作为改善生活条件所必需时，联邦为此提供协助（共同任务）：

（1）区域经济结构的改善；

（2）农业结构和海岸防护的改善。

2. 经联邦参议院批准，联邦法律可对共同任务以及协调细节作出具体规定。

3. 在第 1 款第（1）项的情况下，联邦负担各州为此所支出的费用的一半。在第 1 款第（2）项的情形下，联邦所负担的费用应不少于各州所支出的费用的一半；上述费用负担比例对于所有州应统一确定。具体内容由法律规定。费用提供的最终确定保留给联邦和各州的预算案。

第九十一条 b

1. 联邦和州可根据协议，在具有跨地区意义的事项中提供共同资助：

（1）高校以外的科学研究设施和计划；

（2）高校的科学与研究计划；

（3）高校的研究设施以及大型仪器。

有关第 1 句第（2）项的协议须经各州批准。

2. 联邦和各州可以根据协议，通过国际比较，协作确定教育的实施状况，并共同作出相关的报告和建议。

3. 有关费用承担问题应在协议中约定。

第九十一条 c

1. 联邦和各州可共同致力于完成其任务所需的信息技术系统的规划、修建和运营。

2. 联邦和各州可基于协议，确定对于信息技术系统之间的联络所必需的标准和安全要求。依据本款第 1 句关于合作基础的协议可规定，针对协议内容和范围所确定的各项具体任务的具体规定，在经协议所确定的联邦及各州的绝对多数批准的情况下发生效力。上述规定须经联邦议院和参与各州的代议机关批准；撤销协议的权利不得被彻底排除。上述协议还应约定费用承担事宜。

3. 此外，各州还可以针对信息技术系统的共同运营以及为此投入的特定设施的建设达成协议。

4. 联邦为联邦和各州信息技术网络的连接建立互联网。互联网建立和运营的具体事项由联邦法律予以规定，该法律须经联邦参议院批准。

第九十一条 d

为确定和提升行政能力，联邦和各州可对各自的行政事务执行进行比较，并将结果予以公开。

第九十一条 e

1. 联邦与各州，或与依据州法有管辖权的市镇和市镇联盟，原则上通过共同机构协作执行有关待业者基本生活保障领域内的联邦法律。

2. 在州最高行政机关许可时，联邦可以基于其申请，批准数量有限的市镇和市镇联盟独自履行本条第 1 款的任务。依据本条第 1 款，执行法律的任务应由联邦完成时，为此所支付的必要费用，包括行政费用，均由联邦承担。

3. 上述事项的具体内容由联邦法律规定，但须经联邦参议院批准。

第九章　司　法

第九十二条

司法权委托法官行使。联邦宪法法院和本基本法规定的各联邦法院和各州法院行使司法权。

第九十三条

1. 联邦宪法法院裁判下列案件：

（1）联邦最高权力机关或由本基本法和某一联邦最高权力机关通过议事规则授予自有权利的其他关系人就其权利和义务范围发生争议时，要求对本基本法进行解释的；

（2）就联邦法律或州法律与本基本法在形式上和实体上是否一致产生分歧或疑问时，联邦政府、州政府或联邦议院四分之一的议员请求裁判的；

（2a）就某项法律是否符合第七十二条第 2 款的条件产生意见分歧时，联邦参议院、州政府或州代议机关请求裁判的；

（3）就联邦和各州的权利和义务，尤其是就各州执行联邦法律和联邦实施监督权发生意见分歧的；

（4）联邦和州之间、各州之间或一个州内部发生其他公法争议，且无其他诉讼手段的；

（4a）认为公共权力机关侵犯个人基本权利或侵犯本基本法第二十条第 4 款、第三十三条、第三十八条、第一百零一条、第一百零三条和第一百零四条规定的权利时，任何人所提起的违宪申诉；

（4b）乡镇和乡镇联合区依据本基本法第 28 条的自治权受到法律侵害而提起的违宪申诉，当该法律是州法时，它必须是无法在州宪法法院提起诉讼的案件；

（4c）在联邦参议院的选举中不被认可为政党的组织对此所提起的申诉；

（5）本基本法规定的其他情形。

2. 此外在联邦参议院、某一州政府或州代议机关提出请求的情况下，联邦宪法法院对第七十二条第 4 款中联邦法律规定是否不再具备第七十二条第 2 款所指的必要性或第一百二十五条 a 第 2 款第 1 句中是否不得再颁布联邦法律进行裁判。对不再具备必要性或不得再颁布联邦法律的确认，取代依据第七十二条第 4 款或第一百二十五条 a 第 2 款第 2 句所制定的联邦法律。仅当依据第七十二条第 4 款或第一百二十五条 a 第 2 款第 2 句制定的法律草案被联邦议院否决，或 1 年内未对其进行讨论并作出决议，或相应的法律草案被联邦参议院否决时，才允许依据第 1 句提出请求。

3. 此外，联邦宪法法院还审理联邦法律指定的其他案件。

第九十四条

1. 联邦宪法法院由联邦法官和其他成员组成。联邦宪法法院的成员，半数由联邦议院选举产生，半数由联邦参议院选举产生。他们既不得为联邦议院、联邦参议院、联邦政府的成员，亦不得为州相应机关的成员。

2. 联邦法律规定联邦宪法法院的组织和程序，并规定在何种情形下作出的裁判具有法律效力。联邦法律可规定，以先前穷尽全部法律诉讼手段作为提出宪法诉讼的条件，并规定一种特别受理程序。

第九十五条

1. 对于普通法院体系、行政法院体系、财税法院体系、劳动法院体系和社会法院体系，联邦相应设立联邦最高法院、联邦行政法院、联邦财税法院、联邦劳动法院和联邦社会法院为联邦各个最高法院。

2. 主管各项事务领域的联邦部长与法官选任委员会共同决定上述法院法官的任用，法官选任委员会由各州主管各项事务领域的部长和由联邦议院选出的同等数量的成员组成。

3. 为维护司法的统一性，对于第 1 款所列各个法院，设立一个联合审判委员会。具体细则由联邦法律予以规定。

第九十六条

1. 联邦可设立一个联邦法院审理保护工业产权案件。

2. 联邦可为武装部队设立军事刑事法院作为联邦法院。此类法院只能在防御状态下对被派遣到外国或军舰上乘载的武装部队成员行使审判权。具体细则由联邦法律予以规定，此类法院属于联邦司法部长职权范围，法院的专职法官须具备法官资格。

3. 第 1 款和第 2 款所指法院的最高法院为联邦最高法院。

4. 对属于公法服务关系的人员，联邦可设立联邦法院进行有关惩戒程序和申诉程序。

5. 对于下列刑事诉讼程序，经联邦参议院批准的法律可规定由州法院行使联邦法院的审判权：

（1）种族屠杀；

（2）违反人道的国际刑事犯罪；

（3）战争犯罪；

（4）其他可能扰乱各国人民和平相处的行为和具有此种意图的行为（第二十六条第 1 款）；

（5）颠覆国家。

第九十七条

1. 法官独立行使职权，只服从法律。

2. 专职法官和按照计划最终任用的法官在任职期届满前，只能在依据法律规定的理由和方式作出司法裁判后，方可违背其本人意愿予以免职，或予以长期或暂时停职、调职或令其退职。可通过立法规定终身制法官的退休年龄。法院机构或法院辖区发生变更时，法官可被调至其他法院任职，或退职，但应保留其全部薪酬。

第九十八条

1. 联邦法官的法律地位应由专门的联邦法律予以规定。

2. 联邦法官在履行公务时，或者在履行公务之外违反基本法原则或州宪法秩序的，联邦宪法法院可根据联邦议院的请求，以三分之二多数命令将该法官调任其他职务或令其退休。属故意违法的，可予以免职。

3. 州法官的法律地位由专门的州法律予以规定，除非第七十四条第 1 款第（27）项另有规定。

4. 各州可规定州司法部长与法官选任委员会联合决定各州法官的任用事宜。

5. 对于各州法官，各州可制定类似第 2 款的规定。现行州宪法不受此影响。法官弹劾案件由联邦宪法法院裁判。

第九十九条

州内的宪法争议可由州法律委托联邦宪法法院裁判，亦可委托第九十五条第 1 款所述的各负责终审裁判的最高法院就应适用州法所发生的争议进行裁判。

第一百条

1. 法院认为裁判案件所依据的法律违反宪法时，应中止审理程序，如该法律违反州宪法，则应征求有关主管宪法争议的州法院作出的裁判意见，如该法律违反本基本法，则应征求联邦宪法法院作出的裁判意见。这同样适用于州法律违反本基本法，或州法律与联邦法律相抵触的情形。

2. 诉讼中对某一国际法规定是否构成联邦法的组成部分或是否直接对个人产生权利和义务发生疑义时（第二十五条），法院应征求联邦宪法法院的裁判意见。

3. 如州宪法法院在解释基本法时欲偏离于联邦宪法法院或他州宪法法院的裁判，则该州宪法法院应征求联邦宪法法院的裁判意见。

第一百零一条

1. 不得设立特别法院。不得剥夺任何人接受法定法官审判的权利。
2. 只有依照法律才得设立审理专门案件的法院。

第一百零二条

废除死刑。

第一百零三条

1. 在诉讼中人人享有听证权。
2. 对行为的刑事处罚，以作出该行为前法律已规定的处罚为限。
3. 依据普通刑事法律，任何人不得因同一行为遭受多次刑罚。

第一百零四条

1. 只有依据正式法律，并按照法律中规定的方式，方可限制人身自由。不得在精神上或身体上虐待被拘禁的人员。
2. 只有法官才得就是否准许剥夺自由和剥夺自由的期限作出裁判。未依据法官命令剥夺自由的，应立即取得法官裁判。警察依据自己的绝对权力予以拘留的，拘留时间不得超过逮捕后次日的结束。具体细则由法律予以规定。
3. 凡因涉嫌犯罪而暂时被拘留的，最迟在拘留后次日提交法官，法官须告知拘留理由，作出审讯并给予受拘留人辩驳的机会。法官须立即颁布说明逮捕理由的逮捕令，否则命令释放。
4. 法官就有关剥夺自由的命令和剥夺自由的期限所作出的任何裁判，均应立即通知被拘留人的亲属或其信任之人。

第十章　财政制度

第一百零四条 a

1. 除本基本法另有规定外，联邦和各州应分别负担履行各自任务所需的支出。

2. 联邦委托各州管理事务的，联邦负担相关支出。

3. 联邦法律规定提供资金并由各州执行的，可规定联邦负担全部或者部分费用支出。如该法律规定联邦负担支出一半或者更多，则由联邦委托执行该法律。

4. 由各州负责执行的或依据第 3 款第 2 句由联邦委托各州执行的联邦法律，若规定各州负有向第三人提供资金、有价实物或类似的服务义务且所需支出由各州承担，须经联邦参议院批准。

5. 联邦和各州承担各自机关的行政开支并相互保证有秩序的行政管理。具体细则由联邦法律予以规定并取得联邦参议院的批准。

6. 联邦和各州依据国内管辖权和任务分配承担德国违反超国家法或国际法义务所产生的经济负担。在欧盟进行跨国财政修订的情况下，联邦和各州分别承担 15% 和 85% 的经济负担。在这种情况下，各州整体对应一般分配比例团结一致地承担全部负担的 35%；引发这些经济负担的州承担全部负担的 50%，对应其获得资金的额度按比例分摊。具体细则由联邦法律规定，但须经联邦参议院批准。

第一百零四条 b

1. 在本基本法赋予联邦立法权限的情况下，联邦可以针对各州和市镇（市镇联盟）具有特别重要意义的投资提供财政援助，只要这一援助为下列事项所必要：

（1）防止整体经济的平衡遭到破坏；

（2）平衡联邦境内不同的经济实力；

（3）促进经济增长。

当发生自然灾害或不寻常的紧急情况，国家失去控制且国家财政状况受到严重破坏时，联邦可以不受第 1 句的约束，在不具备立法权限的情况下提供财政援助。

2. 具体事项，特别是所要促进投资的方式，由须经联邦参议院批准的联邦法律予以规定或基于联邦预算法由行政协议予以规定。资金提供是有期限的，并定期审查其使用情况。财政援助以款项逐年递减的形式实施。

3. 联邦议院、联邦政府和联邦参议院在被要求的情况下应被告知措施的执行和所取得的成果。

第一百零五条

1. 联邦对关税和国家垄断经营有专属立法权。

2. 如其余税收的全部或部分属联邦所有，或具备第七十二条第 2 款所指条件，联邦对其享有竞合立法权。

2a. 地区消费税和奢侈物品税不与联邦法律规定属同类的，各州享有立法权。各州享有规定土地购置税税率的权限。

3. 规定税收的全部或部分属各州或市镇所有的联邦法律，须取得联邦参议院的批准。

第一百零六条

1. 国家垄断经营收益和下列赋税收入属于联邦所有：

（1）关税；

（2）根据第 2 款规定不属于州所有的、根据第 3 款规定不属于联邦和各州共享的或根据第 6 款规定不属市镇所有的消费税；

（3）道路货物运输税、机动车税以及其他涉及机动车的交通税；

（4）资本流通税、保险税和票据税；

（5）一次性财产税和为平衡负担而征收的平衡负担税；

（6）所得税和法人税的附加税；

（7）在欧洲共同体范围内的赋税。

2. 下列赋税收入属于各州所有：

（1）财产税；

（2）遗产税；

（3）根据第 1 款规定不属于联邦所有的或根据第 3 款规定不属于联邦和州共享的交易税；

（4）啤酒税；

（5）赌场税。

3. 所得税、法人税和流转税的收入属联邦和各州共享（共享税收），但第5款所指所得税收入和第5a款所指流转税收入属市镇所有的除外。联邦和各州各享所得税和法人税的一半。联邦和各州享有流转税收入的比例由联邦法律予以确定并取得联邦参议院的批准。确定流转税分享比例时应遵循如下原则：

（1）在经常性收入的范围内，联邦和各州享有同等的要求补偿其必要支出的权利。计算有关支出额度时应结合多年期财政计划予以考虑。

（2）对联邦和各州的补偿需要，应予以相互协调，以达成公正平衡，避免纳税义务人的负担过重并保证在联邦领域内生活条件的统一。

1996年1月1日之后由于在所得税法中要考虑到子女因素引起的税收欠额，在确定联邦和州对流转税的分享比例时，应一并考虑。具体细则由第3句所指联邦法律予以规定。

4. 联邦和各州的收支比例发生重大变化时，应重新确定联邦和各州享有流转税的比例；根据第3款第5句在确定流转税分享比例时，已一并考虑的税收欠额在此不作考虑。各州因联邦法律而增加额外的支出或减少收入时引起的财政负担如属短期性质，经联邦参议院批准，可由联邦法律规定采用联邦财政拨款予以平衡。该法律中应规定财政拨款的计量原则及向州分配的原则。

5. 市镇获得部分的所得税收入，其由各州依据各市镇居民缴纳所得税的数额予以分配。具体细则由联邦法律予以规定并取得联邦参议院的批准。此项法律可规定由市镇确定其所分得所得税部分的税率。

5a. 自1998年1月1日起，市镇享有一定比例的流转税收入。各州依据与地方和经济实力挂钩的计算分配办法向市镇转移营业税收入。具体细则由联邦法律予以规定并取得联邦参议院的批准。

6. 地产税和工商税收入属于市镇所有，地方消费税和高档消费品税的收入属于市镇所有，或依照州法律属于市镇联盟所有。市镇有权在法定范围内确定地产税和工商税的税率。州没有市镇的，地产税和工商税以及地方消费税和高档消费品税的收入属于州所有。联邦和各州可通过分摊计划享有工商税收入。有关分摊计划的具体细则由联邦法律予以规定并取得联邦参议院的批准。根据州法，地产税和工商税以及市镇享有的所得税和流转税收入部分可作为分摊计划的计量基数。

7. 在州分享到的联邦和州共享税总收入中，市镇和市镇联盟按照由州法规定的一定百分比获得收入。除此之外，州法就市镇（市镇联盟）是否或在多大程度上享受州税收入作出规定。

8. 联邦要求在个别州或市镇（市镇联盟）设立的特别机构，直接导致该州或该市镇（市镇联盟）支出增加或收入减少（即特别负担）时，如不能期待该州或市镇（市镇联盟）承担此类特别负担，则联邦应给予必要补偿。设立特别机构给州或市镇（市镇联盟）带来的第三人补偿费用和财政方面的收益在联邦给予补偿时应一并考虑。

9. 市镇（市镇联盟）的收入和支出，也被视为本条所指的州的收入和支出。

第一百零六条 a

自1996年1月1日起，各州从联邦税收收入中获得用于公共短途客运交通的款项。具体细则由联邦法律予以规定并取得联邦参议院批准。在依据本基本法第一百零七条第2款计量财政能力时，第1句所指款项应不予考虑。

第一百零六条 b

自2009年7月1日起，基于机动车税转至联邦，各州从联邦税收中获得一部分款项。具体细则由联邦法律予以规定，但须经联邦参议院批准。

第一百零七条

1. 州税收入以及各州从所得税、公司所得税所分得部分，只要上述税收属于财务机构在相应各州界域内实际征得，便属于各州所有（地方税收）。经联邦参议院批准，联邦法律就法人税、工资所得税对地方收入的界限及分配方式和分配范围予以具体规定。该法律还可规定其他税种中的地方税收的界限和分配。各州依其居民数分享流转税收入；土地购置税要考虑税收能力。

2. 该法律应确保各州不同的财政能力获得适当平衡；也应考虑到市镇（市镇联盟）的财政实力和财政需要。该法律应规定各州应有之财政平衡请求权或财政平衡义务的条件以及提供财政平衡额度的标准。其还可规定，联邦从自有资金中拨款给财政能力不足的州以覆盖其一般的财政需要（补充拨款）。

第一百零八条

1. 关税、财税垄断、由联邦法律规定的包括进口流转税在内的消费税、机动车税、自2009年7月1日起其他装有发动机的交通工具的交易税以及欧洲共同体范围内的各种赋税，均由联邦财税机关管理。此类机关之组织由联邦法律予以规定。若设立中级行政机关，须征得州政府同意后任命其主管。

2. 其余赋税由州财税机关管理。此类机关的组织与公务员的统一培训，可由经联邦参议院批准的联邦法律予以规定。如设立中级行政机关，则征得联邦政府同意后任命其主管。

3. 若州财税机构管理全部或部分须上缴联邦的税赋收入时，该机构以受联邦委托之身份进行管理。适用第八十五条第3款和第4款规定时，联邦政府职权由联邦财政部长行使。

4. 如能使税法实施得以重大改善或更加便利，联邦法律经由联邦参议院批准后，可规定联邦和各州财税机关在管理税赋方面进行合作，可规定本条第1款之税收由州财税机关管理，其他税收则由联邦财税机关管理。对于全部属于市镇（市镇联盟）收入的赋税，各州可将属于州财税机关的管理权全部或部分转交给市镇（市镇联盟）。

5. 联邦财税机关须适用的财政程序由联邦法律规定。州财税机构的适用程序和本条第4款第2句中市镇（市镇联盟）的适用程序，可由经联邦参议院批准的联邦法律予以规定。

6. 财税司法由联邦法律予以统一规定。

7. 如管理权属于州财税机构或市镇（市镇联盟），联邦政府经由联邦参议院批准后可颁布一般行政条例。

第一百零九条

1. 联邦和各州的财政预算相互独立、互不依赖。

2. 联邦和各州共同履行欧洲共同体基于欧洲共同体成立条约第一百零四条赋予德意志联邦共和国遵守财政预算纪律之义务，并在此范围内实现整体经济平衡之要求。

3. 联邦和各州预算原则上应当在不进行贷款的情况下保持收支平衡。联邦和各州可在经济繁荣和衰退时期，基于考虑非正常状况下经济增长所产生的影响而制定规范，以及针对导致国家失控、并对国家财政造成极大损害的自然灾害或异常紧急状况作出例外规定。例外规定中须规定相应的偿还条款。第一百一十五条对此作出具体规定并提出标准，即若贷款收入未超出名义国民生产总值的 0.35%，视做符合本款第 1 句之要求。各州在其宪法权限范围对各州预算作出具体规定并提出标准，即仅当规定不准许贷款时，才为符合本款第 1 句的要求。

4. 联邦法律经由联邦参议院批准后，可以就预算法、符合经济发展的预算经济以及若干年财政计划确定联邦和各州共同适用的基本原则。

5. 欧洲共同体成立条约第一百零四条关于遵守预算纪律的规定所引发的制裁，由联邦和各州按 65 比 35 的比例承担。各州按照各自人口数集体承担州一级所负担的总制裁数额的 35%；其余 65% 由各州按各自所引起责任的程度予以负担。具体事项由联邦法律经由联邦参议院批准后予以规定。

第一百零九条 a

为避免财政预算危机，联邦法律经由联邦参议院批准后对下述事项予以规定：

（1）由联邦和各州共同组建之委员会（稳定委员会）继续观察联邦与州的预算经济情况；

（2）确定存在威胁性预算危机的前提条件和程序；

（3）制定和实施经济振兴计划以避免预算危机的基本原则。

稳定委员会决议及其咨询资料应当予以公布。

第一百一十条

1. 联邦一切收入与支出均须编入财政预算计划；涉及联邦企业和特别财产时，只需编入拨款额或上缴款额。预算计划必须保持收支平衡。

2. 编制预算计划当以一个或以若干个财政年度为单位，于第一个财政年度开始前由预算法予以规定。对于预算计划的部分内容，可规定按财政年度划分的不同期间分别有效。

3. 第2款第1句规定的法律提案以及修改预算法、预算计划的提案，在提交联邦议院的同时亦提交于联邦参议院。联邦参议院有权在6周内对此提案、3周内对预算修改提案发表意见。

4. 只有涉及联邦收支及预算法适用期间的内容，才可纳入预算法。预算法可规定其条款直至下一部预算法公布之时或经第一百一十五条授权于更晚时刻失效。

第一百一十一条

1. 某个财政年度结束时而下一年度的预算计划尚未由法律确定，联邦政府在新预算计划生效前有权就以下事项履行一切必要支出：

（1）维持依法设立的机构的运转以及实施依法决定的措施；

（2）履行合法订立的联邦义务；

（3）如上一年预算计划已批准相关款项，使得建筑工程、采购和其他给付得以继续，或支付以此为目的的补助。

2. 如依据特别法从租税或其他来源或企业准备金获得的收入无法覆盖第1款所规定的支出，联邦政府可通过贷款方式筹措必需资金以维持经济运转，最高贷款额可达上一预算计划最后总额之二分之一。

第一百一十二条

超计划和计划外支出须征得联邦财政部长同意。同意只有在出现不可预见和无法避免情况下方可作出。具体细则由联邦法律规定。

第一百一十三条

1. 如法律将导致增加预算计划中联邦政府建议的支出、导致新支出或将来会产生新支出，其制定须征得联邦政府同意。如法律导致减少收入或引起将来减少收入，其制定也须征得联邦政府同意。联邦政府可要求联邦议院终止此类法律的决议。此种情况下联邦政府应于 6 周内向联邦议院呈递意见书。

2. 联邦政府可于联邦议院决议通过该法律后 4 周内要求联邦议院重新作出决议。

3. 如该法律已依据第七十八条规定生效，联邦政府只有在事先启动第 1 款第 3、4 句和第 2 款规定的程序时，才可在 6 周内表示拒绝同意。逾期者视为同意。

第一百一十四条

1. 联邦财政部长应在下一财政年度中向联邦议院和联邦参议院报告当年收入与支出以及资产与负债情况，以免除联邦政府责任。

2. 联邦审计署的成员享有法官的独立地位。联邦审计署负责审查账簿以及审查有关预算执行和经济执行是否符合经济节省原则和法律规定。联邦审计署除向联邦政府报告工作外，还须直接向联邦议院和联邦参议院作年度工作报告。联邦审计署的其他职权由联邦法律予以规定。

第一百一十五条

1. 可能引起未来财政年度支出的贷款、担保、一般保证和其他类型保证，需要联邦法律作出已确定额度或可确定额度的授权。

2. 收入与支出原则上须在没有贷款情况下取得平衡。如果贷款没有超过名义国民生产总值的 0.35%，视做符合原则。此外，在非正常经济增长时应均匀考虑经济繁荣和衰退对预算所产生的影响。若实际贷款不同于本款第 1 句至第 3 句允许的贷款额度，则需要记入监控账户；若负担超过名义国民生产总值的 1.5%，应依据经济发展情况予以偿还。具体事宜，特别是以财政交易，考虑到以经济形势扭转程序为基础的经济发展而计算年度净贷款上限的程序，审查以及补贴实际贷款与规定上限之间差额为目的结清收支，由联邦法律予以规定。当自然灾害或异常紧急情况可能导致国家失控并对国家财政造成重大损害时，可以依据联邦议员之多数决议超越贷款限额。决议须与偿付计划联系。根据本款第 6 句所吸收之贷款须在一个合适时间内偿还。

第十章之一　防御状态

第一百一十五条 a

1. 联邦领域是否受到武力攻击或者是否直接面临此类攻击的危险（防御状态）由联邦议院征得联邦参议院批准后予以确定。此项确定须由联邦政府提出申请，并须获得联邦议院三分之二多数投票的同意且同意票数至少为联邦议员总数的一半以上。

2. 如情况紧急需立即采取行动，而联邦议院基于不可克服之障碍无法及时召集会议，或者联邦议院不具备决议能力，由联合委员会以投票数之三分之二多数同意且同意票占全体成员的半数以上，作出此项确定。

3. 联邦总统根据第八十二条规定将此项确定公布于联邦法律公报。如不能及时采取上述公告方式，则以其他方式公告；一旦情况允许，应当将此项确定补载于联邦法律公报。

4. 如联邦领域已经遭受武力攻击而联邦主管机构未能依照第 1 款第 1 句规定及时确定防御状态，则视为攻击开始之时已经作出并公布了此项确定。一旦情况允许，联邦总统应立即宣布此项确定。

5. 如防御状态的确定事宜已经公告且联邦领域遭受武力攻击，联邦总统在征得联邦议院同意后，可就防御状态的存续发表国际法上的声明。若符合第 2 款规定的前提，由联合委员会代为行使联邦议院的职权。

第一百一十五条 b

自防御状态公告时起，武装力量的命令和指挥权移转给联邦总理。

第一百一十五条 c

1. 在防御状态下,联邦也享有属于州立法权限的竞合立法权。此类法律须经联邦参议院的批准。

2. 防御状态下如有必要,联邦法律可规定以下事项:

(1) 对征收财产作出偏离第十四条第 3 款第 2 句规定的临时性补偿规则;

(2) 对剥夺自由事宜,如法官在正常期限内不能履行职务,可规定偏离于第一百零四条第 2 款第 3 句和第 3 款第 1 句规定,但最多不超过 4 日之期限。

3. 为防止正在发生或者直接面临的攻击之需要,联邦法律经联邦参议院批准后,可就防御状态对联邦和各州行政和财政事务作出偏离于第八章、第八章之一和第十章的规定,但同时须保护各州、市镇和市镇联盟的生存能力,尤其考虑财政方面的生存能力。

4. 第 1 款和第 2 款第 1 项所指联邦法律,可基于实施准备目的在进入防御状态之前予以适用。

第一百一十五条 d

1. 在防御状态下,联邦立法权的行使可偏离第七十六条第 2 款、第七十七条第 1 款第 2 句和第 2 款至第 4 款、第七十八条和第八十二条第 2 款的规定而适用第 2 款和第 3 款。

2. 联邦政府提出为紧急事项的提案时,应在提交联邦议院的同时将提案提交联邦参议院。联邦议院和联邦参议院应立即讨论该法案。如某项法律须征得联邦参议院批准,该项法律的通过须获得联邦参议院一半以上的表决票数的同意。具体细则由联邦议院制定的须经联邦参议院批准的议事规则予以规定。

3. 对此类法律公布的事宜,相应适用第一百一十五条 a 第 3 款第 2 句的规定。

第一百一十五条 e

1. 如联合委员会在防御状态下以投票数的三分之二多数、委员会成员一半以上的多数通过决议，确认联邦议院遇到不可克服的障碍而难以及时召集会议或确定联邦议院不具备决议能力，则联合委员会取得联邦议院和联邦参议院的地位并统一行使两院的职权。

2. 联合委员会通过的法律不得对基本法进行修改或使其全部或部分失效或停止适用。联合委员会无权颁布基本法第二十三条第 1 款第 2 句、第二十四条第 1 款和第二十九条所规定的法律。

第一百一十五条 f

1. 在防御状态下，联邦政府在情势需要时：

（1）可以在全联邦领域内启用联邦边防部队；

（2）可以对除联邦行政机关外的各州政府发出指令，若认为情况紧急，也可对各州行政机关发出指令以及可以将此项权力委托给联邦政府指定的州政府成员。

2. 若采取第 1 款规定的措施，应立即向联邦议院、联邦参议院和联合委员会报告。

第一百一十五条 g

联邦宪法法院及其法官的宪法地位以及其对宪法任务的履行不受侵犯。唯有联邦宪法法院也认为出于保证其履行职能有修改必要时，才可由联合委员会通过法律对联邦宪法法院法进行修改。此项法律颁布前，联邦宪法法院可采取必要措施以保证法院的运行能力。第 2 句和第 3 句规定的决议，由联邦宪法法院以出席法官数的二分之一多数票通过。

第一百一十五条 h

1. 如联邦议院或各州议会的当选任期在防御状态期间届满，其任期在防御状态结束 6 个月后终止。如在防御状态期间联邦总统任期届满，或者联邦总统提前卸任而由联邦参议院议长代行总统职权，总统任期于防御状态结束 9 个月后终止。如联邦宪法法院成员在防御状态期间任期届满，其任期于防御状态结束 6 个月后终止。

2. 如联合委员会认为存在重新选举联邦总理的必要，可以其成员三分之二多数选出新联邦总理；联邦总统向联合委员会提名候选人。联合委员会唯有以其成员三分之二多数选出联邦总理继任者，才可对联邦总理提出不信任案。

3. 在防御状态存续期间不得解散联邦议院。

第一百一十五条 i

1. 如联邦主管机构没有能力采取必需措施以抵御危险，且形势紧急迫使联邦某些组成部分须立即采取单独行动，州政府或受其指定的机构或受委托人有权在各自主管领域采取第一百一十五条 f 第 1 款规定之措施。

2. 依据第 1 款规定所采取的措施可由联邦政府随时撤销，各州机关或联邦下属机关采取的措施，各州州长亦可随时撤销。

第一百一十五条 k①

1. 在第一百一十五条 c、第一百一十五条 e 和第一百一十五条 g 所指的法律以及依据这些法律颁布的行政法规的适用期间，与其抵触的法律停止适用。此项规定不适用于以前依据第一百一十五条 c、第一百一十五条 e 和第一百一十五条 g 所制定的法律。

2. 联合委员会通过的法律和依据此类法律颁布的行政法规，最迟于防御状态结束 6 个月后失效。

3. 偏离第九十一条 a、第九十一条 b、第一百零四条 a、第一百零六条、第一百零七条规定的法律，其最长有效期为防御状态结束后的第二个财政年度末。在防御状态结束后，此类法律经联邦参议院批准，可由联邦法律予以修改，作为以第八章之一和第十章规定之过渡。

第一百一十五条 l

1. 经联邦参议院批准，联邦议院可随时废止联合委员会通过的法律。联邦参议院可要求联邦议院对此作出决议。如联邦议院和联邦参议院作出相关决议，联合委员会或联邦政府为抵御危险所采取的其他措施当被

---

① 编者注：原文无第一百一十五条 j。

废止。

2. 经联邦参议院批准，联邦议院可随时通过联邦总统宣告防御状态结束。联邦参议院可要求联邦议院对此作出决议。如确定防御状态的前提条件不复存在，应当立即宣告防御状态终止。

3. 和平条约的缔结由联邦法律予以决定。

第十一章　过渡及最后条款

第一百一十六条

1. 除法律另有规定外，本基本法所指德国人，指拥有德国国籍者，或于1937年12月31日以后在德意志帝国境内以德意志民族难民或被驱逐者身份或作为此类人员的配偶、后裔被接受的人员。

2. 在1933年1月30日至1945年5月8日期间，基于政治、种族或宗教原因被剥夺德国国籍的原德国国籍人及其后裔，可通过申请重新获得德国国籍。如他们于1945年5月8日之后在德国拥有住所且没有表示相反意愿，则视为未丧失国籍。

第一百一十七条

1. 与第三条第2款相抵触的法律，在调整以适应本基本法规定之前仍然有效，但最长不得超过1953年3月31日。

2. 基于目前住宿紧缺，有关限制迁徙自由的法律在由联邦法律予以废除之前仍然有效。

第一百一十八条

涉及巴登、符腾堡—巴登和符腾堡—霍恩佐伦的地区的重新划分可以偏离第二十九条的规定，由相关各州协商解决。如不能达成协议，由联邦法律规定重新划分方案，此项联邦法律须规定举行民意调查。

第一百一十八条 a

涉及柏林州和勃兰登堡州地区的重新划分，可偏离第二十九条规定，在选举权人参与下由两州协商解决。

第一部分　宪法、全国性涉党法律

第一百一十九条

有关难民和被驱逐者，尤其涉及各州安置分配的事务，在联邦法律作出规定前，经联邦参议院批准，联邦政府可发布具有法律效力的行政法规。联邦政府可被授权针对特殊情形发布个别指令。除非有延误危险，指令须发给各州最高行政机关。

第一百二十条

1. 依照联邦法律的进一步规定，联邦承担占领费用以及其他内部和外部的战争后果负担。此类战争后果负担，已经在1969年10月1日前由联邦法律予以规范的，联邦和各州按此类联邦法律的标准承担相应的费用。至今尚未经联邦法律规范的战争后果负担，截至1965年10月1日已由各州、市镇（市镇联盟）或其他执行各州、市镇任务的机构承担的，这一日期之后，联邦也无义务承担此类支出。联邦承担对包括失业保险和失业救济在内的社会保险提供补贴。本款有关联邦和各州之间战争后果负担的分配，不影响战争后果赔偿权的法律规定。

2. 联邦开始承担支出的同一时间点开始，有关收入也转移给联邦。

第一百二十条 a

1. 经联邦参议院批准，有关战后负担平衡的执行性法律可以规定，在平衡负担支付领域，有关法律部分由联邦执行，部分由各州受联邦委托执行，根据第八十五条属于联邦政府和主管的联邦最高行政机关的权限全部或部分地委托给联邦负担平衡局。联邦负担平衡局行使此项权限时，无须获得联邦参议院批准；除紧急情况外，其应当向州最高行政机关（州负担平衡局）发出指令。

2. 第八十七条第3款第2句的规定不受影响。

第一百二十一条

本基本法所指的联邦议院成员和联邦大会成员的多数，是指它们法定成员数量的多数。

第一百二十二条

1. 自联邦议院第一次会议起,法律只能由本基本法所认可的立法机关决议通过。

2. 立法机关和立法咨询机构,在其职权依据第 1 款终止的同时,予以解散。

第一百二十三条

1. 联邦议院第一次会议前颁布的法律,在不与本基本法相抵触的限度内,继续有效。

2. 德意志帝国缔结的国际条约所涉及事务根据基本法属于州立法机关的权限范围的,如该条约根据一般法律原则具有效力并且继续有效,则在有关主体的权利不受侵犯、它们不提出异议的情况下,在本基本法规定主管机关缔结新条约之前,或者该条约由有关条款规定条约终止前,该条约继续有效。

第一百二十四条

所调整事项属于联邦专属立法权范围的法律,在其适用范围内,构成联邦法律。

第一百二十五条

对属于联邦竞合立法权限范围的事项进行调整的法律满足下列条件的,在其适用范围内构成联邦法律:

(1) 在一个或几个占领区内统一适用;

(2) 该法律在 1945 年 5 月 8 日之后对之前的帝国法律予以修改。

第一百二十五条 a

1. 以联邦法律形式颁布的,但因为第七十条第 1 款的修改、第八十四条第 1 款第 7 句、第八十五条第 1 款第 2 句或第一百零五条第 2a 款第 2 句的增加或者因为第七十四条 a、七十五条或者第九十八条第 3 款第 2 句的废除而现在不能再作为联邦法律颁布的法律规定,作为联邦法律继续有效。它们可以通过州法律予以取代。

2. 根据至 1994 年 11 月 15 日之前有效的基本法版本的第七十二条第 2 款的规定颁布的，但是因为第七十二条第 2 款的修改现在不能再作为联邦法律予以颁布的法律规定，作为联邦法律继续有效。联邦法律可规定，可由州法律替代这些法律规定。

3. 以州法律形式颁布的，但是因为第七十三条的修改而不能再作为州法律颁布的法律，作为州法律继续有效。它们可通过联邦法律予以取代。

第一百二十五条 b

1. 基于至 2006 年 9 月 1 日之前有效的基本法版本第七十五条颁布的，在这之后也能继续作为联邦法律予以颁布的法律规定，作为联邦法律继续有效。各州的立法权限和义务在此范围内继续存在。各州可就第七十二条第 3 款第 1 句提及的领域作出另行规定；就第七十二条第 3 款第 1 句第（2）项、第（5）项和第（6）项涉及的领域，只有当联邦在 2006 年 9 月 1 日以后已行使其立法权限时，各州才可作出另行规定；第（2）项和第（5）项最迟自 2010 年 1 月 1 日以后；第（6）项最迟自 2008 年 8 月 1 日以后。

2. 基于至 2006 年 9 月 1 日有效的基本法的第八十四条第 1 款颁布的联邦法律规定，各州可对此作出不同规定；2008 年 12 月 31 日前颁布的行政程序规定，仅当其在 2006 年 9 月 1 日后于各自的联邦法律中予以修改时，各州才得对此作出不同规定。

第一百二十五条 c

1. 基于至 2006 年 9 月 1 日有效的基本法的第九十一条 a 第 2 款以及第 1 款第（1）项颁布的法律直至 2006 年 12 月 31 日有效。

2. 基于至 2006 年 9 月 1 日有效的基本法的第一百零四条 a 第 4 款颁布的有关乡镇交通资助和社会房资助的法规直至 2006 年 12 月 31 日有效。根据乡镇交通资助法第 6 条第 1 款制定的有关乡镇交通特别项目资助以及其他基于至 2006 年 9 月 1 日有效的基本法的第一百零四条 a 第 4 款制定的法规，在无提前失效时间规定时，直至 2019 年 12 月 31 日有效。

第一百二十六条

就法律作为联邦法律是否继续有效的问题产生分歧时,由联邦宪法法院予以裁判。

第一百二十七条

在本基本法公布后的 1 年内,在联合经济区域的行政管理法律根据第一百二十四条或第一百二十五条的规定仍作为联邦法律继续有效的情况下,经有关州政府同意,联邦政府可在巴登、大柏林、莱茵兰—普法尔茨和符腾堡—霍恩佐伦等州实施这些法律。

第一百二十八条

继续有效的法律规定了第八十四条第 5 款意义上的指令权的,在法律另行作出规定之前,有关指令权继续有效。

第一百二十九条

1. 作为联邦法律继续有效的法律中规定颁布行政法规、一般行政规定或采取行政行为的权限的,有关权限转移到今后主管机关。发生疑问时,联邦政府与联邦参议院协商一致作出决定;有关决定应予公开。

2. 作为州法律继续有效的法律规定了这些权限的,有关权限由州法规定的主管机关行使。

3. 第 1 款和第 2 款意义上的法律规定以法律以外的形式对其进行修改、补充,或者规定制定法律以外的规范的,这些规定失效。

4. 法律规定提及不再有效的规定或者不复存在的机构的,第 1 款和第 2 款相应适用。

第一百三十条

1. 非根据州法律或者州际协议设立的行政机关和其他服务于公共行政或司法的机构,德国西南部铁路管理联合会和法国占领区邮政电讯管理委员会,均隶属于联邦政府。经联邦参议院批准,联邦政府规范这些机构的改编、解散或清理。

2. 联邦主管部长对上述行政机关和机构的成员行使最高纪律惩戒权。

3. 非直属州或非根据州协议设立的公法机构和组织，均接受主管的联邦最高行政机关的监督。

第一百三十一条

1945 年 5 月 8 日具有公职身份的人员，包括难民和被驱逐者在内，因公务员法或劳资合同法以外的原因离职且迄今未复职，或就任岗位与他们原有职位不相当的，其法律关系应由联邦法律予以调整。对于在 1945 年 5 月 8 日享有公职退休金请求权的人员，包括难民和被驱逐者，因公务员法或劳资合同以外的原因现在未能领取退休金或相应退休待遇的人员，上述规定相应适用。在联邦法律实施前，不得主张权利，除非州法律另有规定。

第一百三十二条

1. 在本基本法生效时被终身任命的公务员和法官，如果个人或专业能力达不到所任公职要求，可在联邦议院第一次召集会议后的 6 个月之内作出退休、待命或调任较低职位等处理。对于不能辞退的职员，此项规定相应适用。对于劳动合同可解除的职员，可以超过劳资规定的解雇保护期在统一期限内解除劳动合同。

2. 对于"消除国家社会主义和军国主义"的规定不涉及的公职人员，或者被认可的纳粹受害人，上述规定不适用，但存在本人主观上的重大原因的除外。

3. 利害关系人可以根据第十九条第 4 款提起诉讼。

4. 具体事务由联邦政府的行政法规予以规定，该行政法规应经联邦参议院批准。

第一百三十三条

联邦继受联合经济区域行政机关的权利和义务。

第一百三十四条

1. 帝国财产原则上转变为联邦财产。
2. 如帝国财产按其原来目的主要用于行政任务，而依据本基本法规定有关行政任务不是由联邦承担，则财产应无偿转移给今后承担相关行政任务的主体；如果帝国财产当前并非临时性地用于根据基本法由州承担的行政任务，有关财产应当无偿转移给各州。联邦也可以将其他财产转移给各州。

3. 各州和市镇（市镇联盟）以前无偿提供给帝国的财产，在联邦不需要将其用于完成自身行政任务的限度内，则应归还给各州和市镇（市镇联盟）。

4. 具体事务由经联邦参议院批准的联邦法律予以规定。

第一百三十五条

1. 在1945年5月8日后至本基本法生效前，某一地区的州属关系发生变更的，则该地区属于原州的财产，为该地区现在所属州所有。

2. 不复存在的州和其他公法机构或组织所拥有的财产，其原来目的主要用于行政任务的，或现在主要用于而非临时性用于完成行政任务的，应将此项财产转移给今后完成该任务的州或公法机构或组织。

3. 不复存在的州的不动产，包括其附着物，转移给现该不动产所在的州，但不动产属于第1款情形的除外。

4. 联邦重大利益或某一地区的特别利益需要时，联邦法律可以作出偏离第1款至第3款的规定。

5. 此外，在1952年1月1日之前未能通过有关州或公法机构和组织之间协议解决的法律继承和纠纷，由经联邦参议院批准的联邦法律予以调整。

6. 前普鲁士州在私法企业的股份转移给联邦。具体细则由联邦法律予以规定，该法律也可以作出其他规定。

7. 根据第1款至第3款应当转移给某州或某公法机构或组织的财产，在本基本法生效前，有关权利主体通过州法律、根据州法律或以其他方式已处分有关财产的，则财产转移视为发生在处分行为之前。

第一百三十五条 a

1. 根据第一百三十四条第4款和第一百三十五条第5款规定的联邦法

律，可以规定下列债务不予偿还，或者不全额偿还：

（1）帝国的债务，前普鲁士州的债务，其他不复存在的公法机构或组织的债务；

（2）根据第八十九条、第九十条、第一百三十四条及第一百三十五条进行财产转移而产生的、联邦或其他公法机构或组织的相关债务，以及这些权利主体由于第（1）项所指权利主体的措施而产生的债务；

（3）各州和市镇（市镇联盟）于1945年8月1日之前，在帝国承担的或由转移给帝国的行政任务范围内，因为执行占领国命令，或为消除因战争导致的紧急状态而采取措施所产生的债务。

2. 对于德意志民主共和国或其权利主体的债务，以及在德意志民主共和国的财产转移给联邦、州和市镇过程中产生的联邦或其他公法机构或组织的债务，以及德意志民主共和国或其权利主体所采取的措施导致的债务，第1款相应适用。

第一百三十六条

1. 联邦参议院第一次会议应在联邦议院第一次会议之日举行。

2. 在第一任联邦总统选出之前，联邦参议院议长行使联邦总统的职权。联邦参议院议长不享有解散联邦议院的权力。

第一百三十七条

1. 公务员、公职职员、职业军人、有一定服役期限的自愿军人和法官在联邦、各州和市镇中的被选举权可以通过法律予以限制。

2. 联邦共和国第一届联邦议院、第一届联邦大会和第一任联邦总统的选举，适用将由制宪委员会制定的选举法。

3. 基本法第四十一条第2款规定的联邦宪法法院职权，在其设立之前由联合经济区域德国高级法院行使，裁判根据其程序规定进行。

第一百三十八条

巴登、巴伐利亚、符腾堡—巴登和符腾堡—霍恩佐伦州现有公证机构的变更，需要相关州政府的批准。

第一百三十九条

为了"在德国人民中消除国家社会主义和军国主义"而制定的法律规定，不受本基本法的影响。

第一百四十条

1919年8月11日的德国宪法第一百三十六条、第一百三十七条、第一百三十八条、第一百三十九条和第一百四十一条是本基本法的组成部分。

第一百四十一条

州法律在1949年2月1日另有规定的，基本法第七条第3款第1句在该州不适用。

第一百四十二条

州宪法的规定所保障的基本权利符合基本法第一条至第十八条的，仍然有效，不受第三十一条的影响。

第一百四十三条

1. 最迟在1992年12月31日之前，基于情况不同而不能完全实现本基本法秩序的，德国统一条约第三条所指地区的法律可以偏离本基本法规定。有关偏离性规定不得违反第十九条第2款，并须与第七十九条第3款所述原则一致。

2. 最迟在1995年12月31日之前，有关法律可以偏离于第二章、第八章、第八章之一、第九章、第十章和第十一章的规定。

3. 德国统一条约第四十一条及其实施细则规定在条约第三条所指地区采取的财产权干预措施是不可撤销的，继续有效，不受第1款和第2款的影响。

第一百四十三条 a

1. 属于联邦行政的联邦铁路向经济企业转制有关事宜，属于联邦专属立法权范围。第八十七条 e 第5款相应适用。对于联邦铁路的公务员，在保证其法律地位和上级责任的前提下,可指派给私法形式的联邦铁路。

2. 第 1 款所指法律由联邦执行。

3. 现有联邦铁路的短途客运任务在 1995 年 12 月 31 日之前由联邦履行。有关铁路行政的任务也是如此。具体事宜由联邦参议院批准的联邦法律予以规定。

第一百四十三条 b

1. 德国联邦邮政的特别财产根据联邦法律的规定转变为私法的企业。对于由此产生的相关事务,联邦享有专属立法权。

2. 对于转制以前联邦的排他性权利,可制定联邦法律,由其规定,在一段过渡时期内,这些权利授予德国联邦邮政和德国联邦邮政解散后产生的企业。联邦在原德国联邦邮政局的继任企业邮政服务公司的多数资本,最早可以在法律生效 5 年后予以放弃。放弃时须通过经联邦参议院批准的联邦法律。

3. 在德国联邦邮政工作的联邦公务员,在保证其法律地位和上级责任的前提下,可在私人企业予以录用。此类企业行使上级的权力。具体事宜由一项联邦法律予以规定。

第一百四十四条

1. 本基本法在其首先实施的州,应当得到三分之二的州议会的通过。

2. 基本法在第二十三条列举的各州或一州部分地区的适用受到限制的,该州或该地区有权根据第三十八条的规定选派代表参加联邦议院,并根据第 51 条的规定选派代表参加联邦参议院。

第一百四十五条

1. 制宪委员会在大柏林议员的参与下,在公开会议中确认本基本法通过,签署并予以公布。

2. 本基本法于公布之日结束时生效。

3. 本基本法应在联邦法律公报上公布。

第一百四十六条

在德国的统一和自由实现之后,本基本法适用于所有德国人民,并于德国人民以自由决定通过的宪法生效之日失效。

(本文根据德国联邦议会官方网站上的文本翻译,译文摘自《世界各国宪法》,中国检察出版社2012年版)

(陈征、李忠夏、谢立斌、赵宏、赵真、黄卉、张慰、喻文光 译)

附：

德意志共和国宪法（魏玛宪法）[1]

(1919年7月31日德国国民大会通过，1919年8月11日生效)

德意志人民同宗同心，为重建与巩固自由、公正之德国，追求国内、国际之和平，促进社会之进步，兹制定此宪法。

第一编 联邦之组织及其职责

第一章 联邦与州

第一条

德意志国为共和国。

国家权力来自人民。

第二条

德意志国疆域由德意志各州领土组成。若其他地区人民通过行使自决权表达加入意愿，该地区可通过联邦法律归入德国版图。

第三条

国旗颜色为黑、红、金三色。商旗颜色为黑、白、红三色，并于右上

---

[1] 译者注：《魏玛宪法》自1919年8月11日生效后，分别于1920年8月6日、同年12月27日、1921年3月24日、1922年10月27日、1923年12月15日、1924年3月18日、1926年5月22日、1932年12月17日先后修改过八次，译者此处翻译的是1919年的初始版本。

角配以国旗。

第四条

普遍认可之国际法规则，为具有拘束力之德国法组成部分。

第五条

国家法权，涉及联邦事务者由联邦机关依据联邦宪法行使，涉及各州事务者由各州机关依据州宪法行使。

第六条

联邦就以下事务享有专属立法权：

（一）外交；

（二）殖民地；

（三）国籍，自由迁徙，移居国内外之移民制度，引渡；

（四）国防；

（五）货币；

（六）关税，关税区与贸易区之统一，货物流通自由；

（七）邮局、电报与电话。

第七条

联邦就以下事务享有立法权：

（一）民法；

（二）刑法；

（三）司法程序，包括刑罚执行及政府机关间的职务协助；

（四）护照，外事警察；

（五）扶贫，流浪者救助；

（六）出版、结社与集会；

（七）人口政策，母亲、婴儿与青少年保护；

（八）公共卫生，兽医制度，植物虫害防护；

（九）劳动法，劳动者、雇员之保险与保护，职业中介；

（十）全国职业代表机关之设立；

（十一）参战者及其遗孤之救助；

（十二）财产征收法；

（十三）自然宝藏、经济企业之社会化，以及公共经济物品之制造、生产、分配与定价；

（十四）贸易，度量衡标准，纸币发行，银行与交易所；

（十五）饮食品、享乐品以及日用必需品交易；

（十六）工商业与矿业；

（十七）保险业；

（十八）航海，公海、沿海渔业；

（十九）铁路，内河航运，水陆空机动车运输业，以及涉及公共交通与国防事务之道路建设；

（二十）戏剧与电影业。

第八条

联邦还享有征收租税及其他收入之立法权，只要该收入之全部或部分归联邦使用。若联邦征收迄今为止属于各州管辖之租税或其他收入，应顾及各州生存能力之维持。

第九条

若有统一法律之需要，则联邦就以下事务享有立法权：

（一）公共福利之维护；

（二）公共秩序、公共安全之保护。

第十条

联邦可以通过立法规定以下事务之基本原则：

（一）宗教团体之权利与义务；

（二）包括高校在内的学校制度，学术出版业；

（三）一切公法社团之公务员法；

（四）土地法，土地分配，定居与家宅法，土地所有权责任，住房建设及人口分布；

（五）丧葬制度。

第十一条

联邦必要时可通过立法确定是否允许各州开征租税及租税种类之原则，以维护社会重要利益，排除以下弊害：

（一）损害联邦收入或联邦贸易关系；

（二）重复征税；

（三）对使用公共交通道路与设备者征收过重或造成妨碍交易之税费；

（四）州际贸易或州内区际贸易中歧视外来产品，对其实行不同于本地产品之租税标准；

（五）支付出口补贴。

第十二条

联邦不行使或尚未行使之立法权，各州可行使之。该规定不适用于联邦专属立法权。

各州针对本法第七条第（十三）项规定对象所立之法，若有损于德意志国共同福祉，联邦政府可行使否决权。

第十三条

联邦法优先于州法。

若对州法律是否符合联邦法律存在疑义或不同意见，联邦或州一级主管机关可依据某项联邦法律之相似规定，诉请联邦最高法院作出裁判。

第十四条

联邦法律由各州机关施行，除非联邦法律另有规定。

第十五条

联邦政府就联邦享有立法权之事务行使监督权。

若联邦法律由州行政机关施行，联邦政府可颁布一般指令。联邦政府可以派遣特派员到各州政府机关总部，并可经后者同意后派遣委员到州政府下级机关，监督联邦法律之实施。

若州政府在实施联邦法律时发现法律瑕疵，则经联邦政府请求后负有义务排除之。若双方存在意见分歧，联邦政府与州政府均可诉请德意志国家法院予以裁判，除非联邦法律指定其他法院管辖。

第十六条

被联邦委派于各州直接执行联邦行政任务之公务员，通常为本州公民。执行联邦行政事务之公务员、职员与劳动者希望留在家乡工作的，只要条件允许且不违反教育或职务要求，应使其留在家乡工作。

第十七条

各州必须拥有一部拥护自由国家之宪法。人民代表须由德国全体男女公民，以普遍、平等、直接、秘密方式，按比例选举原则选举产生。各州政府需要获得人民代表的信任。

上述人民代表选举原则亦适用于乡镇社区选举。但州法律可以规定，唯有在当地居住满 1 年者方可获得乡镇代表选举权。

第十八条

联邦划分各州疆域时应充分尊重相关人民之意志，以使其最大限度地发挥自身经济、文化能力。变更各州疆域或于德国疆域内建立新州，联邦须事先制定修宪性法律。

若直接相关之各州表示同意，则联邦仅需制定普通联邦法律。

若相关各州中仅一州表示反对，但疆域变更或建立新州计划来自人民意志，且符合联邦重大利益，亦只需制定普通联邦法律。

人民意志以公民投票方式确定。分离区域内若有三分之一国民议会选举人提出公投诉求，联邦政府须颁布指令举行公投。

变更州疆域及建立新州之决议，须获得五分之三投票人且至少半数以上选举权人同意。即使分离区域仅涉及普鲁士州、巴伐利亚州一部分领土，或仅涉及其他州相应行政辖区一部分领土，仍须根据相关各区域全体人民之意志作出决议。若分离区域与全区无直接地理联系，决议可依据联邦特别法仅取决于分离区域居民之意志。

确认人民已表示同意后，联邦政府须向国民议会提交相关法律草案以供决议。

若区域合并或分离引发财产分割争议，则由德意志国家法院应一方当事人申请作出裁判。

第十九条

若某州内部产生宪法争议而该州无相应管辖法院，或州与州、联邦与州之间产生非民事性质之纠纷，德意志国家法院应一方当事人申请作出裁判，除非其他联邦法院具有管辖权。

总统执行德意志国家法院裁决。

第二章 国民议会

第二十条

国民议会由德国人民选举之议员组成。

第二十一条

国民议员代表全体人民。议员仅服从其良心而无须受委托约束。

第二十二条

议员由年满 20 周岁之男女，根据比例选举原则，以普遍、平等、直接、秘密之方式选举产生。选举日须为星期日或公共休息日。

相关细则由《联邦选举法》规定。

第二十三条

国民议会任期为 4 年。新一届选举须最迟于任期届满后第 60 日举行。

国民议会首次会议最迟于选举后第 30 日举行。

第二十四条

国民议会于每年 11 月第一个星期三在联邦政府所在地召开大会。若总统或至少三分之一的联邦议员提出要求，国民议会议长须提前召集大会。

国民议会决定本次议会闭会，并确定下次开会日期。

第二十五条

总统可以解散国民议会，但出于同一原因只能解散一次。

新一届选举最迟于国民议会解散后第 60 日举行。

第二十六条

国民议会选举议长、副议长及书记长。国民议会制定其议事规则。

第二十七条

两次大会或两届议会任期之间，前次大会议长、副议长继续履行其职务。

第二十八条

议长行使议会处所权与警察权。议长负责议会行政事务；有权依照联邦预算标准管理议会收支，并在一切法律行为、法律争议中代表联邦。

第二十九条

议会议事须公开进行。经 50 位议员动议且获三分之二的议员同意，议事可以不公开。

第三十条

国民议会、各州议会及其委员会在其公开议事时所提交之真实报告，不产生任何责任。

第三十一条

国民议会内设立选举审查法庭。该法庭就议员是否丧失议员资格作出裁决。

选举审查法庭之组成人员分别为，由国民议会选举产生、任期等同于议员任期之国民议员，以及由联邦行政法院院长推荐、总统任命之联邦行政法院法官。

选举审查法庭经由三位国民议员与两位法官以公开、口头方式进行审理后作出裁决。

除选举审查法庭进行口头审理外，审查程序其余部分由总统任命之联邦特派员执行。程序细则由选举审查法庭制定。

第三十二条

国民议会之决议须获得简单多数同意，除非宪法作出其他规定。议事规则可对国民议会内部选举作出例外规定。

决议能力由议事规则规定。

第三十三条

国民议会及其委员会可以要求总理及各联邦部长出席议会会议。

总理、部长及其聘用之特派员均有权列席国民议会及其委员会议事会议。各州有权派遣全权代表出席会议，表明对会议审议事项之立场。

政府代表可在议事过程中请求发言，联邦政府代表还可就会议议程外事项请求发言，会议必须允许其发表意见。

代表须服从议长主持之议事秩序。

第三十四条

国民议会可设立调查委员会，若五分之一的议员申请则必须设立。此类委员会于公开审理时就其或申请人认为必需之证据进行取证。调查委员会可以三分之二多数意见排除公开审理。该委员会议事程序及委员人数由议事规则规定。

法院及行政机关负有义务配合委员会取证；经后者要求，须提交相关政府文案。

委员会、经委员会请求之政府机关提取证据时，可参照《刑事诉讼法》精神适用相关规定，但书信、邮政、电报及电话秘密权不受此限制。

第三十五条

国民议会设立常务外交委员会，该委员会于国民议会闭会期间以及上届国民议会任期届满或被解散至新一届国民议会产生期间，继续履行外交职务。该委员会不进行公开议事，除非三分之二的委员作出予以公开之决议。

国民议会另设常务委员会，以确保人民代表在闭会期间以及一届任期结束后对联邦政府仍享有的权利。

该委员会享有与调查委员会同等的权利。

第三十六条

国民议员或州议员于任何时候，不得因其行使投票权或为履行职务发表意见而受到司法迫害或职务迫害，也不得在会场外被追究责任。

第三十七条

任何国民议员、州议员未经其所属议会许可，会议期间不得因其涉嫌犯罪而被审问或拘捕，除非该议员在犯罪现场或最迟于犯罪发生第2日被拘捕。

其余各种限制人身自由、从而妨碍其履行议员职责之措施，均须获得同等许可。

任何针对国民议员或州议员之刑事程序、拘捕及其他限制人身自由之措施，经议员所属议会要求，应于会议期间予以中止。

第三十八条

国民议员或州议员，对于他人基于其议员身份或在其履行议员职责期间所知事项，以及就其本人事务，有权拒绝作证。即便涉及书证没收措施，议员亦享有等同于法定作证拒绝权之权利。

国民议会或州议会场所内实施搜查或没收措施，须获得议长同意方可实行。

第三十九条

公务员、军职人员履行其国民议员或州议员职务时，无须请假。

他们若竞选相关议席，应允予其准备竞选所需之假期。

第四十条

国民议员有权免费乘坐任何德国铁路车辆，并依据联邦法律获得相应补偿。

第三章 总统与联邦政府

第四十一条

总统由全体德国人民选举产生。

年满 35 周岁之德国人均有被选举权。

相关细则由联邦法律规定。

第四十二条

总统就职时，向议会作如下宣誓：

本人宣誓，将尽全力为德国人民谋福祉，增进其利益，预防其蒙受危害，遵守德国宪法与法律，恪守良心以履行义务，并待人以公道。

可以附加宗教宣誓。

第四十三条

总统职务任期为 7 年。经选举得以连任。

若国民议会提出申请并经人民公决通过，可在总统任期届满前辞退之。

国民议会之申请决议须获得三分之二多数同意。决议一经成立，总统不得继续履行职务。若人民公决反对辞退总统，视为总统重新当选，国民议会因此予以解散。

总统未经国民议会同意不受刑法追究。

第四十四条

总统不得同时为国民议员。

第四十五条

总统在国际法上代表德意志国。他以德意志国名义与外国缔结联盟及其他条约。总统派遣并接待公使。

宣战、停战决议由联邦法律规定。

若与外国缔结之盟约或条约涉及联邦法律规定之对象，须征得国民议会同意。

第四十六条

总统任免联邦文职、军职官员，除非法律另有规定。总统可以将任命权、免职权交由其他政府机关行使。

第四十七条

总统执掌全军最高命令权。

第四十八条

若州政府不履行德国宪法或联邦法律赋予之义务，总统可以使用武力强迫其履行。

当德国公共安全、公共秩序遭到严重干扰或危害时，总统可采取紧急措施以恢复公共安全与秩序，必要时可诉诸武力。总统藉此目的可临时废止本宪法第一百一十四条、第一百一十五条、第一百一十七条、第一百一十八条、第一百二十三条、第一百二十四条及第一百五十三条所确立之全部或部分基本权利。

任何依据本条第1、2款采取之措施，总统须不加延迟地知会国民议会。上述措施经国民议会要求须予以废止。

各州政府遭遇危险延误时可临时采取本条第2款规定之措施。该措施经国民议会要求须予以废止。

相关细则由联邦法律规定。

第四十九条

总统代联邦行使大赦权。

联邦大赦须由联邦法律规定。

第五十条

总统颁布之任何命令与处分，包括国防事务在内，均须经联邦总理或主管部长联署后方得生效。经联署后，联署者承担责任。

第五十一条

总统行使职务受阻时，先由总理代理。若预计受阻时间较长，相关代理事宜由联邦法律规定。

总统任期提前届满、新选举尚未举行期间，适用前款规定。

第五十二条

联邦政府由德国总理、部长组成。

第五十三条

总理、总理提名之联邦部长,其任免权由总统行使。

第五十四条

总理、各部长履行职务须获得国民议会信任。若国民议会明确作出不信任决议,总理及全体部长必须辞职。

第五十五条

总理为联邦政府首脑,依据由联邦政府制定并经总统批准之议事规则领导工作。

第五十六条

总理制定政治纲领,并对国民议会负责。各部长在政治纲领框架内独立主持各部工作,并独立向国民议会负责。

第五十七条

各部长须向联邦政府提交所有法律草案、宪法及法律所规定事项,以及涉及多个部长工作领域且部长之间存有不同意见之问题,以供联邦政府讨论、决议。

第五十八条

联邦政府作出决议须经多数票同意。若赞成票与反对票票数相等,则由主席投票决定。

第五十九条

国民议会有权向德意志国家法院起诉总统、总理及部长,主张其违反德国宪法或联邦法律并负有过错。诉讼申请须由至少 100 名国民议员联名署名并获等同于法定修宪票数之同意。相关细则由《德意志国家法院法》规定。

第四章 参政院

第六十条

为使德国各州在联邦立法、行政中得以代表,设立参政院。

第一部分　宪法、全国性涉党法律

第六十一条

各州在参政院至少拥有一票。较大州每一百万人口分配一票。余数不少于最小州居民数者，以一百万计算。各州代表数均不得超过总票数之五分之二。

德意志奥地利国合并于德意志国后，有权参加参政院并依其居民数取得相应投票数。奥地利国代表于合并前享有咨询投票权。

参政院依据每次人口普查结果重新确定各州票数。

第六十二条

参政院内由代表组成各委员会，各州不得于任何委员会取得一票以上投票权。

第六十三条

各州派遣政府成员作为参政院代表。但普鲁士州的一半票数，由普鲁士各地方行政机关依州法律规定之标准予以分配。

各州有权向参政院派遣与所分配之投票数相同数额之代表。

第六十四条

若联邦政府三分之一的成员提出要求，则必须召集参政院会议。

第六十五条

参政院及其各委员会主席，由联邦政府成员担任。联邦政府成员有权出席参政院会议，若参政院提出要求，则负有出席义务。议事期间政府成员可随时要求发表意见。

第六十六条

联邦政府及参政院代表在参政院享有动议权。

参政院制定议事规则规范工作秩序。

参政院全体大会须公开举行。商议某些事项可依照议事规则不予公开。

投票决议实行简单多数原则。

第六十七条

联邦各部应随时向参政院通报日常执政情况。商议重大事项时应邀请参政院相应主管委员会参加。

第五章 联邦立法

第六十八条

法律案由联邦政府、国民议会各单位提出。

联邦法律由国民议会制定。

第六十九条

政府提交立法案，须经参政院同意。若联邦政府与参政院意见不能达成一致，联邦政府仍可提交立法案，但须同时提交参政院的不同意见。

若联邦政府不同意参政院提交之立法案，仍须向国民议会提交该立法案并附其不同意见。

第七十条

总统必须签署依照宪法所制定之法律，并在1个月内将之公布于《国家法律公报》。

第七十一条

联邦法律，除非另有规定，自《国家法律公报》于首都发行后第14日生效。

第七十二条

若国民议会三分之一的议员要求延时，联邦法律须延时2个月后公布。若国民议会与参政院将其宣布为紧急法律，总统可忽略上述要求而公布之。

第七十三条

若总统于国民议会通过法律后1个月内决定将法律交付人民公决，该法律当于公布前进行人民公决。

若国民议会中不少于三分之一的议员动议延期公布法律，而二十分之一的选民申请人民公决，则该法律应当交付人民公决。

若十分之一的选民动议某项法律草案，亦须举行人民公决。实施此项人民动议前须拟就完善的法律草案。草案由政府附加政府意见后提交于国民议会。若国民议会不作任何修改地接受法律草案，则无须举行人民公决。

唯总统提出动议，方可就财政预算计划、租税法律及俸给事项举行人民公决。

人民公决与提案程序由联邦法律规定。

第七十四条

参政院有权否决国民议会通过之法律。

否决意见须于国民议会决议后 2 周内向联邦政府提出，若有延期理由，可最多再延期 2 周。

法律被否决后可再次交付国民议会予以表决。若国民议会与参政院意见仍不能达成一致，则总统可于 3 个月内就意见分歧部分举行人民公决。若总统不行使该权利，该法律视为不通过。若国民议会经参政院否决后再次以三分之二多数通过该法案，总统必须于 3 个月内公布国民议会通过之法案文本，或者举行人民公决。

第七十五条

若多数选民参与公决，该公决可废止国民议会决议。

第七十六条

宪法可通过法律予以修正。唯有三分之二的国民议员出席国民大会且至少三分之二的出席者投票赞同，国民议会方可作出修宪决议。参政院作出修宪决议亦须获得三分之二的投票者赞同。若人民提出修宪动议且举行公决，唯多数选民投票赞同时，修正案方可通过。

若国民议会不顾参政院否决再次通过宪法修正案决议，但参政院于两周内提出人民公决动议的，总统则不得公布该修正案。

第七十七条

实施联邦法律所需之一般行政规则,除非法律另有规定,由联邦政府颁布。若实施联邦法律属于州政府职权,则行政规则须经参政院同意。

第六章 联邦行政

第七十八条

外交事务专属于联邦。

属于州立法范围之事务,各州可与外国缔结条约;条约须经联邦批准。

与外国缔结变更德国国界之合约,须经相关州同意后由联邦缔结之。变更国界须依据联邦法律进行,除非变更仅仅涉及修正无人居住区边界。

若各州因与外国保持特殊经济关系或与外国相邻而引发利益冲突,为保障各州利益,联邦应征得相关州同意后设置必要机构并采取一切必要措施。

第七十九条

国防事务专属于联邦。德国人民兵役制度,其设置须考虑各州居民特殊情况,由联邦法律统一规定之。

第八十条

殖民事务专属于联邦。

第八十一条

所有德国商船组成统一商船队。

第八十二条

德意志国组成统一关税区及商业区,由共同关税边界环绕之。

关税边界等同于德国对外之国界。海域区由大陆海岸及德国领土所属岛屿构成关税边界。海域及其他水域之关税线路可作例外规定。

外国领土或其部分领土可通过国际条约或合约并入德国关税区。

部分领土可基于特别情况而排除于关税区外。若自由港被排除于关税区之外,此情况唯通过修宪性法律方可撤销。

关税区以外地区,可通过国际条约或合约并入外国关税区。

德国境内得以自由交易之一切天然物产、工业品及艺术品,可在各州及各乡镇社区边界输入、输出或通过。例外情况须由联邦法律规定。

第八十三条

关税与消费税由联邦机关管理。

联邦机关管理联邦租税事务时应当设置相应机构,以使各州有机会维护本州农工商业之特别利益。

第八十四条

联邦通过法律规定以下事务:

(一)设立必要之州级租税管理机构,从而统一、平等地实施《联邦租税法》;

(二)监督《联邦租税法》执行机构之设置及其权限;

(三)联邦与各州之结算事务;

(四)执行《联邦租税法》所需管理成本之支付。

第八十五条

联邦一切收入与支出必须按财政年度制作预算并列之于财政计划书中。

财政预算计划须于财政年度开始前由法律确定之。

支出许可通常以 1 年为限;特殊情况下可延长许可时间。此外,《联邦预算法》保函规定超过会计年度或者与联邦支付、管理无关之条款。

国民议会未经参政院同意不得在财政计划书中提高或重新计划支出金额。

参政院同意意见可根据宪法第七十四条规定予以替代。

第八十六条

任何联邦收入之使用,由联邦财政部长在下一财政年度内向参政院及国民议会提交决算,以免除联邦政府负担。财务审计由联邦法律规定。

第八十七条

唯有特别需要且通常情况下唯以收入为目的而支出时，方可以贷款方式集资。此类增添联邦负担之集资及其担保承诺，唯基于联邦法律方可进行。

第八十八条

邮政、电报及电话业为联邦专属事务。

全德国境内统一邮票面值。

联邦政府征得参政院同意后颁布规章命令，对使用通讯设施之基本原则与费率作出规定。联邦政府征得参议院同意后可将此权限委托于联邦邮政部长。

联邦政府征得参政院同意后设立顾问委员会，共商邮政、电报、电话及费率事务。

唯联邦可与外国缔结通讯条约。

第八十九条

联邦负有责任，将公用铁路收归国有并视其为统一交通机构予以管理。

若联邦提出要求，则各州必须将买受私人铁路之权利移交于联邦。

第九十条

各州向联邦移交铁路时，须同时移交铁路征收权及与铁路相关之国家公权。相关权限产生争议时由德意志国家法院予以裁决。

第九十一条

联邦政府经参政院同意后就铁路建筑、经营与交通事务颁布规章命令。此权限可由联邦政府经参政院同意后委托于联邦主管部长。

第九十二条

联邦铁路之预算、决算列入联邦一般预算、决算中，但联邦铁路仍作为独立经济企业予以管理，铁路须自行承担包括偿付利息及铁路债务在内的支出，并须自行储备铁路公积金。债务偿还金额、公积金金额及其使用目的，由特别法规定。

第九十三条

联邦政府征得参政院同意后设立顾问委员会，共商铁路交通及其运价事务。

第九十四条

若联邦亲自管理某地区公用铁路，则该地区内唯有联邦及其许可者方可新建公用铁路。若新筑或变更原有联邦铁路将涉及州警察管辖事务，则决策前应听取州政府关于此段铁路之管理意见。

联邦尚未接管之铁路，若出于公用或国防需要，则即使该铁路经过之各州提出反对意见，联邦亦可在各州主权不受侵犯前提下，依照联邦法律自行建筑或委托他人执行，必要时可以委以征收权。

铁路管理均须自行承担与他人铁路接轨之费用。

第九十五条

非联邦管理之公用铁路，须接受联邦监督。

受联邦监督之铁路，须依照联邦确定之统一原则建筑与装备。建筑方法须符合安全营业标准与交通要求。客运与货运标准须符合实际需求。

铁路运费之监督须以费率均衡及争取最低费率为目的。

第九十六条

包括非公用铁路在内的一切铁路，若联邦基于国防需要而使用之，必须执行联邦发布之相关命令。

第九十七条

联邦负有职责将公用河道收为国有并予以管理。

公用河道收归国有后，唯联邦及其许可者方可施工或扩建。

联邦管理、扩建及新建河道，须与各州达成一致意见，并确保满足各州农业、水利经济需求。联邦改良河道时亦须履行上述义务。

若该河道经营者承担相应费用，任何河道管理机构均须许可其他河道与之连接，连接内陆河道与铁路时亦须履行上述义务。

河道交付后联邦取得征收权、运费定价权及水上与船舶警察权。

各河道建设协会所负责之莱茵河、威悉河、易北河水域之天然河道，其扩建任务由联邦接管。

第九十八条

联邦政府征得参政院同意后制定具体规章，据此成立河道顾问委员会，共商河道事务。

第九十九条

唯用于改善交通之工程、设备及机构建设，方可征收天然河道费。为建设国家、地方社区机构所征收之费用，不得高于建设、维持机构所需成本。若相关机构还负有改善交通以外的其他任务，则仅可按合理比例征收船运费。利息与债务偿还所需费用算入建设成本。

为建设运河、运河机构及港口机构而征收税费者，适用前款规定。

计算内陆船运税费时，可将某一河道、流域、河道网之总成本作为计算基础。

上述规定同样适用于驶于航运河道之木筏。

唯有联邦有权对外国船只及其货物运载征收其他种类或更高的税费。

若为维持、扩建德国河道网而筹集资金，联邦可以通过法律要求航运参与人以另外方式缴纳费用。

第一百条

为负担内陆航道之维持、建造，可以通过联邦法律向以非航运方式使用水坝者征收税费，前提是多个州参与水坝建设或建筑费用由联邦承担。

第一百零一条

联邦负有职责，将一切航标，尤其灯标、灯塔船、浮标瓶、浮标、信标收归国有并予以管理。接管后唯有联邦及其许可者可生产、扩建航标。

第七章　司　法

第一百零二条

法官独立，仅服从于法律。

第一百零三条

普通司法裁判权由联邦法院和州法院行使。

第一百零四条

普通法院法官终身任职。未经法官本人同意，唯有通过法院裁判并依据法定理由、法定方式，方可永久或暂时撤销其任职、分派于其他岗位或使其退休。立法机关可以确定法官退休年龄。

若基于法律临时撤销法官任职，则不受前款规定限制。

若法院设置或管辖区发生变更，则州司法行政机关有权不经法官同意，将其派往其他法院或取消其职务，但须维持原有俸金。

商事法官、参审员与陪审员不适用上述规定。

第一百零五条

不得设立非常法庭。任何人不得被剥夺受法定法官裁判之权利。战争法庭、临时军事法庭之法律规定不受上述规定限制。取消军事名誉法庭。

第一百零六条

取消军事法庭，除非处于战争时期或者军舰内。相关细则由联邦法律规定。

第一百零七条

联邦与州须依据法律设立行政法院，以保护个人不受行政机构命令、处分之侵害。

第一百零八条

依照联邦法律设立德意志国家法院。

第二编　德国人民之基本权利与基本义务

第一章　个　人

第一百零九条

德国人民在法律面前人人平等。

男女公民原则上拥有相同之公民权利与义务。

源于出身或阶层之公法上特权与劣势，予以废止。不再授予贵族称号，既有者仅可作为姓名组成部分。

名衔仅授予公职或职业；学位不受此限制。

国家不得授予勋章与荣誉奖章。

任何德国人均不得接受外国政府授予之名衔及勋章。

第一百一十条

取得与丧失德国国籍与州籍，须依照法律进行之。各州成员同时也是德意志国成员。

任何德国人在其他各州拥有与该州公民相同之权利与义务。

第一百一十一条

任何德国人均有权在全国境内自由迁徙。均有权在德国任何地方停留、定居、购买土地，以及从事任何食品业经营。限制须由联邦法律规定。

第一百一十二条

任何德国人均有权移居国外。唯有通过联邦法律方可对移居国外作出限制。

任何德国人在面对外国时，不论在国内或国外，均有权请求联邦保护。

任何德国人均不得被交予外国政府接受追捕或刑罚。

第一百一十三条

德国境内有使用外语者，不得通过立法或行政手段损害其符合民族特性之自由发展，尤其不得损害其在教育、内务管理及司法程序中使用母语之权利。

第一百一十四条

人身自由不受侵犯。公权力唯有基于法律规定方可侵害或剥夺公民人身自由。

剥夺人身自由者，须最迟于第二日告知被剥夺者剥夺决议机关及剥夺理由；应不加延迟地向被剥夺者提供机会，使其能够针对剥夺行为及时提出反对意见。

第一百一十五条

住宅于任何德国人均为其自由居所地，不受侵犯。例外情况唯有基于法律规定方被许可。

第一百一十六条

任何行为唯有行为前已有法律对此作出刑罚规定，方可处以刑罚。

第一百一十七条

通信秘密以及邮件、电报与电话秘密不受侵犯。例外情况唯有通过联邦法律方被许可。

第一百一十八条

任何德国人在一般法律限制内，均有权通过言语、文字、印刷、图画或其他方式自由表达意见。任何工作、雇佣关系均不得妨碍公民行使该项权利，任何人不得因行使此项权利而遭受不利待遇。

不得施行审查制度，但电影可以由法律作出例外规定。为反对色情、垃圾文学，以及为在公共展览场所及戏院内保护青少年权益，亦可采取法律措施。

第二章　共同生活

第一百一十九条

婚姻作为家庭生活及维持、延续民族之基础，享受宪法特别保护。婚姻以男女权利平等为基础。

保持家庭纯洁、健康以及对其进行社会改良，属于国家、乡镇社区之职责。多子女家庭有权要求给予充分照顾。

母亲有权要求国家给予保护与照顾。

第一百二十条

教育子女使其身心健康并具有社会能力,属于父母最高义务及自然权利,教育行为受公法团体监督。

第一百二十一条

须制定法律以确保非婚生子女获得与婚生子女相同之身体、精神及社会发展条件。

第一百二十二条

必须保护青少年不受剥削,不受道德、精神及身体的堕落。国家与乡镇社区须设置相应机构。

唯基于法律方可采取强迫性照顾措施。

第一百二十三条

任何德国人均有权举行和平、不携武装之集会,无须申报或经特别许可。

联邦法律可以规定露天集会者负有申报义务,并可禁止直接威胁公共安全之集会。

第一百二十四条

任何德国人,只要其目的不违反刑法,均有权组建社团或团体。此项权利不得通过预防性措施予以限制。上述规定适用于宗教社团与宗教团体。

任何社团均可依据民法规定获得权利能力。不得以社团追求政治、社会或宗教目的为由拒绝授予其权利能力。

第一百二十五条

确保选举自由与选举秘密。相关细则由选举法规定。

第一百二十六条

任何德国人均有权以书面方式向主管机关或人民代表呈递请求与诉愿。此项权利可由一人或多人共同行使。

第一百二十七条

乡镇社区、乡镇联合体在法律限制内享有自治权。

第一百二十八条

全体德国公民均有权无差别地依据法律规定之条件，以及凭借各自能力与贡献担任公共职务。

所有针对女性公务员的例外规定均予废止。

公务员关系之基本框架由联邦法律规定。

第一百二十九条

公务员终身任职，除非法律作出例外规定。退休金、遗属抚养费由法律规定。公务员福利权不受侵犯。公务员财产请求权可诉诸司法程序。

唯依据法定条件与方式，方可临时取消公务员职务，暂时或永久性使其退休，或派遣其到收入有所降低之其他岗位。

裁判任何职务犯罪，均须给予申诉渠道与复审程序。对公务员不利之事实，只有当公务员被给予机会发表意见后，方能登记在册。公务员可以阅读其人事卷宗。

福利权不受侵犯及财产请求权得以诉诸司法救济之权利，尤其亦须确保职业军人之享有之。职业军人之其余地位由联邦法律规定。

第一百三十条

公务员服务于全体人民，而非服务于某个政党。

确保所有公务员享有政治思想自由与结社自由。

公务员依据更为具体的联邦法律规定设立公务员特别代表。

第一百三十一条

若公务员受托执行公务时对第三人未尽应尽之公职义务，原则上由国家或其任职之公法社团承担责任。责任承担者保留对公务员行使追索权。不得排除公务员向普通法院起诉之权利。

具体规则由立法主管机关规定。

第一百三十二条

德国人均负有依法担任名誉职务之义务。

第一百三十三条

任何公民均负有依法为国家与乡镇社区服役之义务。

联邦防御法设立义务兵役制。该法亦规定在多大程度上可限制军人之基本权利,以确保其履行职责及保持军纪。

第一百三十四条

全体德国公民须依照法律及各自财产,按比例负担公共开支。

第三章 宗教与宗教社会

第一百三十五条

德国居民人人享有完全之信仰自由与良心自由。宪法确保宗教活动不受干扰,国家对其提供保护。国家一般立法不受此限制。

第一百三十六条

居民、国民之权利与义务,不得基于其行使宗教自由而附加条件或限制。

居民、国民享有权利以及被允许担任公共职务,与其宗教信仰无关。

任何人均无义务公开其宗教信仰。当权利与义务取决于宗教团体归属或者法定统计需要时,政府机关方可询问其所属之宗教团体。

任何人不得被强迫参加教堂仪式、宗教庆典、宗教演习或进行宗教宣誓。

第一百三十七条

不设国教。

保障宗教结社自由。组建宗教团体行为于德国境内不受任何限制。

任何宗教团体于普遍适用之法律限制内,自主规定与管理其事务。宗教团体自主委任职位,不受国家或居民社区影响。

宗教团体依据一般民法规定取得权利能力。

若宗教团体迄今为止为公法社团，则保留此身份。若其他宗教团体之组织与成员有持续性保障，经申请后可取得同样权利。若多个此类公法宗教社团联合组成联合体，则该联合体亦属于公法社团。

对属于公法社团之宗教团体可以公民纳税人名册为基础，依照各州法律征税。

其他以共同修养世界观为目的之团体，取得与宗教团体同样之地位。

若执行上述规定另需规则，则由州立法机关制定。

第一百三十八条

国家基于法律、合约或特别法权而须向宗教团体履行给付义务的，该义务通过各州立法予以废止。其基本原则由联邦法律规定。

宗教团体与宗教社团以文化、教育及慈善活动为目的而设立机构、财团或其他财产，其所有权及其他权利受到保障。

第一百三十九条

星期日与法定假日为劳作休息日以及精神修养日，受到法律保护。

第一百四十条

保障军人拥有为履行其宗教义务所必需之自由时间。

第一百四十一条

若军队、医院、监狱或其他公共机构需要祷告、灵魂告慰，应允许宗教团体前往举行宗教仪式，但不得实施任何强制。

第四章　教育与学校

第一百四十二条

艺术、科学及其传授，享有自由。国家为其提供保护并参与维护。

第一百四十三条

青少年教育须由公共机构担任。公共机构由联邦、州及乡镇社区共同建设。

教师培训制度应依据普遍适用于高等教育之基本原则,于全国范围内统一规定。

公立学校教师享有国家公务员之权利与义务。

第一百四十四条

一切学校受国家监管;乡镇社区可以参与监管。由专职并受过专业训练之公务员执行学校监管任务。

第一百四十五条

实行普遍义务教育制。该义务原则上由国民学校执行,义务教育包括最少 8 学年小学教育及之后直至 18 周岁之进修学校教育。国民学校、进修学校之课程与学习用品均为免费。

第一百四十六条

设置公立学校须作出系统化安排。须以普通小学面向所有人为基础,之上设立中级与高级学校。学校建设标准取决于生活职业多样性,儿童入学条件取决于入学儿童的天赋与兴趣,而非经济、社会地位或父母的宗教信仰。

若乡镇社区内有教育权人提出申请,只要该申请不损害包括第 1 款规定在内的学校正常经营,则必须设立符合其信仰或世界观之国民学校。应尽量考虑教育权人意愿。相关细则由州立法机关依据联邦法律所确立之基本原则予以规定。

联邦、州与乡镇社区应提供公共资金以方便贫困人员进入中、高级学校,尤其应向适合中、高级学校教育的儿童的父母提供教育补助,直至教育权人完成教育。

第一百四十七条

私立学校为公立学校之补充,须获得国家许可并执行州法律规定。若私立学校的教学目标、教学设置及教师学术水平不弱于公立学校，并且不以父母资产能力区分学生，则必须授予办学许可。若学校不能保障教师经济、法律地位，可以拒绝授予许可。

唯以照顾少数教育权人为目的，且该少数人意愿依据本宪法第一百四十六条第 2 款应当得到照顾、但乡镇社区内没有适合其信仰或世界观之公立国民学校时，或者教育行政机关认为符合某项特殊教育利益时，方可允许设立私立国民学校。

取消私立预备学校。

若私立学校不承担补充公立学校之职能，该私立学校适用现行法律。

第一百四十八条

一切学校应致力于培养学生的道德修养、国民思想、个人及职业能力，并辅之以德意志民族精神以及各民族和谐之精神。

公立学校授课时必须注意，不得侵犯异己思考者的情感。

学校须开设国民常识与劳工课程。学生完成义务教育时各得一册宪法印本。

国民教育机构，包括高等学校在内，应由联邦、各州及乡镇社区共同负担其建设费用。

第一百四十九条

宗教课程属于学校常规教学科目，但无宗教信仰之（世俗）学校除外。相关课程设置须在学校立法范围内规定。宗教课程应符合相关宗教团体之基本原则，但不得损害国家监管权。

如何开设宗教课程以及练习宗教仪式，取决于教师的意思表示；是否参加宗教课程、教会庆典及仪式，取决于有权决定儿童宗教教育之权利人的意思表示。

高等学校神学系得以保留。

第一百五十条

艺术、历史及博物纪念碑以及自然风光，受国家保护和维护。

防止德国艺术品移转至外国，属于联邦之事务。

第五章　经济生活

第一百五十一条

经济生活秩序必须符合正义之基本原则，并以保障人人得以有尊严地生存为目的。在此范围内保障个人经济自由。

唯以实现受害者权利或满足公共福祉之重要需求为目的，方可实行法律强制。

工商业自由依照联邦法律予以保障。

第一百五十二条

经济交易依照法律规定之标准实行合同自由原则。

禁止高利贷。违反公序良俗之法律行为，归于无效。

第一百五十三条

财产权受宪法保障。其内容与限制由法律规定。

征收必须服务于公共利益并具有法律依据。征收须给予合理补偿，除非联邦法律另有规定。因补偿额发生争议时，可向普通法院提起诉讼，除非联邦法律另有规定。联邦征收州、乡镇社区及公益协会之财产，必须提供补偿后方能进行。

财产权负有义务。其使用须同时服务于公共福祉。

第一百五十四条

继承权依据民法规定予以保障。

国家对继承财产所享有之份额，根据法律的相关规定予以确定。

第一百五十五条

根据国家法令监督土地分配与使用，防止相关权利被滥用，并致力于使所有德国公民人人拥有健康住房，保障所有德国尤其多子女家庭，均拥有符合需求之居住与经济场所。制定家宅地产法时须特别照顾参战人员。

若以保障住房、鼓励移民、农田开垦及发展农业为目的，则可以征收地产。家族内的土地财产予以废止。

开发、使用土地，是土地所有者对于社会共同体所负之义务。土地增值，而土地所有者未曾施予劳动或资本投入，该增值部分须用以公共建设。

所有地下矿产及可资经营之自然力，受国家监管。私人特权通过立法转让于国家。

第一百五十六条

联邦可通过法律并给予赔偿后，参照征收法相关规定之精神，将适合社会化之私有经济企业转为公有财产。联邦、州或乡镇社区可以亲自参与管理经济企业、经济协会或采取其他方式，以确保能够施予一定影响。

联邦如有紧急需求且出于公共经济目的，还可以通过法律并以自治为基础，合并经济企业与经济协会；合并目的应当是：保证所有劳动人民均能参与经济生活，雇员、雇主共同参与经济管理，以及根据共同经济基本原则规范经济产品之制造、分配、使用、定价及其进出口。

工商、经济合作社及其联合体经过申请后，可以按其组织与特征并入公共经济。

第一百五十七条

劳动者受联邦特别保护。

联邦制定统一劳动法。

第一百五十八条

智力劳动、著作权、发明权与艺术创作权，享受联邦保护和照顾。

德意志科学、艺术与技术创造，通过国际合约得以在国外受到同样保护。

第一百五十九条

对以维持与改善劳动、职业条件为目的之经济结社自由，无论何人何种职业，均予以保障。任何试图限制、阻碍此项自由之约定或措施，均属违法。

第一百六十条

任何缔结雇佣或劳动关系之雇员及劳动者，为实现其公民权利，以及为行使其公共名誉职务且未给企业造成重大损害的，则均有权获得必要之自由时间。其剩余报酬请求权，由法律规定。

第一百六十一条

为使国民维持健康与工作能力，保护母亲利益以及预防老年人、弱小者以及生活变故者遭受不利经济后果，联邦建设统一的、由被保险者参与共建之保险体制。

第一百六十二条

若关于劳工法律关系之国际规则致力于使全人类劳动阶级的社会权利达到一般最低水平，联邦应加入。

第一百六十三条

任何德国人在不影响其个人自由情况下，均负有按社会福祉要求从事智力、体力劳动之道德义务。

任何德国人均应获得自力更生的机会。对未获得合适工作机会者，应当为其提供必要生活保障。相关细则由联邦特别法规定。

第一百六十四条

对于农工商领域中独立经营的中流企业，立法与行政应予以扶持，保护其不受过重负担或被吞并。

第一百六十五条

应当支持劳动者、雇员平等地与企业主一起商讨制定关于工资、劳动条件以及促使生产力以取得整体经济发展之规则。劳资双方之组织及所立契约均得以承认。

为维护其社会、经济利益，劳动者与雇员在企业劳工委员会、以经济区域划分之区劳工委员会以及联邦劳工委员会中拥有自己的法定代表。

为全面履行经济任务、参与实施各项社会化法律，区劳工委员会、联邦劳工委员会与企业及其他人民团体代表一起，分别组成区经济委员会和联邦经济委员会。区经济委员会和联邦经济委员会之组成，须使所有重要职业团体按其经济、社会之重要性，均得以代表。

法律草案对于社会政治、经济政治具有根本性意义者，联邦政府于呈递议案前，应先交予联邦经济委员会审议。联邦经济委员会有权申请自行提交此类法案。若联邦政府不予同意，仍须向国民议会提交此法案并附不同意见。联邦经济委员会可就此法案选派 1 名委员出席国民议会予以代表。

劳工委员会和经济委员会在其管辖区域内可以被授予监督权与管理权。

劳工委员会、经济委员会之组建、任务及其与其他社会自治团体之关系，为联邦专属事务。

过渡规定与结束规定

第一百六十六条

联邦行政法院设立前，其组建选举审查法庭之职能由联邦法院代为行使。

第一百六十七条

本宪法第十八条第 3 款至第 6 款的规定，于本宪法公布之日起两年后生效。

第一百六十八条

本宪法第六十三条规定之州法律颁布前，普鲁士州在参政院所行使之全部投票权，可由政府成员代为行使，但代理期限最长不超过 1 年。

第一百六十九条

本宪法第八十三条第 1 款的规定，其生效时间由联邦政府确定。

在合理过渡期限内，关税、消费税之征收与管理可由各州依其意愿自行规定。

第一百七十条

巴伐利亚州、符滕堡州之邮政、电报业管理权，最迟于 1921 年 4 月 1 日移交于联邦。

若移交条件于 1920 年 10 月 1 日还未达成一致，由德意志国家法院裁决。

巴伐利亚州、符滕堡州之权利、义务在管理权移交前依然有效。但与邻国交界地区之邮政、电报通讯事务则由联邦法律专属规定。

第一百七十一条

各州所有之铁路、水路及海上标志最迟于 1921 年 4 月 1 日移交于联邦。

若移交条件于 1920 年 10 月 1 日还未达成一致，由德意志国家法院裁决。

第一百七十二条

关于德意志国家法院的联邦法律生效前，该法院职能由 7 人组成的委员会行使，其中 4 位委员由国民议会推选，3 位委员由参政院推选。相关程序由法委会自行规定。

第一百七十三条

在本宪法第一百三十八条规定之联邦法律颁布之前，基于法律、合约或特别法权须向宗教团体履行之国家给付，继续有效。

第一百七十四条

本宪法第一百四十六条第 2 款规定之联邦法律颁布之前，既有法律基础继续有效。若德国境内若干地区依法不按宗教派别设立学校，法律对于这些地区应给予特别注意。

第一百七十五条

1914 年至 1919 年间授予勋章与荣誉奖章者，不适用本宪法第一百零九条的规定。

第一部分　宪法、全国性涉党法律

第一百七十六条

全体公务员、军职人员应对本宪法宣誓。相关细则由总统颁发规章命令予以规定。

第一百七十七条

若现有法律规定需要使用宗教宣誓形式，但宣誓者摒弃宗教形式而仅表达"我宣誓"，此宣誓有效。其余法律规定之宣誓内容不受此限制。

第一百七十八条

1871年4月16日之《德意志帝国宪法》与1919年2月10日之《德国临时行政权法》予以废止。

其余联邦法律、规章命令继续有效，除非与本宪法抵触。1919年6月28日于凡尔赛签署之《和平条约》不受本宪法限制。

依据现有法律以有效方式颁布之行政命令，在被其他行政命令或立法废止前，继续有效。

第一百七十九条

若法律、规章命令引用已被本宪法废止之法条或机构，则废止处由本宪法相关法条及机构代替。尤须注意，国民大会代之以国民议会，州委员会代之以参政院，依照《德国临时行政权法》选举之总统代之以按本宪法选举之总统。

各州委员会依照现有法律所享有之颁布规章命令之权力，须交予联邦政府；若联邦政府颁布规章命令，则须根据本宪法征得参政院同意。

第一百八十条

国民议会召开第一次代表大会前，国民大会视为国民议会。第一任总统就任前，其职务由依照《德国临时行政权法》选举之总统行使。

第一百八十一条

德国人民通过国民大会决议制定本宪法并予以公布。

本宪法于公布之日生效。

总理：艾伯特（Ebert）

部长：鲍尔（Bauer）

艾兹博格（Erzberger）

赫尔曼·米勒（Hermann Müller）

大卫博士（Dr.David）

诺斯克（Noske）

施密特（Schmidt）

施利克（Schlicke）

基斯博茨（Giesberts）

玛雅博士（Dr.Mayer）

贝尔博士（Dr.Bell）

（本文根据1919年《魏玛宪法》初始版本翻译，译文摘自《世界各国宪法》，中国检察出版社2012年版）

（黄卉 译　莫纪宏 校）

德国政党法

[1967年7月24日首次公布（联邦法律公报I第773页），有效期自1967年7月28日起。1994年1月31日新公布（联邦法律公报I第149页），1999年2月17日（联邦法律公报I第146页）和2002年6月28日（联邦法律公报I第2268页）经法律修订，2004年12月22日为最终修订版（联邦法律公报I第3673页）。]

第一章 总 则

第一条 政党的宪法法地位和任务

1. 政党是自由、民主基本秩序在宪法法上的一个必要组成部分，它们通过其自由而持久地参与人民的政治意志形成过程履行《基本法》赋予它们的并且由《基本法》保证的公共任务。

2. 政党主要通过以下途径在公共生活的所有领域参与人民的政治意志形成过程：影响公共舆论的形成，发起和加强政治教育，促进公民积极参加政治生活，培养具有承担公共责任能力的公民，通过提出竞选人参加联邦、联邦州和地方选举，影响议会和政府的政策形成过程，把它们制定的政治目标纳入国家的意志形成过程，以及致力于人民与国家机关之间的持久的、充满活力的联系。

3. 政党以书面形式在其政治纲领中确立其目标。

4. 政党只把它们的资金用于《基本法》以及本法所赋予它们的任务。

第二条　政党的概念

1. 政党是意欲持久地或较长时间地在联邦或一个联邦州的范围内影响政治意志形成过程，并在德国联邦议会或一个州议会参与代表人的公民组成的联合会体，（且）加入这些联合会体根据其总的实际情况，尤其是根据其组织的规模和稳定性、根据其成员的人数及其在公众中的形象，能为他们所确立的目标的严肃性提供足够的保证。政党的成员只能是自然人。

2. 一个联合会体如果连续 6 年没有通过提名自己的候选人参加一次联邦议会选举或一次州议会选举，则它丧失其作为政党的法律地位。

3. （在以下情况下）政治联合会体不是政党：

（1）如果其多数成员或其执行委员会的多数成员是外国人，或

（2）其办公地或其业务领导机构处于本法的适用范围之外。

第三条　起诉权与民事责任

政党可只能在其名义下提起诉讼和被诉讼。这同样适用于其各个最高等级的地区组织，只要该政党的章程未做出其他规定。

第四条　名称

1. 一个政党的名称必须与一个业已存在的政党的名称有明显区别；这同样适用于名称缩写。在竞选举和选举程序中只能使用章程规定的政党名称或其缩写；附注性名称可以省略。

2. 政党的地区性组织冠以该政党的名称，并加附注说明其组织地位。地区组织的名称附注只允许直接加在该党名称之后。在日常的宣传和竞选举中可以省略该附注。

3. 退出政党的地区组织丧失继续冠以该政党名称的权利。一个新选的名称不允许只是在现有名称后加上一个附注，这相应适用于简称。

第五条　平等对待

1. 如果一个公共权力机关向政党提供设施或给予政党其他公共服务，则应对所有的政党一视同仁。给予（服务）的规模可以根据政党的重要性

进行分级，最高为达到其目的所必需的最低水平。政党的重要性也主要依据上一次各人民代表机关选举的结果。对于一个在联邦议会拥有议会党团的政党，（其获得的）给予规模须至少为其他每一个政党获得的给予的一半。

2. 至于与上一次选举相关的公共服务的给予，第1款的竞选期间只适用于提出了自己的候选人的政党。

3. 根据第1款，公共服务可以与某些实际的、由所有政党必须达到的先决条件挂钩。

4. 第四条不受影响。

第二章　内部制度

第六条　章程和纲领

1. 政党必须有一份书面章程和一份书面纲领。各个地区组织通过制定自己的章程来调整其事物，只要上一级地区组织的章程对此未做出规定。

2. 章程必须包含以下方面的规定：

（1）名称及简称（在使用简称的情况下），政党的办公地点及活动区域。

（2）党员的吸收和退出。

（3）党员的权利和义务。

（4）针对党员所允许采取的处罚措施及党籍的开除（第十条第3款到第5款）。

（5）针对地区组织所允许采取的处罚措施。

（6）政党的一般组织结构。

（7）执行委员会及其他机关的组成和权限。

（8）根据第九条规定须由全体党员大会和代表大会做出决议的事宜。

（9）党员全体大会和代表大会召集的先决条件、形式和期限以及所做出的决议的备案。

（10）有权为各个人民代表机构的选举递交（签署）选举候选人提名的地区组织与机关，只要对此无法律规定。

（11）党员的预表决及程序。倘若党代会根据第九条第3款就解散政党或某个地区组织或就与其他政党合并做出了决议，该决议根据预表决的结果得到确认、须修改或被取消。

（12）一份财政规章的形式和内容，且必须满足本法第五章的规定。

3. 执行委员会必须向联邦选举委员会负责人报告：

（1）党的章程和纲领；

（2）党及其州（一级）组织的执行委员会成员的姓名，并说明其职务；

（3）政党或某一个州组织的解散；

有关第一句第1项和第2项内容的修改必须在当年的12月31日前申报。任何人均可以在联邦选举委员会负责人处查阅这些书面材料。这些书面材料的复印件可以免费索取。

（4）对于那些组织结构局限在一个联邦州地区内的政党（州政党），适用于本法针对州组织所做出的规定。

第七条　组织结构

1. 政党划分为各个地区组织，地区组织的大小和规模由章程规定。地区组织的地域范围必须划分为那样大，以至于每个党员都能适当地参与党的意志形成过程。如果一个政党的组织局限在一个直辖市的地域范围，那么它无需组建地区组织；它是本法意义上的政党。只要没有在根本上损害党组织由地区组织组成的结构，多个地区组织的组织结构的合并是允许的。

2. 如果在一个政党中不存在州（一级）组织，本法中针对州组织做出的规定适用于该政党的最直接下一级地区组织。

第八条　机构

1. 党员大会和执行委员会是政党及其各个地区组织的必要机关。可以通过章程规定，在跨地区的组织中以代表大会替代党员大会，代表大会的代表由下一级组织的党员大会或代表大会选举产生，任期最多两年。没有地区组织的州党（第七条第1款第4句）如果拥有250名以上的党员，可以代表大会替代党员大会。（也可以为拥有250名以上党员的地方组织或地域范围大的地方组织设立代表大会。）

2. 章程可以规定其他的服务于相应地区组织的意志形成过程的机构。章程中须对这种相应机构加以明确说明。

第九条　党员大会和代表大会（党代表大会，全体成员大会）

1. 党员大会或代表大会（党代表代会，全体成员大会）是相应的地区组织的最高机构。党员大会或代表大会在较高等级的地区组织被称为"党代表大会"，在最下层的地区组织被称为"全体成员大会"。以下关于党代表大会的规定也适用于全体成员大会。党代表大会必须至少每两年举行一次。

2. 地区组织的执行委员会成员、其他机构的成员以及第十一条第2款所述人员中的成员可以根据章程成为代表大会的成员，但是在这种情况下，他们最多占章程规定的有表决权的代表大会代表总数的五分之一。

3. 党代表大会在该地区组织在党内的职责范围里就党的各项纲领、章程、党费规章、仲裁庭规章、解散以及与其他政党合并事宜做出决议。

4. 党代表大会选出地区组织的主席、副主席及执行委员会的其他成员、（可能设立的）其他机构的成员以及在上一级地区组织机构中的代表，只要本法未作其他许可。

5. 党代表大会至少每两年听取一次执行委员会的工作报告并对此做出决议。报告的财务部分必须在做报告之前由经党代表大会选举产生的审计人员进行审核。

第十条　党员的权利

1. 政党的相关机构根据章程的规定自主对吸收党员做出决定。拒绝一份入党申请无需说明理由，不允许设置一般的包括有期限的接纳禁期。那些根据法院判决不具备选举权或被选举权的人不能成为政党的成员。

2. 一个政党的成员和党的机构的代表拥有同样的表决权。表决权的行使可以通过章程的进一步规定以该党员是否履行了缴纳党费的义务作为条件。党员有权随时立刻退党。

3. 在章程中须对以下内容做出规定：

（1）针对党员的可行的处罚措施；

（2）使可以采取处罚措施的原因；

（3）可以做出处罚措施的党的机构。

在解除党内职务或剥夺担任党内职务资格的情况下，必须说明做出该决议的理由。

4. 党员只有在其蓄意违反党的章程或严重违反党的基本原则或纪律并因此给党带来严重损害的情况下，才能被开除出党。

5. 由按照仲裁规章规定的主管仲裁委员会就开除党籍做出裁决。必须保证有上诉到上一级仲裁委员会的可能性。必须以书面形式说明做出该裁决的理由。在需要迅速采取措施的紧迫且严重的情况下，党的执行委员会或一个地区组织的执行委员会可以停止一名党员行使其权利，直到仲裁委员会做出裁决。

第十一条　执行委员会

1. 执行委员会至少每两年选举一次，至少由 3 名成员组成。

2. 担任议员的党内人士和党内其他名流，如果他们的职务或席位是通过一次选举取得的，可以依据章程（自动）成为执行委员会成员。不按第九条第 4 款选举产生的执行委员会成员比例不允许超过执行委员会成员总人数的五分之一。一个政党的主席和财务主管不得在一个亲近该政党的政治基金中担任类似职务。

3. 由执行委员会领导地区组织并根据法律、章程以及它的上级机构的决议从事地区组织的工作。它根据《民法典》第二十六条第 2 款代表该地区组织，只要章程对此未做出其他规定。

4. 为贯彻实施执行委员会的决议以及为了处理日常的和特别紧急的执行委员会事务，可以从执行委员会成员中组建一个常务执行委员会（主席团），其成员可以从执行委员会中选举产生或由章程来规定。

第十二条　党的一般委员会

1. 那些根据章程拥有对党的政治问题和组织问题进行磋商或决定等全面管辖权的党的一般委员会和类似机构的成员，也可以由下级地区组织选举产生。

2. 执行委员会以及第十一条第 2 款中所述人员中的成员可以依据章程（自动）成为一个这样的机构的成员。非选举产生的成员的比例不得超过该机构成员总数的三分之一；这个比例可以通过增加额外的仅有咨询权的成员来提高，但即使这样，仍须在该机构成员总数的一半以下。

3. 第 1 款所述机关的经选举产生的成员的职务任期最多为两年。

第十三条　代表大会的组成

代表大会或其他机构、全部或部分由地区组织的代表组成，必须在章程中加以规定。地区组织的代表人数主要依据他们所代表的党员人数来测定。章程可以规定，（剩余的）代表人数（至多为总数的一半）根据在地区组织地域范围内在上次各个人民代表机关的选举中取得的选票比例分配给各个地区组织。表决权的行使可以以该地区组织履行缴纳会费的义务为条件。

第十四条　党的仲裁

1. 为了调解和裁决政党或一个地区组织与单个党员之间的纠纷以及阐释和适用章程方面的纠纷，必须至少在党和党的最高一级地区组织设立仲裁委员会。多个县一级的地区组织可设立共同仲裁委员会。

2. 仲裁委员会的成员经选举产生，任期最多 4 年。他们不得是党或党的某一个地区组织的执行委员会成员，不得和党或党的某一地区组织有聘用关系或从它们那里定期获得收入。他们是独立的，不受命令支配。

3. 章程可以规定,仲裁委员会全部或个别情况下可设置陪审员,陪审员由争议双方指定,两方人数相等。

4. 针对仲裁委员会的工作必须颁布一份仲裁规章,确保当事双方能获得听审、公正的程序以及因不公正而要求某一仲裁庭成员回避。参与公平的听证会、公正的审判和杜绝仲裁委员会成员的偏见。

第十五条　在党的各个机构中的意志形成机制

1. 各个机构以简单多数做出决议,只要法律或章程未规定更高的多数票。

2. 执行委员会成员、代表大会以及较高级别的地区组织的各个机构代表的选举为无记名选举。若在征询后未有人提出异议,其他选举可进行公开表决。

3. 提案权必须这样设置,要能够确保民主的意志形成过程,尤其要确保少数派的提议也能得到充分讨论。在较高级别的地区组织的代表大会上,必须至少给予紧接着的下两个等级的地区组织的代表提案权。在选举和表决时,不允许与其他机构的决议捆绑。

第十六条　针对地区组织的措施

1. 只有在严重违反基本法或党的规章制度的情况下,才可以解散或开除下级地区组织以及解除该下级地区组织的所有机构人员的职务。在章程中必须规定:

（1）出于哪些原因,这些措施是被允许的;

（2）哪个上级地区组织以及该地区组织的哪一个机构可以采取这类措施。

2. 党的执行委员会或某一个上级地区组织的执行委员会采取根据第1款的一项措施需得到更高一级机构的确认。如果在下次党代表大会上未予确认,则该项措施无效。

3. 应允许就根据第1款采取的措施诉诸仲裁委员会。

第三章 提名参加选举的候选人

第十七条 提名参加选举的候选人

为各个人民代表机构的选举提名候选人须以无记名表决形式进行。候选人提名（的程序）由选举法和各个政党的章程规定。

第四章 国家财政拨款

第十八条 国家财政拨款的基本原则和规模

1. 政党获得资金，作为履行《基本法》赋予其任务的部分融资。分配国家资助的标准取决于一个政党在欧洲议会选举、联邦议会选举和州议会选举中获得的选票、党员缴纳的党费及议员缴纳的费用总和以及该政党所募集到的捐款的数额。

2. 允许向所有政党支出的国家资助的最高总额为每年1.33亿欧元（绝对上限）。

3. 政党每年从国家得到的资助为：

（1）为向它们的各个候选人代表投出的每一有效票获得0.7欧元或

（2）为向它们在一个选区或票区投出的每一有效票（倘若该政党的候选人代表在某一联邦州不被许可）获得0.7欧元，并且

（3）从其每1欧元收入（包括缴纳的党员党费、议员费和合法获得的捐赠）中获得0.38欧元；在此，只计每一自然人3300欧元以下的捐赠。

在第1项和第2项以外，政党从它们各自赢得的最多400万张有效票获得每张票0.85欧元。

4. 根据第3款第1项和第3项，拥有国家资助请求权的政党是：依据最近一次欧洲议会选举或联邦议会选举的最终选举结果，获得了为各个候选人代表所投有效票中至少0.5%的选票；或根据相应最后一次州议会选举的最终结果获得了为各个候选人代表所投有效票中至少1%的选票；根据第3款第1项和第2项，该政党必须在相应的选举中满足这些先决条件

才能得到资助。

根据第3款第2项，拥有国家资助请求权的是那些根据最终选举结果获得了一个选区或投票区所投有效票中的10%选票的政党。第1项和第2项不适用于少数民族的政党。

5. 对于一个政党，国家部分资助的数额不得超过根据第二十四条第4款第1到第7项的收入总额（相对上限）。（给予）所有政党的资助总额不得超过绝对上限。

6. 联邦议会在由德国联邦议会议长公布那些进入德国联邦议会的政党的财务报告后，根据第二十三条第2款第3句，就绝对上限数额的调整做出决议（第十八条第2款）。为此，联邦统计局局长最迟在每年4月30日向德国联邦议会提交一份一个政党典型支出的价格指数与前一年相比的走势的报告。该价格指数的依据是一般居民消费价格指数（占70%）和地方政府机关职员的（由劳资协议达成的）月薪指数（占30%）。

7. 联邦总统可以就政党资助问题召集一个由独立专家组成的委员会（向独立专家委员会问询）。

8. 如果一个政党解散或被禁，该党从解散的那一刻起退出国家部分资助。

第十九条 国家部分资助的申请

1. 本法意义上的权利年的国家资助的数额确定及其支付由政党在权利年的9月30日向德国联邦议会议长书面申请。申请必须由根据章程负责财务的党的执行委员会成员提出，并必须包括通讯地址和银行账号。可以由联邦一级的组织为整个政党提出统一的申请。允许提出单独申请。倘若给予一个政党的国家资助的数额已经在权利年的上一年被确定，那么，国家资助的数额由德国联邦议会议长确定，无需进一步申请。如在确认程序中发生变故，该政党必须立刻把涉及数额确定程序的变更情况告知德国联邦议会议长。如果未做出这样的通告，由该政党承担责任。

2. 分期支付的申请必须以书面形式在每下一次分期支付的前一个月的15日向德国联邦议会议长提出。可以为当年的多次分期支付同时提出申请。第 1 款第 5 句至第 7 句相应适用。

第十九条 a 数额确定程序

1. 德国联邦议会议长每年 2 月 15 日确定有资格获得国家资助的每个政党上一年度（权利年）的国家资助金额。根据第十八条和第十九条 a，联邦议会议长必须基于一份符合第五章规定的财务报告为一个政党确定国家资助的数额并予以支付。倘若德国联邦议会议长根据按期递交的财务报告，在数额确定之前就启动根据第二十三条 a 第 2 款的程序，那么他根据政党的财务报告只是暂时为该政党确定国家资助金额，并在有相当于政党可能的支付义务（第三十一条 a 到三十一条 c）数额担保情况下支出这些国家资助。在程序结束之后，他确定最终的数额。

2. 确定国家资助金额的计算依据是每个有权获得国家资助的政党到权利年的 12 月 31 日（含）为止在相应最近一次欧洲议会选举、联邦议会选举以及最近一次州议会选举中获得的有效选票和在财务报告中公布的相应上一年度（财务报告年）的捐赠数额（第十八条第 3 款第 1 项至第 3 项）。德国联邦议会议长将每个政党获得的、符合第十八条第 4 款要求的有效选票数汇总在一个选票账户中，并继续统计下去。

3. 政党必须在财务报告年的下一年 9 月 30 日之前将其财务报告提交给德国联邦议会议长。德国联邦议会议长可以把这一期限最多延长 3 个月。如果某个政党未如期提交其财务报告，就将丧失获得与捐赠数额挂钩的国家财政资助的权利（捐赠部分的失效）。如果某一政党直到权利年的下一年 12 月 31 日前仍未提交财务报告，则将最终丧失在该权利年获得国家资助的权利（选票部分的失效）。只要财政报告符合第二十四条中所规定的格式并附有根据第三十条第 2 款的审核附注，那么，无论内容正确与否，均视为遵守期限。为其他政党确定国家资助金额及资金的支出不受此影响。

4. 相对上限（第十八条第 5 款）的计算必须以财务报告年的财务报告中公布的收入（基于第二十四条第 4 款第 1 项至第 7 项）为依据。

5. 在确定数额时，必须首先遵守绝对上限（第十八条第 2 款），然后依照各个政党的相对上限（第十八条第 5 款）进行确认。如果经计算得出的国家资助总额超过了绝对上限，各个政党将只能获得根据其应获比例得出的国家资金数额。

6. 为在州议会选举中获得的有效选票支付国家资助按照每张票 0.5 欧元向该党相应的州组织进行支付；对于根据第 5 款可能要进行的削减不予考虑，只要该削减能够在要由联邦（政府）进行的支付中扣除（第二十一条第 1 款第 1 句选项 2）。其他的国家资助支付给该党的联邦一级组织；如果是州政党，则向州组织支付。

第二十条　分期支付

1. 必须依照德国联邦议会议长确定的数额向有权获得国家资助的政党发放分期支付款项。计算的依据是每上一年度为各个政党确定的金额。分期款项必须在 2 月 15 日、5 月 15 日、8 月 15 日和 11 月 15 日支付，每次不得超过上一年度为每个政党确定的资金总额的 25%。如果有迹象表明可能会导致偿还义务，那么资金的发放可以提供担保为条件。

2. 如果分期款项超出确定的数额或者政党无权获得该资助时，政党必须立刻退回分期支付的款项。如果由于确定的数额而导致超额支付，德国联邦议会议长通过包括数额确定在内的行政行为确立索款权，并直接结算这笔款项。

3. 第十九条 a 第 6 款相应适用。

第二十一条　提供联邦资金和支付程序以及由联邦审计署审核

1. 根据第十八条和第二十条的资金，在第十九条 a 第 6 款第 1 句的情况下由联邦州（政府），在其他情况下由联邦（政府）通过德国联邦议会议长向各个政党支付。德国联邦议会议长有义务将分摊给各政党的州组织的金额通知各联邦州（政府）。

2. 联邦审计署审查德国联邦议会议长作为资金管理者是否根据本章的规定确定了国家资助的数额并据此支付，以及是否按规定执行了基于第二十三条 a 的程序。

第二十二条　政党内部的财政平衡

政党的联邦一级组织必须顾及各州组织适当财政平衡。

第五章 财务报告的公布

第二十三条 公开财务报告的义务

1. 党的执行委员会必须于年末（会计年年末）在一份财务报告中如实地以最大良知公开报告该党的资金来源和用途以及党的资产。财务报告在提交给德国联邦议会议长之前，应在该党的执行委员会进行商讨。党的联邦执行委员会、各州组织的执行委员会和那些与州组织具有相近义务的地区组织的执行委员会分别负责其各自的财务报告的公布。它们的财务报告必须由党主席以及一名经党代会选出的负责财务的执行委员会成员或由一名根据章程负责财务的委员会选出的执行委员会成员签字。这些负责财务的执行委员会成员通过签字确认他们是凭着最大良知真实地做出了财务报告中的说明。全党的财务报告由一名经党代会选出的负责财务的联邦执行委员会成员或由一名根据章程负责财务的委员会选出的联邦执行委员会成员汇总并签字。

2. 财务报告必须由一名审计师或一家审计公司根据第二十九条到第三十一条的规定进行审核。对于那些不符合第十八条第4款第1句前半句所述条件的政党，其财务报告可以由一名宣誓查账员或一家查账公司进行审核。该财务报告必须根据第十九条a第3款第1句前半句规定的期限向德国联邦议会议长提交，并由议长将其作为联邦议会印刷品予以发放。如果某一政党不符合第十八条第4款第1句前半句所述条件，且在一个会计年内的收入和资产均未超过5000欧元，可向联邦议会议长提交一份未经审核的财务报告。德国联邦议会议长可以不加核实地公开所提交的财务报告。政党的财务报告必须在公布后的第一次联邦党代表大会上进行讨论。

3. 根据第二十三条a，德国联邦议会议长审查财务报告是否符合第五章的规定。审查结果须记录在第4款的报告中。

4. 德国联邦议会议长每两年向德国联邦议会作一次关于政党财政发展状况和各个政党财务的报告。此外，他制作一份各政党收支及资产状况年度对比简表。报告作为联邦议会印刷品予以分发。

第二十三条 a 财务报告的审核

1. 德国联邦议会议长审查所提交的财务报告的格式和内容是否正确，并对财务报告是否符合第五章的规定进行确认。只有在第二十三条第 2 款规定的期限到期之前，才允许进行再次审查。

2. 如果德国联邦议会议长持有具体证据表明某个政党的财务报告中含有不实说明，可给当事政党以表态的机会。他可以要求该政党提供其审计师或审计公司、宣誓查账员或查账公司对其表态的正确性的确认函。

3. 如果根据第 2 款所要求的表态不能消除德国联邦议会议长所掌握的财务报告中的具体不实证据，德国联邦议会议长可在与该政党协商一致的情况下，委托一名（一家）由他选择的审计师或审计公司来审核该政党的财务报告是否符合第五章的规定。该政党必须允许德国联邦议会议长指定的审计师接触并查阅审查所必需的书面材料和票据。这个程序的费用由德国联邦议会议长承担。

4. 在此程序结束之后，德国联邦议会议长发布一份通告，在其中他可能确认财务报告中的不实之处以及与不实说明相应的金额。在通告中必须说明，不实之处是否因违反了关于收支账目/资产负债或说明部分（第二十四条第 7 款）的规定而产生的。

5. 财务报告中包含有不实说明的政党必须修正其财务报告，并根据德国联邦议会议长的决定部分或全部重新提交财务报告。该报告必须由一名审计师或一家审计公司、一名宣誓查账员或一家查账公司通过附注予以确认。如果必须修正的金额在个别情况下未超过 1 万欧元以及一个政党在会计年度需修正的金额未超过 5 万欧元，可不按照第 1 句和第 2 句进行，财务报告中的修正可在下一年进行。

6. 修正过的财务报告必须全部或部分地作为联邦议会议刷品予以公布。

7. 在本程序框架内获得的、并不涉及政党账目公布本身的信息，不得加以公布或传递给德国的其他国家机关。这些信息须由联邦议会议长在审核结束之后立刻销毁。

第二十三条 b　财务报告中不实之处的通报义务

1. 如果某一政党获悉其已按规定期限和形式向德国联邦议会议长提交的财务报告中存在不实之处，必须立即向德国联邦议会议长进行书面通报。

2. 如果政党已报告了财务报告中的不实之处，该党就不承受第三十一条 b 和第三十一条 c 所述的法律后果，只要在收到关于不实之处通报的时候，有关不实说明的具体证据尚未公开或不仅德国联邦议会议长并未觉察而且也未在官方程序中被发现，且该政党已经全面澄清了事实真相并进行了更正。不正当取得的财务上的好处必须在由德国联邦议会议长确定的期限内返缴给德国联邦议会议长。

3. 第三十二条 a 第 5 款和第 6 款相应适用。

第二十四条　财务报告

1. 财务报告由一份按照本法制定的收支账目为基础的经营结果表、一份与之相关的资产负债表及一个说明部分组成。这份报告在遵守正规的会计基本原则基础上，符合实际地提供有关政党的资金来源、用途及资产状况的信息。

2. 只要本法未另行规定，在账目公布，尤其是在对资产项目估价方面，适用于一切商人的商法规定须相应适用。会计凭证、账簿、资产负债表及会计报表必须保存 10 年。保存期限从会计年度结束时开始计算。

3. 在整个政党的财务报告中，必须把联邦一级组织和州组织的财务报告以及每个州组织的下级地区组织的财务报告分别汇总。州组织及其下属的地区组织须在其财务报告后附上一份完整的包括每个捐赠者（注明姓名和联系地址）的所有捐赠的清单。联邦一级的组织必须把这些清单汇总起来，以便测算每个捐赠者每年的捐赠总额。州组织必须将其下属地区组织的分报告保存在其账目材料中。

4. 收入账目包括：

（1）党费；

（2）议员的缴费和类似的定期缴费；

（3）自然人的捐赠；

（4）法人的捐赠；

（5）经营活动和投资收入；

（6）从其他资产中获得的收入；

（7）活动收入、小册子和出版物的销售收入以及其他相关创收活动的收入；

（8）国家财政资助；

（9）其他收入；

（10）从下属组织获得的补贴；

（11）第 1 项到第 10 项的总收入。

5. 支出账目包括：

（1）人事支出；

（2）活动支出：

  A. 用于日常业务；

  B. 用于一般政治活动；

  C. 用于竞选；

  D. 用于资产管理，包括从中产生的税费；

  E. 其他税费；

  F. 其他支出。

（3）给予下属组织的补贴；以及

（4）根据第 1 项至第 3 项的总支出。

6. 资产负债表包括

（1）贷项：

  A. 固定资产投资：

   I. 实物投资：

    a. 房屋及土地资产；

b. 办公设施。

II. 金融投资：

a. 对公司的投资；

b. 其他金融投资。

B. 流动资产：

I. 对下属组织债权；

II. 从国家部分资助中取得的债权；

III. 现金存量；

IV. 其他资产。

C. 总贷项（A 项与 B 项之和）

（2）借项：

A. 准备金：

I. （补充）养老金支出义务；

II. 其他准备金。

B. 债务：

I. 对下属组织的债务；

II. 国家部分资助的偿还义务；

III. 对信贷机构的债务；

IV. 对其他借贷机构的债务；

V. 其他负债。

C. 总借项（A 项与 B 项之和）；

（3）净资产（正值或负值）。

7. 资产负债表必须附一个说明部分，主要包括以下几点：

（1）根据第 6 款第 1 项 AIIa 的投资列表及其在年终决算表中列出的直接和间接投资，均需注明公司名称和办公地点并说明注册资本的比例和数额；此外，必须注明已有年终决算表的公司的资本比例、自有资本和上一营业年度的经营结果（如果该公司已有年度决算表）。必须把在这些公司的年终决算表中开列的投资摘录过来，并加以说明。本法意义上的投资是指根据《商法典》第二百七十一条第 1 款的份额。

（2）如果有对媒体公司的投资，须说明这些媒体公司的主要产品。

（3）每隔 5 年根据《评估法》对房地产及公司的投资进行评估（房地产根据《评估法》第一百四十五条及后续条款进行评估）。

8. 在财务报告中，必须把每人捐赠不超过 3300 欧元的自然人捐赠金额的总和与自然人所有捐赠金额总和（只要有捐赠超过 3300 欧元）分别列出。

9. 财务报告前面须附一份汇总表：

（1）整个政党根据第 4 款第 1 项至第 9 项的收入及其总和；

（2）整个政党根据第 5 款第 1 项和至 2 项的支出及其总和；

（3）结余或亏损；

（4）整个政党根据第 6 款第 1 项 AI 和 II 以及 BII 至 IV 的贷项及其总和；

（5）整个政党根据第 6 款第 2 项 AI 和 II 以及 BII 至 IV 的借项及其总和；

（6）全党的净资产（正值或负值）；

（7）党的三级组织层面即联邦组织、州组织及其下属地区组织的总收入、总支出、结余或亏损及净资产数额。第 1 项和第 2 项除列出绝对金额外，还须列出根据第 1 项的收入总和、第 2 项的支出总和所占的百分比。为便于比照，须列出上一年度的有关金额。

10. 须标明会计年度截至 12 月 31 日的党员人数。

11. 政党可为财务报告附加额外的说明。

12. 青年政治组织获得的专项政府补贴不算在绝对上限额度之内。该补贴只需在各个政党的财务报告中作为信息予以说明，并不列入政党的收支账目。

第二十五条　捐赠

1. 政党有权接受捐赠。1000 欧元以下的捐款可使用现金形式进行。接受捐款的政党成员须立即将其转交给一位由政党按照章程确定的负责财务的执行委员会成员。只有当捐款进入了党的一名负责财务的执行委员会成员或党的一名专职工作人员的支配范围，政党才算获得了这笔捐款；在接受之后立即返还的捐款视为政党未获得该捐款。

2. 政党无权接受的捐赠：

（1）公法法人、议会的议会党团和议会小组以及地方代表机构党团和小组的捐赠。

（2）从政治基金会、机构、协会以及财团获得，不算在章程、捐赠业务或者其他宪法规定及实际管理之内并直接用于慈善事业或教会的捐赠（《管理费条例》第五十一条至第六十八条）。

（3）本法适用范围之外的捐赠，除非：

A. 来自在《基本法》意义上的德国人或欧盟公民或企业的捐赠，且企业50%以上的份额为《基本法》意义上的德国人或欧盟公民所有或其总部在欧盟成员国中，这些捐赠直接流向政党；

B. 涉及的是少数民族给在其原籍的政党的捐款，而且这些捐款是来源于与联邦德国接壤的国家且在该国有该民族成员生活；

C. 涉及的是一个外国人不超过1000欧元的捐款。

（4）捐给职业公会但规定该职业公会必须转给一个政党的捐款。

（5）全部或部分为政府所有、或由政府管理或经营的公司的捐款，只要政府的直接参资比例超过25%。

（6）每笔捐款数额超过500欧元，但无法确认捐款人的捐款，或者从捐款人明显可以看出是由他转交的来自一名未知第三人的捐款。

（7）明显出于希望获取某种经济或政治好处，或作为某种经济或政治好处的回报而给予政党的捐款。

（8）由第三方为一项必须由政党支付的报酬募集的捐款，且募集到的捐款超过该报酬数额的25%。

3. 若给予一个政党或其某一地区组织或多个地区组织的捐款和议员缴费在一年（会计年）内的总额超过1万欧元，必须在财务报告中注明，并列出捐款人的姓名和联系地址以及捐款总额。一次性捐赠超过5万欧元的，必须立刻向联邦议会议长通报。联邦议会议长在注明捐赠人的情况下作为联邦议会印刷品分发。

4. 根据第 2 款，政党必须立即将无权获得的捐赠转交给联邦议会议长并最迟在相应年度（第十九条 a 第 3 款）的财务报告中说明。

第二十六条　收入的概念

1. 只要对单笔收入类别（第二十四条第 4 款）无特别规定，收入是指政党获得的每笔现金或具有货币价值的给付。而且，免除通常产生的还债义务、由其他人承担主要为政党宣传而举办的活动和措施的费用、准备金的取消以及固定资产投资的升值均应被视为收入。

2. 所有收入都必须全额用于其预定用途，并须在资产负债表中加以标明。

3. 非货币形式的经济品须按照在日常商业往来中为同样或类似服务通常应支付的价格来确定其价值。

4. 在党内担任名誉性工作原则上是不收取报酬的。党员在一个业务办事处以外通常无偿提供的实物支出、劳务和服务，不视为收入。（相关）费用的报销不受此规定的影响。

5. 从一开始就规定要按比例分配给多个地区组织的党费（议员缴费）和国家资助，在最终留存的地方开列。

第二十六条 a　支出的概念

1. 只要对单笔支出类别（第二十四条第 5 款）无特殊规定，支出是指由政党提供的每一笔现金给付或者具有货币价值的给付及对该党取得的、根据第二十六条第 1 款第 2 句的收入的使用。而且，计划内和计划外的资产项目的折旧和设立准备金也视作支出。

2. 第二十六条第 2 款相应适用。

3. 资产项目在转让时必须将其账面价值计为支出。

4. 下属组织间内部结算中产生的支出须在承担这笔支出的那个下属组织处加以统计。

第二十七条 单笔收入类别

1. 党员党费仅指由党员依据章程规定缴纳的定期货币给付。议员缴费是指一名经过选举担任公共职务的人（议员）在其党费之外须缴纳的定期货币给付。捐款是上述两部分之外的付款。其中还包括特别分摊费和集资以及各类具有货币价值的捐赠，但党员在业务运营之外无偿提供的服务除外。

2. 根据第二十四条第 4 款第 9 项的其他收入必须分类列出并加以说明，如果它们在第二十四条第 3 款中所列某一下属组织的根据第二十四条第 4 款第 1 项至第 6 项的收入总额中占 2%以上。此外，必须公布每笔超过 1 万欧元的收入。总额超过 1 万欧元的遗产和遗赠须在说明其数额、遗赠人姓名及其最后联系地址的情况下在财务报告中列出。

第二十八条 资产负债表

1. 在资产负债表中须列出每一笔购置价值超过 5000 欧元（包括营业税）的资产项目。

2. 资产项目须以购入成本和生产成本减去计划内的折旧来作价。房地产不进行计划内折旧。

3. 州组织以下的下属组织可在（资产）流入和流出当年进行收入与支出的账目登记，即使相应的债权和债务在上一年已经产生。这些下属组织的财务报告可不考虑《商法典》第二百四十九条到第二百五十一条的规定。

第二十九条 财务报告的审核

1. 根据第二十三条第 2 款第 1 句的审核涉及党的联邦一级组织、其州组织以及由审核员选出的至少 10 个下属地区组织。簿记也应纳入审核中。审核内容须包括财务报告是否符合法律规定。财务报告中的不实之处和违反法律规定的地方将被认真审核并披露。

2. 审核员有权要求各执行执委员会及其授权的人员提供所有为认真履行审核义务所必需的解释性说明和证据。为此，审核员也有权对用于编制财务报告的书面材料、账簿、文书及现金存量和资产存量进行审核。

3. 被审核的地区组织的执行委员会须向审核员书面保证，凡是有义务报告的收入、支出和资产值均已被纳入财务报告的统计。可援引指出下属地区组织的执行委员会做出的保证。只要那位负责财务的执行委员会成员做出保证即可。

第三十条　审核报告与审核附注

1. 审核结果须以一份书面审核报告形式记录下来，并须提交给该党的执行委员会和被审核的地区组织的执行委员会。

2. 如果根据最终审核结果无需提出任何异议，审核员须通过加附注证实，在基于该党的账簿和材料以及各执行委员会做出的解释性说明和提供的证明进行了依据审核义务的认真审核之后，该财务报告在被审核范围内（第二十九条第 1 款）符合本法规定。如果有提出异议，审核员须在其审核附注中拒绝做出上述证实或对上述证实加以限制。被审核的地区组织须在审核附注中点名列出。

3. 审核附注须附在需要提交的财务报告后，并根据第二十三条第 2 款第 3 句的规定按原文一并公布。

第三十一条　审核员

1. 下列审计师或宣誓查账员不得担任审核员：

（1）在该政党内或为该党担任职务或发挥作用的，或者在过去 3 年内曾担任职务的；

（2）在审核工作之外参与了该党的作账或需要审核的财务报告的编制；

（3）是一个（家）法人或自然人或人合公司的法定代表、雇员、监事会成员或股东，或是一家公司的所有人，只要该法人或自然人、该人合公司或其股东之一或这家个人独资经营的企业根据第 2 项规定不得担任该政党的审核员；

（4）在一个根据第 1 项到第 3 项规定不得担任审核员的人身边工作。

2. 一家审计公司或查账公司若有以下情况，不得担任审核工作：

（1）根据第 1 款第 3 项的规定作为一名法人或一家人合公司的股东，或根据第 1 款第 2 项或第 4 项不得担任审核员；

（2）其法人代表之一或股东之一根据第 1 款第 2 项或第 3 项不得担任审核员；

3. 审核员及其助手以及参与审核的审计公司的法定代表必须认真而不带有政党倾向地履行职责，并负有保密义务。《商法典》第 323 条相应适用。

第六章 财务报告不实情况下的处理程序和处罚规定

第三十一条 a 返还国家资助

1. 如果在财务报告中不正当地开列了捐赠（第十八条第 3 款第 1 句第 3 项）并由此导致该党有权获得的国家资助数额错误地确定了，德国联邦议会议长收回根据第十九条 a 第 1 款所确定的国家资助的数额。如果财务报告中的修正在下一年进行（第二十三条 a 第 5 款第 3 句），《行政程序法》第四十八条第 2 款不适用。

2. 在到达第二十四条第 2 款中确定的期限后，（上述）收回不再可能。

3. 遇有（上述）收回的情况，德国联邦议会议长通过行政文书确定要由该党返还的金额。如果在以后的国家财政资助中出现了结算状况，则差额须在下一次向该党发放款项时结清。

4. 对其他政党的金额确定和发放不受此影响。

5. 各政党须在章程中就此类情况做出规定，即遇由州组织或其下属的地区组织造成第 1 款所述措施的状况。

第三十一条 b 财务报告的不实

如果德国议会议长根据第二十三条 a 在审核中确定了财务报告中的不实之处，只要不存在第三十一条 c 的情况，就产生了向该党索回双倍于不实说明所对应金额的权利。如果资产负债表或说明部分的不实之处涉及房地产或对公司的参资，索赔权为未开列或不实说明的资产值的10%。德国或企业的股份份额上联邦议会议长通过行政文书确认该党的付款义务。第三十一条a第2款至第5款相应适用。

第三十一条c 非法取得的或未公布的捐款

1. 如果一个政党在违反第二十五条第2款的情况下获得了捐款且未按照第二十五条第4款向德国联邦议会议长移交捐款，就对该党产生了三倍于其违法取得金额的索赔权；已经上交的捐款折算计入。如果一个政党未按本法规定在财务报告中公布捐款（第二十五条第3款），就对该党产生了两倍于其未按本法规定公布的金额的索赔权。德国联邦议会议长通过行政文书确认该党的付款义务。第三十一条a第2款至第5款相应适用。

2. 德国联邦议会议长在与联邦议院主席团取得一致意见的情况下，把一年之内收到的资金在下一年初转交给致力于慈善、教会、宗教或学术目的的机构。

第三十一条d 惩罚规定

1. 如果谁故意隐瞒政党资金的来源及去向、政党的资产或规避其财务报告公开的义务而：

（1）导致在向德国联邦议会议长递交的财务报告中存在关于该党收入或资产的不实说明，或者向德国联邦议会议长递交了一份不实的财务报告；或者

（2）作为捐款接受者将捐款分割为若干小几部分并加以分割作账或让他人分割作账；或者

（3）违反第二十五条第1款第3句规定未转交捐款，将处以最长为3年的监禁或罚款。在第二十三条b第2款的条件下，为该党根据第二十三条b第1款进行了自行通报或参与了该通报的，将不受根据第1句的处罚。

2. 审核员或其助手对财务报告审核结果做出不实报告,在审核报告中隐瞒重大事实或做出内容上不真实的证明附注,将被处以最长为 3 年的监禁或罚款。如果当事人获取报酬或故意使自己或他人获益、或损害他人利益,则将处以最长 5 年的监禁或罚款。

第七章 对违反宪法政党执行禁党

第三十二条 执行

1. 根据《基本法》第 21 项第 2 款,如果一个政党或一个政党的某个分支组织宣布为违宪,由各州政府指定的政府机构在法律框架内采取为执行联邦宪法法院判决及其可能做出的额外执行规定所必需的一切措施。为此,州最高政府机关对该州负责维护公共安全和秩序的政府机关和办事机构拥有无限命令权。

2. 如果一个政党的组织或活动或被判违宪的该党分支组织超出了一个联邦州的区域,则联邦内政部长颁布统一执行所必需的命令。

3. 根据《联邦宪法法院法》第三十五条,联邦宪法法院可不依第 1 款和第 2 款的规定对执行做出规定。

4. 对执行措施提出的抗辩和废止诉讼不具有延期(执行)效应。如果一个行政诉讼程序涉及一个对判决的执行具有根本意义的问题,该程序必须中止并征得联邦宪法法院的裁决。对联邦宪法法院做出的特别执行措施的实施方式和方法提出异议的,联邦宪法法院负责进行裁决。

5. 在没收资产的情况下,1964 年 8 月 5 日生效的《社团法》(《民法典》第 I 部分第 593 页)第十条至第十三条的规定相应适用。负责禁止的政府机构是州最高政府机构,在第 2 款的情况下,是联邦内政部长。

第三十三条 替代组织的禁止

1. 根据《基本法》第二十一条第 2 款和《联邦宪法法院法》第四十六条,被禁的政党禁止成立一个继续奉行违宪意图的组织(替代组织)或者将现有组织作为替代组织继续发展。

2. 如果一个政党的替代组织在原政党被禁之前就已成立或在联邦议会或某个州议会中占有议席，那么联邦宪法法院将确认这是一个被禁止的替代组织；《联邦宪法法院法》第三十八条、第四十一条、第四十三条、第四十四条和第四十六条第 3 款以及本法第三十二条相应适用。

3. 对于作为一个被禁政党的替代组织的其他政党和《社团法》第二条意义上的社团，《社团法》第八条第 2 款相应适用。

第八章 补充条款

第三十四条 （所得税法的修改）

第三十五条 （法人税法的修改）

第三十六条 （税法规定的适用）

（随新税法条款进行修正）

第三十七条 《民法典》中的一项不适用条款

《民法典》第五十四条第 2 款不适用于政党。

第三十八条 联邦选举委员会负责人的强制措施

联邦选举委员会负责人可以通过征收强制性罚款来促使政党的执行委员会履行第六条第 3 款的行为。《行政命令强制执行法》的相应规定按其本意适用；在此意义上，联邦选举委员会负责人是以执行和实施机构（的身份）在作为。强制性罚款数额至少为 250 欧元，最高为 1500 欧元。

第三十九条 最终规定和过渡性规定

1. 基于到 1994 年 1 月 1 日失效的本法第二十二条第 1 句的州法律规定不再有效。

2. 对于根据第十八条第 3 款第 3 项的国家资助的计算以及相对上限的计算，在为 2003 年和 2004 年确定国家资助数额时，（相应）财务报告中的捐赠的开列必须以本法直到 2002 年 12 月 31 日前有效版的第二十四条第

2款第1项和第2项为依据。同样的规定也适用于2002年财务报告的编制。

3. 第二十三条a第3款从2002财务报告年开始适用于财务报告的审核。2003年的财务报告可以依据2004年1月1日起生效的版本中的第二十四条、第二十六条、第二十六条a和第二十八条为基础进行编制。

4. 如果在初次适用2003年1月1日起生效的第二十八条第2款时,一个资产项目的采购成本和生产成本只有在付出大量花费或承受大幅延误的情况下才能加以确证,这些资产项目的账面价值可以从2002会计年度的财务报告中摘取,作为原始采购成本或生产成本,并在此基础上继续统计下去。这一点也适用于根据第二十八条第2款不需要进行计划内折旧的资产项目,只要其账面价值是根据商法规定测得的。在说明部分须对此加以指出。

第四十条 过渡性条款

[通过第8号法令对政党法的修订自2002年7月28起废止。]

第四十一条 生效

[随着第9号法令对政党法的修订自2004年12月22日产生的第二十四条、第二十六条和第二十八条的修订以及第二十六条a的增加自2004年1月1日起生效,其余的变动自2004年12月29日起生效。]

附录:《统一条约》

1990年9月的《统一条约》第Ⅱ部分第889页、第910页做出了以下规定:

(a) 根据第二条第2款的期限,对于那些在人民议院议长处根据1990年2月21日的《政党和其他政治联合会法》——简称《政党法》——(《法律公报》第Ⅰ部分,第9编,第66页,最后一次为1990年7月22日的法律所修改,《法律公报》,第Ⅰ部分,第49编,第904页)第二条第4款登记了的政党,从统一生效期开始计算。

(b) 根据德意志民主共和国《政党法》第二条第 4 款留存在人民议院议长处的书面材料，在统一生效后的两个月内移交联邦选举委员会负责人。

(c) 在字母（c）所述期限内，根据德意志民主共和国《政党法》第二条第 4 款在人民议院议长处于 1990 年 5 月 1 日登记的其他政治团体在参加选举方面与政党一视同仁。

（原文出处：https://www.bpb.de/nachschlagen/gesetz-ueber-politische-parteien/）

（郑春荣 译 张文红 校）

第二部分

主要政党内部规章制度

德国社会民主党基本纲领（汉堡纲领）[①]

(2007年10月28日于德国社会民主党汉堡党代表大会通过)

前 言

21世纪的社会民主主义

在《柏林纲领》通过10年之后，1999年12月的柏林党代表大会委托一个委员会为德国社会民主党起草一份新的基本纲领。在经历了漫长的反对派时期之后，德国社会民主党重新在德国执政。正因此，一部分人希望而另一部分人则担心纲领基础的现代化。然而，任务是明确的，即对于开放边界和社会风险所带来的挑战要找到符合时代要求的答案。

围绕我们新基本纲领中立场观点的斗争对德国社会民主党是有益的。自从2006年我们的纲领工作进入最后的冲刺阶段以来，我们再一次证明了，德国社会民主党是寻求并组织对话的，我们不是自上而下，而是从社会中心出发，讨论社会民主党的未来。还从来未曾有一个德国政党的纲领是从如此广泛的民主参与中产生的。我们因而树立了新的标准，因为我们知道，21世纪初的转折对于德国社会民主党和我们的社会具有极

[①] 这是德国社会民主党在二战之后通过的第三部纲领，也是第一部在该党执政期间通过的纲领。德国社会民主党此前通过的纲领为：《爱森纳赫纲领》(1869)、《哥达纲领》(1775)、《爱尔福特纲领》(1891)、《格尔利茨纲领》(1921)、《海德堡纲领》(1925)、《哥德斯堡纲领》(1959)、《柏林纲领》(1989)。——译者注

其重要的意义。

我们在过去的岁月里一次次在气候保护、和平政策或者在达到调控资本市场、革新福利国家并使人们有可能获得好的工作等目标方面做出切中时弊的决策。

我们的前提，即必须使国家具有行动能力、不能容忍民主制度处于软弱无力状态以及宁可改造而不愿忍受，愈来愈多地得到实现。今天，社会民主党的价值和目标在我们的社会得到高度赞同。

《汉堡纲领》反驳了那样一些人，他们认为纲领一定会成为实践的敌人——或者反过来说，认为政府责任只允许纯粹的实用主义。社会民主党的新基本纲领包括坚定的立场、明确的方向和经得起考验的行动任务。但是它也始终关注我们时代重要的、基本的问题，尤其是这一决定性的问题，即刚开始的新世纪是否会带来和平，为所有人带来富足，还是会进入激烈的分配斗争和不受约束的暴力。我们提出了在全球化时代如何使可持续进步和社会公正成为可能的答案。与德国和欧洲团结互助的大多数人一道，我们将从政治方面为这一道路进行斗争。

德国社会民主党主席　库特·贝克

引　言

21世纪的进步与公正

未来是还未确定的——充满新的机会，但也充满风险。因此，必须以民主的方式争取进步和社会公正。德国社会民主党肩负着对人类的义务，遵循引以自豪的民主社会主义传统，根据对现实的认识，充满活力地在21世纪的世界里提出自己的任务。为了持久和平与生态生活基础的安全；为了一个自由、公正和团结互助的社会；为了所有人的，不取决于出身和性别，摆脱贫困、剥削和恐惧的平等权利和自决。

我们为着一个和平与公正的世界秩序而奋斗。我们依靠法律的力量去克服强者的特权。社会的欧洲必定是我们对全球化的回答。只有以共同的安全和责任为条件，只有以团结互助和伙伴关系为条件，各个民族、国家和各种文化才能够保障人类的生存和地球的生存。

我们为着将经济活力、社会公正和生态理性结合起来的持续进步而工作。通过质的经济增长，我们要克服贫困和剥削，要使富足和人人都有好的工作成为可能。要应对危险的气候变化，也要保障未来世代的自然生活基础并改善生活质量。为此，我们要使科学和技术进步的可能性为人服务。

我们发展预防性的福利国家。它与贫困作斗争，为人们提供自决生活的平等机会，保证公正的参与并可靠地防范重大的生活风险。我们致力于代际和谐和男女平等。我们支持家庭，我们对于我们社会中的最弱者实行特殊的团结互助。我们希望所有人都享有健康的生活和良好的教育。我们不想撇下任何一个孩子不管。

我们寄希望于团结互助的公民社会的强大力量。利用民主政治的塑造力，我们要加强我们国家的凝聚力，使归属感和本土化成为可能。在德国，我们要促进一种互相尊崇的文化：人与他周围的人应当在彼此尊重对方的尊严、文化和成就的氛围下融洽相处。我们为了我们社会的和民主的法治国家——它在自由之中保障了安全——而工作。

在我们这个剧烈变化的时代，许多人都在探索着方向和前景。我们知道：全社会有千百万人赞成我们的价值和我们的目标。我们要赢得这个团结互助的大多数来支持社会民主党的政策。

一、我们所处的时代

21世纪是第一个真正全球化的世纪。全世界的人们从未如此强烈地相互依存。随着共产主义的崩溃，我们国家的分离和世界政治的分裂被克服。从此，我们经历着自从工业革命以来最为深刻的历史转折。科学和技术推动着这一转折。这个世纪将或者成为一个在社会、生态和经济方面取得进步的世纪,这一切进步为所有人提供更多的富裕、公正和民主;或者成为一个激烈的分配斗争和不受约束的暴力的世纪。

我们地球的人口很快就不再是60亿,而是将要达到90亿,至迟到那个时候,如果人们还像迄今为止我们世界的富裕部分那样从事生产和消费,那么我们工业社会今天的生活方式就会超出地球的生态承受能力。符合人类尊严的生活、世界的和平以及我们星球的宜居性都充满了风险。世界上有愈来愈多的人已经承受着地球气候变暖、沙漠化和水资源短缺的后果。生态条件导致饥饿地区的人们愈来愈多地涌向世界上受威胁较小的地区。限制和阻止气候变化因此成为21世纪的一个核心挑战。

全球化的矛盾

世界在趋向统一。数字化媒体和其他技术革新彻底改变了空间和时间的意义。我们在历史上第一次经历了涉及人类大多数的世界范围的分工。全球化、边界开放和市场开放,不仅仅是技术创新的结果,而且也是政治决定的结果。它提供了克服饥饿、贫困和瘟疫的机会。世界贸易为许多人带来了新的工作和福祉。但与此同时,全球资本主义也明显地缺乏民主和公正。因此,它们违背一个自由和团结互助的社会的目标。全球资本主义加剧了旧的不公正、创造了新的不公正。因此,我们为一种在本国、在欧洲和在世界对全球资本主义做出社会的回答的政策而斗争。

全球资本主义积聚了大量的资本,但它并不必然产生新的富足。摆脱了束缚的金融市场产生了与可持续发展的、考虑长远的经济方式相对立的投机和期望。在以快速和高额利润为唯一目的的地方,常常消灭工作岗位并阻碍创新。资本必须服务于价值创造和福祉。

随着全球化,世界日益融合成一个唯一的市场。经济力量集中于在全球运作的企业、银行和基金公司。跨国企业超越一切界限制定赢利战略,逃避以民主方式做出的决定。民族国家,即使是其中最大的几个,都面临着成为争夺全球资本投资的单纯生产基地的威胁。因此,民族国家必须联合起来,共同加强自己的影响。欧洲已经踏上了这一道路。社会的欧洲也可以成为世界其他地区的榜样。

世界上从来没有像今天这样拥有如此多的知识。技术进步达到了惊人的速度，能够取代繁重的体力劳动。我们能够战胜长期以来被视为不可治愈的疾病。预期平均寿命提高了。但是，知识和其他的公共财富并未惠及所有的人，因为它们成了被买卖的商品。在许多国家，贫富差距在扩大。在世界范围内，对自然的破坏在继续。

哪里没有了边界，哪里实现民族和文化和谐共处的机会就提升。但是世界趋向统一的程度有多深，世界也就同样程度地易受伤害。我们看到了一些国家的崩溃、无政府状态和恐怖主义温床的出现，宗教的和政治的原教旨主义者将世界任意分为好的和恶的。私人化的和不受国家控制的暴力及大规模杀伤武器的扩散产生了新的威胁。这一切都威胁着和平。

在经历了两次残酷的世界大战和大屠杀之后，欧洲民族在20世纪建成了一个和平的、边界开放的大陆。1989年的和平革命克服了欧洲东西部的分裂。德国的统一为我们整个国家带来了自由和民主。不仅仅是在德国，而是在欧洲几乎所有的地方，大多数人都享受着富足和前所未有的生活质量。但与此同时，欧洲却经受着一场公民的信任危机。欧洲国家的人们，也包括德国人，要求更多的民主，更多的对社会利益的考虑，更多的对民族特性、民族文化和民族传统的尊重。因此，欧洲必须不仅仅是一个联邦，而必须成为欧洲公民的一个社会和民主的联盟。

劳动世界和社会的变革

除了资本和商品的世界市场之外，在世界范围内第一次出现了对服务和劳动力的竞争。全球化和国际竞争直接涉及了比以往更多的人。对于我们而言，俄罗斯、中国和印度是未来的市场。然而，随着它们进入世界市场，在全球分工框架下可提供的劳动力的数量也大幅上升。竞争将更加激烈。

凭借其强大的工业，德国属于全球化的赢家。但并非我们国家的每一个人都从中受益。雇员们看到了即使是成功的企业也被搬迁。匿名的基金经理买卖公司，就像商贩在大市场上买卖商品一样。

我们的劳动社会处于深刻的转型之中。创新的速度在加快，就业形式的多样性在增加。技能和知识变得愈来愈重要。新的创造性职业出现了。传统的正常雇佣关系——无固定期限并遵循标准的工作时间——失去了意义。许多人的职业生涯是在依附性就业、非营利性就业、家庭劳动阶段①和自主就业之间交替的。

这种往往是强迫性的改变会对人们提出过分的要求，使人们感到担心。许多人担心被抛弃、被忽视甚或被忘记，在政治上也是如此。技能不足或者不再年轻的人就经常被排斥在就业市场之外。妇女即使是拥有最好的教育文凭，长期以来还是未能拥有同样的职业晋升途径并获得能保证生存的工作。拥有工作的人则常常由于日益增加的工作压力、更加激烈的竞争和不论何时都要听受派遣的要求而感到生活质量受到了威胁。

第二次世界大战之后，社会民主党、工会和社会运动在联邦德国取得了巨大进步。从来没有这么多的人能够参与文化、社会和政治生活。社会保障达到了很高的水平。毫无约束的全球资本主义威胁到了这一成就。贫困再度加剧，贫富差距继续加深，在德国也是如此。并非每一个人都能够通过自己的工作来承担自己的生活费用。对于新联邦州的许多人来说尤其如此。为了使自己的孩子得到一次机会，许多移民家庭和单亲家庭必须艰苦地奋斗。有些人已经是第三代依靠社会救济为生了。贫困的继承还因为教育在德国比在其他地方更由出身所决定。还远不是所有的人都能够同样程度地实现社会地位的上升。

在男女平等的道路上，我们的社会大大前进了。但是旧的角色分配还没有被克服。法律上的平等还不意味着平等。正是在就业方面和工作中间，旧的歧视仍继续存在。家庭和职业之间的协调一致还主要是母亲的问题，妇女的工资低于男子。妇女比男子更容易失去工作，更经常受到贫困的威胁。

德国人的预期寿命提高了。这是一份巨大的礼物：人能够活得更长久，就意味着有更多的时间去参与长期以来必须放弃的活动、教育和享

---

① 指不从事职业工作，而从事家庭工作的时期，如抚育子女的时期等。——译者注

受。另一方面，有更多的老年人，尤其是当他们独自生活的时候，要依赖社会的帮助。

同时，愈来愈少的青年男女实现了他们要孩子的愿望。这就导致了日常生活方面的诸多变化，从劳动世界到社会制度，它完全改变了我们社会的环境。本来就为数不多的青年人离开了整个地区，老年人留了下来。谁不想放弃这个地区，谁就必须帮助当地人，为自己的家乡创造未来前景。

全球化还具有一种文化维度。宗教和文化比以往更多地相互交织在一起。人们今天可以在世界的几乎所有地方找到和自己同文化的人、来自其家乡的产品，以及使他们和祖国保持实时联系的媒体。在他们的祖国，他们遇到了其他的文化。陌生的事物接近了，理解它们的机会也更近了。哪里对于外国人的恐惧占据了主导地位，哪里由于偏见而产生冲突的危险就会增加。在文化冲突由于社会对立而加剧的地方，就会出现暴力。但是文化多样性在今天的确是一个成功社会的标志。

民主和政治

全球化降低了民主的民族国家进行调控的可能性。与此同时，政治上出现了新任务，其中包括气候保护、千百万人的社会融合和人口统计的变化。

在全球化时代，许多人感受到国家权力的丧失。他们不再相信事情在政治上的可改变性。社会民主党最重要的任务之一就是重建对社会可塑性的信任，鼓励人们通过自决，团结互助地掌握自己的命运。

我们的民主处于一种信任危机之中。传统的政党联系减弱了，但积极投身于社会的意愿却一如既往地高涨，因为我们并非处在一个不关心政治的时代。政党仍旧是一个民主社会不可或缺的基础。它们将民众的信念和利益结合起来。它们在塑造政治意志过程中将公民的需要和期望输送到我们集体中相应的决策层面和执行层面。为此，它们需要民主的内部结构、灵活性、想象力、鲜明的特征、可靠性和信赖。

我们社会民主党人坚信：人们自己有能力和平、公正和团结互助地塑造自己的未来。基于对我们所处时代的明确而现实的分析，我们得出了一个关于有生活价值的未来的观点。不存在退回到20世纪旧工业社会和民族国家时代的道路。21世纪的伟大任务是通过民主的政治去塑造全球化。我们向前看。

二、我们的基本价值和基本信仰

德国社会民主党，即德国最老的民主政党，一直是国际和平运动的一部分。自成立之日起，它就是两个运动——工人的解放运动和应当战胜集权国家的民主运动。它在德国继续推进了法国大革命和1848年革命的思想。德国的民主历史和社会民主党的历史不可分割。社会民主党通过斗争赢得了自由权和民主，为妇女权利而斗争，并反对任何独裁。它早已认识到民族社会主义的危险，并在帝国议会拒绝了授权法案。许多社会民主党人从事了抵抗活动并成为纳粹恐怖的牺牲者。自由的意志必然和共产主义者决裂。在民主德国重建社会民主党就是一个自由的信号。

社会民主党是作为工人运动的一部分而出现的。它为工人赢得了权利，进一步发展了社会福利国家，和工会一道使受歧视的无产者成为具有平等权利的、自信的国家公民。

与其他政党相反，社会民主党一直是以国际主义和欧洲为导向的。因此，我们继续从事统一欧洲的规划。这个规划在1925年的德国社会民主党《海德堡纲领》当中是一个远景设想，现在则是能够完成的。

尽管许多坚定的和平主义者把社会民主党作为政治家园，它却从来不是一个和平主义的政党，然而它也不受沙文主义和军事主义的影响。社会民主党在执政的时候是为和平服务的。我们为从未带来战争、从未带来对人民的压迫和暴力统治而自豪。

社会民主党从一开始就是民主的政党。它对我们国家的政治文化产生决定性的影响。在社会民主党内，不同出身、不同宗教信仰和不同世界观的人们在一起工作。自1959年《哥德斯堡纲领》以来，它认为自己是左翼人民党，它植根于犹太教和基督教、人道主义和启蒙运动、马克思主义的社会分析和工人运动的经验。这个左翼人民党从妇女运动和新社会运动中得到重要的推动。

我们知道,每个时代都需要对社会和政治问题做出自己的回答。为了争取对社会发展做出与时代相适应的纲领性回答,我们支持自由的意见辩论。我们欢迎并尊重个人的基本信念和信仰。这一切从来不会屈从于党的决议之下。使我们统一起来的是这样的信念,即社会是可以塑造的,而不一定屈从于资本主义全球化的盲目作用。使我们统一起来的是这一历史经验,即社会民主党的政策只有当它和人们在工会、和平运动、妇女运动、环境运动、公民权利运动、一个世界运动和全球化批评运动以及网络中的民主参与联系起来的时候,才有可能成功。德国社会民主党认为自己在将来也是和这些运动联系在一起的。

我们关于人的设想

我们政策的出发点和目标是所有的人都拥有同样的尊严。人本身具有不同的可能性。他们既不是一定是好人,也不一定是坏人。他们是具有理性天赋和学习能力的,因此,民主是可能的;他们可能犯错误,可能走上邪路并沦入丧失人性的状态,因此,民主是必要的。每个人都对自己的生活负有责任。没有人能够或者应该免除这种责任。人永远不允许被——既不能被国家,也不能被经济——贬低成为实现某一目的的工具。我们反对任何形式的享有对人的无限政治权力的要求。如果政治本身允诺幸福和满足,它就有导致集权统治的危险。

民主是唯一适合于人们自我负责并确定相应政治界限的政治制度。人权和公民权为政治和国家机构设置了界限,没有这些界限,民主就不可能存在。但人不仅仅是拥有权利和义务的个体存在,而且还是社会存在,因此有合作的秉性并且乐于合作。民主通过其机构来支持合作的意愿,并超越不同社会阵营、世代和出身来组织团结互助。

"人人生而自由,在尊严和权利上一律平等",正如《世界人权宣言》中所称,每个人都应当能与其他人共同决定自己的生活。我们争取一个自由和平等的社会,在这个社会中,每个人都能够自由地发展其个性,而不损害其他人的尊严和自由。我们反对任何形式的歧视。人的尊严不取决于其业绩及其经济有用性。因此，社会对于残疾人和老年人，对于生命的开始和结束，都负有保护人类尊严的特别义务。

我们的基本价值

"自由、平等、博爱"这些法国大革命的基本要求，是欧洲民主制的基础。自从平等自由的目标在现代转变成为公正的概念之后，自由、公正和互助在过去和现在都是自由的、民主的社会主义的基本价值。它们始终是我们评价政治现实的标准，是衡量更美好的社会制度的尺度，是社会民主党人行动的指南。

对于社会民主党而言，它在历史上始终是除了自由的法律前提条件之外，还要通过斗争取得它的物质前提条件；除了法律上的平等之外，要还通过斗争取得参与的平等和生活机遇的平等，即社会公正。

保守党人和自由党人经常为了对自己有利而把这些价值彼此对立起来：自由愈多，公正就愈少，反之亦然。在社会民主党的理解中，它们构成一个整体。它们是具有同等价值和同等地位的。最重要的是：它们互为条件、互为补充、互相支持并互相制约。我们对于基本价值的理解使我们不会将自由降低为市场的自由、将公正降低为法治国家、将团结互助降低为贫困救济。

自由意味着自决地生活的可能性。每个人都具有获得自由的资格和能力。他是否能够过上与这种资格相适应的生活，取决于社会。他必须摆脱侮辱人格的依赖性、摆脱困苦和恐惧，他必须有机会发展其能力，负责任地参与社会和政治。只有当一个人知道自己享有充分社会保障的时候，他才能够使用他的自由。

个人的自由以不损害其他人的自由为限。谁强求其他人放弃自由，谁自己就不能长期自由。

公正以每个人平等的尊严为基础。它意味着不取决于出身或者性别的平等的自由和平等的生活机会。因此，公正是指平等地参与教育、工作、社会保障、文化和民主，平等地使用所有的公共财富。哪里的收入和财产的不平等分配将社会分为支配他人的人和被他人支配的人，哪里就违背了平等的自由，因而就是不公正的。所以，公正要求在收入、财产和权力分配中更多的平等。因为存在于这些分配中的巨大不平等威胁到了人生机遇的平等，所以社会民主主义是必需的。

平等的生活机会并不意味着平均主义。相反，它提供了个人爱好和能力的发展空间。人和人是，而且将始终是不同的。但自然的不平等和社会出身不应该成为社会的命运。生活道路不应该预先确定。我们反对基于出身、阶层、肤色、性别、性取向和宗教的任何形式的特权或者歧视。

业绩必须得到认可和尊重。公正是一种与业绩相适应的收入和财产分配。财产具有义务：谁比平均水平挣得多，比其他人拥有更多的财产，谁就必须为社会的富足做出更大的贡献。

团结互助意味着相互的紧密联系、共同归属感和救助。它是人们互相负责和互相帮助的意愿。团结互助适用于强者和弱者之间、世代之间、民族之间。团结互助创造了变革的力量，这是工人运动的经验。团结互助是一股强大的，以自发的和个人乐于助人的方式，通过共同的规定和组织，把我们的社会维系在一起的力量，它在福利国家中成为政治上可靠且有组织的团结互助。

民主社会主义

我们的历史深受民主社会主义思想也就是一个自由而平等的社会的思想的影响，我们的基本价值在这个社会中得以实现。这一社会要求这样一种经济、国家和社会的制度：在其中，所有人的公民的、政治的、社会的和经济的基本权利都得到保障，所有的人都能够过上一种没有剥削、压迫和暴力的生活，即处于社会的保障和人的保障中的生活。

苏维埃特征的国家社会主义的结束没有驳倒民主社会主义的思想，反而令人印象深刻地证实了社会民主主义的基本价值导向。民主社会主义对于我们而言仍旧是一个自由、公正和团结互助的社会的远景设想，它的实现对于我们来说是一个长期的任务。我们行动的原则是社会民主主义。

政治优先和持续性原则

因为我们坚持这一目标,所以我们坚持民主政治优先并且反对将政治置于经济之下。在这方面,我们有一个广泛的政治概念,它不该简化为仅仅是国家,而是要包括公民社会的联盟和网络以及人的自由的、自决的行动。政治必须为此而负责:即法律、安全、教育、保健、文化、自然环境等不该成为商品的东西都不能成为赤裸裸的商品。

民主在将来必须经受如下的考验,即保证人们能够使用公共物品,坚守从预防角度关怀人们生存的政治责任,从而使生活机会的公正分配成为可能。这在一个资源日益短缺的世界里更是必须的,不允许把这一切交给市场。

对于我们来说,市场是一种必要的、优于其他经济调节方式的工具。然而放任自流的市场在社会和生态问题上是盲目的。它自身没有能力以适当的规模提供公共物品。为了使市场能够发挥其正面作用,就需要规则、需要一个有强制能力的国家、高效的法律和公平的价格构成。

鉴于21世纪的挑战,鉴于全球化和生态危机,我们把可持续性视为政治和经济行动的唯一的、能够担负起责任的基本原则。持续性原则意味着:从未来的角度思考;抵制短期行为的优先并同样抵制经济的即纯粹企业经营逻辑的主导作用;从社会思想出发来设计政策并将民主的多样性、生态的持久性、社会融合和文化参与理解为社会民主党政策的指导思想。

我们对21世纪进步的理解要求社会责任、经济责任和生态责任之间的联系:目的是实现质的经济增长和生活质量的改善,通过对技术、科学进步的塑造和负责任地对待有限的自然资源与人的无限创造可能性来实现生活可能性和个人自由的拓展。

社会民主党的政策

针对仅仅从经济角度对社会的狭隘理解,社会民主党提出了一个以平等尊严和平等尊重的人道价值为导向的关于人的设想。人不仅相互竞争,而且相互需要。他们生活的意义不仅仅在于拥有畅销的经济商品,人不仅仅是消费者和生产者，因此我们抵制所有生活领域的经济化。

生活质量比追求物质富裕更重要。人们需要完整无损的共存性，在其中，人们是和平与团结互助的；在其中，人们拥有平等的机会和权利，也包括性别之间的平等。人们寻求被认可，寻求自己是有用的感觉，不仅仅在职业中是如此。他们生活于家庭的关系之中，生活于同配偶、子女和朋友的关系之中，并且依赖这种关系。为此他们需要时间。人们只有在能够为其提供更多自决和自由时间的社会里才是真正富足的。一种完全根据跑表、受毫无间隙地听凭遣使的节奏支配的生活是与此矛盾的。

我们想要一个依靠活力和创新来取得进步的社会。不过我们在这里也想要保持并加强人们团结一致的基础。个性和生活蓝图多样化的可能性是崇高的价值，但它们也会带来联系的断裂和新的冲突。茫然无数是多样性和社会变化的反面，它们加强了要求稳定和确定导向的愿望。因此，我们要使人们感到自己是被接受的，是从属于其中的，从而是安全的。

社会民主党不仅保证所有的人都具有公民的、政治的和文化的基本权利，而且也同样保证他们社会的和经济的基本权利。它通过社会民主化，尤其是通过共同决定，通过基于公民权的预防性福利国家和通过保证民主优先于市场的协调性市场经济，来保障所有人的平等的社会参与。

三、我们的目标，我们的政策

1. 一个和平和公正的世界

德国社民党的国际政策服务于防止冲突、创造和平的目标。对此，我们的原则是通过合作实现理解、实现国际团结和共同安全。我们坚信，权力必须置于法律之下。

只有共同合作才能够解决现存的问题，这在人类历史上是第一次。全面安全只能协力实现。为此，要通过强有力的联合国形成一种世界内部政策并创造一种公正的经济秩序。在实现这两个目标的过程中，欧洲应该发挥关键作用。我们必须用欧盟来对全球化做出政治回应。

社会民主党人希望，所有的国家、民族和人都从和平与富足中获益。德国社会民主党认为，合作已成为新世纪的关键词。

社会民主党意识到德国在当今世界对和平业已经增加的责任。我们积极承担这一国际角色。德国社会民主党是德国和欧洲的和平力量。我们拒绝任何形式的侵略战争和预防性战争。

对于我们来说，人权的不可分割性和普遍适用性是不能讨价还价的。基本法、欧洲基本权利宪章、联合国宪章、世界人权宣言、人道主义国际法和千年发展目标决定了我们的国际政策。死刑应当在世界范围内被废止。

不是强者的法律，而是法律的强大造就国际安全。在全球化时代，没有哪一个单方面寻求实现其利益的国家能够获得长久的成功。我们拥护多边主义，即国家间有组织的合作。我们继承维利·勃兰特成功的欧洲缓和政策。共同安全、构建信任的步骤、经济的以及民事的合作等概念是这一政策的重要基本元素。我们呼吁一种新的缓和政策——它使理解成为可能，它避免军备升级并使冲突的和平解决成为可能。

我们以全面的安全概念作为我们国际政策的基础：所有人的安全是以和平、公正、自由、民主，以社会的、经济的、文化的和可持续的发展为前提条件的。

我们以友好、开放和尊重的姿态对待其他民族。许多文明都对人类的文化遗产做出了自己的贡献。我们明确拒绝那些发誓进行不同文化之间斗争的人。对外文化政策是一个好的外交政策的组成部分，它唤起对我们国家的兴趣和理解，并促进同其他文化的对话。

在东西方冲突结束之后，还没有建立起针对全球化时代的安全结构。新的政治力量涌向世界舞台。我们的外交、安全和发展政策必须发展同亚洲、拉丁美洲和非洲国家的密切关系。它们是建设一个公正的世界秩序的伙伴。

德国对以色列的生存权具有特别的责任。我们也因此在国际条约的基础上致力于中东的全面和平。我们支持巴勒斯坦民族的自决以及建立一个有生存能力的巴勒斯坦国家。

社会民主党希望革新跨大西洋伙伴关系。德国、欧洲和美利坚合众国拥有共同的价值。它们也在此基础上在北约内紧密合作。但在共产主义崩溃之后，跨大西洋联盟需要确定一个以全球化时代要求为指南的新目标。一个和平的世界秩序只有和美国一起才能实现，因此和美国的关系对于我们来说具有特别的重要意义。

德法友好关系和合作在过去和现在都不仅是欧洲统一的发动机，它在过去和现在都具有本身固有的价值。同样，我们也要继续发展同波兰的关系。

同俄罗斯的战略伙伴关系对于德国和欧盟是不可放弃的。俄罗斯的开放保障了我们大陆的和平与稳定。

加强全球合作和地区合作

为了实现世界和平，要加强共同利益、联盟和组织。因此，我们支持扩建联合国作为全球法律制度的最高机关。我们希望建立并实施全球法律。为此必须加强国际司法权。只有当能够实施制裁的时候，国际法才能够获得约束力并发挥解决冲突的作用。

必须改革联合国的机构并使之民主化，以提高联合国的合法性。我们希望加强联合国大会的权力和联合国秘书长的地位。在联合国安理会的改革中，必须确保所有各洲的适当参与。我们拒绝单个成员国的否决权。德国应当在联合国承担更多具体的责任，包括担任联合国安理会常任理事国。从长远看，欧盟必须在那里拥有一个席位。

我们呼吁成立一个联合国经济、社会和环境政策全球委员会。它应当使经济利益、社会需求和生态必要性相互协调，帮助限制不受控制的资本流动、限制社会和生态倾销的风险。所有地区和国际贸易机构、财政机构都应该派出高级代表参加这个委员会。

和平与安全是全球的公共财富。因此，追求财政稳定和经济稳定、防止气候灾难、追求生态系统安全、预防传染病是全球的政治任务。为了让联合国能够履行与此相关的责任，国际性的国家组织必须筹措与自己的利益相关的必要资金。

金融市场上不受控制的资本流动会危害整个国民经济。我们力求在国际层面上为金融市场建立一个有效的政治制度框架。

国际机构和组织,如国际货币基金组织、世界银行和世界贸易组织必须以经济、社会和生态持续性为标准,以人权及劳工权利来衡量自己的工作。它们的决策必须是透明的。投票权的分配必须更多地反映发展中国家,特别是最穷国家的利益。

我们希望加强国际劳工组织。在国际货币基金组织、世界银行、世界贸易组织和联合国做出决定时,必须更多地包含和重视国际劳工组织的核心计件工作标准。为了加强雇员的权利,自由工会在世界范围内是不可缺少的。

欧洲理事会和欧洲安全与合作组织作为地区性的国际组织是克服民族之间对立的榜样。德国支持在世界的其他地区建立类似的组织。

公民社会组织对民族之间的理解具有高度意义。我们把自己看作国际工会联合会、非政府组织和教会的伙伴,它们一直关注国际冲突并提出解决冲突的方案。

我们支持社会党国际作为世界上社会民主党的跨国的有政治能力的联盟发挥更大作用。它一定要在国际政治民主化进程中发挥重要的作用,尤其是在建立全球性公共活动领域方面。

全面的安全政策

对于我们来说,和平不仅仅意味着没有战争。和平是我们全球社会文明化发展的一个强有力的基础。预防危机是最有效的安全政策。我们坚信,只有当饥饿、贫困和资源短缺等结构性的冲突原因被克服时,持久和平才是可能的。战争不应当成为政治手段。

对于我们来说,一个公正的世界经济秩序和伙伴式的发展合作不仅是人类的绝对需要,而且也是全面安全政策的基石。因此,到2015年,我们要将与贫困和欠发展作斗争的经费逐步提高到国内生产总值的0.7%。与腐败作斗争,支持良好的政府工作并有计划地免除发展中国家的债务,与艾滋病、瘟疫和传染病作斗争在克服贫困过程中依然是重要的目标。

妇女在许多社会中承担着社会和经济发展的主要责任。没有全世界妇女的平等参与，民主、全球公正和可持续发展是不可能的。

我们在世界贸易中需要更多的公正。发展中国家不想要施舍，它们想要在市场上的公正机会。为此，工业国家必须在世贸组织的框架下开放其市场，逐步减少并最终取消其农业出口补贴。

裁军和不扩散

愈来愈多的大规模杀伤性武器扩散要求一种新的有效的军备控制、军备限制和裁军政策。我们主张撤出所有部署在德国领土上的核弹头。我们强调我们的没有原子弹的世界这一目标，并为将铀浓缩置于国际控制之下进行宣传。我们致力于实现有国际法约束力的对原子弹使用的严厉谴责。宇宙空间必须是没有武器的。我们要更加努力地限制和控制常规武器。正是在裁军问题上，我们致力于加强和扩充现有的多边协议。必须禁止地雷和集束炸弹的生产和出口。

我们在将来也确保德国不追求制造、拥有和使用大规模杀伤性武器。我们承担执行严格的武器出口政策的义务。武器不是普通商品。在出口批准方面对于我们起决定性作用的是维护人权、良好的执政领导并禁止向冲突地区提供武器。必须拒绝向发展中国家出口武器，因为它威胁到一个国家的持续发展。

对安全与和平负责

日益短缺的能源和气候灾难蕴含着巨大的潜在冲突。气候保护和获取能源、原材料及水资源的途径是全球化时代国际安全的一个挑战性问题。可再生能源和提高能源效率是和平发展的关键。

一些国家的解体导致无政府状态和法律瘫痪状态的蔓延。德国必须准备承担重建国家和公民社会结构的责任。

不受国家控制的暴力的最危险表现形式是恐怖主义。在反恐斗争中，涉及的不是战争，而是与犯罪作斗争。这是警察、司法机构和情报机构的任务。只有当它们在国际反恐斗争中不胜负荷的时候，军队才是最后的选择。即使是面临恐怖主义，我们也拒绝任何形式的对国际法的削弱。

对于冲突，虽然可以采取军事手段，但从来不能仅仅通过军事手段而获得解决。因此我们遵循一种以预防冲突优先为基础的和平政策。

联邦军队的使用必须始终服从基于政治、外交、经济、发展政策和文化措施的总规划。因此，我们希望增加用于非军事的危机预防和危机反应的经费并改善行使这一政策的手段。军事手段的使用对于我们来说始终是最后的手段。即使为了稳定和平，我们也只有在其他手段不足以应对的情况下才动用士兵。

德国可以参加这些使命，如果它们是通过具有国际法约束力的联合国的授权而取得合法性，如果这种动用不违背德国在世界和平及国家福利方面的利益，并得到德国联邦议会批准的话。

随着欧洲分裂的克服和德国的重新统一，联邦军队在我们合作的和平政策与安全政策框架下承担了更多的责任。士兵通过他们的行为理所当然地在世界范围内享有高度的信任和声望。联邦军队在社会中扎根并被社会接受的情况必须得以保持。兵役义务制度的继续发展就是对此的保证。所以，我们致力于加强服兵役的自愿性。

每个人都有权利出于良知而拒绝服兵役。在国际上也要实现这一权利。

2. 社会的和民主的欧洲

1925年社会民主党就已经通过要求建立欧洲合众国而致力于欧洲的统一。当时看起来遥不可及的东西，今天已成为事实：两次世界大战之后，欧洲的统一使我们大陆历史上的和平时期成为可能。战争、驱逐和饥饿是能够克服的。欧盟首先是一个和平项目，我们要将它扩建成为有行动能力的和平力量。但欧洲也是一个民主的和社会的价值共同体。欧洲社会模式把经济进步、社会均衡和个人自由结合在一起。它确定男女平等的标准并保证少数民族的权利。社会民主党代表一个宽容的欧洲，这个欧洲将自己的不同的民族和地区、文化和宗教看作是财富，并守护着它们。

在民族国家不再能为市场提供社会框架和生态框架的地方，就必须由欧盟来做。

欧盟必定成为我们对全球化的回应。

民主的欧洲

今天，欧盟已经获得了特有的国家特征。愈来愈多的生活领域被欧洲的决定所触及。我们希望建立公民的欧洲。我们希望更多的欧洲民主。

我们的指导原则是一个政治联盟，它赋予欧洲所有公民以民主的参与权利。民主的欧洲需要一个基于欧洲宪法的对议会负责的政府。

我们希望一个联邦制的欧洲。在其中，除了欧洲议会，民族国家将参与欧洲立法。

仅仅涉及本地、地区内、一个国家的人们的事情，属于这些人的政治管辖权，这样才可以做出贴近公民的决定。这一原则不得通过欧洲的规定被废除。

欧洲议会的职权范围必须得到加强。只有这样，它才能够平等地同参与部长理事会的各国政府共同制定欧洲法律。

欧洲议会需要针对欧盟委员会的全面议会控制权，以及自己立法提案的权利。欧盟委员会主席应当由欧洲议会选举产生。

欧洲的民主需要欧洲的公共活动领域。为此，欧洲媒体、公民社会组织、社会伙伴以及强大的欧洲政党是绝对必要的。我们的目标是将欧洲社会民主党进一步发展成为一个有行动能力的党员党和纲领党。我们致力于为欧洲制定社会民主党基本纲领并希望在欧洲议会选举中提出全欧洲的首席候选人。

欧盟向一个真正的民主政体的继续发展不能因个别国家或其政府的不满而失败。它可以因此采取几个成员国之间的紧密合作方式。这种合作必须对所有成员国都保持开放。

社会的欧洲

欧洲建立了世界上最大的内部市场并成功地实施了货币统一。这符合欧洲公民的利益。然而无论在德国还是在欧洲，我们都不能容忍从市场经济中产生一个市场社会。在金融政策和货币政策统一之后，我们呼吁以经济增长和就业为导向，在经济、财政和金融政策之间实现协调。为此，需要有约束力的总体经济指标。

除了经济联盟和货币联盟，欧洲社会联盟也必须以同等地位出现。欧洲社会福利模式中有着不同的国家特征和传统。然而，欧洲所有社会福利国家的共同基础是：一个具有服务能力的国家、能够抵御基本生活风险的社会保障体系、高度的教育水平、公共的预防性生存照顾、有规则的劳动条件以及雇员的参与权和共同决定权。

欧洲社会联盟尊重民族国家的传统，但同时创造具有约束力的欧洲规则和标准，它们不允许向下移动。我们不是想要统一社会福利制度，但我们要和其他成员国达成一个社会稳定条约。我们为成员国之间缔结社会稳定条约提出国家的社会福利支出和教育支出的目标和标准，它们是以各国的经济服务能力为参照的。

在经济活动跨越边界的地区，雇员权利就不应该停止于边界。因此，我们要在欧洲企业中保障并扩大雇员的共同决定权。为了在欧洲层面加强和实现劳资协定自主，我们致力于奠定跨国劳资谈判和劳资合同的欧洲法律基础。

我们希望确定欧洲范围的最低税率和一个统一的度量基础，以免追求最低企业税的竞争毁灭民族国家。

自由地获取高质量的公共服务是欧洲社会模式的一部分。每个成员国都以自己的方式负责实施，但应当把它确定为对欧盟有约束力的原则。

出于对未来的考虑，欧盟国家必须更多地投资于教育、研究和创新。这个重点也必须在欧洲的预算中得到反映。我们呼吁降低来自各国预算的分摊份额，要开辟一个自己的长远的收入来源。但这是以一个透明、有效和民主可控的欧盟预算政策为前提条件的。

为了让年轻人认识欧洲，加强我们共同的欧洲认同感，我们致力于让所有年轻人都有可能通过交流项目或者青年聚会去了解另一个欧洲国家的日常生活。

和平力量——欧洲

我们努力将欧盟继续发展成为有行动能力的和平力量。独立的欧洲和平政策必须集中于其强有力的部分：外交、对话、支持民主和人权，也包括对冲突地区的经济进行援助。

欧洲拥有一致的安全利益。我们追求共同的外交、安全与防卫政策。为此，成员国的军队也必须更紧密地结合在一起。从长远看，我们要有一支欧洲军队，这支军队的使用必须得到议会的批准。

联盟的扩大创造了和平、稳定和富足。我们致力于信守对那些具有加入前景和符合标准的国家的承诺。对土耳其也是如此。一个认为自己有义务实现欧洲价值的土耳其能够成为重要的通往其他穆斯林国家的桥梁。这也符合德国和欧洲的利益。

针对这个地区的中期内也不能加入欧盟的国家，我们将继续发展欧洲的睦邻政策。

3. 团结互助的公民社会和民主的国家

民主依赖于公民的积极参与而存在。因此，我们需要一个强大而具有活力的公民社会，人们可在其中利用表达意见、结社和集会的自由。民主国家是公民的政治自我管理组织。

有活力的公民社会能够而且应该监督、纠正、鼓励、减轻并补充国家的行为。公民社会不能替代国家。只有在国家能够履行其义务的地方，才能形成一个有活力的公民社会。没有一个警觉的公民社会，民主国家总是有危险的。这两者相互需要对方。

一个强大的公民社会在急剧变动的年代为我们提供了家园。哪里的人们相互支持，哪里就能体验到承担义务的意愿、公正感、相互尊重、团结互助和有节制地行使个人自由。民主依赖于那些通过正规学习和生活经验而获得的民主美德。

在公民社会，人们出于自己的动因而承担对他人的责任，为了共同幸福而发挥作用。他们经常比政府机关更早地认识到哪里需要帮助。他们义务地在社团、基金会、创新动议组织和非政府组织中工作。我们希望，名誉职位能得到更多的承认，得到一种更好的保障。公益机构的文化能够并且应该使这个社会更加多样化、更加人性化。

公民社会的载体还包括政党、工会、教会、宗教团体、社会团体和环保团体。它们是我们走向人道的、有未来能力的社会征途上的伙伴。

体育是我们文化中的一个重要组成部分。它有益于健康，有益于促成宽容与公平合理，将人们联系起来并有助于克服社会对立。因此，我们支持群众性的、竞技性的和残疾人的运动及其团体。其中也包括反对使用兴奋剂。

独裁和集权的统治在20世纪损害了国家的声誉。这有利于市场极端主义者，他们想把国家的职能限于保护财产和组织市场。只要能做到，他们就力图把国家的任务交给市场。然而，凡是交给市场的东西就一定会成为商品，一些人能够消费得起，另一些人则不能。得到公民社会支持并受其限制的民主、法制和福利的国家要对不允许成为商品的东西负责。

教育不是商品，而是一种人权，国家有义务为此提供服务。

不受犯罪侵害的安全决不允许成为商品。它是国家必须当面兑现的义务，是其垄断力量的另一个方面。

文化不仅仅是商品，它是人类社会的特征。国家不必规定什么是文化，但要尽可能地使文化成为可能，也包括在市场上无法立足的那些文化。国家不为真理负责，既不从哲学上也不从宗教和历史上负责，但要为寻找真理的条件负责。

社会安全不是商品，而是一个对人的尊严负有义务的国家的任务。

国家还必须制定和实施法律以及有约束力的制度。但是一种天衣无缝、囊括所有生活情况的法律化并不带来更多的公正。当过时的规定成为桎梏的时候，放松控制总是必需的。但作为一种原则，放松控制是违背任何一个国家的目的的。

民主的法制国家能够且必须将任何权力，也包括自己的权力置于法律之下。这使它的权力垄断合法化。我们捍卫这种权力垄断，因为再也没有比一个一部分人能够购买安全，而大多数人则不能购买安全的社会更加不公正的了。

德国社会民主党支持由公共负责的具有服务能力的、面向公民的预防性生存照顾。国家不必自己承担一切，但却必须保证开放享受公共物品的途径。

私有化可以是符合目的的和负责任的。但当它阻碍了享受公共物品的途径，使国家的权力垄断出现问题的时候，我们就反对私有化。当公共任务应当被私有化的时候，我们就不仅要探讨它在公共财政方面的短期收益，而且也要探讨它对未来政治塑造可能性和民主责任的影响。我们不想让公共的预防性生存照顾的核心领域置于全球资本市场的利润考虑之下。

鼓励积极行动的国家和积极的公民社会的联系也有助于公民通过全民请愿和全民公决直接参与发表意见。在法律确定的界限内，它们应当是议会民主的补充，这种补充不仅是在乡镇和联邦州层面，而且也在联邦层面。在宪法对议会多数派做出限制时，也可以实行公民公决。

大多数公民是通过行政机构和国家打交道的。因此，我们需要一个贴近公民、为公民服务的行政机构。我们削减无用的官僚主义。我们不想要一个有监护权的国家。

民主政党在政治意志塑造的过程中发挥着关键的作用。它们是公民社会和国家之间不可或缺的中介。它们应当使公民所关心的一切成为政治行动的内容。它们是政治讨论的学校，负责使选民能够投票给胜任乡镇议会和议会工作的那些人。民主需要强大的、有活力的、有决定能力的政党和同样强大的议会。议会是民主意志形成的心脏。

强大的乡镇

团结互助的公民社会首先存在于乡镇。它们是负责预防性生存照顾和影响人们日常生活的地方。下述问题都在乡镇决定：所有的儿童是否都能得到早期扶助；不同文化的人们是否共同生活或毗邻生活；青年人是否开展有意义的业余活动；老年人是否仍然融合于社会之中；人们在公共空间是否感到安全。在农村和大城市也是如此。正是有着独特历史和文化的、简单清楚的乡镇生活世界和地区生活世界在转折时期为人们提供了家园、集体和安全。

因此，我们要加强乡镇的自我管理，改善它们的质量，扩大它们的组织自由。我们扩大乡镇的财政回旋余地，我们不在未提供所需资金的情况下向它们委派任务。

社会的城市政策

今天，一多半的居民已经生活在城市的人口密集地区。城市的未来决定着社会的未来。塑造不同出身、社会地位和生活倾向的人们的共同生活，是一个社会的城市政策的任务。我们政策的指导目标是一个团结互助的城市，它鼓励所有的居民参与塑造社会的、经济的和文化的生活。

只有当存在足够多的、能够支付得起的住房的情况下，才能成功地维护并巩固居民的城市中心区。住房不允许成为投机物品。将老年人和有孩子的家庭留在内城，是一个城市具有活力的前提条件。

社会民主党政策的目标是改善城市和居民区的社会团结。我们要支持无障碍的和跨世代的居住形式。为了使逐渐变老的城市拥有活力，我们要提升有积极性的老年人的潜能，而且正是要支持老年公民的公民参与。对城市贫困居民区的贬低和排斥过程必须被阻止。为了提供更多的就业岗位，加强融合和参与，改善通往教育和技能培训的途径，就需要寻求全面的方案和共同的行动。"社会的城市"是横贯所有政治领域的任务。

社会的联邦国家

德意志联邦共和国现在是、将来也仍然是一个社会的联邦国家。辅助性原则适用于联邦制国家：只有较小单位不能完成的任务，才由较大的单位来承担。我们承认这个联邦制国家，因为它符合德国的传统，阻止了权力的集中，使滥用职权更困难，使所有层面的民主意志的形成成为可能。

在具有行动能力的联邦中，我们想要具有行动能力的联邦州。因此，必须始终明确，谁负责什么。职责范围必须以怎样最好地完成任务来确定，而不能以维持管辖权来确定。

地区和联邦州之间在经济实力和财力上的区别增大了。我们的理想是同样的生活环境。因此，我们致力于德国的所有部分，西部和东部、南部和北部之间的团结互助的支援义务。德国东部拥有要求全德国团结互助的权利。

并非每一项转让给欧盟的决定权都必定削弱联邦制的民族国家。这也适用于税收政策。由欧盟决定的最低企业税率甚至会加强民族国家。

自由中的安全

自由和法治国家是社会民主党法律政策和内政政策的标准。对于我们，法治国家意味着所有国家权力机关无条件地尊重人权和公民权，意味着保证独立司法及其覆盖所有的人。人们都需要安全，只有当他们感到安全的时候，才能真正地运用他们的自由。法制国家必须负责安全问题。在德国，安全受到包括有组织犯罪和国际网络化犯罪等犯罪形式的威胁，受到极端主义分子和恐怖分子的威胁。我们利用法制国家的手段与之作斗争。直接为此负责的是警察和司法机构。我们拒绝在内政事务上动用联邦军队。谁要主张反对法制国家的敌人，谁就永远不允许放弃法制国家的原则。不是公民权和自由权的保卫，而是对它们的限制才需要证明其正当性。肆意妄为和刑讯是绝对被禁止的。我们只有以同样的坚定性采取措施对付暴力、仇恨和犯罪产生的原因时，才能赢得反对它们的斗争的胜利。

我们保证信息的自我决定权利并致力于有效的数据保护。

我们社会民主党人谴责右翼极端主义、种族主义和反犹主义。它们曾将德国推向最严重的灾难。因此，我们将始终为我们国家永远不再陷入野蛮状态而斗争。

任何一种暴力，不管它处于什么动机，都是对团结互助的公民社会的攻击，无论它涉及的是男人之间的暴力还是家庭内部针对妇女和孩子的暴力。强迫婚姻、强迫卖淫或者所谓的对妇女的名誉毁灭必须被阻止或者受到惩罚。

在我们的国家里，以宗教信仰为基础的极端主义没有容身之处。也不允许依据宗教规定或传统使人权失去效力，这是我们对其他文化的宽容的界限。

融合与移民

德国是移民国家。移民在经济和文化上丰富了我们国家。这种情况将继续下去，我们要让我们的社会对此做好准备。我们需要更多高水平的移民。

移民要求融合。这是一种共同的努力。双方都必须为此准备好。移民必须融入整体，为此我们必须为他们提供参与我们社会生活的全部可能性。因此，融合要求公正的机会，但也要求明确的规定。

我们的基本法为文化多样性提供了空间。所以，没有人需要否认自己的出身。但是这也就划定了任何人即使根据传统和信仰的指引也不许超越的界限。因此，任何人都不允许阻碍妇女和女孩子的自由发展和接受教育。

谁想要在德国拥有并利用平等的机会，就必须学习并最终掌握德语。我们要改善教育供给。我们希望并期待，这一切都被利用。融合如果从儿童时代开始，包括语言上的融合，就能够获得最好的成就。我们要利用移民多语言能力中存在的机会。

我们努力使来到我们这里的人入籍。这不是融合的结束，但它却使全面的政治参与成为可能。在这方面，我们不排除多重国籍。我们要给予那些还没有德国国籍，却已经在这里生活很长时间的人们以乡镇选举权，即使他们不是来自欧盟国家的。

我们支持因政治迫害而要求避难的基本权利。凡是由于受到国家或非国家的，或者针对性别的迫害或歧视而必须外逃的人，应该在德国得到保护和庇护，最后也能安全地居留。我们支持一项共同的欧洲难民政策，它也同流亡和驱逐的原因作斗争。

残疾人

一个团结互助的公民社会的特征也还包括使残疾人能够拥有平等的机会和平等的参与。在通向这一目标的道路上还有很多事情要做,才能排除一切障碍,也就是要让残疾人接受尽可能最好的教育,获得能保障生存的就业工作,不受阻碍地参与政治、文化和社会生活。我们要正确地对待残疾人的利益,为他们提供全面社会参与的可能性。

舆论和媒体

民主需要舆论。自由的媒体使启蒙、意见形成、政治参与和权力控制成为可能。除了报纸、书籍、广播和电视之外,出现了愈来愈多的新媒体,例如互联网和移动电话。各种媒体互相融合,并愈来愈强烈地影响着我们的日常生活。与媒体打交道要经过训练。我们要使运用媒体的能力成为教育的重点。

我们捍卫媒体的独立性,使其不受国家干预、不受经济巨头利益的干预。我们不放弃有效的媒体自我控制和记者的道德标准。对于我们而言,公法电台是民主舆论绝对必须的,因为它是对于日益商业化的媒体供给的一种重要的纠正。我们反对操纵、反对政治一边倒和腐蚀青少年。我们与性别歧视、种族主义和颂扬暴力的内容作斗争。

民主社会的文化

社会民主主义从一开始也是一种文化运动。我们始终有一个宽泛的文化概念。它超出艺术的范围,把教育、历史遗产和共同生活的形式包括在内。因此,我们需要一种支持我们的民主的政治文化。文化以其特殊的方式成为社会确认其价值观念和目标概念的领域。它使人强大,产生归属感、扎根意识和社会团结意识。

我们支持不同文化间的对话。它有助于内部的和外部的和平,也有助于融合。如果要使和平的全球化成功,我们就需要一种认同的文化,它反对排斥少数民族同时也反对形成双重社会。我们需要文化的多样性,而不是原教旨主义的狭隘性、宗教区别和文化区别的政治化,也不是全球性一元文化。只有一种具有活力的认同文化才能使这样一个社会成为可能，在其中我们可以毫无恐惧地作为彼此不同的人而存在。

只有当我们确保我们在犹太—基督教传统中——它也受到希腊哲学、罗马法、阿拉伯文化的影响——以及人道主义和启蒙运动中的精神根源时，和平的多样性才是可能的。只有一种既具有牢固价值基础、又是宽容的文化才能够抵挡把文化和宗教滥用为排斥工具的尝试。生活在德国的穆斯林对于德国的宗教对话与和平的共同生活所做的贡献是必不可少的。

文化是一种公共财富。促进文化是公民社会和国家的任务。我们欢迎并支持私人的、市镇的参与。然而，国家毕竟具有一种不可推卸的义务。我们承认的是作为一个文化国家的德国。它保证了文化景观的多样性、保证了文化的培育、我们的遗产维护和记忆文化的维护。它促进了艺术，承担了为自由的艺术存在提供社会保障的义务。它在国外为我们的文化作宣传。促进文化不是对我们民主集体的未来的津贴，而是对它的投资。

教会、宗教和信仰团体

我们承认欧洲的犹太—基督教的遗产、人道主义的遗产，拥护在信仰问题上的宽容。我们捍卫思想自由、良知自由、信仰自由和布道自由。与此相关的基础和标准是我们的宪法。对于我们而言，教会、宗教和信仰团体的作用是无可替代的，特别是当它鼓励对同胞和共同幸福的责任，传播民主赖以生存的道德和价值的时候更是如此。

我们寻求同这些团体的对话，当我们看到了共同的任务时，我们寻求自由伙伴式的合作。我们尊重它们的权利，尊重它们在普遍适用的法律框架内自主地规定内部事务

4. 性别平等

我们社会民主党人希望妇女和男子拥有平等的权利和机会——不仅是在纸上，而是在日常的生活之中。我们为一个在其中男女之间能够平等、自由和团结互助地共同生活的社会而斗争。

我们希望，妇女和男子能够自决地选择他们的道路——共同地或者分别地，在建立家庭或者没有家庭的情况下。

德国社会民主党和妇女运动两者都起源于19世纪的自由运动，男女平等的思想把它们联系起来。妇女的许多权利都是由社会民主党人的奋斗而得到的：妇女的选举权、婚姻和家庭中的平等权利以及同样的接受教育的途径。

妇女在今天是自信的，并且希望按照她们的意愿安排自己的生活。男女之间的关系在转变。愈来愈多的妇女和男子希望伙伴式地分担职业和家庭的任务。

法律上的平等还不是事实上的平等。因此，我们需要一种积极的妇女扶助和把性别纳入主流标准的做法，也就是要根据每一个政治决定对妇女和男子、女孩和男孩的生活的影响来检验这一决定，并在必要时改变它。

尤其是在就业方面和劳动中间还继续存在着旧的不平等。经济界和社会上的关键职位几乎主要由男人占据。妇女得到的工资往往比同等水平的男人少。

对劳动安排的灵活性和随时听从遣使的要求很难与对家庭、孩子的照料协调一致。日常生活中的更重的职业负担和家庭负担恰恰加在妇女身上。伙伴式的男女之间的任务分担还不是普遍情况。大部分家务工作在今天还由妇女承担，而且经常是在职业劳动之余，这使得职业生活中事实上的平等更加困难了。妇女过于经常地面临这种选择：或者放弃孩子，或者放弃职业。

应该通过扩建覆盖面广的、符合需求的儿童看护设施，通过保障抚育阶段来改善职业和家庭之间的可协调性。在不同的生活阶段，对妇女和男子的要求是不同的：无论是在职业上继续发展，还是教育儿童、护理家庭成员或者进行资格培训，政治参与或者市镇工作参与——他们都必须有相应的时间。我们希望通过灵活的工作时间来塑造劳动世界，也就是使职业和私人生活达到一种平衡。我们希望为妇女和男子提供更多的时间自主权。这才能从根本上使选择自由成为可能。

我们希望妇女和男子平等、公正地参与能保障生存的就业工作。主要由妇女承担的工作往往是低工资的。但是对于同等价值的工作必须支付同样的工资。我们希望克服关于典型男子职业和典型女子职业的区分。为了妇女平等地担任企业、行政机构、科学和研究以及监事会中的领导职位，必须制定法律措施。

我们要改造税法，使它不能对妇女就业构成障碍，不能阻挡她们的职业解放。

如果我们要实现男女的平等参与，就必须改造所有的生活领域；想要拥有人性的社会，就必须克服男性社会。

5. 可持续的进步和质的增长

所有人的富足和高质量生活在过去和现在都是社会民主党经济政策的目标。在过去，进步主要被理解为经济的数量性增长。今天，急剧的气候变化、生态系统过度的负担和世界人口的增长迫使我们为发展指出一个新的、适应未来的方向。这取决于发展是否带来进步。我们希望可持续的进步，它将经济活力、社会公正和生态责任统一起来。因此，通过减少资源消耗而实现的质的经济增长是必需的。人们应当能够通过良好的工作，摆脱剥削和恐惧而挣得自己的生活费用。每个人都应在挣得的财富中得到公正的一份。我们也要为以后的世代保护自然的生活基础。

我们依赖科学和技术进步、教育和资格培训，以使可持续发展成为可能。质的经济增长要以具有高生产率和创造高价值的、有竞争能力的国民经济为前提。这一切为结束贫困、剥削和浪费自然资源奠定了基础。

我们将全球化看作创造新的工作岗位和世界范围内繁荣发展的机会。我们要使市场的活力服务于人。为此，我们需要一种竞争的秩序，它发展长期的经济增长，克服短期利润癖好。

21 世纪的社会市场经济

在 20 世纪，通过社会市场经济创造了一个卓越的成功模式。它把经济的强盛和广泛阶层的富足联系起来。社会市场经济，主要在社会民主党和工会的影响之下，将雇员的参与和共同决定发展成为一种生产力，促进了社会和平。

然而，不再受边界约束的全球金融市场和资本市场使这个业已被证明有效的制度成为问题。完全着眼于短期盈利和过分盈利的导向威胁着社会的团结，并且对生态必要性视而不见。与此同时，它损害了我们的企业和我们国民经济的长期经济成就。

市场需要政治塑造——在全球化时代还需要超越国家界限的塑造。对于我们来说，应当尽一切可能开展竞争，凡有必要就发挥国家的调控作用。欧盟内的共同行动对于社会市场的未来具有决定性的意义。

经济民主对于满足基本法关于生活的要求是不可缺少的："财产具有义务。它的使用应当同时服务于共同富裕。"

对于社会市场经济来说，工厂和企业中的共同决定权、劳资协商自主权和罢工权是根本性的。企业内的民主意味着参与拥有和参与发言。它促进了企业的成功。我们拥护大企业监事会中对等的共同决定权。在日益欧洲化的经济中，我们的目标是在欧洲层面上扩大雇员的权利和共同决定。

强大的工会对于我们是不可缺少的。在决定工作条件方面，我们坚持已被证明有效的立法者、劳资双方、企业职工委员会和公职人员代表之间的任务分工。劳资协商自主权是不受限制的。我们希望强化全行业劳资协定。我们保障雇员的权利，其中也包括解雇保护。

在德国，收入和财产的分配是不公正的。社会民主党的税收政策应当限制不平等并促进机会的平等。我们支持随着生产率增长和通货膨胀而增加工资。我们希望雇员拥有更多的财富。员工参与企业资本——作为收入的额外来源——保证了就业者对公司业绩的公正参与。此外，它还会促进创新和提高生产率。跨企业基金可以保障企业的风险不会被转嫁到雇员身上。

额外的就业岗位主要出现在这样的地方：有创造力的人们实现了他们的想法并将其带进市场的地方。我们也改善中小企业、手工业者和独立从业者的创业条件。一个强大的中等阶层会加强价值的创造。有益于公众的企业和合作社是社会市场经济的重要部分。

对于我们而言，企业的自由和社会责任是同一件事的两个方面。社会民主党的政策通过公正的竞争来促进负责任的企业。我们希望在德国有一种鼓励独立性的文化。我们要为收入微薄的自由职业者和工商业经营者提供更好的社会保障。

现代的服务业政策

在德国，并非所有的工作岗位都处于同等的国际竞争水平。但是在教育和卫生、地方手工业、私人家务和社会服务领域为人们提供高水平的服务和简单服务方面，蕴藏着最大的就业潜力。为了开发它们，我们需要更多公共的和私人的对这些服务的需求。提高男女就业率也将提高对服务业的需求。

战略性的、有利于生态的工业政策

人类正面临着巨大的社会挑战和生态挑战。为了战胜这些挑战，我们需要创新的、高质量的产品和服务。我们依靠更好的想法，依靠新技术和新方法、专业化和质量。这样，我们就能够保护资源和节约能源，能够与气候变化作斗争，治愈疾病，增强灵活性并促进交流。

国家不能并且不应该替代市场。但它可以推动主流市场。国家必须确定工业政策中享受优先权的方面，并且以经济界和科学界的伙伴身份集中致力于战略领域。国家必须将自己所掌握的无形的和有形的手段结合起来——从研究到有目标的调控，直到创造出特定产品。

工业一如既往，对德国的国民经济具有决定性的意义。许多高水平的服务和简单的服务都直接依赖于工业。工业产品将日益以知识和服务为基础。战略性的工业政策以拓展我们经济水平的实质性飞跃为基础。这一政策将加强工业核心并加强地区经济能力。新联邦州的经济增长核心也表明了，新的经济力量是怎样从知识中产生的。我们要与欧盟合作，像加强对地区经济的促进和加强全德国的地区化结构政策一样加强德国东部的这种发展。

战略性的工业政策一定是有利于生态的工业政策。从生态的角度对市场的激励是质的增长的动力。我们的机遇在于发展可以在世界范围内运用的解决问题的办法。为了使新思想迅速转变成新产品和新就业岗位，我们希望一个新的将研究、产品设计和企业投资紧密联系起来的政策。

有行动能力的国家和积极的增长政策

社会民主党要求一个有行动能力的国家。只有富人才能承受一个贫穷的国家。为了进行政治调控，国家需要充足而可靠的收入。

对于我们来说，一个坚实的财政政策意味着我们今天不能寅吃卯粮。不过，公共预算的整顿不应导致我们留给下一代人一堆破败的基础设施。我们对后人的义务是：必须降低公共预算的债务，同时更多地向教育、研究和基础设施投资。

企业和私人必须分担与其能力相应的国家任务的财政支出。这意味着：我们支持已被证明有效的累进所得税制。我们希望公正地对大额财产和遗产征税。

我们要为社会保障体系提供资金，其途径是更多地对所有种类的收入征税，减少社会保险交费。

高度的内部需求创造更多的就业。因此工资增长至少要以生产率和通货膨胀率为标准，这不仅是公正的，而且是经济所必需的。为了阻止剥削并保障公平的竞争，我们需要规定最低工资。

我们在德国和欧洲的财政政策和资金政策的目标是：巩固繁荣，促进连续、强劲的经济增长。国家必须通过国内的和国际的稳定政策为克服经济危机做贡献。国家必须提供资金，以使经济发展获得动力并使整个社会从中获益。可持续的增长性发展需要在教育、研究和基础设施方面不断增长的公共投资。

资本市场和金融市场：利用机遇，控制风险

现代的、全球网络化的国民经济需要一个运行良好的资本市场和金融市场。我们要利用资本市场对质的增长的潜能。我们的政策要特别确保那些年轻的、创新的企业更容易获得风险投资。

凡是在金融市场仅追求短期盈利的地方，就会危害企业长期增长战略，并因此毁掉就业岗位。我们还要借助于税法和股票法来鼓励不关注快速盈利，而是愿意长期投入的（股票和证券）购买者。我们需要针对投资者和基金的游戏规则，阻止以企业长期生存为代价的单方面追求利润的取向。随着商品市场和金融市场日益增加的国际网络化，对它们的国际调控变得愈来愈重要了。只有透明的金融市场才是有效率的金融市场。稳定的民族国家金融市场和国际金融市场是重要的公共物品。为了改善法律安全与信任，我们要同其他国家和国际机构共同行动。通过明确的规定和有效的监管，防止破坏稳定的风险和对国民经济有害的错误发展。如果可能，我们要通过国家的税收法和股票法来支持这一切。

对于中小企业来说，小银行和储蓄银行发挥着决定性作用。因此，我们要维护它们的特殊作用。德国的众多银行，尤其是储蓄银行和合作社银行的特征是长期为企业提供资金。此外，储蓄银行还以共同富裕为取向完成重要的社会任务。因此它们在将来也一定仍旧要维持公法性质。我们要加强对我们的竞争能力有很高价值的这一支柱。

知识和思想作为生产力

丰富的发明、卓越的思想和来源于此的创新，是我们国家最重要的生产力。我们将把拓展这一切、关心培养合格的专业人员作为企业、工会和政治的重大的共同任务。

产品剽窃和商标剽窃不仅损害经济及其创新力，而且还通过低劣商品危害消费者。因此，我们要保护知识产权、保障著作权。这其中包括了可以把自己的知识财产提供给大众使用的自由。

创造性经济的意义愈来愈重要。在技术、天才和宽容的正确组合之中，我们看到了实现更多的创新、创造性和创造更高价值的成功办法。在德国，我们必须为另类思想家的新思想和影响创造一种开放的气氛。对于我们来说，促进创造性就是尽可能使所有的人都能接触到新技术。

并不是每一项发明都有助于进步。因此我们要检验它们是否有利于人的自由发展、尊严、安全和彼此相处。这种情况也存在于生物技术、基因技术和新的医疗方法和药品中。它们在一些领域使我们处于伦理的边界地带。因此，要对它们的研究和应用进行伦理思考和广泛讨论。我们寻求与科学界、教会和信仰团体就这一问题进行对话。人类生活的尊严在其所有阶段都不可触犯。我们坚持禁止对人类生殖过程进行有目的的基因干预。

能源转型和环境保护

能源和空气、水一样，是我们文明的生活基础。目前这种浪费能源和资源的方式已经不再有前途。因此对于我们来说，我们所提出的能源转型是21世纪的关键任务。我们坚持不懈地推动从可耗尽的向不可耗尽的、从含有害物质的向不含有害物质的资源转变。我们的目标是一个太阳能的时代。

为了与全球变暖作斗争，到2050年，世界范围内的温室气体排放必须减半。我们追求进一步的、更具雄心的减少温室气体排放公约。

在许多人看来，核裂变是提供持久能源的巨大希望。但核裂变不能实现这一希望。一次核事故危害千百万人。核废料是未来数千年的危险源。鉴于新的恐怖威胁，核经济是一个新的危险来源。我们使核电站退出营运成为现实。

可再生能源到处都是最大的、可长期提供的本国潜在能源。提高效率、节约资源并转换为可再生能源要求多种多样的新技术和存储介质。它们在工业、手工业和服务性职业中，在农业和林业中创造了众多新的就业岗位。

我们要摆脱对必须进口的石油和其他非再生能源的依赖。我们寄希望于具有高效率的加热耦合的现代煤发电厂和天然气发电厂，以其作为通往太阳能时代的桥梁。

在工业中，我们也要用可再生原材料替代可耗尽的原材料。这在化学基本材料中是尤其可能的。再利用办法节约了材料，避免了垃圾和对环境的损害。这样就可能出现一种为中小企业提供持久机遇的现代循环经济。

我们促进必要的和符合愿望的灵活性。我们希望通过更好的物流技术和更巧妙的居民区结构来避免过度拥挤的交通。

必须大力向我们的交通基础设施投资。在这一方面，我们给予最有利于生态的交通载体和组合交通以优先权。我们希望有一个现代的、有服务能力的铁路交通。它对于欧洲的融合具有重大的意义。它保障城市和地区的生活质量。客运公共交通对于我们来说依然是公共任务。公共汽车和铁路必须更加经济适用。

技术创新会降低环境和个人汽车交通之间的对立。我们要加快技术创新并坚定地利用混合燃料、氢燃料和燃料电池的技术的机会。

我们要保护自然界的丰富多彩及其生物多样性，大幅减少土地消耗，以获得休养和闲暇的空间。我们要有效地保护海洋和海岸地区。自然界对于我们具有内在价值，我们要向它学习，并为了一种更好的生活而利用它的力量。我们保护国家的自然遗产。

我们具有照顾动物的伦理义务，包括对于不会产生直接益处的情况。要尽可能地避免动物实验。一定要恰如其分地保持动物种类。我们与折磨动物作斗争。

可持续的农业经济和农村

农业市场的国际化在继续进行。我们希望德国在未来也拥有强大的农业。它应该保护文化景点，维护自然生活基础并为农村的可持续发展做贡献。我们支持这样一种农业：能够满足日益增长的对健康的、高质量的以及来自生态生产的食品的需求，同时保护自然资源。农民和消费者拥有无基因技术种植的权利。

我们想要这样一种农业，在其中，进行适合环境和适合动物的生产是值得的。为了能够加强其相对于高度集中的食品零售业的地位，农民在传统的联合之外还需要新形式的合作。

农村拥有自己的发展机遇，这可以和土地经营结合起来。其中包括旅游和再生原材料。由于人口变化而加速的农村结构转型要求对基础设施做出相应调整。我们要加强农村的继续发展。

消费者的责任和力量

具有责任意识的消费者是可持续进步的先驱。每个人都可以通过每一次购买来施加影响。个人在这里也许是弱小的，但消费者的力量在增长，他们组织起来的力量是一种有效的手段，可以为经济发展指明一个更好的、可持续发展的方向。乐于购买高质量商品的、不受成见束缚的消费者开辟了创新产品的新市场。因此，我们正是在全球市场使人们清楚地了解，是在什么条件下生产产品并提供服务的。保障广泛知情权的积极消费者政策加强了购买者相对于提供低劣产品或者不尊重劳工权利的企业的地位。我们要使不断成长的金融服务市场更加透明化。独立的消费者咨询、可靠的质量标准和全面的消费者教育是绝对必要的。国家一定要以其采购和投资决定做出表率。

6. 人人都有好工作

每个人都拥有工作的权利。工作是参与社会生活的关键。它使人感到生活是有意义的，感到自己是被肯定的。工作阻止社会排斥并使自决生活成为可能。在大多数情况不是由自己造成的失业则相反，它伤害了人的尊严，使人受到排斥并且使人烦恼忧郁。

每一项良好完成的工作都应受到尊重，但并非每一项工作都是好工作。工作是有人类尊严的生活，但它也必须符合人类的尊严。

我们想要这样一种工作：支付合理工资，使参与社会保障体系成为完全可能的，使人受到尊重，不致烦恼忧郁，使人能利用并扩展所学到的技能，保证民主参与，使职业和家庭协调一致成为可能。好工作还包括独立的从业方式。就业工作之外的义务的和富有社会价值的工作也要得到支持。

人人都有工作

我们要让所有的人都有好工作。

即使在德国经历了几十年的高失业率之后，我们仍不放弃充分就业的目标。我们知道，这个目标不是轻易能够实现的。全球化改变了劳动市场：一方面，远离家乡寻求就业的劳动力供给在增加；另一方面，各生产基地——也包括在同一个康采恩内部——出现了相互竞争。工资和工作条件都受到压力。短期企业战略一再占据主导地位。棘手的工作条件的增加使得工作生活中的随时听从遣使的压力随之而来。由于规定雇用期限、企业剥离、借用劳动和低工资就业的大量增加，工作对于许多人不再是安全的生活基础。日益发展的经济活力要求人们变换工作岗位和变换职业，但首先是要求持久地学习。

因此，充分就业今天对于我们不再意味着没有明确说出的保证，即每个人终生在同一家公司拥有同一个工作岗位。今天，充分就业对于我们意味着：每个人都应该有反复获得新的好工作和与之相应的必要技能的机会。必要的和符合希望的技能培训，继续教育时间，儿童教育和家务劳动时间，义务工作和政治工作时间，这一切都应当得到适当的承认，并因此在社会的团结互助中得到社会保障。

德国不缺少工作。要开辟已有的和新的潜能。

社会民主党的充分就业政策以四个支柱为基础：第一，尽可能高的、质的经济增长，创新产品的领先地位，特别是服务领域的就业动力，它们带来明显更多的工作岗位供给；第二，预防性福利国家通过协调的劳动市场政策、教育政策、男女平等政策和家庭政策帮助人们顺利通过职业生涯中的过渡和中断时期，保持他们的就业能力；第三，对于没有希望进入第一就业市场的人，必须专门为他们提供公共资助的、以公益为取向的工作；第四，必须要有一个现代的工作时间政策，它支持自决和灵活性，并通过缩短工作时间让更多的人就业。

参与占有和决策

我们和工会一道，主张雇员应在社会劳动所得中获得公正的份额以及在经济生活和社会生活中享有共同决定权。劳资协定自主权是崇高的财富。雇主和雇员在德国独立地决定工资和工作条件。这依然是不可触犯的。我们希望强大而有行动能力的工会，它们代表大部分员工，并具有罢工能力。

鉴于金融市场影响的日益强大，雇员在企业决策中的民主共同决定权必须得到加强。鉴于工作世界的变化，企业的共同决定必须进一步发展。共同决定权必须在欧洲层面扎根。

公正的盈利参与是社会公正和经济合理性的需要。我们想要的工资增加是以生产率和价格上涨为标准的。由于工资收入和资本利润收入之间的剪刀差在加大，我们还希望雇员方面有更多的财产构成。

谁全时工作，就应当能够通过工资而承担自己的生活费用。我们为德国和欧洲的能保障生存的最低工资而斗争。它必须通过劳资协议和法律而得到实施。

我们的目标始终是：男女同工同酬。

转折时期的安全

一个人只有在他的生活中感到有可靠的前途时，才能全面发展他的才能和服务能力。好工作将灵活性和安全性结合起来。

科学技术进步的速度、工作世界中愈来愈快的变化、日益加剧的竞争都要求更多的灵活性。同时，这一切也为个人对生活的塑造提供了更多的机遇。不断学习新东西就是收获。新的职业经验使人丰富。人要发挥自己的才能。对大多数人来说，对自己的时间具有更多的支配权是值得追求的。人拥有要求空闲时间的权利。

为了把安全性和灵活性结合起来并保障转折时期的安全，我们要制定一个现代的工作时间政策，并把失业保险转变成一种工作保险。

现代的工作时间政策可能会以不同的形式出现：通过削减加班时间，通过有保障的工作时间账户，缩短工作时间的灵活方式。此外，还有符合社会希望并且由个人选择的阶段，人们在这一阶段养育儿童，自己继续进修，照顾家庭成员或者经历一段休息时间。社会所需要的一切也必须得到团结互助的扶持。

因此，我们的社会保障体系必须更好地适应正在变化的职业生涯。劳动保险应当保障职业的转变和工作中断，并保障在所有生活阶段的继续教育。为此，我们将实现继续教育的权利。它应当使人扩展选择的机会并保持就业能力。

工作世界的人道化是一项持久的任务。恶劣的工作条件和高度的绩效压力危害工作的质量，也危害雇员的健康。要继续发展劳动保护和健康保护。工作条件必须遵循年龄逐渐增加的雇员群体的需要。

必要的移民和不断增强的雇员流动性不应导致福利倾销和工资倾销。劳动市场的法律和制度给好工作提供保证。我们与非法就业作斗争。

尽管灵活性是必要和符合愿望的，它仍旧不应被滥用。我们要增强不规定限期的和有社会保障的工作关系。我们要消除不稳定的工作，使雇员不致处于不受保护的境地。

好工作包括有保障的雇员权利：共同决定、企业劳资关系法、劳资协定自主权、全行业合同、劳动保护和解雇保护都是不可缺少的。

7. 预防性福利国家

福利国家是 20 世纪一项伟大的文明成就。它通过社会的公民权利补充了公民的自由权利。因此，民主和福利国家是休戚相关的。福利国家将千百万人从出身束缚中解放出来，保护他们免受市场的艰辛，为他们开辟了自决生活的机会。它是创造我们的富足的经济活力的决定性基础。

福利国家是强者和弱者、青年人和老年人、健康人和患病者、工作者和失业者、正常人和残疾人之间有组织的团结互助。福利国家的基础在将来也由国家担保的社会保障和参与，对社会服务的可诉讼的合法要求以及雇员权利构成。

全球资本主义加深了贫富之间的鸿沟。在我们的社会，社会对立也在加剧。一些国家把它作为命运而接受。相反，成功的福利国家则保护人们免于贫困，并使其社会地位有可能提升。

在就业形式变得更灵活、往往也是更不稳定的地方，福利国家的核心功能就更加重要：在转变时期保障安全。减小对社会地位下降的恐惧。只有知道自己是有保障的人，才会承担风险。只有拥有机会的人，才会去努力。

为了更新在我们的时代对安全和社会升迁的承诺，我们将福利国家发展成为预防性福利国家。它与贫困作斗争，使人们有能力自决地掌握自己的生活。预防性社会福利政策促进收入有保障的就业工作，帮助抚育，致力于保健预防；它主动应对人口结构的变化，推动妇女和老年人的高就业率；它阻止排斥并使职业通过就业的融合变得容易；它不解除任何人对自己生活的责任。预防性福利国家将教育理解为社会福利政策的核心元素。

所有的人在社会中的融合是预防性福利国家的首要任务。因此，预防性社会福利政策将不同的任务，如经济政策、金融政策和劳动市场政策、教育和保健政策、家庭和男女平等政策或者移民的融合组成一个网络。

预防性福利国家的核心目标是安全、参与和解放。

安全意味着在生存困境、剥削、歧视、基本生活风险，如失业、疾病和老龄照顾等问题上保护人们。同时，安全首先是创造了自决生活的前提。

社会民主党的目标是所有人对经济、文化、社会和政治发展的参与。其核心是良好的教育、能保障生存的工作和健康，也包括对富足的公正分配。福利国家的质量不是仅仅以划拨款项的额度来衡量，而要以实际生活机会的保障来衡量，这种机会必须从一开始就是而且是所有人都能反复得到的。

解放以安全和参与为前提条件。人们希望自由、自决地安排自己的生活。任何人都不应因为出身而受到歧视。

预防性的社会政策要为所有的人实现安全、参与和解放——不取决于其社会出身、性别、年龄或者残疾。

预防的原则愈早，愈针对个人和愈有效地付诸实践，福利国家就愈加能够团结互助地防范大的生活风险。德国社会民主党的柏林纲领中就已经写道："社会福利政策不应仅起修补作用，并在出现问题时才来应付，而应防患于未然"。

为儿童、青少年、家庭、老年人和残疾人提供更多更好的社会服务是一个无人被排斥的社会的关键。我们要在我们的幼儿园、中小学和大学、医院和护理所据此确定方向。在社会福利机构工作的人有权利要求一流的技能培训和资助。谁在社会福利职业中为他人服务，谁就赢得承认、尊重和公平的工资。社会服务不一定由国家提供。自由的福利团体是我们的重要伙伴，我们对劳工福利会和工人急救协会负有特别的责任。国家则承担这样的责任：保证这些团体的质量并使所有的人都有享受的机会。

公正和团结互助必须也适用于我们福利国家的财政。雇员和雇主对等支付保险费在将来也构成我们保障体系的基础。我们要通过更高和更有保障的税收财政——所有的人都根据其经济能力而参与其中——来补充它。出于经济原因，福利国家的财政也必须置于一个更广泛的基础之上，以减轻职业工作的负担。因此，预防性福利国家必须更多地与公民身份相结合，而较少地与就业状态结合。

健康

社会民主党的预防性健康政策要预防疾病、保持健康并消除健康机遇中的差别。我们致力于所有人的健康生活状态，推动具有健康意识的行为。我们支持从一开始就进行健康教育和成为义务的预防检查，包括在幼儿园和中小学。每个儿童有权利要求健康地成长。

同时，必须利用医疗进步的可能性，以治愈疾病、以符合人类尊严的方式照料不可治愈的病人。病人不问出身、年龄和性别都同样具有要求预防和平等享受医疗进步的权利。我们不要两个等级的医疗。因此，我们想要的是将所有的人都纳入其中的团结互助的公民保险。

在护理保险中，我们也要运用团结互助的公民保险的原则。符合人类尊严的护理要依赖家庭、私人环境、门诊和住院设施的有效的相互补充。人在生命的终点需要特别的团结互助。每个人都有权利要求符合尊严地死亡。

老年人的安全和积极性

未来的社会将是一个寿命更长的社会。由于人们将更长时间地保持健康,一个延长的第三人生阶段与工作生活相连接的情况将愈来愈多。我们要更加灵活地安排走向退休的过渡。每个人在年老时都应当能够积极而有创造性地参与社会生活和劳动生活。老年人的积极参与和经验丰富了我们国家的经济、政治和文化。

法定养老保险依然是防止贫困的养老金的支柱。不过,它必须通过企业养老金或者公共资助的私人保险来补充,以使人们在年老时能够保持其生活水平。

从长期看,我们要将法定养老保险覆盖到所有的就业者。在这方面,我们坚持以工资收入和工作年份作为养老金额度的标准。

养老金必须与保险费挂钩。我们拒绝统一额度的养老金。我们要避免老年贫困。为此,老年基本保险的实施是一个重要步骤。还必须加上妇女的独立养老保险。

乡镇的预防性社会福利政策

良好的预防性社会福利政策首先应在乡镇层面有活力地被执行——通过一个具有良好生活条件的居民区的高质量幼儿园和中小学,通过为移民的融合、为就业和技能培训、为体育、休养和健康而提供的丰富多彩的项目而得到执行。我们支持一种社会福利的乡镇政策,它在这个意义上发展市区和社区。关键在于鼓励公民的相互融合、自我救助和承担责任的意愿。

乡镇具有这样的任务:为特定困境中的人们提供适当的帮助。

我们支持乡镇为准备支付得起的住房所做的努力。我们保护租房人的权利。

8. 更好的教育、有利于儿童的社会、稳固的家庭

社会参与和教育曾是19世纪工人运动的首要目标,社会民主党是从中诞生的。"我们的孩子应该生活得更好"曾是许多人为更美好的未来而斗争的一个重要动机。这些目标必须在目前已经改变了的条件下重新回到政治实践的核心。

我们希望所有的人都拥有同样的生活机会。平等的生活机会首先并且主要是由教育和家庭决定的。因此，我们要做到为所有的人提供更好的教育并稳固家庭。我们的目标是一个有利于儿童的社会。

教育决定我们的未来，它是我们时代重大的社会问题。它首先使人们有可能自决地设定目标，实现梦想。它为人们开辟了通向转变中的世界的途径。它使人们有能力实施民主，承担社会责任。它为人们开辟了工作的机会，始终关注参与和社会地位上升的前景。它是具有快速增加的重要意义的经济生产力。我们要显著提高具有更好技能的就业者的比例。只有那些具有一个开放的、在社会方面不存在障碍、高度发达的教育体系的社会才能在全球知识社会中繁荣兴旺。

教育不仅仅是在职业中可以发挥价值的知识的传授。我们想要一种全面的教育，其中既涉及认识和知识，也同样地涉及社会能力、创造性、美学体验、伦理思考和对价值的敏感性。取向不是一定来自知识，因此，我们需要提高政治教育和民主教育的地位。教育增强个人品格并使人宽容。

知识以令人屏息的速度在增加，已经学到的知识很快就过时了。人们从来是为一生而学习，今天也要终生学习。我们要传播学习的乐趣，鼓励人们对研究结果采取开放态度。

为了所有人的教育

国家要为所有的人不问出身而享有相同接受教育的途径负责。每个人都有权利要求从托儿所、幼儿园一直到大学的免费教育过程。我们要实现这一点。由于缺少教育机会而带来的排斥是不公正的。

更好的教育要求更高的支出。它作为对人的投资而享有优先权。

我们需要一种提供第二次机会和第三次机会的文化。在生活过程中陷入死胡同的人，必须得到免费补修中学课程直到毕业文凭的机会和获得职业教育毕业证书的机会。

我们的教育体系必须从一开始就关注女孩和男孩的平等并克服限制发展的角色模式。对于移民的融合，教育也是关键。共同的学习促进社会的融合。这也适用于残疾人。

为了让人人接受教育，我们与文盲作斗争。我们也支持以内行态度、有意识地和批判地对待计算机、互联网和其他媒体。

然而，教育始终要依靠传播教育的人。如果他们在社会中得到更多的理解、认可和支持，那么不论是在幼儿园、中小学还是大学，他们大家都能够更成功地发挥作用。我们要改善他们的培训并资助他们的继续教育。我们必须注意，从幼儿园到大学的教师男女人数比例的均衡。只有这样，男孩和女孩才能看到榜样。

没有人能够解除父母对孩子的教育责任。我们希望通过教育供给和抚育供给帮助他们胜任自己的责任。

从头开始的教育

由于第一周、第一个月和第一年能够决定一生，父母，当然也包括助产士、医生、护士和护工必须为他们的任务做好充分准备。

幼儿园不仅从事抚育，而且也从事教育。我们要将其扩建成平时就可以得到家庭咨询、继续教育和可靠帮助的父母—儿童—中心。在那里，还能够通过加强语言训练来克服出生地引起的歧视。

社会民主党人曾通过斗争获得了取消学费的结果。现在我们要求所有儿童从一开始就获得免费的全日制抚育。我们要实现从两岁起接受良好抚育的权利要求。

共同学习

在我们的教育体制中，过早地决定了教育途径和教育机会。因此，我们争取一种学校体制，儿童在其中可以尽可能长地共同学习、相互学习。这在一个直到十年级的共同学校里能够最好地实现。

我们希望把更长时间的共同学习和更好的因材施教结合起来。其他国家的经验表明，这不仅有助于学习的弱者，也有助于学习的强者。只有这样，才能打破教育机会对社会出身的依赖性。德国需要在教育事业中有更多的社会自由流动。

我们要扩建全日制学校——作为学习和社会融合的场所。它们将成为儿童和青少年在家庭之外的生活中心。父母的负担被减轻，儿童能够发现并发展他们的长处。全日制学校扎根于社会环境中，其中包括企业、体育团体、音乐学校、业余大学或者自由青少年救助载体和教会。

我们希望学校独立自主地工作。它们遵循有约束力的标准，它们的工作能力将定期接受检验，这样它们就能够更多地发展自己的创造性和能力。我们的理想是民主的学校，在其中，教师、学生及其父母共同参与决定。

现代的职业培训

职业上的第一次培训是今后职业的重要基础。广泛的基础培训创造了终生职业学习的前提。它应当传播跨职业的能力。所有青少年都有接受培训的权利。

我们要继续发展双轨体制。它必须现代化，以便和工作世界中的迅速发展保持同步。团结互助的财政模式，诸如一种有利于提供培训的企业的款项分担，一定会在这方面有所帮助。在双轨体制不再能提供足够培训岗位的地方，为了保证所有青年人的第一次职业培训，我们需要一个高质量的、公共负责的职业培训。普通教育必须和职业教育更紧密地结合起来，以使青少年能够更好地为职业选择和职业要求做好准备。

在双轨体制中，企业有义务为专业后备力量的培训负责。它们必须团结互助地分担培训成本。我们支持这样的财政模式：有助于创造额外培训岗位并资助超出自身需求进行培训的企业。

加强大学学习和研究

我们要改善大学的教学和科研质量，创造更多的学习位置。现在和将来国家都应对大学负责，它必须保障大学的财政。各联邦州之间在这一方面的财政均衡也是必要的。尽管如此，大学应当尽可能自治。所有参与大学生活的人应当共同决定。

研究和教学是密切相关的，它们的统一和自由必须保持为大学的心脏。大学应当从总体上提供广泛的教学和科研学科。社会科学和人文科学必须得到同自然科学和技术科学一样的资助。

大学之外的研究机构在过去几十年里成为我们科学体系中的强有力支柱。我们支持大学之外的研究与大学之间更紧密的合作。

我们要扩大接受大学学习的开放途径，提高来自缺乏教育家庭的大学生人数的比例。大学学习对于已经具备某一职业技能的那些人在财政上也必须是可能的。我们宣布，反对第一次大学学习的学费。国家的培训资助一定要与需求相适应地继续发展。

大学学习资助必须使更多的学生得到国际经验。同时，我们的国家应该对来自其他国家的学生开放。

学习型社会中的继续教育

对于学习型社会，我们要把继续教育进一步发展成为我们教育体系的第四个支柱。它也要由公共承担责任。我们要从财政上并通过离职权利来保障进修。此外，我们要将劳资各方和企业纳入进来。应当从财政上帮助失业保险继续发展成为工作保险。

我们也将支持一般的、文化的和政治的继续教育。这必须也有利于老年人。通过继续教育，老年人能够继续就业和积极地从事社会活动。教育使老年人有可能与时俱进。

保护儿童，稳固家庭

儿童代表着未来的快乐。他们是任何一个社会的基础。我们希望一个为有孩子的家庭提供最好条件的社会；我们希望一种容易满足儿童需求的氛围。一个成功的儿童和家庭政策是关乎我们国家未来能力的关键问题。

我们的模范是母亲和父亲在家庭中同样对生计和照料承担责任的家庭。绝大部分青年人需要这种家庭。它符合儿童对母亲和父亲的需要，保障了家庭的经济独立性。

在家庭中，人们能够体验爱、温暖和依靠、了解和相互支持，感受到安全并学会彼此负责。我们以社会实际为取向来确定我们对家庭的设想。我们不想为人规定生活模式。大多数人希望婚姻，我们保护婚姻。同时，我们也支持其他的共同生活方式、非婚姻的生活共同体、同性别的生活伙伴关系、单亲家长。单亲母亲和父亲需要我们的特殊支持。家庭是有孩子的地方，是生活伴侣或者几代人彼此负责的地方。我们要改善有孩子的家庭的条件，唤起对儿童的开放态度和理解；要创造这样一种氛围：孩子们，即使不是自己的孩子，在这种氛围中也不被认为是负担，而是被认为是快乐和鼓励。

我们一定要使青年伴侣要孩子的愿望更容易满足，而不至于在职业上陷入逆境。这特别适用于决定要多个孩子的父母。想要三个或者更多个孩子的伴侣，其愿望不应由于财力的原因而被迫放弃。早在建立家庭时以及在每个生活阶段，青年家庭都需要有针对性的支持。我们要通过良好而可靠的抚育供给、适合家庭的工作时间和财政帮助来保障这一切。

经济界也对家庭负有责任。极不稳定的就业状况使要孩子的决定变得困难。在随时听从遣使的雇员成为典范的地方，家庭就要受苦。根据父母需要而确定的工作时间最终也有利于企业。我们需要一个有利于家庭的工作世界，以使父母把职业和家庭协调一致，能够给孩子更多的时间。这也符合企业的利益。

如果父母离婚，这不该成为使儿童陷入贫困的风险。单亲，一般是母亲，在没有抚育供给的情况下没有能力从事某种职业，因此迫切需要提供抚育的可能性。

父母的权利以不侵犯儿童的权利为限。儿童有自己的权利，包括接受无暴力抚育的权利。我们希望将这些权利写入宪法。在它们被侵犯时，国家和社会就必须干预。

四、我们的道路

未来是还未确定的。我们不向任何人保证，能够将一个充满冲突和矛盾的世界变成人间天堂。我们承认现实，但并不满足于现状。我们要走上一条通往值得生活的未来的道路。我们要使我们的国家有能力适应未来。

我们想要一个更加和平和更加公正的世界。

我们想要社会的和民主的欧洲。

我们想要一个团结互助的公民社会，一个尊重他人，认可他人的文化和一个有行动能力的民主国家。

我们要实现性别平等。

我们要通过质的经济增长使人人都富裕和能过高质量的生活并保护我们的自然生活基础。

我们希望人人都有好的工作和公正的工资。

我们想要一个保障安全、参与和同样生活机会的预防性福利国家。

我们想要在一个有利于儿童和家庭的社会里为所有的人提供更好的教育。

历史教育我们：不是制度，而是人改变环境。一个更好的未来不会自行到来，而是必须被设计、被赢得。一个政党的力量在于人们对其价值的认同和对其目标的支持。

很多人积极致力于工会、协会、社团、教会、社会运动和网络。很多人希望一个更好的和更公正的社会。多数人希望一个团结互助的德国。

我们要为我们的政策赢得这个团结互助的多数。我们争取支持并鼓励参与。

德国社会民主党为 21 世纪可持续的进步和社会公正而奋斗。

（原文出处：https://www.spd.de/partei/organisation/das-grundsatzprogramm/）

（张文红 译　殷叙彝 校）

德国社会民主党组织章程[①]

序　言

德国社会民主党是一个民主的人民党。它联合具有各种不同信仰和思想倾向的人们,只要他们承认和平、自由、公正和互助,承认男性和女性之间的社会平等及保护自然环境。德国社会民主党是社会党国际和欧洲社会党的成员。

第一条　名称、驻地、活动地域

1. 党的名称是德国社会民主党(SPD)。
2. 党的活动地域是德意志联邦共和国。
3. 党的驻地是柏林。

第二条　党籍、最低年龄

凡取得党籍的人均为德国社会民主党党员。只要承认党的原则并年满14周岁,就可以入党。

第三条　入党

1. 吸收党员由地方协会执行委员会决定。对吸收新党员的问题,地方协会执行委员会须在一个月内做出决定。如果地方协会执行委员会未在一个月内拒绝入党申请,就被视为接受了申请。

[①] 该章程于1971年12月17日—18日在哥德斯堡特别党代表大会上讨论通过,于1971年12月18日生效。此后经历届党代表大会多次修改和补充。——译者注

2. 如果入党申请遭到拒绝，申请人可以在一个月内向区执行委员会提出申诉。如对区执行委员会的裁决不服，可以向专区执行委员会上诉。专区执行委员会的裁决为最终裁决。

3. 如果在一年内无人对该党员资格提出异议，该党员资格就最终确定。

4. 每个党员都有对其所在的地方协会执行委员会提出申诉的权利。申诉必须说明理由。由区执行委员会对申诉做出裁决。如果对区执行委员会的裁决不服，可以在裁决公布后一个月内向专区执行委员会上诉。

5. 每个党员原则上都属于其居住地的地方协会。如果一个党员或者一个申请入党者想加入另一个地方协会，须告知其居住地的区执行委员会，由其重新进行分派。如果党员提出了合理理由，且不违背整体的组织利益，就应当同意此项申请。如果打破居住地原则的特殊情况涉及两个区，那就必须由这两个区给予特许。给予特许适用第 1 款第 3 句话中的相关规定，不过申请要在两个月后才被视为批准。特许是可以撤销的。不允许有双重党籍。

6. 主要生活在国外的党员和申请入党者的地位，以及在国外建立地方协会事宜，由党的执行委员会通过条例来规定。

第四条　党籍的终止

1. 党籍因死亡、退党或被开除而终止。

2. 退党须书面声明。退还党证视同发表退党声明。

3. 随着党籍终止，从前的党员便失去了以往作为党员所享有的对党、党的执行委员会、监察委员会或者个别党员的一切权利，不得再在党的各级组织、工作团、主题论坛、工作组和项目组继续工作。特殊情况由相关组织的执行委员会决定。

第五条　党员的权利和义务

1. 每个党员都有在章程范围内参与政治意志塑造、参加选举和表决的权利，都有支持社会民主党的目标的义务。每个党员在地方协会的全体党员大会上都有动议权和投票权。全体党员大会应定期举行，至少每半年应举行一次。

2. 资深党员应受到尊重。党的执行委员会可以颁布一些计算党龄和尊重党员的条例。

3. 在为党的工作而采集、处理和利用个人数据时，要依据法律规定以及德国社会民主党数据保护条例和党内的各项协议保障数据安全。由专职工作人员使用数据处理设备（EDV）进行个人数据的采集、处理和利用。特别是主席、财务负责人、出纳、书记员和各层级工作团的主席，为了完成章程规定的任务，可以按其职责所需要的方式和范围，处理和利用作为电子文档的或打印的党员名录。具体办法参见由总书记发布的数据保护条例。

4. 德国社会民主党各个委员会的会议可以在党内公开举行。

5. 每个党员都必须按照章程规定交纳党费。具体办法参见财务条例。

第六条 与党籍不相容的行为

1. 与德国社会民主党的党籍不相容的行为包括：

（1）同时成为另一个竞争性政党或选民团体的成员；

（2）为另一个竞争性政党或选民团体工作、竞选或签名；

（3）违背主管的党组织已经决定的竞选公职或议席的提名而自行参加竞选。

2. 相关规定也适用于反对德国社会民主党的各种社团。与党籍不相容的行为由党的执行委员会认定。它也可以撤销认定。党的执行委员会对与党籍不相容的行为的认定对仲裁委员会亦具有约束力。

3. 审理程序按照仲裁条例第二十条执行。

第七条 重新入党

1. 被开除出党者要求重新入党，须向其居住地的专区执行委员会提出申请。专区执行委员会在做出决定前，应听取当初建议开除的组织的意见。无论是申请人还是当初建议开除的组织，如果对专区执行委员会的决定不服，可以在六周内向党的执行委员会上诉。上诉期限从决定公布之日起计算。

2. 如果在党纪审理程序中被裁决开除党籍的被告在裁决生效前退党，也参照第 1 款。

第八条　党的组织结构

1. 德国社会民主党的组织划分为地方协会、区和专区。在这种组织结构中自下而上地实现党的政治意志塑造。在各专区章程中可以规定不同的组织名称。

2. 专区是党组织的基础，由党的执行委员会根据政治的和经济的需要划分。根据同样的原则，由专区执行委员会划分区，由区执行委员会划分地方协会。在重新划分之前，有关组织应当有发表意见的机会。被重新划分的组织在负责划分的执行委员会主持下立即建立新组织。

3. 在有两个或两个以上专区的州里，如果州内所有的专区都同意，可以根据政治需要建立作为区域性联合组织的州联合会。建立州联合会不影响专区作为组织的基础的地位。州联合会负责完成州内政治的和各专区委托的任务。各专区有义务为州联合会创造完成其自身的及受委托的任务所需的财政、组织和人员方面的条件。

4. 如果没有按照第 3 款的规定建立州联合会，党的执行委员会可以通过条例来规定建立州联合会。

5. 在只有一个专区（州专区）的州里，可以通过专区章程组成多个区的区域性联合组织。

专区章程可以委托区域性联合组织选举党代表大会代表和党的参议会代表；此外，区域性联合组织还可以获得向党代表大会提出提案的权利。

6. 地方协会可以自愿建立乡镇联合会、乡镇总联合会或者市联合会，委托它们承担地方自治政策方面和组织方面的任务。各联合会在各级党组织中享有提案权。专区章程可以规定必须建立这样的联合会。地方协会有义务为它们创造完成其受委托的任务所需的财政、组织和人员方面的条件。如果联合会是自愿建立的，那么必须根据章程对地方协会如何退出联合会做出规定。

7. 地方协会可以建立地区或地方分会。党员在地方协会中的参与权及章程规定的义务不会因此而受影响。

第九条 各级组织的任务和章程自治

1. 各级组织保障其成员参加政治意志塑造。各级组织向其成员提供获得政治信息和参加培训的机会。

2 各级组织和区域性联合组织通过自己的章程处理上一级组织的章程未作规定的内部事务。下级组织的章程不得违背上级组织的章程。

第十条 工作团、主题论坛、工作组和项目组

1. 针对特殊任务，可根据党的执行委员会的决议在党内组建工作团。工作团的工作遵循党的执行委员会为其规定的准则。工作团享有在各自层级的党代表大会上的提案权和发言权。非党人士也可以参加工作团的工作。

2. 党的执行委员会可以设立工作组、项目组和主题论坛，非党人士也可以在其中工作。工作组和主题论坛享有在各自层级的党代表大会上的提案权和发言权。主题论坛和工作组的活动遵循党的执行委员会为其规定的准则。

3. 各级组织的章程可规定，工作团、工作组、企业小组和主题论坛均可委派有投票权的代表参加党代表大会。但是，不是由地区联合会选举产生的代表（有投票权的执行委员会成员以及工作团、工作组、企业小组和主题论坛的代表）的人数，总计不得超过章程规定的有投票权的大会代表总数的五分之一。

第十条 a 向客座成员和支持者开放

1. 凡承认德国社会民主党基本价值的人，如果没有成为德国社会民主党党员，可以获得客座成员身份。客座成员可以参加所有党员会议，在会上有发言权、提案权和人事建议权。客座成员只限于在项目小组中享有参加选举和表决的权利，以及成为选举产生的各个委员会成员的权利。

2. 取得客座成员身份须提出书面申请，并得到党的仲裁机构的认可。客座成员按照财务条例第一条第 6 款交纳党费。客座成员身份的有效期为一年，最长可再延长一年。参照组织章程第 3 条至第七条。

3. 凡对党有兴趣的人，如果没有成为德国社会民主党党员，可获得支持者身份。支持者可以在工作团或主题论坛中享有与党员相同的权利。工作团在党的各个委员会中的代表必须是党员。取得支持者身份须提出书面申请，并得到党的仲裁机构的认可。支持者按照财务条例第一条第 6 款交纳党费。青年社会党人工作团的单纯青年社会党人支持者按照财务条例第一条第 6 款交纳减额的党费。

4. 党向非党员、客座成员和支持者开放的条例由党的执行委员会颁布。

5. 特别欢迎非党员的合作。

6. 党员或曾经是党员的人，不能成为客座成员或者支持者。特殊情况由相关组织的执行委员会决定。

第十一条　干部和受委托人、分配比例

1. 本章程中的干部是指被有关党组织选举出来担任党的、工作团的及项目组的某项职务的人，或者被提名竞选议员或由选举产生的公职的人；本章程中的受委托人是指作为党员担任议员或由选举产生的公职的人。

2. 按照本章程和选举条例规定，在党内职位和受委托人席位中，女性和男性必须至少各占 40%。选举机构或派遣机构应对此负责。此分配比例尤其适用于由多人组成的机构，如执行委员会、常务执行委员会、由执行委员会设立的各个委员会和代表团。

3. 干部因下列原因失去其职务：

（1）所任职务到期重选或被撤销，或者章程规定的任期届满；

（2）辞职；

（3）任职能力被剥夺；

（4）因重要原因被罢免（选举条例第九条）；

（5）失去党籍（第四条）；

(6) 接受了另外一个根据章程与其现任职务不相容的职务；

(7) 失去作为任职必要条件的某个党内机构的成员身份。

4. 执行委员会至少要有 3 名选举产生的成员，如果少于 3 名，那么上一级组织的执行委员会应立即宣布重新举行选举。上一级组织的执行委员会必须接管或者委托第三方临时代理该无行为能力的执行委员会的权力。如果没有在适当的期限内（至迟在 3 个月内）选出一个有行为能力的执行委员会，上一级组织的执行委员会可根据第八条第 2 款进行重新划分。如果重新划分没有在适当的期限内进行，上一级组织须再次承担这一责任。如果执行委员会没有每两年选举一次，上一级组织的执行委员会有权立即宣布举行新选举。

5. 只有受党组织委托的人才能被视为党的代表。

第十二条　提名候选人

1. 乡镇代表大会候选人及直接选举的乡镇长候选人由地方协会提名。如果在一个乡镇里有多个地方协会，那么候选人由属于该乡镇的各个地方协会的代表提名。

2. 县议会候选人和直接选举的县长或市长候选人由属于该地区联合会的各个地方协会的代表提名。专区和区可以在自己的章程中对此做出不同的规定。

3. 各选区对联邦议院和州议会候选人的提名，由当地的有关组织在专区执行委员会或党的执行委员会的同意下决定。

4. 在不违背选举法和章程的情况下，主管的执行委员会可以决定由全体党员大会提名乡镇代表大会、直接选举的公职或议会的候选人。

5. 各州对联邦议院选举候选人的提名，由该州的各专区或州联合会在党的执行委员会的同意下提出。

6. 对竞选公职和议席的候选人提名的表决是秘密的。具体办法由选举条例规定。

7. 在不违背选举法和章程的情况下，各主管的执行委员会可以发布关于候选人提名程序的规章，例如关于期限、代表名额分配比例或采用全体党员大会的原则。如果多个有关组织未能就候选人提名程序问题达成一致,就由上一级执行委员会在选举法和章程的范围内做出决定。

第十三条 党员公决

1. 党员公决可以改变、撤销一个机构的决议,或代替某个机构做出一个这样的决议。德国社会民主党的联邦总理候选人可以通过党员公决来决定。

2. 由《政党法》或其他法律专门指定某个机构处理的决议不能作为公决的对象。此外,不能作为公决对象的还有:

(1) 党费标准问题,即使在党的财务条例或各级组织相应的章程或规章中,党费标准问题没有明确地专门指定某个机构处理;

(2) 关于党及其各级组织的财务计划的决议;

(3) 关于修改组织章程、选举条例、仲裁条例和财务条例,以及修改各级组织相应的章程、规章或条例的决议。

3. 党员公决根据党员要求举行。党员要求必须包含一个具体的公决建议,且必须说明理由。如果在3个月期限内得到十分之一党员的支持,即可举行党员公决。

4. 此外,以下情况可举行党员公决:

(1) 党代表大会以简单多数通过决议;

(2) 党的执行委员会以四分之三多数通过决议;

(3) 至少五分之二的专区执行委员会提出要求。

这些决议或要求必须包含一个公决建议,并且必须说明理由。

5. 在党员提出要求的情况下和至少五分之二的专区执行委员会提出要求的情况下,党的执行委员会可对表决提出自己的建议。

6. 通过党员公决对其所针对的机构做出一个有约束力的裁决。如果参加投票的党员中多数投了赞成票,且投赞成票的人数至少占有表决权的党员人数的五分之一,公决即告生效。党员公决后两年之内,党代表大会可以三分之二多数做出不同的决议,两年之后可以简单多数做出不同的决议。

7. 实行党员要求和党员公决的程序规则由党的执行委员会决定。实行党员要求由发起者负责。党的执行委员会依照自己决定的程序规则，在遵守德国社会民主党数据保护条例的前提下，支持实行党员要求。

8. 党员要求的发起者如果对执行委员会关于党员要求有效完成的决议有异议，可以直接向主管的仲裁委员会投诉。参照规章制度争执审理程序的规定。

9. 党员公决可在党的各级组织中实行。各级组织为进行确定首席候选人的初选，需要在本级组织章程中获得授权基础。各级组织的程序规则不得与上级组织的章程、条例相冲突。

第十四条　党员公决的程序

1. 党的执行委员会确定表决的日期和时间。表决须在3个月内进行。

2. 表决的日期和对象至迟须在表决日前两周公布。

3. 表决在地方协会内部以直接和秘密的方式进行。党员每人一票。使用统一的表决票，票上的表决对象要能用"赞成"或"反对"来回答。

4. 党的执行委员会负责及时发布公告和制作表决票，并将表决票分发给各专区。各专区将表决票转发给各地方协会的执行委员会。

5. 各地方协会的执行委员会负责实施表决。它们须将表决时间、地点和表决对象以适当的方式通知党员，为秘密表决采取防护措施，判定投票的有效性，记录表决过程，并将表决结果连同表决票和表决记录立即上交专区。

6. 也可以用信函方式投票，须在书面或电话询问后将投票信函寄给一名党员。

7. 各专区将汇总的表决结果呈报党的执行委员会。表决票和表决记录须在各专区保存1年。

8. 党的执行委员会汇总各专区的表决结果，并公布表决的总结果。

9. 在通过党员公决确定联邦总理候选人时，获得半数以上有效选票者当选。如果没有一个候选人获得这样的多数，则在两名得票最多的候选人之间举行复选。获得最多选票者当选。

10. 在提名竞选公职的候选人和首席候选人的准备阶段，像从前一样非党员也可以参加。党的执行委员会为此制定程序规则。

11. 在党内的执行委员会选举准备阶段，可以进行党员意见征询。党的执行委员会为此制定程序规则。

第十五条　党代表大会及其组成

1. 党代表大会是党的最高机构，由下列人员组成：

（1）600名由各专区党代表大会通过秘密表决选出的代表。每个专区首先获得两个基本席位。其余的席位按照党代表大会召开前一年度计算的党员人数比例分配给各专区。各专区章程可以规定，分配给本专区的代表全部或者部分由各区党代表大会选举产生。选举时须保证，在每个专区的代表团中，女性和男性至少各占40%。

（2）党的执行委员会成员。

2. 下列人员列席党代表大会：

（1）党的执行委员会的顾问；

（2）监察委员会成员和联邦仲裁委员会成员；

（3）党的参议会十分之一有表决权的成员；

（4）联邦议院党团十分之一的成员

（5）欧洲议会德国社会民主党议员团十分之一的成员；

（6）联邦级工作团、主题论坛和工作组的各一名代表。

第十六条　党代表大会、确定议事规则、记录

1. 党代表大会审查出席者的代表资格，选举大会的领导机构并确定议事规则。党代表大会须有半数以上有表决权的代表到会方有权做出决议。只有根据动议才能确定党代表大会无决议能力。否则，党代表大会就应被视为有权做出决议。

2. 党代表大会的讨论须做文字记录。党的执行委员会须公布会议记录并根据要求寄给代表。大会的各项决议须由党代表大会主席团的两名成员登记备案。

第十七条　正式党代表大会、周期、地点

党代表大会每两年举行一次，由党的执行委员会召集。党的执行委员会的任期可以因客观原因而延长或缩短。正式党代表大会至迟须在从上一次正式党代表大会算起的第三个日历年年内举行。

第十八条　召开正式党代表大会

1. 召开党代表大会，至迟应在大会举行前三个月公布，同时还应公布暂定议事日程。公布议事日程应以适当的时间间隔至少重复三次。

2. 各级党组织和各联邦级工作团、工作组和主题论坛为党代表大会准备的提案和候选人提名，须在大会举行前两个月提交党的执行委员会。党的执行委员会的提案也适用这一期限。这些提案应在党代表大会前两周连同提案委员会的意见一起寄送各位代表、各专区、各区和提出提案者。没有提出提案的地方协会如果提出要求，也应寄送一份提案汇编。

3. 党的执行委员会请求亲近的组织发表意见并提出有实质内容的提案。正式党代表大会和特别党代表大会的提案期限也适用于这些提案。

4. 讨论党代表大会期间提出的提案（动议）须经党代表大会同意。修正案只有在第2款规定的提案期限到期后，由有表决权的党代表大会代表口头说明理由，并附上要修正的提案的文本，方可提出。具体办法由议事规则规定。

第十九条　提案委员会

提案委员会由各专区各派一名代表和党的执行委员会提名的八名委员组成，由党的执行委员会召集。

第二十条　党代表大会的任务

党代表大会的任务是：

1. 听取党的执行委员会、监察委员会和联邦议院党团的工作报告，及根据政党法第二十三条所作的工作总结报告；

2. 选举党的执行委员会、监察委员会和联邦仲裁委员会，并选举每两年举行一次的欧洲社会党代表大会的代表。

3. 对第 1 款所规定的各项报告、党的组织以及一切与党内生活有关的问题做出决议；

4. 对收到的提案做出决议。

第二十一条　特别党代表大会

根据下列情况可以召开特别党代表大会：

1. 党代表大会通过决议；

2. 党的执行委员会以四分之三多数通过决议；

3. 监察委员会一致通过决议；

4. 至少五分之二的专区执行委员会提出要求。

第二十二条　特别党代表大会的期限

1. 召开特别党代表大会必须至迟提前一个月公布。召开特别党代表大会由党的执行委员会确定提案期限。

2. 提案连同提案委员会的意见应立即寄送各位代表、各专区、各区和提出提案者。

3. 此外，本章程第十五条和第十六条的相关规定也适用于特别党代表大会。

第二十三条　党的执行委员会

1. 党的执行委员会负责领导党。它由以下人员组成：

（1）主席；

（2）五名副主席；

（3）总书记；

（4）出纳（司库）；

（5）负责欧盟事务的委员；

（6）人数由党代表大会确定的其他委员。

党的执行委员会成员人数总计不得超过 35 人。在须通过个别投票选出的成员中，男性和女性应至少各占 40%；在党的执行委员会成员总数中，男性和女性必须至少各占 40%。在选举副主席时，也应当考虑性别比例。

2. 党的执行委员会选举由党代表大会按照第 1 款所列的顺序分别进行投票。选举第（1）至（5）采用个别投票，第（6）采用对候选人名单投票。

3. 在第一轮投票中，获得绝对多数有效票者当选。

4. 现任执行委员会应在党代表大会召开前两周向代表们提交执行委员会选举的候选人提名。

5. 党代表大会可以提出补充的候选人提名。

6. 补充的候选人提名应按字母顺序列出候选人姓名，在选举日早晨提交给代表。

7. 在新选出的党的执行委员会组成前，现任党的执行委员会继续履职。

8. 监察委员会主席列席党的执行委员会会议。根据政党法第十一条第 2 款，执行委员会的列席人员不是党的执行委员会成员。

第二十四条　党的行政领导

1. 总书记根据党的决议，在主席和党的执行委员会的同意下领导党的政治事务。总书记协调党的工作，领导党中央机关，并且负责筹备和实施联邦议院的竞选工作。总书记在党的执行委员会的同意下委任联邦干事长。

2. 司库负责党的财务管理、资产管理和预算管理。司库负责根据政党法第二十三条提交公开的工作总结报告。

3. 党的执行委员会在征得各专区同意的情况下，在全党范围内实行财务平衡。

第二十五条　党的执行委员会的权利

1. 在任的党的执行委员会是一切现金和其他财产的所有者。它有权以执行委员会的名义并根据自己的权限，行使德国社会民主党对债务人的一切权利。党的执行委员会在法庭上和法庭外均代表党。受理法院的所在地是柏林。

2. 党的执行委员会有权以自己的名义维护党作为一个团体的不可让渡的专有权利，特别是名称权。

3. 党的执行委员会颁布关于表决程序的规则，其中包括缺席者如何表达意愿。

4. 在联邦党代表大会上选举产生每两年举行一次的欧洲社会党代表大会的代表。德国社会民主党执行委员会在提名候选人时须考虑性别比例，并且要重视各专区和州联合会的意见。各专区和州联合会根据其党员人数向党的执行委员会推荐男女人数相等的候选人。

第二十六条　党的执行委员会的监督权

1. 党的执行委员会可以随时检查各级组织及其各类企业和工作团，责成其说明情况并要求清查账目。党的执行委员会有权列席党的各种组织和工作团的所有会议。

2. 党的执行委员会必须努力使各级组织（州联合会、专区、区、地方协会）的每一个执行委员会履行提交公开的工作总结报告的义务。对党内有独立财务会计的其他组织形式，适用第1句话的有关规定。

3. 每年至迟在第一个季度结束前，各专区执行委员会向党的执行委员会报告其上一年度的工作情况、政治和经济状况、专区的财务收支情况，以及党的执行委员会划拨物资的使用情况。

4. 党的执行委员会对与履行职务和委托相联系的义务做出更详细的规定（行为规则）。

5. 专区可以在各自的组织范围内相应地行使上述权力。

第二十七条　查阅账目

没有党代表大会的明确决议，任何党员都无权查阅党的执行委员会、监察委员会或党的账目或单据，无权对其进行抄录或摘录，无权查询关于私人财产状况的详情或概要。代表们在大会期间审阅账目的权利不受此规定的影响。

第二十八条　党的参议会的组成和召开

1. 党的参议会由下列人员组成：

（1）有表决权的成员：

1）200 名由各专区党代表大会以秘密表决方式选出的代表。每个专区首先获得一个基本席位，其余的席位按计算联邦党代表大会代表人数的分配比例分配给各专区；

2）党的执行委员会的有表决权的成员。

（2）列席成员：

1）监察委员会主席；

2）拥有两个或两个以上专区的州的州联合会主席；

3）联邦议院党团主席；

4）欧洲议会德国社会民主党议员团主席；

5）各州社会民主党总理和副总理；

6）联邦政府中的社会民主党成员；

7）元老委员会主席；

8）工会委员会主席；

9）各联邦级工作团的主席；

10）德国社会主义青年团（鹰团）和工人福利会的主席；

11）由各州联合会和专区的企业委员会提名的一名雇员代表；

12）联邦仲裁委员会主席（在因故不能出席的情况下由一名副主席代理）。

2. 党的参议会由党的执行委员会提前两个月召集并告知议事日程。党的参议会在不举行党代表大会的年份一年召开两次，其余年份一年召开一次。

3. 召开党的参议会由党的执行委员会确定提案期限。党代表大会的提案权也相应地适用于党的参议会。

4. 提案连同提案委员会的意见应立即寄送各位代表、各专区、各区和提出提案者。

5. 如果有党的参议会四分之一的成员或有三个州的四个专区提出建议，党的执行委员会须立即召开特别会议。建议中须列出议事日程的要点。党的执行委员会有权自行决定召开特别会议。适用第 4 款的有关规定。

6. 党的参议会自行制定议事规，并可根据建议决定召开非公开会议。

7. 在各专区选举党的参议会代表之前，联邦党代表大会的代表继续履行相应的代表权。

第二十九条　党的参议会的任务

1. 党的参议会负责法律或章程未专门指定某个其他机构处理的一切政治和组织问题并做出决议。

2. 党的参议会对联邦党代表大会转交的提案做出决议。

第三十条　地方咨询委员会

党的执行委员会召集地方咨询委员会。地方咨询委员会在联邦党代表大会上有发表权和提案权，并向党代表大会提交报告。

第三十一条　监察委员会

1. 为了监督党的执行委员会、审理对党的执行委员会的申诉，党代表大会选举产生由九名委员组成的监察委员会。

2. 党的执行委员会成员、党的参议会成员及党的专职工作人员，不得担任监察委员会委员。

3. 监察委员会从其成员中选举一名主席领导监察委员会的工作。

4. 监察委员会必须至少每季度举行一次会议。

5. 所有写给监察委员会的信件均应寄给主席。主席须以适当方式公布自己的通讯地址。

6. 根据监察委员会或党的执行委员会的建议可举行联席会议。

7. 监察委员会成员按照政党法第九条第 5 款履行审计任务。

第三十二条　公告

公告刊登在各级组织的执行委员会都能收到的媒体上。

第三十三条　调查和确认程序

1. 在发生争执或意见分歧时，如果为了党的利益需要查找证据，或者需要查明有可能导致党纪审理程序的事实真相，各级组织（第八条）可设立调查委员会。调查委员会只须对事实做出确认。它们须向授权的党组织报告工作。

2. 具体办法由仲裁条例规定。

第三十四条 仲裁委员会

1. 在各区、专区和党的执行委员会等层级成立仲裁委员会。需要时可成立多个委员会，其任期内的职权应由条例事先予以确定。

2. 仲裁委员会的职权是在下列场合做出裁决：

（1）在党纪审理程序中；

（2）在关于适用和解释组织章程、各种规章、工作团的准则（第十条）及工作条例的争执中；

（3）在废除投票结果或选举无效的审理程序中。

3. 为每个仲裁委员会选举：

（1）1名主席；

（2）2名副主席；

（3）4名委员。

除主席和副主席之外，委员中必须既有男性也有女性。

4. 仲裁委员会在有1名主席和2名助理在场的情况下可以做出裁决（仲裁条例第四条）。

5. 仲裁委员会成员由各级党代表大会选出。参照组织章程第二十条第2款。

6. 仲裁委员会成员不得在党的各级组织或区域性联合组织（第八条）的执行委员会中任职，不得在党的执行委员会（第二十三条）中任职，不得担任专职党务工作或从党内定期获得收入。

7. 仲裁委员会的审理程序由仲裁条例规定。

第三十五条 党纪审理程序

1. 对于违反

（1）党的章程，

（2）党的原则，

（3）党的纪律的成员，可以执行党纪审理程序。

违反德国社会民主党的原则，尤其是指破坏党内团结或犯有不名誉的行为；违反党的纪律，尤其是指执意违背党代表大会或党组织的决议。

2. 在党纪审理程序中可以裁决：

（1）给予警告；

（2）暂时剥夺担任某项职务或一切职务（第十一条第1款）的权利，期限不超过3年；

（3）暂时停止享受党员的某项权利或一切权利，期限不超过3年；

（4）开除出党。

3. 只有在党员蓄意违反党的章程或者严重违反党的原则或纪律，并因此对党造成重大损害的情况下，才能裁决开除。被开除出党的人不得再在各级组织和工作团中工作。

4. 各级党组织（第八条第1款）和党的执行委员会都可以向当事党员所属的区的仲裁委员会提出执行党纪审理程序的申请。

第三十六条　解散、合并和开除

1. 如果党代表大会决定解散党，或者同一个或多个其他政党合并，应举行意见征询。根据意见征询的结果，党代表大会的决议或得到批准或被撤销。在通过意见征询得到批准之前，该决议不得执行。意见征询参照党员公决的有关规定。

2. 一个党组织只有在持续不断地严重违反党的原则和纪律的情况下，方可被解散或开除。此项决定只能由党的执行委员会在征得党的参议会同意后做出决定。

第三十七条　修改章程

1. 党的章程只能由党代表大会以三分之二多数进行修改。选举条例、财务条例和仲裁条例是本章程的组成部分。

2. 修改章程的提案只有在党代表大会召开前六周公布，方可提交讨论。变通此项规定须经党代表大会以四分之三多数做出决议。

第三十八条　最后规定

1. 本章程于 1971 年 12 月 18 日生效。各项修改和补充原则上在相关决议通过后生效。

2. 党的执行委员会记录联邦党章程文本的每一处修改及修改理由并存档。它保证每一位提出申请的党员都能查阅这些文献资料。

3. 在一个示范项目的范围内可以对青年社会党人工作团试行以下规定：

在选举联邦执行委员会或选举出席联邦代表大会的代表团时，如果当选的女候选人数量未达到 40% 的份额，那么联邦执行委员会或代表团的规模就要相应缩小，以使联邦执行委员会或代表团中的女性成员的数量达到至少 40% 的份额。在这种情况下，以最低票数当选的男候选人就不能成为联邦执行委员会或代表团的成员；如果票数相等就抽签决定。

（原文出处：http://www.spd.de）

（王学东　译）

德国社会民主党选举条例

第一条 适用范围

1. 本选举条例适用于德国社会民主党的所有大会(党代表大会和其他大会),党的各级组织和区域性联合组织,以及党的工作团。除了选举法有特别规定外,它也适用于根据国家的选举权提名候选人的大会。

2. 选举条例只有在党的议会党团对其适用性做出决定的情况下,才适用于党的议会党团选举。各级组织的章程可以规定,选举条例也适用于提名担任党内职务的人选以及推举竞选公职和议席的候选人。

3. 大会只能决定对本选举条例作补充规定。

第二条 选举预告

1. 只有在已在暂定议事日程中预先通告的情况下才能举行选举。议事日程必须至少提前一周送达各位成员或代表。只要按通常的邮递时限计算邮件可以及时送达,投寄就被视为是及时的。也可以发送电子邮件。

2. 乡镇代表机构和各级议会选举候选人的党内提名程序,应提前三个月向全党公布。

第三条 一般原则

1. 凡章程规定不能公开投票的选举,均秘密投票。特别是以下选举须秘密投票:

(1)执行委员会;

(2)党的参议会和党的委员会;

(3)出席党代表大会的代表团和出席欧洲社会党代表大会的代表团;

（4）仲裁委员会；

（5）竞选公职的候选人；

（6）推举竞选公职的候选人的代表。

2. 以下选举可以公开投票：

（1）大会主席团；

（2）代表资格审查委员会；

（3）计票委员会；

（4）提案委员会；

（5）监察委员会；

（6）审计员。

3. 在现有技术手段允许的范围内，一次投票所使用的选票必须是统一的。可以使用计票器。

4. 不能确定无疑地表明选举人意志的选票为无效选票。如果使用监督票，那么只有贴着正确的监督票的选票才是有效选票。

5. 候选人提名必须满足章程规定的前提条件。执行委员会的候选人提名，女性和男性必须至少各占40%，应当各占50%。

6. 推举参加国家选举的候选人时，每一个有投票权的参会者都有提名权。此外，提名权跟随提案权。会场上可以提出补充人选。地方协会对党主席和总理候选人的提名，只有得到至少三个地方协会的支持方为有效。

7. 竞选公职的候选人必须向党内主管选举的机构公开其收入来源，并如实说明自己按照章程交纳党费的情况。

第四条　候选人提名程序

1. 提名联邦议院选举、州议会选举和地方选举的候选人，适用选举法和组织章程的相关规定。为了达到在各级议会和乡镇代表机构中男性和女性至少各占40%的要求，各级组织都要根据章程预先采取措施；如未预先采取措施，适用第2款的相关规定。乡镇代表机构和各级议会候选人的党内提名程序，应提前三个月在党内公布。

2. 通过提名州候选人名单，确保女性和男性有适当的代表参加德意志联邦议院选举。提名州候选人名单遵循交替制，从一名男首席候选人或一名女首席候选人开始，一女一男交替提名。

3. 提名各联邦州参加欧洲选举的统一候选人名单（联邦候选人名单）和提名参加欧洲选举的州候选人名单遵循交替制，从一名男首席候选人或一名女首席候选人开始，一女一男交替提名。

第五条 候选人名单

如果在选举中有多个党内职位（职务）待选（对名单投票），候选人应以姓名首字母为序列入候选人名单。

第六条 分别投票

1. 执行委员会或其他党的委员会，按照章程对其组成的相关规定，在下列选举中依次投票或者分别投票：

（1）主席；

（2）副主席；

（3）其他成员。

2. 章程可以规定或者允许通过个别投票选举副主席。这也适用于选举履行特定职责的其他成员。如果章程对其他成员的人数未作规定，那么会议必须在选举前对此做出决定。

第七条 选举一个党内职位/个别投票

1. 如果一个职位有一个候选人或多个候选人被提名，那么获得多数有效票的人当选。弃权票是有效票。

2. 如果没有一个候选人获得多数有效票，那么就再进行一轮投票，以简单多数票决胜负。在只有一名竞争者的个别投票中，允许投反对票。获得的反对票多于赞成票的人落选。在有多名竞争者的个别投票中，不允许投反对票。

3. 在票数相等时举行一次决选，如果票数再次相等，通过抽签决胜负。

4. 提名各级议会和乡镇代表机构的候选人名单时，从首席候选人开始，通过个别投票确定每一个候选人在名单中的位置。在只有一名竞争者竞选名单位置的情况下，多轮个别投票可以合成一轮投票（联合的个别投票）。在遵守第四条的规定的前提下，名单前面位置的竞争者可以成为名单后面位置的候选人。

第八条　选举多个同类的党内职位/对候选人名单投票

1. 在同时选举两人以上的投票（对候选人名单投票）中，可以在一张选票上选举不超过应选总数的候选人。选举了候选人名单中至少半数候选者的选票为有效票。

2. 在对候选人名单投票中，候选人只有在符合组织章程第十一条第 2 款对男女比例的规定的前提下才能当选。如果不符合男女比例，那么在第一轮投票中，代表人数较多的性别的候选人的当选人数不得超过其 60% 的最高限额，代表人数较少的性别的候选人只要得票数不少于异性候选人的第一名落选者即可当选。在第二轮投票中，只有代表人数较少的性别的候选人可以参选。

（1）此外，在对候选人名单投票中，原则上以简单多数决胜负。这也适用于只有代表人数较少的性别的候选人参选的后续投票。

（2）如果条例或章程规定，在第一轮投票中只有获得半数以上有效票的候选人才能当选，而因为没有足够数量的候选人获得半数以上有效票，在第一轮投票中并非所有的党内职位都有人当选，那么就举行第二轮投票。在第二轮投票中，只要符合男女比例的规定，获得最高票数的候选人当选。参照第一句话至第三句话，如果需要的话可以举行第三轮投票。

3. 如果代表人数较少的性别没有足够数量的代表参加竞选，那么代表人数较多的性别的候选人就可以替补。

4. 票数相等时，适用第七条第 3 款的相关规定。

5. 代表和候补代表不得以分别投票的方式选出。如果一个代表团成员不能履职，那么就由得票数最高的候补代表替补。确定替补者时，不符合组织章程第十一条第 2 款对男女比例的规定的候补代表不在考虑之列。

第九条 因重要原因罢免

1. 因重要原因罢免干部的职务,适用选举该职务的相关规定。罢免提案必须说明理由。重要原因尤其是指:

(1) 有理由启动党纪审理程序;

(2) 该干部持续地严重辜负了会议的信任;

(3) 该干部遥遥无期地无法履行职责。

2. 罢免干部必须列入将对罢免提案进行表决的会议的临时议事日程。该议事日程必须按规定期限寄给会议成员或者代表。

3 对于罢免,当事人可以直接向主管的仲裁委员会提出申诉。参照关于废除投票结果的规定。

第十条 补选

1. 对选举所作的规定同样适用于补选。经补选上任的干部的任期与离职者的原任期同时结束。

2. 对因重要原因罢免的干部的补选,不得在决定罢免的同一会议上进行,而应列入下一次会议的议事日程。

第十一条 废除投票结果

1. 如果被认定违反了党章、政党法、选举法或宪法法的规定,或者至少是有可能存在这样的违法现象,可以废除投票结果。

2. 有权要求废除投票结果的有:

(1) 相关组织的主管的执行委员会;

(2) 上级组织的主管的执行委员会;

(3) 其投票结果被要求撤销的会议的十分之一有表决权的成员,计算时须以有表决权的应到会人数为准;

(4) 在各个工作团是当地党的主管的执行委员会;

(5) 被罢免的当事人。

3. 从投票之日起两周内可以废除投票结果。根据第十三条第2款主管的执行委员会即使没有提案也可以在此期限内安排新的投票。如果是其他上级执行委员会废除投票结果，那么废除投票结果的期限为一个月。

4. 废除投票结果的理由只能是被认定的缺陷可能影响了投票结果。

第十二条　选举无效

1. 根据第十三条第 2 款主管的执行委员会在以下情况下必须安排新的选举：

（1）非党员当选——在乡镇代表机构选举和州议会选举中符合章程的例外情况除外；

（2）有人当选仲裁委员会已终审裁决其不得担任的职务；

（3）当选者属于另一个政党或组织章程第六条第 2 款所列的那种社团，或者为它们竞选；

（4）章程规定应秘密投票的选举没有秘密投票；

（5）在暴力胁迫下进行的选举。

2. 相关组织的每一个党员都可以申请确定选举无效。

第十三条　废除投票结果和选举无效的审理程序

1. 废除投票结果和申请确定选举无效，必须一式三份以书面形式提出，须详细说明理由并提出证据，特别是举出人证和物证。

2. 只有在上一级组织的执行委员会——在各个工作团是当地党的主管的执行委员会——此前已对废除投票结果或选举无效做出决定之后，才能向主管的仲裁委员会起诉。受理申请的执行委员会必须在收到申请后两周内做出决定。

3. 对于受理申请的执行委员会的决定，

（1）如果废除投票结果被拒绝，申请人可以向主管的仲裁委员会起诉；

（2）如果安排了新选举，原当选人可以向主管的仲裁委员会起诉；

（3）如果执行委员会没有根据确定选举无效的申请安排新选举，相关组织的每一个党员都可以向根据仲裁条例第二十一条第 1 款主管的仲裁委员会起诉。

起诉时限为一周，从执行委员会的决定公布之日起计算。如果选举是在专区党代表大会或州党代表大会上举行的，由联邦仲裁委员会受理起诉。

4. 仲裁委员会在收到起诉后两周内做出裁决。在废除投票结果或确定选举无效的审理程序中，如果事关原则性问题，或者联邦仲裁委员会的裁决关系到对选举条例的统一解释，专区仲裁委员会可以允许向联邦仲裁委员会上诉。如果允许上诉，那么应在裁决送达一周之内在联邦仲裁委员会提出上诉；在此期限内还必须对上诉说明理由。此外，适用仲裁条例第二十一条第3款至第5款的有关规定。

5. 只有在主管的仲裁委员会已经做出裁决的情况下，才能为废除投票结果和确定选举无效向国家法院起诉。

6. 废除投票结果的声明和确定选举无效的申请无延缓执行投票结果和选举结果的效力。根据第十三条第2款主管的执行委员会和仲裁委员会可以采取临时措施。如果安排了新选举，那么根据第十三条第2款主管的执行委员会应立即召开举行新选举的会议。

7. 如果选举属于以下情况，当选的代表没有表决权：

（1）选举无效；

（2）选举违反了国家选举法；

（3）选举结果成功地被撤销。

（原文出处：http://www.spd.de）

（王学东 译）

德国社会民主党仲裁条例

一、职权

第一条 职权

1. 根据组织章程第 34 条第 2 款，仲裁委员会的职权是在下列场合做出裁决：

（1）在党纪审理程序中；

（2）在有关适用和解释组织章程和各种规章以及工作团的准则（组织章程第十条）和工作条例的争执中；

（3）在废除投票结果或者选举无效的审理程序中。

2. 区仲裁委员会在不是由紧急措施决议启动的党纪审理程序中作为初审机关对其辖区内的党员做出裁决。

3. 专区仲裁委员会

（1）在由紧急措施决议启动的党纪审理程序中作为初审机关做出裁决；

（2）在不是由紧急措施决议启动的党纪审理程序中，或者在移交给区仲裁委员会的党纪审理程序中，作为上诉机关做出裁决；

（3）在一个专区党组织范围内发生的规章制度争执审理程序中，作为初审机关做出裁决；

（4）在一个专区党组织范围内发生的与专区党代表大会和州党代表大会无关的废除投票结果案件中，作为初审机关做出裁决。

4. 联邦仲裁委员会

（1）在由紧急措施决议启动的党纪审理程序中作为上诉机关做出裁决；

（2）在不是由紧急措施决议启动的党纪审理程序中，或者在移交给区仲裁委员会的党纪审理程序中，作为上一级上诉机关做出裁决；

（3）在超出一个专区党组织范围的规章制度争执审理程序中，作为初审机关做出裁决；

（4）在一个专区党组织范围内发生的规章制度争执审理程序中，作为上诉机关做出裁决；

（5）在超出一个专区党组织范围的或者涉及专区党代表大会或州党代表大会的废除投票结果和确定选举无效的审理程序中，作为唯一的审理机关做出裁决；

（6）在废除投票结果和确定选举无效的审理程序中，如果因为事关原则性问题，或者上诉裁决关系到对选举条例的统一解释，下级审理机关允许上诉时，作为上诉机关做出裁决。

二、仲裁委员会的组成

第二条 仲裁委员会的组成

1. 一名主席、两名副主席和四名委员（组织章程第三十四条第3款），按照相关组织选举执行委员会成员的同样原则，以分别投票方式选举产生。

2. 选举联邦仲裁委员会成员适用组织章程第二十三条第4款至第7款的相关规定。

3. 可以连选连任。

4. 仲裁委员会与同级党组织在同一地点办公。

第三条 禁止双重任职

在同一个审理程序中，任何人都不得在两个或两个以上审级中担任仲裁委员会成员。

第四条 裁判团的组成

1. 仲裁委员会的裁判团由主席和两名作为助理的副主席组成。在裁判团中必须既有男性也有女性。

2. 如果主席因故不能出席，按照选举时得票数的顺序，由得票多的副主席代理主席职务。以此类推，由得票多的委员替补助理职务。但是，如果得票多的委员的性别不符合第1款第2句话的规定，那么其替补资格就不在考虑之列。如果某一性别没有足够的候选人可供选择或者担任替补，那么违反第1款第2句话的规定就是允许的。

3. 在票数相等的情况下，替补顺序由会议的领导者通过抽签决定。

第五条 防止裁决不公

1. 为防止裁决不公，在有正当理由怀疑其公正性的情况下，仲裁委员会成员可以被任何一位当事人要求回避，其本人也可以主动要求回避。

2. 回避申请书必须在传讯送达后一周内呈交相关成员所属的仲裁委员会的办事处并说明理由。如果是以书面审理方式发布裁决，那么期限从相关通知送达之日起计算。必须使党员借助传讯或安排书面审理程序的通知获知其申请回避权。

3. 如果在党纪审理程序中出现可能有理由担心裁决不公的情况，那就须在对案件进一步陈述意见之前，立即提出回避申请。

4. 仲裁委员会在被要求回避的成员不在场的情况下对回避申请做出裁决。对要求回避的每一个个案应分别做出裁决。只要有一位仲裁委员会成员认为有理由，就必须同意回避申请。

5. 决议是不可撤销的。

三、党纪审理程序

第六条 启动党纪审理程序

1. 每一个党组织（组织章程第八条）都可以申请实行党纪审理程序，无论被告是否属于该组织。党的执行委员会享有与具有申请资格的党组织同样的权利。

2. 申请应一式五份以书面形式送到被告所属的区的仲裁委员会办事处。申请书中必须详细说明指控及其所依据的事实。必须举出证据，尤其是可能的人证和物证。

3. 如果申请未能满足第 2 款第 2 句话和第 3 句话的要求，那么仲裁委员会应在两周内向申请人指出不足之处，给予机会陈述意见和对申请做补充。如果不足之处没有在规定期限内消除，那么仲裁委员会可以以书面审理方式通过决议拒绝此项申请。决议是不可撤销的。

4. 党纪审理程序自主管的仲裁委员会的办事处收到申请之日开始启动。申请须立即送交被告。

5. 启动党纪审理程序与口头审理之间不得超过 6 个月。如果超过这一期限，申请人和被告可以就拖延审理向上一级仲裁委员会提出上诉。上诉只需书面通知两级仲裁委员会即可。

第七条　告知启动党纪审理程序

启动党纪审理程序由仲裁委员会的办事处告知党的执行委员会以及该党员所属的专区、区和地方协会的执行委员会。

第八条　审理、记录和传讯

1. 裁决的基础是口头审理。

2. 主席确定口头审理的时间和地点，安排传讯当事人和证人，指定记录员。记录员必须是党员，且不得是当事人（第九条）。作记录的人有义务保守秘密。

3. 传讯以书面形式发出并且须送达。传讯必须包含以下内容：

（1）审理的地点和时间；

（2）仲裁委员会的人员组成；

（3）根据第五条第 2 款第 3 句话应告知的内容；

（4）告知当事人可以声明同意书面裁决；

（5）告知被告如果不出席可以在其缺席的情况下做出裁决。

4. 传讯当事人与口头审理之间必须间隔两周时间。此期限经申请人和被告同意可以缩短。

5. 如果申请人和被告以书面形式表示同意，可以以书面审理方式发布裁决。

第九条　当事人、参与者、第三者

1. 党纪审理程序的当事人是：

（1）申请所指控的党员（被告）；

（2）提出申请的组织（申请人）的执行委员会成员；

（3）声明参与审理程序的组织（第2款）的执行委员会成员；

（4）与本案有关的第三者（第3款）。

2. 在审理程序最终结束前，任何一个其组织范围内的党员成为党纪审理程序的被告的组织（组织章程第八条第1款）都有权参与党纪审理程序。

3. 主席可以自主传唤个别党员或者组织作为与本案有关的第三者出庭。如果主席未满足传唤与本案有关的第三者出庭的要求，那么就由仲裁委员会最终做出决定。

4. 如果没有指定其他代表，发给参与审理程序的各个组织的传讯和通知应送达其主席。

第十条　和平调解争执

仲裁委员会在可能的情况下应致力于和平调解争执。主席可以为此安排一次和解审理。

第十一条　审理过程、听证

1. 口头审理开始时，首先要确认当事人到场。

2. 口头审理时，参与的组织最多可以委派两名代表出席会议。

3. 仲裁委员会可以根据申请允许当事人各请一名党员作为自己的辩护人。

4. 仲裁委员会要查明事实真相，对当事人的举证不能偏听偏信。申请人和被告以及各参与的组织和与本案有关的第三者，都要协助澄清事实真相，根据仲裁委员会的要求提交文件和证明材料。

5. 主席主持审理。如果对主席的裁决有异议，那就由仲裁委员会最终做出裁决。

6. 在听证之前，须按照以下顺序对申请书发表意见：

（1）申请人；

（2）被告及其辩护人；

（3）其他参与者。

7. 听证结束后，所有的当事人都有权按照以上顺序发表最终意见和提出建议。此外，被告还有权作最后陈述；不能再提交新的事实或建议。

第十二条 记录

1. 口头审理须作记录，记下审理的主要内容。当事人的建议和仲裁委员会的决议须全文记录，或者作为附件附在记录中。仲裁委员会可以要求提交书面建议。

2. 当事人可以要求将个别意见逐字逐句地记录下来。

3. 记录须由主席和记录员签字。

4. 当事人可以查阅口头审理的记录。对于寄送记录的申请，由主席做出决定。

第十三条 审理程序的原则

1. 仲裁委员会不受当事人建议的约束。裁决的对象是申请书中根据第六条所列举的事实，及其根据口头审理的结果所呈现的后续发展。如果有建议权的当事人要求采纳新的事实，那么裁决可以涵盖新的指控。

2. 仲裁委员会根据自由信念对听证做出评价。

3. 在讨论裁决时，只有仲裁委员会裁判团的成员可以在场。

4. 仲裁委员会的最终裁决（第十五条第1款）须由主席签字，并送交各当事人。至迟应在口头审理结束后三周内送达。

5. 裁决必须有理有据，并告知上诉权。

6. 党的执行委员会、相关的专区执行委员会和区执行委员会，以及申请人和被告，可以将裁决公之于众。

第十四条　告知裁决结果

1. 区仲裁委员会须将其最终裁决告知专区仲裁委员会。

2. 专区仲裁委员会须将其最终裁决告知联邦仲裁委员会，在上诉案中，还应告知相关的区仲裁委员会。

3. 联邦仲裁委员会须将其最终裁决告知先前审理该案的仲裁委员会。

4. 所有仲裁委员会均须将其最终裁决告知被告所属组织（组织章程第八条）的执行委员会，即使它们没有参加审理程序。

第十五条　处分

1. 仲裁委员会必须做出下列之一的最终裁决：

（1）根据组织章程第三十五条给予处分；

（2）确定被告没有违反党纪或者无法被证实违反了党纪；

（3）终止审理程序。

2. 如果在审理过程中发现，被告只犯有轻微的过错，其行为没有造成严重后果，或者起诉申请已被撤回，须终止审理程序。

3. 如果争执的一个重要问题是检察机关侦讯的对象，或者争执有待法院或国家仲裁机关判决，那么仲裁委员会可以终止审理程序。如果审理程序是根据第十八条启动的，那么在终止审理程序的决议中须根据第十九条第3款做出裁决。

第十六条　旁听者、党内公开

1. 党员可以作为旁听者参加口头审理。在被告不反对的情况下，仲裁委员会可以允许非党员旁听。

2. 如果党的利益或当事人的利益有此要求，旁听者可以完全或者暂时不参加审理。

3. 当事人、辩护人和旁听者如果不听从主席的安排，仲裁委员会可以令其完全或者暂时不参加进一步的审理。

第十七条　保密义务

1. 在审理程序最终结束前，仲裁委员会成员、所有当事人和辩护人，以及所有其他参加口头审理程序的人，不得在审理程序之外的场合对案情发表任何意见。

2. 如果要报道一个党纪审理程序，在其尚未结案时，只允许报道形式上的审理进展情况。

3. 仲裁委员会可以完全或者部分解除当事人及其辩护人的保密义务。

四、紧急措施

第十八条　实行紧急措施

1. 在党遭受严重损害或者极有可能遭受严重损害、党的利益要求迅速干预的情况下，相关的专区执行委员会或者党的执行委员会可以暂停党员的所有权利或者个别权利，最长期限为3个月。

2. 实行紧急措施的决议必须说明理由并送达相关人员。

第十九条　根据紧急措施的党纪审理程序

1. 实行紧急措施的决议同时也是启动党纪审理程序的申请。适用第7条的相关规定。

2. 专区仲裁委员会对申请做出决定。实行紧急措施的决议须一式两份送交专区仲裁委员会。此外，适用第六条第2款和第3款的相关规定。

3. 在审理程序的每一个环节，专区仲裁委员会都应当审查，是否还需要继续实行紧急措施以及紧急措施的范围是否合适。如果紧急措施在3个月内没有被送交的决议延续，那么期满后紧急措施就失效了。紧急措施再次延续须在6个月内做出决定。

4. 出现以下情况时，专区仲裁委员会可以把案件移交给区仲裁委员会：

（1）如果专区仲裁委员会在收到申请后1个月内判定，紧急措施完全失效。

(2) 紧急措施决议所依据的事实不可靠。在这种情况下，对区仲裁委员会也适用第3款的相关规定。

5. 如果紧急措施在审理机关做出最终裁决之后仍应继续生效，那么须在这一裁决中对它重新规定，否则它将随着这一裁决的送达而失效。

第二十条　警告、与党籍不相容的行为视同退党

1. 对于身为德国社会民主党党员，同时又成为组织章程第六条第1款（1）所列举的那种组织的成员或为其竞选的人，主管的专区主席或受主席委托的党员须书面要求其在一周内声明退出有关组织或退出竞选。

2. 书面要求必须送达。如果由于选举法的原因竞选无法取消，那么公开声明不接受可能的选举就视同退出竞选。期限从书面要求送达之日起计算。如果该党员表明想继续留在上述组织内或继续为其竞选，或者在规定的期限内没有发表声明，那就视同退出德国社会民主党。

3. 如果德国社会民主党党员未经所属组织同意效力于组织章程第六条所列举的组织，或者为其工作，或者作为组织章程第六条第1款（3）所定义的单独参选人参加非本党提名的竞选，或者存在组织章程第六条第2款所定义的与党籍不相容的行为，那么适用本仲裁条例第六条、第十八条及以下几条的规定。

五、规章制度争执

第二十一条　规章制度争执审理程序

1. 在解释和适用组织章程和各种规章以及工作团体的准则（组织章程第十条）和工作条例出现争执时，如果争执发生在专区党组织范围内，由专区仲裁委员会作为初审机关做出裁决，否则由联邦仲裁委员会做出裁决。

2. 申请可以由任何一个党组织在相关规章制度的适用范围内提出。此外，工作团和区域性联合组织也有权提出申请，只要它们认为自己的权利受到损害或者有可能受到损害。

3. 申请须以书面形式呈交专区仲裁委员会或者联邦仲裁委员会的办事处，并且要说明理由。须附上裁决所需的大量书证（规章、会议记录等）。

4. 审理程序通常以书面形式进行，也可以进行口头审理。

5. 适用党纪审理程序的相关规定，仲裁条例第十七条除外。

六、根据组织章程第三十三条的调查和确认程序

第二十二条　任命调查委员会

由委托调查的组织任命调查委员会成员。

第二十三条　委托和调查对象

1. 委托须以书面形式授予，应给委员会的所有成员每人一份副本。

2. 如果争执已由仲裁委员会审理，那么它就不再是调查和确认程序的对象。

3. 调查委员会应调查委托书中所列的调查内容。

第二十四条　调查和确认程序与党纪审理程序相同

调查和确认程序适用第三章党纪审理程序的规定。此外，调查委员会可以在自己的权限范围内对程序做出决定。

七、上诉程序

第二十五条　上诉程序

1. 被告、申请人或者参与的组织，可以对区仲裁委员会的最终裁决向专区仲裁委员会提出上诉。

2. 上诉必须在两周内将以书面形式提交专区仲裁委员会，并在一个月内以书面形式说明理由。这两个期限均从最终裁决送达之日起计算。如果被告提出上诉，那么其党证必须在说明理由的期限内呈交专区仲裁委员会。

3. 区仲裁委员会应按要求立即将全部审理文件送交专区仲裁委员会。

4. 如果不具备第 1 款和第 2 款所列的前提，那么专区仲裁委员会可以不经过口头审理直接通过不允许上诉的决定做出裁决。适用第十三条第 4 款和第 5 款的相关规定。

5. 对于有异议的裁决，上诉有延缓执行的效力。对于紧急措施适用第十九条第 3 款和第 5 款。

第二十六条　向联邦仲裁委员会上诉

1. 被告、申请人或者参与的组织，可以对专区仲裁委员会的最终裁决向联邦仲裁委员会提出上诉。

2. 对于专区仲裁委员会的上诉裁决，被告只有在以下情况下才允许向联邦仲裁委员会提出上诉：被开除党籍、被暂停所有党员权利或被暂时剥夺担任任何职务的权利，或者收到根据第二十五条第 4 款做出的决定。提出申请的组织只有在以下情况下才允许提出上诉：在初审中裁决执行第一句话的处分措施，而专区仲裁委员会却选择了一个较宽容的处分措施。

3. 上诉必须在联邦仲裁委员会提出。适用第二十五条第 2 款、第 3 款和第 5 款的相关规定。

4. 如果不具备上诉的前提，那么联邦仲裁委员会可以不经过口头审理直接通过不允许上诉的决定做出裁决。

第二十七条　放弃口头审理

1. 如果下级审理机关的裁决所依据的事实不清，或者未能保障被告的听审权，那么上诉委员会可以不经过口头审理，直接将案件退回下级审理机关重审。

2. 联邦仲裁委员会可以不经过口头审理，根据案卷直接驳回明显无理由的上诉。它也可以不经过当事人同意，直接采用书面审理程序。

第二十八条　撤回上诉

撤回上诉是允许的。撤回上诉必须以书面形式声明，或者写入本应对上诉做出裁决的仲裁委员会的记录。如果上诉被撤回，应发布一个终止审理程序的决议。

八、投递书面材料

第二十九条　投递书面材料

1. 通过带回执的或者有收据的挂号邮件进行投递。

2. 如果收件人拒绝接收邮件，或者邮件由其家人代收，也被视为送达。

3. 如果邮件按收件人最后一次向党的相关机构提供的地址投递未能送达，那么只要邮件在相关邮局存放一周，也被视为投递成功。

九、期限

第三十条　期限

期限的计算适用民法典第一百八十七条至第一百九十三条的规定。

十、费用

第三十一条　费用

1. 仲裁委员会的审理是免费的。

2. 各级组织须为本级仲裁委员会提供必要的设施。

3. 须根据申请为仲裁委员会成员、被仲裁委员会传讯的证人以及与本案有关的第三者报销必要的费用。

4. 审理程序的申请人和参与的组织承担自己的代表的费用。

5. 如果仲裁委员会确定被告没有违反党纪（第十五条第1款），应为其报销必要的费用。

6. 如果被告在审理程序中没有被裁决开除，并且由于案件的特殊情况或者被告的社会福利状况报销看来是适当的，仲裁委员会可以根据申请为其报销全部或者部分费用。

（原文出处：http://www.spd.de）

（王学东　译）

德国社会民主党财政条例

第一条 党费

1. 有应纳税收入的党员每月党费至少为 5 欧元。

每个党员根据自己的收入情况选择一个党费等级：

每月净收入(欧元)	1000 以下	2000 以下	3000 以下	4000 以下	4000 以上
每月党费(欧元)	5	7.5	25	45	100
		15	30	60	150
		20	35	75	250
					更多

2. 联邦议院议员、欧洲议会议员和政府成员每月应交纳的党费至少为 250 欧元。

3. 州议会议员每月应交纳的党费数额由州联合会确定。

4. 选举产生的地方公职人员和类似人员每月应交纳的党费根据其工资级别至少为：

工资级别	A15–A16	B1–B2	B3–B6	B6–B9	B10–B11
每月党费(欧元)	50	100	150	200	250

5. 无职业收入、退休金、养老金或类似收入的党员，每月党费为 2.5 欧元。同时参加了另一个党的党员、欧洲社会党（SPE）的党员，如果同时向该姊妹党交纳党费，每月党费为 2.5 欧元。

6. 客座成员和支持者每年党费为 30 欧元；青年社会党人工作团的单纯青年社会党人支持者每年党费为 12 欧元。

7. 从 2003 年起每年进行一次调整。调整依据的是联邦统计局公布的平均净收入的名义增长。每次调整均需党的执行委员会确定。无收入的或只有微薄收入的党员不参加每年的调整。

8. 每隔一定的时间，特别是在选举党内职务和推举竞选公职的候选人之前，须审查按照章程规定的义务交纳党费的情况。

9. 党费由党代表大会确定。

10. 如果党员不顾地方协会执行委员会或上级组织执行委员会的两次书面警告，超过三个月不交纳党费，那么在第二次警告送达一个月后，不交纳党费就视同宣布退党。警告中必须指明不交纳党费的后果。具体办法由专区规定。

11. 专区每个季度从每笔党费中提取党代表大会确定的数额上交党的执行委员会的财务处。相应的规定也适用于专区至少应保留的党费份额。

12. 党费由专区借助电子数据处理系统通过银行转账从党员的账户中扣除。如果党员没有授予银行转账扣款所需要的全权，其党费也可以以其他方式交给自己的地方协会。在这种情况下，党员的党费从地方协会的账户中扣除。专区可以采取与此不同的规定。每年年终由专区开具交纳党费证明书。

13. 只有党的执行委员会有权制作党费凭证、交纳党费证明书、选举基金券和特别券，以及捐款证明书。州议会选举和地方选举的选举基金券可以由州联合会和专区制作。

14. 党员向党（每月、每季度、每半年或者每年）定期交纳的所有款项都是党费（非捐款）。党费按百分比分配给各级组织。

第二条 特别党费

1. 担任选举产生的公职或议员的德国社会民主党党员，除了交纳章程规定的党费（第一条第 1 款）外，还要交纳特别党费（受委托人党费）。

2. 担任党内职务或者作为监事会、管理委员会、咨询委员会或类似委员会的成员担任公职和受委托人职务获得津贴、红利或类似收入的德国社会民主党党员，须将其所得收入的 30% 交纳给相应层级的地区联合会。根据同样适用于例如监事会中的工会会员的其他现行规定，交纳这类收入应算作特别党费。

3. 担任非选举产生的政府职务的德国社会民主党党员要交纳特别党费，其数额由当地的州执行委员会或专区执行委员会确定；联邦政府成员和欧洲委员会成员的特别党费数额，由党的执行委员会确定。根据第 1 款和第 2 款交纳特别党费的义务不因此而受影响。

4. 根据第 1 款、第 2 款和第 3 款交纳的特别党费，不受第一条第 9 款的分配规定的约束。根据第 1 款交纳的特别党费的数额，只要党的执行委员会和州联合会或专区没有做出不同的规定，由派出受委托人的地区联合会的执行委员会决定。

第二条 a　特别分摊款

为了给政治活动筹措经费，地区联合会的全体党员大会或者代表大会可以做出决议，要求其直接下属的地区联合会用部分受委托人的特别党费交纳特别分摊款。

第三条　捐款

1. 有权设立独立账户的党的地区联合会（第九条第 1 款）有权接受捐款。

2. 现金捐款限于 1000 欧元以下。

3. 收到给党的捐款的党员，必须立即将其转交给捐款所指定的地区联合会的主管财务的执行委员会成员（第五条）。主管财务的执行委员会成员可以全权委托一名专职工作人员以自己的名义接受捐款。

4. 接受捐款由主管财务的执行委员会成员做出决定。在专区下属的各地区联合会，接受单笔超过 2000 欧元的捐款由执行委员会根据主管财务的执行委员会成员的建议做出决定。该决定必须载入会议记录并在会计资料中保存。

5. 不允许接受下列捐款：

（1）公法团体、议会党团和议员团以及乡镇代表大会的党团和议员团的捐款。

（2）根据章程、捐助行为或其他状况以及根据实际的业务运作，专门直接致力于公益的、慈善的或教会的目的的政治性基金会、社团、联合会和财团（税务条例第五十一条至第六十八条）的捐款。

（3）来自德意志联邦共和国之外的捐款，除非是：

1）来自一个德国人、一个欧盟公民的财产的捐款，或是来自一个 50% 以上股份归德国人或欧盟公民所有或者其总部设在一个欧盟成员国的企业的财产的捐款；

2）来自一个外国人的不超过 1000 欧元的捐款。

（4）由于声明将捐款转交给党而获得捐助的职业联合会的捐款。

（5）全部或部分属于国有财产，或者国家直接投资超过 25%，由国家管理或经营的企业的捐款。

（6）单笔超过 500 欧元的匿名捐款。

（7）明显地期望获得某种经济或政治利益或者作为对这种利益的回报而向党提供的捐款。

（8）由第三者为获得党支付的报酬而募集的捐款，酬金超过了募集到的捐款价值的 25%。

6. 交纳给党或者一个或多个地区联合会的捐款和受委托人党费，其总价值在一个日历年（会计年度）超过 1 万欧元的，须列入全党的工作总结报告并说明捐款者的姓名和地址以及捐款总额。单笔超过 5 万欧元的捐款，须立即通知党的执行委员会向德意志联邦议院议长申报。

7. 竞选公职或议席的候选人或者担任公职或议员的人收到的捐款，须立即转交给主管财务的执行委员会成员（第五条）。

8. 根据第 5 款不允许接受的捐款，须立即转交给党的执行委员会即刻转送德意志联邦议院议长。

第四条 捐款证明书

1. 有权设立财务会计的党的地区联合会（第九条第 1 款）有权为接受捐款开具证明书。具体办法由专区规定。为给地方协会、区和区域性联合组织的捐款开具证明书，可以与第一句话不同，由专区执行委员会的决议分别做出规定。

2. 捐款证明书只能使用党的执行委员会制作的按顺序编号的表格。一份副本保留在开具捐款证明书的地区联合会，一份副本呈送专区。只有主管财务的党的执行委员会成员和党的负责人以及受委托的专职工作人员才有权开具捐款证明书。

第四条 a 遗产和遗赠

1. 有独立账户的党的地区联合会（第九条第 1 款）有权在征得党的执行委员会同意后接受遗产和遗赠。

2. 遗产和遗赠如果单笔总价值超过 1 万欧元，要在党的工作总结报告中公布并说明其数额以及遗产人的姓名和最后地址。

第五条 财务会计

1. 每一个党的地方组织、地区联合会和其他组织，只要拥有独立财务会计，都要选举一名主管财务的执行委员会成员。该成员负责领导财务工作，特别是：

· 管理党员的个人信息；

· 定期核查党费金额；

· 审查交纳党费情况；

· 管理现金出纳账；

· 制定财务计划；

· 根据政党法提交工作总结报告。

注意：由于要承担责任并行使银行往来所必需的签字权，所以只能选举达到法定年龄的（有行为能力的）党员负责财务工作。

2. 此外，党的执行委员会主管财务的成员（司库）还负责行使组织章程第二十五条第 1 款赋予党的执行委员会的权利。主席、副主席和总书记根据党的执行委员会授予的全权在法庭上和法庭外代表党的权利不因此而受影响。

3. 主管财务的执行委员会成员向年度全体党员大会（党代表大会）作财务报告。

4. 连续两年不在规定期限内按规定提交工作总结报告的地方协会和区以下的其他组织，将丧失财务会计权。丧失财务会计权由当地的专区执行委员会确定，根据当事组织的申请恢复其财务会计权亦由当地的执行委员会决定。具体办法由党的执行委员会颁布的条例规定。

第五条 a　资金使用

党的资金只能用于政党根据基本法和政党法所承担的任务。

第六条　审计

1. 由年度全体党员大会（党代表大会）选举的审计员审查财务条例的各项规定是否得到遵守，特别是要定期审查：

· 账目和凭证是否相符；

· 开支是否合理，是否符合决议（财务计划）；

· 所有的账户和现金是否都纳入了工作总结报告；

· 是否按章程规定交纳党费（第一条第 8 款）。

注意：由于要承担责任，所以只能选举达到法定年龄的（有行为能力的）党员担任审计员。

2. 审计员向年度全体党员大会（党代表大会）报告工作，并就减轻执行委员会在财务方面的负担提出建议。

3. 同一个地区联合会的执行委员会成员或委员会成员以及党的专职工作人员，不能被选为审计员。

4. 没有独立财务会计的地方组织和其他组织不选举审计员。

5. 如果有独立财务会计的地方协会和区以下的其他组织没有选举审计员或者审计员被免职，上一级组织的审计员必须承担这些组织的审计任务。具体办法由党的执行委员会的条例规定。

第七条　财务计划

1. 党的执行委员会，州联合会、专区、区域性联合组织、区和县联合会的执行委员会，至迟在当年的 3 月 31 日之前根据主管财务的执行委员会成员的建议制定财务计划。财务计划须附有一个关于现有资产和债务的一览表。

2. 党的执行委员会、各州联合会执行委员会和各专区执行委员会，每年制定一个关于预计的收入和支出以及由此而产生的资产变动的中期财务计划。中期财务计划包含的时间至少四年。下属的地区联合会（第九条第 1 款）也要根据各专区执行委员会的决议制定一个遵照第一句话的中期财务计划。

3. 主管财务的执行委员会成员负责执行财务计划。在财务计划中须确定，主管财务的执行委员会成员对多大数额的款项有独自支配权，在什么情况下需要执行委员会做出专门决议。

4. 如果确定财务计划在执行过程中出现了亏空（减收或者超支），而且不能通过在其他地方的增收或节支来弥补，那就需要执行委员会做出决议来修改财务计划。在显著偏离财务计划的情况下，即使在总计划内能够弥补亏空，也需要执行委员会做出决议。

第八条 借贷

1. 只有在确保下一预算年度能全额偿还的情况下才允许借贷。主管财务的执行委员会成员（出纳、司库）有权反对只靠借贷来筹资的支出。主管财务的执行委员会成员（出纳、司库）的反对可以被相关地区联合会执行委员会以三分之二多数票再次通过的决议驳回。

2. 如果预期的借贷超出了第 1 款第一句话所设定的界限，那就需要：

（1）在地方协会、市联合会和乡镇联合会取得全体党员大会或代表大会的同意，以及根据区执行委员会的意见取得专区执行委员会的同意。

（2）在区、县联合会和根据组织章程第八条第 5 款建立的区域性联合组织取得专区执行委员会的同意。

（3）在专区取得专区执行委员会三分之二以上成员的同意。

（4）在州联合会取得州执行委员会三分之二以上成员的同意。

（5）在党的执行委员会取得党的执行委员会三分之二以上成员的

同意。

3. 根据第 2 款（3）和（4）做出的决议，在执行之前必须呈报对此拥有否决权的党的执行委员会。

4. 党的执行委员会在征得党的参议会同意后，对各上级组织根据第 2 款和第 3 款行使否决权颁布条例。

第九条　账户

1. 以下组织只要有权设立独立的财务会计，就有权在信贷机构开立账户：

· 地方协会；

· 区域性联合组织；

· 区；

· 专区；

· 州联合会；

· 党的执行委员会。

2. 账户都开立在"德国社会民主党"名下，并添加组织层级。主管财务的执行委员会成员和主席有权共同开立账户和授权使用账户。

3. 其他有独立财务会计的组织（选区组织、工作团等），可以在有权开立和使用账户的地区联合会（第 1 款）的名下设立账户，再添加其他组织的名称和地址。

例如：

德国社会民主党—A 区

B 市长选举特别账户

或者 C 州议会选区特别账户

或者 D 工作团特别账户

4. 申请贷款时，须提供根据本财务条例第 8 条获得许可的证据（做出决议的委员会的会议记录）。

第十条　簿记义务

1. 主管财务的执行委员会成员或受其委托的人须使用党的执行委员会

制作的现金收支簿和会计科目表。

2. 账目凭证、账簿、资产负债表和工作总结报告须保存十年。保存期限从会计年度结束时开始计算。

3. 主管财务的执行委员会成员卸任时，须在主席的协助下立即稳妥有序地将根据第 2 款保存的资料转交给自己的继任者。

第十一条　年度决算

1. 日历年结束后，主管财务的执行委员会成员或受其委托的人，须确定财务计划各个项目截至去年 12 月 31 日产生的实际收入和支出。相应地须重新计算截至 12 月 31 日的资产净值。

2. 决算须及时进行，以保证专区下属的有独立财务会计的地区联合会或其他组织的执行委员会能至迟在 1 月 31 日前对年度决算正式做出决议。其余的执行委员会在 3 月 31 日前对自己的年度决算做出决议。

第十二条　工作总结报告

1. 根据政党法，工作总结报告由收支账目、资产负债表和说明性的部分组成。

2. 州联合会和专区及其下属的地区联合会，须在自己的工作总结报告中附上所有资助（捐款和党费，以及受委托人党费和其他特别党费）的完整清单，并列出每个资助人的姓名和地址。以直接汇入中央的借记账户的方式征收的党费除外。对遗产和遗赠须做出说明，并列出每个遗产人和遗赠者的姓名和地址。州联合会和专区须将其下属的地区联合会的分报告汇集起来，保存在自己的工作总结报告的资料中。

3. 工作总结报告须由主席和主管财务的执行委员会成员签字。

4. 州联合会和专区下属的地区联合会，须在工作总结报告的附件中对来自各组织的补助金和其他收入、给予各组织的补助金和其他支出、对各组织的债权和对各组织的债务情况详细地进行分类和说明。

5. 由执行委员会确定的年度决算是工作总结报告的基础。工作总结报告中可以附上简要的说明。

6. 工作总结报告须在年度决算确定后立即呈交专区，至迟不得晚于下一年的 2 月 15 日。

第十三条　处罚时的责任

1. 党的有独立财务会计的地区联合会或其他形式的组织，如果因为以下行为：

（1）接受违法的捐款；

（2）不按政党法的规定使用资金；

（3）未充分履行报告义务；

（4）根据政党法应受处罚的其他行为，导致违反政党法而面临处罚，那么它就要为由此造成的损失承担责任。

说明：这条规定所说的组织是指各个地区联合会。

2. 党的执行委员会可以要求应对违反政党法负责的人赔偿所造成的损失。党的有独立财务会计的地区联合会或其他形式的组织，如果对第 1 款的行为没有责任，可以像党的执行委员会一样，通过向第三者索赔得到赔偿。

第十四条　审查工作总结报告

党的执行委员会根据司库的建议指定应按政党法第二十九条至第三十一条的规定审查工作总结报告的审计公司。

第十五条　最后规定

1. 本财务条例是德国社会民主党组织章程的组成部分，于 2012 年 1 月 1 日生效，取代 2004 年 1 月 1 日的财务条例。

2. 各项规章不得违背本财务条例。与本财务条例相违背的各项规定不得再继续使用。

（原文出处：http://www.spd.de）

（王学东　译）

自由与安全

——基督教民主联盟基本纲领

（2007年12月3日至4日在汉诺威举行的第21次党代表大会通过）

前 言

21世纪德国基民盟的政策

我们，基督教民主党人意识到自己在上帝和人类面前的责任，以这一基本纲领维护自己的价值和目标，应对我们时代的挑战。

基民盟是中间人民党。在其中，1945年后产生的基督教—社会的，自由与保守价值等政治思潮至今仍然发挥作用。我们以基督教的人类愿景及其不容侵犯的尊严以及自由、团结、公正等基本价值为导向，我们致力于基本价值间的正确关系。

在这个日新月异的世界，我们的任务是，将价值与现实结合起来进行思考，并采取相应的行动。认识到人类易犯错误，使我们避免了将政治意识形态化的危险，并与政治保持界线。

基督教民主联盟曾在联邦德国历史上做出过重要决定。今天，我们要以同样的坚毅面对21世纪的挑战。

1949年之后，基民盟以其基本路线决策，如社会市场经济、西部联合和欧洲一体化，为我们国家自由、公正与繁荣的发展打下了坚实基础。

基民盟坚持德国的重新统一。在数十年痛苦的分裂之后，抓住机遇，带领德国实现了和平自由统一。德国能够为此而骄傲。基民盟在这段成功史上发挥了决定性作用。

德国在历史上首次只被朋友和伙伴所围绕。我们的美国朋友和欧洲朋友对此做出了重要贡献。欧洲创始人的梦想从未如此近在咫尺：一个统一于自由与和平的欧洲，经济强大、友好互助并且乐于在世界上承担更多的责任。信任与可靠引领我们向欧洲向的进一步统一与发展迈进。

负责任的自由经济秩序和社会秩序是我们的国际秩序政策的模式。全球化要求社会市场经济的一种新维度，并使确立全球化的社会及经济标准成为可能。

21世纪的挑战要求重新认识安全：包括始终面临新威胁的世界内部安全和外部安全；也包括全球化的经济和人口变化条件下的社会安全及社会团结；以及未来能够代代相传地在宜居环境中生活的确定性。

公民价值和道德曾使德国成功。我们将通过加强公民价值和道德，来促进德国发展。

我们对于德国的理想是机遇社会——公民能够在其中自由、安全地生活。他们尊重业绩和成功。我们要使社会定位的中间阶层也包括目前被排除在外的那些人。在劳动力市场创造更好机遇的关键在于平等的受教育机会及终身学习。

我们的道德信念和丰富经验赋予我们力量与政治理性，以塑造一个具有自由、公正、安全精神和人人享有平等机会的德意志联邦共和国。在此基础上，我们与德国公民共同创造一个美好未来。

一、我们基督教民主党人

（一）我们是谁——基民盟的形象和基本价值

中间人民党

1. 德国基督教民主联盟是中间人民党，向社会各阶层和国家各群体的所有人开放。我们的政策建立在人类对基督教的理解及其对上帝的责任的基础上。

2. 人类对基督教的理解是我们负责任政策的道德基础。然而我们知道，从基督教信仰中不能派生出确定的政治纲领。基民盟对承认尊严、自由、人人平等并因此肯定我们基本政治信仰的所有人开放。在此基础上，采取我们在基民盟内的共同行动。

3. 基民盟是由公民建立起来的，他们鉴于魏玛共和国瓦解、民族主义的罪行以及面对 1945 年后共产党人的统治要求，希望由一个具有基督教特征的人民党来塑造德国的未来。基民盟聚集了天主教和新教基督徒以及来自各种宗教和各个社会阶层的男女。基民盟具有保守的、自由的以及基督教—社会的根源。基于共同的价值理念，参议会中的基民盟议员积极投身于基本法的制定，数十年来，在自由德国部分确立了政治的根本决策——例如，社会市场经济、所有的重大社会福利法律、将西方的价值和防御共同体与德意志联邦共和国相结合、德国统一及欧洲统一。在苏联占领的德国部分，基民盟不允许实施这一切。

4. 基民盟的精神和政治基础植根于基督教会的社会伦理道德、启蒙的自由传统、维护保守价值观的责任、国家不应是万能的这一认知以及源于基督教和爱国主义动力的抵抗纳粹。对于基民盟的认同还存在于 1989 年的自由革命，它战胜了德意志民主共和国共产主义的独裁，实现了我们祖国的重新统一。新联邦各州中公民的成就和经验丰富着我们的国家和基民盟。德国基督教民主盟是统一德国的政党。

基督教的人类形象

5. 基民盟认为，人类是上帝根据自己的形象创造的。基于人类的基督教形象，我们承认其不可侵犯的尊严。所有人的尊严都是同样的，不论性别、肤色、国籍、年龄，不论宗教和政治信仰，不论残疾、健康与能力，不论成功或者失败以及他人的评价如何。我们把每一个人都看作是在全部生命阶段中独一无二、不受他人支配的人。人的尊严，包括那些未出生者和已逝者的尊严，是不容侵犯的。

6. 人自由发展个性的权利以及对后代的责任都产生于人的尊严。人拥有做出道义决定的自由。根据基督教的理解，人在上帝和自己的良心面前承担责任，与周围的人共同在一起。

7. 每个人都会遭受过失和错误。因此，这也就限定了政治的计划力及塑造力的边界。这种认识保护我们免受意识形态救世说和极权主义政治认知的影响。它使和解的意愿得以实现。

8. 我们将人理解为（上帝创造的）万物的一部分。人类没有权利任意支配自然，它是托付给我们进行塑造和保护的。因此，我们有责任将自然传递给后代。

9. 民主权利国家和宪法国家的基础建立在在人类形象之上。这也适用于那些人——认为人的尊严、平等、自由并不是来自于基督教信仰。

基民盟的基本价值：自由、团结和公正

10. 我们的集体靠精神基础维系，这些精神基础既不是理所当然的也不是对所有时代都确定无疑的。维护并加强具有基督教价值基础的我们的自由民主是基民盟特殊的自我承诺，是我们政治行动的准则和导向。由此引出我们的基本价值：自由、团结、公正。它们相互要求、相互限制、相互补充，是同等级别的。对它们之间的权重进行合理划定，是我们的任务和政治讨论的核心。这些基本价值是人权不可分割的一部分，并且超越了我们的民族范围，具有普遍性。

自由

11. 人本自由。作为有道德的生物，人应该理智而负责任地做出决定、采取行动。极权体制甚至连内心的自由也不能接受。个人的自由要以他人的自由为条件和边界。凡为己要求自由者，必须承认其周围人的自由。自由包括权利与义务。它始终是负责任的自由。政治的任务是保证人们必要的自由空间并为集体履行义务。

12. 人在集体中实现自我发展。谁解除了自己对周围人的责任，就会使自己的生活不是自由，而是贫穷与孤单。就像存在人们所遵从的各种依赖一样，也存在各种联系——自由得以在其中发展。

13. 通过保护人的尊严，权利保证了自由。权利调节着人们有序而和平的共同生活。允许为了维护自由而限制自由。自由的实现需要社会公正。在人们生活的社会环境中，不允许阻碍自由。人人都拥有过上自主生活的机会。必须重视并保护财产与成就。自由的物质基础要予以保证。

14. 自由需要自我负责的生活塑造，并使之成为可能。因此，社会生活是根据从属原则来安排的：凡是公民独自、在家以及自愿同其他人合作能够做好的事情，都应该作为他的任务。只有当公民个人或各小团体不能完成任务时，国家和乡镇才接管。从属原则也适用于小团体和大团体之间以及自由社团和国家机构之间。从属原则要求，如果社会政治要求对于个人或小组织的执行力是过度要求，那么大型组织，也包括国家层面的，就要积极应对。

15. 自由通过自我负责和共同负责在实际生活中得以实现。公民享有在家庭、邻里、职业领域和业余时间以及在乡镇和国家的自由生活。公民应参与、共同负责、选择和决定。公民既不应在被管束的角色中受挤压，也不应屈就成为国家成就的单纯接受者。独立判断和负责任的合作保护公民免受意识形态的诱惑。我们要加强责任意识和公益思想、履行义务的意识和公民道德意识。

16. 个人成就属于人的自由发展的范畴。人的尊严和权利独立于个人成就，但提高个人能力是其生命力的一个重要来源。成就是必不可少的动力。因此，不论是否以获利为目的，都需要鼓励个人取得成就的决心和积极性。没有个人成就，就没有集体的繁荣昌盛，就没有财富的获得与保障。

17. 致力于自由的决心、对内及对外捍卫自由的决心也是自由的范畴。我们拥护防御性民主和法治。自由的人有义务为那些被剥夺自由的人进行辩护。自由不能仅仅局限在少数人或社会群体内部。我们要人人自由，并为此做出贡献。

团结互助

18. 团结互助是博爱的需要，与人的社会本性相符。为实现人人都能过上有尊严的生活的目标，要求我们采取团结一致的行动。团结互助必须主要针对那些尚未、不再或者长期不能使自己得到自由生活的人。

19. 每人都有团结互助的权利和义务，并通过自己的工作和成就为集体支持个人做出贡献。我们拥护这种相互的责任。团结互助的基本形式是在家庭、朋友间、邻里间和私人团体中人与人之间的相互帮助与支持。当个人的力量受到苛求时，集体和国家须给予帮助

20. 社会保障以团结互助的基本思想为基础。联合起来能够抵御个人独自无法克服的风险。不论是施舍还是免费照顾都不能维系团结互助，而处于社会保障之中的生活则使之成为可能。凡是团结互助的人，都是愿意放弃的人。构建国家团结互助的人，也有义务维护国家的团结。社会保障具有和平与自由的作用。团结互助禁止滥用社会保障体系。

21. 团结互助需要支援。支援需要自我负责的行动。国家应该使公民的这种行动成为可能并使之更容易些。

22. 团结互助使我们对后代负有责任。没有代际间的团结互助，我们就无法实现代际公正。我们不能以牺牲子孙后代位代价而生存。我们也不能以牺牲世界上其他地区的人为代价而生存。我们致力于全世界人民的团结互助。离开这一点，就无法逾越贫富之间的鸿沟，不可能保护（上帝创造的）世界。

公正

23. 公正的基础是上帝在尊严与自由方面赋予所有人的平等。公正维护着这一尊严与自由。公正要求，相同的相同对待，不同的不同对待。在法治国家，公正意味着法律面前人人平等。法律能避免专断和滥用权力，也保障弱者的自由。

24. 创造公正的机会是法律面前人人平等的必要补充。每个人都应享有平等的机会，在自由中以适合个人能力的方式发展。我们致力于每个人都能自由而负责任地利用自己的生活机遇。机遇社会为此提供前提和可能性。这就要求在教育途径和职业领域中的平等的起点机会。同时，并不否认个体资质的差异。我们要提供平等的机会，而不是许诺平等的结果。

25. 公正要求适当地分配压力。因此，强者比弱者为我们的集体做出更大贡献才是公正的。

我们知道，无论我们如何努力致力于使社会更加公正，都无法实现绝对公正。我们对弱者和社会中受歧视的人负有特殊责任。不允许任何人都掉队，不允许任何人被遗忘。

26. 在人们有尊严地生活的权利被忽视的地方，在个人、特定群体或整个民族的自由受到压迫的地方，必定笼罩着暴力与不和平。我们致力于重视人权和公民权，努力克服社会和经济困难。这样，我们才能为人民之间的和平及一个更加公正的世界做出贡献。

（二）我们的社会形象

27. 基民盟的精神基础使我们能够应对现代和未来的挑战。政治恰恰能够在变革的时代创造框架条件，使社会和国家应对紧迫问题的力量得以释放。我们对德国的政策是旨在建立一个保证每个人的自由，并且彼此休戚相关、紧密联系的社会。

人的自由发展

28. 探求生活的意义和生活的幸福需要人人都享有这样的机会，即同其兴趣和能力相适应地发展自己。根据基督教的理解，自由发展只有在集体中才能实现。个人与社会的关系是相互充实的。个人只有在与他人的关系中才能展现其全部身份。社会为了自身的发展和可持续性，需要依靠自由而自觉的人。这就是机遇社会。在机遇社会中，每个人都能够发挥自己的创造力和革新力。机遇社会中的这种自由发展同时也使内部团结得以加强。

29. 基民盟相信公民自己把握其自身事务的能力和决心。政治的任务是促进公民的个人责任，并且只要有需要，就能够提供自我救助的帮助。每个人都必须自由发展其能力和素质，以便能够承担责任。

人首先在家庭中经历自由与责任的变化交替。同时，个性多样性及其能力也产生于家庭，我们的社会依赖于此。基民盟将把婚姻和家庭作为社会的基础予以加强，并坚决致力于一个家庭友好型和儿童友好型的社会以及代际间的相互友好。

抚养和教育为人的自由发展、为履行自由权利和公民义务的能力创造了重要前提。基民盟将改善有差异的教育供给，使每个人都能得到发展个人资质的最佳机会。

人也在工作中展现自己。因此，基民盟的目标是充分就业。社会市场经济使公民有可能参与竞争并发挥其工作能力。对基民盟而言，竞争不仅仅是经济中的一种重要作用。我们坚信，公平竞争激励人将他们的能力发挥到极致。

民主的法治国家保障公民拥有自由发展的空间并保护其免遭歧视。基民盟支持自由与秩序之间的平衡。

30. 男女平等是一项基本权利。我们政策的目标是，为男人和女人、男孩和女孩创造相同机会并消除所有领域的歧视。我们支持同等权利的政策，对男女都一视同仁。其中包括平等的就业机会、平等的晋升机会和职业生涯中的工资平等、家庭工作的价值提升以及家庭与职业的更好的协调一致。妇女的独特视角和经历对我们的社会具有重要意义。我们要求妇女在所有层次中的参与。

我们社会的团结一致

31. 在人们能够自由发展的地方，才能产生集体精神。从属原则使集体精神和公民参与成为可能。基民盟追求建立这样一个社会，在那里，自由的成年公民团结一致、相互负责：年轻人支持老年人，老年人支持年轻人，强者支持弱者，弱者支持强者。社会必须为此共同承担责任：每个人都能在其中找到自己的位置。

32. 我们的社会团结一致的基础在于我们作为民族的整体性。我们的共同语言、我们的历史以及在重新统一的民族国家中生活与交往奠定了一种爱国的整体归属感。我们拥护黑—红—金色的国旗以及作为我们的民主象征的国歌。民族是一个对过去、现在和塑造未来负责任的共同体。每一个来到我们当中的人以及希望长期与我们在一起的人，都必须熟悉这个国家及其历史，并由此找到自己在我们的国家的位置。

33. 没有对我们自由的集体精神的共同珍视、没有爱国主义、没有在家乡和国家去履行义务、承担责任、团结一致的决心,那么国家就不会繁荣。我们的历史在科学与艺术、在经济与政治方面都有着丰富的经验与成就。回顾法治国家、宪法和善治的重要传统,我们建立了社会福利国家,发展了社会市场经济,几十年来,我们作为欧洲大家庭的一部分,一直生活在和平与稳定的民主之中,并且和平地完成了重新统一。我们的身份认同中还包括,我们有意识地把纳粹蔑视人类的那些应受谴责的岁月视为长久的警示,我们不排斥也不抵赖这段历史。爱国主义对于我们而言,意味着在对过去的清醒认识中负责任地建设我们国家的未来。

34. 只有明确承认我们自己是受历史和文化影响的共同体的自由公民,我们才能够令人信服地要求融入和参与。作为这个社会的一部分,就意味着要参与它的历史、传统和经验,参与它的共同生活的形式和标准,也就是要参与它的文化。这适用于每一个德国人,也适用于移民及其子女。

我们共同生活的前提首先是:掌握德语,尊重国人,乐于奉献,乐于承担。而且,每个公民都要承认对我们所有人都有约束力的我们社会和政治秩序的文化基础。这些就是价值,它们来源于我们作为一个欧洲国家的历史,并写入了我们的基本法:人的尊严不可侵犯,人人都享有个性自由发展的权利,人人平等以及由此引出的每个公民的权利平等,认可其他人的人生规划和思想倾向,并因此尊重宗教信仰自由。

35. 基民盟在广泛意义上理解社会融入的任务。人人都要自由发展,人人都能够参与到社会、政治、经济和文化生活中。这里,对于基民盟的一个重要政治任务就是让移民及其孩子融入我们的社会。这将促使人们平等参与、相互理解,同时对我们的国家怀有认同感。

36. 我们的政治文化被欧洲的共性和德国历史的特性所塑造。其中,主要包括联邦传统和宗教传统,国家与教会之间的特殊关系,以及德国人从两个独裁政权的经历中产生的对于未来的责任。

37. 这种文化价值和历史经验是在我们社会中团结一致的基础,并在德国构成了我们的主流文化。我们要以其充实生活。

不论过去、现在还是将来,我们的文化都带有欧洲的印记和倾向。随着欧洲一体化的进展,欧洲的重要性将不断增强。

二、我们时代的挑战——基民盟的塑造要求

(一) 我们时代的挑战

38. 我们生活在一个具有重要意义的变革时代。最具代表性的挑战有:环境危害、全球化的后果、知识社会的要求、自由面临的新威胁以及人口统计的变化。我们必须应对这些挑战,适应这些挑战并利用随之而来的机遇,辅以在21世纪充满责任的、将来可以实现的政策。因此,我们还必须有决心进行改变。这就要求我们国家纠正福利国家的畸形发育和薄弱结构。作为我们社会最大的中间人民党,基民盟要保持德国进一步向前发展,并且改变拖累我们国家发展的那些因素。

濒危的创造

39. 根据基督教的理解,我们所熟悉的创造是塑造和保留。今天,我们必须着重指出:创造正面临着危险。

40. 新技术的发展导致人类走向道德的边缘。生物医学和遗传工程的研究从根本上促进了疾病的治愈、减免了痛苦。但是,与此同时也存在一定的风险:倘若无止境的求知欲与肆无忌惮的市场开发相结合,那么创造以及人的尊严将陷入危险。科研自由必须重视神圣不可侵犯的人的尊严与创造。

41. 全球气候变化威胁着我们的生存基础和后代人的发展。全球范围内能源需求和消耗不断上升。温室气体排放不断增加,由此导致的气候变暖给人类和自然带来巨大后果:冰川融化、海平面上升、海水酸化、洪水泛滥、缺水、物种灭绝、新的沙漠以及旱灾——这些灾难使人们陷入贫困,被迫背井离乡,进行迁移。

全球化的世界

42. 全球化意味着开放政治、经济和通讯的边界。全球化的标志是人

的自由流动；思想和信息的交流；商品、成果和资本的交流以及市场的网络化。它是自由的标志，并且加强了竞争。

43. 全球化是一种不可逆转的、政治及经济迅猛发展的进程，这一进程能够为世界上愈来愈多的人提供社会、政治和经济机遇。我们希望塑造这样一种全球化——它将加强世界范围内的民主和人权，并且促进社会和经济目标。生存在同一个世界的这种意识不断加强。但全球化导致世界呈现出贫富的另一种分化——在国家间的和一国内部的。移民也是全球化的后果之一。

44. 国际范围内商品市场和服务市场的交织强化了生产基地的国际竞争，这种竞争日渐成为在世界标准下的一种区域竞争。全球金融市场使得世界范围内的资本借贷和投资成为可能。资本向那些具有未来潜质和高投资回报前景的地区流入，而吸引力较弱的地区则缺乏资本或资本流失。人才市场和知识市场也如此。生产基地和经济体系的世界范围的竞争由此获得一个新维度。与此同时，这种发展降低了国家的税收机会，并使得国际秩序比以往任何时候都更为必要。

45. 许多人在德国都经历了全球化和随之而来的挑战，他们的工作岗位、个人职业前途以及迄今理所当然所享有的社会保障都受到了威胁。需要正视这些恐惧。但是自此之后，德国从边境开放和不断融入国际市场中获利——企业家通过广阔的市场机遇，雇员通过高质的工作岗位，消费者通过更多更好的商品，投资者通过多种多样的投资机会。如果我们要在全球竞争中立足，就必须确保我们的国家以及未来社会保障和团结互助的经济基础，并向我们每天展示其继续发展的新机遇。所有的人都要尽可能地分享这些增长机遇、知识与资本。谁为此创造了条件，谁就涉及有关社会福利。

知识社会的必要条件

46. 现代信息科技和通讯技术推动着朝向知识社会的发展。知识在价值创造中所占的份额不断增加。由此产生出全新的知识领域和就业机会。

47. 未来的知识是相互联系和跨学科。因此，获得知识的途径也发生了改变。当今，知识的获得、组织和利用已经成为致富的核心，成为为每个个体和作为一个整体的社会创造生存机会的核心。知识已成为最重要的资源。对于像德国这样始终缺乏原料并且具有悠久的教育和科研传统的国家来说，知识意味着一种巨大的机遇。但其中也蕴含着巨大的挑战——面对世界市场上强有力的新的竞争者。

48. 随着当今人类知识的增长和科技进步迄今所开辟的未知领域的扩大，教育的重要性不断增加。愈来愈多的信息可供使用，个人几乎不可能将这些信息加工成为新知识。知识的传播和过时都快得多了。愈是困难，愈需要尽可能多的人参与进来。让更多的人参与是在德国实现机遇社会的必要前提。

面临危险的安全

49. 我们的国家在历史上首次仅仅被朋友和伙伴所围绕。然而与此同时，当今德国和欧洲还受到来是世界各地的威胁。灾难及其后果、国家的垮台、内战、贫穷、饥饿、瘟疫、环境破坏和跨界犯罪也影响着我们。越界活动的恐怖主义以及大规模杀伤性武器的传播制造了巨大的危险。德国的富裕与自由依赖于自然资源和能源。但是对自然资源和能源开采的争端却给世界和平带来了风险。

50. 至迟在2001年9月11日恐怖袭击事件后，我们知道了自由而开放的社会是多么美好，我们的国家和国际社会又面临着怎样的挑战。在这个全球化的世界，我们直接面临着不均匀的威胁所带来的影响。这些发展不仅对我们作为一个国家，而且对我们的社会和我们的文化提出了挑战。

国内也出现了对于安全的新威胁。因此，我们自由民主的法治国家——其价值、准则——受到极左翼和极右翼、暴力倾向的原教旨主义、恐怖主义和有组织犯罪的威胁。

人口统计学的变化

51. 在世界人口大幅增长的时候，德国人口却日益减少。德国的出生率处于世界上的最低水平，长期以来已经不足以维持人口状态。同时，幸好德国人的寿命有所延长。人口金字塔呈倒立状。

52. 我们的社会将变成一个总人口量不断减少，老年人所占份额不断增高的社会。未来将有很多老年人没有子女和孙辈；家庭网络将变得稀疏。在这个瞬息万变的世界，一个缺乏孩童的、老龄化的社会面临着巨大的考验。

53. 愈来愈少的在职人员需要照料愈来愈多的非在职人员。用于退休者和领取养老金者的开支将不断增加。我们迄今历经考验的社会保障制度已不再能应对这样的发展：社会保障制度必须适应这种改变了的形势。必须保持代际间的合理传递。同时，人口发展在德国各区域间具有不同的作用。我们力求在德国所有地区间生活水平的等值。

总的来说，由于人口变化影响到生活的几乎全部领域，所以应对人口变化的挑战是一项政治的综合任务。

54. 我们所面临的挑战使很多人感到忧虑不安。基民盟以这份纲领做出回答，使人们相信，曾经受住考验的将会继续保持，但是，我们也必须抓住塑造未来的机遇进行必要的改变。

（二）德国机遇社会——自由而安全的生活

55. 今后，基督教的人类愿景还将引领我们。人人都拥有自由发展其个性的权利。人人也都对周围的人负责。我们机遇社会的理想考虑到在发展与责任、自由与安全之间寻求平衡。这一理想与源自基督教人类愿景的基本信念相符。

机遇社会是人类社会的核心。它使人具有能力并且开启了多种机遇。我们保证尊敬业绩与成就，保证失败者享有新机会的权利，保证团结弱者。

我们也要给那些迄今被排除在外的人以社会定位，它处于社会的中心。个人的社会出身不能决定他的未来。基民盟是主张机会公平的，因此把独自负责的塑造生活的能力，而不是把相同的结果作为目标。每个人都是一个独特的个体，应该予以维护和保持。对于我们来说，居于我们全部政治理念中心的是自由且负责任的人,而不是国家。

20世纪的社会市场经济使得"大众繁荣"成为可能。我们坚持,以创造"人人都有机遇"为前提,让社会市场经济在21世纪仍能充分发挥积极作用。为此,我们要创造条件,进一步增强对工作的投入和才干、对个人力量的信任、社会责任感和集体精神。

自由的生活

56. 在这个不断运动的时代,我们所有人都要鼓起追求自由的勇气。没有自由,就无法利用机遇。为了赢得未来,我们要相信自由的力量,并因此而相信自己。

要想在这个瞬息万变的世界应对巨大的挑战,不仅要有工作的意愿、耐力和纪律,而且尤其要有好奇心和创新能力。唯其拥有了新颖而大胆的想法——科学的、文化的、社会的、经济的、政治的——我们才可以使这个国家继续存在,在这里我们能够美好而愉快地生活。

国家应该保证自由。为此,国家往往要更多地后撤,但是有时为了给青年人提供机遇,也需要强势出现。

安全的生活

57. 在这个不停运转的时代,人们需要对于一种生活安全的信赖。为人们创造能够通往安全生活的框架条件,这是政治的任务。

当今,安全具有多个维度。家庭的巩固和代际之间的团结,抚养和教育的改善以及社会市场经济的革新都为社会安全创造了条件。社会安全存在于那些信赖团结互助的人,那些不断开启机遇,包括参与全球知识社会的新机遇的人。

文化认同为我们国家的人们提供了安全,德国人从中汲取力量,塑造未来。当我们对于引领我们的东西是确信的,就会获得内心的支撑,以能够在责任中感知自由。建立在德国主流文化基础上的移民的社会融合是对文化安全的一项重要贡献。

我们政策的内部安全目标是,大幅改善国家抵御危险和打击犯罪的能力。由于世界范围内对我们生活方式的威胁，使得内部安全政策几乎不可能与外部安全政策分开。因此，内部安全必须同外部安全结合起来考虑。

保护我们自然的生活基础，包括谨慎对待我们的环境和气候，为子孙后代开启了能够安全生活的前景。

58. 基民盟要建设一个自由、团结、公平的社会。当各基本价值相互间处于正确的比例关系，人对于安全的需求也就能够得以满足。在机遇社会中实现自由而安全的生活。

三、强大的家庭——人类社会

（一）新的生活过程——新型代际关系

59. 不仅外部关系发生了改变，而且生活阶段的特点和代际的作用也发生了改变。一种合理的、面向未来的政策必须寻求与人类新的生活过程相符的答案，并考虑到今天的人们将要衰老而又要保持健康。

60. 年轻人如今比以往获得这样的机会要少，即在家庭中就已经实践了社会的相互关系。从前，由于不同的生活方式和职业调整，不同的人生规划在大家庭中曾是非常自然的，很少成为多样家庭的榜样，为儿童和青少年提供导向。年轻的一代要想成功，不仅需要丰富的知识，而且还需要社会能力，这样才能够把握自己的人生。在年轻时，还要这样：每个人都必须努力达到力所能及的最好。一种激发个人责任和团结一致的政策，就是社会的。

61. 通过持久的学校教育、职业教育和在大学的学习，开展业务和建立家庭在时间上紧密靠拢了。同时，一种特殊的责任落在成年人一代的身上，即对代际共同生活的运转负责：他们要养育孩子、照顾家庭成员中的老人、缴付时代契约中自己的那一部分，并且要比过去更多地关心自己的晚年。将家庭和职业统一起来，是基民盟政策的一个核心组成部分。我们要使在家庭中承担工作和责任的那些人得到来自社会上所有各个部分的广泛支持，并且被更好地置于社会保障当中，就像在税收制度中那样。

62. 在不久的将来，社会上大约三分之一的人将在退出职业生涯之后度过自己人生三分之一的时间。说退休是错误的。相反，对我们的社会来说，年老的人是一种巨大机遇，其生活经历是一笔强大资本。他们愿意做贡献。我们要提供更多更好的工作，以邀请我们的老年人同儿童、青年一起，同家长和在职者一起，塑造一种生机勃勃的共同发展。每个人都有一项任务。所有人都是被需要的。

63. 关于健康政策，我们希望对长寿社会有一种新的理解。在一个老龄化的社会，健康政策不仅意味着通过高药效药物的帮助来延长寿命，而且还要改善生活质量。因此，我们要加强独自负责的能力，并把预防措施扩建为卫生事业中的一个支柱。在晚年，生活质量还意味着，人能够在熟悉的环境里尽可能长久地过着一种独立自主的生活。为此，就必须发展相应的生活条件。

如何对待需要照料的人和残疾人，决定着我们国家的社会福利的质量。需要照料的人也希望在尽可能熟悉的环境中拥有一个独立自主的晚年并且不被排斥。即使是家庭自己不能够照料，但他们也想知道并且关心，自己的父母和祖父母是否过得好。需要照料的人和护理人员需要更多志愿行动的支持。我们希望在家庭、机构、全职护理人员以及来自邻里的名誉职位之间建立一种更好的合作。

64. 对老年和职业生涯终点的新理解决定着我们关于职业终点的政策。许多人能够并且愿意工作更长时间。不仅是社会和名誉职位，而且包括经济和企业都在愈来愈高的程度上需要老年人的知识、责任心和能力。当违背他们自己的意愿而必须离开职业生涯或者荣誉职业时，他们当中的许多人都把这种经历视为对老年人歧视的一种形式。我们将在这些领域提供更多的灵活性。

65. 许多人都在日益增长的程度上承受着缺乏关照与孤独。在富裕的社会中，也存在精神的贫瘠。人与人相互需要，这样才能相处得好。

66. 当今的社会问题不同于以往，需要另一种政治路径。仅仅利用传统的措施，例如更多的资金、更多的人力以及更多的指令，已根本不足以应对新的社会挑战；是否能够处理这些问题，即不让邻里和整个城区变得荒芜、不排挤残疾人、成功地使移民融入社会——所有这一切，需要的不仅仅是国家措施。为了成功地解决我们时代的这些大问题，我们需要来自社会中间阶层的新的有生命力的团结一致和自主行动。

67. 基民盟不是这样一个政党，即期待从国家得到所有社会问题的答案。因此，基民盟能比其他政党更好地找到应对社会挑战的答案。次级负债原则在当今是更现实的。基民盟将进一步加强那些最小单位，两者从中成长起来：发展与一致，独自负责与团结互助。最优先和最重要的组织是家庭。

（二）加强我们社会的基础——为家庭创造选择的自由

68. 家庭将愈来愈重要，并且是我们社会的基础。家庭在哪里都是这样的地方：父母为儿女、儿女为父母持久负责。家庭是这样的场所：伙伴关系和团结互助得以存在，公正的意义得以传播。在家庭中，人的品格得以成熟，并且在责任中自由发展。在家庭中，存在着那些源于人们对基督教的理解得出的价值——不可剥夺的人的尊严及人与人之间的关系。

69. 家庭不仅仅是那些带着幼儿或青少年的年轻家庭。它包括所有的世代。子女、父母、祖父母、曾祖父母之间的代际关系在今天比以往都更加重要，并且必须予以加强。长期以来，我们都重视家庭团结的成果，并在随后的人生阶段也对家庭予以支持。

70. 婚姻是男女关系的典范。它是家庭成功之最好、最值得信赖的基础。在婚姻中，以父亲和母亲有义务共同为子女承担责任为特征。即使在没有子女的那些婚姻中，男人和女人也会持久地为对方负责。因此，婚姻受到我们基本法的特别保护。

71. 当人与人之间相互需要时，婚姻和家庭就是最可靠的社会网络。家庭关系持续一生之久。以前，父母和孩子从未有过像今天这样长的共同生活时间。

然而，家庭的数量却愈来愈少。现在，每个后一代都比之前的一代减少三分之一。这是我们时代的矛盾：一个富裕的社会竟然缺少儿童。许多个体的决定凝聚成为一种对人的生活质量和社会富裕及社会福利具有丰富结果的发展。

72. 对于大多数男人和女人来说，家庭和孩子是幸福生活的组成部分。孩子将我们与生活联系起来，并且带来欢乐。决定要孩子的人，是相信未来和乐观自信的。孩子充实了我们的生活。因此，家庭没有意义的说法根本谈不上，而是恰恰相反。

73. 对于婚姻、孩子和家庭的决定是我们予以支持的一种个人决定：但不允许国家和社会规定人们如何生活。

74. 我们要为实现诸多家庭的愿望和孩子们的愿望创造前提。推迟或取消生育及成家的一些决定，有着社会的原因，而这些社会原因是我们能够改变并且必须改变的——恰恰因为我们要坚定地维护家庭的价值。我们要强化家庭，创造家庭友好型的结构。此外，还有对这种家庭的支持，这些家庭中的孩子的愿望只能通过药物的帮助来实现。

我们家庭政策的目标是，使家庭平等；使同孩子在一起的生活以及实现家庭的愿望、孩子的愿望都更加容易。我们想要强有力的家庭，在其中，孩子养成坚强的性格，有能力独自承担责任并且团结互助。

75. 我们的家庭政策以传统价值和新的现实为导向。家庭不仅仅为自己而存在，它深深根植于文化环境和社会环境，被帮助它甚或使它变得困难的各种结构所包围。要使家庭长存——我们必须为之进行塑造。

为了家庭友好型的社会

76. 在家庭中，人们学到社会道德、相互的义务、信任和责任。在这里，经历了代际间的关系。在这里，人们不依赖于成就和失败而被接受。家庭需要一种使人能够发展的氛围。正如我们所知道的，家庭价值是个人发展的基础，但也是社会团结的基础。在这个意义上、出于这些原因，家庭价值对于我们是一种义务。

77. 这种氛围也包括认可不同性别平等发展的权利以及青年男女在家

庭和职业中发展的愿望。家庭价值使男女受到同样的约束。

78. 我们家庭政策的目标是为尽可能多的决定生孩子的人创造前提条件。因此，也就是要创造真正的选择自由，使家长能够决定是否以及如何将家庭与职业结合起来。在 21 世纪的中产阶级家庭中，经常是两个家长既要关注家庭的经济基础也要关注家庭的情感质量。正是因为爱情和关照，家庭中相互的责任与义务理应长远，我们要对家庭进行新的思考和塑造。家庭价值中包括献身精神和可靠性，还包括对个人的尊重及对伴侣和孩子发展的愿望的尊重。

79. 所有给予孩子生命的人或者以其他方式在家庭生活的人，都因其所承担的巨大责任而赢得尊重和认可。单亲家庭的母亲或父亲有不少是在特别艰难情况下做出这种重要成绩的，他们需要支持。

80. 我们尊重人们做出的以其他形式的伴侣关系实现其人生规划的决定。我们承认，即使是在这样的关系中也存在着对于我们社会来说是基础的那些价值。这不仅仅适用于男女之间的非婚姻伴侣关系，而且还适用于同性的伴侣关系。我们追求宽容，反对任何形式的歧视。然而，如同拒绝同性伴侣的领养权一样，我们拒绝把婚姻中男女之间权利和义务的平等作为家庭的核心。

为家庭腾出时间

81. 家庭需要时间：父母为子女，子女为父母——关怀和照料的时间，共同活动的时间和个人兴趣的时间。我们决不想要只关注经济利益的一种社会。因此，我们引入了育儿津贴。由于这份津贴，多数父母都拥有了这样的机会：在自己的孩子一岁之前不用紧张地共同考虑经济问题，不用放弃职业前途。在下一个阶段，要在考虑到照顾父母或祖父母的情况下，做到家庭和职业的协调一致。照料的义务和养育的义务同样被当作家庭工作而得到认可。

82. 比国家为家庭日常事务而采取的一些措施更重要的是在经济、企业和管理当中的现代化的、有利于家庭的工作时间。许多企业早已证明，顾及到家庭和孩子是可能的并且这对双方都有益。有利于家庭的工作环境使企业、公司和公共机构对优秀人才具有吸引力并加强了联系与忠诚。我们认同这一领域劳资双方的义务，并且要求在劳资合同中确立使工作和生活更加平衡的原则和策略。我们需要适合家庭的工作岗位，而不是适合工作岗位的家庭。

83. 使家庭和职业统一起来是父母亲的任务。对抚育基于伙伴关系的分配满足了孩子对父母的需求，是家庭和职业统一起来的关键。抚养孩子的父亲，必须得到和母亲一样的社会认可。

更多的家庭公正

84. 家庭特别需要经济支持。我们认为，家庭发展不是社会的施舍，而是对家庭带来的巨大成就的一种恰当补偿和对未来社会的一种投资。在那些存在着物质强迫的地方，家庭发展提供了选择可能性。这有利于儿童，同时有利于强化家庭责任。前提是使家庭的财政支持更为有效，并且对于家庭来说更加简单。我们将把所有措施纳入一种家庭津贴。

85. 婚姻作为伴侣关系的责任共同体和家庭核心这一特殊角色也必须在税收中予以明确考虑。我们对此主张，要完全保持夫妻分开纳税并继续扩展到家庭分开课税，以便使有孩子家庭的特殊负担得以更好地均衡。有孩子的家庭要比没孩子家庭得到更好的税收安排。而且，所有有孩子的家庭都应享有分开纳税的优惠。此外，要进行有目的的鼓励，以使家长决定要更多的孩子。我们的社会不仅需要更多的家庭，而且需要家庭里有更多的孩子。恰恰是那些决定生育三个或者更多孩子的家长，需要特别的支持。

86. 为了孩子，家长会做出牺牲。这有利于整个社会。因此，在法定养老保险方面，家长要比没孩子的被保险人获得更好的待遇。为此，我们要考虑对养育孩子的时间进行明显改善。

我们的未来：儿童

87. 孩子需要玩伴，以进行自我发展及学习社会美德。因此，我们还要按需求扩建各年龄段儿童的公共设施，以满足家长灵活可靠地照料孩子的愿望，同时为抚养和教育孩子做贡献。我们欢迎提供更多的多样化的儿童照管，尤其是私人投资和免费赞助的幼儿园。我们要在中期内实现免费上幼儿园，并使最后一年具有义务性；其前提是雄厚而持久的财力。中期内，还将满足对日间托儿所的合法要求。家庭需要减负，需要一种支持性的社会基础设施建设。为了孩子和家庭能够良好地发展，家长、幼儿机构、小学、儿童及青少年福利救济事业之间必须要比现在更好地合作。

中期内，我们将为家长提供抚养孩子的费用，使满一周岁到三岁的孩子能够在家得到照料，而不需要占用日间托儿所的位置。

88. 对于父母来说，教养孩子的权利和义务居于首位。国家无法也不能替代父母的教养义务。但国家必须提供便捷的养育咨询和养育帮助。需要时，通过探访工作对青少年和家长提供支持。对儿童或无人照管儿童施暴的行为，必须予以坚决斗争。在我们国家，儿童的幸福是我们特别关注的一件事情。

89. 儿童是我们的未来。德国必须重新成为这样一个国家——在这里，有子女的生活是轻松而又自然而然的。这是一项关系到所有人的任务。

四、德国，教育国度和文化国度——针对知识社会的答案

（一）所有人都接受更多教育。从头开始，终其一生

90. 教育是个人人生机会的关键，对于我们所维护的价值和想要发展的价值都具有重要意义。只有更多的人享有了更好的教育，富裕才能够得到持久的保障。教育使我们能够应对未来的挑战并抓住转变的机遇。

91. 如果从最初就开始促进、要求并发展青年人的才能和能力，就能够使人的自由与尊严、财富与丰富的人生经验得以发展。即使是在校外，在一种充满好奇和发现精神的氛围里，工作动机和工作能力也能够得到最好的发挥。

92. 人的社会来源（即家庭出身——译者注）不应决定其未来。通过教育获得晋升，这是我们的社会政治目标。所有人都要包含在内，不允许

丢下任何人。贫困总是始于教育的匮乏。机会平等的要求之一是所有人都参与教育和培训。

93. 社会安定和社会团结要求，培养孩子的坚强个性，在他们的个人能力、社会利益中学会信赖并且有能力独自负责、团结互助。

94. 通过自由、公正和有效率的教育事业，我们将会传递并维护每一种价值，富裕与安定就建立在这些价值之上。教育在传递我们的道德价值和经济价值方面具有战略意义。

95. 知识社会存在于此——尽可能地发现每一个有天赋的人，并尽早予以资助；受过良好教育的人远远不够。如果人们要生活、工作得更长久，那么在生命的每一个阶段获取新的能力，对每一个人来说就是一种经济理性和社会理性的要求以及一种义务。终生学习是应对人生变迁的最佳保障。当知识比以往更新得更快、未来的职业要求更高时，最优教育和培训的问题就成为21世纪的社会问题。

96. 为了回答这一问题，我们以多个指导方针为导向。在教育事业方面，我们希望有更多的差异，更多的灵活性和渗透性。我们要改善各个领域的质量和效率。我们希望在实践中并且与实践一道提升学习的价值；希望扩展教育理念，使之适应那些有保存价值的理念和新的需要。出于人道、社会和经济的原因，我们希望教育从一开始就进行并且持续一生。这就是说，对儿童和对成年人一样，更好、更适合、更为经济的是投资教育和继续教育，而不是试图通过转移支付或社会措施来纠正错误的发展。实现这一切通常并不需要很多的金钱。因此，我们以最大化为导向：预防而不是修补。

始于最初的教育

97. 儿童和年轻人都是有创造力并且容易接受新事物的，如果人们为他们提供相应环境的话。因此，我们要加强家庭，为儿童创造新的、具有启发性的教育品种。有必要进一步加强儿童早期教育和小学教育的契合程度。我们认为，将儿童早期教育和照管分开是人为的、不再合乎时代的。儿童及早需要一种具有启发性的环境，在其中，他们能够以游戏的方式探究、发现世界。照看所和日间托儿所也是教育机构。因此，我们要为开发3至10岁儿童相应的能力和才华创造必要条件。我们支持继续发展专业人员培训，经历必须是透明的。

98. 教育事业的多样划分经受住了考验，并成功地继续发展。我们拒绝统一学校的理念。相反，我们的口号是：每一个人的毕业都是一次中转。必须创造适当的框架条件，使学校变得更好，更加适合学生。每一个学生都能够做一些事，学校就在这方面取得成功——使学生的长处更为突出。我们期待，在相似的条件下，一个学校和另一个学校相比，表现不会更差。

99. 对于学校之间围绕最好教育的竞争，我们要提供新的路径。我们需要具有约束性的国家标准和一种有效、公开、透明的评估，而学校也要有更多的自由和自我责任，以找到自己通往更好课程质量的途径。我们必须将新的重点放在一种提供融资的经验性教育研究和一种持续的教育报道之上。必须在所有16个州都坚定地贯彻已经决定了的教育标准。州与州之间的合作必须首先使（中学）毕业考试的可比性成为可能，并因而使灵活流动成为可能。我们坚持学校和教育事业的公共责任，免费资助的教育机构是教育事业不可分割的一部分。

100. 更多的个人责任是完成这项任务的更好途径，并使学校能够全面完成自己的任务。教师为我们的社会做出了杰出的重要贡献。教师的培训是学校师资力量的关键所在。在差异性的和提供融资的专业培训之外，教育实践必须处于核心。培训和进修须对已有能力进行定期补充和更新。数量充足的合格教师是学校质量的前提条件。为他们支付工资是值得的。

101. 学校和老师的任务远不止是传授知识。年轻人还需要价值和社会美德，以成功地把握自己的人生。对民主和法治国家的重视必须始终不断地进行新的介绍。政治教育不容放弃，它促进了学生及青少年在欧洲的交流。艺术教育和宗教教育对于完整人格的发展是必要的。基民盟赞成在所有各州都把宗教课程作为必修课的规则。在新教和天主教的宗教课程之外，还应在有需要时，由在德国培训过的老师用德语开设其他宗教课程，并且是在国家对学校监督下开设。

102. 教育并非始于学校，也非终于学校。在青少年时代，原本的学校阶段、教育阶段和培训阶段都应该缩短，早开始，早结束，但却始终能够通过人生中更进一步的教育阶段得到补充。终生学习的能力要在生命之初就建立起来、在学校和培训中予以促进，并通过人生各阶段的高质量而又有意义的继续教育得以补充。在这里，企业也有责任，要为年轻人提供培训岗位，并使工人的进修和继续教育成为可能。

多样性、差异性和灵活性

103. 我们教育事业的优势是学习理念和学习途径的多样性。我们拥护一种人尽其才的、具有差异性的教育事业，它既开启了以实践为导向的培训机会也开启了以理论为导向的培训机会。此外，不同的途径要尽可能保持渗透性和灵活性。优异成绩对我们国家的未来具有重要意义。天才必须得到相应的支持。

104. 基民盟支持应需扩建全日制学校，包括联合会和荣誉义务。我们因而连接起这一期望，即全日制学校提供一种教育的结构性日循环，包括传统课程和健康教育、体育、艺术活动以及社会能力的传授。

105. 有学习困难的人和残疾人需要得到支持和帮助，以达到他们的个体需求。残疾人和健康人自然而然地在一起相处，儿童早早就获知了他们的优势和劣势，这样就根本不会在思想和行为中出现障碍。

质量和成绩

106. 我们希望，质量和成绩是整个教育界的根本标准。我们把"要求与促进"的原则视作教育行动及教育政策行动的普遍原则。一切努力的意义和目标就是扩大所有年轻人的优势，增进他们的自信和能力，使他们不断获得有益的经历，能够达到一些东西。

我们认为，这些原则适用于所有人，尽管才能、出身或天赋的差异可能是如此的多样化。对其他人能够做到的事情提出要求或给予信任，这是团结互助的行为。

107. 因此，我们要让所有人都享有更多更好的教育。此外，我们希望让尽可能更多的学生取得优异成绩。核心课程中可检验的学习内容和关键能力等强制性规定为此做出了重要贡献。

108. 惟其具有语言能力，所有人都接受教育、社会渗透性和优异的成绩才是可以想象的。语言是教育和培训的关键，是融入职业与融入社会的关键。儿童中日益增多的一部分，尤其是具有移民背景的儿童，只掌握非常有限的德语。为了让所有儿童从在校第一天开始就能够一起说话，具有参与教育和培训的平等权利，我们要在幼儿园进行一种有针对性的语言推进，在入学前进行强制语言测试，在已知的薄弱环节实行强化推进以及与学校相配合的语言项目。这里要强化家庭因素，同时要进一步充分认识并有目的地增强儿童的多语言能力和跨文化能力。对所有学生来说，从一年级开始，除了德语之外，还应至少再掌握一门适合其年龄的外语。

109. 高等教育的质量和高校毕业生及研究人员的能力在知识社会中具有重要意义。我们要确保技能领先并继续发展德国作为国际知名的人才培训地的地位。为实现这一目标，要以由大学、师范院校、音乐与艺术院校、专科院校、职业院校及私立高校组成的差异化体系为前提。要促进每一个高校种类的发展。为了使国家高校能够完成自己的任务，需要由国家财政支付适当的基础设备。通过收取被社会接受的学费，高校应当有针对性地改善其课程供给，尤其是能够展示教师形象。教学中的杰出者当然要属于德国高校。

要鼓励学生继续发挥其在实践课程中或在科学培训及研究中的长处。高校类型之间的转换要在相应资质下成为可能。加强国际间学生交流，将能够促进对今后德国经济地位有利的重要技能的掌握。研究、科学事业和家庭之间的一种更好的可协调性也对此做出了贡献。奖学金的扩大也是一个前提条件。

110. 研究与教学的一体化是德国高校成功历程的一个重要前提。为了使他们能够在这条道路上继续前进，必须支持大学的尖端研究并进一步加强高校的竞争。我们要给高校更多的自由和自我责任、更少的国家制约。我们要使德国的科研从官僚束缚中解放出来。

实用的知识与能力

111. 我们要将理论和实践再度带到一种理性的均衡状态。许多现实的职业在未来比以往需要更多的理论知识。许多学术性职业提早并加强与实践进行接触是有益处的。我们希望在实践中并且通过实践提升学习的价值。职业院校和专科院校从而也是一段成功历程，因为它们在理论与实践、职业与学业方面特别成功地相互渗透。

112. 在德国，职业教育是理论与实践相结合的二元体系的模式。这是国际竞争中的一项优势，并且是针对青少年失业的最佳预防措施。企业和学校对培训承担着共同的责任。这就为入职和晋升以及一生的职业学习奠定了基础。这也适用于唤起少年男女在其职业倾向上对多样性职业道路和培训机会的兴趣。

一些年轻人不能一下子就成功毕业于某种正常的职业培训。如今，他们太经常地被证明他们不会做什么，而不是被证明他们会做什么。对我们而言：每个人都应该会做些什么。因此，低效率的年轻人需要一些追加的入职机会，这对劳动力市场有用、带来被证明的能力并且保留了开放的中转点。每个人的入职都应该是有培训比没有培训好。

为此，我们在二元制职业教育中需要灵活的方法。合格的分级培训，特别是作为分割和标准化的学习单元的培训组成部分在这方面贡献更多，它们独立地被确认并以培训业绩进行评估。此外，要加强所有参与者的合作，尤其是普遍教育的学校和职业教育的机构之间的合作。二元制职业教育还要以这样的方式变得更具吸引力，即职业教育的毕业生准许进入高校学习的过渡机会和评价机会得到进一步改善。

113. 如果年轻人在职业生涯之初就能感到被需要和被鼓励，他们就能够施展自己的创造力。因此，要创造这样的框架条件，使私人雇主和国家雇主比以往更愿意提供培训岗位。我们要把这一切置于自愿、责任感和有针对性激励的基础上，而不基于国家的强制。

114. 劳动力市场的要求之一是机动灵活。因此，我们需要一个欧洲的教育圈，在其中，各培训过程和学历具有可比性并且被互相承认。

全面的教育

115. 我们有义务继承教育事业的巨大遗产。教育是人的一切力量的推动力，使人们能够自我发挥，并能够发展成为一个自决的个体，发展出自决的品格。我们要通过革新来维护教育事业。恰恰在这个一望无际但又充满机遇的时代，普通教育具有了一种新的意义。为此，我们要保持知识的活力，使观念和理想具有各自的价值。同时，我们要在学校加强对经济、数学—自然科学的教育。

只着眼于实际可用性的一种教育政策和研究政策也是不合适的。只有当教育独自承担了其意义和目的并且其价值得到承认时，才能够通过人人接受教育实现人人的参与、安全和富裕。

（二）好奇的德国：科研保证富裕和发展

116. 科学与研究决定着一个社会的物质和非物质财富并且为应对不断增长的世界人口的巨大挑战做出了贡献。它们对于医药、世界营养、安全、通讯、环境友好型人口流动以及能源供应方面的进步是根本性的。此外，人文科学也为这个瞬息万变的世界提供导向性知识。

人们的丰富见解和创造力是德国在全球竞争中的根本优势。只有具备探索精神并富有创造力，我们才能就这一问题给出一个有说服力的答案，即我们将来以何为生、如何生存。关于未来富裕的新见解一方面要求在公共意识下进行具有更高价值的研究，另一方面要求将有销路的产品转入德国。作为欧洲国民经济最强的国家，德国需要在21世纪重要科技的研究与发展方面占据领先地位，以保证并进一步加强其国际竞争力。

117. 基民盟拥护科学与研究的自由。研究的机遇和风险是经过认真权衡的。研究的自由以不得损害神圣不可侵犯的人的尊严或者危及创造力为边界。

118. 德国在许多科研领域都占据国际领先地位，并且要将这种领先扩展到更多领域。恰恰是首先为了获得知识、只是间接服务于经济利益的基础研究，需要国家的支持。高校的研究对于研究资助有着特别的要求，因为大部分科研新秀还要在这里培养出来。

119. 新思想引领未来的富裕与发展——当基础知识强力转换为具体应用，特别是成功转换为畅销的产品和服务时。着眼于未来的研究要求基础性研究与应用性研究以及高校、科研机构和经济的相互交织和战略联盟。创新成就大多不再仅仅是个人的天才发现。国际性科研合作与跨国公司消除了国家的界线。因此，我们要在所有层面加大各种力量的联合。

120. 现代的研究要跨越专业界线的思想。我们时代的问题与挑战在日益增大的范围内要求跨学科的结合面向未来的答案常常出现于跨学科的研究项目中。基民盟期待所有学科——人文科学、社会学、自然科学以及工程学——共同协作的决心。

121. 科学、经济和国家共同为创新以及德国科学与研究定位的未来承担责任。到2015年，研发支出将增加到国内生产总值的4%。为此，德国的企业、联邦和各州有必要做出相应的努力。财政政策在这里必须作为创新的动力，并通过税收刺激为额外投资创造框架条件。它们是构成德国更多创新力的一个重要前提。

122. 由研究成果向经济的转型首先要通过创新的网络。科学家、企业家和投资者相互之间的交流必须作为我们研究体系的重要组成部分予以扩展并加强。由高校建立的基于新科技创造的公司和有创新能力的企业，特别是海外公司必须予以资助和支持。将科研成果转化为有销路的产品对于高科技公司来说尤其困难，需要有针对性的激励。

123. 尤其是深受德国经济影响并为我们国家提供了大量工作岗位的中小企业，通常不具备自己的研究部门。加强中小企业的研究与创新能力对我们来说尤其重要。透明的、容易使用的传送仪器设备，尤其是科研合作是必不可少的。在鉴定和扩大创新力方面，地区经济、科技和政治活跃分子要从联邦和各州获得潜在支持。同样，要继续加强引导中小企业利用欧洲的科研资金。

124. 为了实现创新，研究者不应被不必要的官僚藩篱所阻碍。在扩大科学研究机构时，研究需要灵活的组织形式和更加有利的试验。基民盟的指导方针是：自由和自我责任、优秀和竞争以及一种高等级的教育水平。

（三）文化：国家认同和世界性标志

125. 德国是一个欧洲的文化国度，尤其受到基督—犹太教传统和启蒙运动的影响。艺术和文化不仅仅塑造了个人的认同感，而且还塑造了我们整个民族的认同感。我们要维护德国丰富的文化遗产，它们具有各所在州和地区的多样性烙印。

126. 文化多样性是我们社会的活力，对德国的生活水平做出了贡献并促使人们勇于尝试新事物。我们的文化愿景是一个世界性德国，在保持自己传统的基础上，开放地与其他文化交融。德国迄今的文化生命力和吸引力也是建立在同其他民族和文化交流基础上的。

127. 我们拥护艺术的自由。国家和政策不仅要为艺术的表达形式或内容负责，还要为艺术和文化在何种条件下能够繁荣负责。艺术是与现实进行讨论的一种特殊形式。它依靠好奇心和果敢而生存。增强创新潜力对于德国的竞争力也具有至关重要的作用。文化经济是一个重要的定位因素。基民盟拥护将促进艺术和文化作为联邦、州和乡镇的重要公务。这既有利于维护文化遗产，也有利于促进当代艺术。

艺术的杰出成就以及大众文化，口头表达和流行表达，被驱逐者、最新的遣送回国者和移民的文稿都属于此类。文化资助并不是津贴，而是对我们社会未来不可或缺的一项投资。

128. 在文化资助方面，除国家责任之外，公民的投入也是不可替代的。我们要通过捐助、资助和赞助来进一步改善私人文化资助的框架条件。

129. 鲜活的记忆也属于我们文化的一部分，它包含全部德国起起伏伏的历史。

纳粹时期的经历，尤其是灾难性的大屠杀对德意志共和国产生了影响。

德国统一社会党的独裁专制也占据一席特殊地位。1989年秋的自由革命和重新统一具有重大意义。民主德国的共产主义的历史不仅仅是一个东欧的事件，而是——同纳粹的历史一样——德意志民族历史和欧洲史的一部分。

这也是被驱逐出境的德国人的命运。我们整个民族的记忆中都含有对被驱逐出境的牺牲者及其文化遗产的怀念。同样，我们也不会忘记"二战"后被驱逐者和难民做出的巨大建设成就与融入。

对自由运动和抵抗运动、对和平与和解的贡献以及经济与政治建设成就进行一种适当而庄严的纪念，不仅对于真诚面对德国的历史不可或缺，而且对于民族的自我认识及其民主的传统教育也具有建设性。此外，尤其要拒绝任何形式的极权主义体制和专制体制。

首先是教育和科学、文学和艺术被呼吁，要为社会思想意识和阐释全部德国历史做贡献。

130. 没有文化，就不会出现教育；没有教育，文化就不能发展。文化教育在帮助个人施展其个性、进行民主参与和社会参与方面是必不可少的。文化维度是传播导向与知识的根本前提。尤其是年轻人，要及早接触文化与艺术。只有这样，艺术职业和文化机构在未来的供需才能够再生。文化教育应在家庭中开始，并且不允许在学校中断。基民盟认为，文化教育是承担公共责任并且受资助的教育体系的必要组成部分。

131. 德语不仅仅是互相交流的工具。它是我国文化的重要标志和社会统一的纽带。因此，我们对于认真而谨慎地对待德语负有特别的责任。

132. 对外的文化政策和教育政策服务于德国语言和德国文化的传播，同时还像促进民主和人权一样，促进世界上的文化交流。要加强外国学校和科研机构以及文化传播组织对于宣传德国在海外真实形象的工作。对外文化政策促进德国在世界的形象以及包括经济领域在内的同国际伙伴的合作。

133. 自由的媒体是我们民主秩序的一个重要元素，是一种极其珍贵的文化资源，是承担着巨大责任的重要经济因素。在这个瞬息万变的媒体世界，保证媒体内容的质量和多样性很重要，但德国媒体供应商的国际竞争力也很重要。在独立媒体的利益以及政治上，我们拒绝政党对媒体及媒体企业的直接或间接的财政参与。

媒体供应的多样性还包括保持公法广播电视机构和私营广播电台的二元体系。媒体政策必须为公平竞争创造条件，保证两个系统都能够得到适当的发展机会。公法广播电视台首先要保证教育、文化、信息的基本供应。因此，公法广播电视台同时也是文化促进者和文化生产者。同样，它对于具有移民背景的人的融入与代表及其生活现实负有一种特殊的责任。

134. 鉴于媒体供应商和记者的特殊影响力，他们在很大程度上对社会生活和文化生活及政治教育是共同负责的。家庭、幼儿园和学校的教育任务和抚育任务包括传播作为方向性指导的基础媒体职能。媒体供应商对年轻人尤其负有责任。他们还必须通过相应的自我提出的义务来对应这种责任。青年保护组织要不断地为各年龄阶段而继续发展，精确设定自己的规则并对违禁行为予以明确处罚。

五、全球化世界中社会市场经济的革新

135. 全球化是由人类造成的一种发展，我们能够对它进行影响和塑造。如果我们对此予以重视，即我们的政策同经济和社会相适应，那么全球化就不是社会福利国家和社会市场经济的终结。相反，则更可能是其全球接纳的开始。一项新的经济政策必须在国际范围内确定社会市场经济的标准。这样，才能使社会市场经济达到一个新的程度。

136. 基民盟认为，对全球化的塑造是建立在针对世界上人道与公正秩序状况的一种国际性理解基础上。其目标是，所有人都能够从全球化所创造的更多自由和富裕中获益。全球化要使已获得的经济自由服务于人类。

137. 基民盟认为，社会市场经济是成功的典范，使我们在未来也能够自由、富裕、安定地生活。基民盟把这一经济模式与社会模式也视作对全

球化世界的挑战的回应。

138. 基民盟是社会市场经济的政党。它在战后时期曾与路德维希·艾哈德一道，克服种种障碍实行社会市场经济，并在联邦德国取得了成功。基民盟反对社会主义的和其他形式的集体主义，其中也包括失控的资本主义，它肆无忌惮地独自占领市场、解决不了我们时代的社会问题。社会市场经济在重新统一的德国将继续保持，并在全球化时代继续作为我们的理想。

（一）为了富裕、参与和安全的秩序的基本原则

139. 社会市场经济以作为上帝的创造物的个人为出发点，人的尊严不容侵犯。这是一种秩序，在其中，自由、互助与公正相互需要并相互补充。

140. 社会市场经济远不仅仅是一个经济系统。它是一种社会模式。它提供这样的框架条件，在其中，个人的创造力能够共同发挥。因此，社会市场经济是自由民主的经济—社会秩序。因为它承担着同国家宪法一样的促进作用：在国家受到入侵和同胞的专政时，维护人的尊严和自由。它为共和国的内部稳定做出了如此重要的贡献。

141. 社会市场经济的优势在于使自由与责任、竞争与互助之间构成统一并相互促进。它是自由的经济秩序与稳定的社会秩序不可分割的连接。社会市场经济是社会的，因为它为人们的自决生活以及为此而努力提供可能性。它是社会的，因为它使个体力量成为一种社会的合力；它是社会的，因为它使互助——我们社会稳定的国家组织系统以此为基础——在经济上成为可能。社会市场经济使人人都有机会享有富裕与安全。社会市场经济还意味着那些没能力创造适当生活水平的人也享有参与权。这样，它就实现了社会公正。

142. 社会市场经济将取得成就的意愿和团结互助统一起来。团结互助的机构不应妨碍个人取得成就的意愿。成就是繁荣的一个重要基础。在此基础上，社会安宁得以保证。

143. 社会市场经济是一种竞争秩序。社会市场经济中的政治是规则政治。社会市场经济为促进企业的业绩开启了自由空间，并为人们全面提供物品和服务。它使每个人都能在市场中独自负责地活动。社会市场经济以一个有行为能力的国家为前提，这个国家确保竞争的前提条件。其中包括职业自由和协约自由，预防市场障碍并预防垄断市场的公司滥用权力以及实现市场透明度。在社会市场经济中，财产保护是为公众带来益处，进而使之完成其社会义务的前提。

144. 企业家和企业领导者的创造力与工作热情是社会市场经济的一个重要支柱。男女都愿意成立公司并承担风险，这对于我们国家的成功是重要的。整个社会都从那些有成效地工作并且盈利的企业中获益。对利润的追求有利于保证企业的安全与继续发展，因此也有助于完成社会任务。基民盟拥护自由主义的以及对社会负责的企业。企业家和企业领导者创造长久稳定的工作岗位，并且还通过其声誉和文化认同感造就德国在世界的声望。企业家的成功交易需要自由空间和适当的框架条件及鼓励。此外，企业的发展将对企业家和企业领导人的财政状况产生影响。

145. 谁经营企业，就得承担责任。这适用于与环境和后代相关，并且与员工及其家庭直接相关的商业关系和社会关系。这也包括，企业要促进男女在各个层级直至最高领导岗位的权利地位平等，以及对同工同酬原则的考虑。有远见的企业深知，这是符合其自身利益的。社会市场经济的典范是有担当的所有者——企业家。因此，在德国的职业经理还必须加强个人的责任。

146. 公司共同决定形式和企业共同决定形式的社会伙伴关系、劳资协议协定自主权以及共同决定是我们的经济秩序和社会秩序的基础，是基督教会社会道德的表现。我们对劳动者尊严的理解，要求他们参与设定其职业领域条件的决策。

147. 雇员和雇主一样，用他们的工作、能力及工作意愿为其企业的成功、整个国民经济并因此为我们国家的富裕与发展做出重要贡献。因此，他们同时也为自己及其亲属的保障做出重要贡献。

企业为了取得成功，需要受过良好教育、有创造性并且积极进取的员工。员工需要参与的机会、责任和自由空间，以使自己的能力可以全面、成功地发挥出来。教育和继续教育保证了他们的就业能力和工作能力。同时，员工的个人人生规划也需要一种基本的工作保障和社会保障。他们拥有适度参与社会繁荣的权利。

148. 为了企业的继续发展并保证德国的就业，将工作岗位转移到国外也是必要的。但是，我们期望企业在做出这种决定时，要负责任地考虑到社会后果并致力于德国立场。

（二）全球化世界中的社会市场经济

149. 不是通过隔离和过度监管，而是只有通过更多的自由和竞争，我们才能够拥有社会市场经济的强大。我们在国际比较中的价格昂贵出多少，质量就必须好出多少。我们需要在这个充满活力的世界中塑造一个探索、创新、有创造力的德国。当今，经济成功比以往任何时候都更加依赖技术、人才和宽容。只有开放、多元的社会才能够提供有创造力的环境，在其中，新思想得以产生，繁荣通过创新得以实现。

150. 作为一个全球化过程中的人民党，基民盟兼顾雇主和员工的利益、贡献成绩者和接受成绩者的利益、城市和乡村的利益。在基督教价值基础上，我们主张世界上欠发达地区的人们也要拥有更好的前景，即使这对德国来说意味着更多的竞争。我们的目标是，国内及国际上更多的机会公平。我们要利用我们在世界上的影响力。在与饥饿、贫穷、瘟疫、文盲、腐败、侵犯人权的行为、歧视和武装冲突做斗争方面，我们把日益增长的国际贸易和市场的逐步开放看作一种重要的推动力。

151. 欧盟的经济一体化和价值一体化是一种成功的模式，使得在维护国家认同，并考虑到法律、社会和生态标准的情况下，市场开放和竞争能够共同发挥作用。与此同时，相对于世界上的其他权力中心和经济中心，欧洲是执行全球化经济的公正管理机构的一个强有力的行为体。我们希望欧盟为完成这项重要的未来任务而进一步强大。

152. 我们致力于改善已有国际机构的执行力、实力、透明度和工作效率。国际机构是推动形成自由与人道的世界秩序的恰当工具。经济强国必须承担起自己的责任，以帮助经济弱国实现更多权益。基民盟要利用现有民族共同体机构，在世界范围内贯彻人权和具有法律约束力的环境与社会最低标准。决不能够容忍童工和对工人的剥削。

153. 基民盟一贯支持依赖于自由市场和公平竞争的积极创造力的政策。对于我们来说，多边自由贸易是全球经济增长和公正的关键前提。为贸易和资本及国际竞争开放市场必须要在公平的条件下进行。目前还不具备这种具有可比性的、公平的竞争条件。因此，我们将致力于使国际公认的标准得以贯彻。要不断消除现存的贸易壁垒。

154. 市场并不总是能够防止源于自身的垄断和卡特尔的形成。因此，为了阻止国际的、私人的以及国家的行为肆无忌惮地扩展权力，保护国际市场的自由就是必要的。这就要求一种国际协调的竞争秩序。

155. 我们经济政策的信念愈来愈处在与国家干预的竞争中，这些国家试图通过主动干预实现民族经济战略的目标。我们还要使这些国家确信自由公平公正竞争的正确性，并加强国际监管框架。然而，只要还存在着歪曲的竞争条件并且在具有核心战略意义领域的国家利益还面临威胁，那么通过各自的国家行为来实现这些利益就是合法的。在不确定的情况下，市场自由还是具有优先地位。

156. 明确限定的知识产权是长期研发活动的基础并因此成为经济成功的一个重要前提条件。关于专利和思想的所有权在世界范围内被不同程度地忽视。对于世贸组织中具有约束性的、公认的保护知识产权的规定予以发展、贯彻和加强，这对作为创新地的德国来说恰恰是核心。

157. 跨国企业能够愈来愈多地逃避国家的立法。因为，市场的监管政策从来都不可能是完美的，会导致对经济壁垒的过分调控，我们要依靠具有责任感的企业。因此，必须支持自愿履行义务，如联合国的"全球公约"或经合组织对跨国企业的指导性原则。

158. 全球金融市场促进财富在世界的增长，并以投资的形式使许多新兴工业化国家的经济提升成为可能。开放的市场和自由的竞争者保证了德国资本市场的吸引力和流动性。资金寻求投资机会，就像私人股本资金，也能够在德国对发展企业的竞争力和创新力做出贡献。不过，个别私人投资团队的金融工具在此期间经常超过企业和大银行的市场力。因此，我们要利用已有国际机构，为世界范围的商业和金融市场提供一种可靠的管理结构和更多的的透明度。

159. 由于国际竞争，消费者一方面是优惠的价格和多样性商品的受益者；另一方面也是全球化的参与塑造者。通过交易决策和投资决策，他们对个别产品和生产者的市场成功也经常产生影响。许多在德国供应的外国商品不能够像德国的产品一样在同等的社会、法律和环境条件下生产。我们要为有责任感的消费者改善决策基础，并通过引入国际适用且可靠的品质保证而提升透明度。

（三）经济和工作

160. 在过去几十年，许多人对社会市场经济失去了信心。产生了这样一种印象，社会市场经济不能够解决经济和社会的核心问题——尤其是高失业。然而，并不是社会市场经济妨碍了这一问题的解决，反倒是其基本原则经常受损害。这些漏洞由于全球化而变得特别清晰。

161. 我们必须要思考再度加强社会市场经济的基本秩序原则并使之达到正确的平衡，以实现充分就业、持续稳健的经济增长、稳定的财政预算和强有力的社会保障系统等目标。此外，还要保护创造力，节约利用自然资源。这样，德国在将来仍是一个自由公正、繁荣安全、相互支持的国家。指导方针必须是从属负债原则。它需要：尽可能少的国家，尽可能必要的国家。德国需要进行根本改革，以便我们能够保证并提升我们的富裕，而且使之正确地继续发展。此外，社会公正首先要应对公民的生活机遇。

162. 经济通过这样的改革，社会市场将能够使公民再度更好地做到独自负责地塑造自己的生活环境，而不是做被动的成果接受者。社会参与和政治参与相互需要。只有两者一起，社会市场经济和民主才能取得成功并赢得信任。

更多竞争，更多自由，更多参与

163. 一个地区的经济竞争力取决于该地区企业的活力。德国经济一方面是以具有悠久传统的手工业、中小企业、贸易、自由职业、工业、受过良好培训的熟练工人以及近居住地的供给为基础；另一方面是以高效率的、具有全球竞争力的、在国际范围成功的企业为基础。中小企业、服务业工厂和手工业工厂以及自由职业是我们经济的支柱。它们创造了大部分的职业教育机会和工作岗位。因此，国家的任务是，通过最佳框架条件针对企业家和中小企业提供支持。更多的市场对于成功的企业家意味着更多的机会。我们要降低国家份额，消除官僚主义，制订灵活、易懂的劳动法以及有竞争力的税法，并改善企业融资条件。

164. 我们的目标是建立信任，这是更多向德国投资的前提条件。我们希望加强德国作为企业总部所在地的吸引力，加强德国对于包括国际风险投资者在内的投资环境，将大部分工业创造的价值留在自己的国家。德国的金融地位对经济增长和就业有重要意义。

165. 我们必须要实现更多的自由和竞争。尤其是开放市场并始终保持开放，禁止不正当竞争，抵抗对竞争有危险的经济力量。我们要限制并削减国家资助，此外，还要使有国家参与的经济企业私有化。这也适用于地方一级：公共部门只有在这种时候才应该介入，即当某种业绩不太好或者是通过私人能够变得更好的时候。

166. 竞争政策的许多任务已从欧洲的国内市场转移到欧洲层面。在国内市场和全球化日益加大的挑战背景下，我们要考虑使得处于欧盟竞争监管之下的各国竞争机构和竞争秩序现代化并进一步发展。

167. 竞争是强有力的消费者权益保护的一个重要前提。因为每一个降低竞争的垄断都限制了消费者的多元性和选择自由。消费者权益是公民权。消费者权益保护是一项普遍的政治任务。它是广泛的消费政策中的一部分，寻求消费者利益和经济利益的平衡，这样就最大程度地在德国保证生活质量。这适用于通过自决和国家保护之间的平衡来追求消费者权益保护的一种最佳效果。可靠、广泛而客观的产品信息及其质量能够使消费者为自己的消费行为负责。我们的理想是消费者成熟而知情。消费者权益保护不单单是国家的事情，而是依靠生产者、加工者、供应商和消费者的共同协作与责任心。我们不希望国家控制消费。

168. 一个具有吸引力的经济场所包括正常运行的基础设施。恰是作为过境中转国的德国处于欧洲的中心，欧洲经济一体化意味着日益增多的交通流量。在各个领域的更好使用、适应需求的进一步扩展、建立智能的交通基础设施也是实现更多增长的一个重要前提条件。对于具有发展机遇的工业密集中心和乡村地区也是如此。因此，在新老联邦州继续发展基础设施建设同样必要。由此产生的巨大的投资需求是无法仅仅通过国家财政来承担的。因此，必须在可持续发展的意义上，加大利用交通基础设施私人资金的收益性。此外，一种安全、环保而又经济的能源供应对于地区品质来说也具有根本意义。

169. 为了社会市场经济的成功革新，德国需要依靠国人的工作能力、革新能力以及经济。我们要开发未来市场。如果它们也在德国使用的话，那么来自德国的创新、新产品和服务将首先在世界市场获得机遇。来自一个国家的发明和专利也要在这个国家使这些想法得以实践。德国必须要产生出聪明的人以及拥有广泛的想象力的人，要在世界范围内争取这些人，并为其提供具有吸引力的框架条件。手工业、服务业和工业领域的专业人士都是急需的。

人人都有工作

170. 人人都有工作是社会公正的一个核心要素。工作能够使自我实现，使生命具有意义，并且是社会参与的一个重要前提。人人都被需要，不允许任何人被排除在外。工作创造收入与富裕。社会市场经济将实现充分就业。国家和劳资双方对实现这一目标负有义务。大规模失业是不能承受的、不可容忍的，并且不利于经济发展。缺乏前景将影响整个家庭并对未来几代的生活机遇造成损害。

171. 德国的失业主要是由于结构性因素产生的。因此，我们不仅需要更多的可持续增长，还需要有明确目标的教育投资和劳动力市场的全面改革。我们要为老年人、欠缺技能的人和长期失业者提供更好的就业机会。恰恰是他们被自由和参与排除在外。

172. 关于劳动力市场，要在合法地保护雇员需求和失业者的就业机会以及企业的利益方面保持平衡。劳动力市场的保护条款和劳动法应抑制失业。一种灵活的解雇保护有利于改善无业者的就业前景，因此也是公正的一种要求。工作应该有优先权。在这个意义上，公正的利益平衡的任务也被要一起写入劳资协议中。

173. 劳资协定自主权是德国地位稳定的一个保障。它是社会市场经济不可或缺的管理框架。因此，劳资协议双方要以就21世纪不断变化的工作形式找到灵活应对为开端。一刀切地对待所有企业的那种呆板的行业劳资协议并不是令人满意的答案。工会和雇主联合会已被号召进一步交出他们在企业中的责任。这样，中央统一的框架劳资协议就能够分散地满足特殊需求。我们要通过一种法律保障下形成的企业联盟对这一过程进行补充。我们把共同决定作为雇员未来可以实现的权益代表，亲近企业地、有利于就业地继续发展。要将企业愈来愈多的国际交织考虑在内。

174. 基民盟希望在社会资本关系的框架下继续发展这种可能，即让个体的员工比迄今更强地参与到企业的成功和资本之中。这为就业者开启了额外的收入来源，为老年人提供了额外的关心，创造了更多的公正并提高了雇员对自己企业的认同感。相应的设备，还有破产保障，都需要尽可能与企业相关并考虑同个别企业的特殊关系。此外，还要加强企业资本中的企业自有资本份额。

175. 社会财富来源于劳动。更多的经济增长与更多的劳动相互制约。通过利用灵活的工作时间模式，例如年工作时间账户，能够更为灵活、高效地安排工作。基民盟鼓励这种关系中的劳资双方，测定工作时间账户中的破产保障的可能性。

176. 达到法律或者企业的年龄限制而不情愿退出职业生活常常被相关

者认为有失身份。年龄限制对于测定领取养老金是有意义的。但是，如果谁愿意超龄工作，原则上不允许阻止。工作领域和劳动力必须在相互影响中这样继续发展，即能够尽可能好地掌控人口统计的变化。

177. 每一个公民都应该能够获得保证生存的收入。我们的劳动力市场政策是：工作必须得到回报。这符合基本法中的支付公正——工作者比不工作者得到的要多。我们要创造框架条件，使得低技能者从事获得相应就业友好型收入的合法简单劳动更具吸引力。为此，我们要给低薪工人以财政资助。这将激发求职者把握就业机会，鼓励雇主创造更多工作岗位。我们要促进工作而不是失业。

178. 我们希望在德国没有围绕最低工资的竞争。因此，对于明显低于当地行业工资的违反道德的工资，必须予以禁止。

179. 高额的工资附加费助长了失业和非法劳动的存在。我们希望降低工资附加费，逐步地、尽可能地将社会支出从劳动成本中分离，这样也避免了工作岗位转移到国外或转向非法劳动。

（四）塑造人口结构的变化——世代享有社会保障

180. 团结一致和社会安全并不是首先来源于国家。人在本质上就是一种社会的、具有团结力和义务的群体性生物。从家庭、邻里、名誉职位、社团和倡议组织到教堂、基督教社区，有许多社会的居民点和机构，每天都团结互助地生活。团结互助并非一再从社会的中心重新产生出来，如果这关乎于社会安全的基础，那么它有一天就会缺失。对于人的生存机遇和之后的社会幸福，婚姻、家庭、幼儿园、小学以及职业教育比其他东西更重要。

福利事业的承担者在符合宪法的团结互助的基础上，为社会提供了重要成就。

181. 基民盟奉行社会政策，改善社会中人的生存机遇以及人与人间的关系。我们拒绝仅仅建立在财政资助上的对安全和团结的想法。只有将自我责任、国家成就和公民参与结合起来，才能创造出人们所需要的安全。

182. 社会福利国家做出了巨大贡献。它是不可或缺的。社会保障系统主要是由基民盟建立的。通过团结互助地防御风险给人们以保障。它为人们带来广泛的财富、社会和平以及参与。社会保障系统只有继续发展并改变，才能在未来完成自己的任务。活跃的社会福利国家的目标是，加强对个体的激励，并使其在可能范围内自主行动、承担个人责任。

183. 在建立社会保障系统的过程中，我们遵循三个原则：加强个人责任的原则、代际公正的原则以及支付公正的原则。必须减少对有偿劳动的依赖。因此，必须继续分离社会保障和有偿劳动，并且将财政置于更广泛的基础上。我们的社会保障系统必须考虑不同的需求、生活阶段以及生活状况。必须可靠地防范所有人的基本风险。必须加强个人采取预防措施的意愿和能力。在所有保障系统中，都必须加强竞争、透明度、效率、成本意识和责任感以及从属负债原则。我们将坚决与一切损害团结互助的滥用社会效率和非法劳动现象做斗争。

医疗保险

184. 基民盟要使将来在德国生活的每一个人——无论收入、年龄或者健康风险如何——都能获得一种良好的、近居住地的医疗保障，都能够享受医疗的进步。自由地选择医生和自由的健康职业是一个自由的卫生事业的核心。

185. 鉴于人口统计的变化和医学及医疗技术的进步，必须进一步发展面向未来的法定医疗保险和私人医疗保险的结构、组织和财政。必须继续加强自我责任、预先关心和预防措施，充分利用经济效益和经济潜力，并开启个人选择机会和决策空间。

186. 通过健康的生活方式预防疾病、保持健康，是每一个人的责任，符合每一个人的利益。因此，预防成为应急治疗、康复以及护理之外的一个独立支柱。扩建政府补贴模式、不看病返款保险以及含自付费保险在加强自我责任、预防、促进健康的方面迈进了重要一步。

187. 为了保持我们自由而自治的卫生事业的质量、预防措施的安全及可融资，我们要加强质量竞争。为此，必须加强业绩和成本的透明度。

188. 在法定医疗保险中，与工作收入相关的财政是通过团结互助的酬金模式逐步补充的。它将尽快地由一种带有资本凝结的团结互助的酬金模式予以取代。低收入者获得一种社会补贴。因为儿童是团结互助系统继续推行的最重要前提之一，他们的保险将来要由大众来承担。儿童的社会补贴和保险将由预算资金支付。通过把健康成本逐步从劳动成本中分离出来，使医疗保险获得可持续发展的资金。

养老保险

189. 德国的养老保险建立在三大支柱上：法定养老保险、企业养老保险和私人保险。

190. 现收现付的法定养老保险是目前养老保险的最重要形式。它建立在世代契约的基础上。人口年龄结构的变化，以及负有社保义务的就业者数量长期以来不断下降，导致愈来愈少的工作者面对愈来愈多的退休人员。因此，世代契约必须建立在新的、稳定的基础之上，它使年轻人能够享有一种安定的生活规划，并为老年人提供一种高程度的可靠性。

191. 活跃的一代通过他们的保险费——这是不再工作的一代人收入的一大部分——获益，并通过他们的孩子来保障共济会的继续存在。因此，我们也拥护家庭友好型的社会，对教养者的多重负担予以承认并付酬。

192. 法定养老保险还必须明示在未来同认缴额的一种清晰关系，不允许某一特定的保险水平降低，不能使捐赠者负担过重。法定退休保险陷入一种合法性危机，如果它还只能带来在其他保险系统免费就能获得的成就。其结果将是，人人都享有一种最低供应，就像一种基本保险。

193. 法定退休金不仅仅是在年老时避免贫困的一种工具。它为每一个人都创造了一份自由，并且为成就付酬，这些成就是通过支付保险费、抚养孩子或者照顾家属而产生的。它在将来还为死者家属和由于疾病而不能工作的人们带来必要的救济金。

194. 单单是法定退休金将来不再能够保障老年人已经习惯了的生活水平。因此，其他形式的预防保障，如私人和企业的养老保险就是必要的，它们为保障晚年的生活水平做出贡献。这种保障形式应有效率、有目标地予以促进。

195. 企业的养老保险愈来愈重要。员工期待更多的机动性和灵活性。必须为企业养老保险考虑框架条件。除了企业所实行的养老保险账户之外，我们也支持个人养老保险账户，雇主和雇员可以在其中存款，并在短期具有补缺希望（到期不能延期）。在企业退休金运行之后不久，对这种企业退休金的要求就已得到承认。

护理保险

196. 由联盟党建立的护理保险经受住了考验。护理保险将来还要为抵御护理风险做出可靠的贡献，并提供高质量的护理和照顾。广泛的防范义务在将来也不可或缺。但是，它不能免除个人防御护理风险的自我责任和自主行动，以及对于塑造护理的认识。

197. 为了将社会护理保险建立在一种可持续的财政基础之上，现收现付融资应该逐步补充团结互助保险金，并且在代际公正的意义上，尽可能快地通过一种资金覆盖取代团结互助的保险金模式。保险的金额度要考虑到父母的养育成就并从预算资金中优先安排一种社会补贴。

198. 预防和恢复应当优先于护理措施。"门诊在住院之前"是我们的原则。必须发展并加强新的居房形式和照顾形式。通过护理预算，它可以投入到在门诊需要护理的人员、部分住院治疗和住院治疗的领域。我们将通过护理时间来加强家庭护理，并对照料家属的奉献予以更好的评价。

199. 改变护理保险的结构和融资开启了这样的机会，即推进护理保险的效率，重新定义护理需要——要特别有利于日常行为能力有限的人，例如老年痴呆症患者。我们的目标是，确定一个真实、固定的护理支付水平，防止提高需要护理者及其家属和社会救济接受者的额外费用。

失业保险

200. 失业保险也能为在将来失业时提供一份有时限的保障——是在之前就业时获得收入中可观的一部分。通过职业介绍、获得并恢复就业能力进一步实现其重要的社会、卫生和经济功能。

201. 失业保险是一项共同负责的保险,保证每一个人在一个适当时段享有相同百分比的收入份额并共同负责减少个人的风险。失业金的持续时间必须与缴纳保险费的时间挂钩。基民盟认为,考虑到一个灵活的劳动力市场的必要性,失业保险具有重要意义。

202. 失业保险使得失业者能够不必在生存困境中接受第一份被提供的职业,而是找到一份与自己能力相适应的工作。另一方面,失业者必须认识到他们有灵活应变的义务并要接受能够胜任的工作。我们要为失业者提供更多的机会,并通过一种适当的保障对从事工作进行鼓励。

203. 失业保险必须以促进就业为目的,并原则上限定保险功能。我们的首要目标是,增加一级劳动力市场的就业,为了这一目标,我们将找到积极的劳动力市场政策的工具。整个社会的任务,例如教育能力的培养,将根据管辖权由预算资金予以资助。

事故保险

204. 法定事故保险在劳动保护、事故预防及保护员工健康方面承担着一个重要角色。它是预防、医疗和康复的重要支撑。自我管理的法定事故保险今后还必须在其巨大的社会责任中加强对经济标准的衡量,降低合法就业中的事故。

残疾人的社会保障

205. 我们要保证残疾人在未来的参与和自决。这意味着残疾人能够平等参与社会的精神生活、社交生活、文化生活、职业生活以及政治生活。我们要为此提供框架条件。

残疾人通常或多或少都受到很大的限制,不能一直得到补偿。团结互助的社会支持残疾人提升自我,弥补个人缺陷,但却不以过度的关照使他们受到束缚。

206. 应该从小就学习残疾人与健全人之间自然而然的交往,自然地对待他们的优势和劣势。最好是通过家庭、早教机构和小学的共同教育来实现。比如在护理和照顾的居住形式方面,残疾人及其家属关于"门诊在住院之前"的基本原则达成的一致也同样适用。这对儿童意味着，残疾儿童与健康儿童在居住地附近的共同生活很重要。要促进残疾人参与职业生活，目标是能够为一级劳动力市场提供更高的就业比例。

207. 我们要创造一种不管是残疾人还是老弱者，所有人都能良好活动的生活环境。无障碍是一个必需的前提。许多残疾人的活动都受到了极大限制。在城市规划和居住区规划中，必须加强针对无障碍需求的意识。

（五）稳定的财政，稳定的德国

消除债务并禁止新债务

208. 德国的债务负担目前已经非常重了。此外，德国财政投入未来的份额太小了。德国人口统计的发展加大了对社会保障制度和公共财政的负担。因此，我们必须坚决追查债务状况。追随一致免除债务原则的政策增强了公民和企业对自己的经济环境的信任和投资意愿。今天的债就是明天的税。

209. 如果国家长期过度支出，如同它已经做的，我们国家的繁荣就面临威胁。如果我们不停止负债，国家在将来就不再能够完成重要任务。我们需一个保证儿童的未来，而不是以牺牲他们为代价的国家。我们需要一个政府在财政上能够帮助社会弱者的国家。看看那些依赖于帮助的人，并且也是在社会公正的意义上说：国家负债是非社会性的。

210. 限制新债务首先有必要在一种严格的意义上定义"公共投资"。只有这种能够创造价值或财富的投资才允许通过贷款来融资。此外，通过贷款投资的债务通常在到期之后要在确定的时间内再次清偿。因此，我们保证，对符合宪法的债务规定的借款进行有效限制，并且将建立一种债务限额。最晚到下一个十年的中期，我们将在各个层面引入一项基本的新债务禁令，以限制新债务面临不可避免的特殊情况的可能性。这应当在基本法、各州宪法及各地方层面予以确认。

211. 我们追求联邦、各州和地方之间统一还债。在经济繁荣的时期，预防未来经济动荡与减少公共负债是并行的。此外，应当重新审视各个层面的所有任务和支出，对其有效性和必要性进行检查。为确保公共财政的透明，联邦、各州和地方要按照商业准则记账。

212. 人人都有工作和稳定的国家财政相互作用。因此，我们要革新国家财政收入的结构，减轻劳动的负担。我们要将工资附加费从人工成本中分离出来，以为德国创造更多的工作岗位。因此，我们需要降低直接税和社会公共福利税，并通过间接税资助这种减免。重要的是：直接税和社会公共福利税的减免力度必须至少同额外加重间接税的力度一样大。

财政宪法的改革

213. 德国的联邦制度需要一部透明的财政宪法。各个政府层级的责任都必须让公民看得见。只有这样，才能把政治决定归类，并为最终选择奠定基础。因此，要严格遵守关联性原则。

财政宪法必须考虑到不同的出发状态，在各州创造可比较的框架条件并确立刺激，以加强经济力量和金融力量。我们拥护在公平条件下的联邦竞争。因此，要扩大各州在各自经济实力增长中的扣除部分。过渡规章在2019年失效后，各州将实现一种没有特殊规定的、简单的财政平衡。到那时，团结协议也将终止。

214. 我们要让各州在财政方面承担更多的自我责任，并为此在税法中创造相应的前提条件。没有遵循宪法的债务限制及其缴费没有达到马斯特里斯特标准的各州，未来将必须听从一个整顿计划。

215. 我们要在财政紧急状态法中引入预警系统。将来，不能在确定财政紧急状态后才采取行动。作为联邦援助的前提，将签署一项联邦和相关州之间的恢复支付能力的政府协议。

216. 地区也必须承担更多的自我责任。其财政支付力量直接影响公民的日常生活。因此，我们要继续发展地方税收，为公民保证地方的工作能力。

税收——简单而合理

217. 公民通过自己的赋税为国家提供了完成任务所需的必要财政资

金。为了让公民接受税法，必须遵循以下原则：简单、低微、公平。这符合我们团结和公正的基本价值，经济能力强的人要比弱的人承担多一些义务。同时，税法不允许通过过高的税率限制公民的财务自由空间。低税率的税收系统促进了提高效率和主动性，并使公民能够预防生存危机。一个简单的税收系统比复杂的税收系统创造了更多公正，后者试图达到个别情况下的公正。税收系统越复杂，那些能够承担高额咨询费的人越占便宜，否则他们通常就无法利用一切的节税可能性。

218. 面向未来的企业税务必须从这一原则出发，即企业主要是经济主体而不是纳税主体。我们要使税务负担限制在一定范围内，使在德国创建和发展公司、创造工作岗位、投资科研是值得的。税收政策也是创新政策。它应该简单、清楚，不依赖于企业的法律形式，保证竞争中立。此外，我们必须适应不断增多的世界性国民经济网络化。

（六）以历史成就为基础——促进新联邦各州的发展

219. 通过1953年6月17日的人民起义，特别是1989年的和平革命为前民主德国的人们进入相信自由、民主和社会市场经济的统一德国创造了前提条件。来自东西德的所有德国人都为这项历史成就而感到自豪。新联邦各州以其巨大的历史和文化传统促进了德国联邦制的发展。

220. 新联邦各州取得了从极权专制到民主、从中央计划经济到社会市场经济的重大转变。通过在整个德国的活动和团结一致，历史上独一无二的财政转移支付，勤劳和建设的意愿，许多地区繁荣起来，并且作为德国的现代部分在欧洲心脏地区展现自己。

221. 在改革教育、加快规划过程、消除官僚主义以及经济、科学、科技领域紧密地共同作用方面，新联邦各州及其公民都发挥了先锋模范作用。

222. 共产主义专制、德国分裂、管理不当以及公民的中间阶层史无前例的损失所造成的后果还没有完全过去。还没有实现自给自足的经济发展。尽管现代化取得了很多成功，但是公共基础设施和经济结构仍存在不足之处。

223. 随着欧盟向东扩展，出现了新的机会，但是也为较弱的德国东部地区经济带来了额外的竞争压力。许多中小企业还没有充分准备好应对包括全球化在内的挑战。

224. 德国东部人口结构变化比西部要大。明显下降的出生率、老龄化以及许多有工作意愿者和高素质青年的外流，无论如何都消耗着紧缺的资源。联邦德国的历史在许多地方都显示出，从外流区域到未来区域的迁移是可能的。基民盟政策的目标是，德国东部地区为人们提供具有吸引力的生活条件。

225. 我们需要在新联邦各州内加强公民社会——作为民主、法治国家和社会市场经济的基础。只有一个正常运转的公民社会才能为我们自由—民主的社会提供经济繁荣与稳定。我们需要的不仅是在新联邦各州为市场经济进程和面向竞争的政策提供更多的自由空间，以及针对联邦法律的广泛的开放附加条款和实验附加条款。人们必须获得更大的机会，独自负责地把握自己的未来。为此，我们要创造条件，使有知识、有能力的人留在自己的家乡，投资者将其资本投入新联邦各州。基民盟尤其注重地区劳动力市场上的年轻领导力量。通过所有行为体的合作为地区人口结构的稳定做出贡献。

226. 创新的、经济强劲增长的区域首先出现在大城市、人口稠密地带和旅游中心。我们要支持当地企业的积极性，使其成为由中小企业、大企业和跨区域企业构成的有竞争力的企业结构。为此，我们必须将资助集中于以科技为导向的经济、科学和文化交织的经济增长区域。为了开发在世界市场有前景的产品，就要将顶尖科研与高科技同企业与投资者结合起来。

227. 经济增长区域必须通过有效的基础设施，尤其通过有吸引力的客运交通同落后的地区联系起来，使其也能够参与繁荣。在人口密度较低和缺乏聚集中心的地区，我们必须将资助集中在具体的领域和行业。必须通过欧盟继续资助新联邦各州中的特别贫穷地区，以跟上国际区位竞争的步伐。

228. 新联邦各州需要的团结协议金到 2019 年全部到位。这项资金主要是为了弥补仍存在的基础设施漏洞，有目的地促进投资，平衡地区相应的金融力量，以实现经济自给自足的发展和进一步的现代化。

229. 进一步扩大跨国交通基础设施是经济繁荣的一个重要前提。必须顺利扩建欧洲交通路线，尤其是同中东欧以及波罗的海地区的交通。

230. 只有考虑到人口结构的发展，才能成功实现对经济和基础设施的可持续投资。未充分使用的基础设施必须同人口发展相适应，并且接受存在救济和管理的不同标准。但是国家要负责保证最低标准。我们的目标仍然是生活水平等值。必须就地发展自主行动。未来将不仅仅在新联邦各州区别定义生活质量。

六、创造和保护生命——为了一个宜居的环境

（一）保护人的尊严——从生命之初到结束

231. 人的神圣不可侵犯的尊严作为上帝的创造物是不容他人支配的，需要受到保护。人永远都是主体，从不允许是客体。人的尊严还是生物伦理挑战评价的起点和导航。它要求尊重并保护人生的所有阶段。尚未出生的生命需要我们从精子和卵子的结合开始就给予特殊保护，并批判地对待产前诊断学继续发展的可能性。我们拥护禁止胚胎植入前诊断（PID）。我们无法容忍由晚期流产导致的高流产数量。因此，我们必须帮助男人和女人，为生命做决定。

232. 在人有生命危险的情况下，治疗、减轻痛苦以及帮助性的陪伴都是人道主义、团结互助和基于基督教信仰的博爱的表现。残疾人、病人、濒临死亡的人以及处于其他艰难人生阶段的人有权利要求一种有尊严的生活。我们支持止痛治疗、临终关怀以及其他形式的对濒死者的治疗，使濒死者在生命的最后阶段能够有尊严地告别。我们拒绝主动安乐死。我们要加强对器官捐赠的意愿。

233. 生物医学研究为未来的问题提供解决方案，并为治愈疾病、减轻痛苦做出重要贡献。要谨慎权衡风险与机遇。对我们来说，对神圣不可侵犯的人权的重视优先于科研自由和保证竞争力。我们将保持一贯的保护胚胎并请求反对过度的胚胎研究。为此，我们在欧洲和国际层面上也将致力于此。我们拒绝克隆人。

（二）保护自然的生存基础

234. 基督教认为，人、自然和环境都是上帝的创造物。保护它们是我们的任务。可持续发展原则是基督教民主政策的固定组成部分：我们要为后代留下并保存一个未来仍然宜居的世界。后代有权享受经济发展、社会富裕和完好的环境。

235. 面向未来的环境保护和大气保护创造了新的工作岗位。因此，必须持续资助环境教育、研发、环保技术、环境保护和气候保护以及建立在其基础上的创新。在环保技术方面，德国位居世界领先地位，我们要进一步扩大在气候保护和环境保护方面的需求。以这种方式来为国家创造价值、创造新的工作岗位并加强中小企业做出重要贡献。

236. 与贫穷做斗争和保护自然生存基础是密不可分的。贫穷还导致了对自然的过度利用。最终破坏了生物多样性和人们的生存基础。因此，环境保护政策是对外政策和发展政策的重要组成部分，并促进了全球公正。

237. 我们认为，经济发展与环境保护并不矛盾。尤其是在土地的生态承受力的范围愈来愈小的时代，只有考虑到环境保护和气候保护才能实现可持续的经济发展。此外，高效、节约地使用能源仍愈来愈有成本优势和区位优势。为此，我们致力于生态的和社会的市场经济，它同加强研发力度、有目的的激励机制和发展计划、以环境为导向的秩序政策框架一道，追求预定的环境目标。为此，长期内要以提高资源消费税或污染环境税取代税收。这样才能有利于环境保护和气候保护。

238. 基民盟支持细心而节约地使用有限的资源，积极对待研发以及环境保护和自然保护，促进人的创造力和责任。重要的是一种优质的环境教育。我们将和学校、地区、各州、环保协会和自然保护协会以及农场主、林业主一道，在社会上确立有环保意识的行为。

气候保护

239. 全球气候变化对于下一代的创造和生活机遇已形成威胁。我们把遏止这种发展视作道德义务和紧迫的未来政治任务：基民盟致力于德国继续保持在气候保护方面的领先地位，并在国际上作为推动力出现。我们将同尽可能多的工业国家、新兴工业国家和发展中国家一起推动全球气候保护。以京东议定书为基础的 2012 年之后的国际气候保护协议，包括促进市场经济以及使至今已存在的工业国家、新兴工业国家和发展中国家紧密联系起来，是对此迈出的重要一步。

240. 德国有义务到 2012 年将温室气体排放量减少 21%。到 2020 年，将温室气体排放较 1990 年至少减少 30%。我们认为重要的是，其他工业国家也有义务大量减少排放。

241. 我们奉行一种气候—双轨战略，即确定温室气体排放的强制性极限值，并且加大气候保护的科技研发投入。全球范围内的二氧化碳要维持一个合适的价格，这样，在气候协议技术方面的投资才能计算。对此发挥作用的是排放权交易以及将带有针对气候的发展项目的科技转让到新兴工业国家和发展中国家。我们的目标是，实现将地球大气变暖幅度限定在比前工业化时代水平最多高 2 摄氏度。

242. 节约能源、提高能源利用率、使用可更新能源是我们气候保护政策的重要支柱。同时，有必要从现在就开始制定限制气候变化恶果蔓延的策略，例如加强防范洪水及干旱。此外，必须在不断变化的气候条件下发展一国可用的相应策略。

保证能源供应

243. 世界范围内对能源的需求不断提高。鉴于德国对紧张而昂贵的能源进口具有依赖性，一种安全、环保、经济的能源供应对于政治问题具有重要意义。我们要减少对进口依赖的风险。能源的供货来源及供货路径必须建立在广泛的基础上，扩大并加强同供应国及过境国的能源伙伴关系。通过欧盟共同的能源政策，我们将为能源供应提供一个安全的基础。

244. 我们支持节约使用能源储备，加快本国可再生能源的扩建，发展有效的生产技术。节能的建筑物维修具有巨大的潜力。到2020年，我们争取能源生产力达到1990年的两倍。分散的能源生产机构也为此做出了贡献。

245. 一种稳定、环保、经济的能源供应基础是广泛分布的、均衡的能源结构。我们要尽可能按照气候协议的要求使用化石能源，以便为世界上最环保的发电厂在德国出现创造前提条件。

246. 可再生能源作为本地能源为提高供应安全和气候保护做出了重要贡献。它促进了环保的经济增长，开创了创新的贸易领域，创造了新的工作岗位。我们要继续坚决执行已有的可再生能源和其他新能源使用之策。这也包括利用近岸海域的风能以及太阳能、生物能源、地热的发展机遇。此外，我们还要大力推进能源存储技术。

247. 我们要通过适当的技术创新推动可再生能源的使用。到2012年，我们力求将德国可再生能源在总能源消耗的占比至少提高至20%。除了加大可再生能源在电和动力方面的使用之外，还必须提高其在取暖和制冷方面的应用。目标是到2050年德国可再生能源占据能源供应的主要部分。

248. 在可预见的时间内，在德国不能放弃核能发电。它使得——直到在广泛范围内使用气候友好的经济型能源——过渡时期成为可能。在气候保护战略框架内，我们追求延长安全核电站的使用期限。对于我们来说，尽可能地保证每个设备的安全水平处于第一位。在这种情况下，放射性废物的安全处置就是非常重要的。基民盟致力于确保德国现有的科学、技术和安全能力。只有这样，德国才为世界范围内核心设备安全的不断改善做出自己的贡献，同时保证德国的工作岗位。

249. 能源研究和新的创新型能源技术对未来的能源供应至关重要。我们将促进广泛、开放的能源研究和科技研发，这将为促进开发气候保护型能源和继续发展保护气候的能源开发科技以及合理利用资源做出巨大贡献。现代干净的火力发电站和蒸汽发电站以及核聚变领域的研究也属于此。恰恰是在研发节能产品和服务中，为企业和创造新的工作岗位蕴涵着巨大的增长机遇。

250. 为了限制能源价格的上升，我们致力于在电力和天然气市场的有效竞争。我们坚决支持消除竞争壁垒，为欧洲经济区的跨境电力和天然气贸易加速扩建开放式基础设施。

塑造环境友好型的流动

251. 流动性是现代社会的一个基本需求，是经济发展和繁荣的前提。我们将在德国地区范围内没有堵车现象或居民健康不受损的情况下，考虑这种需求。

我们始终支持减少所有交通领域的环境压力，并促进相应发展。我们将减少交通噪音和空气污染。智能交通管理措施、坚定地降低污染物排放限值，通过税收推动低排放车辆，包括把航空交通纳入排放权贸易以及加强公共短途客运都是我们的首要选择。考虑到环保的交通建设，船舶和铁路交通愈来愈重要。此外，我们还将鼓励节约型驱动技术的进一步发展，并促进可替代能源的使用。

252. 我们将利用环境的有效框架条件和市场经济手段，提高航空交通、船舶交通及机动车交通的气候协调性。我们认为有必要通过改善发动机技术，使用生物燃料和其他措施明显降低新型车的二氧化碳排放量。我们将大力降低所有机动车辆的燃料使用量，这不仅保护了环境，同时也减少了消费者的支出。

保护自然多样性

253. 面对世界生物多样性的急剧下降，我们坚决支持加强在环境保护和自然保护领域的国际合作。我们将支持发展中国家保护生物多样性和以发展为向导的使用，并有效地继续发展保护生物多样性的设施。首先要建立一个欧盟和世界系统的保护区，以及作为世界性生物网络的对海陆具有不同用途的地区。在这方面，我们还致力于建立独立自主的联合国环境机构，以及订立具有国际法效力的保护森林，尤其是原始森林的规则。

拥护动物保护

254. 基于对万物的尊重，我们有义务对动物采取负责任的态度。动物保护对我们来说是一件重要的事。我们呼吁人道地对待动物并将它们作为世界万物的一部分予以尊重和保护。应当尽可能通过其他方式取代或减少动物实验。

我们的自然遗产：祖国的一部分

255. 德国丰富的自然景观、人文景观是我们国家特别宝贵的一部分。我们要为后代保护这一富饶的自然景观。

256. 在人口相对稠密的德国，土地和未开发地区必须作为最后的资源受到特别保护。土地资源的使用，特别是在城市内部减少建筑空隙必须优先于对绿地的占用。土地消耗必须大幅减少；我们将为此制定框架政策。

（三）农业和农村的未来

257. 基民盟将在德国建立覆盖率广并且生机勃勃的农业和林业。我们将生产营养价值高的粮食视作农业的重点任务。农林业还产出重要的可再生资源和能源。百年来，它维护着我们的耕地和农村地区，为人类、动物、自然和环境履行自己的责任。农业也是手工业和贸易的重要支撑产业。同时，农林业也支撑着娱乐、休闲和旅游业。

258. 土地私有制在保存和养护资源中发挥着重要作用。人对于自身资产的鉴别及所负有的自我责任比国家的命令更有效。在公共利益方面的环境保护和自然保护的支出必须支付酬金。这主要通过合同的约定来实现。

259. 基民盟的理想是一种扎根农村的多功能、创业型农业，同时支持创造性和创新性。我们认为，国家，如果可能，退出农业市场调控并避免官僚主义和过度管控是正确的。这就要求我们具备以下关键素质：以市场为导向、创新、良好的教育和管理。我们将加强农林业。为此，我们不区分企业类型和生产方向，以及传统农业和有机农业。多样的、以市场为导向的德国农业和食品产业对我们来说无论在国际还是国内市场都极具竞争力。

260. 我们还将在欧洲农业政策框架下改善农民的生产条件和工作条件，旨在在欧洲和国际农业市场上建立公平的竞争环境。我们致力于统一欧盟内的法律框架条件，并在国际上加强重视及协调环境保护、自然保护、消费者保护和动物保护等各方面。

261. 我们将建设充满活力而又宜居的农村地区。这是经济、文化、自然和休闲的场所。农村地区必须建设成能为居住在那里的人提供良好的生活、教育和工作条件的地方。我们把注意力特别放在体制薄弱的农村地区。这些地区还急需对社会和科技基础设施发展的积极推动以及加强对其经济实力的支持。

262. 建设和使用可再生能源，将为新的经济和技术动力提供远超出农林业的更大机会。在保持环境无害化管理之下，我们将继续发展德国在这一领域的先锋作用。

263. 在未来，绿色遗传工程将不仅对食品安全而且也对能源安全做出重要贡献。相对于经济上的考虑，安全和无害问题必须处于优先位置。需要仔细探讨在更有效地利用原料、原料安全以及能源作物的生产方面使用绿色遗传工程。其研究成果也应该在德国实际运用，以推出新的产品。

264. 我们大力推进一种多功能农业——在种植之外，还包括在地区经济循环中的产品加工和销售。

七、活跃的公民，强大的国家，对世界开放

（一）加强公民社会——支持公民的自主行动

265. 我们自由—民主的基本制度及其政治机构构成了充满活力的民主的基础。我们的目标是继续巩固对这一体制的接纳和尊重。在深刻变化的世界里，我们国家的可持续发展依赖于每个公民负起各自的责任，并把它

看作是个人和社会自由的体现。我们将在公民和国家之间建立一种伙伴式的充满信赖的关系。我们将建设一个公民能够得到保障、安全、帮助、发展并实现自由和自我责任的国家。

266. 不仅可以通过参与选举和投票，而且还可以通过参与多种多样的公民活动来实现公民的民主参与。我们充满活力的民主制度以活跃的公民为基础，需要自愿而无偿地参与公共福利。

267. 公民意识产生社会凝聚力。公民的参与无可替代。每一个人都具有充实集体的能力。每一个人都对公共福利事业承担共同责任。公民意识和责任意识体现在婚姻和家庭、教会、职业领域、社团、协会和公民自发组织之中，也体现在城镇和国家之中。

268. 缺少志愿服务，我们的社会将会衰退。必须鼓励从事志愿服务、自愿承担社会工作或市政项目以及为此提供经济支持的人，不得由于规章和监管而使其气馁。

269. 我们希望公民乐于参与公民活动并承担责任。志愿者机构可以支持并组织志愿活动。我们支持承认志愿工作及将志愿工作年限计入工作经历中。

270. 许多人，特别是还包括企业家们，为我们的公共福利事业做出了宝贵的贡献。我们将通过进一步完善捐赠法、慈善法和税法，以支持他们的参与。

271. 协会和其他社会组织及团体是积极而自由的公民社会的一部分。它们在公共福利事业范围内自主决定自己的任务。它们把社会讨论及政治讨论向前推进。

体育运动

272. 体育运动使人们团结、成长、活跃、热情、融和。体育运动有助于培养宽容、公平、效率、竞争、责任、认识自己以及尊重他人等人道的价值。因此，体育运动对于建立更加和平美好的世界具有重要作用。

体育运动在我们国家十分受欢迎。通过各种媒体的呈现，使体育运动对每个人都是生动直观的，成为一个重要的经济因素，保障并创造了就业机会。我们体育政策的一项优先要求是，在整体架构中持续支持体育运动并加强其自治和自我责任。

协会是德国体育事业的基础。可靠地推动协会的发展和协会的志愿服务是我们体育政策的重要目标。体育、运动和营养对于保持健康做出了重要贡献。我们将鼓励个人在保健方面承担更多的自我责任。通过体育锻炼和运动来预防疾病将为我们整个社会系统减负。

完善的体育场所和多样的体育基础设施是体育运动向纵深发展必不可少的重要前提。

恰当促进职业体育和群众性体育运动

273. 我们致力于将体育建设成为一项人道的竞技运动。职业体育为业余体育树立了良好的榜样。对于德国职业体育来说，在联邦军队、联邦警察和海关当中推进体育运动是不可缺少的并且要维持迄今的规模。在经济方面也应为职业体育运动员创造职业前景。

为了有目标地、系统地培养有能力的新人，必须将运动、教学和职业培训相互协调并结合起来。我们支持扩建体育的精英学校。

无论在业余体育还是在职业体育方面，残疾人的成绩都十分引人注目，表现出强大的意志和精神。体育和运动增强个人的能力，给人以自信，使空间和社会的迁徙更容易，是一种有效的生活指导。

必须扩大使残疾人能够参加体育活动的机会和激励。必须保障体育场所的无障碍通道。

反兴奋剂的斗争

274. 兴奋剂破坏了体育运动的基本价值，欺骗共同比赛的选手和观众，而且特别危害运动员们的健康。职业体育的被认可取决于可靠而成功的反兴奋剂斗争。

兴奋剂也出现在保健和休闲运动中，需要体育、政治、经济、媒体乃至全社会的共同抵制。

（二）为了一个强大的国家：公民的自由与安全

275. 我们的国家服务于人的尊严与自由。国家的权威主要来源于它同公民基本权利的联系。国家应促进公民个人福利和社会福利。在民主体制下，没有无义务的权利，也没有无责任的自由。

276. 国家的核心任务包括保护公民的基本权利并防止权力滥用。国家要保护公民不受来自内部或外部的危害并履行其对自由与和平的职责。国家要保障个人的自由发展、使弱者强大起来并为个人不能承受的风险提供团结互助的保障。为此，国家要维持并继续发展人们共同生活的必要秩序，保护社会力量的自由和多样性。国家要为我们和后代保护自然的生存环境并为保护万物做出贡献。

277. 为使国家能够专注于其核心任务，既不能对它提出过分要求，也不能使其保有或接纳违反个人责任、自由和辅助性基本原则的那些任务。有效率的公共服务是可靠的公共基础设施的前提。终身制公务员完成最高任务是必不可少的。我们需要一个强大而又灵活的国家。

在上帝和人类面前的责任中的自由

278. 我们自由国家的存在取决于国家自身无法保证的那些前提。国家不应将价值信念强加于人。国家更多的是塑造日益增长的社会共识，自由和责任由此形成并赖以生存。

279. 我们拥护《基本法》序言并因此信奉我们在上帝和人类面前的责任。《基本法》以基督教起源的价值为基础。它们深刻影响了我们的国家和社会。自觉地保持、维护这些价值并使之发挥效用，在我们看来不仅是基督教教堂的使命，而且也是国家和公民的一项特别重要的任务。基督教的标志在公共场所应予以明显保留，这些标志应该像有基督教色彩的星期日和节假日一样受到保护。

280. 与此同时，我们也认识到，其他的宗教价值的传播也能够在我们的社会和自由秩序中发挥一种积极作用。我们尊重一切宗教信仰。我们对所有其他不同宗教信仰的教徒也怀有同样的期待。我们对在德国的犹太人社区负有特殊的责任。它是我们文化的一部分，也是我们社会不可缺少的一个组成部分。犹太人通过参与各种社会活动也为德国在世界上的声誉做出了贡献。

281. 我们承认基督教教会及公共宗教团体的自主和独立。我们认为它们对公共福利负有共同责任，因而支持收取宗教税的现行制度。首先我们承认教会在实际服务中的出色表现。教会和宗教团体在社会上进行活动的自由不容侵犯。我们自由的法制保证了自由的宗教活动的权利。我们希望全世界的国家和政府都能够在自己的国家保证宗教信仰自由。我们将支持宗教间的经常性对话。

自由—民主的基本制度

282. 人们在德国共同生活的基础是《基本法》的价值体系。在这个被证明了的基础上，我们的国家已联合成为一个民主、自由、福利和联邦制的法治国家。

283. 我们拥护将政治领导和民主责任相互结合的代议制民主。代议制民主并没有将直接民主的要素排除在外。在地区层面的直接民主是对代议制度的重要补充。

284. 我们生活在一个有着不同世界观、见解和利益的社会当中。这就要求一种民主的决策制度，在其中，相互对立的观点和利益将会归结出符合大多数人意愿的结论，同时少数人的要求和信念也会受到重视。多数原则和保护少数群体利益是联系在一起的。

285. 政党对国家和社会负有一种特殊责任。政党考虑社会要求，参与政治决策并推动公民积极参加政治生活。当它赢得公民的信任并为决策提供清晰客观的以及人员的建议，政党才完成自己的任务。政党的舆论形成和工作必须公开透明。

人民党倾听所有在德国居住的人的意见。基督教民主联盟作为中间人民党，特别有能力结合不同的利益并以此为基础推进公共福利事业。

286. 我们的自由社会适合媒体的自由与责任。媒体参与公共舆论的构成并有助于控制国家的权力。对此，媒体的独立性和多样性是前提。

在法治国家的自由和安全

287. 法规的使命是保证自由并规范人们的共同生活。在法治国家，要在法规和法律的关系之下行使国家权力。法规为我们的社会提供了一种管理框架。它确立价值并划定人类尊严和自由受到威胁的行为的界限。我们的法治国家赋予我们法律保障。

288. 自由和安全是人的基本需求。它们不是互相排斥，而是互为条件的。建立在权力垄断基础上的国家主权要求产生了其义务，即要保障自由与安全。一个不抵御敌人的国家，亵渎了其公民的自由。因此，我们需要警惕任何形式的不宽容、极端主义和暴力行为。对不宽容，没有宽容可言。极端煽动暴力行为带来的恶果使我们认识到，我们对反极右势力和极左势力的斗争负有极大的责任。

289. 预防犯罪，防止对公共安全与秩序的威胁以及对违法和犯罪的调查与惩处是和平共存的必要前提。预防犯罪是一项全社会的任务。家庭和国家必须通过媒体特别支持反青少年暴力行为的斗争，这些暴力行为往往由于融入社会失败、对角色行为的错误理解和对前途绝望而产生。只有每一个人都能安心活着，不担心他的家庭和财产，我们的国家才能建立起信任。谁轻视安全，谁就是在挑战国家底线。

290. 轻视犯罪是错误的路线。任何人违反法律从而违反我们社会的价值体系，就必须受到坚决追究和迅速惩处。警察和司法机构抵御着犯罪。一种有战斗力的民主必须允许其国家机关能够在明确的界限内为反犯罪斗争使用必要的科技，以获得必要的情报。数据保护利益应与有效地反犯罪斗争的利益达成一致。数据保护不应成为犯罪保护。

291. 国际恐怖主义和有组织犯罪日益增多。公民必须受到保护。必须扩大审判机构和司法机构的国际合作。针对无国界犯罪，必须能够使用无限制的法律。

292. 政治伊斯兰主义和恐怖伊斯兰主义针对我们宪法所做的极端伊斯兰阐释对于在德国的人是一种特别的危险，对于大多数忠诚于宪法的穆斯林人也是如此。我们将积极促进跨越宗教界限的所有民主人士的社会团结，同时对恐怖主义进行坚决斗争。

293. 要想改善内部安全，就必须加强警察力量。随着新挑战的出现，内部安全问题延伸到全球范围。内部的机关和设施必须同外部安全紧密联系起来。在国家安全理念中，必须加强联邦、各州和乡镇的合作。

联邦国防也是这种为了加强乡土保护的理念的组成部分。在特殊的危险境况下，必须将其在国内的使用成为可能。军队应当将其特殊的力量用在界限明确的范围内，如克服恐怖威胁及进行灾难保护方面，以补充联邦和各州的警察力量。

推动去官僚主义化

294. 我们拒绝一个这样的国家，即掌控人们生活的所有方面。我们反对通过法律和规定进行过度管控以及管理过度官僚化。公民的自由和社会市场经济不应在一种规则洪流中被淹没。现有的法律和规章经常接受对其延续性的意义的审核。新的法律和规章的必要性由立法者来检验和论证。基本原则是：如果没有必要颁布一项法律，那么不颁布这项法律就是必要的。将来，单一法律的规定和规章原则上只在规定时间的期限发挥效用。法律条文必须尽可能地易懂而又简短。法律必须变得更加系统且条理清晰。要简化管理过程和官方管理机构，推广电子政务服务。

295. 消除官僚主义必须从确定国家目标开始。为了建设高效亲民的管理体系而取消冗余的官僚机构，不论对公民、经济还是国家来说都是一项紧急而持久的任务。公民不会允许混乱而不透明的国家职能分配情况，因此他们能够并且想要更多地参与到社会活动中来。我们想要在国家所有层面，就像欧洲层面一样，划分明晰的职责领域。要将所有层面的反官僚化努力结合起来。

有效的司法体系和一致的司法实施

296. 独立的司法是法治社会的支柱。它保护公民免受独裁和滥用权力的侵害，并设法使每一个人都享有权利。

长期的诉讼时间阻碍了及时重建法律秩序。要保持法庭和检察院的办事能力，并在必要时进行改进。

297. 执法需要考虑公民的安全利益。罪犯重新融入社会是我们追求的目标，但面对存在长期危险的罪犯，要长期地保护公民安全。安全和重返社会并不相互矛盾。重返社会也要服从于保护公民免受犯罪侵害的目标。受害人保护要优先于犯人保护。

社会福利国家

298. 自由法治国家和社会福利国家相互补充。公正的社会福利体系要保障为所有人有尊严地生存提供框架条件，并保证为无辜陷入困境的人提供帮助。要捍卫尤其是对弱者的社会公正。不允许通过国家剥夺权力来实施社会福利国家的生存照顾措施。这些生存照顾措施必须促进个人的工作能力，并要求个人参与团结互助。在这里也适用辅助性原则。

联邦制和地方自治

299. 德国的联邦制结构是对文化和历史的日益增强的自我理解的表达，是公民对家乡和身份认同的表达。联邦制和地方自治是我们国家重要的制度原则。我们要保持和继续发展这些原则。它们的贡献在于保障人们的自由和分配国家权力。它们使得促进各地区和乡镇的特性和特殊利益成为可能。社会是否正常运转在城市和乡镇内每天都会见分晓。在人们的直接生活环境中，积极活动、共同决定和参与地方决策过程表明了公民对我们社会的接受度。在欧洲一体化和全球化进程中，自治的地区是我们社会重要的起点和支撑点。

300. 应当本着亲民的精神在地方层面上完成公共任务，只要这是有意义并且可能的话。要保障地方有充足的资金。在联邦、各州和地方之间分配权力职能时，应当遵循辅助性原则和连通性原则。

301. 各州共同参与联邦的法律制定和管理是我们联邦制度的重要原则之一。这也适用于我们要加强的各州之间的合作。需要明确联邦、各州和地方的职责与政治责任。

302. 在全球化和欧盟不断扩展和深化的背景下，联邦制愈来愈重要。德国通过其联邦结构和相关经验丰富了欧洲一体化进程。

（三）作为融合国家的德国

303. 移民，尤其是第二代和第三代的儿童和青年人融入我们的社会对于基民盟来说是一项重要的政治任务。我们认为融合是一个积极进步的过程，是移民、政治和整个社会的共同责任。要规范移民及融合，我们视移民为是机遇和补充。我们的政策必须以德国的社会和经济力量为导向，必须始终在欧洲层面上考虑移民，必须意识到对欠发达国家的人道主义义务与责任。

304. 我们需要通过考察的移民，即那些接收受过良好教育的、愿意工作的和有融入意愿的人，他们在我们这里生活和工作，接受我们的价值观，并把德国作为自己的家乡。德国必须对这些人具有吸引力。他们对于我们国家是一种收获。

305. 出于历史责任，我们坚持接收前苏东地区德裔移民的政策，同时改善其来源地的生活基础。

306. 德国是一个开放宽容的国家，德国人和移民在德国和平共处地生活与工作。德国不断接纳新人，这些人大多数都成功地融入了社会，从而施展了自己的才华，促进了德国精神、文化和社会的繁荣与发展。他们通过自己的成就得到认可。同时，德国也接收了大量由于人道主义原因而逃亡的人，这符合我们源于基督教影响的人的责任。

307. 德国是一个移民融合的国家。融合意味着融入社会结构，以及在共同的、已有的基础价值上接受文化多样性。融合也意味着承担我们国家的责任。我们拒绝毫无联系的相互并立和不尊重我们法律制度的平行社会。要想在德国生活，就必须在不否认其来源，不放弃其根源的条件下接受并采纳自由民主基本制度的核心价值和规范。如果人权和民主出现了问题，就没有权利要求文化差异。这也特别适用于男女平等的基本原则。移居者和接收者必须在这些问题上达成一致。谁长期拒绝融合，就必须接受处罚。

308. 德语知识是融合的关键。明确的和可行的要求对我们来说不是障碍，而是社会融入的基础。我们的原则是要求与促进。基民盟支持全面的促进融合措施。融合涉及所有的政治领域。

309. 成功的融合对个人提出要求，也是社会和国家的责任，需要所有人共同发挥作用，并涉及所有生活领域。融合取决于乡镇内的共同生活。尤其对教堂、宗教组织、文化和教育机构、移民机构、媒体、体育、基金会、社团、企业以及工会提出了要求。此外，我们所有人都能够从成功的融合和受控制的移民中获益，无论是在经济和工作中，还是在日常的共同生活中。

310. 入籍是成功的融合过程的表现形式，我们认为入籍实现了平等参与所有权利和义务。它是个人生命中的重要时刻，由此来表达对德国的忠诚。入籍应当得到承认，鉴于目前入籍数量下降，需要有远见地促进入籍。

311. 基民盟推动国家融合计划，并且支持总体政治方案，将劳动力市场政策和社会政策，家庭政策、教育政策和对外政策与新的融合政策结合起来。这样我们就成为一个伙伴关系的社会。

八、德国的责任和利益

（一）欧洲是德国的机会

312. 基民盟是德国的欧洲政党。基民盟从一开始就大力推动欧洲一体化进程。它是由康纳德·阿登纳大胆倡导，由赫尔穆特·科尔在德国完成统一后进一步深化的，我们致力于继续推进欧洲一体化。欧盟符合所有成员国及其公民的利益。欧洲的强大对德国也是机遇。

313. 欧洲是一个文化和价值共同体。它通过一种自身的欧洲认同感意识将公民统一起来。民族国家和民族认同感是统一于多样性的欧洲的重要组成部分。我们大陆的共同传统、宗教信仰、思想历史基础将公民越过国家、地区、政治差别和经济差别而联系起来。

314. 基督教人性观作为欧洲共同遗产的一部分，对欧洲认同感很重要。在全球化时代，它仍是塑造欧洲共同未来的基础。

315. 出于自身利益，德国在完成欧洲统一方面必须发挥积极作用。统一的欧洲最能够在全球化时代体现我们和跨大西洋伙伴的共同利益。共同的价值、自由、民主和法治国家通过这些利益将我们联系在一起。

316. 欧洲一体化是欧洲最成功的政治史。它为世界上许多地区树立了模范，指明了方向。"二战"之后它为欧洲带来了自由、和平和繁荣。欧洲一体化是长久保持这些的关键。今天，欧盟为我们对内对外安全提供了更多保障。我们深信：欧盟是应对全球化、移民、新安全威胁、气候变化和能源安全挑战的最佳答案。

没有哪一个成员国能够单独应对这些挑战。德国及其欧盟伙伴的命运紧紧联系在一起。只有成员国共同行使主权，才能有效行使每个成员国的主权。

317. 公民的认可对欧盟来说十分关键。它必须对公民具有新的说服力，因为当今和平、繁荣和安全对大多数欧洲人来说是理所应当的。我们要利用我们的政策加强欧盟公民的信任。

318. 我们希望尤其是年轻人积极参与欧洲一体化建设。这要以强化欧洲的政治和历史教育为前提。我们要建立一个强大的有行动力的欧洲。因此，欧盟必须根据辅助性原则聚焦于那些在欧洲层面上比在民族国家及其地区乡镇层面上能更好完成的任务。因此，在欧盟协议未来发生变动时，有必要去检验任务结构，也存在将部分任务重新返回成员国的可能。必须将欧盟建设成为民主的、透明的、有行动力的、不官僚的和亲民的。

319. 要更有目标地、更高效地和更面向未来地使用欧盟的财政资金，在与各个成员国的经济力量相符的情况下，从根本上改革财政系统，而欧盟自己不必有征税和接受公共贷款的职权。在这一方面，我们也要使人们更清楚地看到欧盟有哪些优势，为他们提供了哪些未来前景。

320. 按照里斯本协议，欧盟作为一个公民和成员国的联盟，是建立在主要受基督教、犹太教、古典和启蒙运动影响的共同价值和欧洲人性观的新基础之上。基本法宪章表明了这些价值。我们支持与上帝的联系。我们坚持为欧盟制定宪法的长期目标。

321. 国家将会变化，但会长久存在。在成员国所赋予的职责范围内，欧盟根据联邦国家原则和方法工作。

322. 我们要继续加强欧盟的民主及欧洲议会的权利，欧洲议会和欧盟理事会必须根据两院制平等地致力于每一项欧洲立法。各成员国的国家议会未来也要使成员国主权转交到欧盟合法化。它们应该在控制辅助性原则和比例原则方面也扮演重要角色。公民在选举欧洲议会时的投票情况必须在欧洲议会选举欧盟委员会主席上得到反映。此外，我们支持基于个人的欧洲选举权。

323. 欧洲层面的政党促进了欧洲政治意识的形成和欧盟公民意志的表达。作为欧洲人民党的一员，我们基民盟要履行这项任务。欧洲政党要加强促进欧洲社会的开放性，例如通过强化欧洲政策中的个人责任。

324. 德国作为位于欧洲中部的国家，依赖于同邻国的友好关系。德国是欧盟中人口最多、国民经济最强的国家，我们要为欧洲一体化的成果——成为自信、开放、紧密团结的国家——做出自己的贡献。我们坚信：只有平等对待新旧大小成员国，欧盟才能取得成功。法国是德国在欧洲最重要的伙伴国。我们要扩建这层关系，使法国和德国在建设欧盟过程中继续发挥带头作用。

325. 对于我们而言，欧洲首先还是一个区域的欧洲。必须长期保持欧洲各区域和各地方的多样性与独立性。特别是在边界地区能够特别感受到和经历欧洲一体化的事实。相互认识、了解邻国地区的政治、文化、语言、历史和社会特点是跨界合作的基础。因此，我们要在边界地区促进掌握邻国的语言。边界地区和跨边界地区是欧洲一体化进程的重要基石，要有意识地发挥其重要的桥头堡作用。

326. 家乡根源、国家认同感和欧洲共同性相互补充、相互制约。我们支持国际的和欧洲的种群及少数民族保有自己家乡、自己的语言和文化的权利。

327. 在统一的欧洲，开放的边境愈来愈多，难民和种群在国与国之间发挥着重要的纽带作用。在欧洲进一步一体化过程中，那些留在德国之外自己家乡的德裔人也能够在德国和邻国间发挥积极作用。任何形式的驱逐在国际上都是非法的，受到侵犯的权利应当被承认。

328. 欧盟迄今为止的拓展扩大了稳定区域，并为德国带来政治和经济的好处。对于巴尔干半岛西部和东欧的许多人来说，欧盟是开放社会和民族和平共处的模范，是政治经济未来的希望。欧盟需要对欧洲地区的民族承担责任。

不是在所有情况下都要成为欧盟正式成员国。接受新成员的标准不仅仅是需要达到加入标准，还需要考虑欧盟自己的接受能力。我们认为，欧盟同土耳其建立优先伙伴关系是一种正确的解决方法。

329. 继续深化欧盟从根本上决定了未来的扩展进程。要加强凝聚力、提高行动力，进一步推进融合进程。欧洲的扩展进程要有利于加强欧洲认同感。结盟条约和特殊伙伴关系以及多边合作模式，如欧洲经济区，能够作为过渡或者也可作为长久的解决方案。只有欧洲国家才能够加入欧盟。

330. 直接接壤邻国的安定与繁荣对于欧盟及其成员国的安全与繁荣至关重要。因此，欧盟需要签订定制的协议，并与邻国保持良好的关系。

331. 共同的欧洲货币加强了凝聚力和成员国的经济实力。通过实行统一的货币，事实上实现了不可逆转的政治上的统一。关税同盟、内部市场和欧元从根本上促进了欧洲稳定、繁荣和全球竞争力。欧洲是应对全球化的重要部分，因为，它使得我们在国际竞争中强大。

共同内部市场的实现和继续发展仍旧是一项长期任务。不允许通过过度调控减少共同市场的收益。欧盟必须努力促进经济增长，在世界市场上立足，改善世界竞争机遇。其中还包括欧洲中央银行的完全独立性以及严格遵守欧洲稳定和增长公约。同样地，必须大力促进科研、发展和教育。

332. 技术进步是高生产率和经济增长的最重要因素。欧盟也需要实施高科技战略，以便在欧洲长期保持收入丰厚并且有竞争力的工作岗位。

333. 我们希望欧洲仍然能够保持繁荣。我们拥护社会市场经济成为欧洲经济和社会的模式。在重要的社会政策和环保政策领域，需要在欧洲范围内确定统一的最低标准，使公平竞争成为可能，缩小欧盟内的竞争差距，不过分要求成员国。我们欧盟国家只有一起，才能在全球推行受我们价值观影响的标准。在此，我们还给跨大西洋经济伙伴以优先权。

334. 通过减少规定和管理成本来扩展公民和公司的活动空间是一个重要目标。独立的欧洲标准审查委员会也能为此做出重要贡献。在将欧洲法规转换为德国法规时，需要避免过度监管。

335. 要简化欧共体的法律，提高欧洲立法项目结果评估的质量。在欧盟内部，也需要定期审查诉讼悬而未决的立法项目，就像德国通过不连续原则来实现这一点一样。我们的目标是一个具有恰当区位条件的现代化欧洲。

336. 保障内部安全属于国家和欧洲政策的核心任务。欧盟通过逐步实现自由、安全和法治的共同空间为公民享有更多自由和自由迁徙做出重要贡献。同时，能够更有效地与恐怖主义和其他形式的国际犯罪做斗争。

337. 在坚定地和积极地拥护共同价值的基础上，我们特别需要改善各成员国警察和安全部门之间的跨国信息交流。必须扩建已有信息系统，并采用最新研发技术，应对犯罪和恐怖主义的新挑战。为此，我们要加强诸如欧洲刑警组织和欧洲法庭等公共机构，以及各国警方之间紧密直接的合作。有效与非法移民做斗争，逐步发展一个共同的欧洲避难政策，在融合问题上加强欧洲层面的经验交流，这些也是我们在欧洲层面上要面对的问题。

338. 我们希望制定一个共同的对内对外安全政策，将其嵌入到一个一体化的安全战略中，还要包含能源安全和原材料安全。这符合我们国家的利益。欧盟必须根据其利益和价值，按照其人口数量和经济实力，坚定地参与全球化进程。因此，有必要创造相应政治和制度前提，使欧盟能够以一个声音发声，具有行动能力。这样，欧盟将因其在共同基础上建立地区和平制度及建立内部市场的丰富经验成为国际上受欢迎的合作伙伴。

339. 发展合作是我们广义安全概念中不可或缺的部分。欧盟是最大的捐助团体。为了保持居民对此认可，迫切需要使资金分配和资金使用透明化，并且与国家政策紧密一致。发展合作必须遵守自救的救助原则，特别是要对当地人有益，尤其是要促进良好的政治治理和有效的管理，包括反腐败斗争。

340. 必须扩建作为欧盟防御政策组成部分的欧洲安全和防务政策。我们拥护包括补充北约政治和军事援助义务的欧洲防御。因此，欧盟必须能够拥有自己的军事行动力。德国通过联邦国防军为欧洲安全和防务政策的发展做出了重要贡献。作为长远目标，我们将继续支持将国家军队融入拥有欧洲军队的欧洲安全结构。

341. 跨大西洋关系始终是德国及欧洲和平、自由与繁荣的重要基础，在未来也具有重要意义。因此，基民盟赞成在同美国的伙伴关系中重新寻找共同立场。在此，扩大我们的经济合作也愈来愈重要。我们要同跨大西洋伙伴美国和加拿大一起，在我们的价值基础上加强西方价值共同体的影响。

342. 欧盟和美国是世界上贸易和投资联系最紧密的经济地区。在跨大西洋经济关系的进一步交织发展中，我们要克服贸易壁垒，建立一个长期的跨大西洋市场。我们赞成在跨大西洋关系中自信的欧盟，作为美国的合作伙伴而不是对抗力量。

（二）支持和平和自由——德国在世界上的角色

343. 自由、团结和公正是我们外交政策、安全政策和发展政策的准则。这符合我们保证人们在德国拥有自由和安全的义务。我们要防止在我们国家出现危险，同时在世界范围内创造和平与自由，以及法治与普遍人权。这样，我们为德国同其他国家和平地进行社会、文化和经济交流创造前提条件，促进国家繁荣和社会发展。

344. 冷战结束之后，我们的外交与安全政策的条件发生了根本改变。两极世界格局已成为过去。最迟到 2001 年 9 月 11 日，自由世界认识到我们处于远离我们边界外发生的非对称威胁之中。我们要进一步加强国际关系,从而尽可能地以合作和非暴力的方式解决利益冲突。

345. 在全球化时代,每一个国家都是我们的邻国。崩溃的国家常常是跨国恐怖主义和国际犯罪的大本营。在较远的地区建立并支持国家法治和民主直接符合我们自己的利益,是积极的安全预防措施。民主和法治国家创造了我们出口依赖型的国民经济所特别需要的稳定。我们必须不仅在地区范围内,而且还在全球范围内准备好同其他民主力量一起在国际组织框架下承担责任。在此,我们遵循相互交织的安全理念:没有安全就没有发展,没有发展就没有安全。

346. 为了完成我们的国际任务,就要为外交政策、安全政策和发展政策准备好与任务和义务相适应的资金和工具。成功的外交政策需要符合我们的国家利益。为此要认识到,当我们在国际上实行团结互助时,其他国家自己就会感受到团结互助。这符合我们的利益,不要将我们的政策局限于国家范围内,而是要以公正的利益平衡为准绳。

347. 成功的外交政策以知识能力和经济能力以及社会制度和文化的吸引力为前提。为了得到我们伙伴和联盟者的信任,外交政策就必须非常可靠,拒绝国家特权。此外,外交政策还要有意志、决心和能力在同其他文化的对话中拥护我们的价值、信念和利益。我们要在德国和欧盟中加强对外交政策和安全政策的讨论。

348. 为了应对未来的外交挑战,我们要继续发展欧盟,维护并扩大跨大西洋合作关系,以及加强国际秩序。为了加强我们的经济竞争实力,我们要深化跨大西洋经济一体化。

349. 北约组织对于德国和欧洲安全来说是不可或缺的,并且是我们安全和防御政策的主要工具。北约必须是跨大西洋安全政策对话的常驻地。

350. 跨大西洋联盟是建立在世界范围内独一无二的共同价值基础上。我们要继续扩建同美国、加拿大可靠的伙伴关系和友谊。这两个国家都是由欧洲人建立的。美国独立宣言的原则在18世纪末是欧洲各国的榜样,首先是1789年在法国,然后是在德国。

我们尤其要感谢美国将德国和欧洲从纳粹和共产主义中解放出来。没有美国的支持，就不可能实现德国和欧洲的重新统一。同我们的跨大西洋伙伴美国和加拿大一起，不断寻找和拥护共同立场变得愈来愈重要。我们要在共同的价值基础上，加强西方价值共同体的影响。

351. 我们承担德国对以色列的特殊历史责任。我们支持以色列作为拥有安全国界的犹太国家的存在权。德国和欧盟需要同中东国家进行伙伴式合作，为克服中东危机做贡献，解决中东冲突。其中包括巴基斯坦国家的存在权。

352. 我们支持西方民主和受伊斯兰教影响国家的和平相处。我们尊重并重视伊斯兰世界丰富的文化传统。支持受穆斯林影响的社会中的温和力量走上法治和民主道路，符合我们的利益。伊斯兰原教旨主义和伊斯兰鼓动的恐怖主义首先是对受伊斯兰教影响的社会本身的威胁，但也是对我们的威胁。我们必须愿意并有能力，与绝大多数穆斯林人一道同伊斯兰恐怖主义和原教旨主义做斗争，并铲除其温床。

353. 德国、欧洲和西方都对同俄罗斯保持良好的关系感兴趣。我们致力于欧盟同俄罗斯在欧洲普适价值基础上建立战略伙伴关系。在此，也要考虑中东欧国家的利益。我们要同俄罗斯一起深化在经济、政治和社会方面的合作。我们要通过开放和全面的对话，促进俄罗斯的民主发展、法制国家、媒体多样性和公民社会。

354. 我们要支持我们的邻洲非洲为可持续发展、稳定和良好的政府治理所做出的努力，使非洲人民拥有更好的生活前景。我们致力于同非洲联盟紧密合作。广泛蔓延的贫穷、饥饿、缺乏教育机会、瘟疫和疾病的广泛传播仍是一个特别问题。我们欧洲不能无视非洲激烈的冲突、不稳定性和无秩序状态，它其实会对我们产生直接影响，其中包括不断增长的移民潮。

355. 我们非常重视欧洲同拉丁美洲由于历史和价值原因而建立的伙伴关系。在此，我们也要使正在崛起的国家，如巴西和墨西哥，在解决国际问题方面承担更多的责任。通过同许多伙伴政党的合作，我们为加强民主做出了贡献。

356. 为了能够应对亚洲变化所带来的各种各样的挑战，以维护我们的利益，我们必须加强欧洲同亚洲国家之间的合作，通过协作和有约束力的伙伴关系来构建合作关系。中国和印度愈来愈重要，我们支持它们负责任地参与和建设国际秩序。

357. 我们支持在世界范围内进一步裁军，加强国际军备监管，以及协调欧洲军备出口。防止大规模杀伤性武器及其核心技术的扩散，促进了世界和平与安全。我们致力于国际社会坚决一致地制裁违反国际规则和协约的行为。

358. 我们支持一种全面的、相互交织的方针——它考虑了所有的安全政策工具，并且整合到一个整体方案之中。我们需要紧密的跨部门合作，我们在克服危机时，要有效地、相互协调地使用联合国、北约和欧盟的民事及军事工具。

359. 联邦国防军的任务不能再仅仅局限于传统的在自己领土上保卫国家和联盟。在相互交织的安全理念中，联邦国防军既是新威胁下保卫国家和联盟不可或缺的工具，也是国际上所有预防危机和克服危机任务的不可或缺的工具。此外，为了实现保卫国家的目的，联邦国防军除灾难救援之外，还能在国内其他任务中投入使用。

360. 联邦国防军必须在未来也有投入能力，并且能履行德国在国际上的义务。因此，要坚定地继续改造我们的武装力量，为联邦国防军提供所需的经费。只有这样，联邦国防军才能够满足高要求的任务，德国未来在世界上才能够在安全政策上保持执行力、联盟力和塑造力。

361. 联邦国防军代表成功的民主武装力量。它完成了从恐吓部队到统一部队再到和平部队的转变，并且保持是和平部队。对于我们而言，联邦国防军仍旧是基于基本法和国际法的政策工具。

联邦国防军的战士表现杰出，通过在国外的行动提高了德国在世界范围内的威望。我们拥护兵役义务。它在变化多端的安全政策框架条件下经受住了考验，适应了安全政治的挑战，并相应地得到了继续发展。只有拥有充足的合格预备军人,才能保证联邦国防军时刻准备战斗状态和持久的战斗力,其基础是普遍兵役制。我们希望保留以民役替代兵役。这具有巨大的社会意义和青年政策意义。

362. 在解决全球问题方面,联合国具有最高合法性。联合国必须具有更强的执行力和贯彻力,以帮助实现世界范围内的人权、自由、民主和法治,并促进人类保护和国际法的继续发展。

363. 在联合国安理会改革中,我们支持欧盟拥有一个常任理事国席位。在实现这一目标的进程中,德国愿意通过接受常任理事国席位而承担更多责任。

364. 我们支持通过自由公平的世界贸易使世界经济不断融合,因此,要加强世贸组织这样的机构。国际贸易路线的安全对于德国来说事关重要。这使德国更好地参与世界繁荣。同时,自由公平的贸易推动了克服贫困,促进了那些否则就要受到失败威胁的国家的经济政治稳定。

365. 共同克服许多国家的发展问题,诸如贫困、欠发达、侵犯人权、瘟疫、环境破坏、战争、恐怖主义和国家崩溃等,是符合德国利益的。我们伙伴式合作的发展政策建立在三大支柱上:一是对遭受贫困者的责任以及基于基督教人性观对人类的责任;二是抵御风险;三是加强我们在政治、经济和科学上的伙伴关系。发展伙伴关系对我们意味着加强自身改革积极性,要求发展中国家承担共同责任。

366. 发展政策与价值相关,是世界制度政策的一部分。我们认为,自由民主、法治、良好的政府治理和具有社会约束性的、同时保护自然生存基础的市场经济制度是促进贫困国家发展的最佳途径。这一目标是我们发展政策的重要元素。长期有效的发展合作是以坚持不懈的自我努力为前提,尤其是以政治决策者和发展中国家的精英的努力为前提。我们为自救提供帮助。

367. 我们认可从事发展合作工作的人士的贡献。教堂和非政府组织直接帮助发展中国家的人民。政治基金会在促进发展中国家的国家建设、法治建设、国会与政党协商、民主原则以及贯彻人权方面发挥着重要作用。

通过改善经济活动的框架条件，私营经济能够更好地实现发展目标。与私营经济合作同与民事合作及军事合作一样，都很重要。

368. 高额的私人捐款表明人们愿意分享。国家拥有这一任务，即促进私人的积极性。我们支持将公共发展合作资金提高到占国民总收入0.7%的国际责任。

369. 安全、发展和人权是连在一起的。人权是不可分割的。当民主、自由、法治和少数民族权利面临危险时，基民盟在未来也会大声疾呼。人权和基本自由必须在全世界都优先于主权原则。我们要为建设一个自由、和平与公正的世界做贡献。

（原文出处：https://www.cdu.de/grundsatzprogramm）

（闻牧 译）

德国基督教社会联盟纲领

(2007年9月28日党代表大会通过)

前 言

我们服务于人民的政策：清晰的价值，开创的勇气！

60多年以来，基督教社会联盟卓有成效地为巴伐利亚、德国及欧洲人民制定政策。基社盟积极应对当今和未来的欧洲乃至世界的新挑战。基督教社会联盟以第六部基本纲领为刚开始的21世纪提出了指导方针。

20世纪90年代初期无疑是自由和民主胜利的年代，是人类爱好和平与自由的意志的年代。这一时代性的巨变深刻影响了基社盟的上一部基本纲领。在推倒了柏林墙并越过了欧洲中部的死亡地带之后，冷战以欧洲人民的自由而结束。经历了40年的分裂，我们又以和平与自由的方式重新赢得了我们祖国的统一。40年的分裂和痛苦在政治上被克服了。巴伐利亚又重新从铁幕的阴影中走出来，回到了统一的欧洲的中心。

回溯历史我们可以发现，祖国重新统一是怎样巨大的幸运和何等的成就。我们可以充满自豪地说：基民盟和基社盟在它们执政期间塑造了德国和欧洲历史上持续的历史性成功：国家主权重新统一、整个德国是北约成员、红军和平撤出德国土地、通过经济联盟和货币联盟而实现欧洲统一。在独裁和战争之后，在迫害和大屠杀之后，在流亡和被驱逐之后，在分裂和德国统一社会党政权之后，我们德国人民重新成为国际社会认可的和自信的一员。我们基社盟成员永远不会忘记，充满苦难的20世纪，它的最后十年对我们的祖国而言是非常幸运的十年。

每一代人都必须保护并捍卫和平、自由与人权。在前南斯拉夫的土地上，以其大屠杀和蔑视人权的国际恐怖主义，战争残暴地在我们眼前再一次展示了这一历史教训。在社会政治上，我们未来的任务是为所有人打开全球化和向知识社会及服务业社会发展的机遇之门。这一转变对德国人而言是远景和挑战。同时，人口的发展改变了我们的人口结构，因而也改变了我们社保体系的基础。德国需要面向未来的勇气和对自身的信任。对此，政治必须以长期的思考和可信的行动来做出贡献。

因为基社盟及早地认识到了时代的诸多标志，并有力、周全而及时地开始了这一转变，所以巴伐利亚能给人以卓越的未来展望：繁荣的经济、良好的教育机会、高效率的基础设施、健康的环境、丰富的文化生活和稳定的国家金融。巴伐利亚一直是值得居住和值得热爱的家乡。基社盟也希望人性化地、成功地促成更多的进步。未来需要传统的力量。未来需要对于突破和创造的勇气与决心。

我们希望能够以基督教社会联盟的第六部基本纲领成功应对21世纪初期的各种变化和新挑战。针对我们时代的诸多问题，我们将给出长期有效的答案。我们时代的问题是：我们基督教的人类观对于当今和未来的政治行动而言意味着什么？我们怎样援助家庭和儿童？我们如何使经济上的成功同强势与弱势群体、老一代与年轻一代的团结相结合？我们如何为我们的子孙辈在值得居住的故乡开启机遇和前景？

正是在急剧转变的时代里，我们的社会才需要共同的价值和目标。共同的价值和目标是人与人之间的坚实纽带。宗教、信仰、共同的传统、故乡和国家把人们以及不同代的人团结在一起。加强团结是我们作为人民党的特殊任务。

我们基社盟代表着自由和责任、现代和人道、传统和进步。同时我们知道，首先将我们联系在一起的并不是理论的纲领，而是我们每天为人类所做的工作。理念和原则如果没有正确的行动就是无效的。我们的原则在日常中得到证明。我们的责任伦理必须在大大小小的为人类和后代所取得的成功中得到保证。这是我们基本纲领的要求，同时也是我们基本纲领的谦卑之处：

我们为巴伐利亚、德国和欧洲而行动！

我们为了人制定政策！

埃文·胡伯，州议员，基社盟党主席，国务秘书

埃德蒙德·斯托伊伯博士，州议员，基社盟名誉主席，前州长

阿琉斯·格吕克，州议员，政策委员会主席，巴伐利亚州议会主席

一、基督教社会联盟的根基

——基督教的责任、自由中的和平、社会市场经济

基督教社会联盟在第二次世界大战结束之后的建立在当时是对战争与暴力统治的回应。基社盟的第一代建立者从基督教—社会的责任出发，从政治上反对纳粹主义者对人的蔑视和对上帝的不信仰。

纳粹主义的痛苦经历，诸如迫害、压迫和集中营里的牢狱之灾，深刻地影响了我们的父母。在战后初期的艰难困苦中，他们并未因穷困与痛苦而失去勇气。早在1945年秋，巴伐利亚各地的人们就为筹建新政党而聚集到了一起。

直到今天，我们巴伐利亚宪法的序言都满怀人类意识地记载着这一新开端的艰难时期和正直的态度，而基社盟也正是出于这种态度而敢于接受再度建设民主的艰巨任务：

"一个没有上帝、没有良心、没有对人的尊严的尊重的政权与社会秩序将二战的幸存者们引入了一片废墟。鉴于此，巴伐利亚人民凭着为德国后代保障和平、人道与权利等福祉的坚定决心，顾念他们上千年的历史，为自己创立如下的民主宪法。"

对于这部宪法及其价值，巴伐利亚居民的绝大多数，包括新来的被驱逐出祖国的人在内，都表示了赞同。巴伐利亚宪法义务性质的规定直到今天乃至未来都是具有效力的。即使是基本法也建立在基督教—欧洲的传统

之中，并如它的序言所说，承担着"对上帝和人类的责任"。基社盟拥护这一价值取向，奉行基督教—社会的责任。

我们党建党的第一代人经历了民主的虚弱、缺乏信仰和缺乏为信仰而奋斗的民主主义者是如何导致了纳粹主义的惨剧。在魏玛共和国，信仰的束缚和意识形态的鸿沟使政党格局支离破碎。因此，在基社盟，来自基督教两支主流信仰的人们团结为一个融合了各阶层人民的政党。

基督教—社会的人民党基社盟在原则上忠于信仰，在政治实践上具有行动力。受对公共福利的责任的激励，基社盟克服众多阻力，坚决为社会市场经济、与西方民主的联系、共同的欧洲及德国在和平与自由中统一而奋斗。巴伐利亚成功的历史使我们基督教—社会的人民党基社盟联系在一起，不可分开。基社盟以清晰的价值和鲜明的路线对巴伐利亚、德国乃至欧洲谋求人类福利的政治产生了深刻的影响。这正是我们今天和未来的职责。

二、新的挑战

——我们对未来的责任

凭借政治远见、直面令人不快的现实的勇气和有力的人道行动，基社盟坚定性地参与了德国乃至国际的政治的塑造。60多年来，我们党印证了巴伐利亚取得现代工业和出口地位以及成为教育、经济和文化之州的成功道路。

辨认出时代信息的人才能为了人类的福利而塑造未来。基社盟代表了这一点。为了人民的政治不是抵制转变，而是为了现在和未来而促成进步。这种对新道路的勇气对于每一个个体、对于我们的社会而言，都是一个精神和文化上的巨大挑战。

每一代人都必须接受自己的任务，利用自己的机会。在一个伴随着深刻转变的时代，我们要继续在这条道路上前行。

1. 福利国家的歧途

为了在未来也能够防止发生生存的困境和贫穷，对于基社盟而言，德意志福利国家是我们社会秩序的一大支柱。基督教的博爱使创造社会稳定和团结互助成为义务。社会稳定是人们能够独立为自己负责地生活的前提条件。

基社盟希望能为所有人开启前景和机遇。然而在德国，太多公民被排除在对工作生活和社会的参与之外。太多人长期依赖社会福利基金。太多人承受着失业之苦。

在德国，人们缺乏机会首先并不是全球化的结果，而是政治的错误导向的后果。一个原因就是对负责一切的"祖国"的错误信仰。福利国家的政治歧途削弱了个人的主动性，埋葬了个人的社会责任，并且将人带入错误的依赖性之中。一种继续扩大对国家要求的政治虽然方便舒适，但却要弱化我们国民整体，而且对于个人的帮助亦难长久。

我们只有凭借变革的力量方可使国家在其核心任务上更加强大，保障对弱者的援助，使机会平等成为可能，促进人的发展，赋予人为自己负责的能力。因此，我们必须决定并解释，哪些方面必须由公民为自己负责以及什么是不堪重负的，国家在未来不能继续提供的。只有个人对生活的自我负责首先得到满足，社会福利国家才是所有人的利益所在。

2. 人口发展

与上几个世纪相比，人们的寿命更长了，而且其生活水平之高也是过去难以达到的。老年人的工作力量、生活经验及其社会投入丰富着我们的集体。更高的预期寿命无论对个人，还是对家庭以及对我们整个社会而言，都是一笔巨大的财富。

同时，自20世纪70年代以来，在德国出生的婴儿比之前几十年要少得多。更低的出生率和更高的预期寿命的同时出现改变了我们的社会并将对未来产生决定性的影响。

在社会保障体系中，愈来愈少的缴费者必须为愈来愈多的接受服务者提供资金。今天较为年轻的、人数较少的一代为过去的债务和利息所累。许多年轻人担忧他们的未来。家庭和孩子受到忽视。年老的一代则担忧自己晚年的保障。人口发展使得合理的代际合作关系在一个适应未来的社会福利国家里成为今后几十年里具有决定性意义的社会问题。

在一个不断老龄化的社会里，人们和他们家庭的需求也发生了变化。对于这一新的需求以及在基础设施、经济生活，尤其是地方政策方面任务的改变，我们必须给出政治上的答案。

3. 全球化

不同文化的碰撞、世界范围内的信息交换、共同的欧洲以及经济和科学的全球化是我们时代的特征。愈来愈多的人和民族能够生活在民主和自由之下，而那些不被允许这样做的人，也愈来愈多地为此而奋斗。合作伙伴在全球范围内开展合作。数百万人越过大陆的界限而相互认识。这一发展是各民族之间相互理解的一个巨大的机遇。

全球化不仅是一个经济上的挑战，同时也是一个文化上的挑战。我们必须将故乡和文化的多样性理解为我们世界的面孔。只有明白自己文化的价值的人，才能宽容地并且站在他人的立场上来看待世界。面向世界和热爱故乡是一致的。对自身文化的珍视有利于身份认同并增强凝聚力，而这是与其他不同文化对话的前提。我们必须尽一切努力，使得文化差异不被滥用作敌对意识和带有侵略性的排外行为。

出口和世界贸易保障着德国的就业岗位。德国属于开放型市场的受益者。全球化带来多种新的可能性，但是我们也同样了解人们对风险、负担和消极影响的恐惧，它们是经济结构飞速转变的后果。在信息社会和知识社会中，世界范围内的旧事物愈来愈快地被新事物取代。每一个个体，每家企业和我们整个社会都置身于围绕教育、创新和就业的全球化竞争之中。

本着人的利益而塑造全球化的发展和结果，这是整个社会的任务。而通过有力的政策去克服全球化赢家与输家之间的分裂，则是基社盟的要求。创新创造机遇，知识造就财富。只有凭借勇气和行动力，我们才能够保障我们的生活水平和我们社会福利的未来。

我们必须为维持人类的生存基础做出贡献。我们只有凭借国际合作才能保障我们自己的未来。尽管有些事情看起来十分遥远，但它却直接关系到我们巴伐利亚和德国。公平竞争需要规则。自由贸易和经济利益不允许导致无视对人权的损害与对自然的掠夺式开发。投身于保护人权、保护环境与气候以及世界海域、发展合作与国际安全，所有这些都不是区域性的任务，不是不同世界的任务，而是我们共同世界的艰巨任务。

4. 对和平的新威胁

全球化为国际合作及更多的世界和平创造了新的可能性。开放的边界使人们比以往任何时候都离对方更近。但同时又出现了保护宗教个性和文化个性的要求。一种畸形发展是敌对意识的形成，这种敌对意识是与侵略性的封锁甚至有暴力倾向的不宽容相联系的，这在向伊斯兰极端主义发展的过程中最为明显。

相互联系在一起的世界并非是田园式的村庄。共产主义崩溃之后，许多人对民主在世界范围内的胜利及自由和平的世界新秩序寄予希望。这一希望并未得到实现。"冷战"结束后，众多处于瓦解之中的国家、关于水及原料分配的斗争、环境危机、大规模的移民迁徙以及种族的和文化宗教的战争正威胁着世界和平。参与者不再仅仅是国家，还有种族的和宗教的原教旨团体、私人的战争团伙以及犯罪和恐怖网络。

传统意义上的民族国家已经不能再独立保障其公民的安全与自由了。由于国际恐怖主义和大规模杀伤性武器的扩散，内部和外部安全的界限已经是流动的了。这一危险也直接威胁着德国人。因此，在国际合作中事先避免并积极预防冲突十分必要。

5. 气候变化和受损的生存基础

全球的气候保护是当今和未来的一项全面的生态任务。气候变化具有生态、社会和经济后果。气候变化的主要原因是地球的过度开发和大气层中不断上升的温室气体浓度，生态系统由此失去了平衡。保障工业国和高增长率的新兴工业国中稳定而环保的能源供应是一个急迫的挑战。

我们对我们行为的长期后果是负有责任的。但对于我们的不作为，即对于我们不作为或阻止作为而贻害子孙，我们同样负有责任。与我们传统的、基督教的价值取向相符的预防性的环境政策是必要的。我们必须凭借所有个人的和政治的决定，来正确对待我们对世界万物和对保护自然生存基础，如水、土地及空气所负有的责任。

6. 对后代的责任和关怀

我们对前几代人的建设功绩心怀感激。过去的几十年为我们民族的大多数人带来了更多的教育、更多的个人发展机遇和不断增加的社会保障。但是这种发展是同我们寅吃卯粮并极大加重后代负担的生活方式联系在一起的。由此，我们的责任又增加了一个新的维度。我们必须对未来负责，为实现可持续的发展而改弦更张。

无论作为生活中的个人，还是作为国家和民族中的共同体，我们必须在所有的决定中都表现得如同有责任意识的家长对待他们的孩子那样。我们希望我们的子孙辈能有一个美好的未来。这就要求自我约束和预防措施。自我约束的意愿是一种传统的态度，我们基社盟为之承担责任。

对未来的责任不仅仅是对当今消费的限制。我们为代际之间公平所付出的努力也意味着为了美好未来而投资，意味着通过创新为人类创造机遇。我们必须在今天就为明天的丰收播下种子。

三、基督教的价值、自我责任和团结
——我们的方针：团结互助的效益社会

出于基督教的人类观，我们主张自我责任和团结互助。它包括对上帝的责任、对人类的热爱、对生命的保护、对未来的责任、可持续性、代际公平、文化凝聚力和爱国主义。我们认为一个充满活力、公平正义的社会的榜样是团结互助的效益社会。它是与基督教人类观紧密联系并以此为价值导向的社会和经济秩序。通过这种秩序，我们为自我负责地生活和公平地参与所有进步创造前提条件。

1. 基督教对上帝和人类的责任；"C"是我们的方向和义务

我们党名称中的字母"C"是我们政治行动的基本方向。我们的基督教价值取向对自由、和平、正义、保护生命和保存世界万物具有长久的有效性。

基督教的责任使得每一个行动都必须对上帝和人类负责。

基社盟中的基督徒出于自己良心的信念，自负其责地行动。在此，基社盟对所有认同我们价值和目标的人都是开放的，不论他们个人的信仰是什么。

对基社盟而言，基督教的人类观是具有决定性的准则

我们人类观的基础在于具有犹太根基的基督教中。我们行动的准则和方向是自古希腊罗马文化、人文主义和启蒙运动发展而来的基督教的人类观。我们认为：所有人都是独一无二的。这证实了他不可夺取的尊严。不论人们的出身、语言和肤色，不论他们的性别或宗教，也不论他们在身体上或精神上的强弱，所有的人都有权要求同等的自由、权利和在法律面前的平等。我们行动的基础是符合基督教人类观的：自由与责任、互助精神、机会平等及作为责任原则和结构原则的辅助性原则。

我们的人类观从个人的自我责任出发

人注定是要求自由和自主决定权的。首先，怎样发展和使用他的能力，怎样塑造他的生活，这些都是每个人自己的责任。只有这种自由和自我负责的生活态度才使个人发展个性成为可能，而且意味着一种自我实现，这种自我实现不以他人为代价，反而对他人有益。每个人都对自己和他身边的人负有责任。因此养育和教育必须促进自主的和承担社会义务的人格的发展。基社盟重视独立和为自己负责的人。

基社盟主张信仰自由、良心自由和宗教自由

基督教的价值取向是我们社会团结并与其他文化及价值观进行充满敬意的对话的精神和文化基石。人源自内心信念的宽容是一个人道的社会不可或缺的基础。

对我们而言，政教分离和宗教与政府之间合法的合作同样重要。基社盟致力于增强宗教团体和教会发挥公共影响力的可能性，拒绝按照政权归还世俗主义理解公共领域和国家。宗教自由不得与人权宪章、基本法、巴伐利亚宪法及我们的法律相违背。

基督教的宗教课和教室里以及所有公共建筑里的十字架都是不可或缺的。大多数人通过宗教来寻求精神支持并希望通过宗教来得到方向。国家的任务在于注意到这一点并为其发展提供空间和必要的保护。我们的国家依赖于它自己并不能创造的价值。因此我们社会秩序的基督教根基必须得到保护和促进。我们名称中的字母"C"即代表这个意思，我们基社盟为此而工作。

2. 对生命的保护

每一个人都是上帝的所造之物。我们基督教的人类观和我们的宪法要求政府、政治和社会履行保护人的生命、改善人的生活的义务。我们希望的是对人的生命由出生到死亡的一种有力的保护。

通过科学进步所获得的知识可以提供帮助与治疗，在为这种帮助与治疗的可能性和保护生命争取必要规则的过程中，基督教的人类观是基社盟的基础。与科学研究相比，对人的尊严进行不受限制的保护和不可支配人的生命这两条具有优先权。

人的尊严和人对生命的权利属于所有人，不论是已出生的，还是未出生的。尚未出生的孩子从一开始就是人，堕胎即杀人。保护和促进生命是法治国家和福利国家的义务。我们要为此做出贡献——使我们的社会找到通过咨询和具体帮助而显著减少堕胎数量的方法。我们帮助家长，使他们同意保留尚未出生的孩子。根据巴伐利亚怀孕咨询法提供全面咨询服务是一个重要基础。在紧急或者冲突的情况下，我们鼓励留住孩子并为家长提供具体的帮助。即使孩子出生之后，我们也对家庭尤其是单亲家长进行陪伴和支持。每一个孩子，即使尚未出生的可能残疾的孩子，都有生存的权利。

即使在极端情况下我们也支持保护生命，不论那人是虚弱、生病还是残疾的。占据中心地位的始终是具备人的尊严的人。每一个人都有尊严地生或死的权利。我们支持缓和医疗、临终疗养所及其他形式的临终关怀机构的建设。充满尊严的死亡包括遵照即将去世者的意愿，尤其在涉及延长生命的措施方面。我们坚决反对所谓的"安乐死"。

对我们而言，对生命的保护优先于任何功利性的思想。对我们而言，每一种对"值得活的"或者"不值得活的"生命的区分都是对人性的违背，我们将用所有的政治和法律手段来与之斗争。

3. 可持续性，代际公平，长远思考与行动

基督教—社会的政治建立在我们对未来的责任之中。对基社盟而言，可持续性是一条基本的行动准则。我们希望为未来的几代人增加生存机会，而不是消耗它。可持续性对我们而言意味着既保守地，同时又进步地、怀着开创新路的勇气去行动。

基社盟奉行考虑长远的政策——为了高效的经济、健康的环境、稳定的国家财政，为了年轻人和老年人之间以及没有孩子和有孩子的家庭之间的负担公平，为了长期有效率的和创新的社会。我们不仅为今天，也为明天而行动。

基社盟作为下一代的维护者而行动。我们民族的人口发展将导致未来德国在职人数的减少，这同时也意味着退休金、健康以及护理等社保系统

的重担将落在愈来愈少的人的肩上。仅此一点我们就必须加以应对并关心代际公平。

对当代的所有政治行为都必须衡量其对下一代的积极和消极后果。我们希望在我们所有的决策中都使对生态、国民经济和社会的长期影响透明化并将其记录在账。

世界各民族都有签订可持续发展契约的义务。基社盟在巴伐利亚、在德国和国际层面追求这一目标。国家必须始终如一地行使它对可持续发展的保护和指导职能。

出于对后代的责任而平衡财政预算

我们希望为子孙后代留下机遇和前景。我们不愿以未来为代价而生存。在早先的几十年里，城镇、各州以及联邦在很大范围不断通过新的债务来为自己筹措资金。而我们在巴伐利亚则实现了没有债务的、平衡的州财政预算，并且想要长期保持下去。

为了当前的消费而举债是不被允许的，因为它意味着继续增长的利息负担。如果今天的这些费用为明天的后代增加负担，它是不道德的。平衡的财政预算是对代际公平做出的基本贡献。

我们希望长期地削减债务

在国家的所有层面上以及对国会的所有决定，我们都要求一种严格的稳定性文化。各州、联邦以及社会保险都应该只在特殊的危机时期才举新债。我们必须量入为出。长期而言，以下几点必须有效：消除债务，减少利息，给未来更多的可塑性，给未来更多的投资。

我们基社盟制定可持续的财政政策。稳定的财政是面向未来的政策，它出于基督教—社会的责任。

未来对于我们的子孙而言应该是开放的

对我们而言，重点并不是财富的数量，而是持久的生活质量。我们对自己、他人和后代的生活负责地行动。我们的可持续能力来自责任和自由的结合。基督教社会联盟将自己理解为可持续性的政党。

4. 效益与团结互助的结合

团结互助的效益社会是强大的和公益的。

我们凭借互助的效益社会来实现尽可能使所有人都参与经济和社会进步。我们凭借互助的效益社会，既为弱者也为强者创造机会平等。

互助的效益社会是我们针对过去几十年的畸形发展给出的答案，在这几十年里，我们社会秩序的基础被改变了：对于团结互助的要求过于频繁地被置于自我责任之前，效益和创造效益的动机对于人的意义常常被错误地认识，辅助性原则受到损害，自由被限制，造成了依赖性。

改变和竞争的动力极大地提高了对个人、经济以及国家创造效益能力的要求。与这一发展联系在一起的是新的社会紧张关系。但是效益和互助不允许被理解为相对立的两面。只有当我们有创造效益的能力时，我们才能在社会层面为那些真正贫困的人而行动。只有将效益和团结互助结合起来，我们才能赢得公民的信任并说服他们一同走革新之路。

基社盟将一种强大的效益文化和一种强大的社会文化结合起来。

强大的效益文化

一种强大的效益文化为生活标准和生活质量、为经济成功和社会稳定创造前提条件。只有效益和工作才能发展成帮助弱势群体的力量。在发展并投入我们的能力的时候，我们发挥了我们的个人品质。这对所有的才能、所有的工作，对家庭和义务工作的投入而言都是这样。自己奋斗的意愿和愉悦是自信和满足感的根本前提条件。过低的要求与过高的要求一样使人产生挫败感。不需奋斗的过度富裕导致厌倦，也导致破坏性的行为。教育人独立而积极地塑造人生无论对个人还是对我们的社会而言都是一个重要的基础。

我们愿意支持每个人发挥自己的才能。我们要求自主和自我责任并为之创造有利条件，这是人道主义的要求。我们创造自由空间并实施绩效激励，这是公平的要求。我们提高效益，而效益必将获得回报，这是理智的要求。

谁要是根据自身的天赋过上最好的生活，并且其自我发展不以他人为代价，他就为共同福利贡献了很多。基社盟支持自由竞争的精神。将自己与他人比较，向更好的事物学习，这是人类自从儿童时代起就有的内在动力。竞争具有激励的作用并且释放力量。理念和主动精神的竞争是成功和社会富足的基础。基社盟支持对竞争和个人奋斗的积极态度。

每一个共同体都依赖那样一些人而存在，他们在履行直接的义务之外做得更多。对基社盟而言，所有投身事业并且负起责任的人都属于效益精英。在互助的效益社会这个意义上，效益精英也必须是责任精英。责任精英是青年的榜样及其塑造人生的指导。

我们致力于在我们的社会中创造一种效益友好的氛围。实现效益、推动效益、承认效益，这将为一个更好的未来创造动机和力量。

强大的社会文化

人并不是只为自己而生活的。每个人都需要集体。人在转向其他家庭成员、邻舍、家乡和民族的时候才找到生活的意义。成功的人生需要社会的人生。

社会文化包括对国民整体的责任感，这就是说，自己对共同福利感到负有责任并投身其中。互相承担责任是人道社会的基础。我们的孩子和青年人通过家庭、学校、教会和各类协会中的好榜样学到自愿地为他人和集体而投入的高尚价值。这是社会教育的核心。把社会行动对于个人生活的价值教给所有孩子是我们的社会与家长、教育者和教师共同的义务。曾经体验到为他人付出而感到幸福的人，就会感到社会责任是对个人的丰富。

加强集体生活和公民责任感；走人性化的人际关系之新路

社会政治必须根据公平正义和人道的原则来塑造经济和社会的转变。在我们州，政府的社会支出只占团结互助支出和我们州人道支出的一部分。我们寄希望于除此之外的生活中的团结互助，特别是对弱势群体的帮助，寄希望于存在于家庭、社会、邻里关系、义务工作之中的社会团体的力量。这里，人道是在生活之中的。

工作生活所要求的机动性和灵活性、人口的发展和福利国家必要的新秩序使得社会创新和技术创新成为必要。基社盟愿为积极参与、集体生活和团结开辟新的道路。我们支持公民自愿的奉献，不管它是传统的还是新的形式。基社盟提升社会责任中的愉悦感。

维护社会关系对于自身的生活质量而言是至关重要的。由于人口的发展以及家庭和亲戚关系网的弱化，这样一种集体生活是一笔重要的个人未来投资，也会保护自己不受孤立。诸多的社会团体促进团结、指明方向，同时也是社会文化生活的源泉。一种良好的社会文化对工作中的人际关系、对人性化的领导方式、对劳动者之间的团结互助及雇主与劳动者之间的伙伴关系也是影响深远的。

一个人道的社会需要人性的尺度

现代世界不断变化，许多生活领域之间的界限被打破，这些必定需要有意识的限制来平衡。人性的尺度为经济利益和职业领域设置界限。在这里，我们看到我们政策中一个不可缺少的保守的因素。

为了社会的集体生活和共同地投身于某事，人们需要足够的、共同的时间。为此，在其宗教意义之外，周日和节假日作为共同的、自由的时间是十分重要的。有助于集体的还有传统、习俗以及节庆等重要的社会文化因素，也必须为这一切留有充足的时间。

更多的机会以及强者和弱者之间更多的机会平等

基社盟要求机会平等。每个人都应该可以分享我们时代的诸多可能性，并根据其天赋使自己获得相应的能力。基社盟愿意为所有人创造机会，不论其社会和文化出身、不论其性别、也不论其属于哪一个年龄的群体。

机会属于所有人！这是我们政策的高远而宏伟的要求。只有存在机会，人才能有机会。因此，经济政策、教育政策和社会政策三者密不可分。

不是社会主义，而是所有人的自由和机会

机会平等的目标对所有人而言都是好的初始条件。互助的效益社会之中的机会平等是我们与社会主义弯路相反的基督教—社会的模式。为了使社会主义的意识形态永远不能再度以其虚假的承诺来引诱人们，基社盟愿意为此做一切努力。社会主义就是不自由和压迫。我们拒绝一种以国家的强制性暴力而实现的社会主义的平等。谁要是想让所有人都一样，谁就削减了个人的基本权利，阻碍了自由发展，也以此埋葬了所有人帮助弱者的力量。谁要是想让所有人都一样，长此以往就会使所有人都穷困并且依赖于国家。

基社盟愿为一个有效益的、团结互助的国家创造自由并承担责任。我们以效益和团结互助创造社会安定。

5. 辅助性原则：自我责任和更小的单位优先

基督教社会联盟政治思考和政治行动的出发点并不是国家或者经济，而是人。我们注重个人的发展和团结互助、自由决定权和塑造自由权。其他政党更注重于国家行动和国家进行的调整。与此相反，我们推动个人行动力和个人天赋的发展。因此，基社盟的政治指导方针是一以贯之的对辅助性原则的应用。每个人首先对自己以及他人负责。较大的单位去接管较小单位也可完成的任务和可以履行的职权，这是不被允许的。由此出现了公民与国家之间的任务分配。个人所能做的事情，不允许推卸给集体。

辅助性原则促进和要求积极的、自负其责的和自信的国家公民。尽其所能靠自己来塑造并保障自己的生活，而不是盼望国家的救济。只有凭借这样的公民精神，我们才能为帮助那些实在难以自助的群体提供足够的社会力量。担负更多的自我责任，个人并不感到自己是时代转变的消极牺牲品，而是进步的积极参与者。我们为了公民的自由和责任而行动。我们赋予公民的主动精神相对于国家干预的优先权。国家应该推动私人主动精神的发展并为之创造自由空间。

辅助性原则是使我们国家重新充满活力的普遍方法

对德意志联邦共和国的联邦制结构和公民与国家之间的任务分配而言，较小单位相对于较大单位的优先权是具有决定意义的。辅助性原则也属于社会市场经济的基础之一。然而经过几十年的时间，愈来愈多的任务被堆积到国家身上。这导致了愈来愈多的集权主义和不必要的官僚主义。这种对辅助性原则的背离是引起我们国家诸多畸形发展的一个重要原因。基社盟主张回归辅助性原则。

辅助性原则及其带来的更多分散的、个人的责任是我们针对现代文明中与日俱增的人际冷漠问题的答案，也是我们替代不透明的庞大结构的方案。我们不能通过愈来愈多的集权来解决交错的、复杂的政治任务。通过分散的、地方的决定，我们能离人们更近，离他们的忧虑和困难更近，也离最好的解决方案更近。我们能获得关于事物的更精确的认识，也能获得关于自身行为和其后果之间相互作用的更精确的认识。

为了内部稳定和发展的自由，需要更多地实行辅助性原则

辅助性原则使承担责任的意愿成为可能，并且能够增强这种意愿。国家和社会的稳定结构只能由较小的单位向较大的单位发展。因此我们通过引入更多的自我责任来增强我们国民整体的内在稳定性。同时，我们通过更多地实现辅助性原则来推动每个个体在其社会位置上的有力、创新的行为。辅助性原则既意味着发展的自由，同时也意味着为社会承担责任的义务。

6. 未来需要文化和集体的力量

基社盟拥护巴伐利亚在多元文化中的特殊国家意识，拥护文明的民族意识，拥护爱国主义，拥护德国为欧洲和世界所做的积极贡献。基社盟理所当然地热爱家乡巴伐利亚和它的人民。但同时，基社盟拒绝任何民族主义，因为民族主义贬低其他人民、文化和民族，而且是侵略和冲突的温床。对我们而言，出于对国家的热爱、出于自己历史的意识和对自己未来的责任而行动就是爱国主义。这条纽带越过时代而将我们民族各代人凝聚在一起。

在这个全球化的世界上，人们在故乡和民族中找到依靠和安全感。如果没有牢牢地扎根在自己的文化与认同中，如果没有共同的价值，就没有社会的团结。在变化的世界中，我们希望保持我们民族的认同感，保护我们社会的人性，并且维护我们文化的独特性。

基督教—欧洲的价值引导着我们的行动

我们的价值和标准植根于欧洲历史之中，植根于基督教人道主义的巨大遗产之中：自由、人的尊严、人权、保护生命、保护万物、男女平等、博爱、宽容和政教分离。这些价值和标准属于我们民主法治国家、巴伐利亚宪法、基本法和欧洲各民族价值共同体的价值基础。我们在这些价值之上建设未来。

对其他文化的尊重始于对自身文化的尊重

我们在巴伐利亚和德国的文化认同不仅仅是一个宪法上的共识。故乡意味着共同的语言、共同的日常文化、共同的历史兴衰。古巴伐利亚人、施瓦本人、法兰克人和苏台德地区德国人的多样传统赋予了巴伐利亚一张独一无二的脸孔。方言、民俗和巴伐利亚文化史都属于故乡巴伐利亚。

我们的文化认同为我们与其他文化进行自然的和自信的交流提供了坚实的立足点。学习其他文化不意味着忘记自己的文化。宽容不是随意。宽容也不意味着可以无视不宽容的现象。宽容需要有强大的民主政体来抵抗暴力和仇恨。

我们尊重其他文化，但同时也要求融合的意愿。我们希望的是友好互助的共同相处，而不是相互并立。我们强化并保护我们自由民主社会秩序的文化价值和社会价值，并且在任何威胁面前都将有力地捍卫它。

四、强大的国家—活跃的公民社会

我们巴伐利亚人为我们的自由国家和巴伐利亚上千年的国家历史而感到自豪。国旗和国歌是巴伐利亚所有公民和地区共同性的标志。同样的道理也适用于德意志民族国家和德意志民族。我们的国家不仅仅是共同利益的表达，而且也是所有公民的命运共同体。对巴伐利亚和民族的共同归属感发展成为国家公民之间特殊的团结互助精神和我们与共同国家的联系。

1. 具有行动力的国家保障自由和共同福利

在基督教社会联盟的理解中，国家必须能够对人民负总责并且支持公民自由发展其力量。对我们而言，一个国家的质量不在于它对公民关照的量，而在于人们过上自由的、负责任的生活的机会。

国家最重要的任务是保障和平与自由。内部和外部的和平是生活自由与富足的前提条件。国家必须合理平衡各种利益，并且通过反对某些个人和团体的利益而贯彻共同福利。

国家必须在我们自由民主宪法的价值联系的基础上为个人、社会、经济生活和政治提供具有约束力的制度框架。在21世纪，国家也面临着重要的安全任务和调控任务。

具有防御力的民主并捍卫我们与价值相联系的制度

基本法和巴伐利亚宪法是基督教—欧洲价值传统的结果，是基督宗教、启蒙和人道主义的结果，也是这些价值被纳粹主义粗暴反对的经验的结果。国家在世界观上是中立的，但是并非在价值上也是中立的。政治和国家必须在我们自由民主宪法的意义上做出清晰的价值判断。

基社盟致力于在政治或宗教极端主义者面前有力地捍卫我们的民主和我们法治国家的价值体系。国家不能仅仅保障个别人的自由，而且也要贯彻民主的大多数的意志并同时保护少数派的权利，只有这样，国家才能保证内部和社会的稳定。因为只有民主的法治国家才能保护内部的稳定和公民的自由，所以基督教社会联盟坚决反对一切尝试暗中损害我们自由民主基本制度的行为。只有一个由价值决定的、具有防御力的民主才能不成为其自身自由的牺牲品。

对于我们共同体的规范和伦理的基础而言，我们的国民经济与其他社会制度的全球性竞争和在生物技术、基因技术及其他领域的技术进步也是一个挑战。在全球化的竞争压力之下，基社盟反对国际层面上可能的错误的标准制定，捍卫基本法和巴伐利亚宪法中与价值相关的制度。

加强法治国家和司法体系

一个强大的法治国家是自由、安全和公平的基础。独立的司法体系和法律维护是人权保护和经济与社会富裕的基础。

不仅是德国过去一个世纪的历史，也包括国际比较都表明法治国家和独立司法体系的崩溃会给人类造成多么灾难性的后果。国家权威的毁灭，比如国家集中权力的毁灭，将导致社会秩序的解体，并由此退回到强者对弱者的丛林法则上。

基社盟反对那些企图尽可能弱化国家并由此使强势群体取得不受限制的优先权的观点。我们想要一个有行动力的、专注于其核心任务、要求并促进公民负责地行动的国家。

公民自由的内部和外部安全

我们的国家是社会的法律制度与和平制度，这个社会是由自由的、负责的公民组成的。但是，公民只有能够生活在安全中的时候才是自由的。在暴力、犯罪、违法和极端主义面前，公民权利和公民自由必须受到保护。只有一个有行动力的、有防御力的国家才能保证自由。没有内部和外部的安全，就没有自由。

安全作为社会基本权利

对基社盟而言，内部的安全是所有人的社会基本权利。在犯罪威胁下，国家可能分裂为两部分：一小部分人可以用钱买来安全，而更大一部分缺乏国家权威保护的人则必须为他们身体的不受伤害和财产及资金安全而担惊受怕。基社盟希望的是所有公民的安全。

内部的安全对基社盟而言具有非常高的地位。为了使巴伐利亚在未来也属于德国最安定的州之一，我们愿意做一切必须的事情。法律法规的贯彻、国家权力的集中和个人财产的保护是我们法治国家的基础。我们不接受不受法律限制的、被警察和政府机构放弃的空间和城区。我们做警察的坚实后盾。基社盟支持有效率的、积极的、有权威的警察部门。警察和司法必须获得有效制止犯罪行为的所有必要的、现代的工具。违法犯罪必须无利可图。

国际上有组织的犯罪和日益增长的暴力倾向威胁着公民的安全。因此，我们要求在国际层面上制定的安全政策和各安全机构之间有更大改善的合作。

我们特别关注的一件事情是对受害者的保护。对基社盟而言，对受害者的保护先于对肇事者的保护。除了坚定地与犯罪作斗争之外，我们致力于对犯罪和暴力行为的预防。我们希望根本就不让犯罪行为产生。正是对于青少年，我们希望通过教育来给他们传授我们共同生活的规矩。因此，我们坚决反对任何对所谓的轻微犯罪行为的容忍。基社盟代表着一种反对不宽容、反对暴力和反对任何犯罪行为的关注型文化。在巴伐利亚，成功的安全政策和始终不渝地执法的座右铭是：防微杜渐！基社盟是并且将一直是内部安全的政党。

保障生存基本需要并为未来做准备是国家进一步的任务

国家退回到主权任务并且局限于此，比如保障内部和外部安全，是错误的。现代国家的任务还包括保障生存基本需要并为未来做准备的任务：教育，科学研究，基础设施的质量比如交通、信息网络，水和能源以及必要的消费者权益保护。基督教社会联盟主张通过环境保护、稳定的国家金融、为现在和未来的人们创造机会来实现代际公平的国家。基社盟的准则是生存和经营不以未来为代价。

国家必须为经济生活和劳资双方设立一个制度框架，为公平竞争制定规则并加以实施。基本法的福利国家原则规定有义务建立一个公平的制度，并为所有不能靠自己的力量保障有尊严的生存的公民承担起特别的责任。

国家应该推动当代的文化生活、现代艺术、传统和历史意识的发展。基社盟希望在我们的家乡加强团结和文化认同。促进语言、传统和民俗符合巴伐利亚宪法对我们文化国家的要求。

公民教育和传授我们自由主义国家制度的价值基础对于一个开放而多元的社会是特别重要的，对于不同宗教和文化背景的人们之间的共同生活也是不可缺少的。国家必须保护少数民族的权利。国家通过政教分离保障了宗教自由,就像它也必须捍卫言论自由一样。保证对个人尊严的保护是国家的核心任务之一。

高效益的管理

基社盟知道公共服务机构中积极的、受过良好教育的、对公民友好的工作人员的意义和贡献。我们支持公务员为公共福利所做的重要工作。高效率的管理是德国在国际竞争中一个巨大的区位优势。

简化官僚机构的长期任务

过于频繁的调控会损害公民的主动精神和企业活动。我们希望继续减少不必要的调控。简化官僚机构是基社盟的一项长期任务。为此,我们将在政府和议会中提出更多的建议。我们希望国家把它的财力和人力集中运用于增加公民和企业的发展机会以及保护弱势群体。有效地简化官僚机构并进一步减少调控只有在所有公民和企业都愿意负起自己的责任的条件下才有可能。国家必须为公民投身于公共事业创造自由空间。基社盟相信公民的创造力和责任。

更少的国家行为,更多的力量用于国家的核心任务

基社盟的政治目标是:国家只在必要的情况下才为公共福利采取行动,而私人只要有可能就尽可能多地采取行动。辅助性原则也意味着,公共福利工作中的国家责任并不与国家行动和公共载体是同一个意思。对基社盟而言,私人载体并不是权宜之计。在对公民和公共福利义务的自由空间的权衡之中必须决定哪些任务是公民、民间机构和企业应该交给国家的。为保障公共福利,国家总是必须发挥恰当的调节和控制功能。

垄断使争取更好解决方案的竞争瘫痪。这也适用于国家的垄断。国家应该是争取最佳解决方案的竞争的守护者和赞助者。它不能越俎代庖地妄图控制每一个细节和阻止每一个故障的发生,因为这在趋势上会降低社会的活力和减少人们的独立行动。国家应该有效地调控,但是要更少地自己行动。这意味着更多个人的自我责任，但是也意味着在其核心任务上更多的国家力量。

强大的联邦主义作为多样性中的统一

辅助性原则意味着在国家和社会中较小的单位相对于较大单位的优先权。我们保卫并加强地方自治、保护各州相对于联邦的联合自由，捍卫欧洲联盟的分散结构。

出于历史上形成的巴伐利亚国家意识，基社盟坚决支持强化联邦主义。联邦主义保护了德国的文化和精神多样性。它分权于州，保障了民主舆论形成的多元性，促进了各州为人民争取最好的解决方案的竞争。

基社盟希望保持各州的自治，并将所有它自己可以解决的任务交给它自己。巴伐利亚的成功历史表明，只有走自己道路的自由才能产生与其他人互助的力量。基社盟认为各州之间的财政平衡是民族团结互助的表现，但是基社盟也要求一种国家稳定公约，它对持久且代际公平的财政政策加以保障。平衡且没有新债的财政预算必须是所有联邦州的目的。

加强各级议会

基社盟主张一种国家制度，在这种制度之下，政治决策是在各级议会中做出的，由此也就是以尽可能透明和接近公民的方式做出的。我们为在各个政治层面上做到议会职责明确，没有责任混杂而工作。公民必须知道谁负责什么。分散的结构增强了被选出来的人民代表的责任，增强了公民的民主监督，由此也增强了我们各乡镇、各州、联邦和欧洲的民主制度。

充满活力的民主的地方自治

作为地方的自治机构，乡镇、城市和县具有特别的性质和任务。我们认为，法律和财政方面强大的地方自治是辅助性国家的基础。这里产生了地方与国家之间最强大的联系。

凭借积极的和共同负责的公民的力量，在地方上为富有活力的共同体打下了基础。我们希望继续加强公民和国家在作为公民责任共同体的乡镇、城市和县中的合作。

基社盟在市长和县长的直接选举中、在与个人密切相关的地方选举权中、在地方层面上的公民愿望和公民投票中看到了重要的、民主的合作可能性。

担负国际和全球责任的国际性行动

巴伐利亚人民和德意志人民是国家的民主主权者。虽然民族国家将政治职权交给了欧洲联盟和诸多的国际组织，但是民族一直是人类影响力巨大的责任共同体和互助共同体。愈来愈多欧洲层面上的决定对于公民而言并不像在民族国家里一样透明和可以民主监督。

基督教社会联盟塑造高效率的国家并且为了内外都具有行动力的欧洲而努力。在此过程中，基社盟相信，只有在加强了的欧洲合作和全球合作之中才有可能长期保障自由、富裕、公平和自然的生存基础，但是基社盟也迫切要求对国际组织进行民主监督。

2. 一个富有活力的共同体需要积极的公民

基社盟为了人民而制定政策。"积极的公民社会"是让人自我发展的模式。基督教社会联盟愿意与所有公民一道为一个强大的、团结互助的共同体而奋斗，在这个共同体中，国家的公民是一个责任共同体。

强大的国家和"积极的公民社会"是联系在一起的。在民主中，人民是主体。因此，民主国家是由所有公民组成的价值和命运共同体的表达。公民权利和公民义务是统一的。基社盟不把国家理解为一个服务机构，而公民则是主要向它提出要求的顾客。国家是我们共同的任务。"积极的公民社会"是解决公民与国家和共同体之间距离拉大问题的答案，也是解决政治厌恶和国家厌恶问题的答案。

扩大合作和参与

基社盟追求更多的公民参与途径、现代的参与方式、参与政治意见形成过程和决策过程的新机会。我们希望，公民能将他们的能力和实际知识更多地纳入到政治决策和国家决策的准备中。此外，基社盟希望激励所有的公民行使他们的选举权,并以此来履行他们作为国家公民的义务。

我们支持并推动自我组织和自我负责的公民组织和义务组织。对基社盟而言,在家庭、邻里、私人组织、联合会、教堂和工会中的社会生活特别珍贵。基社盟希望为公民参与,为发起人和赞助人进一步打开中小学校、高等学校或者博物馆等公共机构的大门。

政治有让公民积极参与的任务。这特别适用于通过地方政策来塑造直接的生活空间,比如在修缮乡村的项目或城建措施中。被选出来的代表则作为受委托人在他们的职责范围内负最终责任。

民主需要个人的参与。我们希望每一个投身于社会和政治,并在其中按照伦理标准行动的人都得到承认和尊重。

通过人民党的凝聚力来实现稳定的民主

以共同福利为方向的政党在公民参与和动员公民方面特别重要。就像许多国家的景象所证明的那样,如果没有人民政党凝聚各阶层的力量,就没有稳定和具有行动力的国家。对我们而言,各政党在议会民主中的公信力、凝聚力和竞争都有着独立的意义。最后,议会的成员负有政治责任。

为了实现公民对我们民主的信任,基社盟自从成立之日起就承担起大人民党的特殊责任。

五、为所有人提供机会!

1. 通过社会市场经济创造就业、财富和安全

我们为着参与和自决而行动

强大的经济、人性化的职场、社会的安定

一个由劳动者和雇主共同承担起来的高效的经济在社会市场经济的制度框架下为尊严、自由、安定和富裕的生活创造了前提条件。经济上的强大和高效的福利国家在社会市场经济中是联系在一起的。长期看来,成功的经营管理只可能存在于一个社会安定的稳定共同体之中。

社会市场经济的中心是人

基社盟主张一种负社会责任的、可持续的经营管理方式，它服务于人，为个人和集体开启新机遇，增加财富并增强社会合作。其政治框架是社会市场经济。

社会市场经济最有可能使个人利益和共同福利相一致。基社盟建党的第一代人在强大的政治阻力下，为实现自由、自我责任和社会平衡的经济制度和社会制度做出了决定性的贡献。社会市场经济的价值体系建立在以下基础上，即效益和互助的平等联系，以及自我责任先于对互助的要求。只有当我们再次遵从社会市场经济的思想和道德的路标的指引，我们才能进一步提升我们德国在未来的社会和经济中的强势地位。为了在这个全球竞争、技术转变和人口结构变化的时代里给人们创造好的未来机遇，基社盟希望加强社会市场经济。

作为基督教—社会的联盟，我们的要求一直是让每一位公民都可能参与我们的社会，并在其中共同工作。我们希望创造前提条件，以使所有人都能通过自食其力解决自己和家庭的生计或者能为此做出贡献。根据我们基督教的人类观，自决权是与参与社会和为自己及他人负责的意愿联系在一起的。能够使用并发展其天赋、能力和知识属于人的尊严。为某一任务而付出带来承认和自我价值感。

在世界范围内的竞争中，许多高度工业化的国家表明：只有当其前提条件满足时，新的就业岗位才会出现。在巴伐利亚，基社盟以其面向未来的政策为该州的就业创造了可能性。基社盟紧紧地抓住充分就业的目标。

利用全球化的机遇，限制全球化的风险

德国是领先的出口国。巴伐利亚和德国的就业以及千万家庭的生计在很大程度上依赖于国际贸易。世界的不断开放，欧洲经济与货币联盟，货物、服务和资本的自由流通，德国尤其从这一进步中受益。

全球化的经济需要制度和政治的护栏。基社盟致力于人权和社会标准，特别是对儿童的保护、经过国际协商的环境保护及气候保护。公平竞争的前提条件包括全球性的竞争政策、保护知识产权、打击腐败，以及实现稳定的国际金融体系的政策。鉴于巨大的和快速的资金流动，对世界范围内的资本市场，我们需要一个透明的并由国际协商确定的制度框架。我们在国际层面的倡议组织中，在金融市场参与者对伦理、社会和生态标准的自律中看到重要的进步，它们为人们限制可能的风险。基社盟对这些标准负有义务，我们要求这些标准在世界范围内对每个人都是有效的，我们拒绝闭关锁国和地方保护主义的政策。这种政策将导致德国财富和就业上的损失。

谁要是想积极地塑造全球化，就必须在自己的国家开始。在世界经济时代，我们也希望所有人都机会平等并对弱势群体进行救助。德国和巴伐利亚有许多富有企业家精神的人士和众多受过最好培训的、积极主动的劳动者。我们国家拥有利用全球化机遇和技术转变机遇和限制风险的最佳前提条件。

巴伐利亚的优势包括现代的基础设施、教育和科学、研究、发展和技术以及环境友好型的、安全的、具有竞争力的能源供应。巴伐利亚和德国属于技术上最具创新力的国家。精通语言、跨文化能力、复杂性思维、在跨企业乃至跨国机构中的工作，这些对我们所有人而言都将愈来愈重要。我们希望通过具有前瞻性的未来政策来使这些优势发挥效果并继续发展它们。这样，我们在未来也将是成功的、强大的和团结互助的。

劳动者是我们社会的贡献者

创造就业岗位、财富和社会稳定是一项集体的任务。劳动者是社会和经济的脊梁。他们的投入和创造力是巴伐利亚和德国经济与社会富裕的基础之一。

为劳动者创造机会

我们奉行劳资自治、共同决定和劳资伙伴关系。劳动者的共同决定权和共同参与权在我们的职业领域中是经受住了考验的。劳动者组织为社会和经济发展做出了根本性的贡献。我们支持劳资双方伙伴式的合作，恰恰在全球化的时代，这种合作对于社会和平而言是不可或缺的。我们希望在社会市场经济的基础上继续发展这种久经考验的劳资伙伴关系，并使这种伙伴关系对于基于知识的工业社会和服务社会而言是适应未来的。

我们希望克服在职者和失业者之间的社会鸿沟。基社盟致力于维护劳动者的权益和对他们进行必要的保护。但是对劳动权益的保护不允许成为求职者无法接受的障碍。因为经济的运作愈来愈国际化，国家的规定必须为更多的灵活性留下可能。通过工资协定决定，劳资双方掌握了一把在未来工作的重要钥匙。我们希望在劳资协定自主权的维护之下，劳动者和雇主双方都拥有必要的灵活性和可预计的安全性。劳动者、企业委员会和企业家应该共同得到更多的塑造可能性。企业委员会劳动联盟即是这方面的一个重要贡献。我们希望清除观念的障碍，并给劳动者与企业更多的协议主权。

劳动必须得到回报

如何为低资历的人群打开就业之门并使他们通过劳动而获得生计，这是现代动态的经济以及不断增长的要求所产生的一个结构性问题。每一个人都应该得到参与社会劳动生活的机会。即使对那些由于智力或身体上的缺陷而只具备有限的就业能力的人而言也是这样。每一种劳动，即使是简单的劳动，也是富有意义的，也有它的价值。为了使更多的人可以进入劳动力市场并过上可维持生计的生活，我们希望在某些情况下通过国家额外的转移支付来平衡低廉的工资。

我们愿意为低资历的人群和由于长期失业而重新进入职业有困难的人提供就业的希望。我们主张本着要求和促进的原则，帮助人们实现自助。有劳动能力并且工作的人，应该比不工作的人得到更多。

基社盟拒绝在政治上规定工资。商定工资和报酬的任务应继续留给劳资双方。

我们反对不加保护地将个人推向市场力量的自由运作中。我们希望劳动者和企业家都有权利的保障和一个合理的利益平衡。在失业时，每个劳动者都必须可以信赖失业保险提供的适当赔偿。

每一个人都被需要

基社盟希望支持中老年的劳动者就业。我们相信他们的经验和他们的工作能力。解决中老年劳动者的就业必须优先于招募国外的劳动力。就业的标准必须是资历，而不是年龄。

基社盟希望家庭和工作的协调一致以及工作和其他社会活动的互相结合能够更容易。必须留给父亲母亲们足够的时间来照顾家庭和孩子们。基社盟支持在就业之外还从事公民工作，教育、护理和家庭工作，义务工作以及社会工作的意愿。

让劳动者参与到企业的成功中来

我们希望为所有劳动者创造机会。这也就是说，我们主张让所有的劳动者参与到企业的成功和资本中来。管理层在许多情况下参与了企业的成功，因此也应该更多地为其他劳动者创造这个机会。让劳动者分享成功和参与资本在道德规范上是必要的，并且有利于社会安定。基社盟希望动员劳资双方实践这一思想，比如集资性工资。通过广泛地创造财富，我们建立在私有制基础之上的经济制度和社会制度就会牢固。但是职工参与成功必须在自愿的基础上协商一致。

推动创业的力量

勤奋的企业家、勇敢的经济先锋和认真负责的领导力量是我们国家和共同福利的重要贡献者和发动机。

我们希望促进职业的独立性。在未来，就业岗位的创造严重依赖于新建企业数量的增加。通过为企业更新换代后的继任企业提供有吸引力的框架条件，我们希望保留独立企业和具有竞争力的就业岗位。我们支持走向独立的过程。不仅对于手工业和服务业是这样，大学和高等专科学校的某些部门也可以从中独立出来发展。我们积极评价企业家的贡献、勇气以及承担风险的意愿，希望在创建阶段就将官僚主义降低到最低程度。

我们支持责任意愿、创业精神和独立精神。这些社会市场经济的精神基础必须在学校和培训中也得到良好的传授。

企业家的成功和社会责任是归属在一起的

企业家们对他们的员工负有一定的社会责任。这是基督教—社会企业结构的基本原则。企业对员工、对国家和人民的道德责任是社会市场经济的基础之一。

为了就业和培训,强化中小型企业及手工业

基社盟特别关心中小型企业、手工业和独立企业家的利益。中小企业大多数情况下意味着资产和企业管理的统一。私人企业家自身担负着创业的风险,因此也更紧密地与他的企业和员工联系在一起。社会责任和地区忠诚在中小型企业里得到了很大程度的实现。中小型企业的企业家创造了最多的培训岗位,并以此为我们的青年创造了机会。而传统的手工业则负责将代代相传的技艺和知识传授给下一代。

我们希望改善中小型企业的融资状况并促进企业对创新和就业的投资。除了金融信用业为中小企业提供贷款的任务,政治的任务是通过财政手段、自有资本援助、风险资本和担保来支持中小企业、企业家和创新公司。

我们主张从创新型中小企业、高新技术先锋企业和世界范围内起作用的大企业中建立一个紧密联系的创业能力网络。基社盟知道:这种多样性将发展成为我们在工业、贸易、手工业和服务业里的国民经济的强势和稳定。

简单而具有竞争力的税法

基社盟致力于一种公平合理地分配赋税负担的税务政策。由于全球化,德国及其税法不仅在欧盟内部处于竞争之中,在整个世界上也是这样。

基社盟为制定简单而具有竞争力的税法而努力。我们希望有面向国际的投资友好型的企业税和尽量简单的所得税。

我们为着更低的税率而努力,这样特别是中小型企业就不至于失去投资和发展的回旋余地。劳动者和企业家的税费负担必须在国际比较中具有竞争力。劳动的收益应当尽可能多地留在劳动者和企业家手中。

对新理念、新产品的投资及创新能力

只有那些值得投资的地方才会产生就业岗位。只有长期赢利的企业才有能力招募员工并为其支付可观的工资。因此我们希望加强德国作为投资国的地位。

如果新的想法被转化为新的生产方式和新产品,它就会带来新的就业岗位。因为创新的周期愈来愈短,我们希望继续扩大研究并推进新技术的发展。通过我们的政策,我们将全国的企业、研究机构、大学和高等专科学校连成网络,也针对中小型企业和农村地区。至关重要的是科学技术、手工业、贸易和服务业中的创新性和高科技。基社盟为面向服务的学校教育系统、为成功的双轨制职业教育和高效的高校及科研格局而奋斗。这些都是重要的区位优势。我们支持并推进企业与各类学校的伙伴关系以及多姿多彩的职业深造和再教育项目。

我们希望和经济界一道创造前提条件,以使每一个有能力且有意愿接受培训的青少年都得到作为工作进阶的实习机会。我们希望强化职业中学,以提高对青少年的培训能力。

社会乐于创新的基础早在幼儿园和学校里就打下了。我们应该更进一步地引导女孩和男孩学习技术和自然科学。

2. 支持家庭,鼓励生育

我们希望塑造一个家庭友好型和儿童友好型社会。婚姻和家庭是人民团结的胚胎细胞

人们在家庭中寻求并且也得到爱、安全感和互相帮助。家庭和孩子意味着愉快、幸福和团结。我们社会的基本价值在家庭中代代相传。家庭具有多重面孔,搭档、父母、孩子、孩子的孩子、兄弟姐妹、祖父母、照料和接受照料的家庭成员。即使他们身处异地,家庭成员也紧密联系在一起,并互相负责和相互照顾。

基社盟主张一种以生命过程为导向的家庭政策,它顾及家庭生活的所有阶段,从教育费用到老年护理。家庭对老年人的照料应该得到和对孩子的养育同样多的肯定。

陪伴孩子进入生活是最有价值的经历之一。孩子们在家庭中学习并经历共同生活的基本规则、文化和宗教的价值以及欢乐与痛苦之中的团结。对他人及其关怀的信任，对贯彻执行能力和团队合作能力的传授，这些对一个充满活力和团结互助的社会而言都是无可替代的。

基督教社会联盟为与孩子的共同生活制定政策。家庭是人与人之间基本的纽带，在这之上才建立了民族和国家。政治和福利国家既不能代替家庭的纽带和它人性的关怀，也不能创造它们。

家庭的生活以及家庭的结构随着社会和经济进一步发展。千百年来都是如此，在最近几十年内更是这样。在这一过程中，权利平等、男女在婚姻中的伙伴关系、儿童教育以及代际相处这些方面的社会指导方针也发生了变化。

孩子是我们的未来

孩子是上帝的礼物。孩子是我们所拥有的最有价值的东西。哪里有孩子，哪里就有生命和希望。对基社盟而言，家庭是最强大的社会网。

孩子是我们社会的未来。我们如何促进孩子的发展、如何教育孩子，我们给他们什么样的生活价值，我们未来的价值就将如何确定，机会就将如何丰富。同样，我们的社会保障和经济发展也有赖于有孩子的家庭。如果没有足够多的有孩子的家庭，那么代际契约、我们的经济和社会都将失去未来的基础。因此，对我们基社盟而言，孩子和家长的利益是有优先权的。

我们为着家庭友好型社会而行动

基社盟希望达成这样一种社会共识，它赋予年轻男女面对婚姻、家庭和孩子的勇气。我们希望在所有生活领域都打造有利于家庭的条件。

尽管我们的社会没有家庭就没有未来，家庭、家长以及孩子的现实生活条件还是往往和他们的重要意义相矛盾。许多年轻的男女希望自己有孩子。但是太多人没有实现这个愿望。主要是工作领域的要求将许多年轻人引入了利益的冲突中。机动性和灵活性的强迫以及工作环境的剧烈变化可能使家庭生活事件变为风险。因此，这一业已存在的愿望，即想要有孩子的家庭生活的愿望，由于工作的条件或者常常也因为对未来的恐惧而没有实现。职场对全职工作的僵化要求基本没有留下多少空间，使工作上的发展和家庭生活以及减少工作时间结合起来。

日常生活的状况过多地给家庭带来负担，比如租房、高校的学习条件和业余生活等。我们的经济和社会制度并不完全适合家庭。典型的是在养老保险中，儿童养育一如既往地没有得到足够的承认。除了保费缴纳者之外，特别是家庭为我们福利国家的稳定做出了贡献。家庭对未来的这一贡献必须在将来更高地计入社会保障体系和税务体系中。为了代与代之间更多的公平，也为了一代人之间更多的公平，基社盟希望加强家庭的服务均衡。基社盟主张全面提高家庭的社会和政治地位。

家庭政策即是共同福利的政策，也是全社会的未来政策。基社盟将家庭政策理解为全面的、涉及社会各领域的任务，而不仅仅是社会政策的一部分。只聚焦于财政分配方面的家庭政策是目光短浅的。现代的家庭政策包括家庭友好型的环境、职场和城乡中有利于家庭的设施、学校的教育目标以及让家庭感觉到受欢迎和珍视的社会氛围。基社盟强烈支持这样一个社会：在这个社会中，孩子是被向往的，孩子的吵闹被当作乐观的标志和孩子的笑声被当作未来的音乐而受到欢迎。

我们家庭政策的指导方针：坚持婚姻和家庭的原则，尊重家长的自由，适应多姿多彩的生活道路

人们为他们的人生道路渴求一种使人丰富的、经得起艰难时刻考验的伴侣关系。家长的伴侣关系是家庭的支柱。它的质量对家长和孩子的关系有着巨大的影响。婚姻作为男女双方结成一生的责任共同体的承诺，以其特殊的方式符合这一理想的要求。婚姻对两个愿意长期为对方负责的人而言是一种价值。这种互相为对方负责是每一个福利社会的基础。婚姻的这种巨大的价值也表现在夫妻双方分开纳税中。

基社盟无限地支持国家对婚姻和家庭的保护。对我们而言，基本法

（见第6条）以及巴伐利亚宪法（见第124条）是对未来的义务。我们国家保护并支持婚姻和家庭，因为它了解它们崇高的价值。

然而我们经常不能持久地实现我们的理想和目标，这本身也是我们生活的一部分。实现伴侣式的生活计划，为孩子以后的生活做准备，这些可以在完全不同的结构中成功。

我们希望通过我们的政策来适应不同的家庭状况。为了将家庭和工作结合起来，许多家长希望或者必须为照料他们的孩子投入精力。他们和那些仅仅靠自己来履行对孩子的照料和教育义务的家长都同样应该得到我们的特殊援助。我们重视多种多样家庭结构中的凝聚力，其中也包括单亲家庭的贡献。我们支持所有履行其家庭使命的人。

基社盟的家庭政策以如下指导方针为特点：

1. 对孩子的教育和照料以及家庭中超越代际的共处和团结是一个人性的、有能力走向未来的社会的基础。

2. 家长的权利和义务在国家行为面前享受优先权。国家不得管束家长。政治的任务是尽可能地支持家长。在这里，孩子的福利占据中心地位。为了家长和孩子而行动必须置于社会、国家和经济的中心。

3. 家庭工作即是全社会的未来工作。因此儿童教育和在家庭中对其他成员的照顾必须作为对我们社会的一大贡献而得到公认。

4. 国家对家庭的付出，以及教育、研究、科学、创新或基础设施等方面的措施，是对未来的投资。

5. 我们希望在家长的养育付出方面提供支持。出于各种原因，愈来愈多的家长不能完全完成教育和照料的任务。许多家长想要也需要陪伴和支持。因此，我们希望通过家庭政策的服务、通过与教会和民间福利工作机构的合作来提高家长的养育能力。

如果家长很大程度上放弃了养育的任务，那么国家必须在谨慎地对具体情况权衡之后采取行动，并为孩子的福利而进行干预。但是在个别情况下的必要服务和帮助不允许是对家长权利进行普遍限制的理由。

6. 家庭生活的安排、养育孩子的方式、家庭和孩子照料以及职业的结合,这些都由家长决定。

我们希望根据孩子的年龄或者工作的实际情况来帮助家长取得家庭工作和职业工作的平衡。我们并没有判断错误,正是在单亲家庭中,选择的自由往往由于经济和工作的情况而并不存在。

7. 对基社盟而言,婚姻和家庭具有特殊的地位,这种地位也表现在一种特殊的法律状况中。基社盟反对同性恋通过婚姻所结成的生活共同体在法律上的平等,并反对他们相应的收养孩子的权利。如果人们在这样一种伴侣关系中为对方负责并且可靠地为对方承担责任和关怀,基社盟承认他们。

孩子的教育是对社会的一个重大贡献

基社盟支持,家庭中的教育付出得到承认和赞赏。不参加工作而全身心投入孩子教育的父亲和母亲为社会做出了巨大贡献。我们希望使家庭内的教育付出获得更高社会地位并在财政上更好地得到重视。

政治不允许单方面地提倡某种家庭模式,国家也不允许管束家长。我们不希望为家长规定某些生活模式,我们希望创造家庭友好型的条件,使他们尽可能自由地决定生活模式。对于基社盟来说,养育的职责以及选择如何陪伴他们孩子生活,决定权在家长。

对于母亲、父亲和孩子的政策:家庭、职业和公民参与之间的平衡

基社盟为了让女性和男性能够很好地将职业发展、公民参与和家庭、孩子养育和对家庭成员的照料结合起来而努力。我们希望通过家庭友好型社会的具体措施来实现这一目标。

我们希望通过一种满足需求的、高质量的、和价值相关的幼教服务和税务上对幼教服务的资助,来帮助统一协调家庭和工作之间的关系。在这方面,基社盟极度重视质量的保障。谁如果将自己的孩子交给其他人,那么他也必须能够放心他们会得到很好的照顾、教育和提高。满足这里必需的框架条件的、高质量的服务对愈来愈多的孩子而言都日渐重要,因为他们在那儿学会友好地与人相处,也及早地获得了受教育的可能性。幼教服务的多样性，日托阿姨、保育所、幼儿园、日托所以及全日制教育服务，这些帮助了家长尽可能地做出自由的决定。

家庭时间、工作时间和尽可能大的自由选择之间平衡的问题不仅涉及年轻的家长，也事关他们的孩子。孩子将通过在日常生活中和作为教育榜样的家长的共同生活而受益。必须使所有的家长都明白他们的重要作用以及养育的责任，这也是教育的使命。基社盟希望使这些家庭责任和世代责任的任务更强地在教育政策中固定下来。

基社盟欢迎并支持经济生活中数量众多的倡议组织，这些倡议组织主张职场适应家长的要求、主张工作与照顾家人能更好地统一起来。同时企业还必须从根本上为家庭工作和职场工作做更多的事情。家庭工作不能成为职场上晋升的障碍。特别是要改善家庭时期中深造和继续教育的机会，要使再次进入职场变得更加容易和灵活。家庭和工作之间的平衡是有利于企业的。富有生活经验的家长也是珍贵的员工。在未来，只有家庭友好型的企业家能够将最好的人力资源团结在自己周围。灵活性不仅仅是对母亲、父亲以及孩子们的要求，同时也是对一个家庭友好型社会和一个有利于家庭的经济的要求。

家庭政策中共同责任和共同参与的优先权

成功的家庭政策必须将家庭作为伙伴和共同参与者来看待。这不仅适用于家长，而且也同样适用于儿童与青少年。青少年救助工作中多姿多彩的参与方式就是一个例子，必须得到进一步的扩大。我们的目标是家庭的共同责任和对家庭计划的积极参与。我们基社盟并不将家庭看作政治的客体，而是看作政治的共同参与者。

公民的参与、地方家庭政策和代际共处的新道路

对家长贡献的承认要求给家庭以政治上的优先权，尤其是在乡镇的层面上。在这里，基社盟希望制定一个全面的家庭政策方针，从当地的家庭友好型的乡镇政策到地方义务工作的网络结构，这些将使家长和孩子们的日常生活变得更容易。特别是对促进代际共同相处的行动而言也是这样。

由于人口的发展，一个家庭友好型的社区和一个适应家庭的乡镇基础设施是增强地方经济吸引力的一大决定性贡献。它们保障乡镇的持续和生活质量。

基社盟认为，政治、国家、企业和社会具有支持男性和女性取得家庭工作与职场工作之间平衡的义务。我们希望塑造一个家庭友好型的社会并以此创造一个人性的和社会的未来。

3. 价值教育，生命教育

我们希望促进所有天赋的发展，加强贡献的愉悦感；传授知识和能力；塑造心灵和性格

良好的教育是每一个孩子及我们国家通向未来的钥匙。每一个孩子都应该能够充分地发展他的天赋。

基督教—社会的政治要求机会平等。机会平等意味着为所有的年轻人实现接受教育和培训的可能，不论他们的家庭和社会背景如何。这对于身体上或者精神上有缺陷的人们而言更是如此。他们因此而需要我们特别的支持。

社会和文化凝聚力的基础是在学校和教育中打下的。我们希望促进所有儿童和青少年的人格发展。基督教社会联盟教育政策的目标是传授知识和能力、我们社会制度的价值、自由的自决权、责任感以及乐于助人的精神，还有对于其他文化、宗教和世界万物的尊重。团队协作的能力、准时、勤奋和礼貌都属于社会能力。年轻的一代应该学习发展自己的立场，练习宽容和自律，以及为自己和他人承担责任。

通过一个在国内外比较中都非常优秀的教育和培训，我们能使巴伐利亚的人们有能力在世界范围内的竞争和转变中经受住考验。知识和能力是国民经济竞争力和生产力的前提条件。教育和知识是针对社会排斥和贫穷的一个强大的保护。通过教育创造机会是一项未雨绸缪的社会政策。

传达价值、文化认同以及判断力

根据巴伐利亚宪法第131条的要求,基督教社会联盟的政策希望不仅仅传授知识和能力,而且还要塑造心灵和性格。年轻的一代应该把基督教—欧洲的价值基础作为人生的指南来理解,学会珍视自己在历史、文学、音乐和视觉艺术中的根基。一个强大的自我认同和关于自己出身的知识使对其他文化的宽容、尊重和开放成为可能。

我们希望为我们的孩子们打开观察我们故乡以及我们当地自然珍宝的视野。在学校里,对文化传承、方言和民俗的维护有它们自己的位置。对故乡的爱给予人们依靠和力量。同时,为了从开始就防止排外和种族主义的产生,基社盟希望促进对陌生的文化、宗教和国家的兴趣和理解,以此来减少恐惧和偏见。

基督教的宗教课程构成了具有价值取向的教育的基础,为文化间的对话创造了前提条件。因此,我们主张宗教课程是必修科目。统一的基督教的礼拜属于校园生活的一部分。基社盟为在学校里用德语设置伊斯兰教课程而努力,这门课程是根据国家批准的教学计划、由在德国经国家培训的教学力量进行传授的。宗教课程必须在基本法和巴伐利亚宪法的价值基础上进行。

应该让所有的学生都熟悉凝聚我们社会的价值。每一个学生都必须知道这些价值是依据哪些根源的。为了维持巴伐利亚的基督教—欧洲的传统,我们必须保护它。每一个年轻人都应该得到清晰的伦理道德标准的教育并发展出一种成熟的判断能力。

世界范围的信息洪流和知识的急剧转变意味着我们必须传授学习技术,并且使年轻一代具有批判性地选择和评价信息的能力。教育的一个重要目标是教会他们如何熟练而负责地与多样性的媒体世界打交道,特别是与网络打交道,这尤其对年轻人而言属于他们的日常和生活现实。家长、学校和社会必须通过一种全面的媒体教育来重视这一事实。

教育需要自身的奋斗

基督教社会联盟主张一种既提高人又要求人的学校课程。成功的人生道路是以做出成绩的意愿、工作道德和具有价值取向的人格为前提的。教育的成功需要自身的成绩和努力。由于职场的急剧变化，必须激励年轻一代不断进修和终身学习。

教师、家长以及孩子的合作

家长拥有教育的优先权，同时也负有教育的义务并为此负责。大多数家长为了他们孩子的教育和发展认识了这一无可替代的任务并在家庭和学校生活中履行它。教师在学校教育工作中需要家长的支持。在学校领导、教师、学生和家长的教育伙伴关系的意义上，学校与家长之间充满信任的合作是学校能够良好地发挥作用的基础。但是，如果家长没有这个能力或者忽视了自己的教育义务，那么为了孩子的福利，学校以及其他国家机构或者地方机构必须提供帮助并且在必要的情况下进行干预。

学生拥有不受干扰地学习的权利。在学校里，他们必须练习团队合作以及关心和体谅他人。为了他们自己以及整个班级的利益，举止怪异或者有暴力倾向的儿童或青少年必须得到帮助，以使他们掌控自己和自己的生活。对此必须加强学校的社会工作。但是为了保护爱好学习的学生免受干扰和具有攻击性的儿童及青少年的影响，教师也需要有效的制裁手段。

教师和教育者塑造未来

为了保障高的教学质量，我们希望进一步强化教师以及教育者的职业并进一步改善他们的工作条件。基社盟在此继续强调以专业以及教学法为基础的、更加实践导向的对教师和教育者的培训。在所有的学校种类中都应该更多地运用员工发展的现代模式。教师和学校校长需要创新的思维和组织的能力。他们应该保持更多塑造的自由空间。必须有针对性地提高领导质量，并且在员工发展和员工选择上更加关注领导水平。

加强幼儿教育

孩子是好奇的并愿意学习的。通过幼儿教育和培养应该能够实现最好的学习和发展的机会。其基础是在家庭中打下的。儿童教育机构教育工作的重点应该是价值教育、责任感、宗教教育、音乐教育、自然和技术、社会学习、孩子语言和生活能力的提高等。为了使向学校的过渡更加容易，儿童教育机构、家长和学校应该更加密切地合作。

为了能够更加有效地帮助孩子的发展，我们必须尽可能早地认识个性化的促进措施需求。在学前年龄，应当特别重视帮助和支持那些社会上受到歧视或者学习德语有困难的孩子。掌握德语作为社会共处和学习成功的关键能力之一，是一般学校系统的准入标准。因此，我们希望进一步扩大早期的语言帮助。

继续发展开放的、结构化的学校体系

基督教社会联盟主张一个开放的、结构化的学校体系，它适应年轻人天赋的多样性并且尽可能个性化地促进天赋发展。一种对所有人的统一教育不适应孩子多种多样的天赋。

我们在结构化的学校体系中的指导方针是"毕业后都可继续发展"。这就是说，根据个人的意愿和能力，所有的学生都有在学业或者职业上继续发展自己，直到取得高校入学资格的可能性。高校入学资格可以通过普通中学、文科中学、文理中学等所有教育途径获得。

我们面临着诸如区域性的学生数量减少、学校处于社会焦点或者有移民背景的学生份额不断增加等挑战。这些挑战要求我们为各个学校提供更多形成自己风格以及设置自身教育重点的机会。

对于外国儿童及青少年的融入，我们给以特殊的地位。为了防止有人滑入社会的边缘，基督教社会联盟希望以这种方式为所有人创造同等的受教育机会和在职业生活开端时同等的起点条件。

尽管各个地区的人口发展极不相同，基社盟还是希望为所有的学生创造平等的受教育机会。具有不同天赋的孩子的未来机遇是我们教育领域所有政策和结构性决定的中心点。充分扩大的特殊学校、小学、普通中学、文科中学和文理中学的网络，以及经济学校、职业学校、高等专科学校、高等职业学校和专业学院的网络，这些是巴伐利亚教育网络的一个标志。

扩大全日制学校

基社盟希望继续促进以需求为导向的全日制学校的扩建。由此我们促进每位学生的个性化提高，并为家庭工作和职业工作的协调统一做出重要贡献。除了上午和下午安排规律课程的严格的全日制学校形式之外，我们还推进开放的全日制服务，在这些学校里，下午的课程是在和诸如家长组织、教会、运动协会或者音乐学校等课外合作伙伴的合作之下进行的。对此，学校和地方需要拥有自己安排的可能性。基社盟希望为此在当地实现更多的自我责任。

通过青年工作和名誉职位为生活而学习，在政治和团体中为生活而学习

为生活而学习在家庭、学校和许多其他生活领域中开始。基社盟支持年轻人承担任务和责任，鼓励青少年为发展新道路而发挥他们的创造性和理想主义。为此，年轻人需要自由空间。青年工作、义务投入、参与团体生活，尤其是乡镇领域的政治参与，还有青少年私下的聚会，这些都是重要的社会活动。教会、联合会、团体、民主政党、青年中心和开放的青年工作使年轻人有可能学习集体意识和经历集体生活。用措施和空间来推进这种社会生活是集体的任务。

促进体育运动

体育运动对于把团队精神、公平意识和体谅他人教给青年具有关键性作用。体育运动为个人融入集体做出重要的贡献。无论对老对少，体育运动都对健康生活具有促进作用。我们希望从早年开始就激发起儿童对体育运动的兴趣。基社盟支持学校、联合会以及团体中广泛的运动服务，为有针对性地关照竞技体育而努力。体育运动应该有助于健康，而不是损害健康。因此，基社盟要求严格的国际控制，要求始终如一地反对使用兴奋剂。

职业教育为所有的天分创造希望

职业教育根据不同天赋打开了学业以及职业发展的机遇，也是高校学位之外的一个选择。在许多不同的教育体系中，这一途径并不存在。职业教育是教育系统相互开放的保障者。它使最高到高校学位的较高学位成为可能，是我们经济的一个重要的区位优势和质量优势。

双轨制的培训体系既传授了专业知识，也传授了实践经验。我们希望企业和普通中学以及职业学校更密切地合作。我们的目标是使所有有意愿得到培训的求职者都能得到培训。对还未到可参加培训的年龄的青少年必须有针对性地分别加以帮助。

在欧洲的比较中，相对于其他国家的学校培训过程，双轨制培训保持应有的地位在全球化的劳动市场上是特别重要的。

打开继续教育的新道路

鉴于职场的不断变化，继续教育是职业上成功的前提条件。多姿多彩的职业教育的进修学校为成功的职业道路提供了数量众多的补充资历。我们将检验所有依靠职业资历进入高校可能途径，这包括将手工业师傅培训与技术员培训的内容计入高等教育。

成人教育促进终身学习

在社会快速变化的时代，终身学习和个人能力的继续发展愈来愈重要。成人教育为所有世代、所有社会阶层的人打开了继续进修、继续发展人格和获得更强的社会能力的可能性。成人教育帮助每个年龄段的人参与职场、文化和社会。因此基社盟支持成人教育。

获得充分信息的、受过教育的、能反思价值取向的公民是强大的和由公民参与承担的集体的基础。教育是鲜活的民主的基础。

4. 强化高校，扩大科学和研究

我们希望我们的高校长期稳定地处在世界最优秀的高校之列

创新的领先地位就是富裕的领先地位

最好的资历和最好的教育，是个人乃至整个民族的工作和社会稳定的基础。所有人都应该根据自己的天赋和机会平等的原则，拥有开始学术教育经历并成功毕业的机会，而不是取决于他的出身和父母的支持。

科学、研究和教学是我们国家美好未来的关键，因为世界范围内人们的知识和能力正在高速增长，因为全球的创新和信息交换快速地改变着我们的世界。

只有依靠在创新上的领先地位，我们才能在未来也保障我们在财富上的领先地位。基社盟希望凭借一种以未来为导向的科学、研究和教学政策，为巴伐利亚的人们提供参与世界范围内的进步的机会。我们希望通过进一步的投资来扩大巴伐利亚以及巴伐利亚高校在国际科学及研究格局中的顶尖地位。我们希望，巴伐利亚在全球竞争中保持领先地位，不仅作为以知识为基础的企业、现代服务业的区位，也作为值得生活其中的、对人而言有前景的社会。

高校指示精神方向，同时也是我们共同体的文化记忆。思想史的和历史的经验以及我们社会制度的法律和伦理基础在科学和教学中代代相传。人文科学和自然科学，所有的学科领域都为我们在巴伐利亚和在德国的文化上、社会上以及经济上的富裕作着珍贵的贡献。

高校负有一种特殊的、整个社会的责任。它们是研究和教学的地方，但也是进行社会政治讨论的地方，这种讨论负有在科学进步之光中给出答案的任务。因此，基社盟希望资助在知识社会中架起科学和社会之间桥梁的学术人士。

研究和教学的自由是一项基本权利。对基社盟而言，价值的约束和伦理的责任决定了科学与研究的行动框架。因此，伦理和社会能力以及精神精英的责任感与他们的专业知识一样重要。

高校教育的质量和效率

减少中途退学者的数量并增加高校毕业生的数量是基社盟的重要目标。鉴于明显的人口发展及由此而导致的许多学术领域专业人才的缺乏，为了我们国家的未来，我们需要大量的高校毕业生。

为了实现这一目标，在进入高校的时候，就要使申请者个人的天分更好地与他们专业的要求相平衡，从而继续改善高校教育的质量，提高高校教育的效率。个别高校在当地的学习咨询以及合格的能力测试手段为此做出重要贡献，并合理地补充高中毕业考试作为选择参照的功能。基社盟希望继续扩大能力测试这一灵活工具的使用。

重点在于促进新生力量的发展

我们希望通过提升科学职业的吸引力，包括经济方面的吸引力，来改善对新生力量的资助。新生力量应该在教学和研究中更早地独立负责地工作，特别是必须为正在成长的高校教学力量实现一个更好的职业生涯规划。

基社盟希望通过从其他领域引入、职场上后来取得资格或者兼职教授职位等可能性来开启新的取得资格的途径。从其他培训和实践中得来的学术资历，比如双学位或者具有特殊资历的从业者进入高校的机会，这些必须得到进一步发展。对有天赋或者有学习意愿的人而言，继续发展的大门必须在其整个职业生涯中都保持开放。

对新生力量和精英的扶持有利于公共福利。高校应该是全世界思想精英和贡献成绩者的聚会点。我们希望不论高校的种类，都进一步促进新生力量和精英的发展，并为之在物质上加以扩大。逆转精英外流的现象，从精英的出国到精英的聘请，是基社盟高等教育政策的一个迫切目标。我们有针对性的精英扶助计划受到了国际的关注，我们希望以此将国内外的天才与巴伐利亚联系在一起，或者为巴伐利亚而重新赢得他们。我们希望更好地、尽可能完全地发现和发挥天才们的巨大潜力。我们希望实现所有天赋的发展而不受其父母经济能力的影响。

重点之一：教学

科研与教学的统一是洪堡教育理念直到当下都富有影响力的核心，它应当在未来也对高校产生影响。具有影响力的研究者在教学中将自己取得的知识进一步传授给年轻一代，基社盟把它视作德国大学和科学中的一项特殊的伟大发明。作为补充应当试验和引进新的教学方式。

教学必须更强有力地置于学术生活的中心。学术型大学学习一如既往地能够带来超出平均水平的就业前景。在高校教育政策的这一目标之下，要求大学生经济上自己为其学业的总花销支付一笔费用，这在科学政策和社会政策上是合理的。一笔单独用于改善学习条件的、长期的、不受国家财政预算影响的资金才能满足加强教学的战略需求。

在大学入学时的社会歧视必须得到补偿。为了恰当地承担起对年轻人及其未来机会的整体社会责任，我们必须与所有社会力量、经济界力量、大学之外的研究机构、基金会以及其他载体一道寻求更多的可能性。必须长期提供诸如奖学金、助学贷款、勤工助学等资助手段。

随着大学生自己交学费，高校与大学生的关系必须改变。大学生合理的共同决定权必须得到障。对教学的内部和外部评估必须得到扩大。

重点之二：机会平等的家庭友好型高校

机会平等和男女平等的原则要求同等程度地为男性和女性改善家庭和学术生涯的可协调性。对此，适应家庭、灵活的时间安排、托儿所服务，特别是社会承认，这些都是迫切需要的。为了实现男女想要孩子的意愿与工作和学业的协调统一，我们愿意做一切工作。

鉴于社会中受过高等教育者的比例不断上升这一情况，提高女性在科学尤其是在教授中的比例就特别地成为基社盟科学政策和社会政策的一个核心关注点。受过最好教育的女性的潜力和能力对我们的知识社会而言是不可或缺的。

重点之三：终身学习

在现代知识社会中，学习过程永远不会终止。每一个人都必须不断地更新和扩展他的知识和能力。不断进修和终身学习变得愈来愈重要。新技术、动态的市场以及不断变化的客户要求导致进修与继续教育的地位不断提高。我们希望与各高校一起开发针对终身学习战略，以使在最高水平上快速而持续的知识传授得到保障。这不仅使劳动者，也使求贤的企业及机构获得质量上的利益，这说明对提供这一结果的高校进行一定的财政上的资助是值得且合理的。

具有自主权和形象的高校

高校具有高度的自我责任，高校必须承担并积极利用这一责任。基社盟希望给高校以广泛的经济、规划和人事上的自主权,还有以总体预算的方式给高校尽可能最大的回旋余地。这样,高校就能扩大它们的优势,突出它们的形象。国家负担着战略上的和高校教育政策的总责任。所有专业的地区均衡也必须在一种有区别的高校格局中得到保持。

科学和高校长期需要较大的财政上的回旋余地。因此基社盟希望继续增加对各高校的财政支出并且极为重视长期的财政安全和规划安全。即使高校获得愈来愈多的其他经济来源,作为研究和教学的载体和重要资助者,国家在未来依然负着主要责任。我们将对科学和高校的资助看作为巴伐利亚未来的投资。

基社盟希望大学以其强烈的研究导向更清晰地形成其特有的优势,而高等专科学校以其以科学为导向而联系实践的特点而更清晰地形成其独特长处。除此以外,我们希望继续为大学生增强各类高校基于成绩的开放性,还有特别是继续增强高等专科学校的吸引力。

卓越的科学,国际性和塑造的自由空间

我们希望凭借精英大学战略长期地稳定高校处于世界最优秀高校之列的地位,并且同等地加强其在国际上争取教师、研究人员以及学生的竞争中的吸引力。因此,我们希望使教师的薪酬,特别是教授的薪酬更加吸引人、更加灵活,但是也更加与成绩挂钩。

我们必须扩大高校在国际上的参与。基社盟致力于促进大学生、教师,特别是科学后继力量的国际经验交流。在全球经济共同体的时代,国际经验是关键资历之一。

我们将有针对性地为巴伐利亚利用在联邦制改革中所获得的自由空间。我们把各州之间的竞争理解为提高各州质量的有效手段,以及从总体上提高德国高校质量的有效手段。为了巴伐利亚在所有政治层面上的科学政策,基社盟极为充分地利用巴伐利亚的自由行动空间。基社盟提出了这样的要求,即在这里能够最好地评判联邦州的政策,并且决定如何使巴伐利亚在争取最聪明的头脑和最好的科学的竞争中处于领先地位。在这一背景下,联邦层面的科学政策手段、文化部长会议、录取名额限制和学生名额分配总部必须进行重新调整。

科学研究的强化和网络化

我们国家的未来很大程度上依赖于我们国家科研的成功。因此，基社盟希望根据国民收入总值的情况显著增加科研与发展在国家支出中的份额。基社盟认为，基础性研究与应用研究必须更强地相互交织起来。各高校、大学之外的研究机构以及经济之间在国内和国际层面的合作与跨学科性必须得到加强。坐落在巴伐利亚的大型研究机构在联邦范围内扮演着先行者的角色，对巴伐利亚而言也具有非常特殊的地位，比如马克斯—普朗克研究所和弗劳恩霍夫研究所。争取精英地位和成就的竞争长期地给高校和科研以动力。

科研在欧洲的框架下进行，也愈来愈多地在全球层面进行，这既意味着新的机遇，也意味着更加激烈的竞争。因此，基社盟认为，全球性竞争的成功能够通过长期对欧盟的投入而达到。欧盟在科研政策中日渐积极的角色使得联邦和各州在欧洲层面上的表现以及影响更加必要。

科研政策是区位政策。在密切的科研与经济合作中，地区和群体追求卓越的发展为就业和财富打开了新的创造成绩的潜力。高校与科研带来地方政策以及区位政策上的动力。它们是人口密集区和乡村地区创新的发动机。我们希望的是整个州的创新。我们知道：区位竞争愈来愈多地成为了创新竞争。

科研政策是经济政策。创新性科研和技术领域的认同和培训对德国而言是通往全球化竞争成功的关键。知识与技术转让在这一过程中扮演着愈来愈重要的角色。我们希望，科研中的领先成果能够快速地转化为产品，以便能够产生或者保障就业岗位。因此我们希望特别地支持和帮助年轻企业家以及与科学关系密切的企业。这里必须为基础性研究保留自由的空间。

科研政策是资助政策。基社盟希望有针对性地为科研和技术领域的精英设置绩效奖励，比如通过全额资助的模式、研究成果奖金或者通过精英倡议组织。以成就为导向的第三方基金也在未来为科研和技术开启了重要的发展空间。我们希望继续为赞助人和基金会税法扩大机会。

在高校和科学中创造未来

我们希望资助求知若渴的和研究、讨论和发现新路的人，并且为他们提供自由而良好的条件。教师和学生应该能够尽可能好地共同为我们的共同体做贡献。基社盟知道：教育、科学和研究是我们生活文化和我们富裕的源泉。

5. 重塑福利国家，为了未来保障福利国家

我们希望为所有人创造机会平等，为弱势群体创造团结互助

社会保障是人道的信条，是内部和平的基石，也是长期经济增长能力的基础。基督教—社会的行为就是为自己和他人承担责任。基社盟对所有人都有义务。弱者、残疾人、需要照顾的人、病人和社会上受歧视的人必须能够依靠我们的帮助。

个性原则、团结互助原则和辅助性原则是我们天主教社会学说以及新教社会伦理传统中的原则。基督教社会联盟认为，每一位公民都既有权利又有义务。每一个人在力所能及的范围内都有自助的义务。我们反对使公民变得不成熟、使人变得具有依赖性的监护国家。

福利国家为第二次世界大战以后德国的成功做出了根本性贡献。在世界范围内的比较中，德国拥有一个具有非常高效率的福利国家政权。这些高的福利标准是有代价的。我们只有在我们通过自身的付出为这一福利国家赚得其支出的情况下才能长期为它买单。只有在福利支出的增加速度比我们国民经济生产力提高速度慢的情形下，我们的福利国家才是有希望的。我们政治的指导方针必须是：我们只能付出我们通过劳动所能获得的那样多。

德国福利体系在过去几十年中的畸形发展通过全球化、人口结构转变和失业而加重了。因此我们必须对我们的福利国家进行改革，以保障它的存在。退休金、健康、护理和失业对社会保险的过高要求长期上将损害社

会保障。同时，我们当下的福利国家体系导致了许多严重的不公平。

对于他人的责任愈来愈多地被推卸到国家身上而个体亲自参与社会投入的意愿被减弱，这不是互助的。

增加的福利支出抬高了工作的成本，由此，失业者获得新就业岗位的机会减少，对已存在的就业岗位的威胁增加，这是不公益的。

如果通过高税收而恰好使企业家和受过良好教育的贡献者被迫流向外国，这是不明智的。

如果组织得好的社会团体受到更好的倾听，它们的要求能够得到更好的落实，而小团体及其应有的利益却不然，这是不公平的。

如果债务和利息的负担使我们子孙的未来变得狭窄，这是不道德的。

拒绝更多的个人责任而完全实行维持现有财产的政策，这是错误的，因为这样会使帮助那些真正需要的人的力量减弱。

我们的道路：未雨绸缪，积极动员，推动自决的生活

对生存的风险和个人无法承担的困境进行保障，这是福利国家的核心任务。如果有人由于年龄、残疾、疾病或者失业等原因不能维持自己生计，而自身的努力也不见效，那么他必须能够依靠所有人的救济和帮助。正是在一个快速变化的世界上，社会保障才恰恰是创新的和高效的社会的一个前提条件。社会保障是自由的勇气、自我负责的意愿和开创新路的力量的重要基础。团结互助与创造成绩的能力之间的联系带来了社会市场经济的成功。

基社盟希望为所有人创造一个代际公平、有效率的福利社会。

我们希望保证对于弱势群体的救济和帮助，以使所有在困境中的人都能够依靠我们的福利国家。

我们希望把个人自由与社会保障、经济成就与社会团结联系起来。

我们希望推进自决的生活，希望使人有自我负责的能力，以使尽可能多的人可以自食其力。我们激励性的社会政策的第一目标是帮助和激励人们发展自身的力量。

我们希望使人们有能力不再依靠国家的赡养。

我们希望尽可能地防止匿名的国家行为使人成为被动的、依赖性的接受服务者。

我们希望扩大预防措施,以使日后救济和帮助的必要性不再那么强。

我们希望打开社会生活和经济生活的途径,以减少必须生活在长期孤立中的人。

我们希望加强家庭中的私人倡议组织,加强社会团体中团结互助的相处之道。

加强公民的参与

在未来,所有人的基本的社会保障只有通过更多的私人倡议组织和个人贡献才能得到实现。为此,基督教社会联盟希望重新建立起在自我责任与对福利社会的要求之间的平衡关系。福利社会必须专注于对那些真正需要帮助的人的救济上。

过去的几十年福利国家一直在扩大。同时,福利社会愈来愈给人以由国家组织的、匿名的强制社会的感觉。人们日渐抱怨正在增长的"社会冷漠"和孤独化。这表明,一个人性化的社会只有通过所有公民的强大参与才有可能。没有人为自己和他人投入,久而久之就没有人性化的福利国家。

承载着我们社会的最强大的社会网络是婚姻和家庭。家庭是最根本的超越世代的福利共同体的形式。同时,邻里之间、朋友圈子和个人组织中的互相帮助也变得更重要。在社会的许多任务领域中,专业人员和义工成功地在一起合作。我们希望继续扩大作为福利国家支柱的自愿参与这一经过考验的形式,并开创新路、发展新理念。

福利国家不仅仅是分配财政支出

强势群体和弱势群体之间公平的社会均衡是不可缺少的,这在未来也是必要的。但是仅仅从国家支出的增加来衡量社会的进步是错误的。福利政策到目前为止过度地限于分配福利上了。这一任务设置太过狭窄。我们更全面地理解基本法关于福利国家的规定。我们共同体福利的质量需要人的行动力和社会的团结。我们希望同等地塑造机会平等和代际公平以及贡献公平和分配公平之间均衡的关系。分配公平就是说，经济上的强势群体为了弱势群体，从他们的劳动果实中拿出合适的一部分上交。这种团结互助的精神在一个差距不断拉大的社会中是至关重要的。但是，基社盟在其政策中同时也顾及到，贡献者也必须从他们的劳动结果中保留一部分。贡献需要激励和承认。贡献公平和分配公平不允许相互对立。

代际公平和老少之间的伙伴关系

我们民族从代际之间以及一代人内部的团结互助中汲取现在和未来的力量。

代际公平就是说，要出于对子孙后代负责而行动，不以他们为代价而生活。没有一代人拥有通过给下一代人增加负担而保障自己生活水平的权利。

代际公平就是说，要承认老一代人在他们生命过程中为社会和国家所带来的贡献。

代际公平就是说，全面地帮助有孩子的家庭并更好地回报他们为我们的社会所作的贡献。

为了代际公平地保障我们的福利体系，增加工作年限是必要的。基社盟主张更早地进入工作生活，根据年龄更灵活地退出工作生活。为此，我们需要符合个体化需求的规定。基督教社会联盟为实现青年和老年之间、现在和未来之间合理的利益均衡而奋斗。

通过公平的代际契约而为未来做准备

就像父母为了自己的孩子而放弃某些舒适条件一样，我们所有人作为社会人也必须为未来承担责任。我们不能只消耗物质，我们必须增加物质并以此打开未来的前景。

只有当年轻人和老年人同样地感到为对方负有义务时，代际公平才是可能的。代际契约已经陷入了困境。因为一方面孩子和保费缴纳者愈来愈少，另一方面年老的享受服务的人数增加了，所以必须改革并补充现有的代际契约。一个老龄化的社会必须意识到自己对年轻一代所负有的责任。只有这样,我们的国家才能对开放的欧洲的年轻人保持吸引力。只有当代际互助能够为现在的中青年长期带来稳定的前景时,它才能够存在。

社会保障的可靠的经济支持

我们希望社会保障能够有一个长期稳定的基石。我们现在的福利体系过高地要求了工作的人们。因此我们必须阻止愈来愈高的劳动成本。

基督教社会联盟致力于保证社会保障的财政支持,使其有确定的未来。多样的经济来源包括劳动者和企业家分摊的保险费、企业的养老金、税收以及资本金基础。对于进入作为社会保障体系根本支柱的资本金基础,已经不容再浪费时间了。为社保体系提供可靠和稳定的经济支持,这是每一代人的任务。在此必须进一步加强私人养老保险。

社会需要中老年人的经验和参与

更长的寿命为愈来愈多的人很大程度地提高了生活质量,增加了生活的希望。许多人到了高龄仍旧精力充沛,许多人能够工作,也希望工作。在这段生命的大部分时间里,重点是独立地塑造自己的生活,而非接受照顾。更长的预期寿命赋予个人的这一生命阶段新的重点。老年的活动变得更重要。家庭和亲戚圈子中的社会生活发生了改变。公民的参与、新的社会网络、共同生活和团结互助的新形式正变得重要。

人们更长的预期寿命对社会而言是一笔财富。年长者的经验和知识对企业和我们的国家而言都是一种珍贵的财富。但是,这一巨大潜力的发挥直到现在都还太少。过于僵化的退休规定并没有适应许多老年人对于充实的生活的设想。

基社盟希望与老年人共同合作来制定一种积极的政策。我们希望为老年人开启更多的机遇,因为这也是代际公平。年龄不应当成为经济和社会中将人排除出积极工作之外的标准。因此,我们主张工作到退休之间的过渡的规定更加灵活,主张给人们个性化的道路以更多的自由空间。

我们希望促进并支持每一个个人获得资格和技能,推动终身学习,支持老年人参与工作和社会生活,这是美好未来的重要基础。这也包括要照顾到老年人的其他需求和对我们政策要求的改变,无论是在住房、旅行、文化教育方面,还是在社会基础设施、医院和护理机构方面。基社盟了解:老年人对社会、经济和国家而言都是一股强大的力量。

重新塑造国家和社会服务提供者之间的合作

国家和社会服务载体如慈善联合会以及私人的福利组织之间的合作必须根据辅助性原则加以安排。国家作为载体只应该负责那些它的绝对必要的任务。所有可以由社会倡议组织、私人组织以及企业能够同样或者更好地完成的任务,国家应该交给它们去做。凡是对于公民保护有必要的地方,国家必须负责制定有约束力的标准并且执行质量标准。

我们希望支持私人的倡议组织和社会生活中必要的有独创性的创新。不必要的规章和过于繁琐的手续必须加以减少。促进措施的实施必须是经济节俭、有的放矢和根据需求的,不允许一刀切、搞均衡。基社盟希望建立一种可靠的合作,它不允许依赖于国家的短期预算情况。基社盟希望促进由慈善联合会、私人组织以及小规模但却高效率的自助团体构成的多样性。现代福利国家需要理念和首倡性的竞争。为此制定框架和必要的规则,这是政治的任务。接受服务者以及他们的家人应该能够尽可能宽泛地在不同福利机构的服务中选择。公民的这种选择自由能够促进围绕质量和效率的竞争。

卫生政策是关于生命的基督教—社会政策

病人、残疾人以及需要照顾的人必须能够信任社会的团结互助精神。医疗的进步必须为所有人所用。每个人都必须能够得到现代医学的必要帮助而不必顾虑自己的经济状况、年龄以及健康的风险。必须保证城乡同等的基本医疗服务。

基社盟希望卫生事业长期有资金保障。由于人口的发展、医疗的迅速进步及由此引起的不断增加的医疗支出、医疗保险、医疗服务、康复及护理保险的结构和筹资必须是有未来保障的。前提条件是医疗保险公司的效率和竞争、对卫生事业中经济行为的激励以及对资源的节约利用。我们不要同等水准的统一保险。我们致力于维护充满责任地经营着的私人保险和我们社保体系载体的自主管理。

我们的卫生事业的自我责任和辅助性原则

国家给出法律的框架条件，同时为卫生事业所有参与者自负其责的行动让出空间。公民的自我责任必须在辅助性原则的意义上得到加强。每一个个体通过有健康意识地生活为保持他自己的健康打下基础。基社盟希望加强被保险人的自主行动和自我责任，关于保险的决定自由空间和选择的可能性，以及扩大对预防措施的激励。基社盟希望在卫生事业中创造更多的透明性，以支持患者的自决和成熟并预防滥用支出款项。

预防优先

基社盟致力于实现一种预防性的卫生政策和健康的生活状态。其中包括父母从开始就保障孩子参加预防诊断的义务，也包括健康教育、健康预防，通过劳动保护、环境保护、消费者保护、被动吸烟保护、患者的心理社会护理以及咨询和建议来预防，以避免诸如超重、吸烟和酗酒等健康损害。为了健康生活，特别是在幼儿园和学校里必须培养所有儿童和青少年的营养意识和对体育运动的喜爱。

谴责毒品，帮助吸毒者，抵制吸毒的开始

非法的毒品消费以及滥用酒精和药物能摧毁个体的健康，毁灭家庭并危害我们社会的结构。基社盟主张由毒瘾预防、有效治疗、法治国家坚定严格的干预措施三者组成的政治三要素。

毒瘾预防始于成年人的榜样作用。基社盟要求以教育和坚定的行动来反对学校和教育中的药物滥用。毒品必须受到谴责，对毒品的无害化宣传绝对不能被容忍。必须扩大对毒品上瘾者的治疗和有效的康复措施。必须通过有效的法律、警察手段和强化了的国际合作来对抗有组织的毒品犯罪。追捕并惩罚那些使人陷入依赖性和自我摧毁的作案者正是我们法治国家的义务。

加强护理和卫生专业的建设

为了有利于患有疾病和有救助需求的公民的护理，基督教社会联盟希望使病人护理和老人护理专业更加具有吸引力。必须保障卫生领域的职业自由和职业认可。预防措施、门诊医疗和住院治疗、康复、疼痛治疗和缓和治疗以及家庭和公共护理必须更好地结合起来。基社盟支持透明而完整的质保体系。

基社盟希望促进尽可能好的卫生专业培训和继续教育。专科学校、巴伐利亚的大学医学院、研究和教学保障了卫生服务的质量和效率。

利于经济增长和就业的健康市场

基社盟认为，正在扩大的医疗卫生市场对独立负责的患者而言是机遇，同时也是经济增长及就业的动力。凭借其创新的产品和服务，德国的卫生行业是我们最大的经济部门之一。我们希望利用这一机会。尤其重要的是对诸如制药、生物技术和医学技术等高科技产业的全面开发。在此，提供给人们的服务和服务的效率并不首先通过法律和计划经济式的调控来提高，所以基社盟致力于打造一个透明的医疗卫生市场，为生产者和医疗保险创造一套激励体制。

福利国家由我们所有人组成

基督教社会联盟知道，福利国家需要乐于助人的人们，也必须支持他们。社会共同体存在于家庭、邻里、协会或者社区中，个人在社会共同体中的参与意味着生活质量和生活意义。我们共同生活的人性的质量存在于公民的社会责任之中，公民千百万次地、日复一日可靠地在生活中履行着它。

6. 保护环境，保护我们的生存基础

出于对世界万物的责任而保护气候，保障未来，打造生态的生活质量。我们的标准是可持续性

有责任意识地对待世界万物是基督教—保守政治的核心原则。基社盟把人视为世界万物的一部分。我们有利用世界万物和改造它们的责任。但

是，我们同样有义务为了自然和生命本身而保护它们。一切有生命之物都有其自身的价值，它不以是否对人有用来衡量。每一种生命都应该得到尊重。

我们希望在与自然和环境的和谐之中生活和工作。因此，基督教社会联盟比其他政党更早地意识到保护自然和环境是我们时代的重大任务之一，而且也是这样行动的。巴伐利亚是建立环境部的第一个联邦州，始于1970年。我们为了维持自然的生存基础，为了后代的未来而行动。从中也发展出长期思考、未雨绸缪、合理计划和自我节制等义务。这一基督教—保守的责任伦理深刻影响着我们的可持续性政策。

每个人都有责任在消费、出行、娱乐和居住中保护环境。我们的途径是经济标准、社会标准和生态标准的结合。只有通过这些全面的准则，我们才能塑造可持续的发展。我们认为，每一种损害生存的自然基础的政策都是短视且不负责任的。

在过去的几十年里，我们在德国取得了环境保护上的重大进步，尤其是在巴伐利亚。空气变得更干净。生态系统中的有害物质负荷大大减轻。我们的河流和湖泊的水质明显提高，多次几乎达到饮用水的质量。在垃圾管理中，废弃物的重新利用达到了很高的份额。为了爱惜我们生存的自然基础，我们希望进一步扩大循环经济。我们的目标是通过避免产生垃圾和垃圾再利用来进一步减少垃圾清理。

尽管已取得成功，我们还是尚未实现持久的可持续发展。我们不愿以对自然及其资源的掠夺式开发来支付我们的富裕。重大的任务是以更少的原料和能源创造更多的价值。环境措施是并且将一直是基督教—社会政策的一项全面的长期任务。

对世界万物的全球责任

我们在巴伐利亚、德国和欧洲为环保而工作。适用于我们的是"全球性的思考，地区性的行动！"同时，我们了解，环境保护需要全球范围的互助合作。世界是所有人和所有世代的共同财富。对我们的共同生态系统地球的关心是世界共同体的生存问题。所有人在环境保护中都是相互依赖的。在我们这个世界上，环境与气候的保护只有在共同努力之下才能成功。使经济增长不再毁灭环境的唯一方法是加强全球范围内的合作及在环保上各民族相互间的义务。

基督教社会联盟要求为日益增强的经济关系全球化建立制度政策和环境政策的框架。在国家的或者国际的金融救济中，必须更好地兼顾环境保护的任务和目标。尤其是在大型的基础设施项目如开采石油、建坝筑堤或开垦雨林上更须如此。欧洲联盟必须在全球范围内坚决要求建立合理的环境政策标准。

通过全球性的合作来保护气候

基社盟主张，乡镇、各州、联邦和欧盟是气候保护的先驱。

在温室气体减排上，我们专注于三个重点，即节能、使用可再生能源及气候友好型的多种能源。

尤其在气候保护技术的研究与开发中，必须尽心尽力。在前瞻性的、与经济共同推动的气候与环境保护中，存在着巨大的创新潜力，它能将我们州带到最为进步的地位。

全球的二氧化碳排放必须尽快地减半。基社盟奉行的目标是到2020年使二氧化碳排放量减少30%以上；相对于工业化前的状态，将全球的升温限制在2°C以内。其手段与途径是现代技术、更高的能源利用率和更多地应用可再生能源。我们认为排放交易是环境政策的一个重要的市场经济工具。气候保护是一个生存问题，它要求全球协调行动。因此，更多的国际气候保护协定是迫切必要的，我们的政治对此也是有义务的。作为温室气体的大制造国，美国、中国、新兴工业国及发展中国家必须参与到气候保护中。

基社盟的气候战略也包括适应气候变化的后果，比如加强对洪水的防范。

建设环境友好型的交通基础设施的新途径

交通道路和运输手段的质量对一个国家的经济和发展至关重要。所有的交通方式，包括空中交通与船舶运输，必须更好地连成网络。我们希望支持交通工具进一步的改良。基社盟在节能与气候保护中致力于实现中长期的目标。这尤其针对新汽车，参照船舶运输，其最高燃油消耗到2020年将减半。我们要求改变对交通的征税，以有利于环境及气候友好型的技术。在欧洲层面上，对污染环境的产业实行统一的税制并减少其征税优惠，比如在航空中，具有迫切的必要性。

机动性对所有人而言都是个人生活与自由的重要因素。由于环境负担，这种自由要求每一个体负起环保地生活的特别责任。因此，单纯的技术措施和资助计划是不够的。我们所有人都被要求在我们的个人行为中为保护环境和保护世界万物做贡献。

协作性的环保方式

基社盟发展了一种协作性的环保方式，以此我们将所有社会力量以及国家和经济的职权和资源都联合起来。我们以合作而不是对立来取得对环境的最佳效果。巴伐利亚依靠环境公约开发了一条国家与公民的责任共同体的新路，而且取得了巨大的成功。我们希望继续加强这一富有成效的合作。

协作性的环境保护并不意味着放弃必要的法律和监督，但是我们也不希望管束公民。必须减少不必要的规定和条款。

我们希望这样设置激励、资助和征税方式，以使有环保意识的行为不损害生产者和消费者在竞争中的利益，而是有利于他们。消耗自然资源的后续成本必须相应地在征税中得到计价。在未来，税收系统必须更多地减轻人的劳动并且有针对性地对消耗自然资源的行为计入后续成本。必须减少能带来环境负担后果的税收优待政策。为了减少竞争的扭曲，通过国际协定在欧盟内部达成协调一致是必要的。

生态和经济的利益是多重并行的。来自巴伐利亚和德国的环境技术是出口的畅销货。这一动态的增长市场能创造就业岗位。可持续的经营对企业而言是值得的，因为有效率的原料和能源投入有利于营业利润。巴伐利亚通过环境管理而节约成本的潜力可达数十亿。

协作性的环境保护是取得整个德国环境政策和经济政策动力的最好方式。不论经济状态如何，我们都希望并且必须牢牢抓住我们的高环境标准。每一个短视的政策都会摧毁我们未来的基础，所以它也是生态上的歧路。

加强消费者（自主权）并保护消费者

基社盟依托于成熟的消费者，他们得到充分的信息，独立负责地参与市场事件。为此，必须进一步加强消费者主权。消费者所获知的消息必须足够让其独立地决定和选择。

我们希望将国家调控和监督集中于消费者安全上。巴伐利亚的消费者应该能够对安全的食品、商品和服务放心。

权衡绿色基因技术的机遇和风险

在过去的几十年里，植物的种植和动物的饲养通过研究而一直继续发展。绿色基因技术是这一发展中的新篇章，也给我们带来了新的挑战。我们希望谨慎地、科学地对机遇和风险进行充分检验，按照可持续性的标准来权衡它们。在作每一个决定之前，必须清楚了解其长期的后果。对于风险管理适用以下原则：不可逆发展的风险决定了科研及其应用的伦理道德界限，要通过制定法律对其进行必要的限制。然而，只看到风险，那是短视的。关于风险和机遇，我们知道的仍然太少。因此，开放性的问题必须通过进一步的研究更加可信地加以解释。

基社盟主张，只有在可以排除其对我们精耕细作的农业结构、对自然及其物种多样性和人类食物的必要安全的消极影响的情况下，才允许转基因植物在室外进行农业种植。为了在未来保护无基因技术的农业，我们需要针对制造者的责任制定有效而清晰的规定。在对转基因产品的许可、标识和销售上，必须提供全面的信息以保障消费者的选择自由。消费者必须能够在转基因产品、传统产品和生态产品中做出选择。这一选择的自由权是公平竞争的前提。

德国和欧洲的动物保护

基社盟在德国和欧洲层面致力于动物保护事业。在欧洲，必须共同实现一种适宜物种的、农业的动物养殖。动物实验和动物运输只有在严格的前提条件下才能得到允许。

除了政治制定规范之外,主要由消费者通过购买行为决定在何种程度上可以实现一种适宜物种的、适宜环境的动物养殖。基社盟希望通过教育和消费者启蒙来培养消费者的质量意识。

出于对世界万物和故乡的热爱而保护自然

保护自然、保护土地和水域、防范洪水、维护当地的森林及其保护作用,这些巨大的努力是为了在故乡保护我们的生活基础和保障我们的生活质量。基社盟要在所有的政治决策上兼顾其对人类和动植物的后果。同时,基社盟也不希望阻碍自然发展的自动力。

物种多样性是我们自然保护政策的一个指针。正是森林服务于物种保护,它是许多动物和植物种类最后的大本营,并且保证了高度的生态稳定。我们通过一种自然的管理方式保护森林这一巴伐利亚人民珍贵的憩息之地。

基社盟要加强自然保护、旅游业、农业和林业之间的合作,并以此开发新的合作形式。诸多土地保护协会都走出了一条成功的道路,土地使用者和自然保护者、农业和林业、地方政治家、公民和国家在那里开展合作。

基社盟的目标是通过群落联合系统把生态细胞网络化。尤其是饮用水保护领域对未来的预防措施具有特殊的意义。相对于其他利益,我们的饮用水的质量保障拥有优先权。如果有必要限制农业用地,那么必须保证相应的补偿。

由于其消极的生态影响,必须减少将自然土地用作它途。对基社盟而言,这是环境保护的当务之急。国家与地方的合作中,所有规划中已使用土地的改作他用必须尽可能优先于开发利用新土地。我们希望经济增长与利用自然土地长期分开。为此,还必须发展税法中的经济激励方式。

只有人们对自己的环境和故乡有情感上的联系时,自然和环境保护才能成功。为保护自然而行动往往是受到价值选择影响的。我们在现代文明中发展出对自然的一种伦理的和情感的关系是筹备未来的一项决定性任务。因此，基社盟希望跨学科地在所有的教育机构中进一步加强环境教育，同时加强环境伦理中的情感归属。只有伴随着对自然和世界万物的爱，环境保护才不是沉重的义务，而是来自自身动因的需求。

对于基督教社会联盟而言，对环境、自然和气候的保护是在未来责任之中的鲜活的故乡之爱。我们不愿以后代为代价而生活。我们环境政策的标准和动力是值得生活在其中的巴伐利亚和德国的成功，是多样性的自然及其独一无二的美的成功。

7. 安全且环境友好型的能源供应

我们要节约能源，扩大多样的混合能源，进一步发展能源技术

能源是生活和经营的前提。德国的生活质量、经济增长、竞争力以及就业岗位都依赖于能源供应。我们能源政策的目标是安全的供应，环境及气候友好型的生产，社会可接受的和有竞争力的价格。这些目标都是同等重要的，一个都不能忽视。

世界范围内急剧增长的能源需求，持续高昂的能源价格，日益增多的国际供应危机，不断增加的对政治不稳定地区的依赖，由于温室气体排放而导致的气候变化，对德国的能源供应而言，这些都使一个长期的整体方案成为必要。巴伐利亚和德国主要需要能源载体、供应国以及运输路线的多样性，以避免单方面的依赖性。在此通过更多的竞争来为经济的、价格优惠的能源供应改善前提条件，对基社盟而言是重要的。

人类正面临着对后代而言具有决定性的任务，即为正在增长的世界人口以及诸如印度和中国的数以亿计且不断增长的人口提供足够且尽可能无害环境的能源。没有可持续的能源供应，人类的经济、生态和社会问题是不能得到解决的。

通过节约能源减少原料的消耗，提高能源利用率

节约能源，珍惜有限的化石能源储量是我们时代最为迫切的任务。我们希望更大程度地将国民经济增长与原料及能源消耗分开。基社盟致力于全面的政治努力和社会努力，以在经济、家庭和交通中节约能源。我们要从能源的获得到使用都提高效率。必须更好地利用和进一步开发技术上的可能性。我们的大目标是到2020年使能源效率翻一番，而对建筑物供暖的能源需求则要减半。

我们要为最有效地利用能源设置激励机制，比如在发电站、工业设备、交通工具、供暖设备以及利用太阳能的设备中。基社盟尤其要提高建筑物隔热能力和推动包括周边建筑物和工业企业在内的区域供热网络的发展。区域供热网络的扩建必须纳入对热电联产的支持之中。要更多地利用分散的能源供应系统及其网络，也包括在与当地可再生能源的结合中。

利用创新的混合能源，保障可持续供应

对面向未来的能源供应而言，扩大"混合能源"是必要的。这包括更有效地使用并进一步发展可再生能源、化石能源和核能。

基社盟要促进支持可持续能源供应的思想和倡议的开放性竞争，以充分利用环境政策和能源经济政策进步的可能性。能源载体和供应系统的评价及促进的标准是对能源均衡的全面判断。在从生产到消耗的各阶段都必须考虑所有的生态影响、环境风险、供应安全以及成本。

扩大分散的能源系统并强化对本地可再生能源的利用是我们能源政策的中心。我们主张发展和建设新类型的发电厂，它们通过回收热量使对废热的利用明显改善。除了水力和太阳能之外，应优先通过加强利用、进一步发展和研究，优先考虑充分利用生物能的可能性。愈来愈多的农民在未来将是"能民"。我们要从本地的原料中获得巴伐利亚天然气供应的一大部分。这包括使沼气达到天然气的质量以及将沼气供应纳入公共天然气网络中。

风能、热泵技术和地热是我们多样化的能源政策的重要基石。正是在南德，地热具有巨大的潜力。我们希望通过促进研究和政策激励来进行开发。

创新技术的研究和利用，比如对氢燃料技术以及燃料电池技术的使用，能够提供新的选项。在这方面，对于哪种技术代表着未来的方向，政治既没有决定的任务，也没有决定的能力。我们希望为想法和倡议的竞争创造条件，使得高效、环保和安全的技术能够获得使用。

我们在巴伐利亚的成功的地区政策已经证明，我们通过新的能源技术将生态与经济的利益结合起来了。我们将更坚定地继续走这条道路。现代的能源技术能够创造就业岗位，也为巴伐利亚和德国创造巨大的出口机遇。

在现有的规划和决定的时间内，在经济政策和气候政策允许的条件下，实现满足需求的电力供应，没有核能是不可能的。退出核电将显著弱化对气候的保护。不允许用更多的煤炭和石油使用来代替核能。用化石燃料进行替代将排放更多的二氧化碳。因此，在价格合理又能高度保证供应稳定和环境友好的、充足的大规模碳中和能源可供使用之前，核能是不可或缺的。在对核能的利用中，安全绝对优先于经济考量。在德国，放射性废弃物的地下储藏问题也能够且必须在注意安全技术要求的条件下顺利地和以结果为导向地得以解决。在利用和继续发展安全的核电站方面，德国是世界领先的。

扩大能源研究，加强欧洲能源政策

能源研究是可持续的高效的能源供应的关键。基社盟要求并支持面向所有能源技术的能源研究以及德国在欧洲及国际重要研究计划中的人员和资金的参与。我们致力于在欧洲层面建立能源技术的新研究项目，它超出了单个成员国的能力。

我们支持坚定实施开放的、面向竞争的内部能源市场。面对第三国时，基社盟支持贯彻欧洲的利益，也包括在能源供应方面。必须强化欧洲的能源政策。然而，它必须为成员国留下足够的制定能源政策的空间，而且不允许导致建立新的官僚主义。

积极的能源外交政策

在卖方市场的意义上，世界范围内能源生产国和能源消费国之间的力量对比正朝着对资源丰富的国家有利的方向改变。原因是能源进口的增加、能源产业的重新国有化及国有化，还有能源资源的政治工具化。为了不陷入单方面的依赖性之中，制定能源政策不能再缺少外交、安全以及发展政策的维度。德国和欧盟需要一种积极的能源外交政策，它包含了在国际上用一个声音说话和在经济、政治以及科学方面采取协调行动。

8. 建设作为家乡的城市和农村

我们为在整个巴伐利亚实现同等的生活条件、生活质量、工作和机遇而行动

巴伐利亚以其地方景观的多样性而著称。城市、市场、村庄和田野造就了我们家乡的特殊魅力。人们在城市与乡村中找到身份和故土。在这里，他们体验到历史、文化和地区生活情感的深刻力量。在这里，他们在急剧变化的时代找到存在于可靠的社会纽带中的依靠和安全感。出于对故乡的热爱，出于对故乡的休戚与共的情感，人们积极并义务地投身于公民社会中去。城市和农村的强大是巴伐利亚特殊的生活质量的基础。

作为生存空间，城市和农村处于多样性的相互关系之中。基社盟主张人口密集的城市地区和乡村地区携手并进并相互补充的政策。我们不要中心主义，不要基础设施的供应集中于大城市，而要实现重要基础设施的大范围供应，也是为了防止农村劳力外流。

基督教社会联盟尤其要以特色鲜明的地方自治和各州在我们国家联邦制建设中更多独立自主的塑造空间来促进生活条件的平等。

地方自治是崇高的宪法原则和巴伐利亚的重要优势。基社盟致力于保障地方层面的收入来源。地方需要稳定的收入基础来保障其独立性。特别是较小的乡镇、城市和乡村结构的平原地区更是如此。只有在长期稳定的财政保障下才能实现自信且有行动力的地方。基社盟为地方规定了相关性原则，即州的层面不允许将任务转交给地方却不同时给予相关的资金配备。基社盟支持，巴伐利亚即使在将来也是德国最为有利于地方的州。

有强大的地方，才有强大的州

数千年来，在其从乡村、小城市直到大城市的多样性中，巴伐利亚的地方一直是社会与文化生活的源泉。幼儿园、学校、市政厅、医院、短途交通、社团生活，这一切都是故乡生活的一部分。公民投身于他们的社区，承担责任，而且许多人通过捐赠和建立基金会为共同体出力。促进和支持这些公民理所当然属于基督教—社会的地方政策。

地方共同体是所有政治的根源。在这里进行着并实现了自我责任、社会互助和决策的民主透明。基社盟主张公民共同参与政治。因此对我党而言，地方和区域政策具有基本的意义。我们要通过我们的地方政策实现以公民为导向、参与和一体化，并且促进积极的公民社会的发展。

打造我们城市的生活质量

自古以来，城市就是交流与合作的枢纽。它们是文化与经济交流的中心。基社盟理解城市的意义，不论是在其独立性上，还是在其对于整个州发展的意义上。我们要推动和扩大城乡结合发展的新机遇。

面对人口的发展，我们将在城市政策和城市建设促进措施中给出新答案。我们的社会愈来愈老。基社盟认为中老年人的积极投入为实现充满活力的共同体做出了巨大贡献。基社盟要通过地方政策实现所有世代对公共生活的参与，并且同等地对待中老年人和年轻人的要求。我们要促进代际之间的共同生活，支持新的社会网络，比如在几世同堂的家庭中。我们将把居住区打造成有利于家庭和孩子的生活空间。对我们而言，地方上对家庭进行支持的服务具有特殊的意义，比如针对儿童教育的机构和公民网络等。在所有的政治决策中，我们都支持有利于家庭的解决方案。

基社盟认为平衡社会差距与保持社会稳定是一项重要的政治任务。我们的目标是为所有人群实现宜居的居住空间，并且在大城市避免社会冲突的焦点。对我们而言，社会的居住空间促进措施始终是一项重要的地方任务，尤其在城市建设中。

移民的融入是对我们家乡未来的一项重要挑战。融入只有在互相的意愿与努力之下才有可能。州以及联邦的政策必须支持地方在融入方面的重要作用。

正是在地方上，我们要促进传统以及新形式的集体生活。促进并支持人们在社团或者市民中心里的交往是符合时代要求的地方政策的重要任务。

对基社盟而言,安全的街道和广场是一种珍贵的财富。每一个城区的安全是我们政治的标记,也是巴伐利亚生活质量的标记。特别是在大城市里,我们要通过预防性的安全政策防止暴力和犯罪,比如通过冲突焦点的录像监控和强大的警力投入。对于基社盟而言,即使在全球化时代也要保证对所有人的私有财产、安全和自由进行保护。

基社盟致力于建设良好的街道、铁路以及航空交通路线,这是经济发展及富裕的基础。必须尽可能环保地进一步发展所有基础设施。基社盟尤其要在人口稠密的地区为环境和我们自然生存基础的保护创造政策激励和框架条件。

城市、社区和目的协会是公共服务和基础设施的载体。在巴伐利亚,地方的生存保障具有宪法地位。因此,我们反对欧盟纯粹以市场经济的准则来调控生存保障的要求。饮用水供应和废水处理属于地方生存保障的核心领域。我们致力于让所有地方继续独立负责地安排这些任务并自主决定,在何种程度上将这一任务委托给第三方。另外,基社盟认为地方也负责文化、体育和业余活动的安排。

塑造乡村地区的未来

乡村地区的发展是我们在巴伐利亚政策的一部成功史。许多乡村地区受益于特殊的魅力和高标准的生活质量。

乡村地区的共同优势在于其多样性。适度空间内的居民结构、人们公民式的参与、与故乡的身份认同、良好的社会环境与生态环境条件、中小型的企业结构,这些都是未来最好的前提条件。没有任何其他地方的人可以这么直接地参与塑造他们的环境。基社盟要进一步强化这些优势。

乡村地区在其社会、文化、经济和景观特征上是多姿多彩的,它将像过去一样继续不同地发展下去。靠近较大城市的乡村地区的发展前景在过去和现在都和其他部分地区不同,在那里,人们正以特殊的方式面临着结构转变和人口的变化。

欧盟的扩大打开了新的经济增长机遇，但是也意味着与东部邻国的工资与促进措施的差别。我们已经在某些区域确定了农村人口部分向城市迁移的现象，因为并不是所有的乡村地区都同样受益于经济增长和繁荣。

基社盟的政策要通过为创造具有竞争力的就业岗位而开发新的增长潜力，通过多样化的教育服务，通过年轻和年老一代的良好的生活条件，继续扩大乡村地区的优势。其中也包括我们关于大中型工业区的政策，新的或者改良的交通路线的政策。我们要在故乡为人们开启良好的前景。

"同等生活条件"的目标也适用于未来

我们时代的转折伴随着经济结构转变、区位竞争加剧、出生率降低和公共资金的短缺，这对乡村地区而言也意味着深深的中断。在这种情况下，基社盟还坚持为巴伐利亚所有地区创造同等生活条件的目标。尽管巴伐利亚各地区的塑造余地和活动余地不尽相同，但是我们仍要在每一个生存空间为人们创造尽可能好的生活条件，为他们创造机遇。我们不忽视任何一个地区。针对每个地区实施不同的及符合地区情况的发展战略是必要的。

加强地方和区域的自主行动

基社盟要促进地区及社会潜力的活化，推动巴伐利亚所有地区自主力量的发展。我们要在广泛的基础上实施公民、专家和地方政治家在村庄更新计划及地区发展方案中的已有合作模式。基社盟认为乡村地区的特殊力量和机会存在于私人倡议组织、地方、经济及国家行政的密切结合中。

为了履行公共机构的责任，基社盟致力于建设良好的基础设施。此外，我们也要为了人们的利益而利用公共机构和私人服务者合作的可能性。

在教育领域，孩子的机会平等必须在所有结构性决策中占据中心地位。我们要打造覆盖地区的、尽可能靠近居住地的、不同教育途径的网络。

基社盟认为大学与高等专科学校是重要的动力，它们能为乡村地区增添巨大的区位吸引力。我们要用有针对性的技术及创新促进措施、用经济和科学的网络来进一步扩大每一片地区的优势。

即使人口减少,我们也要在乡村地区尽可能广泛地保留不可放弃的机构,包括儿童养育机构、文化服务、合格的门诊医疗和住院医疗服务、无障碍的居住以及对家庭护理的支持。此外,基督教社会联盟的政策重点放在交通基础设施和现代信息技术服务上,以保障乡村地区的未来。在关于国家投资的决策中,必须将乡村地区特殊的优势、多样化的公民参和活跃的集体生活当成一个清晰的整体来考虑。

乡村地区中小型的企业结构是其一大生态优势。基社盟理解中小型企业的企业家力量,理解劳动者与其中小企业的特殊的团结互助精神。因此,基社盟要加强科学与中小型经济的合作,加强技术转换的支持,加强对企业继续发展的咨询服务。通过网络化的方案和创造价值的链条的发展,地区的潜力可以尽可能好地得到充分开发。

为网络化的解决方案而合作

基社盟的地方政策致力于实现巴伐利亚地方和区域的成功发展。对于乡村地区的未来,基社盟还要更多地依靠跨区域的合作。这一网络化是必要的,也是因为短缺的公共资金必须得到尽可能合理的使用,因为人口的发展和不断加剧的区位的竞争。基社盟认为特别迫切的任务是实现国家行政中的跨专业合作。

基社盟要在城市和农村中为人们及其家庭创造一个美好未来。我们的目标是在巴伐利亚的所有地区塑造强大而友好的故乡。

9. 富有竞争力的农业

我们为符合时代的农业、林业及食品工业而行动:环保的、高质量的、有未来前途的

农民家庭数百年来影响着巴伐利亚有特色的生活质量、巴伐利亚的文化多样性以及文化景观。农民以高质量的本土食物保障着人们的供给。

农民的家庭企业是巴伐利亚一个重要的社会政策因素,它具备土地所有权的分散性，自我负责的文化和现代的企业家身份。基社盟致力于保护所有权。拥有土地是我们农业的基础。如果因为公共的利益而不得已进行干预，必须予以相应的赔偿。

家庭企业维护着农业并保留了我们的自然生存基础。跨世代的、对未来责任以及可持续性的原则正是起源于农业和林业。巴伐利亚的生活文化植根于农民的传统和价值。广大农民是我们故乡巴伐利亚的心灵和灵魂。基社盟理解这一全面的意义。

高效的农业和林业企业是有未来的

多功能且有竞争力的农业和林业能为我们州的未来做出巨大贡献。我们需要创造性地行动的企业，其生产是环保的和可持续的。这适用于健康食品的生产，也适用于可再生原料的生产。

基社盟认为农业是我们州的一个重要经济因素，在未来也应该是这样。我们希望，我们本土的农业能够利用市场的多样性，从生态农业、直接营销、现代的传统农业一直到带着自己的特殊要求，登上欧洲及国际的农业市场。尽管国际农产品贸易不断增加，但是通过本土生产来保障健康的食物供应一直是农业的核心业务。由于政治发展和天气引起的减收而导致的国际农产品市场的日益增加的动荡证明，稳定的本土食品经济是多么重要。

基社盟的目标是农业、林业和食品工业都能从世界范围内积极的市场发展中受益。正在增长的世界人口以及上升的购买力带来了新的销路和收入的机会。农业政策必须提高农民的竞争力，而不是以额外的负担和不必要的手续在国际竞争中弱化他们。基社盟要更多地利用巴伐利亚生产的高质量和巴伐利亚崇高的声誉，以支持巴伐利亚农产品在地区、国家乃至国际市场上的表现。

可再生原料作为未来的市场

可再生原料的生产是农业和林业为气候及资源保护所做的一大贡献。国际市场上能源的短缺与价格高涨为本地的农业和林业打开了新的市场和新的收入来源。基社盟希望通过自己的能源生产来减少对少数且部分政治不稳定的地区的能源依赖性。在此，可再生原料的使用必须以效率和市场能力为导向。可再生原料的生产必须环保。为此，基社盟要推进发展和研究。

在将来，农业也将以其土地利用的多样性影响作为生活和经济空间以及休养空间的巴伐利亚的文化景观。农业对巴伐利亚文化景观以及共同福利的一些贡献在市场上不能获利，但是却为社会所期许，这些贡献必须受到国家的相应的报偿。只有这样，本地的企业才能在国际竞争中生存下来并继续保障地区覆盖式的农业经营。

同时，结构转变会在农业中继续进行。通过科技进步而达到的生产力提高和改变了的市场，要求一个持续的适应和继续发展过程。这对农业和其他所有经济部门而言都是如此。基社盟要以前瞻性的政策来支持这一发展并推动现代的生产方式。

强化家庭企业的公司地位

对许多农业企业而言，收入的组合是其经济未来的基础。因此，基社盟的农业政策将支持每一种环保可持续的、生态养殖的公司式农业。

农民家庭企业、农业的创新能力和创造力使巴伐利亚的农产品居于领先地位。这应该得到保障和进一步发展。基社盟要通过由国家支持的咨询服务和促进科研来进一步在生产效率和未来导向上加强农业。应该通过企业间的合作减少由结构造成的缺陷和发现新的收入来源。在此，政治不可能代替独立自主的企业家式的行动。基社盟希望首先通过接近实践地促进培训、进修和继续教育来使农民家庭企业有能力适应新发展并利用已有的机会。

森林的经济和生态意义不断增加

基社盟要通过可持续性的林业政策将经济目标和生态目标结合起来。我们要保留或者新造符合区位条件的和未来仍有保障的森林。这能够保障森林在生态上和经济上对我们整个社会的贡献。森林覆盖着自由国家近三分之一的面积。因此，巴伐利亚的森林是我们文化景观的举足轻重的组成部分。森林提供着木材这一环境和气候友好型的可再生原料与能源载体。林业为环境和气候的预防措施以及资源的保护做出巨大的贡献。

基社盟希望，在森林被作为经济财富而利用的同时，也被作为自然遗产而得到维护。森林尤其受到气候变化的影响。使森林能够应对这一变化并维持森林的产出能力和保护能力，这是首要的社会任务之一。为了实现这些目标，加快将巴伐利亚森林改造成近于自然的、稳定的状态是必要的。为此，必须以资金上的援助和面向共同福利的指导来支持个体的森林所有者。

维护并保护作为可再生原料的源泉的森林

对森林的利用在许多林业企业中保障着收入和就业。在此，企业可以从世界范围内不断上升的对木材及木制品的需求中获利。鉴于不断增多的竞争和全球化，我们要有针对性地利用巴伐利亚林业的发展机会。其中的重点是高效且以实践为导向地促进林业自助机构的发展。

为了克服在巴伐利亚十分普遍的森林占有分散且规模小的缺陷，基社盟认为进一步扩大企业间的合作是其前提条件。基社盟主张加强研究以促进本地林业的进一步发展。木材这一原料的技术潜力必须得到充分发掘。基社盟认为，保护我们巴伐利亚的森林和可持续性地利用木材能为保护气候和维护我们值得居住的故乡做出无可替代的贡献。

10. 促进合作，强化文化认同感，支持一体化

我们要巩固故乡和民族中的社会交往和互动；未来需要传统；团结互助需要身份认同

对故乡和联邦州的热爱以及对民族和国家的热爱使人们凝聚到一起。我们巴伐利亚人和德国人通过我们的基督教—欧洲的根源、我们共同的语言、对我们传统和文化的自豪、对我们历史兴衰的了解等而联系在一起。出于这一集体意识，公民为邻人和后代承担责任。基社盟要加强所有德国人的命运共同体和责任共同体。

在分工和开放的世界上,我们生活在不同的生活关系和生活圈子中。即使人们对自己的故乡、民族和国家有着不同的接触和联系,恰恰在全球化的时代,他们也理解安全和团结的崇高价值。对基社盟而言,重要的不是统一的模式,而是多样性中的共同性。

个人利益之外的集体意识是基社盟的一项重要的社会政治和文化政治任务。我们在共同的价值和联系中汲取塑造未来的社会和政治力量。德国和巴伐利亚千百年来宏伟的文化遗产和成就是珍贵的宝藏。我们深知对其负有义务,而它也必须得以保存。这也包括被驱逐的德国人的文化和传统。

我们为我们前人所取得的文化、经济和政治成就而自豪。我们在此基础之上建设当下和未来。

我们不将德国的过去缩减到纳粹主义时代为止。我们面对我们历史的阴暗面。我们肩负着与此相关的特殊责任和义务,对回忆与启蒙负责。然而,只有从我们所有历史中才生长出我们国家的认同感。

我们将我们的民族理解为文化共同体、共济共同体和命运共同体

我们是由我们民族共同的过去以及现在和未来的共同使命而被联合到一起的。因此,我们是一个共济共同体和命运共同体。

基社盟主张以对故乡、对自身文化和对共同的民族身份认同的热爱为特征的爱国主义。我们奉行一种尊重其他文化及其价值的爱国主义,只要它们不反对我们的国家制度和法律制度。

我们坚决反对任何形式的民族主义。民族主义不尊重其他国家,与其他价值以及其他文化为敌。敌对意识、侵略性的行为以及对外国人的恐惧往往是基于对自身根本以及对其他人的无知。基社盟支持一种泰然自若而又充满信息的爱国主义。

我们只能在珍惜并保护我们数百年来形成的文化的条件下,维护我们国家的身份认同。只有凭借内部的强大和自信,我们才能在自己的国家和在世界上自信地与其他文化接触。

文化多样性是我们共同世界的巨大财富

国际社会现在和将来都不是统一社会。人们牢守其自有的文化、宗教和政治认同,因为这符合他们的需求,他们需要存在于志同道合者中间的安全感。即使国家间的合作和依赖性不断增强,文化上和民族上自决的共同体也将继续存在。在此,我们自身的文化力量将对我们的发展和我们在国际社会中的地位具有深刻影响。

基社盟主张德意志的文化国家。其语言、历史、传统和基督教—欧洲的价值构成了德国的主流文化。对我们自身文化认同的理解还是与其他文化对话的一个基本前提。

我们在任何地方都强调维护我们必须遵守的价值,比如保障人权、奉行法治国家原则、主张自由民主的基本制度、男女平等。

艺术和文化影响我们的身份认同

文化自由和言论自由具有宪法地位。国家的任务在于为公民开启参与文化生活之门。艺术和文化从创作自由、从对自身认同的理解、从区域多样性和与其他文化的接触中,获得其力量、活力、伟大、质量以及美。欧洲的合作也建立在文化多样性的基础之上。因此,基社盟坚持一种区域性的和分散的文化政策。

基社盟对受宪法法律保障的艺术活动的自由空间负责。国家的促进措施支持着艺术中的多样性和创造力。艺术表达形式的多样性不为思想或者美学感受的垄断留下任何空间。基社盟赞同与文化创造者不断进行对话,赞同政治与艺术、公众与艺术家之间的对话。

推动文化生活

文化依靠公民的参与和热情而存在。我们要更强地推动私人的赞助行为。艺术的天赋应该在学校和社团中得到唤醒和保护。我们存在于民间音乐、风土人情和建筑艺术中的文化遗产应该通过对故乡和建筑文物的保护而传授给子孙后代。我们要继续适当地促进文化生活,促进许多人对保护文化、传统和习俗的义务参与,这是对我们社会的重要贡献。

对我们而言，保护传统和支持现代艺术是同等重要的。我们认为，充满活力的文化不是文物式的停滞状态。鲜活的文化需要继续发展和创新。基社盟及其文化政策推动和支持存在于音乐、文学、戏剧、电影、媒体以及雕塑艺术中的多姿多彩的当代文化。我们要鼓励青年艺术家走新的道路并扩展看待我们世界的视野。

媒体的使命和责任

基社盟认为，信息是民主和我们这个开放和多元的社会的基本支柱。媒体也担负着保证广泛提供信息和教育的使命。各种新的媒体正好也为中老年人和病人提供了多样的机会。符合宪法的制度、人的尊严、婚姻与家庭以及道德、宗教和世界观的信念必须得到保护。

新闻记者的任务是与宪法的基本价值相联系的。在言论和新闻出版自由的框架下，对真实性的承诺和对人的尊严的维护必须得到更大的关注。个人权利也必须得到保护而免受滥用与伤害。

基社盟的媒体政策是面向自由而成熟的公民的，他们能够有效地利用所有媒体提供的日渐增多的信息并对此进行批判性的理解。因此，基社盟尤其强调学校里的媒体教育的特殊意义，但同时也包括成人教育中的媒体教育。法治国家必须坚决地贯彻执行对青少年的保护。这尤其适用于网络和电子媒体。血腥的、不人道的、色情的、危害青少年的传播内容并不是自由的证明，而是不负责任的表现。

艺术和媒体的自由是有界限的。它们不得损害人的尊严。必须在所有的媒体中防止反对宪法的内容和赞美暴力的行为出现。宗教感情和象征必须得到尊重。

德国的社会交往与互动：向世界开放，然而并非多重文化

移民的融入是我们共同生活的一项未来的社会任务。德国是一个对世界开放的国家，在这个国家里生活着 700 多万外国人。他们中的许多人已经融入并且将这里当作新的故乡。外国的劳动者在多年的工作中为我们国家的富裕做出了贡献。许多移民将他们的能力带入了经济、科学、文化、服务业、志愿服务以及体育运动中。他们为公共福利做出了贡献。

我们要希望社会和文化的交往与互动。我们拒绝多重文化的并立与对立，因为这是冷漠和不社会的，它埋葬我们民族的团结互助精神并导致暴力和不宽容。

一体化符合所有人的利益

在未来，我们的社会将愈来愈受到一体化成功的程度的影响。一体化必须在私人的环境里、在邻里关系中、在学校和工作中、在体育协会或其他社会和文化活动中通过生活而实现。我们所有人都必须因为有大量的移民并未或者只是很小程度上地融入社会而感到忧虑。许多移民家庭生活在平行社会中，常常带着诸如教育贫困以及高失业率等社会问题。一体化包括我们不再容忍对女性和女孩的歧视与压迫。我们要为所有人开启自己决定生活的机遇之门。

面向世界的开放性，对所有同胞的公平，良心和言论自由，这些是基督教—欧洲文化在基督教传统、人道主义以及启蒙运动中的成就。基社盟代表着我们社会的和法治国家的基本价值。宽容、放弃暴力、政教分离、男女平等是我们共同生活的基本规则，它们是对在我们国家的所有人都有效的标准。在任何限制、贬低和威胁之前保卫这些基本价值和标准乃是国家的使命。

促进并要求一体化

一体化需要社会共处的意愿以及努力。这包括为有国外背景的公民提供多样化的一体化服务，比如一体化课程、传授国家公民的基本知识，还有最重要的对儿童及成人的语言教育，特别是对母亲的语言教育。但是移民必须自己愿意接受这些一体化服务。没有自身的努力，一体化只是空洞的概念。基社盟主张，明确提出移民有一体化的义务，要求移民有一体化的义务。在此，我们对许多有移民背景的家庭的巨大一体化贡献表示认可。

没有足够德语知识的儿童几乎没有机会从学校毕业，也没有机会获得培训和工作。为了使这些孩子得到希望，我们致力于改善援助措施、价值教育以及文化融入等方面的服务。

控制及限制移民

德国为我们外国公民的融入投入了高额的财政支出。融入我们的社会和国家为保留自身的宗教信仰和文化留下了足够的空间。然而，我们民族的接纳能力是有限的。没有共同体可以融入任意数量的带有不同文化烙印的人。我们主张政治避难权为真正政治上的受迫害者而设。我们致力于根据我们国家的利益以及社会状况来控制及限制移民的组成和规模。我们国家的大门必须向一流人才保持敞开。但是，我们不想要单纯增加我们社保体系负担的移民。

我们为制定在我国长期居留以及获得德国国籍的明确标准而负责。其中占第一位的包括对我们法律制度的承认，遵守法律，拥有足够的德语知识和承认我们受到基督教—欧洲的和人道主义传统的影响的价值。必须检查是否满足获得德国国籍的要求。关于国家公民的权利和义务的全面知识是作为国家公民共同参与塑造我们这一共同体的一项重要前提条件。

有能力抵御极端力量的民主

面对极端力量和个别将我们的生活文化与社会制度妖魔化的、有暴力倾向的极端分子的危害，我们必须具有防御力。谁要是呼唤恐怖主义或者实施暴力，就必将感到律法的威严，并且作为外国人必须考虑到被坚决地驱逐出境或被遣返的后果。对于基社盟适用以下原则：我们永远不会容忍暴力和不宽容！

同样这也适用于极左或极右极端主义者的激进主义。排斥、仇恨和暴力在我们的社会中没有安身之处。基社盟主张具有防御力的民主，即使面对我们自由民主宪法制度的敌人，它也能在法律和法制之中得到贯彻。

加强并捍卫我们的价值

如果我们自己不对我们的生活文化负责，我们就不可能将它教给我们的外国公民。在德国，诚实的、基于对差异的尊重的文化对话并不是指我们半路相遇在中点。谁要想在德国生活，就必须愿意适应我们的日常文化。我们的社会共同体并不是仅仅凭借法律和公民权利而繁荣的，而主要是出于生活中的共同的价值。获得国籍相当于毕业，而不是融入过程的开始。德国的身份证还不能使移民成为负责任的国家公民。没有公共的语言就没有国家。没有共同的价值就没有团结。没有文化归属感就没有社会凝聚力和走向未来的力量。

基督教社会联盟要加强所有巴伐利亚公民和德国公民的凝聚力。对我们而言，对未来的动力和使命是使人承担义务的代际纽带，是出自我们根基的力量和我们价值中的共性。

11. 作为价值共同体的欧洲：保障和平，在多样化中塑造统一

我们要续写欧洲的成功史，完成欧洲的使命，贯彻欧洲的利益

欧洲的一体化保障了欧洲大陆的和平、自由和安全。这是一个巨大的历史性成功。基督教社会联盟很自豪从一开始就积极参与了欧洲统一进程的塑造。基于共同的文化认同和历史经验，我们致力于欧盟的进一步发展。欧洲的公民与民族通过共同的利益和价值联合起来。为此，我们在全球化背景下和在新的安全政策挑战之下，需要一个强大的、欧洲的塑造力量。

加强作为价值共同体的欧洲

欧洲不仅仅是一个经济区。欧洲是一个自由、民主、法治、宽容和人权的价值及文化共同体。只有共同的、欧洲的行动以所有成员国的共同价值观和信念为基础，欧洲统一大业才能长久地成功。对上帝和人类负责的政治行动，基督教的人类观，启蒙的认识和坚持不可夺取的人权是这一价值共同体的基础。基督—犹太教的欧洲遗产和基督教关于个性、辅助性和互助精神的指导路线是也一直将是基社盟对欧洲未来的指向标。因此，我们主张在欧盟合同基础中包含上帝的内容。

作为全球性参与者的欧盟

内部市场促进了欧盟的富裕并发展了持续到今天的经济活力，德国作

为地理上位于欧洲中部的出口国家特别得益于此。凭借强大的内部市场和长期稳定的欧洲货币，欧盟有能力在将来也为所有在欧盟中的人们实现社会稳定和富裕。根据我们坚定的信念，欧洲对于全球化经济挑战的共同答案存在于社会市场经济的成功模式之中。作为全球性的参与者，欧盟在国际贸易中代表着我们的共同利益，保障着我们诸如在消费者保护方面的标准，致力于实现公平的世界贸易和知识产权的保护。

作为欧洲制度原则的辅助性原则

辅助性原则必须是欧洲任务分配的制度原则。这对基社盟意味着，我们拒绝走向一个欧洲国家的道路。欧盟应该负责仅凭成员国不能充分解决而只能在欧洲层面上予以解决的任务。这包括共同的外交和安全政策，对国际恐怖组织斗争，对移民的控制和限制以及对共同自然生存基础的保护。在这些方面，欧盟必须始终将自己的活动限制在跨国界的任务上。

巩固欧洲，明确边界

对于欧洲大陆分裂这一问题而言，欧洲面向中东欧国家的扩大虽非一个容易的答案，但却是一个正确的答案。在这一欧盟历史上最全面的扩大之后，有必要度过一段巩固时期。

基督教社会联盟明确主张欧盟要有清晰的边界。对我们而言，欧洲除了地理边界外，在缺乏历史文化共性的地方也存在边界。基社盟致力于严格遵守入盟标准。我们拒绝为加入欧盟的候选国提供政治上的折扣，因为它会危害已经达到的一体化标准，增加继续深化一体化的难度并损害欧盟的承载力。因此，欧盟成员国只允许是满足1993年制定的准入标准的欧洲国家。在此，对于每一次入盟情况，也必须考虑欧盟的扩大能力。对于那些不共有欧盟基础的邻国，我们要与它们通过其他形式的伙伴关系密切合作。

对于西巴尔干国家，我们给予其成为欧盟正式成员的希望。由于一体化常常还需经历多年，为了加强这些国家改革的意愿，在接近欧盟的过程中快速且明显的成功是必要的。出于这个原因，我们努力实现正式成员国身份层面之下的合作，作为过渡步骤。这里，必须为欧盟的邻国如乌克兰提供个性化的合作模式。

与土耳其的伙伴关系，但不是欧盟成员国身份

基社盟反对给土耳其以成员国的身份。因为土耳其是一个重要的邻国，欧盟与土耳其的合作必须考虑它的特殊意义。

使欧洲具有行动力

基社盟致力于实现一个既具有行动力，同时又重视成员国以及区域和地方权力实体的权利的欧盟。我们针对欧盟机构改革的宗旨是决策的透明、机构合作的高效以及决策程序的民主化。

根据我们的观点，只有当欧盟在立法时把自己限制在真正必要的事项上时，它才能长期为人们所接受。这既关系到立法的各个主题，也关系到对行动方式的选择以及调控的深度。在这层关系上，基社盟主张扩大立法倡议权至欧洲议会和欧洲理事会，主张巩固不连续原则。根据这一原则，未经通过的倡议随着欧洲议会的立法会议任期结束而失效。必须严格避免和长期减少过度监管。

各国的议会必须及早包括在欧盟立法程序内，特别是为了保证辅助性原则的严格应用。这也包括德国的各州，如果促动了各州的职能的话。基社盟致力于使联邦政府在部长会议上协商时关注德国联邦议院和联邦参议院在欧盟事务中的立场。欧盟权利在各国层面上的贯彻不得由于超额完成欧洲的指标而导致德国受损。

保持欧洲的多样性

我们希望，在未来，国家、区域和地方层面在它们的职权范围内都拥有各自充分的余地。只有这样，多样性这一欧洲特有的财富才能得到兼顾。保持这一多样性并以此长期保持地方、区域和成员国的特色，这是我们欧洲工作的最高方针。出于这个原因，我们致力于实现欧盟内部语言的多样性、多国语言的教育和德语在欧盟组织和机构中的使用。

作为欧洲中部的国家，德国对欧洲一体化的成功特别感兴趣，并且也为此做出了卓越的贡献。我们的重要性不仅仅依赖于我们国家的人口数量和经济的强大；更具决定性的是塑造性的力量和各成员国之间公平的利益平衡。因此，我们维护与所有伙伴平等相处的关系，不论是大成员国还是小成员国，抑或是新成员国还是老成员国。在这方面，对我们而言，德法合作是欧盟进一步发展的典范。

保障民族群体和少数民族的权利

基督教社会联盟承认对于出身于此的故乡的权利是不可剥夺的人权并谴责任何形式的驱逐。欧洲自由、和平、公平的制度需要欧洲民族群体的权利和可执行的少数民族保护措施。基社盟呼吁所有的欧洲机构和所有相关的国家整理20世纪的大屠杀和驱逐的历史。我们致力于在柏林建立一个反驱逐中心，作为整个欧洲的文献资料馆。

建设公民的欧洲和多样性中的统一的欧洲

基社盟需要的是一个亲民的欧盟，在其中民族认同和区域及地方的独立受到保护。因此，我们需要的是多样性和竞争，而不是一刀切和集权。我们致力于建设一个根据辅助性原则，在多样性中塑造统一的欧盟。

12. 为了一个和平与自由的世界；德国的责任和利益

我们要以国际合作来塑造一个人性化的世界；维护我们在外交、安全和发展政策中的价值

自从建立之日起，基督教社会联盟就为德国的自由与和平做出了贡献并且在国际社会正确对待了自己的责任。基社盟在关键性的外交政策调整上发挥了影响并且决定性地参与到其中。在未来，基社盟也将为负责的国际政治做出自己的贡献，积极地共同发挥德国在世界上的正面作用。

根据我们基社盟的理解，和平、自由、安全、自决和富裕是德国外交、安全以及发展政策的中心目标。它们出于对当下和未来挑战的现实分析，构成了决定我们利益的基础。

我们崇高且不可动摇的利益包括维护我们基督教—欧洲的基本价值，

维护我们的国家主权完整和文化认同以及维持我们的自然生存基础。这些有必要和在国内外保护我们的公民以及保证我们国家的领土和结构的完整性结合起来。

德国的外交政策以这些利益为导向，专注于负责任地参与塑造国际关系。这包括促进法治国家和人权这一世界稳定的基础。决定性的还有对于其他民族的自决权和文化认同的尊重。与我们的基本原则相符的还有支持民主、经济自由、社会公正以及对世界万物的责任。此外，我们的外交政策还包括了事先预防并结束那些危害我们国家安全与稳定的危机和冲突。

经济利益和外交政策并不矛盾。鉴于德国的经济实力和在世界贸易中的领先地位，我们的经济利益更多地成为德国外交政策中不可分割的组成部分，它专注于自由的世界贸易、开发获得原料和销售市场的途径、保障能源的供应。

根据基社盟的信念，为有效维护德国利益，有必要实施一种外交、安全和发展政策的总体方案，这种方案要联合所有政治部门。

外交政策还永远是利益保护政策。然而，利益不是一成不变的，德国在将来必须更多地考虑到新的外交和安全政策上的挑战。外交政策上的先见之明来自对利益和价值的明确理解。眼前利益不应该置于经过考验的价值之上。

新的、全面的安全政策的开端

自由与民主的胜利和共产主义的崩溃结束了东西方对立和世界政治的两极格局。由于全球化，出现了许多新的国家关系和非国家关系。每一个似乎遥远的重要发展都可能对德国有快速而直接的影响。但是，愈来愈密切的国际关系也为我们的国家开启了巨大的政治和经济的活动空间。根据基社盟的信念，必须一如既往地利用这一活动空间。

自从德国再度统一，德国在欧洲和世界上的角色与责任发生了根本性变化。自1989年之后革命性的世界政治变动以来，德国被强烈要求承担国际责任。随着全球化不断推进，我国除了获得新机遇之外，还面临着安全政策的挑战，主要是以跨国界为标志特征的。这包括国际恐怖主义、大规模杀伤性武器的扩散、国家解体引起的不稳定效应、国内以及区域冲突的后果，还有贫困、恶性发展、人口过多、逃亡、驱逐和移民的影响。

在这种背景下，基社盟认为必须用扩大的、全面的安全概念作为政策的基础。我们要为了内部和外部安全更好地把我们的行动互相联结起来。我们必须像兼顾人口发展和气候变化一样兼顾供给安全和资源安全等方面。世界上的风险和危险已经变得更加多样性和不可预知。只有以公民、政治、外交、经济、警察和军事等所有手段才能应对这不同的挑战。只有成功唤醒认为承担相应风险和财政负担是生存之需的意识的情况下，德国人民才愿意在世界上为跨国的安全政治任务承担责任。

与伙伴一道为共同利益和价值负责

我们要将外交政策的转变塑造成以价值为导向，要保障并实现德国和欧洲的利益。基社盟认为，共同行动的政策是针对可预见的多极世界的紧张领域的应对方案。在欧盟内部的合作，与美国的伙伴关系以及向着国际合作和伙伴关系的努力构成了我们外交政策无可替代的三要素。基社盟尤其致力于更高效地建立国际组织和工具。

如果德国要共同参与塑造国际政治，外交工作就必须具备对外服务能力并维护德国利益，而且必须在国际组织中合理地拥有负责任的职位。必须在欧盟框架下的发展合作的多边组织中进一步加强德国的存在和影响。

加强国际安全和跨大西洋联系

基社盟知道美国对德国二战之后成功的历史以及我们祖国再度统一所做出的决定性贡献。基社盟始终致力于建立和美国的密切合作关系。与美国的伙伴关系建立在很大程度上共同的价值基础之上。此外，这个跨大西洋的伙伴还将大量的共同利益和世界上两个最密切相关的经济区联系到一起。这并不能排除个别情况下两国利益和看法的不同。通过共同分析与决策以及通过共同协调的行动，我们可以最好地应对全球性的危害和威胁，并且可以最快地解决世界贸易的问题。因此，维护跨大西洋的信任关系是至关重要的。

北约将一直是防御和安全的最重要的组织，是欧洲和跨大西洋的安全堡垒不可缺少的组成部分。此外，它作为欧洲—大西洋的政治顾问论坛也具有中心意义。这一联盟必须在政治和军事上面向新的全球的现实进行调整，并且特别要增强民间力量和军事力量。这需要所有北约成员国互助的、与各自能力相匹配的、相互补充的贡献，所以也包括德国。共同安全区域的扩大事关我们的利益，因此，成为北约成员国之门必须保持开放。然而，可能的更多的国家对北约的加入必须要增强联盟的行动力，加强共同安全。必须衡量全球合作模式的效率以及它们在多大程度上能够真正给予北约长期的稳定性。

扩建欧洲安全堡垒

全球性的挑战也迫使我们制定欧盟的共同外交与安全政策（GASP），它必须成为欧盟的一项核心任务，还必须包括一体化的欧洲安全及防御政策（ESVP）的成套工具，这是总的民用和军用的工具；共同外交与安全政策必须比现在更加协调。在此，基社盟希望将重点放到共同的威胁分析上。只有以一种联合的行动，只有在用同一个声音说话，面对新的威胁时，成员才能保存自己。在此，欧盟必须通过建立一支欧洲军队的远期目标来持续地进一步发展其外交工具。

但是，欧盟的外交与安全政策不允许成为美国的对立面，欧盟必须像美国的一个被重视的、自信而可靠的伙伴一样行动。德国的外交政策必须为北约内部的强大的欧洲支柱做贡献，同时也要使欧盟有能力作为拥有独立的外交与安全政策的、有军事力量的一员出现。欧洲的安全战略是欧盟对其在欧洲和在世界的责任的声明。

以合作来回答全球化的问题

欧洲在中期必须有能力保护自己的安全并促进其直接邻国的稳定。同样，只有在和美国的稳定的跨大西洋伙伴关系中，才能为全球的和平秩序做出有效的贡献。除了欧盟和联合国的合作之外，特别是欧盟和北约的合作与战略对话必须以未来和实践为导向得到进一步的发展。

俄罗斯

德国特别关注俄罗斯与欧洲—跨大西洋机构的长期密切合作。对德国与欧盟而言，俄罗斯是且将一直是关键伙伴。只有与俄罗斯一道，一个整体的欧洲的和平秩序以及解决重要的安全政策问题才可能实现。欧盟与俄罗斯关系的深化关系符合德国的利益。基社盟要通过政治、经济和社会的合作，特别是还要通过民主的力量来支持这个国家的艰难的现代化。不允许不考虑法治、人权、少数民族保护和民主等方面有问题的发展。我们主张发展与俄罗斯长期的伙伴关系，这一关系没有单方面的依赖性并且顾及我们东部邻国的感受。

中国和印度

中国和印度正处于成为世界强国的道路上。由于它们的人口数量、经济潜力以及国际角色，它们已经是世界上头等的政治和经济参与者。鉴于德国的安全以及经济利益，基社盟迫切要求，将中国和印度以及中亚地区纳入国际战略和经济格局中，并坚定地为了双方的利益扩大业已存在的伙伴关系。

为了在伙伴式的对话中明确要求中国在法治国家、尊重人权、保护环境、保护知识产权以及在周边关系中发挥稳定性作用等方面取得明显的进步，我们传统上与中国的密切关系是基础。

中东与西亚

中东和西亚对德国和欧洲的安全而言是具有决定命运的意义的。因此，按照基社盟的信念，必须为此做出一切努力，以使这一区域和平稳定。对基社盟而言，具有特殊重要性的是促进对伊斯兰文化的相互理解。因此，必须扩展并深化与中东西亚国家以及北非国家的关系。在此过程中应该有针对性地促进其改革进程，并且在克服伊斯兰恐怖主义以及掌控重要社会问题等方面支持欧洲的这些重要邻国。对与伊斯兰世界的关系至关重要的是要解决中东争端。由于历史原因，德国对以色列处于特殊的关系和责任之中。基社盟强调致力于实现以色列的生存权以及以色列与一个具有生存能力且独立自主的巴勒斯坦政权的和平共处。

非洲

与我们相邻的非洲大陆的发展不仅使我们面临着人道的使命，也搅动着我们基本的经济和政治利益。基社盟主张德国利用它在非洲广大地区的良好声誉继续发展欧非关系。与欧盟相一致，德国被要求减少内战和移民的根源、促进政府的良好实践并支持自给自足且独立自主的发展。

拉丁美洲

与拉丁美洲关系的特点是，存在许多未被利用的伙伴式合作的机会。地区稳定和繁荣有利于双方的经济利益及发展利益。此外，德国作为文化领域的伙伴也受到欢迎。通过加强南大西洋关系桥梁的修建来补充北大西洋的伙伴关系，这符合德国和欧洲的利益。在此过程中，基社盟始终反对集权主义的趋势以及对人权的损害。

德国和它的东部邻国

在德国与其东部邻国的关系中，中东欧民族在那段多变的历史中所留下的许多伤口始终发挥着影响。进一步推动和解并消除仍然存在的不公，是对德国外交政策的一个重要挑战。在这里我们也应该积极维护德国的被驱逐者和流亡者的合法利益。他们和驱逐地区的德国族群一样，必须继续被纳入与我们与东部邻国的对话中，那些被驱逐者及其后代其实从一开始就在对话中发挥了主导作用。从欧洲道路的视角来看，必须强化共同的事物、克服分裂的事物。

加强国际法

在受多边影响的组织中的合作是德国外交政策的基本原则之一。基社盟主张加强联合国作为普遍的保障和平、保护人权的机构的作用，并使其有能力完成其所担负的使命。在此，要求联合国具有灵活性及对已经改变的框架条件的适应能力。为了能够应对新的危害形势，基社盟主张谨慎地、符合时代要求地进一步发展国际法。新的威胁决定了对于军事力量预防性投入的新理解。但是军事力量永远只保留为最后的手段，假如所有其他手段均告失败。必须保证联合国安理会反映当今世界。因此,只要欧盟没有得到共同的、长期的席位,那么,与其不断增加的责任相应,德国必须在安理会得到一个自己的长期的席位。

基社盟坚守裁撤所有大规模杀伤性武器的长期目标,并同意强化国际组织的工作。由协定支持的裁军和军备控制以及不扩散政策必须迫切地得到进一步发展并适应新的挑战。到那时,现存的针对常规武器、核武器以及生化武器的协定必须得以实施和监督。

对人权的保护是积极的和平与安全政策的使命和义务。人权是不可分割的。因此,按照基社盟的观点,如果自由、法治、少数民族权利和民主处于危险之中,德国外交政策是不允许沉默的。

保证经济利益,保障供应安全

除了世贸组织的法律框架之外,全球化和不断增多的国际经济间的联系要求联邦有针对性的外贸政策。开放的国际市场和自由贸易特别有利于德国的经济发展。德国的企业,尤其是中小企业,必须在此得到帮助以开发世界市场。应该与欧盟一道,为了自由竞争和多边世界贸易规则的进一步发展而加强自己。我们在国外的代理机构必须有力地维护德国的经济利益。国家的外贸政策必须保持关注对德国区位保障和对国内经济与就业的促进。

保障我们的能源供应是一项特殊的战略挑战。在替代性能源能减少我们对石油和天然气的依赖之前,保障德国和欧洲的能源供应在很大程度上是我们外交、安全和发展政策的任务。

有效的气候和环境保护现在就有利于我们的能源安全。减少能源消耗的国际协定能够减少安全政策上的紧张关系,它是从不断增加的围绕能源的竞争中发展出来的。为了避免供应的瓶颈并预防政治上的依赖性,对于德国这样的能源进口国而言,能源供应商的多样性是迫切而必要的。这里,必须开发新的供应区域并扩建基础设施。欧盟的任务是在谈判中发挥它作为能源进口者的重要性。我们在国家和欧洲层面上的外交政策必须注意愈来愈多的石油和天然气进口将来自政治不稳定的国家这一情况。因此，面对这样的国家，必须坚决努力谋求政府治理的负责、法治原则的贯彻、德国企业投资的安全、市场的自由化和区域安全的改善。

为了和平和稳定：网络化的安全政策

我们坚决支持这样一种政策，即在我们的生命和价值受到威胁时，要捍卫它们。经济强大的德国不允许将这一具有崇高伦理地位的任务单纯交给合作伙伴和盟友。德国必须对抵御这样的威胁做出相应的贡献。世界和平前所未有地依赖共同的安全。没有哪一个国家可以不保证提供保护而期待受到保护。

联邦国防军的和平使命

基社盟毫无保留地支持联邦国防军的和平使命。联邦国防军的历史是一部成功的历史。捍卫和平与自由是公民的义务。服兵役者、短期军人、职业军人以及后备军人都为我们的安全和我们社会中的安全政策意识做着重要贡献。在德国人民的委托下，士兵们为了我们的安全、为了和平、人权和民主而在国外执行任务。他们和他们的家庭应该得到我们的感谢、帮助和支持。

联邦国防军的使命一直是：保护自由、保障和平、防止战争。这也包括在国际法的基础上为创造和维护和平而奋斗的意愿。因此，德国在北约和欧盟中为国际安全政策做着积极的贡献。

基社盟主张，依据明确的指导方针做出将联邦国防军派驻国外的决定。联邦国防军的派驻必须和基本法以及国际法一致，也必须符合德国的安全政策的利益和我们的价值。这一要求还包括加强多边组织。决定性的是，联邦国防军的派驻要嵌入一个经过权衡的政治的整体方案中。基社盟支持网络化的安全的战略，它由军事缔造和平与公民社会建设构成。每一个使命都必须是合理的且在风险中可以预见的，因此，它必须在时间上、空间和规模上是受限制的。为了准备和执行任务，我们的士兵必须得到最好的培训和装备。

基社盟认为，对公民的保护而言，一体化的国家整体安全方案的建设是绝对必要的,在其中,外部安全和内部安全的力量有效地相互补充。鉴于新的威胁状况以及国内对恐怖主义的斗争,对基社盟而言,能够使用联邦国防军特殊的技术装备、特别的能力和手段就特别重要了。为此,联邦国防军需要明确的法律基础。

对我们国家的安全措施而言,普遍的兵役义务是具有核心意义的。鉴于威胁我们安全的多种危险,出于对年轻一代的公平的原因,基社盟追求更好地实现对自愿兵役的纳入和将普遍兵役义务扩展为一种基于安全政策的男子义务兵役,它在防范灾难和居民保护中也能投入使用。

通过发展合作减少贫困,支持合作伙伴的自身努力

基督教—社会的发展政策认为自己承担着对世界万物和忍受困境的人们的责任。团结互助和对公平的投入并不止于国家和欧洲的边界。我们发展政策的核心决定因素是促进并要求独立责任、法制、良好的政府治理以及加强受困者自助的力量。这包括支持社会参与、民主化、男女平等、坚决的反腐败斗争、加强国家行政和司法、建设市场经济结构并追求克服恶劣的政府治理的高效方案。

我们要支持人们创造性的力量。因此,我们致力于扩大小额信贷、增加教育机会、扩大健康保障以及扩建重要的基础设施。同时,我们要鼓励和支持企业在发展中国家投资并在那里创造就业岗位。我们要为人们开启可持续性的前景,因此,我们始终谋求对环境的保护,对自然生存基础和生物多样性的保持。我们重视在德国发展合作中工作的专业人员的经验,并要进一步扩展它们。

发展合作是对解决全球化诸多挑战的贡献

发展政策对全球化危险的预防性抵御,对我们战略、政治、经济以及科学的伙伴关系的强化,对民族间的理解,对我们在世界上的声誉,由此也对德国和欧洲的安全做出了贡献。

面向未来的发展政策必须以高效、精简和与其他贡献者分工的方式来安排。在一个全面安全概念意义上,我们要实现发展政策与外交、安全、经济、环境和文化政策在内容上和组织上更强的交联。基社盟的发展政策致力于合理塑造国际贸易关系。为了给予发展中国家一个参与的公平机会，我们努力塑造面向未来的世界贸易。

防范和应对危机的工具与手段必须扩大，并且相互协调。因此，基社盟要求国外军事行动和发展政策的重建努力之间实现更紧密的协调。预防性的发展合作还必须找到途径，重建孱弱的、失败的国家，防止其成为恐怖主义和有组织的犯罪的温床和根据地。

在保护气候和保存世界万物的可持续性政策的框架下，发展中国家和新兴工业国有着重要影响。它们一方面最严重地受气候变化之害，另一方面可能为其未来的防范做出巨大贡献。发展合作必须为此提供额外的支持。

推动经济和积极的公民对发展政策的参与

德国的公民参与是国家的发展合作的重要补充。在国家工具既不能触及也不够用的地方，或出于政治原因不能参与的地方，非政府组织可以帮助受困的人们。因此，德国的发展政策建立在公民、非政府组织、教会和基金会的积极贡献之上，并且努力推动和支持他们。

以可持续性为目标的德国发展合作还必须努力实现紧密的网络化并利用与私人经济的协同效应。首先，在我们的合作国之中，必须推进与德国中小企业的创新合作。

发展合作是一项长期的任务，其迫切性必须牢牢地扎在民众之中。教育是可持续性的发展政策以及公平塑造全球化的关键因素。在国家层面上，我们也要求在校内或校外开展教育工作，提高公民对国际合作迫切性的意识。

维护文化关系，扩大人际交往

基社盟致力于实现以为我们利益为目标的对外文化和教育政策。它除了服务于加强文化关系和文化间对话之外，还有利于我们的政治经济利益。根据基社盟的信念，德国政策的目的必须是在国外传授和推广德语语言，加强对德国及其历史、文化、价值体系和政治的兴趣。诸多政治基金会对这一使命承担着特殊责任。在此，一个根本性的目标必须是，让国外当前和未来的后备力量对德国感兴趣并把他们和德国联系起来。科学的伙伴关系在这里也是意义重大。

适应德国更大的责任

自从重新统一以来，德国在欧洲和世界上承担了更大的、已经变化了的责任。基社盟为强大的和可靠的外交政策而努力。我们要为人服务，捍卫巴伐利亚和德国的利益，深化各民族间的理解。

六、现代的、以价值为导向的人民党

基社盟是现代的、以价值为导向的人民党

基社盟对所有人负有责任并对共同福利负有义务。我们的人民党是所有民众阶层的政治家园，而且努力尝试平衡各种利益。

基社盟出于基督教对上帝和面对他人的责任而制定政策

对基社盟而言，人及其自由与责任处于中心地位。生存的权利和人的尊严是不可触犯的基本权利和基本价值。

基督教的价值给了基社盟塑造政治的方向和为世界万物、公正、和平与自由而投入的动力。基社盟以基督教的人类观和基督教的价值体系为出发点。其中包括出于基督教的责任而进行的自我限制，以及对人类的有限性和不完美性的认识。基社盟知道，凭借政治变化不可能达到完善的世界。因此，基社盟拒绝以尘世的圣教自命的政治意识形态。基社盟对所有人都是开放的，只要他们的政治观念与我们的价值体系可以兼容。

基社盟出于对社会的责任而制定政策

基社盟支持为所有为了有尊严地生存而需要帮助的人提供基督教—社会式的帮助。帮助弱者对我们而言既是基督教的要求，也是政治的要求。基社盟为机会平等而行动，要为自助提供帮助。基社盟为代际公平而行动。我们的社会责任也适用于我们的后代。基社盟增强所有公民之间相互负责的和旨在共同福利的责任共同体。

基社盟是保守的政党

它的政策建立在欧洲思想长期的价值体系和我们民族的历史文化遗产之上。传统和故乡，语言和文化给人们以安全感，给集体以凝聚力。基社盟以传统的事物来衡量新的事物，让进步为人类服务。基社盟为保护生命和为后代的未来而塑造一种长期的、可持续性的政治。

基社盟是自由的政党

因为基社盟主张自我责任和个人自由，所以它是自由的政党。基社盟保护公民发展生活的自由空间，捍卫他们的个人权利。作为自由的政党，我们把对我们基本原则的忠诚和对新发展的开放性以及对与所有社会力量对话的开放性结合起来。基社盟是一个具有防御力的民主的政党，是一个强大的法治国家的政党。我们捍卫自由，反对自由在内部和外部的敌人。没有责任的自由是不存在的，包括对他人的责任、对集体的责任和对后代的生存基础所负有的责任，这对基社盟而言是理所当然的。存在于对他人以及对共同福利的责任之中的自由也是社会市场经济的基础。

基社盟制定旨在保存世界万物的政策

为子孙后代而保护自然生存基础，这是基督教—保守政治的核心部分。凭借我们的可持续性政策，巴伐利亚是环境保护和气候保护的先行者。环境危险以及对它们的斗争是没有边界的。基社盟主张各民族保护环境的义务。我们要在同自然与环境的和谐之中生活、工作。基社盟要为了未来而保持我们家乡的自然和风景的优美。

基社盟是巴伐利亚的政党，为巴伐利亚的人们制定政策

对故乡的热爱和对巴伐利亚千余年的国家历史的自豪给予基社盟独一无二的身份。基社盟在故乡的未来塑造中认识到对巴伐利亚的特殊义务。它的独立性使基社盟成为巴伐利亚在德国和欧洲的强有力代表。基社盟致力于使巴伐利亚在未来也将继续是值得热爱和值得生活其中的故乡。

基社盟出于对欧洲的责任而制定政策

基社盟致力于实现自信的、强大的和福利的德国与欧洲。基社盟为自己从一开始就参与了欧洲成功的历史而自豪。欧盟为整个欧洲带来了和平与进步。基社盟要加强欧洲在世界上的重要性和影响力。对基社盟而言,欧洲不仅是一个经济共同体,而且也是一个价值共同体。基社盟希望的是一个民族多样化的欧洲。欧洲的历史和思想宝藏存在于其地区有生命力的传统和各民族的文化认同之中。基社盟加强并促进多样性中的统一。

基社盟推动国际合作,致力于实现德国的利益

基社盟自从建立之日起就为和平与自由做贡献。它怀着德国在世界国家共同体中更大的责任的意识而行动。我们在外交、安全和发展政策中的价值和目标是和平、自由、安全、人权、民族间的理解和对自然生存基础的保护。基社盟支持文化间开诚布公的对话。基社盟希望通过国际合作共同塑造一个人道的世界。

(原文出处:http://csu-grundsatzprogramm.de/)

(袁镜淇 译 闻牧 校)

德国绿党纲领

序 言

2002年3月17日,联盟90/绿党在柏林举行的联邦党代表大会上通过了这一基本纲领。这份《柏林纲领》代替了1980年通过的《萨尔布吕肯纲领》。

新基本纲领的通过使长达三年的辩论圆满结束。1999年春,联邦执行委员会决定组建基本纲领委员会。1999年11月在卡塞尔举行的基本纲领大会上,全党对基本纲领问题开始了公开辩论。2001年3月在斯图加特召开的联邦党代表大会讨论了联邦执行委员会提出的基本论纲。2001年7月中旬,基本纲领委员会公开提交了第一份纲领草案。在第一届绿党夏季研讨会和一些区域会议上也针对这一草案进行了辩论。2002年1月中旬,联邦执行委员会通过了经过修订的第二份纲领草案。联盟90/绿党的基层和大量分部为此共提交了超过1000份的纲领修改提案。其中许多都被联邦执行委员会采纳。联邦党代表大会对50多份提案进行了表决。纲领最终以超过90%的支持率通过。

在此,我对所有党内和党外的此次纲领讨论的参与者表示感谢。尤其要感谢基本纲领委员会所有成员付出的辛勤劳动,感谢安特耶·拉特科、拜尔贝·胡恩、克劳迪娅·罗特、弗兰西斯卡·艾辛施泰德伯里希、弗里德约夫·施密特、弗里茨·库恩、克劳斯·米勒、尼奥姆博·劳姆巴、彼得·斯勒、品诺·奥布里希、拉尔夫·菲克斯、拉莫那·帕博、雷纳特·库纳斯特、提亚·杜克特、温迪那·库尔特。另外我还要感谢大卫·汉特维克对基本纲领工作的参与，感谢迪特马·施特雷以及其他编辑者对纲领终稿的编辑，感谢麦克·威特琴对提案的管理工作，感谢诺贝特·施麦特对纲领的排印工作的出色完成。

莱因哈德·布提科夫
基本纲领委员会联邦政治事务负责人兼执行主席

前 言

我们政策的中心是人的尊严与自由。人类尊严不可侵犯是我们一切政策的出发点，也是我们对弱者的自决权和政党选择权设想的核心。作为一种理智的生物，人类有能力负责任地、自主地生活。作为自然的一部分，人类只有保护自然的生存基础，并且根据其承载能力来限制自己的行为，才能生存下去。保护环境及其生活方式也是其自身的利益需求。无论在今天或是明天、此处抑或别处，每个人都是独特的个体，都应得到平等的认同。因此，联盟 90/绿党的政策必须以公正为标准。自由和公正只有在生机勃勃的民主政治中才能得以实现。民主是我们政治行为的基础、特征和方式。

20 年前绿党成立，并从分裂的两个德国的对立文化中成长，我们共同取得了诸多进展，未来还将获得更多成就。我们憧憬着一个自然生存基础被重视和保护的未来世界。我们憧憬着在未来的社会中，人权对全人类都是不可分割和普遍适用的，是在负责任的自决的情况下能够现实的。我们憧憬着，在所有领域，公正都能够得到实现。我们支持民主并保护它不受侵犯。

一、我们的价值观念

不是意识形态，而是一系列基本价值观念将我们团结并联合在一起。联盟 90/绿党的来源多种多样，并在这种多样性中共同成长。我们作为生态政党曾经沿袭过左翼政党的、保守价值观的以及法治国家自由主义的传统。前民主德国的妇女运动、和平运动和公民权利运动,都塑造了我党的形象。在联盟90/绿党的发展中,东德和西德的基督教徒都积极地参与其中。就这样,我们将这些汇聚成一种独立的政治和社会观点。我们的基本立场是:把生态观念、自决权、拓展后的公正观念和生机勃勃的民主制度结合在一起。我们还同样积极地支持和呼吁不使用武力并保障人权。在各原则之间的相互关联中,基本原则开拓了联盟90/绿党的未来视野。我们邀请所有觉得自己有义务促使这些目标实现的人都能参与其中。我们乐意接受人民的想法、批评和抗议,想要鼓励他们积极参与,以发展出一种全面整体的观念。

生态意味着可持续

我们一开始就从生态的角度考虑问题。我们把启蒙的传统和由生态观带来的对工业化主义界限的新认识结合在一起。我们同无所顾忌的进步观保持距离,无论它是社会主义的还是资本主义的。

作为一个生态政党,我们关注对自然生存基础的保护。这种基础已受到了工业滥采和资源过度滥用的威胁。这种保护不是要求我们倒退回过去,而是以可持续的观点去改变今天的工业社会。生态在我们的社会现代化中是一个不可忽略的范畴。与传统的不顾人类未来的政策不同,我们对社会契约观念进行了生态学拓展,推行一种对我们后代和同时代人负责任的政策。

环境政策作为一种全社会的政策,同可持续观点一起构成了我们的主导观念。可持续意味着将生态、社会和经济发展在未来友好式地结合在一起。其中,对自然生存基础的保护是我们的核心关切点。当今的生产和消费不应该毁灭未来的生存机会。生态关系需要一种可持续的经济和技术政策。可持续不是单独一个国家就能达成的目标,而是需要国际合作。只有全世界都转入可持续发展的轨道,我们的生存方式才能是将来可以实现的。

可持续还意味着生活方式的发展,这种生存方式以对生命的珍惜和尊重为基础。生态的生活方式包含着所有人生活质量的提高。可持续就是保障现在和未来的生活质量。

自决实现自由

我们呼吁解放和自决。各种解放运动、自由意识和自由主义的传统共同影响着这种自由态度。我们希望，社会中所有的人都有机会不受约束地自主安排自己的生活。

我们知道，个体的自由同法律和社会条件紧密相关。我们主张，不应只是少数拥有特权的人才能自主安排自己的生活，自决包含生态和社会责任。

我们的自由概念同那些倾向于将这个概念狭隘化地理解称为彻底的市场自由、全力以赴取得经济成功的自由的人是不同的。自由是实现不受社会、伦理界限和性别限制的解放和自决的机会。为此，人类必须积极地参与到自由选举出的党派团体中。对于少数人也是如此。未来负责只能由自决的个体来保障。

我们希望，每一个个体都能更加强大，在社会中都能实现自己的自由、履行自己的责任。我们主张建立一个拥有明确的自由保障框架条款并能照顾到其他人的自由的民主法治国家。

自决的界限是，不能对其他人的自由和自决造成限制，我们不想以一种损害、毁灭其他国家人民或者未来人类自决可能性的方式生活。

公正继续前行

联盟90/绿党的政策遵循公正原则。公正要求对社会财产的公平分配，这尤其需要更多地关心社会弱势群体。即使在未来，分配公正也将继续保持其在我们社会中的重要地位。对公正的定义要适应时代变化的要求，但我们对于公正的理解不仅仅局限于传统的分配政策。联盟90/绿党的政策支持社会资源分享公正，支持世代公正，支持性别公正和国际公正。这些公正范畴间现实地存在着矛盾，但是不应使它们互相冲突。公正需要团结和公民参与。

性别公正。公正也包括不同性别间的公正。联邦绿党的政策在这方面成绩斐然。但是，男女对社会发展的社会影响力依然还没有实现平等。男性和女性对家庭和工作精力分配的一致性未能得到保证。只要女性在权力、地位、收入和工作时间上与男性还存在差距，这一公正问题便未能得到解决。

社会资源分享公正。所有人都应拥有分享社会核心资源的机会：工作、教育和民主参政。针对这一问题现存的社会不公正，要有意识地去不断创造公平的资源分享机会，并且通过一些机构来保障这种公平。在我们的社会中，教育在很大程度上决定了一个人规划自己人生的可能性。工作不仅使个人能力得以施展，还是我们身份定位的重要组成部分。参政是个人参与到社会中并共同构建这个社会的基本条件。

世代公正。我们的旧口号"对于子孙后代，我们只是地球的借用者"在今天依然具有现实意义。对生态的掠夺式开采和不顾忌未来的社会、经济和财政政策使我们后代的未来岌岌可危。因此，我们呼吁世代公正。

国际公正。随着全球经济将全世界的人类愈加紧密地联系在一起并使他们互相的依赖程度愈来愈深，必须更多地推行国际公正。这里尤其要关注的是我们星球上那些生活在贫困地区的人们。工业化的北半球推行的可持续政策不应成为南方国家的发展障碍。

团结。公正需要团结和全体公民的参与。团结依赖于每个有自我意识的个体，它并没有剥夺他们的自主行为能力，而是使公民们更加强大。国家监管照料的支持者和"国家介入越少，生活越美好"的鼓吹者的对立关系已然过时。国家不应把公共事务放手交由各种社会力量自由操作。它也不应代替社会本身去解决这些事务，而是要和所有公民一同完成。因此，我们也愿意为那些实现相互帮助的网站和组织投资。只要给予足够的支持，国家就可以争取更多公民承担起对于国家的责任。

民主是基石

我们的思想建立在民主的基础之上。在德国社会过去几十年的民主化进程中，我们也做出了重要贡献。民主是一个汇集了自由意愿表达和平等认同的领域。我们提出的彻底民主、女权主义、全民参与和多文化的各种倡议将推动法治国家的继续发展。在历史责任意识问题上，我们反对种族主义、反犹主义、极右主义以及所有其他的极端主义。我们不愿停留在当前的状态，而是希望将民主继续发展成为一种公民有机会直接参与的丰富多彩的民主。

民主政治并不意味着尽可能高效解决迫切问题。政治应该使我们能够在面对不同可能性时做出选择。但是很多时候，所谓迫切问题被证明是臆想出来的。制订供选择方案时的透明性和清晰性是联盟绿党政策的重要原则。其中还包括对权力结构和利益的公开。为了坚持这种文艺复兴式的政治道路，我们不仅要加强议会民主，而且还要加强公民在所有国家和社会领域的参与。

随着世界社会一体化的发展，民主不应局限在某个国家内。从民主视角出发的国家关系的继续发展被提上日程。欧洲统一的完成和欧盟内部关系的加深在其中扮演了突出角色。我们支持欧洲的民主宪法进程。在这一进程中，公民的基本权利应得到尊重，各个国家的地位应得到承认，区域多样性应被看作是一种优势。在欧洲之外，必须加强联合国作为国际共同体的政治保证的作用。

我们的价值导向：人权和不使用武力

有两条基本原则，在现在和未来都将在我们的政策中占据核心地位：我们对人权的支持和不使用武力政策。

人权。自决权这种基本价值体现在人权的广泛性和不可分割性中。由联合国文件书面确认的人权对我们来说是不可讨价还价的——无论是面对强权政治利益或经济利益，还是面对错误的文化相对主义。每个人的尊严都是不可侵犯的。保障这种尊严是绿党国家政策和国际政策不可推卸的责任。对我们来说，个体自由的权利，政治、经济、社会和文化的权利，发展的权利和生态权利都是属于一起的。

不使用武力。联盟绿党的政治是不使用武力的政治。不使用武力的目的是为了保障自决、公正和民主这些基本价值。为了防止武力的使用、长期维护和平，必须在全世界推行民主，不应仅在个别国家内部实现公正，还要避免生态危机,并使普遍的人权观适用于全世界。我们政策的方针是,促进权利的国际适用性,把防止冲突置于优先地位,继续抵制对武力的使用。不能用武力替代政治。联合国宪章中确定下的禁止使用武力的条款是人类文明的巨大成就,也是国际法的一个意义非凡的进步。这一条款在否定战争作为一种理所应当的政治手段方面迈出了重要一步。使用军事力量,尤其是使用大规模杀伤性武器意味着人类的死伤,它将带来毁灭和敌对,还将一如既往地导致全球灾难。但我们也知道,一些被国家法律和国际法授权的武力使用有时是不可避免的。比如,当面对种族屠杀和恐怖主义的武装力量时,我们的不使用武力政策便面临冲突。我们的目标是,推动社会和国际间所有领域冲突的非武力解决,以消除战争的政治根基。因此我们主张,在所有政治领域加深非武力文化、加强对使用武力的预防措施。

二、变化了的世界中的挑战

受经济、科学和文化发展的推动,我们周围的这个世界经历着革命性的变化。其中的关键词包括生态挑战、全球化、个性化、新信息技术、生物技术和基因技术、人口结构变化、移民和性别关系的变化。

从中我们看到危险,也看到机遇。想要建立适用于未来的政治,就要在政治、社会和文化领域都实行面向未来的政策。我们不应当受制于现实约束,而是要探索不同的发展道路。这些都应以对现实的判断为出发点。因此,我们批评那些推动对自然资源进行不可逆的滥用的经济方式。今天所得的经济利益可能会成为明天的生态负债。因此,我们批评对财富进行南北划分,在这种划分下,地球上很大一部分人远无法满足基本的生活需求。因此,我们尝试通过改革,建设面向未来的社会福利国家,使其能够迎接人口结构问题带来的挑战。因此,我们批评那些触犯人类尊严的基因技术,如忽视伦理界限或者无所顾忌地培育转基因生物从而不负责任地给人类带来风险。

生态挑战。我们联盟绿党是生态保护运动在政治上的表达。尽管生态保护运动已取得诸多成果，并且各国和国际都为此做出众多努力，但是温室气体的排放和环境破坏还是在不断加剧。气候变化已经开始。它将给全世界带来无法忽视的影响。如果无法逆转这种趋势，灾难将影响全球。但是，气候变化绝不是唯一严重的生态危机。自然风景消耗、物种灭绝、森林破坏、沙漠扩大和肥沃土地的荒漠化、过度捕鱼和海洋污染，这些危机都在不断加剧。高度工业化社会迄今为止的经济发展方式不能被运用于全球。生态问题的挑战需要我们重新构建经济和社会体系。

但是，联盟绿党的政策不仅仅局限于向世人警告这些危机。我们的任务在于构建可持续的发展方式。一种负责任的经济方式必须要将生态问题纳入考虑的范畴。生态问题催生并促进了许多技术创新。在今后的几十年中，最大限度地提高能源和资源利用效率将成为首要任务。生态的生活方式使我们更加富有。

全球化。全球化改变世界。它将这个星球上的所有社会连结和联系在一起。绿色政治运动产生于全世界对地球状况的责任感。也正是因此，我们不应、也不愿将我们的政策局限于一国的政治规划内。全球化是对我们的挑战。我们希望构建一个生态可持续的，拥护自由的，民主、团结的，没有饥饿、贫穷和战争的世界。我们将积极把追求这一目标的社会和政治力量在全球范围内组织起来。

世界范围内贸易和金融市场的连结导致的结果是世界的分裂。随着全球市场和信息的日益复杂，各社会内部和世界范围内贫富的鸿沟愈来愈大。经济全球化的获益者和利益受损者之间的界限逐渐明晰。地球上很多国家的环境破坏和饥饿、种族主义、民族主义和暴力、对妇女的压迫和对儿童的剥削并没有减少，反而增加了。因此，反对这种全球化是正确的和必要的。在这个问题上，世界性的转变和路线调整是之后几年甚至几十年我们政策的挑战和任务。

在经济全球化进程中应该弥补政治导向和介入的缺失。欧盟是迄今为止影响最大、范围最广的国家责任共同体，其成员国将部分地放弃自己的主权。欧盟必须放弃它在经济中的新自由主义政策，在全球化的社会和生态构建中扮演更加积极的国际角色。

全世界都已意识到全球化带来的不安全性。多年以来,私有化、商业化和恐怖主义的力量实际上在不断增长。它们主要在国家内部的"新战争"中猖獗。"新战争"自冷战结束后开始走上历史舞台,并导致国家政权崩溃。国际恐怖主义威胁着世界和平。我们不仅要同它的发起者作斗争,还要同仇恨的根源作斗争,因为它是恐怖分子进行恐怖袭击的温床。在这一过程中,要遵循国际法的规则和适度准则。同恐怖主义进行合法有效的斗争的核心是加强联合国职能建设。

个性化。当今社会的人愈来愈独立和具有自我意识。他们想要更加自由地生活。许多如今已被承认的生活方式在二三十年前还被蔑视和排斥。我们为社会的丰富多样性感到高兴,并且想要致力于建设多元化的社会,尽管现在这还只是一个无法兑现的承诺。个性化同时会加剧社会不平等问题,因为它会随之带来个体化并削弱团结互助关系。传统的社会和文化联系将被削弱。因此,必须加强新的社会连结形式。新的社会安全体系的构建是必要的,它将运用个体间建立的新的联系网。

新信息技术。世界成为一个统一社会的进程愈来愈快,其中,知识是决定性的生产力。网络的发展推动产生了全球信息交流和通信网络。这一网络给民主参与和社会组织的发展提供了新的可能性。它改变了全球的经济结构,在使旧的就业岗位消失的同时创造了新的工作岗位。这里要特别提出的是机会公平的问题。我们想要自由、平等地获取信息,反对信息富有者和信息匮乏者之间的分化。而且我们需要一种能够广泛传播知识社会所需的新型能力的教育系统。

生物和基因技术。生物和信息技术在医学、农业和食物生产等诸多领域中的应用给我们的社会提出了全新的问题。新知识和新技术运用的可能性将改变我们对于人类、疾病、健康和自然概念的理解。这需要我们的社会对可利用的机会和应避免的危险有清晰的理解。一种负责任的政治应该尽可能避免将做好的决定强加给公民。可能给社会带来不可逆结果的政治决策应该以最广泛的社会共识为基础。

并不是所有技术上可实现的都是符合伦理的和在政治上合法的。人类的自由也体现在：人类能够给自己的能力设置伦理和法律界限，以捍卫人类尊严。

人口结构变化。我们进入了老龄化社会。由于出生率的降低和平均预期寿命的增长，导致处于工作年龄的人口比例下降。由此产生的文化转变要求我们社会促进老年人积极地融入社会。这种发展也给整个社保体系提出了许多挑战。因为传统社保体系的财政基础一直在萎缩。随着人口结构的变化，我们的税收、教育和就业系统也应随之改变。人口结构的变化使我们不得不重新探讨公正问题。

移民。经济和文化变革、军事冲突和生态危机导致了全世界人口迁移量的增长。国际结构政策需要应对这一发展带来的挑战。欧洲不能成为与世界上其他地区人民割裂开来的富裕乐园。由于人口结构的原因，欧洲社会依赖于移民的迁入。同时，出于历史和人道的原因，我们保护避难者的基本权利。人口迁入是一种生产力。在过去的数百年内，我们国家一直是人口迁出国，而现在我们事实上早已成为一个人口迁入国。人口迁入还要求我们给予迁入者平等的政治、社会和文化参与权。如何对待新来者和陌生人是衡量我们社会开放度的标准之一。我们的目标是使来自不同国家的人平等地生活在一起，且他们的文化多样性都能得到承认。我们的宪法为此提供了政治保障。

性别关系的变化。女性的生活在过去的几十年中有了翻天覆地的变化。她们有了现代化的生活规划，把工作和家庭放在同等重要的地位也成了理所应当的事情。但是，等级观念和和性别之间权力差异长久以来依然未被克服。当前依然不平等的性别关系也是一种结构性从属关系。联盟绿党的政策是用新型的、平等的、非暴力的性别关系，用真正的性别民主与和平的文化来替代旧的性别关系。尽管妇女运动在政治上取得的成功已经使女性的社会、政治、私人和职业等领域的行为空间得到拓展，但是女性（甚至还有许多男性）的生存现实同自身的诉求之间还是存在着不可逾越的鸿沟。个人对于私人和社会的性别分工的观点已经改变，然而与之对立的是现实中难以克服的男性主导的社会结构、文化模式和观点。现今的政策仍是建立在不符合女性生活规划的社会分工、家庭模式和职业生涯模式的基础上。尽管在女性的权利保障上已取得许多进展，但是无论在国内还是在国际上，女性的自决权和平等参与经济、社会和政治生活的目标依然未能实现。妇女解放和性别民主将长期是联盟90/绿党所有政策领域的核心挑战。

三、我们来自哪里——我们是谁

人不能两次踏进同一条河流。自1980年绿党基本纲领制定以来，无论是我们身边的世界，还是我们自身，都已经发生了变化。1989年剧变后，西德绿党同东德绿党合并，然后和东德的民主运动团体联合成为联盟90/绿党。通过联盟90与绿党的合并以及1993年达成的基本共识，一个全德国的政党终于成立。如果没有对彻底的变革的设想，在东西德不同的政治制度背景下成功合并联盟90和绿党是绝对不可能实现的。现在，我们不再是"反政党的政党"，而是政党体系中的一部分。意义最重大的变化是，为了保持政党的成功前行，我们希望，也必须发展成为一个改革政党。我们当前希望通过长期的改革战略来实现我们的政治设想和政治目标。

自绿党成立以来，我们的政治角色所发生的改变最大，这是因为我们在过去20年取得了巨大成功。我们一开始作为局外人所提出的话题，现如今已成为社会的焦点。生态责任虽然没有被完全贯彻，但所有面向未来的政策都在很大程度上认可其是基石。扩大所有公民的民主参与、性别平等、对少数群体的接受、文化多样性下的开放政策——这些只是我们同社会活动家共同确立的部分观点。

在过去的20年里，我们联盟绿党不仅提出了很多新的主题，而且还为政治文化的革新做出了贡献，例如职位的性别比例制度。这样的政党传统要求我们继续推动民主发展。政党不以自身为目的，而是要履行使命。推动民主机构继续发展并强化分权制度的关键在于改革议会制度，强化议员的责任意识。同时，我们还要继续推动公民社会和文明社会建设的发展。前提是，使尽可能多的公民能够参与到与自身相关的事务中来。特别是在经济和科学领域，需要对愈来愈多的社会发展方向做出决定。

作为成功的现代化推动者，我们为建立广泛的社会改革联盟奠定了基础。在几十年前还只存在着对我们的反对声音的地方，我们如今却找到了盟友。我们知道，想要实现我们所主张的根本性的社会转变，仍然还要进行许多斗争。我们希望，通过对社会中想象力和创造力的自我批评式的发挥推动完成这种转变。

四、面向 2020 年的 12 个项目

我们将按照我们的基本价值观念，通过一些关键项目推动社会的现代化进程，而不是保守地抵制这些挑战的到来。因此，我们希望为现代化制定绿色的方针。

对于生态挑战，我们针对人类开始进入太阳能时代的情况，提出了绿色的能源政策；针对生态交通，绿党的目标是可持续发展的灵活交通；对消费者的透明度问题，绿党要求优先革新市场经济；新农业即在可持续发展的政策下平衡农民和消费者之间的利益关系；全德未来项目为东部德国也作了绿色发展规划；基本保障概念要求我们建立新的社会保障基础；儿童投入计划使得世代公正成为现实；对知识的获取作为一种公民权利，是我们在教育政策上面临的中心挑战；妇女掌权是两性获得平等机会决定和构建社会发展的核心问题；我们将把移民社会看作是发展面向世界开放的、多文化的民主的机会；公民的欧洲在欧洲的一体化进程中，将民主看作核心问题；我们致力于建设国际公正，其中公平的世界贸易和国际标准是我们的核心关切问题。

人类进入生态时代

工业滥采和超负荷的资源消耗威胁着我们的自然生存基础。联盟绿党之所以能够产生并且成为一股政治力量，要归功于人们愈来愈意识到这一

问题。在环境保护运动出现之前，主导的政治和经济政策完全无视"发展的界限"。正如19世纪和20世纪社会运动推动了对工业资本主义的社会约束一样，环保运动也使得对我们的生产方式和消费方式进行生态化改革成为热点话题。我们努力使保护自然生存基础一直处在日常议程之中。

生态政策是一项社会政策，因此对于许多政策领域都会带来影响，如经济建设、交通系统建设、科研、技术以及税收政策。如果想要保护自然生存基础，就要做好改革经济和社会的准备。

环境意识和环境责任自20世纪70年代起逐渐成为核心的社会价值和政治价值，这要归功于国际环保运动和各国绿党。全面制定国家层面和欧洲层面的环境法也被提上议程。全球范围内环境协议、环保计划的制定和环保机构的建设也取得进展。环境研究成为独立学科，工业和手工业也研发出了新的环保型技术和产品。

过去的几年中，有许多新的生态创新联盟形成。其中包括：地区性的城市可持续发展联盟，21项倡议议程，生态型的企业网络，工会对于环保政策的开放度不断提高，生态研究机构数量不断增加，以及教会对建立国际生态公正的参与。生态创新和发展环境友好型的技术、产品和服务已经成为现在和未来人类幸福的关键。因此，生态政策发挥作用的机会大大拓展了。

在全球化经济中，当需要协调经济、生态和社会利益平衡的时候，非政府机构是重要的国际参与主体。而另一种可持续的全球化给我们提出的中心挑战是：立足全球思考，同时在全球生态网络中开展工作。

我们正在同不同领域的环境和自然破坏赛跑。想要保证地球在未来也是宜居的星球，我们的时间是有限的。尽管各种政治公告都在号召减少会导致气候变化的二氧化碳的排放，但是在全世界范围内，二氧化碳的排放量依然在增加。人口持续增长、贫困、农村劳动力外流以及不顾后果的工业化方针共同导致了威胁自然的掠夺式开采。人类的目光短浅导致出现愈来愈多的自然灾害：干旱、荒漠面积扩大、洪水和暴雨频繁发生。因此，我们再也没有任何借口回避生态问题。

一、我们环境政策的基本方针

生态和公正。环境保护涉及的是公正问题。在一个社会内部，正是较贫穷的居民阶层大都不得不忍受交通噪音、空气污染、不健康的食品、有毒土壤和饮用水短缺。自然生存基础保护首先也是世代公正的问题。"我们死后，将会洪水滔天"这种原则是不可取的。我们必须将对自然的利用限定在一定范围内，使其不超出生态系统的再生能力。这项任务的核心概念是可持续发展。环境保护也是一个国际公正的问题。高度工业化的北半球社会消耗了远远超过其比例的自然财富，同样超比例地制造了生物圈的负担。因此，他们首先有义务，大比例减少资源和能源消耗量。我们需要平衡富裕国家和贫穷国家之间的国际生态负担。在对地球环境的利用上，北半球的国家并不比南半球国家拥有更多权利。生态也是一个性别公正的问题。生态破坏带来的后果往往主要是由女性没有报酬的护理和再生产工作承担。同时，男性和女性对于自然资源的利用和消耗的机会也是不平等的。

生态和自决权。环境破坏是一种新的约束力，它限制了人类的生活。对自然财富的使用减少了人类后代做决定的空间，减少了他们自主决定的机会。这也包括我们所说的"遗留问题"，如威胁性的气候灾难，或者是核电站废弃的垃圾，而这些垃圾的放射性可以持续长达数千年。因此，理性的生态观是现代人类和未来人类自决权的先决条件。理性的生态观要求我们，优先选择那些易于改错和有适应性的技术，而不是那些不可逆的大技术。反之，生态政策只有在对大众有着足够的说服力并且尊重他们的自由权利时，才能产生效果。

生态和民主。在我们看来，生态和民主是密不可分的。国际环保运动的经历告诉我们，环境保护是当今社会进展速度最快的事业，公民们都表达了对环保事业的关切，并且把环保话题引入了一个开放的政治决定体系。我们希望全球生态和经济的核心问题不是由具有市场垄断能力的成员决定，而是由人民的民主参与决定。一方面这取决于一种民主管理的规则框架，另一方面取决于生态信息和生态教育，取决于对环境友好型技术和产品的经济鼓励，取决于和工业界达成的协定。我们将努力让公众在制定有关环境的计划时拥有更多的知情权和参与权，增强企业和行政部门公共环境数据的透明度。

二、把可持续发展作为行为准则

我们希望把可持续的理念作为我们生活和经济方式的标准。可持续发展意味着：面对有限的生态活动空间，在经济中通过资源节约、资源利用效率的提高和新的消费模式的建立，为南半球国家人民的社会发展创造空间；同时，确保当代人需求的满足不会给后代人造成负担。

传统的经济发展方式总是以不断增长的自然消耗为代价，这种方式是不顾及人类未来的。我们经济方式迄今带来的生态和社会代价的成本已经超过了它的收益。未来，高度发达的工业社会在经济发展的同时，也应该显著减少资源消耗量和排放量。转换到可持续的路线不仅具有生态意义，而且在经济上也是明智的。生态是一种长期的经济。

工人运动为市场建立了一个社会制度框架。现在的任务是，为全球的经济建立一个生态制度框架。我们必须在国家层面和国际层面上建立有约束力的生态目标，无论是政府还是经济界都应为目标达成做出努力。在这一生态目标范围内，经济动力应得到发挥。预防环境引起的疾病和保护自然不受危险物质破坏是我们的首要任务之一。我们要摆脱热衷揭露当下有害物质的政策。因此，必须在中期调整有害物质的登记政策，特别是那些会在自然中积聚的物质。

三、节约使用资源和效率革命

我们的目标是建立节约地和有效地利用原料和能源的生态循环经济。要发展区域性物资循环，而不是依赖远距离的物资运输，食物生产地应尽可能靠近消费者。消费者要努力促进这一目标的达成。环境承载力是研究和发展的核心标准。

为了重新建立全球生态平衡，保障不断增长的世界人口的生存条件，我们必须推动生态技术革命，使高度工业化国家的环境消耗量在之后的十年内减少10%。

过去，环境政策的中心任务是对已破坏的环境进行修复和治理。在这种政策下，我们在空气净化、改善水质等方面都取得了很大成功。但是在未来，环境保护应被引入生产环节。我们的目标不是对环境破坏进行事后治理，而更多的是借助不含有害物质且节约资源的技术和产品来避免环境问题。预防优于治理。

为了保护资源、提高生态利用效率，我们关注那些生态现代化所亟需的要素：新的生产和管理方式，能够减少能源、原料和土地需求的适应环境承载力的生产方式。生产环节的环保意味着更少的能源和材料消耗，减少废料意味着更少的成本和更多的企业经济优势。产品和服务中使用的资源越少，购买这些资源的成本就越低。

通过在生产环节引入环保观念，我们为经济发展提供了新的可能性。在欧洲、东亚和南北美洲市场，对于能够节约能源、水源和减少废料的技术的需求量都在大幅度增加。

四、生态和生活方式

没有效率革命，就无法建设生态型的未来。然而，可持续不仅仅是技术创新：它也涉及文化范畴。它包含了我们认为有价值、但没有价格的东西：贴近自然的风景景观的价值，植物和动物种类的多样性，自由时间的意义，自决行为的意义，以及积极的文化和社会生活的意义。

可持续是政治、经济和社会的标准型原则。只有所有人都承担起自己的责任，在自己的行为范围内践行可持续原则，可持续的发展才能称为现实。幼教、教育、培训，以及私人的和公开的讨论虽然不能具体地推进可持续的消费模式和生活方式，但是它们必须做出更多贡献，使人们学会在可持续发展的意义上采取负责任的行为。个体在行使基本的自由权利时，既通过法律和规定，也通过可持续性行为原则，了解其行为的界限。

有选择权的人才有自由。其中包括：产品的生态质量信息，以合适的价格向社会各阶层提供这些产品，有环境友好型的交通工具或使工作地、休闲地和居住地彼此靠近的城市空间结构。

生态责任和生活享受能够和谐统一起来，不管是对于饮食、房屋的设计和风格，还是对于自由时间、旅行或者是参与社团活动。

五、新能源——从化石能源和原子能时代进入太阳能时代

能源供应在未来将进入太阳能时代和分散能源时代。太阳能、风能、生物能、地热能、水能、海洋能——全球充满着丰富的可用能源。

世界上的所有人都希望有稳定的能源供应，因为他们的幸福、健康和出行都依赖于此。有限的化石能源是绝对无法满足这种供应需求的。工业国家的能源经济和交通应该首先对气候变暖即温室效应负责。所有现象都表明：气候变化已经开始。

原子能对未来的能源经济而言并不是一个负责任的选择。因为核电站和核废料仓库面对军事袭击和恐怖袭击是不安全的。2001年9月11日发生的恐怖袭击使我们对"剩余风险"有了新的理解。即使是在各种努力下，切尔诺贝利事故给人类和自然带来的不可估量的后果直至今天仍然无法消除。我们不能允许这种风险的存在。在全世界范围内，如何清理放射性将持续上万年的核废料，依然没有找到解决的答案。这是一种对后代不负责任的态度。在对原子能的使用中还隐藏着其他风险：可用于制造武器的钚的大量存在将会阻碍全世界的裁军进程，给多极化的世界带来新的安全风险。原子能不是能源问题的解决方法，它只会带来新问题。所以，必须尽快完成减少核能利用的法律进程。为此，应尽快找到替代能源。我们所批评的核技术也包括聚变技术，它虽然不太可能实现，但一旦实现将给环境和人类健康带来不可控的后果。

只有利用面向未来的技术，才能做到安全稳定的能源供应。在今天，我们已经能够建造能源产出量大于消耗量的房屋。我们可以在不产生排放物的工厂里工作。这些应该在未来成为一个更少资源消耗的宜居社会的普

遍标准。我们需要的是一种考虑自然资源有限性和将资源平等分配给全人类的生活方式和消费模式。

我们反对新的大规模露天开采计划。在一段时间内，天然气和煤炭等化石能源的使用会较少，但是仍然将占据重要地位。因此，必须大幅度提高发电站的能源使用效率。对发电过程中产生的热量的合理利用在这里扮演着关键角色。而这只有在分散能源结构的基础上才能得以实现。此外，分散体系提供了能源供给安全，而这是大型发电厂不能提供的，或者是以不必要的生产能力过剩为代价才能提供的。

氢技术的优势除了体现在提供分散能源供应外，还体现在可以从可再生的能量体中生产能源。

我们需要这种能源供应和保护资源、提高使用效率的技术，不只是为了跨越化石能源时代。我们需要这种技术，用可再生能源满足80亿，甚至上百亿人类的能源需求。能源高效转化并符合当地情况的大幅度减少消耗的技术，对我们而言更是实现合理、可持续、完全依赖太阳能的能源供应的第一步。

进一步发展这种技术，使其市场化并持续降低成本，是对德国创新能力的挑战。当前全世界不断增长的能源需求对德国这个出口国而言，对这个能源技术创新市场的先行者而言，是一个巨大的机遇。

从原子能和化石能源时代到太阳能时代的过渡已经开始。很多人都支持这种转变。在未来，我们也将不遗余力地推动可持续能源经济的发展。

太阳能时代的核心计划

在从化石和原子能时代到太阳能时代的过渡中，联盟绿党在过去的几年中提出了一系列的政治措施，其中很多已经被政府采纳实施。由此，我们实现了政策转向，能源转型已经开始，我们必须朝着这一方向前进。因此，我们必须保证一致行动的顺利进行。与1990年相比，2020年的二氧化碳排放量应减少40%，到2050年应减少80%。在不长的几十年内，我们就将完成从化石能时代到太阳能时代的过渡。技术上我们已经有能力进行全面的转型，但是政治上还需要更多的助推力。

从燃烧化石能源到使用可再生能源的转变不仅仅是一场技术革命。它还将带来新的分散式的能源经济。同时，必须大幅度提升能源利用效率和降低资源消耗。我们的中期目标是四倍，即将资源产出率提高到原来的四倍。长期目标是提高到原来的十倍，这一目标是必要的，也是可能实现的。

几十年来，太阳能技术一直不被重视。我们接下来将继续推动该技术的研究以及它在中小学和大学教育中的优先地位。我们首先将使市场经济的框架条款与太阳能技术在国民经济中的地位相适应，继续为建筑、产品和服务的能源消耗制定技术标准并推动生态型税收和财政的改革。

能源市场自由化为分散型供应体系提供了机会。我们将利用这一机会，使尽可能多的公民、地区和独立的能源供应商有机会自主且不受歧视地构建未来的能源市场。我们寄希望于快速、高效和灵活的系统，旧的能源垄断商的供应方式不适用于未来。

能源是一种共同财富，为了全人类和我们后代的利益，不应无所顾忌地对待能源。

太阳能的生产在全社会已拥有较高的接受度。许多倡议组织的社会参与不仅涉及对已取得成就的保护，还要求在政治上进行支持和加强。这种观念的传播将有助于我们号召社会中大多数人参与到全球太阳能计划的执行中来。

气候无国界，气候保护是一项国际使命。我们将继续推动国际协议的制定和执行。我们将促进确保向可再生能源技术转型的措施，尤其是在发展中国家。因为，提供可再生能源不仅是气候保护的要求，也是欠发达地区脱离贫困的基本条件。

可再生能源还将为减少战争诱因做出贡献。

一、城市和地区的可持续发展

社会、经济和人口结构的转变彻底改变了城市和人口聚集地的社会和空间结构。鉴于地区、欧洲和全球范围内地区优势竞争的不断增长，需要重新定义城市的角色和机遇。空间秩序原则要求在全德国建立平等的生活水平。而事实上，北德和南德的不平衡不断加剧，而这种情况在东部和西部之间尤为严重。

传统工业的衰落、人口变化以及移民都在改变着我们的社会。经济崩溃、高失业率、人口减少、社会福利支出上升但同时财政资助下降，这些是对城市和地区的核心挑战。在此，要处理好城市萎缩问题，特别是在东部德国。愈来愈多有子女的家庭从核心城市迁居到郊区。在城市，社会界限和种族界限划分以及对某些城区和居民区的歧视成为一种不断增长的趋势。城市和郊区的竞争导致了不断增加的土地和资源消耗、环境负担以及基础设施花费的增长。尽管人口发展僵滞，可是德国的居住地面积每天增加129公顷。在郊区出现了本身具有城市核心功能的零售中心、商业区和休闲公园。我们希望扭转这种趋势，并增强城市中心相对于"绿色草地"的优势。

我们希望巩固城市和地区作为首要的居住、生活和经济场所的地位，阻止郊区化和土地消耗。我们会继承城市和地区的建筑、文化和民主传统，并且继续发展这些传统。

我们的目标是构建紧凑型的城市，其中，城市的不同功能能够更紧密地结合在一起。居住地和工作地、休闲场所、教育机构和购物场所应该尽可能地不需要长途交通。要改善许多城区和居民区的住房和居住环境质量，不论是对于儿童还是对于愈来愈老龄化的城市社会。其中包括有吸引力的绿色和自由空间，更少的交通，更少的噪声和意外事故，更好的学校和娱乐、运动设施，以及更接近居住地的服务设施。城市应变得更加适宜人们的活动和出行。

我们倡导适量提供价格合理的居住空间。我们倡导一种区别性的所有制政策，其中包括个人所有制、集体所有制和合作社所有制，旨在拓展居民拥有财产、参与决定和获得认同的机会，并且巩固他们同"他们的城区"的联系。在未来，价格约束型和入住约束型住房的保存和建设对于满足低收入群体的住房需求，以及对城市社区的社会融合都有着重要意义。我们要加强"社会城市计划"的实施，将城区内部关于就业市场、经济政策、社会政策、文化政策和建筑政策的各种倡议结合起来，并支持邻里互助和自助。

可持续的城市发展建立在现有建筑物的基础上。我们希望把有利于城区扩张的财政补贴转化为加强城市功能和更新现有建筑的资金。私房津贴、交通补贴和出租房的递减折旧费用政策都需要进行改革。土地法和土地税应该着力消除内城土地和外城土地的价格差。新土地开发时应建立土地循环使用的基金。乡镇层面的土地管理应成为常态。

要加强乡镇自主管理。由于区域联系日益复杂化，乡镇政策需要嵌入到有承受能力的区域表决体系之中。

二、构建环境友好型交通

移动即出行自由。它是个人发展、社会参与和经济参与的基本条件。出行自由与旅行是开放型社会的组成部分。然而，机动性交通方式影响了城乡的生活质量：它产生噪音，引起交通堵塞，破坏环境，造成气候异常；它使人们患病，并每年造成令人无法接受的大量伤亡。

所以，我们的目标是：避免不必要交通，将道路交通及航空交通向轨道交通转移，减少尾气排放。这要求制定费用合理的运输价格，改善规划、物流及技术。只有这样，我们在扩大的欧洲范围内也能够减少交通的负面后果，确保在适当的时间内，以适当的成本实现供应工作、有薪工作和公共设施的最重要目标，实现休闲和就近休养的目标。

通过实施生态税，提高铁路投资，收取载重汽车养路费以及制定自行车道总体规划，我们已经为交通政策转变提供了重要的动力。在乡镇层面上，我们已经实施了降低交通噪音的方案，改善了近距离公共交通。但是，在只注重汽车的交通政策已实施数十年的背景下，交通方式的转变只能分步实现。

我们有可持续移动出行的主导思想。交通措施需要根据生态、社会、经济的可承受能力标准来进行评判。我们交通政策的基本原则是运输价格的真实性，公共汽车与地铁的优先性以及公共交通的改善。我们也要确保乘客的所有消费者权利。

尤其是在货运方面，必须避免不必要的运输，同时，必须将货运中相当大的比重转移至轨道和水运这种与自然和谐的方式上来。在水运方面，我们拒绝自然水域的扩建。中小企业聚集地区和大工业地区需要与轨道交通形成连接。道路货运交通不仅要承担其所造成的道路损害的费用，而且要承担环境成本。轨道交通必须不断更新，更多地允许私有铁路企业参与竞争。航空交通在气候污染、人体健康和安全保障方面的成本必须按照制造者原则包含在运输价格当中。在全欧洲范围内征收飞机燃油费是早就应该实施的一项政策。

交通量增长与自然风景区的不断城市化是同步进行的。我们将以新的指导方针制定交通道路计划：将住房、工作及休闲场所安排得更紧凑，以避免交通替代产生交通；保护人类，保护风景区不被继续大面积占用；保持资产和更新现存网络；噪音保护优先于新路建设，道路系统改善优先于道路扩建。我们代表的是一种综合的出行政策：以减少交通为主的城市结构和空间结构，从公共交通流畅过渡到个人交通。公共交通必须更加个人化、更有吸引力，而个人交通必须更加公共化、社会化。

这里，一个关键主题是降低交通事故，特别是儿童交通事故。由于交通噪音在城镇居住区、机场周边及高负荷道路沿线逐渐成为头号疾病，所以我们要显著地、能让人感受得到地减少噪音，尤其是预防夜晚噪音对人体造成损害。因此，根据预防原则，预防交通噪音的法律措施必须更加有效。在机场周边，居民的夜晚宁静拥有优先权，所以我们支持禁止夜间航班。在非区域性道路上的限速规定，就像我们的大多数欧洲邻国一样，不应继续是禁忌话题。

生态交通的重要计划

我们移动出行系统的核心是与环境紧密联系，即步行、骑车、乘坐公共汽车和铁路。绿党寄希望于通过可控竞争提高公共交通的质量。在农村地区，我们加强地区交通供给结构，利用地区轨道交通或者灵活的叫车服务促进有望成功的交通出行模式。为了以舒适、与环境和谐相处的方式去上班、购物、上学、去电影院、去度假胜地，我们将提供不同交通方式的轻松转换。比如：通过电子乘客信息查询、不用现金购买车票、一目了然的乘车价目表等措施可以使用不同的、方便转换的交通工具，这便是选择自由。而这种选择自由的前提是公共交通的扩建以及新型服务方式的出现。除此之外，使用汽车，而非拥有汽车应成为移动出行链的一部分：共享汽车、出租车与公共汽车、铁路的结合将节约找停车车位时间、避免不必要的占地。在城市、地区范围内，我们希望在十年内通过构建自行车友好居住区将自行车出行比例翻一番。这将明显改善我们在乡镇内的生活质量。

这种生态出行也将降低能源消耗及二氧化碳排放量。我们也要加强这个趋势。在未来十年中，交通领域的二氧化碳排放量至少要降低三分之一。这就要求推进机动车的效率革命。1.0 升的小汽车必须真正行驶在街道上，而非制图纸上。与此同时，我们要在市场上加快引入中性排放动力系统，包括太阳氢气、燃料室和植物油等。为此，应用研究、缴税激励、惩罚措施和技术目标需要联合起来发挥作用。

综合性交通规划意味着行人的参与。我们支持公众参与规划进程，参与乘客意见咨询团。女性与男性、青年与老年以及残疾人不同的出行需要组成了共同的出发点。

铁路交通在货运领域的比例必须急速增长，必须制止道路货运交通的增长。为此，对私有货运轨道开放铁路网以及根据制造者原则对载重汽车收取道路费十分必要。

我们希望大幅度降低交通噪音，特别是夜间噪音。对此，我们会拟定一份全国性噪音减少计划。我们希望在所有交通领域内实施噪音等级判定，促进低噪音交通工具的应用，加重强噪音交通工具的负担，并令之减少。我们希望在新轨道和负荷较重的轨道上实施额外的防噪音措施。对于机场，必须实施夜间航班禁止的规定。

三、自然与风景保护

对于我们联盟绿党来说，自然与风景保护有重要意义。人类开垦自然，利用土地。与此同时，我们也是自然的一部分。尽管科学技术在进步，但我们仍然依赖于自然。出于我们对自然独特价值的尊敬，也由于一个完好无损的环境对于我们人类来说拥有无法用数字表达的价值，我们保护自然的多样性、物种的丰富性以及自然风景的无法再造的独特性。

因此，我们提倡保护尚存的自然空间以及传统文化风景。我们希望将自然保护区和风景保护区构建成尽可能大面积的网络。自然保护，有节制的旅游业和新型风景是全新自然保护理念中不可缺少的组成部分。这其中也包括森林与风景区的经营形式以及渔业。在渔业中，由对自然保护和风景保护的考虑定义所谓优秀的专业实践。从全球看，必须通过有国际法约束力的协议来保护地球上最后的自然区域，比如南极、大洋或是剩余的原始森林，使其避免受到经济开发及破坏。它们属于人类共同的、无价的自然遗产。必须保证当地居民的权利。

最重要的是要保护自然，为下一代保存自然生存空间，反对将风景区改造成居住区。与将绿地转变为居住、交通用地相比，应优先考虑保护现有就近休闲地区和人口稠密地区的绿地，将之用作动植物生活空间，用作文化植物场地，用作农林业优质土地，用作抵御噪音场地。森林是不可或缺的自然资源，是重要的和多样的生态系统。所以，保护所有森林、热带雨林以及当地森林便成为我们政策的一个核心目标。为了阻止无节制的居住用地和交通用地，早就应该通过强制使用旧建筑、工业用地以及通过在农村地区有目标地促进公共短途交通实现转变了。我们会致力于继续改善地下水和地表水资源的质量。预计到2020年，人们将能再次在德国境内所有河流内洗浴。

四、动物需要权利

现在该是重新考虑及定义人类与动物关系的时候了，也是该承认动物也有权利的时候了。因此，我们在生态领域方面应给予动物保护相关主题特别的关注。除了保护它们的生活环境以及物种种类以外，注重它们自身作为生命的保护也是相当重要的。对此，我们需要在许多领域转变观念。所以，从幼儿园、小学开始，我们就要显著加强观念形成的过程。

当人类在农业应用领域处理与动物关系时，必须对其承担责任。这样做的目的是保证动物正常的行为方式，其中，保护动物与环境合理型经济互为前提。任何折磨动物的行为都必须消失。

对于绿党来说，虐待动物的行为以及杀害动物用作奢侈品，比如：饲养皮毛动物，在伦理道德上都是不能接受的。

我们支持狩猎的全新准则，即狩猎要更加以保护动物与生态必要性为准则。在捕鱼及垂钓过程中，动物保护也应予以实施。

我们的目标还包括避免动物试验，希望通过其他方法来替代动物本身，从而更好地保护物种。在统一的欧洲范围内，保护动物规定必须超越国家界限。如果与其他国家的协商一致导致我们动物保护水平的恶化，那么民族国家的单独行动就不仅仅对于本国有意义，而且还具有榜样作用。

动物保护协会的立场在计划和批准程序中应受到重视，真正体现其作为动物保护人的功能。

五、从全球角度审视环境及其发展

生态危机将成为 21 世纪最重要的国际争端原因。所以，一项团结互助的国际环境政策是预防非军事危机和暴力的核心组成部分。而这项政策将减少个人能源消耗，同时从经济与科技两方面帮助工业欠发达国家选择可持续发展道路。在联合国及南北合作中，必须更多考虑保护自然生活基础。为此，我们需要新的机构和工具，其中必须以一个更加强大，财政支持更稳固的环境组织作为核心领导。这个世界环境组织可以是已有的及新的环境协议的上层组织，并且，即使在面对世界贸易组织时，可以真正实施所达成的协议。

我们希望在世界贸易协定的框架范围内实现最低生态标准。

女性在世界许多地区承担着养育家庭和教育孩子的责任。因此，可持续发展政策必须首先强化女性的社会、文化及政治权利，以确保她们能够获取资源。

处于工业化中的国家在以环境和谐为前提的基础设施扩建以及将经济发展定位为可持续原则方面需要得到支持。在新型工业化国家中，能源需求迅速增长，出行方式跳跃式增长。鉴于这种情况，如何利用最先进，最美化环境的技术维持这种发展是这些国家需要考虑的生态生存问题。因此，德国对外经济政策必须致力于促进现代环境技术和技能的转送。

解决国际生态负担平衡的方式之一是引入一项可进行尾气鉴定的全球系统，特别是针对二氧化碳排放量。与这样的一个系统相结合，为第三世界国家开放新型债务清偿方式，例如资助进口环境友好型技术。

走生态社会市场经济之路

对于现代经济政策来说，关键的挑战在于如何过渡到一种可持续、生态可承担以及社会公正的经济方式。我们希望经济体系继续沿着生态社会市场经济方向发展，以便确保现在及将来的生活质量。可持续的市场经济是指使环境保护、社会保障和经济动力三方面达到平衡。它通过实现经济、社会、政治生活中公平参与的方式释放了人类的创造力。并且这种经济尊重地球生态系统的有限性，将其作为经济交易的框架。

未来的生态社会市场经济要求加强社会的作用，反对完全以私有利益最大化为目的的经济方式。要克服持续的大规模失业和排斥分享经济财富的现象。因此，目前过分以企业利润为指向的社会市场经济与其要求不符，必须立刻继续发展。社会这层含义不能简化为国家一个部门发挥职能。没有社会力量的自由，没有全体公民的自决，没有权力下放，那么社会团结互助将僵化成官僚机构。这涉及通过国家手段促进平民社会的发展，同时限制国家的功能。这将我们和国家社会主义、保守主义与市场自由主义等政治模式区分开来。

生态社会市场经济不再单独以国民生产总值为财富衡量标准。国民生产总值应扩充至"环境生态总值",其中也包括对生态所造成的后果代价。我们必须全面描绘社会的财富。国民生产总值应扩充至生态社会总值,其中也包括对生态所造成的后果代价。不能用欧元和美元衡量的东西也属于财富。我们也根据如下原则衡量经济:即经济为增加文化财富和提高社会人际关系,为提供自由和平等相互依存的机会贡献了什么——这里没有基于阶级、阶层、性别、种族或者生活方式的歧视。

我们支持差异性的工作定义。工作是一种有薪工作,但是工作也是家务工作、教养工作、护理工作和集体工作。没有收入和失业是不同的。未来的生态社会市场经济必须承认所有的工作形式,提高它们的价值,并且恰当地在男女之间分配工作。

生态的和社会的经济必须建立在整个经济的理论之上,考虑了所有间接或直接的经济交换关系,包括私有家产、以无偿劳动为基础的产品与服务业。性别关系中的不平衡,非市场形式的经济关系的消失与人力资源工作的价值低估将导致大范围经济损失。单方面将非有偿工作分配给女性是没有产出的,而且是经济与社会的主要增长障碍。与此相反,我们支持男女平等,并将它作为衡量经济组成的独立标准以及社会市场经济的质量标志。社会性别主流化必须涉及财政和经济政策的制定。在制定国家财政预算中必须引入性别预算。

一、经济政策的基本方针

所有人的幸福都是以公正、自决、生态和民主为前提的。这些基本价值也决定了我们的经济政策。

经济与生态。我们支持经济的生态现代化。生态开拓出了重要的经济增长领域。这不仅仅是指生态技术的创新。我们希望我们的社会在经济政策的长期目标上达成一致,为市场制定明确的生态框架条件。其中包括在未来的几十年内大幅减少有害气体的排放,保护原生态自然风景,保护我们星球的生态多样性,以及停止核废料的产出。因此,必须不断检验哪些手段是最适合实现生态目标的。

生态型经济创造了新的就业岗位。可持续发展的绿色战略描述出了经济领域的成功范例。相比于资本过于密集的核能源，以可再生能源为基础的分散性能源经济提供了更多的高技能工作岗位。一次性消费经济到循环型经济模式的过渡，为保养业、修理业以及回收利用领域提供了新的工作岗位。我们旨在推动生态型的结构转变，同时我们也知道，以社会可承受的方式推动这次改革的必要性。

生态社会市场经济的一项原则是，个人利益不能以损害社会利益的方式来牟取。因此，价格必须能够反映实际的成本花费，而不是把负担转嫁到公众身上。对此，实施生态税是个决定性的突破。我们支持税收制度和财政制度符合生态原则的进一步发展，它保护了环境，并推动了就业。必须系统地废除有害环境的补贴，无论是在国内还是国际上。

经济与公正。 当人人都在牟取私利，特别是初始机会分配不均等的时候，并不会实现人人公正。所以，我们明确支持财产的社会责任，正如基本法中所规定的那样。对于我们而言，经济领域的公正尤其体现在赋税方面，无论是对私人还是对企业。我们致力于建立一个生态、社会及文化利益都能获得保障，初始机会均等的制度框架。只有在这样的制度框架内，竞争才能促进公正。

参加有薪工作，并有能力籍此负担生活开支，对个人才能的发挥以及个人与社会的融合起了决定性作用。这对于所有想要就业，并且也有能力就业的人，都是一项基本权利。基本权利还包括培训、进修和建立企业。我们要消除就业障碍，消除那些针对移民的排他性规定。

长期持续的失业导致了排斥和贫穷。基于这一原因，生态社会市场经济也不能容忍长期失业现象。消除失业是我们的政策的目标。在此，除了提升专业技能的攻略和活跃就业市场的政策之外，重要的是使就业投资变得容易。与之相关的一个重要目标是系统地降低高额的工资附加费用。几乎完全以工资为基准的社会保险制度提高了劳动价格，增加了投资难度，还纵容了非法劳动的形式。因此，除了改革社会保险制度外，我们既需要拓宽计量基础，也要为社会基本保险提供更多的、以更公正分配税负为基础的税收资助。福利社会是一个能够消除歧视和贫穷的社会。

经济与自决。生态社会市场经济也是实现自决的框架条件。经济上的保证不仅能确保人们的物质生活条件，还是人们实现自己的想法、实施人生规划的平台。所以，一个以自由为导向的、还能提高经济效率的经济制度遵循的目标是，给予个人高度的经济自主权。自由与自决需要一个公平的财产所有制制度。就业市场的彻底变革部分地瓦解了原来的就业保障，要求公民具有更多的灵活性，使他们面临更多的风险。只有在职场失败的情况下，同时提供东山再起的机会，这种市场变革才能进行下去。我们不想把相应的独立自主的文化仅仅局限于少数特权人士，我们还要使在不同人生规划中进行选择真正成为可能。为此，不仅需要有发挥效用的社会保障，还需要高效的税收和纳税制度以及高度的信息自由化。自决是真正开展合作的前提条件。正是在全球化条件下，想要在经济领域有所成就的企业，需要依靠与其他企业的合作（比如在网络行业）。男性和女性都可以从事所有工作和经济活动，并能全面地发挥自己的能力，这些权利是不可缺少的。男女双方都应参与到职业工作和家务工作中。

经济与民主。我们所看重的是，让尽可能多的人有意识地参与到经济生活中来。所以，我们主张人们享有共同参与和共同决定的权利。这让从业人员有能力代表他们的利益，同时可能制定高效的、有利于企业长远发展的决策。

在联邦共和国，劳资协定自主权和强大的劳资双方是社会伙伴关系传统的基石，不得被削弱。我们坚持主张大范围的劳资协定和强有力的企业职工委员会。现代经济需要有革新精神的企业家，有行动力和热衷改革的工会和企业职工委员会，如果他们想要保护社会和平的话。当经济发展与就业结构的日益分化也要求在不同地区和不同行业实行特定的劳资方案时，这项原则同样适用。我们希望基本保留大范围劳资协定，因为它是保护从业人员的价值非凡的成就，同时提供了足够的灵活性。对于劳资双方，我们也坚决主张他们要考虑失业者的利益。

我们支持消费者拥有参与经济的权利，而不仅仅是客体。我们也希望社会更多地参与到规划进程中。我们支持着眼于公共福利的、合作社的以及自治型经济领域。我们要全方位加强这些经济领域，即要求经济效益与集体经济的供给合同，或与集体自助相联系的领域，特别是在房地产业、卫生健康和社会经济领域。

我们支持工人更多地分享企业成就和创造收益能力，并扩大共同决定范围。我们将此作为继续发展经济参与的开端。

关键项目：全德经济的未来

我们把在东部德国逐步地建设经济力量看作是全国在下一个十年的中心任务。我们呼吁经济界和社会界积极而持续地推动平衡东西部德国生活水平的进程。

我们不能仅从后补发展的角度探讨东部德国的未来，还要从对当今东西部德国发展结构问题的分析中，寻找新的、与未来相适应的发展道路。这条原则尤其适用于对经济创新与生态创新的结合。我们要推动东部德国的经济发展，并不仅仅是对西部德国现有的、过去在完全不同的条件下取得成功的、现在自己也需要改革的模式的复制，例如交通和能源体系就需要改革。我们致力于使地方能力和特色成为东部德国独立发展经济的基础。这也意味着，我们要摆脱以广泛撒网为原则的资助政策，转而实行目标明确的资助政策。这样的资助政策尤其重视地区性的发展潜力，并寄希望于津贴补助而不是折旧模式。我们希望为这项资助制度设置监督机制，防止无效益和滥用现象。

我们尤其重视在东部德国建立科学、教育和研究型地区。在知识型社会带来的基础变革的背景下，我们把高效的科学基础设施的建设看作是经济发展的前提，也是创造并保持培训岗位和工作岗位的前提。在"学习型地区"的意义上，它也包括继续教育的新模式，教育机构间的合作以及区域内部的网络化。

我们的目标是，在东部德国超比例地增加在高等学校建设和研究领域的资金投入，并为推动区域性发展中心的形成提供创新基金。基于机会均等的原则，我们要有针对性地资助自有资本设施和财产建立。东部联邦州对于加入欧盟的东欧国家起到了桥梁作用。我们要利用并促进由此带来的文化和经济领域的机会。

二、市场经济和制度政策

在社会市场经济中，经济自由与社会的和生态的制度框架相结合。自由的市场通道、权利的保障、忠实于契约、广泛的透明度、阻止和消除垄断是市场发挥作用的前提条件，这是国家必须予以保证的。只有存在对地区市场、国内市场和欧盟市场的严格的联合监督，对卡特尔的监管及有效分割大型企业的法律，才能阻止或者根除垄断组织和寡头卖主垄断市场。我们愿意推动利于消费者的有效的竞争。自由市场理论与经济现实往往是两码事。市场和竞争也不是自然而然地就能带来在生态、社会福利和全民经济中值得追求的成果。

机械地在竞争和国家干预中进行抉择早就过时了。竞争，尤其当它应当取得符合社会和生态的成果时，需要国家的框架条件。同时，在实施国家干预时，一定要注意保留市场发挥作用的功能和市场的创新能力。在此基础上，我们还需验证，哪些是解决经济政策问题的最合适手段。我们要建立一个创造性的国家，这样的国家依托于公民的参与，并予以促进。

合理的税率和简单透明的纳税制度，提高了公民缴纳费用的积极性。特殊规定和特例歪曲了真正的缴费义务，还导致了不可理解的复杂性。从民主的角度来说，简化这项制度也是迫在眉睫。税务倾销带来了不公正的竞争条件。

关键项目：对消费者的透明度

透明度、信息和标识是消费者自由选择和市场经济运行的必要条件。只有获得充分信息的消费者才能对产品的种类、包含的物质及潜在的危险都有全面的了解，才能在购买食品或其他产品时做出负责的选择。比如我们希望，过敏者能够认识到哪些食物可以毫不犹豫地食用，哪些产品的使用不会带来危险。我们希望扩大责任赔偿权，从而确保产品制造者对产品质量应负的责任。

我们希望改善信息义务和标识义务，从而使消费者在购买和询问中，能对更加健康、更高质量、伦理上更为恰当的产品的生产施加影响。将来，他们必须能够很容易地看出产品的产地以及产品在什么样的环境、动物保护和社会福利标准下生产的。在这一点上，消费者权益保护组织做出了重要贡献。

我们希望官方机构有权利和义务定期公示他们的工作和监管成果，经常公布违反法律规定的行为。

由于国家法律受欧盟准则和国际法的约束，因此，我们愿在国际层面上进一步发展保护标准。

三、生态型的财政改革

国家行为必须要不断遵循可持续发展的方针，这特别适用于财政和预算政策。通过实行生态的税收改革及已经决定了的对载重卡车征收养路费的措施，我们迈出了重要的第一步，将自然与环境容纳在我们的税收制度中。但这只是开始。

全部税收及纳税制度必须在生态环保的基准下进行改革，从而对环保型生产和消费提供财政资助，减少对环境的负担。这是生态社会市场经济道路上的重要里程碑。所以，我们要继续推动生态型征税的基本原则，并把它推广到能源消耗以外的其他领域。这可以通过对航空运输或海上运输提供专用补偿来实现。生态型的财政改革必须加强抵制土地消耗和农业活动中有害环境的生产方法。税收和财政政策必须使有利于生态环境保护的行为有回报，使有害环境的行为付出昂贵的代价。公民的所有负担不能因此上升。德国的税收和财政政策里还包含大量有害生态环境的补贴，尤其是在焦煤、农业和交通领域。应该通过撤除或转变这些补贴，对环境保护以及可持续发展的财政和环境政策的结合做出贡献。生态型的财政政策也为增加国际领域的公平做出了贡献。随着气候保护而来的，是更多的税收公平性和国家支出的高效使用。我们也要将生态环保内容融入到联邦财政平衡中。

四、消费者权益保护

相对于专业的活跃在市场中的参与者，消费者从结构上处于劣势地位，因为相比于每次带有专门产品和劳务的提供者，消费者不能在所有的消费和服务领域获取充分的信息。有组织的消费者权益保护，对于排除消费者在市场中的天然劣势、推动权利均等的竞争是必要的。这尤其适用于安全、健康和消费者的潜在过错领域，或者新的市场改革进展的领域。对此，应该广泛地理解消费者权益保护的概念：一方面，它应该为那些因缺少相关途径而不能获取足够信息的人，或者必须被主动咨询的人提供切实的保护；另一方面，它还应该为那些竭力获取信息的人保障足够的透明度。第一种情况中，消费者权益保护还具有社会福利的意义。

五、知识型经济

呈指数型增长的信息加工和数据传播不仅使金融市场和货物生产的全球化迈入了新的阶段，而且还改变了劳动进程和经济结构。愈来愈大比例的新创造价值以科研、发展、信息加工和通信为基础。创新周期迅速缩短。从业者的专业技能水准提高了，教育和进修深造的经历成为在职业领域中成功的关键。参与教育和进修不允许取决于收入和社会出身。

同时变革的还有工作关系。那个集中管理下成批生产的福特模式的年代将要结束。现代企业价值主要体现在工作者的知识水平上。不断扩大的工作自主权、合作精神、自主行动和平面结构成为新兴经济的标志。在工作中，更多的自主性会带来真正的机会。

然而，这种发展也有它的弊端：不断增长的绩效压力、日益激烈的竞争以及与企业长期联系的瓦解和职业稳定性的瓦解。因此，这种新经济并没有使集体的、社会的和基于劳资协议的保险制度变得多余。

在知识型经济中，必须对知识产权和专利权的范畴重新认定，从而阻止知识性垄断的产生。这种垄断将阻碍技术进步，增大新企业进入市场的难度。转基因技术的问题尤其引人争议。我们严厉反对为以植物、动物或人类的基因或基因排序为来源的生物授予专利权。新的信息与通信技术可以为可持续的经济发展方式做出贡献。它们可以对生产过程和运输产业链实现保护资源方式的控制，开辟出了现代循环经济道路。零排放工厂已不再是空想了。仪器设备和机器的袖珍化节约了能源和原材料。电视会议和网上在线交流取代了挥霍的旅途。新价值创造领域愈来愈多地转向服务业。这种"非物质"经济，缓解了迫切需要的降低自然消耗，却没有让经济动力出现停滞。

六、地区性经济

加强地区性循环经济是全球化的必要补充。它提高了经济和就业的稳定性。市场经济中明确的生态框架条件，使地区性循环经济有了更重要的意义。我们希望建立城市、地区和乡村之间的地区性经济，这种地区性经济能够通过合作、领先优势、交流机制和相互间的需求而愈来愈强。创新性的服务和生产方式、环保型技术及当地特有的知识和教育特色成为整个地区的优势和价值形象。

地区性循环经济促进了手工业、小型服务企业和与消费者密切相关的农业的发展。强有力的文化身份认同对于地区的可持续发展是有利的。长期的区域政策为投资者、乡镇和公民的规划安全性提供了条件。我们致力于出台将经济、生态、社会福利和文化目标联结在一起的区域经济发展规划。

在未来，德国也应该是一个具有吸引力的经济大国。这不仅仅取决于诸如赋税或者基础交通建设等所谓的硬件因素，所谓的软性因素也对现代经济分支愈来愈重要。良好的环境、教育系统和儿童教育的质量以及劳动力素质、文化氛围、宽容和开放性日渐成为今天在何处开展经济活动的决定性因素。忽略这些联系的现代化政策将无法达成其目的，重视这些联系的地区更为成功。

我们的经济政策着重于中小型企业。与巨型企业相反，中小型企业能够更快地适应新的环境和挑战，并且善于灵活、人性化地应对，同时还提供了相当部分的就业机会。产品质量和服务顾客的理念在中小型企业更易得到重视。企业创始人和个体经营者凭借创新产品和服务推动产业结构变革，并提供了新的面向未来的就业机会。对此，我们希望为创业者创造最优的外部条件。

关键项目：新农业经济

对于我们来说，农业改革是一项重要的社会和政治任务。过渡到绿色农业也为减少产能过剩和欧盟出口补贴做出决定性贡献。生态化可持续发展农业为优质、健康、可口的食品提供了最佳保障。因此，我们的土地管理更加注重环境保护和动物保护。

消费者完全可以信赖农产品的质量和卫生。这种信任是农民的经济保障。食品中不能含有抗生素和激素。清楚的质量盖印，对整条食品生产链，包括从产源地到销售地的毫无遗漏的产品贴标和监督，应首先保证透明度。本地食品是我们的首选。我们希望通过这项新农业关键项目强化农业空间，希望建立一个消费者保护组织和农业经济的同盟。

传统农业必须更加环保。国家和欧盟农业资助应当为面向消费者的和环保的产品提供公平竞争的环境。我们促进恰当的动物圈养方式。我们支持且促进将屠宰场划归地方经营管理，将新鲜肉制品的送达控制在四小时以内。农业和自然保护只有一个共同的未来。粗放农业不仅保存了数百年来已开垦的土地，同时也保护了物种的多样性。农民的环保贡献应得到适当奖励。

基础设施建设和中小型企业以及住宅区对于土地的长期需求占用了农业生产的珍贵资源，尤其在人口密集地区更加占用了农业的生产基础。在此，我们绿党将环保政策和农业政策以双方互利的方式相结合，更加有效地保护农业用地免遭无法挽回的损失，以此保证农业收益。

生态农业具有未来竞争力，因为它将健康食品与自然资源保护和适当的农畜圈养方式相结合。预期到2020年，生态农业在整个农业生产中的比重将达到20%以上。在此，消费者的反馈信息也发挥重要作用。但健康优质的食品也价格不菲。

除了食品生产，环保农业企业还有新的利润空间。可再生原料、能源植物、风能、沼气、生态旅游、自然保护以及环境保护也将成为未来重要的收入来源。

我们的政策将一如既往地不在农业生产中应用基因技术。农业中的基因技术增强了农民对农业工业的依赖性并且减少了物种的多样性。基因技术种子垄断使农业结构，尤其是发展中国家农业结构受到破坏的威胁。同时，基因技术的动植物生产在生态和健康方面的危害尚未查明。无基因技术的食品应优先生产并得到保障。农民生产无基因产品的权利和消费者购买无基因食品的权利应在生产、加工、销售等各个环节得到保障。因此转基因食品和饲料的清楚标注以及可追溯性是必要的。

七、可持续财政政策

我们的财政政策着眼于可持续发展。本着公平原则，赋税与能力相匹配。简明的所得税体系是公平纳税的前提。工作收入和资产收入的所得税以及诸如遗产税的财产税都是公平税收，因为它们衡量了个体对国家做出的贡献。我们要根据能力而非收入方式或者收入来源来确定税收。财政政策的自我界定是现在和将来自由的必要前提。我们不给未来开空头支票。税收特例和特殊规定必须继续减少，财政系统必须更加透明。补贴必须公示并且定期审核，进入市场资助必须有时间限制。

更大强度的儿童教育资助必须与税法和社会政策相协调，其中包括以更高的儿童补助代替结婚补助。

我们的目标是保证代际公平的可持续财政政策。减少过多的债务，尽量避免负债，获得政治活动空间，确保国家各个层面的收支平衡。同时，尽可能保证关系未来的重要投资。为达到节约和投资的平衡，必须以可持续发展为前提重新定义投资理念，其中必须包含教育、科研以及环保投资。

我们支持一个有活力的联邦制度，其中乡镇的作用得到加强。为了证明联邦体系的民主合法性，必须重新安排不同国家层面混乱的职权范围，为各州各乡镇争取更多自由行使职权的权利。其中也包括通过让乡镇自主制定税法以扩大其税收政策的活动空间。

我们坚定不移地履行宪法规定的联邦州团结互助的义务。我们确保新联邦州参与到整个国家的财政体系中来，从而能够继续其追赶进程。

八、国际经济政策

团结发展中国家，特别是与发展中国家合作，才能在国际市场上占据有利地位。我们希望国民经济在不损害其他国民经济体的前提下保持竞争力。高度工业化国家对亚非拉的发展中国家应当做出以下两方面的贡献，即为他们的商品开放市场以及减少北部的巨额农业补贴。与南部相比，北部的市场开放政策必须通过达到国际通用的社会、生态和男女民主的最低标准得以实现，以避免倾销性竞争。示威游行权和建立自由工会的权利均属于此类最低标准。

我们支持建立确保产品公平标价的团结互助的贸易网络，以确保产品在人性化和生态化的条件下进行生产。

此外，我们致力于继续发展国际机构，以及为金融交易、贸易和投资制定有约束力的条款和标准。短期在全球流通的投机金融资本的激增提高了货币金融危机的风险，产生了大范围的社会后果。对此必须增加金融市场的透明度，加大各中央银行间的合作。必须系统性地阻止洗钱和资金流往避税地区的现象。

我们支持对投机金融交易征税，比如托宾税。

我们希望加强诸如国际劳工组织、联合国环境规划署以及联合国贸易发展机构等跨国组织对世界经济的影响。世界贸易组织、世界银行和国际货币基金会的规章制度必须遵循可持续发展的目标。

在欧洲经济财政政策日渐一体化的形势下，欧盟既有机会又有责任，成为生态社会市场经济的先行者。我们反对市场再次国有化，也反对暗藏经济战隐患以及将欠发达的国民经济体通过保护关税排除在外的欧洲贸易保护主义。我们支持不对各社会体制和环境造成压力的经济竞争。

解放的社会政策

我们希望建立一种社会,在其中,没有人被排除在外,每个人都有机会施展能力,孩子受到欢迎,老人不被关在房间里,残疾人不遭到另眼相看,贫穷属于过去。在这样的社会中,未来不是被错误地估计,而是被积极地建设。我们希望发展团结的政治文化,在这种文化中,尊重、宽容、助人为乐以及对弱者的责任成为自然。我们希望建立一个公正的公民社会,为建立没有剥削、压迫人类和自然的公正的世界社会做出贡献。

一、我们的社会政策的基本取向

社会政策和公正。我们寄希望于社会保障,因而寄希望于变革的勇气。社会保障需要变革。这种变革需要新的社会保障形式。二者缺一不可。重要社会资源的合理分配是绿党政策的核心。我们关于社会公正和团结的观点依然是传统的再分配政策。我们政策的首要目标是避免贫穷和社会排斥以及改善社会底层的状况。我们希望建立参与公正,使所有公民都参与到诸如教育、就业以及政治等重要的社会领域中。大规模失业的现状令人难以接受,一直是我们社会尚未解决的公正难题。社会公正不能再继续仅被理解为上下阶层间的平衡。对于我们来说,男女间的机会平等、所有公民的平等分配,以及代际公正都属于公正问题的核心。我们也要给带孩子的群体一个真正的公正。我们的政治任务在于建立所有人都公正参与的社会关系,无论他们带有何种前提。

社会政策与自决。作为社会福利国家,我们将人置于政策的中心位置。在一个公正的和福利的社会,国家为所有人创造条件,使其施展自己的能力和天赋。儿童和青少年也应被强制划入与年龄相符的规划进程中。同时,公民也需要可靠的社会保障和网络以克服困难的生活境况,将命运掌握在自己手中。绿党社会政策的核心不是剥夺他人行为能力的救济,而是建立一个鼓励所有人自决生活并且促进团结协作的社会政治基础。社会政策的任务是为自决生活创造平等的生活机会和生活条件。

社会政策和可持续性。我们的社会保障面向未来。社会保障体系应当顾及年轻人和后代的利益。此外，可持续社会政策遵循的目标是，通过预防性措施尽可能避免健康风险和社会风险。

社会政策的新挑战。数十年来，人们生活、工作和学习的条件发生了巨大的变化。这种变化还在持续并且加速。因此社会福利国家必须承担起它的责任并证明它的服务能力。社会福利国家必须实行现代化以保障其融合能力，不将所有人的社会均衡和机遇平等问题交由市场决定。

全球化改变了经济，重组了劳动力市场。这也带来了机遇，但需要人们对空间和社会改变的高度适应能力。因此，绿党政策必须首先考虑家庭和工作的协调性以及积极参与公民社会建设的必要性。愈来愈多的公民生活在失业和贫穷的恐惧之中。这种经历也涉及社会上的中产阶级。社会政策必须通过提供新的前景来应对对于社会地位下降的恐惧。日渐增长的社会个性化分解着传统的社会结构以及家庭、企业、城市、农村中的传统社会关系并且产生了多样化的新生活形式。一个现代化的社会福利国家必须胜任生活形式的多样性以及各种危机形势。

数十年来的发展改变了居民的年龄结构。社会保障体系改革，家庭友好型政策，大龄工作文化以及移民安排都是应对未来人口发展要求的重要措施。

移民为社会一体化带来了新的挑战。如果我们想保持并发展社会的经济和福利体系，就需要移民的才能、责任和经验。

二、人权：克服贫穷

贫穷意味着被排斥。对于孩子来说，贫穷尤其意味着体验、发展和学习机会的限制，而且贫穷阻碍了将来有利于他们自主发展的起始条件。对于相关人群来说，贫穷不仅意味着被劳动力市场和消费市场排除在外，还意味着很大程度上被国家的民主建设置之门外。在贫穷地区的社会问题屡见不鲜，比如匮乏的教育资源、攀升的疾病威胁和毒瘾。脱离失业和贫穷需要一种可靠的基础社会保障。

可靠的社会体制和良好的教育机会是避免社会排斥，促进危机应对能力和改变能力以及保障政治稳定的决定性前提。

有小孩的年轻家庭最容易出现经济危机，因为他们有更高的经济需求，却收入甚微，也没有可以动用的财产。单亲家庭的情况尤为棘手，特别是女性和她们的小孩。儿童是最大的接受社会救助的群体。

贫困表现为缺钱，但贫困往往是由于缺乏社会关系及施展个人能力的机会导致的。一个人与他人的关系网越是完备，越有可能在工作、教育和健康领域取得更好的机会。因而，对抗贫穷的现代政策不能仅仅包含物质援助，还应考虑对抗贫穷的社会前提，扩大城市和国家的社会资产，促进人类和关系网的发展。

关键项目：基本保障

作为次要援助的社会救济已经不能胜任如今的社会基本保障职能。为了对抗直至今日依旧存在的贫困，有必要采取一系列措施，其中包括改善被救助者的物质条件并积极帮助他们克服社会排斥，还包括实施以需求为导向的、真正阻止贫困的基本保障。

救济金的数额必须与上涨的生活费用相匹配，并且根据固定的体系（统计模型）重新测算。同时也应将人们参加文化和政治生活的费用考虑在内。

如今改变了的劳动力市场需要更强的灵活性和可移动性，但这些要求只有当人们免遭贫困并得到社会保障的时候才能达到。实施以需求为导向的基础保障可以确保人们在贫穷、失业、困境、变换不同种类工作以及深造时得到及时的援助。基础保障代替社会救助和失业救助，这种保障是一项权利而非施舍。我们拒绝为了削减失业者的娱乐消费而直接将失业救助变成社会救助。

基础保障将在很大程度上是总额支付。这种保险费具有更多法律保障和透明性。公民可以迅速便捷地了解自己的权利，可以而且必须自行决定这笔费用的支出。官员可以从繁琐的任务中解放出来。这样，他们可以集中精力为公民提供咨询，发展成为地方网络联盟和服务企业的平等合作伙伴。日常生活需求的地区性差异，比如居住成本将会得到考虑。基础保障是由税收资助的，由此减小了地方政府的财政压力。我们认为有必要考虑让来自财产和经营企业的收入为团结互助的集体做出更多贡献。

所有受益人都获得保障并且不受到歧视。他们进入劳动力市场的条件将得到改善。所有找工作的人都有权参与积极的劳动力市场措施。将为他们制定个性化的融入计划。我们促进并要求个体的积极主动性，在找工作、创建企业、培训和进修、家政、护理以及名誉职位时承担相应的责任。同时要确保在介绍合适职业时提供帮助。基本需求的满足不容侵犯。由于生理缺陷或者年龄因素需要援助的人获得更多的基础保障资金。儿童基础保障确保低收入的父母或者单亲免遭贫困。他们个人的活动空间，也包括在就业市场上的空间，将会得到扩展。

三、公民权：作为伙伴的社会福利国家——公民责任

公民不希望也不应该受到国家的管束。当他们手持资金时完全可以自救。需要帮助的人将受到集体救助。他们不是申请者，而是拥有权利和义务的平等伙伴。只有那些拥有良好开始并且在困境中获得外部援助的人才能在不同的生活环境中开辟属于自己的道路。

不能自救的人必须得到集体的帮助。社会福利国家必须将公民团体看做合作伙伴并且予以援助。其中包括加强邻里关系，支持小范围的社会网络，支持自救组织工作，支持具有社会空间特征的社会工作者，支持协会和社会团体。比起"来自上层"的援助，这些措施更加贴近地方和个人的真实情况。在这样的构架下，更容易发展创新型社会援助和工作方式。但是自愿工作不能取代专业救助。

生动多样的公民参与是团结互助社会不可或缺的前提条件。对自己和社会的责任是生动的社会文化的重要组成部分。只有参与社会生活的人才能真正发挥影响。国家必须支持公民的参与。不收取回报的投入需要法律的保障。

公民责任和自我实现并不矛盾。许多人一如既往地自愿行使责任，但

是所期望的形式和动机有所改变：人们希望投身其中并且积极发挥作用，他们希望在其中找寻意义，也包括快乐和愉悦。乡镇政策的任务是为现代人以及改变了的动机提供机会，使他们可以施展自我同时帮助他人。在传统团结互助意识日趋淡薄的年代，新型的社会和公民责任更有意义。这些地方是社会的根基，在这儿可以学到并实施团结互助。

四、进入权：通往就业市场的桥梁

有薪工作不仅仅是养家糊口那么简单。它是促进社会融合的手段，对许多人来说，也是实现自我价值和个人发展的手段。长期的失业将导致贫困，并且孤立失业者及其家庭。长期的大规模失业情况是绝对不能被接受的。因此，消除失业在我们的政治议程中居于重要位置。

现代的工作与传统的有偿工作相比包含更多内容。未来的生态社会市场经济应当承认并尊重所有形式的工作，为性别分配平等创造条件。家务工作、教育工作、社区工作和邻里互助是福利公民社会的基础，没有这些，团结互助和社会网络的建立也无从谈起。因此，我们想要建立框架条件并培育手段，不仅为人们公平地获得工作创造条件，而且允许不同的生活方式把有偿工作和无偿工作结合起来，并为其提供社会保障。所有求职者的平等进入权和公平机会是联盟绿党就业市场政策的中心任务。我们追求融合，反对排斥。

社会性别主流化对就业提出了性别民主的要求。这首先针对的是无偿的再生产工作，针对的是对女性能力和工作的低估，针对的是工作中对女性的歧视。

长久以来，所有的就业机会并没有被完全开发出来。我们早已证明，生态政策能够创造工作岗位。联盟绿党的医疗改革、农业转型、能源转型和生态交通政策在未来都是属于劳动密集型项目，能够额外创造工作岗位。服务行业和新的信息技术领域在未来也蕴含着巨大的创造就业岗位的潜力。因此，重要的是要通过有针对性的生态社会型的经济政策，刺激创造新就业岗位的机会，资助个人创建更多的创新型企业。

此外，应该设立由公共资助的、有社会意义和生态意义的、能保障生活的就业岗位。我们主张，继续发展地方经济中的当前措施。

重要的是，要给所有人以平等的就业机会，发展智能型生活工作模式，使所有人的终生学习成为可能，系统性地消除对女性的歧视，促进老年人和移民的社会融入，使他们不受排斥。

工作社会将继续转变。随着新媒体的发展和新工作领域的出现，就业结构也将继续发生变化。因此，十分有必要设置框架条件，保证未来的工作社会不会成为一个人们相互疏远、共同生活受就业市场变化控制的社会。因此，联盟绿党的就业政策把创新、灵活性和社会保障联系在一起。我们不应走无限制的灵活就业市场的道路，因为"穷忙"并不会成为问题的社会解决方案。同时，我们希望消除阻碍人们进入就业市场的障碍。我们希望，能够为就业市场政策探讨出新的方法，将灵活性和社会保障结合起来，得出分化的和有效的解决方案。只有这样，我们才有可能消除结构性失业，给失业者以勇气，提高他们改变自身失业现状的能力。

我们搭建就业的桥梁。我们需要能够支持无偿劳动和有偿劳动之间平稳过渡的手段。为就业提供资金比为失业提供资金更为有效。我们需要在失业和雇佣、全职和兼职、个体职业和雇佣职业、培训体系和雇佣体系、儿童教育、职业行为、名誉职位和护理工作，以及职业工作和退休之间建立桥梁。在无偿劳动中获取社会权利也是重要的框架条件。

解决青年失业问题是重要任务。我们认为，企业应该重新更多地承担起责任，对青年进行培训。没有学历证书和培训经历的青年应当得到特别帮助。应继续推行有针对性的帮助，把为个体提供更多培训和深造机会同对青年的帮助结合起来。

有更丰富经验的老年人在职场中很受欢迎。我们要用一种长期过渡型的老年人的工作方式代替从前明确区分在职和退休的工作方式。为了实现这一目标，必须在企业中着力推动高龄雇员的进修。

终生学习的理念是解决大规模失业问题的关键。应结合失业者的个人能力和需求对他们进行培训和进修。所有公民都应有获得这种培训的机会。

就业政策是保障就业、让更多人分担现有工作的决定性手段。因此，我们将会继续推行弹性的和社会协调的就业政策，为个体的工作选择提供更多可能性。在未来，我们应当注重将兼职工作由女性主导发展成为男性也同样愿意做的工作。一个现代的就业政策应该将加班和超额工作量记录下来，并用休假、培训、教育工作或是休养来平衡超额的工作时间。灵活的工作时间模式不应导致老年贫困。工作时间的缩短应伴随着更好的社会保障。我们呼吁企业和劳资双方共同寻求新途径，使工作时间的缩短有益于就业市场的发展。

我们想要减少工资附加费用。为此，对社会保障体系的改革任务就变得尤为急迫。特别是兼职和低收入职业较高的工资附加费用已经成为结构性的就业障碍，导致了更多"黑工"的出现。工资附加费用的减少将有效推动就业市场的发展，并对就业岗位和劳动力需求有积极的影响。工作轮换、职业进修、促进高龄员工的能力提高、受政府资助的工作岗位以及推动自主创业在地区范围内能够有机结合起来。

五、儿童公正——提高所有人的生活质量

为21世纪出生的第一代人建立一个儿童友好型社会。

我们希望从建立一个儿童友好型社会出发，改善我们国家所有人的生活质量。"我们只是向孩子们借了地球"，这是我们的基本原则。联盟绿党努力为孩子们争取彻底重估社会关系。为了过上好生活，孩子们不仅仅需要父母，而是需要整个集体。

作为生态和社会公正的政党，我们会持续推动社会可持续发展，并且把保护生态资源作为一项共同的政治目标。可持续性还必须适用于其他社会领域。可持续性、分配公正，男女公正等原则是我们要建设的社会的基础。它们是儿童友好型国家的前提条件。

我们要做出贡献，使儿童友好型文化在社会中得以发展。我们要关心

儿童的好生活，从而提高有益于所有人的生活质量。我们要建立多样性的文化，接纳所有与我们不同的人，无论是成人还是儿童。投资于儿童的生活条件属于可持续发展社会的内容，因为没有下一代，我们国家就没有未来。

重要的是儿童

我们希望有一个现代化的社会政策，为将来几代人奠定基础，而不取决于他们的国籍、文化背景、宗教信仰或是家庭结构。无论是传统的婚姻家庭、未婚的伙伴关系、单亲家庭、再婚家庭或是同性夫妇家庭，重要的是孩子。

对于有关儿童问题的决定，我们希望是完全独立和自由的，不用受经济考虑支配。为了让孩子们过上好生活，母亲们到迄今主要缺乏必要的前提条件。灵活的工作时间、更多兼职工作、延长商店和幼儿园的工作时间，或者为托儿所和学校的孩子们提供健康的午餐，这些都会让有孩子的生活变得更加容易。

这些设想都需要一个长期的计划，使儿童的照料、学前教育、价值观教育都得到好的保障。不能因为有孩子就自动要求父母有一方退出职业。我们希望为所有1—12岁的儿童提供免费的、高质量的全日制照料服务。我们支持共同养育儿童，包括有残疾的和没有残疾的。

为了建成一个儿童友好型社会，需要全社会的集体努力，所有社会团体都必须参与。其中也包括企业，它们要承担责任并提供帮助，例如在儿童照料、兼职工作和为父母提供灵活的工作时间等方面。这些不仅仅涉及孩子的抚养，更是有必要在各方面为企业创造一种儿童友好型的企业文化，与过去相比，这必须成为劳资双方更加重要的主题。

未来的教育改革

要建立一个儿童友好型社会，必须要从根本上进行教育改革。学校和幼儿园需要更多自由，以便能够更好地考虑孩子们的需求。我们需要全覆盖的全日制学校。促进青少年在现行教学框架外的学习机会并发展机会是社会政策的任务。为了保证移民子女的受教育权，为他们提供特别资助具有重大意义。我们希望学校有更大的自主权。应当允许并鼓励父母自由选择具有高质量、多样性、自主性及有竞争力的学校。在一些存在问题的地区，学校要采取多元化和个性化的方式来对待学生。此后，我们在第二阶段将处理保证照料问题。为了保证有足够的基础设施，父母也必须做相应贡献。

日常生活中的儿童友好

如果日常生活更多地考虑孩子和父母的需求，就能够提高所有人的生活质量。为此，我们需要一种接受差异并考虑差异的文化。制定符合孩子切实情况的政策是我们的准则。通过减少汽车交通、生态建筑方式、足够的自由空间等方式建立适合儿童的居住环境，这改善了所有人的生活质量和健康状况。对于21世纪的第一代人，必须完全重新理解移动性和生活质量这两个概念。这种移动性能够降低交通事故数量，将公共空间交还给人们，特别是重新为儿童提供了玩耍空间。

儿童对于污染物的敏感性更高，所以阈值必须始终考虑婴儿和幼儿的承受能力，按照儿童情况而不是成人的情况设定。首先值得注意的是，对于早为人知的由环境污染和错误的饮食习惯带来的疾病一定要采取措施。

我们生产和加工食物时，一定要确保它们对儿童是有益的。下一个十年将是农业大变革的十年。我们要为儿童提供健康的食品，也要理解食物生产方式的相互联系。因此，我们将促进旨在生产更健康食品、提供更多自然保护和利用可再生原材料开发能源的农业变革。

代际公正——社会和生态的可持续发展

气候和环境的保护是一个涉及当代人和下代人之间公正的问题。对于这一点，我们有一种特殊的责任，我们今天的行为将决定明天下一代人的生活条件。因此，我们希望把现代的、保护环境的技术传下去。利用可再生能源、实现资源的循环利用、开发节能系统并实现行驶畅通、没有堵塞的运输系统，这些技术长期保障了我们儿童的生活质量。这不仅是我们德国的任务，而且还需要全球的努力。

20世纪50年代，人们认为核能是无害的，人反正总会有孩子的。今天我们知道，框架条件严重影响了想要孩子的愿望。可以通过儿童友好型的政策塑造框架条件，这样将有更多的人决定要孩子。

我们社会保障制度发挥作用的基础是，代际合同在将来也得以遵守。孩子带来的好处是社会性的，但儿童日常生活和照料的成本只是部分地和不充分地由社会承担。为世世代代建设可持续的社会福利制度是我们的任务。

公平对待儿童

在一个对多种家庭类型开放的社会，每个孩子都应该在社会上享有同样的机会。无论单亲家庭还是双亲家庭都不允许在财政上得到照顾或歧视。年轻父母的保障和儿童抚养本身一样是社会的任务。对儿童的财政支持必须更加透明和顺畅。我们的儿童保险模式是，将家庭政策中迄今为止放在不同锅里的、所有社会转移支付的财政资金都透明地和高效地放入城镇的统一框架下。这包括由于孩子造成失业的工资补偿、产妇津贴、育儿津贴、不稳定收入情况下的儿童基本保险、儿童住房津贴和育儿成本偿还等。

人们缺乏培训和儿童的生育与抚养是21世纪初最大的失业风险。鉴于人口变化，这将是未来劳动力市场的主要问题。因此，我们必须让年轻的父母们获得公平的薪资，无论是通过现在的产妇津贴和育儿津贴进行工资补偿，还是通过将促进兼职工作措施扩大到不仅适用于老年人，还适用于育儿阶段的父母，或者通过儿童基本保险。我们现有的家庭社会保障必须进一步提高，并且通过调整儿童服务的方向，为青年一代愈来愈接受我们的社会保障体系奠定基础。

关键方案：适合儿童的政策

通过儿童友好型政策提高生活质量，对我们来说是国家现代化的指导思想之一。生态现代化将减少环境负担，发展可承受的资源利用，关注适合儿童的交通。这是为21世纪第一代人制定的政策，也是我们衡量可持续发展战略的标尺。

我们将真正为所有人提供选择有孩子生活的自由。家长应该能够决定如何抚养孩子。因此，我们努力的重点是保障儿童能够从一岁起就得到满足需求的照料。旨在可持续性的、儿童和家长友好型的社会的行动方案关注建设高质量和高数量的儿童照料机构和全日制学校。城市、乡镇、家长组织、教会以及提供各种各样高质量服务的企业，将为此得到必要的财政支持。父母自己决定，什么形式和范围的照料是对孩子有利的。

通过实施儿童基本保险，我们防止了孩子使家庭尤其是母亲陷入贫困的风险。这是预防性的社会政策。因此，儿童基本保险是对家庭更好的支持，因为与其他对父母的社会救助不同，它提供了一种有效刺激，创造了额外的就业岗位。我们有利于儿童的社会保障体系的资金流的再分配是实实在在必要的，因为它将保障体系的长期运行。我们要将所有对孩子们有利的服务都纳入到儿童保险中来。它具有透明性，是公平分配的前提条件。

儿童和青少年在技能和资格方面需要积极的促进措施。服务供给机构和咨询机构要促进儿童和青少年进一步发展，使他们能够平等地参与社会生活。

按照我们对扩展了的公正概念的理解，我们要平等地促进所有儿童的参与。我们要消除移民儿童在社会融合方面的不足，以及残疾儿童在生活中依然存在的各种障碍。儿童积极参与决定是创造儿童友好型社会的前提条件，也是使建筑计划、有害物质阈值设定和巩固预算符合儿童需求的前提条件。

建设一个儿童友好型、可持续发展的社会只有通过跨部门的倡议组织来实现。这是儿童和职业兼容的首要条件，也还需要市民和企业的投入，例如在企业中为父母提供家庭友好型措施。我们要降低与孩子一起生活的财政负担，使之真正变得容易，为此我们通过儿童保险模式减少官僚过程，为那些需要救助的人提供更高的透明度。我们希望特别是年轻的家庭能够更好地得到保障，预防父母在养育孩子阶段失去职业技能。可持续发展和代际公正必须成为一个儿童友好型社会和政策的基本原则。

六、青年人的公正——明天的政治

由于个性化、全球化和人口变化，年轻人在现在和未来都面临着特殊的挑战。年轻人不再有明确的生活方式。不同的生活方式和生活观念都是开放性的，同时，从事何种职业的不确定性增大了。年轻人必须能够接受这些挑战。因此，有必要通过基本保险和网络建立社会保障，我们因此必须为年轻人改善生活环境。我们需要一个对不同生活方式和生活风格更加宽容的空间。我们的目标是，使青年能够自信地面对工作压力和趋同压力。年轻人需要有地方和自由空间，在那里获得体验、支持和咨询。绿党致力于降低投票年龄。

社会年龄结构的变化极大地影响了年轻人的生活。在社会保障体系里必须适当地考虑年轻人和未来几代人的利益。一个代际公正的社会必须这样处理生态资源和财政资源，以保证后代有塑造空间。变化的社会年龄结构导致代际公正问题必须被重新提出来，尤其是对退休金问题。

性别关系的变化对我们的社会提出了挑战。年轻女性要求多样化的前景。为了使它不成为女性的特殊的社会压力，我们的社会必须相应地继续改变。必须继续推进广大职业领域向女孩开放。家庭和职业难以协调正对青年男女的职业生涯构成日益严重的障碍。德国缺乏对这些职业父母的文化认同和社会支持。两个领域愈是对于两性开放，年轻人愈能在变化的世界中得到更好的机会。

七、性别公正：平等的生活

性别关系的变化影响着我们的社会。妇女斗争过了，现在妇女参加工作是理所当然的了，即使她们担任领导职务的还太少。妇女的平均收入依然低于男性，并且升迁机会更少。家庭和职业难以协调显然是职业生涯的一种阻碍。育儿工作作为重要的社会任务要得到更多的社会认同。育儿时间是妇女的工作杀手。我们要弥补养育孩子带来的弱势。同时，不同生活方式的多样性在增加。传统的小家庭愈来愈少，离婚率在上升。出现了新的生活共同体。个人家庭数量也在上升。我们支持团结互助的以及伙伴关系的共同生活的不同模式，赞赏他们为社会融合所做的贡献。

我们希望男人和女人都有平等的机会进入劳动力市场。也就是说，我们反对德国东部联邦州将妇女赶出就业市场而美化失业率的趋势。经济领域的性别公正要求禁止一切形式的歧视，并实施一项妇女促进政策，而国家在其范畴内，也包括在经济领域内要遵循执行这一政策。对于男人和女人来说，家庭和职业的协调既是实现公正的问题，也是经济的动力。抚养工作作为等价的社会任务，需要更多的财政和社会资助。我们要使照顾孩子的时间对女性和男性同样具有吸引力。我们的政策因此促进家庭友好的工作时间、靠近企业的儿童照料机构、父母在抚养孩子以后再入职的机会，以及恰当考虑妇女就业情况的税收政策。只有资助妇女并实施性别公正，企业才能在将来成功获利。

生活在公正平等之中也是现代化家庭政策的一个重要前提。在妇女参加工作被文化认同、被认为是理所当然的地方，才能在更大范围实现要孩子和组建家庭的愿望。相反，当参加工作的母亲面临愈来愈大的辩解压力时，她们就愈倾向于放弃要孩子。德国缺乏对职业妇女和专注家庭的男性的文化认同和社会帮助。两个领域愈向两性开放，孩子和家庭在这个变化的世界上就愈有更好的机会。

八、社会保障权利：改造社会保障系统

使社会保障系统适应未来是全社会的共同任务。因此，所有类型的收入都应该参与资助社会保障系统。富人和企业参与社保系统融资，参与创造一个开放的、公益的领域是对团结互助集体的必要贡献。所有公民根据其能力参与社保系统是社会公正的需求，这有利于所有人。正因为如此，通过改革保障体系，使未来的团结互助集体得到广泛接受是重要的。

社会保障系统需要广泛的资助和有承受能力的团结互助集体，其中也包括强壮的人、健康的人、青年人和有工作的人。只有这样，这一必要的、可靠的社会保障才能对所有生活状况都是有资金支持的，对于所有人来说都是理所当然的，而不是一种施舍。这是一种人人按其能力做出贡献，人人有权享受权利的保障。

我们力求建立用保险费支持的现代的公民保险，比如疾病险、养老险和护理险等。我们的目标是扩大缴费基础，逐步减少社保资金中的税收补贴，只有这个普遍的社会基本保险能够通过税收的方式保证资金。所有人都应当按照自己的能力为其做出贡献。所有收入形式必须缴纳社会保险。要废除针对公务员、个体户以及高收入人群的特殊规定。这种自治的、保险费支持的社会保险扩大了定级界限，没有漏掉某种收入形式，能够为一个有活力的、有足够资金支持的、高效的社会保障系统奠定基础。

资本模式的私人养老保险形式，合作社式的和自助式的对社会养老保险的补充应该得到相应的支持。它们是对国家援助系统有意义的补充。我们坚持由保险费支持的失业保险。

九、病人公正：未来的健康政策

绿党健康政策的核心目标是建立这样一个卫生保健系统，使得所有在德国生活的人自由接受保持健康和恢复健康的必要服务。我们希望将法定医疗保险发展成所有公民都参加的现代保险，它能在财政支持上通过能力原则，在提供服务时通过需求公正原则，在所有社会形势下提供高质量的供给安全性。

目前在供给中存在着不均衡。现在存在的缺乏供给、不足供给和过量供给也是参保人数不足和质量不高的表现。人口发展的变化、科学发展和信息技术发展向我们提出了额外的挑战。

我们希望继续发展现存的供给结构，关闭供给缺口。在此，必须考虑残疾人和慢性病病人的特殊情况，他们需要其他的和转送的病人护理。

医学进步使我们面临这样的问题，即技术上的可能性是否是道德上正当的，是否是社会正确的。生老病死属于人之常情。技术上的任何进展都必须考虑人的尊严、公民权利和人们生活的多样性。那些最弱势的成员是我们作决定的伦理标准。

健康不仅仅是没有疾病。对于一种可持续的卫生政策，一种有助于健康的全面政策是必需的。环境污染、工作和闲暇活动时的健康风险、错误的饮食、心理社会压力、社会亏待和歧视对个人而言是很难施加影响的疾病诱因。因此，一种有助于健康的政策作为综合任务必须是跨部门的。这个体系是片面以治疗为指导的。促进健康并预防疾病的重要意义必须和康复的重要意义一样，在供给结构中得到贯彻。

病人和保险者的利益必须优先得到保证。这个体系现在主要由不同的保险公司和服务供给方主导。病人和保险人更多地参与卫生系统的计划、实施和监督是必要的。他们必须对各方一视同仁。只有由他们、医疗卫生行业和保险公司构成的权利平等的"三角"，才能保证健康系统的持久性。这就要求提供并改善必要的财政条件、机构条件和个人条件，以便与其他活动家在政治活动中建立可靠的伙伴关系。已有的自我组织，例如在自我救助运动中存在的，必须得到加强。病人的权利必须得到进一步发展，并综合到一部保护法中。病人必须通过独立的机构咨询，更容易获得应有的权利。

在加强地方民主的意义上，应当更多地在地区层面和地方层面上安排任务。对我们来说，这个任务的核心是一个面向公民的公共的健康服务和独立的健康中心。

健康领域中的等级制、部门分化和依赖性必须被消除，伙伴关系和互助思想必须被强化。卫生领域非医生职业必须通过业务自治和财政自治得到提升。

我们希望通过集成的、合作的和跨专业的服务，实现一种符合人类需求的、需求公正的、有服务能力的和有效率的供给。提供服务者的报酬必须按服务和结果制定，同时对于病人和保险者来说是可实现的。像门诊服务一样，必须保证有靠近居住地的住院治疗。患精神疾病和身体疾病的患者必须最终得到同等对待。在精神疾病筛查意义上,在乡镇层面为精神疾病患者提供全面的精神疾病服务是自然而然的事。我们希望大力加强对话医疗。医疗服务的核心依然是人与人之间的交流。特别是护理领域的改善是必要的。我们致力于让特殊治疗方向的服务也得到团结互助式的财政支持。

其中一个重点是儿童的健康教育、健康咨询机构扩建和公共健康信息服务,以便加强涉及者的自决和自我责任。在促进健康问题上,是要降低疾病诱发因素,加强促进健康的因素,从而长期内会降低成本。在这个意义上,预防作为可持续健康政策的核心是整个社会的综合任务。

健康政策更多地以集体健康为目标还没有兑现。此外,要为特定群体(例如老年人、慢性病患者、儿童和青少年、移民)的需求提供更多的服务和帮助。必须通过在学校和儿童教育机构提供关于预防和促进健康措施的跨学科供给,通过面向社会空间的医疗救助和家庭救助,来克服社会歧视,特别是对青少年的歧视,对健康造成的负面影响。

运动和体育为保持健康和预防疾病做出了决定性的贡献。因此,全面促进体育意义重大。健康预防支出是对健康的投资。

企业内的促进健康措施是重要的,它考虑了当前关于劳动保护的认识和关于威胁健康的流行病学研究。要加强预防性劳工保护,消除危害健康的因素。

性别公正对于相应卫生领域的所有人都是重要的前提条件。这意味着从根本上重新定向和在社会性别主流化意义上对所有至今存在的规范和价值进行审查。此外,针对性别的特定措施也是必要的。

上瘾和依赖并不仅仅是健康问题。成瘾有复杂的原因,需要可接受的和人道的对待,例如通过自愿治疗服务。各种各样的成瘾类型使不同的治疗方式变得重要。特殊的目标群体需要符合需求的存活救助和戒瘾救助等服务。我们坚持如下准则:治疗和帮助而非责罚。我们要继续扩建现有的援助体系。此外,必须在首次预防上投资,以便在可能有问题时就提前进行阻止。上瘾牵涉到所有人,因为成瘾有社会原因,比如青年失业和青少年情感保护失控及广泛的后果。造成上瘾的错误社会发展必须得以修正，上瘾的治疗必须由所有人承担并支付费用。基于医学上对软毒品的重新评估，在现实中接受这个结果必须同样是一个重要目标。

我们要保障我们的医疗制度适应未来，成为为所有公民提供高水平医疗服务和健康服务的保护者，而不取决于他们的收入、社会地位和居住地。因此，我们反对任何把对居民健康供给必要的服务从团结互助的财政支持中拿出去的企图。我们更多的是要继续发展现有的供给结构，关闭供给缺口。团结互助财政支持帮助达到均衡，确保因糟糕的工作条件或社会因素而面临更高生病或早死风险的个人和群体，得到良好的医疗服务，而不取决于他们自身的财政状况。与健康相关的服务必须向所有人开放。一种全面的公民保险通过团结互助式的均衡保证了这一点。这一保险的团结互助准则基于所希望的再分配过程，即从健康人到患者、从单身保险人到家庭、从青年人到老年人，以及从高收入者到低收入者。

我们欢迎医疗保险公司之间的竞争，以及服务供给方之间的竞争，只要竞争能通过检查结构、精简管理和节省成本带来更高质量和经济效益。竞争必须基于质量和经济效益，而不是选择病人。我们支持学习型的卫生行业，它将质量和经济结合起来。对所有保险公司和那些提供服务并承担成本的机构进行强制性的（内部和外部）质量管理，促进了透明度，进一步发展和经济行为。必须改善那些反对必要的改革的传统的自我管理结构。

在健康领域的选择自由对我们意味着，保险人在生病时有机会在不同的有质量保证的供给方和疗法中做选择。病人必须有可能自由挑选供给方，并借助客观的、全面的信息对所建议的处理方式做决定。为此，需要关于质量、服务以及提供服务者的、可自由获取的、可靠的信息。

我们拒绝人工授精时进行筛查生理缺陷的植入前诊断，即使对于个别父母来说是一个额外的决定选项。

为了完成其任务，法定医疗保险必须有一个坚实的基础。除了对法定医疗保险中个别不完全由保险人承担的服务进行税务补助的短期措施外，应该通过逐步削减针对公务员、自由职业者（纳入到保险义务中来）以及高收入者（取消保险义务上限）的特殊规定，走上所有公民参与保险之路。在这一方面，接受社会救济者和移民也能参加保险。

关于医学中的基因技术。对于绿党政策，人们关于健康、身体和精神上完整的愿望有重要意义。在存在治疗和避免疾病的现实机会时，我们有义务为了相关人员的利益而利用这个机会，只要不与其他人的生活利益和基本价值相违背，并做过扎实的后果评估。

我们希望运用并促进治愈人类疾病的现实机会。但是我们拒绝运用基因技术创造完美人类的目标。我们的标准是每个人的个性，而不是都向身体健康、健美和外表美丽等所谓的标准看齐。

我们用宪法中的人类尊严概念衡量每一种形式的基因技术研究和应用。为了尊严，人类的生命从一开始就值得保护，同时不允许被利用。我们拒绝使用胚胎研究。

健康研究和生物技术远远超出基因技术范畴，在基因技术外也提供了应该被利用的巨大机会。并不存在单方的对特定科技的依赖，其必须在进一步研究中受到压制。研究多样化彰显了价值。此外，多样性措施的使用保障了不会片面依赖某一种特定技术。因此，研究的多样性有其自身的价值。这也必须体现在对研究的资助中。

为了限制基因技术的风险，使前沿研究人员为其行为负责，我们要求开发绿色和红色基因技术的企业和研究机构设立保证金预防措施，并为之制定有效的、具有法律责任的规定和义务。个人基因数据必须受到保护。获得自身基因信息的愿望一定与无知的权利相对应。基因分析的自愿性和私密保护必须优先于可能的经济利益。

在基因遗产的私有化和商业化方面，我们也必须划定严格界限。我们拒绝给基因、基因操作过的动植物或甚至是人体的一部分发放专利权。专利应该只授予基因技术研究方法和应用型的基因技术。无论在劳动合同还是在保险合同中都不允许进行基因测试或利用先前测试的信息。

十、残疾人权利：与别人不同是正常的

有身体、精神和心理残疾的人平等参与集体生活，残疾人及其亲属的机遇平等和自决权，这些都是联盟绿党残疾人政策的指导原则。康复权必须得到持续发展，以弥补其不足，并适应不断变化的要求。除有效的康复权外，应当首先在联邦层面和联邦州层面通过同等地位法律改善促进自决和参与的法律条件。所有社会领域都必须逐步无障碍化，以便残疾人也能够进入和使用。对我们而言，无障碍不仅仅是没有台阶，而是对有或没有残疾的所有人的实用性，不取决于缺陷的种类和特征。

我们要在所有层面上反对传统残疾人政策中对残疾人的排斥。为了从根本上抵制排斥，门诊护理优于住院护理的原则应该被确定下来并得到实施。家庭系统正在接受检验。残疾人也必须能够真正地决定在家里生活。

生命的权利和身体完好无损的权利也毫无限制地适用于残疾人。在现代生物技术和基因技术、器官移植和关于没有被研究人的有效许可的研究措施的讨论中，这种权利不断陷入危险。它们必须优先于一般的研究兴趣或有用性考虑。基本权利是不可分的。

残疾人平等参与工作的权利必须得到进一步加强。新的信息技术也为残疾人工作提供了新的机遇。这些机遇必须一直得到利用。

要继续发展不同形式的护理、陪伴和照料，包括专业的、业余的和义务的帮助，部分要重新调整并更紧密地结合起来。还必须考虑那些到目前为止在护理政策中被忽略的人的利益。我们支持的护理政策是，符合人们个性和自决，提供不同于传统方案的其他选择。

十一、老年人的权利：老年人的积极参与

在一个老年人愈来愈多的社会，我们需要一个新的世代契约。它应当不仅仅包含社会保险系统，还应该促进老年人积极参与社会生活的所有领域。这必须在不同的政治领域，如社会政策、住房政策和交通政策以及城市规划中体现出来。老年人为建设未来做出了积极贡献。他们具有工作经

验和社会经验，为社会所需要。我们希望支持老年人在生活中传播已有的知识，获取新的，尤其是关于媒体技术的知识。我们要提供区别化的、考虑众多不同生活状况的居住、护理、照料和救助服务。对我们而言，其中包括作为改善青年人和老年人相互理解的重要基础的跨代共同生活，以及家庭互助和社区互助等新居住模式。这些模式比传统的大机构更好地处理老年人的个性化需求。政策必须考虑到不同文化背景的老年人的利益。

养老保险。社会年龄结构的改变使得必须重新提代际公正问题，尤其是关于养老保险的问题。只有将法定养老金和私人养老保险结合起来，才能保证保险费的稳定，同时也保证提供保障生活水平的养老保险。长期看，法定养老金要发展成为面向所有职业群体和所有收入类型的公民保险模式。老年人的基本保障能够融入到这一体系中。

十二、护理保障

一种具有人类尊严的护理的前提是保障自决权、基本权利以及对现有个人资源的资助。老年人和需要帮助的人还是不断受到支配，他们的人权得不到尊重，甚至遭受暴力。其中一个重要原因在很多地方要从造成护理人员和家属过大压力的、严重的护理困境和人员困境中去寻找。获得职业技能、咨询和陪伴等措施必须抵制这些现象。为了实现人性的服务，全面调查致病因素、消除人员困境和护理困境以及对人员、亲属进行个性化培训是迫切需要的。

我们希望支持新的、针对需要护理者及其亲属的个性化需求的供给模式和供给结构。护理概念必须在考虑全面护理的情况下得到扩展。不同护理模式的多样性要继续发展，并更紧密地相互结合起来，如专业的和义务的相结合以及由亲属护理。居家护理和专业机构护理主要由妇女承担。她们的工作条件必须得到实质性改善。通过包含不同的职业领域和技能，一幅共同的护理职业形象是决定性的进步。护理的财政基础必须被显著扩大，以便适应有人类尊严的护理的要求，因为护理不仅仅是针对身体基本需求的服务。通过将护理保险和其他法定服务领域更好的结合，我们要保证为康复、治疗、护理和（也包括在家里的）社会陪同提供必要的手段。

进入知识型社会

进入知识型社会对我们来说意味着让每个人都有可能在社会、文化和经济层面参与并分享这个急剧变化的社会。教育不仅仅是工具性的、以实用为导向的学科，而是发展人格、辩证地看待世界的关键。

在从工业社会向知识型社会过渡期间，正在进行着深刻的社会变革，包括职场和工作、社会生活、政治文化以及政治参与的可能性。这项变革也伴随着信息和交流状况的急剧变化。知识储备快速增长，知识的新旧更替速度加快。由于教育背景和社会地位的不同，一些人把这种变革看作是机遇而另一些人把它当作对墨守成规的威胁。

在现代经济中，知识已经变为重要的生产力，是21世纪的原材料。一方面要创造新的知识并制定相关规则和界限，另一方面要利用好现有的知识。出于这两方面的原因现代社会有赖于多样的、高效的基础设施。因此，必须探索出一条政府和民间投入相互协调的道路。私营部门在生产和传播知识时，可以从公共机构的预投入中获得更多利益。这对于企业和个人同样适用。

在一个充满活力、以服务为导向的经济体中，工作状况会变得丰富多样。在企业和管理中以过程为导向的、分散的和灵活的工作流程会取代集权结构。教育、研究和发展对于国民经济的发展尤为重要。在由工业社会向知识型社会的过渡中，劳动者和受教育者的界限会向后推迟。

在未来的工作社会中，知识工作者将发挥非常重要的作用，这与工作组织和工作关系的变革紧密相关。职场变得愈来愈多样化和个性化。企业联合会、工会与国家之间的陈旧协议变得空洞并被新的合作形式所补充。与之相关的是愈来愈大的效率压力和人生的不确定性。另一方面，知识经济愈来愈依赖于人们交流、投入和创新的意愿和集体的有创造力的活动，而这种价值很容易受到分离和不团结的威胁。

在高度工业化的社会里，知识型社会和人口状况的发展的关系有很大的影响力。德国公民的平均年龄正在老化，但在未来不能放弃他们的知识和学习能力。在任何人生阶段学习都更加重要。只有终生学习才有机会参与分享急剧的变化和发展。终生学习是知识型社会里提高创新能力的关键。

一、我们在知识型社会里的基本政策方向

知识型社会中的自主。知识型社会开启了一种主要以人们对自主、自控、自我管理的意愿为基础的社会前景。知识是理智行为的前提也开启了行动的可能性。对于印象、信息、理念、准则和价值观念的加工构成了知识。持久的学习成为人们在工作中、作为国家公民、作为消费者、在家庭中以及等等方面存在的重要前提。教育与工作相互交叉并快速转换。初次培训与继续教育，第一学位与第二学位都融合于新的一体化的终生学习结构和概念之中。

在知识型社会里，实验的、充满风险的以及允许犯错的思想和行为成为国民的关键素质。他们的机会在于创造处理问题的方法，从经验中总结学习。那种更多的知识导致更多的无知、不确定和风险的观点并不意味着对理智的放弃，而是对于更多知识带来更多安全和富足的信仰的批判性理智的增长。

知识型社会的公正。在我们的社会里，知识已经成为获得工作和社会参与的关键，教育、培训和再教育同样重要。因此，获得教育的渠道和自主处理爆炸式信息的能力对于工作和生活机会的分配变得尤为重要。

因此，有关社会公平的政策应该关注教育机会的分派不均。与其他任何一个工业化国家社会不公平加剧不同，对于我们的教育体系是一个灾难性的证明。这种状况对移民的孩子尤为明显，一大部分孩子没有合格的学历。民主的教育政策不能让这种不公平继续下去，而是要尽可能地实现平衡。

我们的教育系统的革新，从幼儿园、中学到大学和再教育机构已经成

为未来机会公平的关键性问题。

向"知识经济"的过渡使得关于私人对知识的利用和公共获得知识的渠道的问题彰显出来。如今富有社会影响的知识以前所未有的范围和速度被企业资助、生产和销售。政策必须保证我们这个时代的知识可以被所有人接受和利用。

通过专利为私人经济拥有知识的权利设定了界限。通过公共手段催生出的知识或者本来就产生于公共机构的知识属于社会全体。相应地，公立高校和研究所应该把所有的科研成果和教学资料提供给大众自由使用。万维网就是注定为公众服务的。

加大对免费软件的投入也属于自由利用新媒体的一部分。因此，我们要求在教育机构和管理机构使用开放资源系统，如果有意义的话。

一种有前途的、以全球公正为导向的政策面对的任务是，避免研究能力强、信息技术装备好的社会与全球知识型社会边缘的贫穷地区在知识与财富上日益增大的差距。繁荣地区与经济失血地区的差距会被研究能力、教育和科技基础设施的分配不均越拉越大。互联网绝非把世界变成了所有事物都被联系在一起的"地球村"。

知识型社会的可持续发展。教育必须以"可持续发展"的原则为导向。它应该使人们有能力从生态效应、社会风险预估和全球公正的角度，对所从事的工作和个人生活方式进行辩证的思考。

在充满活力的社会，知识更新换代加快，新的行为领域不断开启，前瞻性的行为变得愈加重要。这种能力并不主要指适应社会变革的能力，而是指通过个体合作塑造未来的能力。

经济和社会向可持续发展的转变需要深刻认识人与自然的相互关系。技术、新材料、交通工程项目、能源政策转变以及贸易政策转变的生态效应必须被审查并且被看作是核心的决策标准。生态知识必须作为综合能力被引入中学和高校的教学计划当中。

知识型社会中的民主。教育为每个人的社会、政治、经济参与打下了基础，使人们表达自身利益、认识社会关系、自信地参与社会活动和民主活动成为可能。人们必须不断学习并掌握这样的技能。教育机构，主要是中小学校和高校，应该成为民主生活和学习的场所，以内部的理念鼓励人们培养对自身负责的和社会的行为方式。

二、知识型社会中的教育

教育对我们来说首先意味着人格的塑造。这是一个人处理与自身、与他人以及与社会关系的基础。只有这样的教育才能培养人的判断力、辩证思考的能力、移情和团结。它可以增强人们从经济和政治上改变现状的洞察力，并且促进每个个体的创造潜力和创新潜力。联盟绿党的教育政策支持发现式的和独立自主的学习。孩子本身是喜欢学习的。促进这种学习的欲望，使人们终生保持对挑战的兴趣是所有教育机构的任务。

新的教育改革

德国教育系统在国际比较研究中所获得的糟糕分数尤其表明：德国需要教育改革，需要复兴教育和教育政策。20世纪60至70年代，教育改革一度是社会政治创新的重要源泉。然而，这种改革时期的动力日渐消退了。新的教育改革不会像上次那样，主要依赖国家的大计划和干预。因此，必须加强分散在各地的机构，特别是使地方的人员有能力独立自主地开展改革。他们必须不断自主地、快速地从社会各个方面的充满活力的变革中吸取经验和教训。他们不仅要应对知识界的发展，更要积极地参与其中。比如民间自发捐建的学校成为了丰富学校教育的很好的形式，我们希望促进这样的形式。

德国的主流学校结构代表了一种把成绩归因于天赋而非后天努力和学习过程的社会教学文化。改革学校结构必须与改革教学文化相伴而行。因此，联盟90/绿党主张不再纠缠于结构争论中，而是致力于对每个学校内部的改革，学校自身也可以实现结构的改革和发展。政治上必须为此提供相应的框架条件。我们反对在各州进行的有利于对学生更早分类的任何形式的改革。相反，我们支持为延长小学共同学习的教育年限以及将不同教育过程融合在同一所学校里所做出的努力。未来的学校必须接受在校学生的多样性，而不再是建立新的社会障碍。对于天赋高的孩子的教育和对后进学生的教育不是相互排斥而是相互促进的。想有突出表现的学校必须照顾到所有的孩子。这也是国际教育的基于经验的研究结果。

考虑联邦政府的职权和各州的教育体制不尽相同，各州必须走不同的道路。"更长时间共同学习和相互学习"不仅是学校也是整个教育体系应当遵循的原则。延长小学共同学习的教育年限就是朝着正确方向前进的一大步。

自决权和责任感应当成为学校管理的中心原则。无论是在学习内容制订方面还是学习组织方面都是如此。一所学校只有在教师、学生和家长都有较强独立性的情况下，才能始终是一所好学校。这也包括学校自主雇佣教学人员和独立支配预算资金的权力。学生和家长应当在尊重其他方合理利益的基础上共同参与学校决定。位于社会焦点区域的学校应获得更高的基本资助。不同的学校特点、教育机构间为了争夺最好教学质量而进行的竞争以及机构之间透明的成绩比较应被看作是理所应当的。为了在不同教育机构之间实现转校，不同教育机构的学历应该能够互相承认。

为了进入知识社会，女性教育潜力的开发与男性同样重要。虽然女性从传统的教育机构毕业率远远高于男性，并且往往有更好的成绩，但是对她们而言，许多工作领域和领导岗位仍同从前一样不向女性开放。因此，对性别平等原则的贯彻应当成为衡量教育改革和教育机构质量的标准。教育机构对女性的歧视应当被废除。所有的教育过程、行为和机构都应当遵循社会性别主流化原则。

全日制学校

在一所开放性的学校，学习不仅仅在学校里进行。因此，学校应该向附近和本城区大众开放。我们希望给大众提供覆盖面广、种类齐全的全日制学校，这样，所有父母都能够为自己的孩子选择一所全日制学校。在当前课堂内容之外为年轻人提供学习和发展机会是社会政治的任务。同时，这也是父母协调工作和家庭关系的前提，并且还能提高学校的教学质量。

所以，我们希望把全日制学校建设成为学习和交流的开放性场所，给儿童和青少年提供多种多样的学习体验、激励和社会交流。

反对排斥的教育政策

对残疾人社会平等地位的尊重始于幼儿园学校。儿童和青少年在上课时，不论班上有没有残疾同学，他们都应该明白，与众不同是正常的。必须保证为那些在离家近的正规学校接受教育的残疾儿童和青少年提供特别教育资助。

在一个自由的和多元化的社会，教育机构是一个来自不同社会和文化背景、具备不同教育基础的人融合的地方。在一所好学校，年轻人应该明白，社会是一个整体，为所有人能够平等地共同生活做出努力是值得的。

质量目标和评估

我们支持教育机构将今天的重要素质传播出去：自我负责、自主行动、社会能力、团队协作能力、学习能力、批评能力、交际能力、情商和使用媒体的能力。教育设施——从幼儿园到高校——必须为他们的工作设立质量目标，并且设立透明化的质量监督体制。应当普及对公立教育和继续教育机构的评估。必须审查教学计划和教学方法有无性别偏向和性别歧视的倾向，尤其是在自然科学专业。我们还希望，对和平观念的教育能够成为所有教育设施的教学内容的固定组成部分。

幼儿园的教育任务

我们强调并希望深化幼儿园的教育任务。学前教育能够为社会机会均等化做出重要贡献。社会有义务满足儿童天生的好奇心。这里指的并不是对学前儿童的知识灌输，而是要给孩子们营造一个激发他们发现、尝试、自主行动的学习环境。如果幼儿园只是被看做育儿所，说明它没有认真对待儿童的学习愿望和学习兴趣。跨文化的学习、对其他文化传统的兴趣和尊重应该从幼儿园就开始。

移民社会的教育政策

移民的社会融入和对社会的民主参与只有在当它被更多地引入教育、培训和继续教育领域后才能成功进行。对于移民者,教育是他们取得事业成功、完成社会融入的关键。为此,我们必须调整我们的教育设施——从幼儿园到高校——使之开展一种跨文化的学习。这也需要教师团队里有更多的移民。儿童早期教育中语言能力的获得和德语的学习对他们以后学业的成功尤其起着基础性作用。

伴随一生的学习

在学习型社会中,人们将独立安排自己的教育生涯。最基本的一点是,各个学习阶段的学习时间分配将与今天不同。初次教育的时间将变短,而之后生活中继续教育的重要性则有所提升。为了在未来更好地把不同的教育时期联系在一起,我们提倡对初次教育和继续教育进行更好的整合,提倡不同教育设施之间更好的联接。

同样地,职业培训也应当适应不断变化的要求和就业状况。因此在未来,职业培训应当被设置成为一个"模块化的系统",其中各个模块的完成涉及从第一阶段的基础职业培训到继续培训阶段,再到最后的师傅资格考试。

为了保持可持续性,第一阶段的职业培训应该专注于核心素质的培养。也就是说,所培养的职业和跨职业能力能够为学生打好基础,使他们之后能够融入工作、能够对自身行为有清醒认识并明白其社会后果,能够将所学知识应用于实际并且不断更新。企业也有责任为具体的企业工作制定规范。

为了接受培训者的利益和他们终生学习的权利,将来要做到,职业岗位的获得要经过更长的时间阶段,中间可能被工作阶段打断,要与在指定的时间内通过相应职业资格考试联系起来。为此,需要注意将初级职业培训同继续培训相协调。

知识社会中的高校

在知识社会,高校的重要性得到提升。高校是一个创造性地和跨学科地开展研究、教授知识、不带片面观点地进行思索的地方。因此，我们将为高校提供必要的自由空间，推动高校面向国际，更重要的是为学习者和科学家提供更广阔的学习研究空间。自主、树立形象和爱好实验是我们新型高校的主要特点。

高校的研究和教学总是处在国际环境中。只有当德国高校继续一如既往地为外国学生和科学家敞开大门，这一特点才能得到生动体现。同时必须继续推动和要求德国高校学生的国际交流。最基本的条件是学历的国际兼容。

在知识社会，学者的就业岗位比例将继续提高。高校必须证明自己是一所有能力和吸引力的教育机构，并且发展面向未来的专业。面向未来的专业是以问题为导向的和跨学科的。它使学生能够审视复杂形势并研究出有创意的解决建议。我们反对将高校教育窄化到具体职业前景。加强学习设置的模块化使得学生能够弹性地安排自己的学业，为跨学科设置提供便利，并且强化了高校作为继续教育场所的角色定位。

继续教育和技能

目前继续教育使得不同技能阶层之间的技能差异变得愈来愈大，而不是愈来愈小。职业技能愈高，参加继续教育的可能性愈大。而低技能的人参加继续教育的比例较小。这一规律适用于企业内部参加继续培训的人，也同样适用于自由培训机构。

人到了一定年龄段之后，对于新想法的好奇心和开放性会变得愈来愈少，正如他们接受培训和继续教育的能力也变得愈来愈小一样。因此，我们的任务是，要不断地使年龄较大的人接受继续教育。

普遍性继续教育和职业继续教育是同等重要的。必须保证参加继续教育的规模。公共教育机构、自由教育机构、企业、城市和乡镇中组成的地区教育网络应当将现有的潜力综合起来，并灵活地相互组合起来。

必须在欧洲层面保证成绩的兼容性和相互认可。我们致力于在欧洲范围内对继续教育进行认证，由此为统一的欧洲奠定了一个重要基础，因为人们的流动没有了人为的界限。

我们相当重视成年人的教育，尤其是政治教育、文化教育以及价值导向教育。

我们把高校看作是孕育未来的继续教育载体。高校能够最好地评价社会知识的意义和质量。高校可以根据学术水平的高低开设不同的继续教育课程。这里的条件优越，因为高校一方面拥有广泛的科学内容，另一方面拥有高科技知识以及必要的技术知识。此外，高校可以通过开设继续课程获得额外的收入，利用这些收入他们可以继续拓展他们的服务，增加学校的形象。

技能培训必须是劳动力市场和经济领域必要的组成部分。它可以使人们能够自己继续发展职业能力和职业岗位，在具体任务中获得尽可能多的实践经验，而不是安置尽可能多的人去工作。因此，我们致力于在工作岗位上提供额外的学习机会。

建设简单的、有利于更高技能水平的培训要求，首先给低技能水平的人和没有知识的人提供有针对性的技能培训。尽管国家给予了经济上的支持，但是职业教育首先还是得靠企业和职工自己。这就要求劳资双方在关于框架协定的劳资谈判中，制定相关规定。

社会中老年人的数量在上升。放弃年纪较老的人积极的社会参与，带来的后果是社会本身不可以承担的。除了老年人不断参与到继续教育项目中来，我们的目标人群还有所有至今为止参加继续教育不足的人群，其中包括移民和残疾人。

知识社会中的教育资助

未来的教育需要改革教育资金支持体系。所有的教育机构都应当高效、节约、透明地使用教育资金并公开使用明细。

教育资金支持需要在私人资金和公共资金中找到一个新平衡。目前的教育资金支持体系是不公正的、没有效率的，也没有实现机会均等和参与公平。现在，不同的社会文化前提和父母的财政状况决定了是否能得到良好的教育。一项关于学习初始状况的研究表明，学校中有着不平等的现象。从社会层面来说，在学前教育领域比其他领域要求更多的私人资助，这从社会角度来说是不可接受的。相对于其他培训，职业培训不应该受到歧视。

在国家预算政策上，教育支出作为对未来的投资，应当具有优先权。教育支出在公共预算中的比例应当逐步提高。改革不能仅靠增加公共财政支持来完成。应该发展国家和个人共同参与的混合性资金支持新模式。如果人们看到了这种模式的成功，那么会更加投入到其中。德国要继续发展一种在"给"和"拿"中使自己得到良好阐释的文化，例如中小学和高校的毕业生回馈母校。

一种可持续的教育资金支持保证了接受教育的基本权利，而不取决于社会出身，同时也保证了能够终生接受教育和接受继续教育的机会。与目前情况相比，要更好地促进童年早期教育，这是公正性的要求。更公平分配资金的目标是消除歧视。社会弱势群体、有精神疾病和身体残疾的人不能享受教育成果，必须采取补偿性措施，给予他们更多的资金支持。

我们要努力构建一个新的教育资金体系，给学习者提供最优的教育服务。这是我们目前新导向的出发点和核心。这就需要进行国家教育资金支持改革，也需要发展一种新的模式，给学习者提供生活资助，使得广大社会阶层能够接受教育，减少目前教育体系中有选择性地提供教育的现象。教育资金支持手段必须促进教育机构的创新，减少社会障碍。

三、知识社会中的科学与研究

科学自由和研究自由是民主宪法的核心价值。如今，基础研究、应用研究和对知识的技术经济利用之间的界限变得愈来愈模糊。新认识、新技术和新应用之间所需要的时间愈来愈短。因此，我们在决定新研究方向的时候就要批判性地考虑它可能带来的后果和影响。所以，我们需要就此进行公开的、不仅仅由专家参与的讨论。

必须对科学和研究进行限制，如果它伤害了人类的尊严，例如在开展有关人类生命的实验和克隆人的时候。当研究活动造成环境奉献和破坏动物伦理的时候，也要对其进行限制。

在一个全球化了的研究世界里，如何实现人权并监督人权，是一个新的挑战。这需要一个具有国际约束力的规范和条约。欧盟要在这方面进行新的探索，要加强联合国教育、科学和文化组织的建设。

女性平等地参与到科学界并不仅仅意味着社会公平。促进女性参与和女性研究这两方面是紧密结合的。女性主义的科学批评对一个以男性为主导的科学结构和高校结构，对将女性排除在教学和研究之外，以及对理论和研究结果中所谓的性别中立，提出了质疑。她们使性别成为科学研究的对象，并因此为反思社会关系做出重要贡献。

在高校中女性研究仍然只是居于次要地位。我们要在高校中和科学界不断促进女性学习和女性研究。

鉴于研究和发展带来的革命性动力，我们需要重新定义国家、社会和科学之间的关系。国家必须为科学制定法律规范和框架条件。对社会生活和个人生活有深刻影响的研究，社会有权要求实行研究透明制度，也有权自由查看科学研究活动的结果。科学和研究在法律规范框架内可以免受审查和约束。国家研究资助机构不允许擅自决定科学和研究的内容。

科学研究机构应当很大程度上具有独立自主性。太多应该由高校内部做出的决定是由远在外地的部委在不了解具体情况的情况下做出的。把国家职权转交给高校应该与高校的民主化结合起来。只要高校中的大部分成员只拥有很少的参与决策的机会和参与机会，就意味着具有民主合法性的州议会放弃了监督权利和塑造权利，也就失去了民主。

科学早就不再是局限于一个国家之内。鉴于日益临近的全球知识社会，情况更是这样。高校和研究机构必须是实现跨文化教与学的地方。国外学生和科学家必须更容易进入德国的机构。

一个特别的挑战是促进青年科学家的发展。目前高校中的人事体系还不够灵活，不够透明。要想使高水平的后备科学家独立自主地进行教学和研究，尤其是女科学家，现在进行的改革力度还不够。只要女科学家在科学界上层中的人数还不成比例，那么实行女性促进计划是不可缺少的。为了长期实现性别结构上的机会均等，社会性别主流化是必要的。

一个适应未来的社会必须重视可使用的高科技的多样性。我们不是需要更少，而是需要更多的创造力和发明精神。我们需要新的技术和社会解决方案，来满足人们不同的需求，而不引发长期的社会和生态风险。在环保方面，德国在世界上居于领先地位，这个事实是建立在大量的科学家和工程师的创造和付出的基础上的。我们希望，德国在这方面继续充当先锋角色。

然而，片面的科技资助政策隐藏着风险，即得到支持的发展被证明是有问题的，经济上不是成功的。我们在将来也支持对科技发展持批判性反思态度的政策。

为了加强科学界、经济界、其他组织和公众之间的知识交流，高校和研究机构必须更加开放。技术转换、建立分支机构、与新建公司合作，以及与工会或者环保组织合作，这些都必须得到加强。

四、知识社会中的信息

信息和通信科技为我们提供了新的参与机会和跨界交流，但前提是大家会使用这项技术。所有人都有使用新科技的机会，一定要避免数字化技术造成社会分裂的现象。为此，传授媒体使用技能成为教育体系最重要的任务之一。如果在现在的教学计划和传授形式上存在性别障碍的话，一定要清除这种障碍。

所有社会成员都应能够获取信息、生产和传播信息。我们要保证所有社会阶层都能够参与数字交流媒体。因此，我们要促进所有人都掌握媒体技能。

除了获得必要的技术知识外，主要还包括高质量处理媒体的能力，即能够按照内容对信息进行分类和评价。因此，传授与新媒体打交道的知识必须是校内和校外学习的组成部分。

在信息自由方面，要有效保障符合宪法的信息自主的权利。上网的时候，公民也拥有个人权利。因此我们得注意，只有在使用者本人同意的情况下，才可以存储和传播他们的个人信息。要继续发展信息自主的原则。

它不仅仅涉及保护个人信息免受国家或信息经济企业不受控制的使用,也涉及积极的权利,即掌握信息技术后能够有机会参与知识社会。

因此,政策上要保证所有人都有权利使用多样化的媒体。我们致力于大众传媒多样化,发展一种开放的、多元化的媒体和通信结构。其中,除了私人商业电台之外,还包括作为第一支柱的公法电台和作为第三支柱的非商业电台。

要在法律上抵制令人忧虑的电子媒体和印刷媒体的集团化垄断现象。媒体垄断威胁了言论自由的权利和获得信息的权利。

关键项目:获得知识是公民的权利

在一个教育和知识成为决定职业成功和社会参与的社会中,获取知识成为社会问题的核心。要防止出现因数字化而导致社会分层的现象,不能把现代的知识工作者与那些没有获得高水平教育和新科技的人分开对待。除普遍意义的义务教育外,国家要保证我国所有公民都能公平地获得知识。只要这个任务只能在欧洲范围内得到解决,欧盟就要完成这个任务;只要这个任务要求建立国际性协约和规则,联合国就要承担这个任务。

学校应该以传授指导性知识和方法学知识为导向,使得学生们懂得如何跟多样化的信息和数据来源打交道。

公众必须可以公开获得公共资助的研究的结果和教学材料。我们要保证提供覆盖面广的公共图书馆和供所有人查阅电子信息和交流的因特网。其中也包括涵盖所有重要政策信息的公民信息体系。这可以通过电子形式完成。

我们要保证继续发展一个透明的,所有相关利益群体共同参与的因特网系统,使之成为一个面向公众开放的,供所有人使用的网络,例如在制定技术标准和分配域名方面。

国际范围内也要保证自由而公平获取知识的权利。富裕的北半球国家有义务在资金和技术上支持南半球国家建立现代化的、面向所有人开放的教育、信息和通信系统。同时,我们要求,通过实行严格的国际卡特尔法律，不允许出现全球媒体垄断，通过有约束力的国际协定，保证全球信息多样化。

五、文化

文化是生命中的灵丹妙药。这在一个日益看不透的世界中具有突出的意义。文化产生于人们对周围环境、历史、现在和将来的探讨之中。艺术以多种多样的形式反映了人们自己的经验，以及与自然和社会相处的经验，为个人和社会的生活提供了规范和审美指导。

文化和自决

文化多样性、艺术自由、接受文化教育是自由和自决的前提条件。文化的概念扩大了。文化范围的多样性和不同文化之间的相互渗透反映在现代社会的生活方式和生活类型中。文化的相互渗透和相互融合作为全球化过程中不可分割的一部分反映在每个人的生活中，每个城市中，甚至于在每个网页中。艺术概念是一个开放的概念，要保护它免受国家的干涉和占有。艺术的定义一直存在争议，不仅仅是在艺术家之间。我们要对这种争议保持开放的心态，不能从政治上对它做出任何解读。

在现代社会中，文化创新和技术创新很大程度上相互交织在一起。文化的开放性要求，对电子媒体中的新文化技术保持开放的、权衡的心态。文化和艺术表达并阐释了社会的新发展。

文化和民主

文化创造和文化展示为建立一个自由、民主的社会提供了强大推动力。艺术寻找模式和表达模式的活力是一种有生命力的民主不可缺少的部分。

相互尊重、认可他人的个人完整性，发挥智力、审美和感官天赋，对异类的、边缘化的和孤立的群体始终保持开放心态，这些是绿党最本质的文化政策。政治要对生活方式的多元化保持开放，要阻止把一种生活方式或损害他人的所谓指导文化普遍化。

对于正在成长中的一代来说，尽早地、密切地接触文化和艺术，在自己的创造活动中体验宽容、好奇和自信有着重大意义。

年轻人接受文化政策的前提是，他们在这一文化政策中可以发现自己的生活方式和生活类型的影子。

我们如何生活，我们想要如何生活首先是一个文化问题，因此，转换到一个对生态负责的生活方式也是一个艺术、文化和文化政策的问题。有关我们未来的问题与文化和可持续性紧密相连。

促进文化作为一项公共任务

公共文化政策的任务是，使尽可能多的人能够从事文化活动和文化行为。在此，一种民主文化政策的出发点是：平等对待德国不同群体和民族的多样性文化需求，平等对待传统的文化机构、新的创新艺术形式和自由的社会文化项目。我们也注意到要促进土生土长的少数民族的语言和文化，例如索布人。

通过主要由乡镇和联邦州资助的促进文化措施的联邦结构，联邦德国创造了在世界上引人注目的多样性文化。此外，联邦在文化政策中发挥更大的作用愈来愈受欢迎，因此可以在更为广泛的基础上促进艺术和文化的发展，吸引世界的注意力。因此，我们明确支持联邦州的文化主权，支持在联邦层面上提升文化政策的地位，并把文化作为集体任务在基本法中固定下来，使之能够胜任不断增长的文化意义。

保证并促进艺术和创造的自由空间，是我们政策的核心任务。文化和艺术是以人为出发点，而不是以国家为出发点。国家的任务是给予文化和社会中的艺术事件以发展空间，创造能够使艺术和文化不断发展的框架条件。通过这样一种文化政策，可以促进个人和社会的身份认同。青年文化需要自己交流和沟通的空间，它需要青年中心、排演室、剧场、俱乐部、电影院和其他更多的东西。

绿党的政策是，艺术和文化向所有社会阶层和群体开放。

在那些自己负责文化领域的地方，关于制定框架条件的文化政策也必须是促进型的，例如给予艺术家以社会保障，或者制定其他的基金法和税收法。公共资金支持的公共文化机构、个人经营的文化和艺术机构，以及近年来不断增加的自由公益性质的文化机构是联邦德国文化系统的三个支柱。一种开放的文化政策不把商业性质的文化形式看作是一种威胁。自由的和个人经营的文化生产者和传播者事实上对发展文化多样性做出了很大的贡献。如果没有私人文化倡议组织和个人对文化和艺术的付出，艺术和文化将无以为生。联邦不允许把资助任务下放到承担大部分文化支出费用的州和乡镇，而是必须通过资助一些有示范性的、突出的项目，实地参与活动。

文化产品：运动

运动是我们这个时代一个重要的文化产品。运动、玩耍、共同经历、成功和面对失败可以促进人的自信。它也促进社会能力的发展、工作主动性的发展、宽容和公平行为的发展，以及促进更多公民的参与。为此要继续改善框架条件。运动中的无偿投入具有很高的社会价值，因此应当以特殊的方式加以促进。运动只能在一个健康的、正常的环境中进行。要在良好环境下开展运动并有符合环保的运动场所。国家根据其职责在各个层面上促进大众运动和健康运动，包括残疾人运动和竞技运动。只有运动和训练按照人道主义原则公平合理地并且在不使用兴奋剂的情况下开展，公共资助的运动才是合理的。运动员的健康是最重要的。

城市文化——农村文化

联盟90/绿党支持促进城市文化多样性。欧洲的城市是民主的摇篮，是公民自主管理公共事务的摇篮。城市对新思想、移民、生活方式和文化多样性的开放性，城市的长期文化公开性和政治公开性以及不同社会背景的人平等地共同生活，是我们要保留和继续发展的城市传统。城市必须保持并继续发展其作为贸易中心、文化中心以及交流中心的地位，可以通过构建充满活力的市中心和郊区，通过无法混淆的建筑文化，通过城市独有的建筑特点和建筑使用多样性，也可以通过一种充满活力的社会生活来达到以上目的。

联盟 90/绿党支持保存并维护农村地区的文化表达和生活方式。符合可持续发展原则地、小心谨慎地对待自然是文化理所应当的一部分，这在农村地区有多样性的表现。当地的习俗和特殊的语言是我们文化根源的一个重要组成部分。农村地区的文化经历着自身传统和现实发展之间的紧张关系。如果农村地区能够保持其独立性，不沦为毫无特征的城市周边地区，文化就可以成为这一地区重要的身份认同特征。因此，我们的任务是增强地区的文化特征，使其别具一格。

有远见的纪念碑保护应当确保对过去的建筑记录，可以对其进行新的开发利用。由此可以向后代传递建筑文化的历史。我们不仅要保存过去的事物，还要维护关于当代建筑文化和城市建筑文化的对话。

文化遗产

我们必须知道，我们是从哪儿来的，这样我们才能知道，我们要到哪儿去。对我们历史的讨论，尤其是关于纳粹主义的讨论，是我们民主的基础。纪念碑、博物馆、纪念馆、档案馆和图书馆等历史地点是学习我们活生生的文化记忆的一个好地方，使我们为了未来的行为而有意识地了解过去的经验。

历史也会存在于其附近的地方。因此，有很多小的组织和机构致力于保护当地的文化记忆，应得到乡镇和联邦州的资助。联邦资助建设反思纳粹罪行和德国统一社会党所犯过错的纪念馆是功不可没的。

历史的见证是一个社会历史记忆和文化记忆的基础。它们总是有意识地不断收集过去的经验，提高城市和农村的生活质量。

建筑遗产是高质量的当代建筑文化和城市建筑文化的基础。

欧洲文化——世界的文化

联盟 90/绿党期望世界文化的一种积极互动。这能够促进互相尊重、认可和宽容。不同出身、不同宗教、不同生活方式的人可以以一种特别的方式，在所有层面都达到相互的理解和交流探讨。任何一种文化都不允许凌驾于另一种文化之上。文化交流是形成宽容、和平的共同生活不可缺少的部分。只有交流的文化才有发展的能力。文化政策也是一种和平政策。

我们把文化理解看作是欧洲共同发展的关键。此外,要在一个积极的外交文化政策框架内,继续发展国际文化交流。

一个移民国家的文化应当对不同文化、不同种族和不同宗教的人保持开放。特别要重视在德国生活的移民的艺术和文化的交流与促进。他们的创造性是一种资源,可以促进社会创新。跨文化对话会使社会变得更加丰富,可以增长见识,加深个人的自我理解。承认其他文化的平等地位也是认识和尊重自身文化的前提。

开始进行民主革新

我们希望进行一场革新,唤起民主塑造我们社会的勇气和力量。民主干预不仅是允许的,也是我们欢迎和支持的。在此,公正参与决策过程、个人自决以及将可持续发展作为民主决策的标准等指导思想是我们的方针。对我们重要的是,要应对民主和法治国家所面临的新挑战。我们的目的是加强自由法治国家建设,包括自由权利、公民权利、扩大公民参与、塑造多文化民主、改革民主机构、激活联邦主义以及在经济和社会中实现民主共决的新途径等。

在过去的几十年当中,民主深深扎根于我们的国家。我们的民主质量也取决于德国东部和西部的公民权利运动和民主运动,我们党扎根于这些运动。东部德国的公民权利运动在整个德国的民主中具有重要作用。绿党早期许多成员在 20 世纪 60 年代和 70 年代的时候就已经主张,要敢于要求更多的民主,并且重视 80 年代公民组织对参与权和共决权的要求。即使在将来,也只有当人们积极参与并为民主自决权承担责任时,民主才能得以保持和富有成果地发展。人们的自决愿望有多强烈,民主在未来就会走多远。

一、公民权利和民主参与的政策的基本导向

民主和公正。我们把民主参与的机会看作是一个核心的公正问题。争取民主的斗争也是争取公正的斗争。公正不仅涉及分享成果，还涉及分享话语权，而不取决于不同的社会地位、出身、性别、性别认同、肤色、宗教或者其他特征。只有在获得社会认同的基础上，具有自我意识的公民才会有参与的愿望。因此，我们要增强这些民主实践者的力量，扩大他们的参与权。只有当所有人都可以自由地使用媒体、信息和公共交流空间，民主参与才是可能的。

民主和自决。民主和自决是相互联系、密不可分的。个人自决的权利是民主的基础，要求废除所有不公平的政治力量关系和社会力量关系以及等级制度。民主需要能够自决的个人，他们可以自由表达自己的生活构想和政治信仰。只有公开表达个人的需求和利益之后，才可以做出对社会所有成员都公平有益的决定。因此，民主重视公民的自由权利。我们要加强这种自由权利，保卫自由权利不受侵害。一个现代的公民权政党必须不仅要保护公民的权利不受国家的干涉，而且还要使其不受实力强大的非国家机构的经济界的影响。

民主和可持续性。民主是共同生活的基本过程，而共同生活是长期的。因此，今天我们所作的决策不能严重限制明天的民主决策空间。每个社会都有权利制定自己共同生活的形式。以民主观点来看，牺牲几代人利益的政策是不对的。同时，社会和议会的责任是，在有关未来的问题上通过民主的方式取得共识，而不是把这些问题交给没有民主合法性的和没有民主控制的委员会。

民主和法治国家的新挑战

21世纪初，就重新提出了实现民主和法治国家的任务。为了保持民主是核心决策的原则，民主必须在全球化、技术革命和个性化的条件下继续发展。

全球化的挑战。在全球化的影响下，民主陷入了压力之中。市场和经

济没有了国界的限制,国家议会和政府的政治施展空间变小了。联盟绿党的政策是,在政治上应对全球化。为了保卫民主的优先地位,我们需要新的组织形式和手段。民族国家在全球化的过程中失去主权,这种现象只有通过建立跨国的政治组织才能解决。我们所要建立的民主欧洲必须支持这一解决方案。民族国家失去主权不一定意味着失去共同决定的权利,事实上这是实现国际民主行动能力的前提。只有这样,在一个自由化的世界贸易中,社会和生态才能受到关注。

媒体社会的挑战。在当今这个媒体社会,政治议题的传播速度之快已经远远超过人们的想象。我们知道聪明地发动运动和策划的必要性。我们也知道政策的质量取决于长期的计划和立场。民主需要时间去讨论内容、提出计划并做出负责的决定。只有这样,我们才可以针对对党的怀疑和对政策的不满,给出我们的回答。绿党的核心任务是,促进大众传媒的多样性发展,保护独立的、自由的、民主的媒体。不允许把政治权利和大众媒体的权利混合在一起。考虑到整个大众传播的应用链,要公开媒体公司的财产情况。

信息科技的挑战。新的信息科技意味着可以赢得更多的民主。但仅凭它自己是不行的,而是要以所有人使用网络为前提。这种情形下的政治任务是,以信息自由和信息公平为导向。因特网分散的交流结构能够产生新的参与形式。例如,公民可以在网上对即将出台的法律表明立场。在未来,可以实行网上电子投票,这也是民主的一种形式。然而并不是说,用其他的民主代替现行的代议制民主。民主的目的是使公民能够更多地参与到公共意见形成和政治决策中来。

腐败的挑战。职务分赃和腐败、行贿、洗钱、买卖人口、买卖武器、毒品交易严重威胁了民主。我们要在所有领域中预防并打击腐败和有组织犯罪。

国际恐怖主义的挑战。像我们这样一个开放的、多元化的、高科技的社会面临着造成大规模死亡的极端恐怖主义袭击。正因为自由和公民权利对我们来说如此重要,所以公共安全问题是很重要的。保障公民安全不能通过减少公民的基本自由权利来实现。谁打着安全的旗号，想要减少公民的自由，到最后就会既失去自由，又失去安全。但是面对恐怖主义对人们的威胁，我们需要加强安全，以保障人们的自由权利。

现代社会的高科技尤其受到威胁，有可能成为恐怖主义的武器。因此，关闭核设施和分散能源供给为提高公共安全做出了重要贡献。

只有我们为冲突地区找到解决方案，并且这些地区获得更多国际公平对待，原教旨恐怖主义才会成功地得以遏制。地区冲突和贫穷不是蔑视人权的恐怖主义的理由。但它们确实滋生政治极端主义和地区极端主义，最后演变成恐怖主义的温床。因此，我们在这些方面要给出我们的回答。

反对恐怖主义并不是反对文化，而是所有文化都反对愚蠢的杀人行径，反对藐视自由的行为。人类的尊严和自由是所有伟大文化和宗教的核心。要支持地球上所国家都走上支持人权、法制国家、民主和多元化之路，这是联盟绿党最为关切的事情。

二、国家和社会

我们的国家是一个民主的共和国，在其中，公民共同决定集体事物。为了完成这一任务，国家在根本上要依靠完整的立法机关、管理机关和权力机关。作为为公民服务的机构，这些机构必须是开放的和透明的，并且基本上要公开所有信息。它们不能同赋予其合法性的公民分离开来。我们想要的国家不是对手，而是一个开放社会的表达。我们想要一个足够强大的国家，能够面对公民也有所节制。我们想要一个允许并促进经济、政治和文化自主的国家。同时，国家要为社会和生态制定框架条件。

我们绿党是反对集权的、民主的政党，并且反对任何形式的暴力统治。国家违背人民的意愿，国家有组织地损害人的尊严和人权是德国历史上黑暗的一页。我们无法弥补纳粹统治的受害者们所受的伤害，但是我们牢记历史教训，历史也使我们一直保持清醒。我们今天要通过行动证明，人们再也不会遭受强加于他们的伤害。因此，我们一直致力于反对反犹主义和极端右翼主义。我们现在和将来都需要民众的勇气。民主德国统一社会党的专制也伤害了很多受害者，带来了许多无法弥补的创伤。反对被动适应的勇敢先驱们，有反对精神的反对者们，以及1989年发生的争取公民权利运动是我们今天行动的榜样。支持公民权利是我们绿党对内政策中不可缺少的一部分。

作为一个民主法治国家，我们保障公民的信仰自由和凭良心行动的权力，永远不要求公民有一致的世界观。我们尊重并且保护宗教团体成员的信仰自由，他们可以按自己的信仰生活，根据信仰的真理并且在没有国家干涉的情况下自由地进行宗教实践。民主法治国家保障了对宗教团体的民主的、共和的律法的承认。尊重并且保护没有宗教信仰的权利和在公共空间不必隶属于某一宗教的权利。

我们联盟绿党支持把国家和宗教分离，这种分离是教堂和宗教团体作为公民社会的一支重要力量发挥积极作用的根本前提。这适用于基督教教堂，但也适用于犹太文化教堂和其他宗教团体。在许多问题上，教堂是我们绿党的宝贵的联盟伙伴，尤其是在旨在维护和平与公正，保护艺术作品的促进基督教各派大联合的运动中。其中包括反对排外、支持国际公正，还有参与关于现代基因技术中涉及的伦理问题的探讨。

正是在全球化的背景下，我们致力于促进不同宗教之间的对话，反对宗教歧视和将某些宗教排除在我们文化中宗教多样性之外。这也适用于伊斯兰教，它通过对欧洲遗产的保护而共同影响了欧洲的历史。

三、多元化的政党

我们的民主的目标是建立一个多元化的社会，在这个多元化的社会中，不同的生活方式和生活类型都能找到自己的一席之地。不是让人们从属于我们的文化或者同化到我们的文化当中，我们给予他们文化自由和文化自决。现代社会中的跨文化特征对公民而言是一个机会。我们认可生活方式的多元化，认可人们的不同特点，其中也包括所有人的权利平等。消除歧视是我们社会和法律政策的一个重要的任务。世界变得愈来愈小，不同文化和传统之间的交流和对话变得愈来愈容易。国家障碍已经失去意义,我们获得了新的文化视角。城市中心变成了向世界展示在多样性中共同生活的一个平台。

我们要保护各种由自己选择的不同的生活方式,并且帮助他们获得实际上的认可。这是个性自由发展的最本质的前提。

社会中的女同性恋者和男同性恋者

绝对不允许一个人因为他的或她的性取向而遭到歧视或者被孤立。绿党建党以来就成功地支持女同性恋者和男同性恋者。他们要求对其生活方式给予平等的权利,应当采取有效措施,保护他们免受不平等对待和歧视。法律上应当完全平等地对待同性恋者的伙伴关系。年轻的同性恋者在身份认知过程中需要特别保护和特别帮助。历史上曾对同性恋者进行排斥和迫害,现在必须得到系统的清理。迫害同性恋者是需要给予赔偿的。

同等对待残疾人

我们应当尽可能使残疾人平等地参与到社会生活中来。平等对待残疾人的最本质的前提是在所有领域都没有障碍,尤其是在人们的头脑里。

关键项目:移民社会

联邦德国是一个移民国家。不管是在德国还是在欧洲,处理移民问题是接下来几年中的政策核心。

在处理劳动力移民问题的时候,要避免以前实行外籍劳动者政策中出现的问题。雇佣—解雇,或者即时雇佣移民的方式违背了联盟绿党的政治理念。我们应当给予劳动力移民长期居留的权利。在处理人口迁移问题的时候,尤其需要注意的是,移民不只是男性精英,不只是来自某些特定的区域。现代移民需要我们给予人文主义的保护义务,这是我们绿党政策的核心。绿党支持我们宪法中的难民基本权利。未来我们也将致力于,在不受限制的和内容全面的日内瓦难民公约的有效性基础上,构建德国以及欧洲的难民政策。我们主张认定基于性别的迫害和非政府的迫害,以及因性别认同而遭受的迫害,将其作为要对他们进行保护的理由。这是我们的历史责任,也表现了我们的国际团结精神:一方面,我们要扫除引起逃亡的原因；另一方面，在符合人权的条件下，在符合法治国家的前提下，我们要给予逃亡到我们国家的人以保护。

我们一直拒绝形成欧洲堡垒。和欧盟的许多有关机构一样，我们的出发点是，一种现代的、开放的和以价值为导向的难民政策和移民政策不再是在国家层面上，而是要在欧洲层面上找到解决方法。

这同样适用于面向未来的一体化政策。使移民融入到我们的社会和政治生活中是我们的民主至今仍未解决的一个问题。改变这一现象是我们绿党政策中最关切的核心事件。

一个拥有多种文化的社会有积极的方面，因为它强调个人的文化自由，允许存在区别，也可以相互区别开来，比如可以与德国主流文化的想法区别开来，这种想法是想要同化其他文化或使之隶属于自己。文化多样性和跨文化交流是一个社会充满活力的标志。为了实现共同生活而制定共同政治目标也是一个多元化的和多元文化的移民社会的内容。对我们来说，这些是人权、欧洲宪法传统和基本法的核心价值：民主、人人平等、男女平等。从社会上处理移民和从政治上处理移民两者之间的结合，民主和多元文化社会两者之间的结合，对我们来讲就是：多元文化的民主。

一体化政策是一项综合任务，它涉及所有政治领域和从乡镇到欧盟的所有层面。

社会上多数人使用的那种语言对于我们希望的移民的融合，对于学业成功和职业成功，因而也对他们社会地位的提升是一门关键技能。同时，这也是移民可以利用的潜在机会：如果他们在家里能够像学德语那样学好一门第二语言，这在一个已经全球化了的社会中是一种值得支持的潜力。应该尽可能早地向儿童传授语言、理解和解决问题的能力。幼儿园是儿童最早学习这些能力的地方。学校也应当适应这些变化：尽可能在全日制学校里面，对儿童进行跨文化教育，不管这些孩子有没有移民背景。这应当成为一种惯例。

众所周知，女性在一个成功的融合过程中发挥着决定性作用。因此，我们希望从女性的角度出发，调整我们的融入计划，提供相应的服务，比如在育儿、预防毒品、健康、家庭经济问题以及预防家暴等方面。

融入社会不仅仅是指工作上加入社会。因此，我们还支持公共服务在培训移民和按照全体居民占比雇佣移民中发挥先锋者的作用。此外，积极的反歧视的立法为融入政策提供了一种保障。这也意味着移民拥有在乡镇、联邦州、国家和欧洲的选举权。

欧洲一体化的进程重新提出了在我们这里生活的移民和难民拥有何种权利的问题。我们支持"欧洲公民"这样的说法，它保证了欧盟内所有居民都有政治参与权。

绿党不会忽视控制移民数量和对难民实施有效保护的必要性：愈来愈多的人尝试通过非法途径来到德国，在我们这里寻求保护。对于联盟90/绿党来说，即使是这些人显然也拥有基本人权。

四、维护自由权利和公民权利的政党

联盟绿党的政策根植于法治国家的自由主义的传统之中，在这一传统中，自由权利和诉讼法占有很重要的地位。自由权利和公民权利作为防御权保障了公民的自决权不受国家干涉。就是说，存在一个个人领域，国家在其中不会损失什么。言论自由和示威游行的权利是民主的意志形成的前提条件。普遍的个人权利和普遍的行动自由是自由选择生活方式的基础。基本权利应当随着社会的变化而相应增加。但只有当有足够的法律程序来实施这些权利的时候，公民的这些基本权利才是有价值的。在此，要保障司法作为国家第三权力机关的地位。法官跟检察官的调查工作一样具有独立性，他们的雇佣和升职不应受到政府的影响。我们保卫法治国家不受敌人的攻击，既不是承认右翼极端分子所谓的民族解放区域，也不容许法治国家之外的空间。在反对由政治原因或者宗教原因引起的暴力中，社会交流起着支柱性的作用。保障公共安全，特别是保护不遭受暴力，是法治国家的重要任务。因此反对暴力犯罪、经济犯罪和环境犯罪是绿党深为关切的事情。要采取有效的措施制止家庭暴力、猥亵儿童以及传播儿童色情的行为。避免暴力的政策是希望通过改变基础设施政策和文化政策为城区提供安全措施。我们希望激活公共区域,创造更多的集体空间和文化交流空间。

如果没有安全,就谈不上生活质量。一次犯罪行为就可以使一个人断送一生的幸福。大量的政策领域,例如儿童政策、青年政策、社会政策都对这些犯罪行为起到了预防作用。教育政策、培训政策以及参加工作政策和社会安全对于阻止犯罪是很重要的。为了保护人们免受性暴力的威胁,转变社会角色和改变权力分配是长期预防性暴力的本质措施。警察和司法机构必须通过迅速了解案情、查明真凶和适当的惩罚措施,来保护公民的安全。公民、乡镇和亲民的警察一起协作,可以提高地区的安全和公民的安全感。要加强对受害者的保护,对罪犯的判决要人性化,并以罪犯能够重返社会为准则。

到目前为止的、对吸毒者普遍进行惩罚的毒品政策是失败的。必须结束这种政策。不受控制的黑市只会加重毒品问题。吸毒的人需要帮助,而不是惩罚。许多吸毒者,大部分是吸大麻的人,只是因为禁令而被刁难,最终导致犯罪。因此我们希望建立一个良好的救助体系,这一体系以相关人员的需求为导向,支持他们的自我救助。减少风险,有意识地与包括酒精和香烟在内的所有毒品打交道,也是很重要的。我们希望能将像大麻和大麻烟这样的软毒品合法化。

保护基本权利在刑法和刑事诉讼中具有特别的意义。过去由于执行法律使得社会情况变得更加尖锐化的现象,我们需要重新审查一下,并且加以改正。处理犯罪行为的政策需要将预防、干涉和打压三者平衡起来,片面的只讲打压犯罪行为只会使国家变得愈来愈不安全。面去轻微违法的罪罚会减轻司法机关的负担。要限制情报机关的权限。必须将他们的工作置于更强的法治国家监督之下。

五、媒体是民主的第四支柱

媒体对于一个充满活力的民主来说具有非常重要的意义。它需要已经得到保证的自由,也需要采取一些特别的预防措施,来保证它能够完成符合宪法规定的委托任务。我们不能把媒体仅仅看作是一个经济企业。同时，媒体也不允许把政治权利和大众传播权利混淆在一起。

我们致力于大众传媒的多样性。作为对抗集中程度很高的商业媒体的力量，一个财政上得到保证的、有发展能力的、公法广播电台是绝对必要的。电子媒体和印刷媒体的集中程度继续发展，我们可以在国家层面和欧洲层面继续发展并完善卡特尔法，以此来抵制电子媒体和印刷媒体的垄断。

媒体追捧的是不断完善的销售策略。为了能够独立自主地跟这些媒体打交道，从儿童起就应该提高媒体使用者的能力。所有媒体中的非商业性服务，尤其是提供给儿童的服务，必须得到法律保障。

六、科技发展和信息自决

随着科技的发展，尤其是在信息领域和生物技术领域，公民权利和人权受到了新的挑战。

信息交流的速度日益加快，科技不断向前发展，这些使我们愈来愈难以看透和控制，哪些信息可以被交流，哪些应该被清除，哪些是未经授权的。因此，对信息进行保护的意义愈来愈重大。只有采取有效的法律措施和技术措施对数据进行保护，才能够保证信息的自决。这里面包括国家的监督和控制措施，促进相关人员对自己信息的自我保护，实现处理透明化，在对数据处理进行经济利用的时候，确定消费者的市场权力。

医学进步在遗传诊断领域是显而易见的。尽早发现病情并准确确定病因是积极的发展，相关的研究应该得到支持。面向未来的遗传测验是一个充满矛盾的事情，如果对于诊断出的疾病没有治愈方法，或者研究结果只有统计学相关性，但最后对预测患者的未来没有任何意义。为了避免歧视，只有得到相关人员的同意，才允许进行遗传分析。对于基因数据，信息自决的先决条件是有义务提供全面咨询，承认不知道的权利，基因数据使用必须进行用途限定。这也意味着，遗传信息只允许本人使用。

七、改革民主机构

民主存在于不同政治立场和政治构想的竞争中。因此，不公开提出政治立场并对其进行争论，而仅仅是与大利益团体进行磋商，这种做法是错误的。我们希望，在构建政治意愿和进行决策的过程中，能够提高议会和议员这两种角色的价值。我们可以对民主进行争论，民主就存在于对不同的构想和纲领的争论中。原则上，必须保证所有相关人员可以进行民主争论，保证程序的透明化，保证公开结果。同时我们要求，给那些不依靠任何强大社会集团的、有兴趣参加讨论的人提供一个论坛。政党的影响要限制在民主法定的任务范围之内。必须禁止只根据党证进行人事安排，例如在管理机关、媒体和乡镇企业中。我们要根据社会性别主流化原则审查民主机构对男性和女性的影响。我们希望男性和女性在所有领域和所有层面上都平等参与政治。

如果没有一个亲民的、有效率的、透明的管理机构，国家必要的现代化进程是无法想象的。与时俱进的管理机构的改革不仅可以节约资金，还可以使公共管理机构更加以公民为导向。现代人事制度更强调员工对自己负责，根据绩效确定升迁机会，必须以这种人事制度替代极权思想和僵硬的等级制度。国家作为提供公共服务的机构，不必承担所有生存照顾任务，但必须保障这些任务的完成。

八、加强参与权

要塑造一个面向未来的社会，公民的参与、非政府组织的参与、协会和联合会的参与是不可缺少的部分。要发展并建立新的参与模式，这有助于促进社会对话。作为对议会民主的补充，我们希望扩大从乡镇层面到联邦层面的直接民主。直接民主措施应当是公民友好的，能够变成一种有活力的民主实践。直接民主应当不断被审查和改善。我们希望可以增强公民对议会人员构成的影响力，同时保证一定比例的议员代表。

获得更多民主的关键是，政党能否为公民开放并建立新的参与方式，使公民能够参与到政治决策的过程中来。

九、联邦主义和乡镇自我管理制

联邦制度已经证明了其有效性。它提供了平等的生活条件、保存了地区特点、维护了地区相对于联邦的利益。联邦主义通过联邦、州和乡镇的清晰的三级责任划分，获得了合法性。其中也包括资金要分配给负责相应政治事务和承担相应责任的层面。国家任务得以分散，有文化特点和经济特点的地区拥有更多的权能，促进公民的社会参与，也提高了公共产品和服务的生产效率。只要各个地区拥有相同的机会，拥有一个可持续的竞争秩序，这样的地区竞争就是积极的。

我们需要复兴乡镇政策。应当加强乡镇的行动自由。我们要通过宪法中所保证的乡镇自我管理权利重新唤醒其活力。因此，我们需要进行乡镇财政平衡改革。和通过改善征税权增强财政自主一样，乡镇收入的提高是决定性的支柱。我们想要达到的是，乡镇和公民能够拥有更大的发挥空间。为此，要使法律规定具有灵活性并促进实验乐趣。

十、在社会和经济中共同决定的新途径

我们希望继续发展社会民主。民主和参与不应当局限于国家范围内，还应当存在于其他的、为我们未来做决定的领域中。我们也要求，决定社会发展的经济机构实行透明化。

继续发展公民在经济界的共同决定，加强公众在企业生产力中的参与，对于经济问题的有效解决有着重要作用。这可以是职工通过相应的参与基金，在单一企业层面或跨企业层面参与经济。同时，人们对伙伴式公司的结构提出了更多的要求，授权职工可以共同决定公司的命运。我们认为，共同拥有和共同决定起着相互补充的作用。为了能够给参与者提供一个人文的工作环境，提供一种民主的企业氛围，共同决定权以及保障企业和公司中的集体利益是必要的。职工在企业和公司中的共同

决定权要适应不断变化的社会的要求及需求。不仅是在职场中的职工应当要求共同决定权，在学校和大学中、在居住区、在计划和实施大规模占地的大工程中，都需要这种共同决定权。在这一领域也需要一些程序来平衡有矛盾的利益方。

建设一个性别平等的社会

绿党政策支持在所有的生活领域中都实现男女平等。女权主义、女性运动和许多女性的个人参与是我们绿党政策的根本来源。男女平等参与到政治生活，这对我们的政治理解具有决定性的影响。对我们来说，女性政策过去和现在都是一个综合话题，其目标是塑造男性和女性的生活环境，使之适应他们生活环境的多样性。女性政策也是一个有塑造能力的社会政策，它按照性别平等的观点分析并改变权力结构。我们可以在新女性政策、男性政策、性别政策和社会政策中继续发展和完善我们的女性政策。我们致力于通过性别平等，树立人类民主、自由和平等的形象，它远远超出我们今天已经实现的水平。

一、我们的性别政策的基本导向

女性运动的成功促使德国实现了巨大的社会转变。女性在法律上的平等地位绝大部分实现了。要求事业和家庭相互和谐的现代生活方式，这对女孩和女性是理所当然的。如今，许多女孩和女性很自信地利用个人和职业发展机会。在过去几年中，女性运动对此进行了积极热烈的讨论。女性活跃在政治和社会中的很多地方。女性解放是我们社会个性化和生活方式分化的基本因素。

尽管取得了这些巨大的进步，但是在建设一个性别平等的社会的道路上，还有很多事情需要去做。性别中的等级制度和权力差异尚未被消除。坚固的男权社会结构、文化模式和观点与女性已经得到改变的意识是对立的。政治和经济生活还是在很大程度上取决于传统的性别分工模式。这迫使女性要在孩子、家庭和职业中做一个选择，或者长期肩负多重负担。

我们社会中贫富之间、本土人和移民之间、年轻人和老人之间的社会分裂叠加了男女之间的社会不平等。总体上来说，社会的普遍负担越重，女性就要承担更多的负担。

绿党的任务是，对产生这种性别关系的框架施加影响，使得女性和男性能够平等地、共同地塑造这个他们生活在其中的社会。

性别政策对所有其他的政策领域都有影响，比如工作和经济、生活方式和家庭、社会保障和税收、教育和科学，以及研究和科技等领域。所有的政策领域都需要在性别平等这个试验台上进行检验。

性别关系中的公正。女性和男性必须公平地参与到教育和工作当中去，获得公平的收入和财产，公平地参与到社会和政治的共同塑造中。这不仅仅是指女性要公平地分享社会财富，也意味着男性要公平地承担家庭负担。

即使是在今天，男女之间的等级制度和权利差异还是存在的。女性和许多男性的现实生活仍无法逾越愿望和现实之间的鸿沟。但是只要政治权力和政治决策、有偿工作和无偿工作、收入和时间没有得到公平的分配，我们的社会就不是男女平等的社会。我们希望弥补这些不公正的缺口。

分配公正是性别公正政策重要的基础。在传统上男人从业的工作领域，始终得到很好的报酬。同酬这一"古老的"要求至今仍未实现。由于这些呼吁还没有实现，就要求政治通过相应的措施，破除不公平的家长制结构。

性别关系中的自决。自决建立在每个人都拥有平等的权力、平等的自由、平等的责任的基础上，并且瓦解了传统的男权社会。女性的觉悟是性别关系中尤其紧迫的。现代社会必须要适应这种改变，并创造社会的网络，使得自决的生活在事实上也成为可能。

性别关系中的民主。民主社会为男性和女性提供了平等参与民主意志形成过程的机会，男女可以平等地担任政治职位。

性别平等问题是一个核心的民主问题，因为只有在所有社会领域都正式承认男女之间的平等，才可以认识到男女之间的不同。除所有其他社会分工外，女性问题是社会的民主和文明的一个基础链接。

只有在男性和女性获得了平等的塑造权和决定权的时候，这个社会才能实现其民主要求。前提是这样一种生活状态，即公民能够更容易地将领薪工作、社会工作和政治工作有机结合起来。每个个体都有权利参与塑造民主，这种权利也包括平等地获得参与塑造民主所需的必要资源。我们致力于在所有的委员会中，来自所有社会团体的男性和女性的平等参与和代表。这也意味着，政党和政治机构必须按照性别平等的原则改变它们的结构。

二、性别平等政策面临的挑战

我们绿党政策的目标是，清除阻碍实现男女平等的社会因素。各种各样的生活方式和家庭组织形式影响着我们的社会。它们是对现代社会的挑战和改变的回答。

一个人上班、一个人终生做家庭主妇的传统家庭模式已经不像以前那样有影响力了。从中延伸出来的对社会保险体系的要求，以及在税收立法上给予这种传统模式家庭的财政鼓励，都不能适应现实状况的要求。女性想要拥有一种独立的、不与特定的生活方式相联系的生存保障。必须促进女性经济独立，这样才可以增强她们在家庭中、在伴侣关系中、在社会中的决定权和影响力。

同样地，我们需要开设数量足够的、可信度高的幼儿园，在工作中理解为人父母的义务，这样才可以使想生育孩子的父母不必在孩子和职业或事业当中做两难的决定。他们需要能协调好两者之间的关系。

不仅在职业、工作和政治职位中，分工是必要的。在无偿的工作中、在教育孩子的过程中、在照顾他人和参加社会公益活动中，分工也是很有必要的。我们想把女性政策扩展成新的男性政策、性别政策和社会政策。这样一来，我们就需要从根本上重新定义男性和女性之间的关系。这就提出了男性生活方式的新形象，一种新的理解，它最终提升了没有报酬的照料工作的地位，扩大并丰富了对家庭和家庭工作的理解。我们希望男人也能够以父亲的角色生活，而不会遇到排斥和不理解。其他国家的经验证实，经常是男人负责养育儿童，如果男女在物质上能得到更好的保障的话。

三、男性和女性之间没有暴力

绿党政策的一个重要目标是，预防各种形式的性别暴力。哪里有受害者遭受侮辱和歧视，哪里就会产生暴力。性暴力的受害者主要是女性和儿童，是对人类尊严的严重伤害。妇女运动的功绩之一是使得家庭暴力变成了一个公共话题。我们致力于采取专业的措施，保护受害者免于遭受性暴力以及施加于身体和心理上的暴力，像妇女之家和庇护措施、咨询服务、受害者保护项目和证人保护项目等低门槛的服务要得以全面加强。

我们在进行青年工作、教育工作和社会工作的时候，要实行一些反对暴力的预防性措施，避免以后出现男性暴力尤其是性暴力的现象。青年工作和男性工作要有针对性，要使人们掌握伴侣之间的教育模式和角色模式。这也表明，树立一种新的男性形象对于一个男女平等的社会是多么必要。

我们要求在坚决惩罚这些暴力犯罪者之外，还要向他们提供一些治疗措施和咨询服务。我们认为，这些按照罪犯实施暴力的程度而给出的咨询和治疗是非常必要、不可缺少的。

我们绿党在拐卖妇女问题上制定以人权为导向的政策，作为衡量我们绿党政策的标尺。被拐卖的妇女有权获得专业的咨询意见以及心理治疗、催眠并得到庇护的机会。我们将资助提供专业咨询的专业救助人员。被拐卖妇女及其子女有权获得法律咨询和陪伴，获得教育和培训，得到工作机会，获得医疗帮助。正因为被拐卖妇女是人权受到损害的受害者，我们要保证她们不受歧视，比如不被孤立、驱逐或者并非出于自愿地回到家乡。保护被拐骗妇女并保护她们的安全是我们绿党政策的重中之重。对待她们要像对待所有的移民一样，为她们提供全部的融入措施。

男性也是公共领域暴力犯罪的受害者。在公众印象中，男性大多仅以罪犯的形象出现。在很多情况下，男性是这种暴力的受害者，却被极大地忽视了。性别平等政策反对针对性别的暴力。我们应当修正性别偏见。只有这样才能够发展有作用的策略，才能够预防暴力。

四、堕胎、生殖医学和身体的完整性

我们希望保证并促进女性能够自主地生活。因此，我们将继续致力于使女性在不受任何外界压力下，自主决定是否想要怀孕。重要的一步是改善有孩子家庭的生活框架条件。想要促使人们生孩子，对堕胎行为给予法律上的惩罚也不是一个合适的方法。任何一个女人在决定堕胎的时候，内心都充满着巨大纠结。由于社会状况和物质状况或者由于外界施行的压力损害了她们的决定，这是绝对不允许的。

生殖医学的进步带来了根本性的伦理问题和冲突。愈来愈精确的诊断方法和对胎儿的干预为妇女和想要当父母的夫妇提供了选择自由和自决的可能性。

产前检查为妇女提供了新的决定机会，远远不仅是决定继续怀孕与否。如果孩子被诊断出来可能有先天残疾的话，终止怀孕的权利在这种方式下就有变成终止怀孕的义务。现代的生殖技术和对胚胎的干细胞研究威胁到女性的自决权。作为胚胎的提供者或者捐赠者，女性愈来愈面临危险，会受到医学、科学和经济利益的摆布。因此，我们绿党的政策是：允许进行胚胎怀孕，除此之外，拒绝任何目的的胚胎利用。女性的生殖自决权包括，有权利在怀孕前或者怀孕时拒绝基因测验，也有权利决定生产有先天缺陷的胎儿。要求人体完整性的人权在这里也必须被遵守。

如果女性的自我决定影响到了诊断程序和生殖医学治疗，女性的这种自我决定权就要受到限制。今天，拒绝进行产前诊断的女性遭到不理解，她们还不得不说明自己的理由。在医学进步的标签下，残疾人平等参与社会生活的社会任务，由女性作为个人责任承担了。我们绿党在将来也要对所有产前检查的进展进行检查,看它们是否都符合以人类生存的多样性和个性为中心的原则。

五、性别政策中的新途径

经验告诉我们,要想引起必要的社会转变,实行一些结构上有效果的和正确的措施,如确定女性比例、建立女性委员会及实行女性促进项目是远远不够的。为了实现男女平等,我们还需要新的战略和联盟伙伴。

女性政策和性别政策是跨部门的政策。我们要检验所有的措施和政治决定,看其是否能够促进性别平等和民主。社会性别主流化作为一种检查性别是否实现平等的方法,可以使用在所有的政治行为中。它可以释放男女平等发展和平等参与的潜力,也可以通过新的男性政策和性别政策措施来扩展促进女性发展的措施。这也同样适用于对于公共资产的分配。尽管表面看起来公共资产的分配遵循着男女平等的原则,但调查表明,对男性和女性的公共资助和投资力度是不同的。我们主张也按照性别关系审查经济政策和财政政策的效果。这样,公共预算就变得更加清楚和透明了。我们可以很清楚地看出,公共资产流向了哪里,谁从中获益,我们也可以做出判断,这一预算决策是否遵循了男女平等的原则。

性别主流化允许起草一份性别合约作为新的社会契约。因此,我们希望可以在所有的组织机构中,促进并实施性别主流化。这是党内所有男性和女性的共同任务。

关键项目:女性掌权

人口中的一半以上是女性,女性想要一半的权力。男性组成了人口的另一半,承担着一半的责任。尽管通过女性解放,在过去几年中发生了一些影响和改变,很多女性如今在职场上和在公共生活中的地位大大提高,变得非常自信,但经济领域和工作领域,以及政治和社会还是跟以前一样,很大程度上由传统社会关系决定:男性扮演着统治者的角色,女性从事服务性工作。

通过实施女性比例和最低对等比例,我们党向前迈出了一大步。女性成功地参与到我们所有的领域当中。我们政党中的女性比例是德国政党中最高的。

我们不仅希望提升我们党内女性的地位。我们还希望在政治领域、社会机构、高校、文化、科学领域、公共服务机构、自由经济中，一半的领导职位可以由女性担任。

使男女继续公平地参与到经济和社会中来，是我们绿党的目标。我们要创造一个框架条件，即在日常生活、教育、职业工作和照料工作中，平等地分配男女的数量。

我们希望通过法律、对话和说服教育工作，在政治和社会中继续促进性别平等发展。我们支持指导项目和女性网络，因为它们为女性的升职打开了大门，扫除了障碍。

六、国际女性权利

女性权利也是人权。在世界上的很多地方，女性还深深地受到歧视：在非洲的部分地区还实行割礼，在原教旨主义的伊斯兰国家，女性被强迫戴面纱，并且还受到歧视；在很多地方普遍存在童工和女工现象，强迫卖淫，强迫结婚，孤立并侮辱寡妇和独立抚养孩子的女性，这些都是世界上的女性遭受的歧视、苦难和侮辱。在许多国家，性别迫害是一种理所当然的习俗。

实现人权的核心是要增强女性的权利，尤其是因为，在很多国家，女性对实现脱贫起着支撑作用，支持进行可持续发展。女性在其维持生活的活动中，总是会节约地、承担生态责任地与水、土地和食物打交道。在很多地方，女性都是建设保障生存的小型经济发展模式的倡导者。她们经常要为大家庭的住房、卫生和教育担忧。在战争和难民营中，在饥荒和环境灾难中，女性为了家庭的生存而斗争。

在国际政治和国际发展合作中，一定要在所有领域中实现女性权利，积极推进女性促进政策。如果不增强女性权利，就不会有世界和平。要想促进可持续发展，就必须首先认可女性的经济、生态和社会能力，并把这些能力融合进来。女性的尊严是不可侵犯的。要尊重她们的受教育权利和工作权利。她们可以获得收入并使用资源,还要保护她们不遭受歧视和迫害。

许多地方的女性成为全球化的受害者,因为全球化破坏了社会结构,使女性面临更艰苦的工作条件。另一方面,女性网络得到加强。国际女性运动使世界看到了发展中国家中所谓"看不见的"女性。世界妇女大会和联合国的女性问题和性别问题特别代表在这方面取得了成功。

我们把我们绿党中的女性看作是国际女性运动的成员,我们希望她们更加强大。我们的政策是,赋予她们投票的权利、听证的权利,在世界范围内促进女性权利的实现。

走进欧洲和世界

在过去十年中,国际形势发生了翻天覆地的变化。欧洲有机会克服自身历史上的分裂。融合之后的新欧洲把民族主义的老欧洲甩在身后。我们有改变,我们有希望。然而在21世纪,不仅仅是欧洲自己面临着新的机会和巨大挑战。国际关系也在以惊人的速度发生着巨大改变。全球化是外交政策中一个宏大的中心话题。全球化在世界范围内把社会问题、经济问题和生态问题连接在一起,因此就需要政策的全球化。单单一个民族国家不能塑造全球化趋势,所有的国际活动必须适应已经改变的框架条件。德国在欧洲、在世界的角色也要重新定位。我们的愿景是建立一个新的国际新秩序,一个有着人权标准、生态标准、社会标准、民主标准、自由标准及和平标准的新秩序。对此,我们要利用我们的政治责任。我们不想要国家霸权或者几个国家统治其他国家。我们致力于建设一个面向世界的民主的人民共同体。

一、我们外交政策的基本导向

绿党的外交政策从传统的和平运动、南北团结运动和人权运动发展而来。冷战后期,东德和西德的绿党都反对建立高密度的核能武装,反对思想军事化，反对树敌，反对互相攻击。我们主张大规模裁减军备，支持实现内部和外部和平，支持和平解决冲突。对于在非洲大部分地区、拉丁美洲和亚洲出现的生态危机、饥荒、压制、不发达状况以及人们的贫困，我们要与团结运动一起，共同努力解决这些问题。我们还坚定不移地赞成人权的普遍适用性。

绿党的外交政策重视生态责任、自决、国际公正、民主与和平。因此，我们的理想是促进人权的普遍适用性和不可分割性，在处理国际关系中实现权利，促使非军事化、平民化，在国际政策中不使用武力，建立一种生态上团结互助的国际经济新秩序。我们支持放弃强权政治、霸权统治及民族主义，这些会导致强权政治的自我限制和国际结盟。

绿党的外交政策致力于欧洲统一进程。一体化给欧洲带来了历史上第一次和平与富裕时期。同样地，我们赞成欧洲统一是基于这样的事实，即将来我们不会再在一个封闭的、相互隔开的民族国家和民族社会的空间中生活和行动。我们所追求的欧洲是一个民主的、可持续的和团结互助的欧洲，它对内对外都实行社会公正的和生态的政策。欧洲有机会长期保证其和平，并且可以对世界和平做出重要贡献。在这个过程中，欧盟承担最大的责任。我们支持欧盟扩大并加深内部融合。

绿党的外交政策也支持另外一种积极的全球化。通过环境运动的口号"全球思考，地方行动"，我们很早就提出了我们的愿景：为正在形成的国际社会积极承担责任。必须建立新的国际秩序，它要考虑经济、生态、社会和人权方面的平等。因此，一种国际结构政策是很必要的。加强协调、合作并在国际层面上寻求解决方法是很有必要的。

从国际组织、地区联合组织、国家议会、国际守则、全球相互融合了的社会运动，以及公民社会产生了全球治理这一概念。要不断扩展这一概念，使之能够应对全球挑战。

二、承担对国际社会的责任

全球化改变了世界。各种经济、文化或信息系统在整个地球上连为一体；我们生活与行动的范围愈来愈不限于民族国家和民族社会。一个国际社会的轮廓正初露端倪。全球化为旧的人道主义思想的实现提供了一个巨大的历史机遇：人类认识到在世界范围内负有责任，在团结中互帮互助——并且也是这样行动的。从这个意义上说，绿党也是出于全球化意识、出于对世界范围内各种生态和社会问题的担忧而产生的运动的一部分。

然而，如今这种全球化类型并没有创造一个更加美好的世界。增长与利润的经济逻辑具有普遍优先权。疯狂的"经济优先"破坏了世界各地的社会和生态环境。在南半球的一些国家，问题不但没有解决，诸如贫困、饥荒、环境破坏、自然灾害以及各种各样的社会根源和文化根源的丧失等等问题反而更加严重。这样一种世界经济——既不能使 8 亿人口摆脱长期营养不良之苦，又不能持久地保障另外 20 亿人口的温饱——显然是不成功的。

重要的是，全球化本身并不是造成世界上所有"弊端"的原因。但它确实导致了经济和社会的断层，甚至大大加剧了一些不良发展状况。

不仅是在"南方"国家，新自由主义的全球化在工业国家也已投下了危险的阴影。在这里，贫富差距进一步扩大，劳资关系动荡和不稳，愈来愈多的人，尤其是妇女，被挡在经济和社会参与的大门之外，社会和平受到威胁。

我们期望的是一个团结一致、共同担当的世界，因此，我们拒绝这种将世界物化成商品的全球化。经济利用和增长的单一逻辑必须被加以限制。也就是说，绝对不能使人们拥有充足粮食、健康水源以及完好环境的权利屈从于对经济利益的追求。

为了让公众能够关注到这些人的利益以及其生活环境，各种非政府组织发挥了重要推动作用。我们在未来也欢迎并支持他们继续积极致力于全球化的构建。

跨越国界的经济联系使得民族国家愈来愈不易总揽全局。现在必须创设一系列国际框架条件，以抵制强制性的经济利用并限制国际金融市场和跨国公司的权力。飞速发展的全球化经济必须加以限制和调节。在世界范围内以民主合法的方式对全球化进行调控，是最重要的政治任务之一。联合国就是一个参照，为脱缰的全球经济和金融市场设置一个社会的、生态的、人道的框架。要使涉及环境政策、社会政策和发展政策的联合国机构如联合国环境规划署、国际劳工组织以及联合国开发计划署加强职能，继续推进国际协议的制定，设置诸如"可持续发展委员会"机构。在联合国护航之下，发展中国家得以公平地参与全球化进程的构建，公民社会也得到适当考虑。

世界性的区域共同体必须就世界贸易和财政转移支付达成一致，不论是世界范围内还是社会内部都要优先确保生态可持续性、社会公正以及贫富均衡。国际竞争和投资规则要能够有助于消除发展中国家在世界经济中的结构性劣势及不公平的商品交换条件。

继续削减这些国家的债务，将一部分节省下的资金有效地用于减贫，同时保证这资金的复核审查，发达工业国家要实施社会和生态负担平衡，承认对于过去和现今堆积的种种金融的、社会的和生态的"债务"负有责任，并进行一定程度的补偿。

发达国家减少关税壁垒是建立一个更加公正的世界经济秩序的重要一步。调控全球化的手段可以是征收外汇交易税（托宾税）或者取消所谓的避税地区，以遏制投机性的国际资金转移。

此外，还需要推动国际机构如世界贸易组织、国际货币基金组织以及世界银行的继续发展和改革。我们呼吁更多的透明和公开，给发展中国家更多施展其影响力的机会。我们希望在可持续发展的指导下，通过对全球化进行生态的、社会的调整，相较于议会和公民社会实现更多的男女平等、民主与透明。

全球化和公正

经济全球化并不等同于经济活动的成本与利益也在全球范围内平均分配。过去几十年里，全球化带来的好处与利润愈来愈多地集聚在掌握经济和政治实力优势的少数人手中，而穷人的境况却愈加糟糕。随着全球化的深入，政府也面临愈来愈大的压力，为了社会安定不得不取消多项国家法规。二者共同加剧了社会不公。而没有世界范围的公正，就不可能有和平、安全和可持续发展。经济因素既能导致一系列可能引发战争的冲突，也能成为塑造和平的有力工具。合理的经济结构是实现和平共处的最重要条件之一。倡导和平意味着我们要致力于构建一个生态上共同承担义务的世界经济秩序。单一片面的自由主义世界经济已成为发展中国家的负担，取而代之的应是各发达国家取消贸易保护壁垒，为弱小国家提供更多"保护"。

因此，判断一项旨在实现世界公正的政策是否成功的最重要标准就是看它能否有效消除贫困。我们希望通过我们的政策使极端贫困人口数量到2015年减半。我们积极致力于构建一个兼顾生态与社会的世界经济新秩序，在重视地球生态可承受能力的同时，尽可能提高所有人的生活水平。

全球化与可持续性

在全球范围内的自由贸易引起的竞争效应之下，各国在向可持续经济的转变中很快就处于取消管制的压力之下。只有当我们成功地将各大经济联盟和一些世界经济机构如世贸组织（WTO）、世界银行及国际货币基金组织（IMF）的政策中关于生态的、社会的、性别平等的各项目标和各项标准落到实处时，才能彻底改变与环境的这种毁灭性的相处方式。为此，我们希望成为国内的首创者。国际环境公约，尤其是有关气候和生物多样性的公约的签订，就是一种尝试，将世界经济引向一条更加有利于生态环境的发展轨道。当然，目前的国际协定远远不足以阻止世界范围内自然生存环境的恶化和能源资源短缺，甚至最基本的生存条件如水资源和肥沃的土地的短缺就足以导致严重的冲突和局部的屠杀战争。德国和欧盟的环境外交政策以及生态上共同承担义务的世界经济秩序必须要能够抵制这些威胁。国际经济结构政策不可缺少的元素是联合国负责环境和发展的机构的地位的提高及职能的扩大。尤其是那些致力于全球环境政策的机构如联合国环境计划署、全球环境基金和可持续发展委员会要整合职能、提高政策能力、增强机构效能。我们要改善法律申诉，加强对国际协议的监管以保护人与自然。

全球化与民主

全球化既可以为民主提供更多可能性，也可以削弱并威胁民主。在那些权力精英凭借对国家的掌控将全国财富据为己有的国家，经济全球化带来的竞争压力使腐败、经营不善和资源浪费成为普遍现象。从长期看，国际投资和产品市场需要最基本的法治安全和政治稳定，这就要靠民主环境来保障。此外，国际信息交流网络的扩大也需要民主的努力。在很多情况下，全球化利益与腐败机制狼狈为奸，一起在各地方甚至全国进行剥削。市场并不自动催生民主。为民主而奋斗，捍卫民主是保证人们能够实现自决生活的条件。跨国民主社会的发展相对单纯依赖市场力量增大了各个参与国人民行使自决权的可能性，同时又为兼顾生态与社会的市场经济创造了一个国际框架。欧盟就是这种跨国民主社会的典范。联盟90/绿党致力于国际货币基金组织和世界银行的民主化进程、提高发展中国家的话语权、认真严肃地将公民社会的一些组织纳入这两个机构。

全球化与和平

东西对峙局面结束以来，战争的基本格局发生改变：主要是国家内部和区域性的暴力冲突与战争。个人化的暴力行为，摇摇欲坠的国家政权，种族——民族主义的认同政策，宗教原教旨主义和有组织犯罪齐头并进。首当其冲的受害者就是平民。混乱无序的地方成为孕育暴力和犯罪的温床，并由此向外扩散。跨国恐怖主义、小武器的泛滥和大规模杀伤性武器的扩散是全球动乱不安的最清晰体现。

20世纪90年代的裁军谈判阶段之后，世界又开始了新一轮的装备升级并出现了一场多边军控危机。随着以军事实力为后盾的利益政治和强权政治再度兴起，国际关系面临着向强国操控的倒退。美国的军备计划直指全球军事霸权。这导致的结果就是，世界不再稳定，资源巨大浪费，局势动荡不安，暴力冲突加剧。

只有推行旨在维护共同全面的安全与和平的多边政策，全球动荡不安、暴力私人化的问题才能得以解决。在这方面，欧洲有历史经验和潜力，因而肩负特殊责任。

三、参与——自我限制——多边合作

德国的依赖性并未因国际变化而减少。同时，我们的责任在欧洲和世界范围内增加了。我们希望推行一种符合世界人民利益的政策，承担我们相应的责任。维护国际团结并共同承担全球责任的政策诚然不能弃本国的社会利益于不顾，但德国也不应在制定国际社会政策时仅考虑国家利益。关键在于，将合法的、社会的、生态的和经济的利益以及安全需要与一个以价值为主导的外交政策协调起来。

鉴于历史渊源和地理位置，德国只有在欧洲一体化框架下才能找到自己的角色定位。我们与法国友谊深厚，英国和波兰也因为历史责任成为我们的紧密伙伴。此外，我们也与俄罗斯以及其他近期内不会成为欧盟成员国的国家在建设欧洲共同家园尤其是在构建欧洲大家庭总体安全框架方面密切合作。我们乐于见到欧盟与东欧邻国共同经济区的形成。

德国的安全与稳定同样也建立在与美国和俄罗斯的良好关系基础之上。在德国经历法西斯专制统治、"二战"、进行大屠杀后重返国际社会的过程中，两国都发挥了重要作用。我们尤其要为40年后的两德统一感谢美国和苏联的领导人。撇开分歧与争议，保持与美国的紧密友好关系，积极致力于两国关系的维护，不断更新议事日程，在当今21世纪也具有重要意义。一项泛大西洋的议程中必须突出强调发达工业国家在全球环境、社会及民主变革中所承担的责任。

我们追求的是欧洲大陆以及地中海诸国间的持久合作。我们支持巴塞罗那进程，在这一进程中，欧盟遵循一体化策略，致力于将地中海一带建设为繁荣、法治、持续发展、和平安定的地区。关于中东冲突问题我们既主张确保以色列人民在确定国界内的生存权利，也支持巴勒斯坦人民建立自己的国家。我们坚持维护与以色列的特殊关系。我们支持欧盟对土耳其敞开大门。在欧洲一体化进程中，除了倚靠欧盟之外，欧洲理事会、欧洲安全与合作组织也应发挥积极作用。这些机构所关注的不同领域恰好提供了灵活的合作方式和过渡的可能性。我们并不需要为欧盟设定固定的边界，而是要确保人员能够越过边界自由迁徙，使区域合作不受边界限制。我们认为欧盟是整个欧洲网络的核心，其特征是丰富多样的政治、经济、文化联系。

我们支持多边合作、与我们的朋友和伙伴开展对话，通过协商解决冲突。加强多边合作是我们外交政策的一个涵盖广泛的目标，因此，我们支持一切致力于强化多边结构、一体化及法律效力的努力。2001年9月11日以来的经历更是证明了这一基本态度的正确性。我们还要加强文化交流。只靠我们自己不可能实现我们的和平政治理念，只有通过与伙伴国家的对话，这些理念才能成为现实。我们非常重视与伙伴国家采取共同一致的政治行动，以防落入孤立处境，不被信任。同时，我们坚持实施自我约束的政策，坚决拒绝特殊的外交路径。通过这一自我约束政策及积极参与多边事务，我们能够继续保持可预测性，正是它构筑了过去50年德国的发展。

四、向民主的欧洲出发

欧盟的政治体制是一个历史发展的独特的混合体：民族国家将一部分职权和国家主权让渡给欧盟超国家的共同机构，这些机构既不是传统的联邦国家也不是传统的国家联盟。在这个日益紧密的欧盟中，各项决策应该透明化并尽可能表达真实民意。我们将继续推行欧洲一体化进程。在这个过程中，欧洲各绿色组织之间以及在欧洲绿党联盟框架下的团结合作将会发挥愈来愈大的作用，甚至我们有意将这些组织扩建为欧洲绿党。

我们旨在建设这样一个欧盟，它既是公民的联盟，也是国家的联盟。

对于广大公民而言，欧洲会愈加具体可感，因为欧盟愈来愈与每个公民直接相关。但同时欧洲目前的民主缺陷也使欧洲人不大看好欧洲在未来将发挥更大作用，因此，必须克服官僚僵化和机构的运行障碍。欧盟的扩大恰恰提供了良机，关键是要制定欧洲宪法，以构建欧洲民主的基石。欧洲宪法要确保欧洲公民享有基本权利和公民权利，并以欧洲的司法权保驾护航。宪法还应本着权力分置的精神确定未来的欧盟体制格局，按照辅助性原则，还必须划定各层级的职能，要为未来以民主程序进行的机构调整和职能划分留有余地。对于欧盟来说，更加生机勃勃的民主意味着要赋予议会全面的预算权、参与决策权及实际监督权。它作为公民议会应该由国家议会来补充。目前单一的一体化方式即政府合作早已达到极限。因此，我们认为要加强欧洲委员会及欧洲议会议员的作用。欧洲委员会主席应通过直选或者欧洲议会内的选举获得合法性。欧盟必不可少的机制、结构及财政政策的改革要能使欧洲更加透明、职权划分更加清晰。权责清晰即应明确布鲁塞尔的职责所在。同时，还要注意国与国、地区与地区以及整个欧洲的实力均衡。正如关于"民族国家联盟"概念的争论所明确指出的那样，在欧洲，民族国家仍将继续发挥重要作用。

如果辅助性原则得到贯彻的话，一体化与地区多样性并不矛盾。我们要构建的是一个"苗条"的欧洲，根据事实制定决策，最大限度地施加民主影响。一体化的欧洲并不意味着将各社区、各地区层级能够合理调节的事务全部集中起来。因此，我们将推动欧洲各地区发挥作用，保持文化多样性和地区特色。但我们反对滥用权责划分界限，在一些相对贫穷的国家和地区加入欧盟时置身事外，罔顾欧洲团结。在一些只有在欧洲层面才能做出决策和解决的问题上，欧洲必须有充分的行动能力。

同时，我们也支持一些成员国之间加强合作。当然，这必须以明晰的规则为基础，合作必须是透明而有期限的，合作成果向所有成员国公开，还要在欧盟机制框架内进行。这其中的最高原则就是，保证各成员国都能够平等地参与欧盟的民主监督和持续发展。

欧盟内部已经具有了这种民主潜质，这能使欧盟的扩大与民主的建设接轨。如果双重多数写入法规，即在欧洲理事会和欧洲议会都要达到多数，欧盟的行动力就能够得到保证。用"多数文化"取代否决权和封锁可以提高效率、增加透明性和民主合法性。"多数文化"应建立在所有成员、国家和公民的平等基础之上。共同的欧洲选举法应将为欧洲议会选举而设立的选区的划分与欧洲议会选举候选人名单的需要结合起来。

重点项目：公民的欧洲

要使欧洲公民接受欧洲，承认其合法性并积极投身欧洲建设，需要一系列前提条件。欧洲必须在其政策中就目前和未来的紧迫问题给出正确解决方案。此外，欧洲还要创建民主决策机制，因此，我们特别致力于欧洲的制宪进程。我们推动制定的不是一部欧洲超级国家的宪法，而是一部欧洲公民就共同机构、程序和法律达成一致，通过这个共同纽带就集体利益达成一致的宪法。

欧盟已经颁布了基本权利宪章，它应成为欧洲制宪过程的核心一环，也是欧洲统一的一个强有力象征，因为它具有法律约束力，所以可以强制执行。这部宪章日后必被纳入欧洲宪法之中，同时还要为欧盟不断完善并发展各项社会的、经济的和文化的以及享有健康环境的权利留有余地。一个宽容和开放的欧洲还需要颁布移民法、制定人道的庇护和难民政策。

共同的价值观和共同的基本权利是欧洲社会的基础，其中就一体化未来走向的争论成果颇丰。欧洲社会并没有取代国家社会，只是克服了国家争论的分化结果，凸显了欧洲的多样性。就这一点而言，需要共同的结构。我们想建设这样一个欧洲公民社会，不仅仅是大国利益紧密相连。欧洲传媒公司、在欧洲议会选举中提出共同候选人的欧洲各政党以及欧洲委员会是建设民主、法治和透明欧洲道路上的重要举措，建设一个这样的欧洲唤起了民众的兴趣，激起了民众的参与。

保障消费者权益、解决社会和生态问题需要欧洲发出声音。正像经济界的游说者们如今已经做到的一样，欧洲工会、非政府组织及民间自发组织应该被视为欧盟在政策制定中的合作伙伴并发挥重大作用。我们希望，通过将这些欧洲利益团体纳入到政治对话中，加强它们的实力，促进它们的发展。对于欧洲公民而言，它们与扩大的知情权一样是推动欧洲公民社会发展的重要因素。

五、扩大：巨大的任务

1989年以来，中欧国家能够参与欧洲一体化进程。迄今为止，欧盟成员国数量（包括计划内的国家）几乎增长了一倍，同时东南欧稳定条约签订，欧盟的扩大使得欧盟各成员国面临着欧洲统一史上最大的挑战。

中东欧接受全新的民主是最终克服自雅尔塔体系以来欧洲分裂的关键一步。我们也支持欧盟的南扩，对于土耳其的入欧申请表示欢迎。各国加入欧盟为整个欧洲带来历史和政治机遇，同时也带来了新的经济发展机遇。加入欧盟的国家必须同时满足哥本哈根条约中的标准以及欧盟基本权利宪章、欧洲人权公约中的标准。

即使这些满足各项标准的国家成功通过了入盟谈判考验，新成员国还是得付出极大努力，以使自己的经济发展和生态环境达到西欧的水平，并实行欧盟的法律和管理标准。加入欧盟不仅关乎支付和资金转移，同时还包括经验交流、社会团体间的人际关系的发展。过渡期要尽可能缩短，因为它与人员迁徙自由一起限制着欧盟成员国的基本权利。

关于不仅仅是因欧盟扩大而势在必行的农业政策改革，我们主张用一种生态的视角保护环境和消费者利益，新成员国所犯的诸如继续加大农产品的生产的错误完全可以避免。

六、社会的和生态的欧洲

欧洲为自己设计了一套独特的社会发展模式蓝图，我们要继续发展这一模式。经济与社会、市场与国家相辅相成。社会价值观、环境保护与追求经济利益同等重要。我们需要一个欧洲公约，包括适应未来的、可持续的经济发展方式连同下述必须遵守的目标，即使保护环境、提高生活质量以及解决失业问题成为欧洲政策的主线。

欧洲能源政策要有助于全球生态的必要转向，尤其需要鼓励可再生能源如太阳能、风能和水能的利用。要使气候、节能及环保方面的共同规则成为各个政策领域的标准。放弃使用核能是欧洲各个绿党的共同目标。

一个运转良好的经济区已经在欧洲形成。作为统一货币，欧元需要有一种紧密配合的财政和货币政策。欧洲税收政策急需调整，至少在欧盟范围内要实现防止偷税漏税。欧洲和各国按照卡特尔法对于经济权力集中的有效监管仍然必不可少。同时，要加强共同体层面对于消费者和雇员权益的保障，并真正为他们提供法律申诉维权途径。

欧洲不允许社会分裂，而是要为所有人谋求福利和社会安定。通过实施团结一致的发展策略防止出现富人聚集区和动乱地区的分化。为了配合经济和货币联盟，我们将致力于实现各成员国的社会均衡以及经济、金融和就业政策的更好协调。

在欧洲，我们同样致力于构建法律的和社会的框架，使所有人都可以实现各自的人生规划。任何一种对妇女的歧视都可以通过协调平等政策消除。要加强妇女在各个层面的政治参与，直到男女实现参与平等。要使欧洲成为欧洲公民共同的欧洲，我们需要具有这样的能力和知识，积极参与欧洲一体化进程，并作为个人从中受益。语言是重要的文化遗产，从方言、地区语言、少数民族语言、国家语言，一直到世界语言都要在欧洲各个层面得到保护。因此，我们希望，欧洲各级学校和职业教育都要开设欧洲各种语言的课程，并将与欧洲其他国家的交流视为准则。

实现向信息社会和知识社会的转化需要欧洲各国教育体系互相协调，需要建设国际教育设施。首先，欧洲协调就业和教育政策的中心任务是降低居高不下的青年失业率。我们同样希望，更顺畅地促进青年交流。

欧洲各国在对内政策和法治政策方面的必要合作必须确保公民的权利和自由。此外，还需要议会和法院进行监督，清晰界定行政权力的规则和界限。在共同的庇护和难民政策方面，要以人道、法治和保护受害者为宗旨。日内瓦难民公约可谓树立了一个标准。

七、预防冲突、国际法律制度、裁军

我们支持设计一个共同而全面的欧洲安全模式，使民族国家的主权向国际法律共同体的责任转变成为可能。我们主张将军事联盟和国家军队纳入这个全欧洲体系中,发展涵盖整个欧洲的和平与稳定体系是欧盟和不同多边组织的共同任务。

因此,加强并扩大欧洲安全与合作组织的职能是一个重要的出发点,因为这一组织不仅包括所有的欧洲国家,俄罗斯、美国与加拿大也参与其中。欧洲安全和合作组织的决策机制要确保其对当前危机形势的有效介入不会受到单一国家的阻碍。欧安组织的各项标准和巴黎宪章完成了欧安组织框架,并影响各个成员国的内在结构,因而欧安组织发展成为一个法治空间与和平空间。

欧安组织框架下稳定和平的欧洲体系以一个自信而有行动力的欧盟为前提,并且欧盟要通过与美国和俄罗斯的紧密合作为全世界的持久和平做出贡献。因此,欧洲参与大西洋联盟以及美国长期积极参与欧洲事务发挥了同样重要的作用。继续削减军备仍是我们的目标。不过,跨大西洋关系不应仅限于北约框架内部的军事合作。阵营对峙结束之后,大西洋联盟需要改革,完全可以接纳一种新的视角重塑体系。我们认为将美国纳入跨国组织是使其能够作为平等成员在国家共同体中共同发挥作用的重要前提,虽然美国有其特殊的国际地位。

欧盟的共同的外交政策与安全政策要以完整的安全理念为前提,这种安全理念不仅包括传统的防御政策,还必须着眼于和平的维护及人权目标的实现,要使欧洲有能力有效应对危机。外交政策要以预防及和平解决危机为中心,其中包括欧盟的努力,即支持联合国在危机预防、保护和平和建立和平的框架下开展行动。我们不是要组建共同的干预军队,形成欧盟新的军事霸权。欧盟安全理念认同不应建立在核武库的现有实力之上。

我们希望看到一个适用于国际政治各个领域的全面、共同的欧盟理念。因此,我们支持欧盟继续发展其共同的外交政策和安全政策。在这一重要领域,绝对有必要扩大欧洲议会的民主监督。

使用军事力量或发动战争带来痛苦和破坏,不论初衷如何,都是场巨大灾难。迄今为止,军事力量的使用主要是为国家的强权政治和利益政策服务。以军备为主的安全政策带来的是无尽的扩充军备以及巨大的资源浪费，不利于社会可持续发展。企图占有军事霸权的一切行为都会导致不对称的反作用。我们使用军事力量、发展军备、发动战争的历史和现实经验足以解释我们为什么拒绝一成不变的军事至上观念，反对倚仗军事实力实行强权政治。

当然，国际法框架内的军队是一个国家乃至整个世界安全政策的重要机构。联合国体制框架下可以不同方式使用武装力量：军备监督、建立信任、危机预防、巩固和平、强制性禁运甚至发动战争。维护和平的各种方式是任何时候都不能放弃的，它们有利于遏制并预防军事武力，为和平进程创造首要前提。

国际社会接受联合国安理会授权后，可以通过采取强制措施或者动用武力应对威胁国际安全与世界和平的各种行径。尽管有国际暴力禁令，种族屠杀和大规模的驱逐愈来愈不受其限制。我们都知道：尽管合乎国际法规定，这种以武力推行和平的方式仍然有很多问题，因为这种方式风险高、花销大、效果也颇具争议。这种手段潜伏着危险，需要政策上的高度责任感及自制力。总而言之，军事为和平进程保驾护航，但绝对不能创造和平。

作为联合国、欧安组织、欧盟及北约的一员，德国有义务为维护总体安全和世界和平做出应有的贡献。联邦国防军参与和平的维护及重建应该严格遵循清晰而明确的标准。

优先以非军事手段解决危机和冲突，并充分发挥其作用。这些手段的使用必须符合联合国宪章并具有联合国授权，按联合国宪章的第六条、第七条行事，并由多国承担。要保证信息通畅，了解全球总投入的情况，确保德国在投入范围、投入时间及投入军力上的影响力。要将其纳入一个清晰、有说服力的冲突解决政治方案。不能以传统的干预方式投入国防军。目标与界限应由德国联邦议会投票决定。我们反对限制议会的保留意见权。我们致力于修正宪法，使得联邦议会在三分之二多数票情况下才能批准使用军队。

我们主张德国在北约和欧盟/欧洲经济联盟发挥作用，加强共同安全。

德国通过积极参与北约国家领土防御履行了自己作为盟国应尽的义务。我们反对将北约内的军事合作发展成为全球秩序政策的手段，并以此与联合国的职责一争高下。我们要抵制高度军事化的北约内部潜在不平衡所带来的危险。我们同样反对为保障诸如原材料输送、商路等"国家利益"而利用联盟，也反对传统的霸权政治，因而也反对国防军以这种方式参与其中。北约也不能自我授权，在世界范围内进行人道主义干预。与此相反，联邦国防军应参与世界和平的维护与重建，并按照联合国的授权履行相应义务。这样，德国就能够为加强国际组织的行动力，使其更容易完成自己的任务贡献了力量。我们主张取消义务兵役和民事服役。由于德国联邦国防军任务的根本性改变，义务兵役对基本权利的侵犯已经不再合法。将义务兵役制转化为更小规模的志愿军，必须确保军队与社会的融合，防止干预主义危险，废除民事服役应该是社会能够承受的。

外交政策作为和平政策要求我们制定有效策略、研发有效手段，预防并及时处理国与国之间及国家内部的各种冲突。预防是多方位的，比如推动国际利益合理均衡、国际关系合法化、遵守联合国宪章和国际法的规定，尊重人权、发展民主、设立机构、限制军备、裁军、限制武器出口和建立互信。那些有侵犯人权行为的国家不能出口武器、也不能获得军事援助和装备援助。我们主张实现军备出口决策程序的透明化。此外，我们还致力于停止出口军备。

实行暴力预防政策要考虑到这样的基本原则，即只有以及早的、有远见的以及和平的方式处理冲突并寻找克服冲突根源的方案，才能避免军事争端及侵犯人权事件的发生。在这一点上，我们要确保使用恰当的手段，实施以消除危机根源为目标的发展政策，为联合国、欧安组织及民间组织对话的各项国际使命提供人才、培养人才。

世界范围内许多地区的国家政权动荡不稳，岌岌可危，种族权力争夺不断，如果国际社会不及时采取消弭暴力的手段，战争和人类灾难面临进一步升级。不论从直接的危险防御还是长期的治本斗争而言，应对国际恐怖主义都需要国际社会携手合作。正因如此，德国尤其需要致力于增强其非军事实力，以对潜在的暴力冲突做到早发现、早预防、早控制。在这一点上，国际警察的使命及民事和平服务的扩展意义重大。对我们来说，参与"预防文化"并发挥作用是最重要的政治任务之一。民事的冲突预防比武力的危机反应更为重要。

暴力并不总能被遏制。但我们的政策仍然致力于实施和平的解决方式。施行法律时是否应该使用武力，德国应该参与哪些国际举措等问题愈来愈难以回答。任何一次具体决策都要按照基本法和国际法的规定进行权衡和决定。联合国宪章第七章规定的强制措施必须要得到联合国安理会明确授权才能实施。在科索沃问题上，我们就是在进行大量谈判后才做出了艰难决定。科索沃战争由于其特殊复杂的形势可以说是个例外，但绝不意味着开创了一个先例。这种手段的使用需要具有说服力的国际法的法理依据。我们也承认联合国宪章第51条规定的个人和集体的自卫权利，直到联合国安理会能够采取措施维护世界和平并确保国际安全。强制措施必须根据联合国宪章第七章的规定，由安理会明确授权后才能实行。

我们想要一个没有大规模杀伤性武器的世界，因为在任何事情或任何可以想象的情况下，大规模杀伤性武器的使用都找不到道德和政治上的法理支持。因此，我们主张无条件放弃使用大规模杀伤性武器，并实施单边的裁军措施。我们支持强化国际核裁军和核不扩散机制，反对地球上甚至宇宙中的任何一种使用大规模杀伤性武器的扩军。我们一贯主张谴责地雷的使用、出口和生产，主张加快在全球范围内消除地雷。尽管我们知道，在多极化的世界里采取单边手段会使军备监督和裁军谈判更加复杂，我们仍然主张为多边裁军策略做出自己的贡献。我们试图建立一种预防性的军备监督观念，并将1972年反导条约中的实质内容纳入其中。只有在条约缔约国都达成一致的前提下，才能进行修改。德国和欧洲的政策应遵循1999年通过的联合国《预防太空军备竞赛决议》，并且致力于在那些掌握大规模杀伤性武器的国家间推动制度化对话。作为无核国家，德国政策的坚强支柱是通过政治和谈和缔结条约来阻止核扩散、推动核裁军。我们要进一步发展国际军备监督机制。

只有配以实际的民事手段,去军事化才是可信的。前提是要解决军事危机干预措施和民事手段的资金投入比例极其不协调的问题。

八、联合国的改革及加强

支持联合国民主改革、提高决策组织的效率并发展一种国际性的组织政策既是德国也是整个欧洲外交政策的一项重要任务。目前,联合国在解决现有军事冲突及阻止新冲突爆发方面举步维艰。在防止贫困蔓延和减少环境破坏方面所做的努力取得了一定成果,但收效甚微。联合国仍然是解决全球性问题的最全面、最重要的平台。

我们需要一个更强大的、更有行动力的联合国。为此,重要的是达成基本共识,即国际法不可分割,有普遍适用效力。国际法对于完成人类各大任务、维护世界和平、保障人权、实现合理的可持续的发展愈发必不可少。因此,我们支持联合国进行全面改革,并以加强联合国的政治和财政实力、将联合国建设成为一个能够有效解决国际问题的强有力机构为目标。在安理会和国际金融机构中,发达工业国家占主导地位。官僚主义和效率低下严重影响了联合国。随着对联合国的期望值不断提高,联合国需要国际社会和所有民众达成新共识。民主与透明是加强联合国政治决策力与法治约束力的前提条件。只有这样,各个国家才会接受一部分主权的丧失;只有这样,才能强化发展政策、环境政策与和平政策。发达工业国家在联合国内的优势要通过兼顾发展中国家的利益进行调整。

要重视联合国大会的各项决议。作为联合国大会的执行机构,安理会要保证所有区域的适当代表。我们支持增设安理会常任理事国席位的建议,这些席位应该按轮流原则进行轮换。首先,安理会常任理事国一票否决权的使用要符合该国的决策能力,并受一系列前提条件的限制。国家议会应该得到更多的监管机会和参与机会。人权、环保、发展等领域的非政府组织也应被纳入改革进程中,要扩大这些组织建言献策的权利。

有义务参与多边事务的国家,也应该积极投身于那些自身利益没有受到直接威胁的地方。如果我们的战略目标的基本意义涉及加强多边合作和联合国能力，德国也应积极参与其中。我们主张建立国际人权法院，这样，个人和非政府组织都有申诉权利。我们致力于将有约束力的程序写入联合国宪章，以确保人权的实现和以非武力手段解决冲突。要提高制裁的效力。我们建议成立联合国制裁救助基金，以帮助成员国赔偿由于参与制裁而产生的损失。此外，联合国与区域组织特别要设立少数群体的保护机制，进一步发展和平解决分裂的机制。我们为一个国际的、非暴力的和平与法律秩序而奋斗。

九、人权

联盟绿党外交政策的一项紧要目标是改善人权保护状况。不论是从历史而言，还是从政治和经济实力出发，德国对于维护和平和保障人权负有特别责任。人们期待我们积极投身于和平事业，致力于阻止人类灾难、民族屠杀和民族驱逐。尊重人权是各个国家和平共处的基础。人权是不可分割的。个人的自由权利、经济权利、社会权利和不同的文化传统不允许相互对立。我们人权政策的基础是联合国公约。我们也要帮助实现"下一代人的人权"，如发展权利和生态权利。因此，原住居民的权利必须得到保障。国际人权工作的最大成就是世界范围内对人权普遍适用性要求的认可。这种普遍适用性要求不仅容许介入其他社会和国家的人权事务，也使这种介入成为义务。在我们这里也同样如此。

世界上很多国家糟糕的人权状况与愈演愈烈的难民潮直接相关。积极的人权工作、为政治和社会权利而奋斗是在全球范围内根除难民潮的有效途径。

人权遭到侵犯的受害者们总是少数民族。很多民族国家的权力精英利用种族和宗教冲突，将国内矛盾为一己私利所用。

人权被严重侵犯的受害者还常常是妇女。即使消除了专制统治，实现了政治的转变，妇女的境遇并未有任何改变。妇女的人权是否受到尊重是判断一个社会民主质量的重要依据。社会性别主流化需要写进人权目录，并运用到人权的定义和保障上，还必须相应地继续发展。

法律保障、权力分配和对人权的尊重是可持续的现代化的前提条件。因此，全面的人权政策必须取消对侵犯人权政权的支持，加强人权组织、社会运动和工会运动，促进妇女的权利，致力于社会公正并保证人们基本生活条件。

在政治人权领域，我们主张有效防止迫害和压迫，各负责机构及非政府组织要加强人权政策、庇护政策和对外政策方面的合作。我们尤其反对刑讯、死刑、为所欲为的逮捕，反对种族主义，反对奴役童工，反对基于种族、性别和性倾向的歧视。

任何国家都不能在世界上为所欲为地进行种族屠杀、大规模侵犯人权。政治协商要以尊重人权为主导原则，而不能屈从于经济利益。外交政策、安全政策和发展政策甚至是联邦德国的对外经济政策及贸易政策都必须以保障人权、维护和平为准则。

十、南北政策

欧洲在致力于实现世界各地生态、社会利益均衡方面负有特殊义务。按照相关条约发展伙伴关系就是一个重要契机。在此，作为"公民力量"的欧盟在国际政治中是一项重要的政治资本。

发展合作的指导性目标要着眼于以下五个领域：社会、生态、经济、和平政策和妇女政策。这些目标包括减贫、建立并增强基本的社会保障体系、粮食安全、教育、健康以及促进可持续发展。它包括通过气候保护、森林保护、生物多样性保护和防止荒漠化，维护自然生存环境。同时，还要保障人权、民主参与、预防危机、解决民间冲突、通过为妇女生存提供经济保障来促进性别公正。

联盟90/绿党的南北政策的基本关切是使世界上所有人都具有平等地使用资源的权利，具有平等发展的机会，使人们能够可持续地、节约地使用有限的资源。与发展中国家的合作尤其要注重消除经营不善、腐败、专制统治模式及剥削。我们支持发展中国家的那些团体组织，他们以自己独特的观念为实现上述目标而奋斗。

我们的政策首先是要进行结构的调整，改变不利于发展中国家发挥文化、知识和经济潜能的结构。我们支持为发展中国家的原材料、农产品、科技和文化产品在世界市场争取公平价格的各种努力。私有企业的专利开发不能以牺牲发展中国家的生物多样性为代价。必须采取适当的措施控制及遏制国际金融市场和资本市场，以显著减少这些市场破坏稳定的作用。德国应在欧盟内积极推动联合倡议，以引进托宾税。同时，八国集团必须利用多种法律和金融手段，减少避税地区。

德国应通过法律、自己的动议和国际协约确保私人的和公共的参与者都重视遵循全球有约束力的环境和社会标准。第一步也是最重要的一步就是德国自身坚持实行连贯的对外经济政策，遵循统一有约束力的环境和社会标准。在国际社会的政策框架下，作为对于殖民主义时期造成的巨大损失的补偿，我们致力于实现资源从发达国家向发展中国家的可持续的持久转移。这关乎持续、大力减轻贫穷国家的债务并促进对发展中国家的有益投资。我们要向发展中国家提供实质性的公共补贴，以帮助他们减贫、开展基础设施建设。我们要将发展合作资金占我国国民生产总值的比例逐步提高到百分之一以上。要通过相关协议确保资金有效地落到实处。国际社会日益严重的社会分裂是21世纪初我们面临的重大挑战之一，为消除社会分裂做出贡献是联盟绿党的中心任务。

重点项目：公平的国际贸易和国际标准

现行的国际贸易结构既不公正又破坏环境。强国在世界各地都有销售市场，而弱国在出口贸易中几乎没有机会。不受控制的世界市场对环境破坏和侵犯人权现象熟视无睹，最后只是付钱了事。要改变这种情况，最终需要实行有约束力的国家和国际标准以及公平的价格。为此要得到社会大多数的赞同。

我们主张公平贸易。我们与各社会组织和经济界一起寻求实现公正和环保的贸易关系的途径。我们认为一个重要的模式就是带有公平贸易组织图标的公平贸易。给予咖啡、茶叶、糖和其他商品的生产者以高出世界市场水平的价格。这样，人们才能享有体面的收入和充足的社会福利，才能向生态种植转变。

另外一个基石是实行自愿的环境和社会标准。经济康采恩和社会组织要对生产标准达成一致，这一生产标准还要接受独立的第三方审查。通过这种方式，才能保证国际法规定的人权和劳动权。例如地毯标志认证，是一个反对剥削童工的图标；森林管理委员会，是一个林业认证机构；花卉标签，代表着符合社会和生态标准的花卉种植；又如全球报告倡议组织，它正在研究世界环境标准和社会标准适用于全世界的方法。

我们力图对每种生产工序进行标记，以此帮助消费者在购买商品时更好做出选择。

（原文出处：http://www.gruene.de/ueber-uns/dokumente-publikationen.html）

（闻牧 译）

德国左翼党纲领

(2011年10月21日至23日爱尔福特德国左翼党代表大会决议通过,2011年12月通过党员决议予以确认)

前言——左翼党代表什么

左翼党作为一个社会主义政党,代表着多种选择,代表着一个更加美好的未来。我们——民主社会主义者,有着不同政治经历、价值观和宗教倾向的民主左翼人士,女人和男人,老人和年轻人,世代在德国居住的和移民到德国的人,有残疾和无残疾的人——都团结于新的左翼党。我们坚持人类的梦想,即一个更加美好的世界是可能的。

我们现在不会,将来也不会像那些卑躬地屈服于经济权威愿望的政党一样,正因如此,那些政党之间几乎没有什么区别。

我们追求一个具体的目标:我们为建设这样一个社会而努力奋斗,即没有一个孩子不得不在贫穷中长大;所有人都在和平的、有尊严并有社会保障的环境中自主地生活,他们能够民主地构建社会关系。为了实现这一目标,我们需要另外一种经济和社会制度:民主社会主义。

我们要利用人们的卓越思想、愿景和创造力来服务于这个具有说服力的政治计划,以此来战胜饥饿和贫穷,控制气候变化和环境灾害的后果。

我们不能容忍这样一个世界:在这个世界里,利润追求决定了数十亿人民的生活前景;剥削、战争和帝国主义割断了所有国家的希望和未来。

利益在哪里占主导地位,哪里的民主空间就所剩无几。大康采恩不受约束的自由意味着绝大多数人的不自由。

我们从民主和社会主义的传统出发，从争取人权和妇女解放的斗争传统出发，从反对法西斯主义、种族主义、帝国主义和军国主义的斗争传统出发。我们要克服所有那些人们在其中被剥削、被剥夺权利和被剥夺行为能力的社会关系，克服所有那些摧毁人们社会的和自然的生活基础的社会关系。

我们要利用新的学习知识和文化交流的可能性来创造一个有生活价值的未来。我们要加强法制国家和社会福利国家，从而使人们能够自主地决定他们的工作时间和生活时间，能够抓住参与的机会、教育的机会和团结互助的机会。

上层社会的数万人拥有无限制的财富、愈来愈多的穷人没有尊严以及大多数人的富裕程度降低，这些并不是生产和交易国际化的结果，而是全球资本主义的产物。对于德国来说，这种结果是全方位的：低收入领域的日益扩大、工作岗位的减少、社会福利的削减、城镇的贫困、实习岗位的缺乏、社会化的教育特权、两级医疗、贫穷或没有获得有尊严护理的老人。现行的政治屈服于那些大企业集团总裁和拥有巨额财产的富翁的利益。这种议事日程违反了大多数人的利益。我们依托于全球的合作与团结，而不是依附于有权势的人们的权利。一个在万能的全球资本主义独裁统治下的世界并不是一个值得追求的世界。绝大多数人的生活需求与利益必须处于经济和政治的核心。

我们要努力将消极的不满变为积极的防御。我们反对工资倾销、社会掠夺和公共财产拍卖。我们要改变社会力量对比关系，争取另外一种政策。民主、自由、平等、公正、国际主义和团结互助是我们的基本价值。它们与和平、自然保护和妇女解放是密不可分的。我们为制度更替而斗争，因为基于不平等、剥削、扩张和竞争的资本主义与这些目标是不一致的。

我们团结成为一股新的政治力量，它代表自由和平等，坚定地为和平而战，它是民主的和团结互助的，是保护生态和维护女权的，是开放的和多元的，是勇敢的也是宽容的。我们与德国、欧洲和世界的公民一道，与工会和群众运动一道，共同寻找可替代的解决方案和可替代的社会模式。我们要建立一个民主社会主义社会，在其中，每一个人对自由与平等的相互肯定将成为所有人团结互助发展的条件。我们力求改变政治方向，这将会开启克服资本主义的根本性社会变革。

我们纲领中三个相互关联的基本思想

通过对自主生活条件的社会平等参与和团结互助，实现个人自由和人格的发展——这对我们来说是团结互助社会的第一个指导思想。其中，利益不再占据主导地位，经济的目标是为所有人提供可靠的和良好的生活条件。

经济服从于团结互助的社会发展和自然保护——我们将它视为第二个指导思想。它要求进行社会的和生态的变革，实现可持续发展，取代利益导向的经济增长。

以上两个目标的实现是一个十分漫长的解放过程，在这一过程中，民主的、社会的和生态的力量将克服资本的主导地位，民主的社会主义社会将出现。

左翼党的奋斗目标

建立另外一种民主的经济制度。它将生产和分配的市场调控置于民主的、社会的和生态的框架和控制之下。它必须基于公共的、民主控制的公共服务领域的财产，基于社会基础设施，基于能源经济和金融领域。我们要在国家所有制、城镇所有制、合作社所有制或职工所有制的基础上，使其他对国民经济结构有决定性影响的领域民主地实现公有化。经济处于严格的竞争控制之下。在所有企业都能够有效保证工人的权利和共同参与决定的权利。

实施社会生态改革。以可持续、节约能源和保护环境的经济和生活为导向。我们需要可控的、可持续的，同时实现更多社会公正的发展。我们需要一个不使用核能、基于可再生能源的能源转变，它不会对南半球的人们造成压力，也不是通过对生态资源的进一步破坏来达到。

为了一种良好的、具有生存保障的工作的权利。所有人都有好工作，但个人承担较少的工作——我们希望以此实现新的充分就业。左翼党支持通过缩短工作时间来实现工作的再分配，支持同工同酬，支持保障生存的、法定的最低工资。我们致力于实现全面的解雇保护，反对廉价工作和不足以糊口的工资，反对通过劳务派遣或虚假个体从业者代替正常就业。

建立一个包容的社会。每个人在其中都能够找到发展自己的能力、技能和才华的条件。没有人被排除在社会之外，每个人都能够在这个社会中安身立命。

在两性之间合理分配工作。在男人和女人的生命里，应该有足够多的时间给工作，给家庭，去照顾孩子、伴侣和朋友，给参与政治，给个人进修、休闲和文化生活。左翼党主张，所有人都应该拥有更多的自主决定空间来决定如何度过自己的生活。支持拥有时间支配权是我们对压迫、工作控制和拥有支配他人特权的历史的回答。

支持有社会保障的生活。支持不需批准的最低保障，真正防止贫困，实现全面的雇佣保护。必须废除"哈茨 IV"救济金。每个人都有工作的权利和拒绝某项具体工作的权利，而不必担心封锁期或其他惩罚。

所有人都享有能够避免贫困的、共同负责的法定退休金。该退休金由工作者本人和企业对等承担，保证老年后的生活水平；它与私人养老保险不同，不依赖金融市场的行情。数百万老人陷入生活贫困的社会是不人道的。为了克服老年人贫困，我们要在养老保险的框架下为老年人提供避免贫困的共同负责的最低退休金。

为健康和护理建立共同负责的公民保险。所有人根据其收入的多少来缴纳相应的保险费用，在需要时，保险会承担所有的医疗和护理费用。医疗服务不得向个人收取费用——我们拒绝针对病人的不平等对待。

为所有人提供良好的、免费的教育，包括从幼儿园、中小学、大学一直到继续深造等各个阶段的教育。教育应该为自决的、团结互助的生活，为积极参与社会事务和民主活动创造基础。

倡导文化的多样性，人人参与分享社会文化财富，从小开始进行文化教育。所有人都应该享有自我文化表达的机会和参与文化交流的机会。国家有义务保护文化并促进文化的发展。

建立合理的纳税体制，减轻中低收入人群的负担，进一步加大高收入人群的负担，使大额财富、遗产、资本收益和大型企业盈利更显著地用于集体支出和社会生态改建。我们要从上至下再分配收入和财富，保障并改善公共服务支出。

支持建立民主和法治国家，反对大型企业的敲诈势力，支持禁止企业向政党捐款，支持政治和经济席位的不一致性，支持包括全民投票形式在内的更多的直接民主，支持不取决于个人财富多少的起诉权，支持政治罢工和普通罢工作为劳动者的斗争手段，支持扩大公民权利和所有社会领域的民主化。资本主义通过经济特权摧毁了民主，因此我们说：要在一个没有剥削和压迫的民主社会主义社会中实现民主和自由。

克服任何形式的歧视，包括性别歧视、年龄歧视、社会地位歧视、世界观歧视、宗教歧视、种族歧视、性取向和性别认同歧视或对残疾人的歧视。对于左翼党来说，积极地反对法西斯主义与反对战争、反对反犹主义、反对敌视伊斯兰、反对种族主义和反对国家自负相联系。

支持欧盟重新启动，成为一个民主的、社会的、生态的与和平的联盟，支持社会福利权利优先于内部市场自由，支持在欧洲范围内对社会福利和环境保护实施更高更好的最低标准，支持企业税和财产税，支持一个民主控制的欧洲中央银行和协调一致的民主控制的经济政策。这一经济政策可以对抗通过降低工资和工作条件，降低社会福利和环境标准而进行的低价竞争。一个主要依托于区域竞争、竞争和倾销竞赛以及军事保障的欧盟，败坏了欧洲理念的名声。

支持和平及裁减军备，反对帝国主义和战争。支持一个没有大规模杀伤性武器的世界，禁止军火出口，禁止军火工业转变为民事生产，也就是说禁止促进军备转变。左翼党绝不会同意德国参与战争。战争不能解决问题，而总是问题的一部分。联邦国防军必须从海外行动中撤回，严禁联邦国防军用于国内事务，必须废除那些规定和允许联邦国防军用于国内事务的紧急状态法律。左翼党要求尊重国际法和人权，要求加强民事发展支持，避免争端，和平解决争端并结束对第三世界的经济剥削。

支持国际团结与合作，改善所有人的生存条件。世界已经足已富裕到理智地养活全人类。我们应该同所有为了和平、为了社会公正和政治公正、为了实现人类尊严而斗争的人们团结起来。

一、我们从哪来？我们是谁？

左翼党上承左翼民主主义立场和社会主义、社会民主主义、共产主义工人运动的传统以及女权主义运动和其他解放运动的传统。我们结合了德意志民主共和国和德意志联邦共和国的政治经验。

18、19世纪的资产阶级革命追求自由、平等和博爱，反对宗教教条和贵族特权。人道主义和启蒙运动以及人权和民主，对于工人运动和妇女运动具有决定性作用。它们要求实现所有人的权利和自由。然而只有首先摆脱资本统治和父权制才能实现人人自由平等的社会主义前景。马克思、恩格斯和卢森堡特别指出了这一点。

19世纪，工人组织了工会。他们为了实现自身利益而反抗资本剥削。他们为了实现更好的工作和生活条件，为了获得更高的收入和参与决定权利而斗争。为了团结互助地安排工作时间和业余时间，为了实现他们的文化和教育权利，他们组织了合作社和协会。随着工人环境的日益政治化，工人运动也培育出他们自己的政治利益代表，但被国家政权用糖衣炮弹和强硬手段，用社会改革和反社会党人法打压。尽管如此，在即将迈入20世纪的时候，社会民主主义在德国成为一股强有力的政治和文化力量，我们有责任继承其传统。

19世纪初，妇女运动逐渐高涨。它争取妇女在政治、经济、社会和文化上的权利平等，争取两性关系的改变，也包括在私人生活方面。我们支持妇女运动和女权运动的政治理论，这些政治理论重点批评了所有压迫和歧视女性的统治关系，要求在世界范围内实现妇女人权并废除任何基于性别的歧视。

1914年，对战争的态度问题使德国社会民主党分裂了。德国社民党领导人赞成民族主义分裂政策，并最终同意发动战争。支持和平的欧洲工人阶级团结瓦解了。和其他许多人一起，卡尔·李卜克内西和罗莎·卢森堡反对德国社会民主党这一灾难性的发展。为此，他们付出了生命。

不论在欧洲范围内还是在欧洲范围之外，德国1918/1919年的革命被列入第一次世界大战后的革命运动和起义中。它在社会民主党领导人的帮助下被镇压。对待德国革命，也包括后来对待苏联的对立态度加深了工人运动的分裂。德国独立社会民主党、德国共产党和左翼社会主义运动今天都属于左翼党的历史遗产，正如社会民主党的历史一样。

第一次世界大战后，直到1919年夏，德国处于残酷的内战中，它夺走了数千人的性命，也留下了巨大的苦难。后果是灾难性的。因为德国工人运动的分裂降低了德国法西斯分子崛起的难度，阻碍了对法西斯分子攫取权力的共同抵抗。在帝国议会上，资产阶级政党的议员同意通过授权法案让希特勒获得全部权力，从而结束了魏玛共和国。

共产党人、社会民主党人、工会会员、宗教人士和其他人士反对当时开始的法西斯主义暴行的抵抗运动被残酷镇压了。许多人被纳粹杀害，其他人被关进监狱和集中营或开始逃亡。因此，对于左翼党来说，反对反民主立场、反对反犹主义、反对种族主义、反对对工人组织的镇压、反对战争与积极的反法西斯主义是紧密相连的。

德国法西斯分子的暴行和罪恶战争摧毁了欧洲大部分地区。数百万犹太人、辛提人和吉普赛人、残疾人和同性恋者都被集体杀害了。针对苏联也发起了一场毁灭性的战争。苏联在摧毁法西斯主义的同时，也产生了最大的伤亡。战后，在战胜国的影响下，西欧建立了资本主义经济制度下的资产阶级民主，中欧和东欧的国家建立了社会主义。

因为德国在法西斯主义统治期间对犹太人犯下了史无前例的罪行，所以德国要承担特别的责任，必须反对一切形式的反犹主义、种族主义、压迫和战争。特别是，我们也有义务支持以色列的存在权。同时，我们赞成在"两个国家的解决方案"框架下和平调解中东冲突,从而在联合国决议的基础上,在国际法上承认独立且有能力生存的巴勒斯坦国家。

"再也没有战争,再也没有法西斯主义"——布痕瓦尔德在50年代的这一誓言不仅在东德也在西德产生了巨大影响:"根除纳粹是我们的口号。建立一个和平自由的新世界是我们的目标。"我们有义务实现这一目标。曾经遭受德国法西斯分子迫害的人们的经验深刻影响了最初的联邦德国基本法中的政治避难权,它现在已经被破坏得面目全非,左翼党将要恢复它。

像西欧的其他国家一样,西德在战后的一些社会主义新秩序尝试均以失败告终。冷战的开始决定了政治的发展。1949年德意志联邦共和国成立,共产党在当时的联邦德国很弱小,并遭到愈来愈多的镇压。1956年德国共产党被取缔。反法西斯主义的抗争者也遭到了镇压,诸如被重新逮捕或禁止工作。相反,在社会中肃清纳粹影响的活动大部分停止了。德国社民党在"阿登纳时代"是处于反对派地位的。从1959年起,他们逐步放弃了超越资本主义建立新经济制度和新社会制度的观点。

所有社会阶层都参与分享不断增加的社会富裕以及议会民主是生活在联邦德国的人们的经验。但同时依然存在独裁和极权国家结构。自60年代以来,发展起一个批判社会的议会外反对派。这是一个为了争取更多的民主和团结、反对独裁倾向、支持其他生存方式、支持更多个人自我实现、反对教育特权、反对医疗和资本势力以及反对美国越南战争的运动。

工会在激烈的斗争中提高了工资,缩短了工作时间,提高了社会福利。在经济和社会中实现更多的民主应该是可能的。但这些斗争经验也表明,在一个资本主义社会中,民主在工厂的大门口以及办公室或商店的门口就结束了。为了保证人的尊严得到尊重,可接受的工作条件和即使在公司也有要求私密性的权利,不断的斗争是有必要的。为了与对父权社会,与公共场所及私人场所中压迫女性和不利于女性的体制结构作斗争,一个新的妇女运动逐渐形成了。在改变性别关系的道路上,目标是实现一个性别公正的社会,而实现男女地位平等证明是这条道路上的重要一步。然而这些斗争的经验表明，在父权社会中，平等止步于家门口，只有通过废除不平等的性别分工才能够实现妇女解放。

保护环境运动产生并致力于一个与自然和平共处的生产和生活方式，反对使用核能。国际团体支持在非洲、拉丁非洲和亚洲的解放运动，并倡导团结的发展合作。

和平运动要求裁军，并且主要要求放弃使用大规模杀伤性武器。它支持并影响了缓和政策，该政策在 70 年代和 80 年代成功瓦解并缓和了战后两大集团的危险对抗。虽然工会经过激烈斗争所实现的工资提高、工时缩短和社会福利改善在紧急状态法和打击赤军旅时期的镇压性国内政策之后保留下来，民主运动的要求却只实现了一半。

在东部德国，社会主义尝试深刻影响了人们的生活历史。1945 年后，许多东德人致力于建立一个更好的社会制度和一个热爱和平的、反对法西斯主义的德国。通过大型工业、银行业和保险业的国有化以及土地改革，建立起了以公共富裕的经济活动为导向的、工人免受剥削的所有制关系。

1946 年春，德国统一社会党成立。德国共产党和德国社民党的合并是从工人运动长达数十年的分裂中总结的教训，也是德国社民党和德国共产党的党员在共同抵抗法西斯主义的过程中建立起来的。德国共产党和德国社民党的大多数成员都认为两党有必要合并。但是这种合并也是伴随着压制的。主要是一些反对合并的社会民主党人被逮捕了。

克服失业、妇女经济独立、大范围消除贫困、全面社会保障体制，在教育、卫生和文化领域的高度社会机会平等，农业重组为合作社和国有企业，这些都是东德人民的经验。"在德国的土地上永不允许再发动战争"原则是国家理念。另一方面，经验也包括存在国家专制和自由限制，例如针对本国人民建立起来的国家监控机构。重要的改革尝试总是在很短的时间内被专制扼杀。民主停滞，保护生态的理念也鲜有机会得到提倡。经济决策的中央化、国民经济计划和领导的官僚形式以及大范围限制企业自主权都导致了创新能力和生产能力的长期落后。因此，民主德国经济模式的吸引力下降了。

很明显，一个不是由绝大多数人民参与，而是由国家领导人和党的领导人专制控制的社会主义尝试迟早会失败的。没有民主就没有社会主义。因此在1989年秋天，德国统一社会党/德国民主社会主义党的党员在特别党代表大会上表述道："我们坚决放弃将斯大林主义作为一种体制。"与斯大林主义的决裂也适用于左翼党。将民主德国的历史和德国统一社会党的历史缩略到斯大林主义上是非历史的，也是不真实的。在德国民主共和国的不同阶段存在着活跃的社会主义讨论、众多文化和人文景点、优秀电影、小说、造型艺术、音乐以及艺术、文化和教育在人民当中的积极传播。与斯大林主义的分裂不仅涉及东部人民，对于西德地区的人民也有重要意义。民主、法治国家以及分权制度是不能放弃的。

1989年秋，民主德国的部分公民运动，其中也包括德国统一社会党内部的改革者致力于和平、民主、社会和生态的意识觉醒并向更好的社会主义的政治转折。然而在1990年，这个方案失败了。重新民主地建立统一德国的目标也同样成效甚微。东德的民主觉醒变成了单纯的加入西德和对于许多人来说是痛苦的社会崩溃。一方面他们在民主权利、个人自由、法治国家保障及国际化开放方面取得了一定的进步；另一方面，东德许多地区的经济和社会出现衰退，东德的国家财产被国家和国际的大型企业集团通过托管机构侵占。在统一后的德国，几乎没有用到东德的成就和经验。

在艰难的自我批评的过程中，过去的德国统一社会党变成德国民主社会主义党。它声称自己是一支独立的力量，它愈是关注人民切身的具体问题，愈是支持民主解决方案，就愈强大。这些努力的主要组成部分是在政治上代表德国东部人民的利益的要求。然而，他们试图赢得德国西部人民的尝试最终只取得很小的成功。

左翼党在德国曾长期处于防御状态。它的力量很弱并且处于边缘化的地位，当左翼党试图在社会民主内部追求一些政治改变时，其行动可能性是非常有限的。左翼党部分组织依托于绿党和一些小的社会主义或共产主义组织。许多在工会和其他社会运动中活跃的左翼人士与政党没有关联。90年代后半叶出现的全球化批评运动在许多国际性运动和峰会抗议活动中得到反映，同时开启了对资本主义的政治批判，这激励并鼓舞了在德国的许多左翼人士。

"红绿"联盟得到很多人的认可并被寄予很高的期望，但从1999年起就令人失望了，因为它把社会和生态目标置于资本利益之下，并为德国士兵参与国际战争打开大门。德国社民党和联盟90/绿党以飞快的速度背离了社会公正、生态可持续性和绝大多数人在一个和平世界中的利益等基本原则。"哈茨IV"和"2010规划"最终导致了具有社会和左翼倾向的许多人士与社会民主党和绿党的分裂，并发展成为一股新的政治力量，即"选举替代—劳动与社会公正"（WASG）。

2007年，左翼党—民社党与"选举替代—劳动与社会公正"合并成为新的左翼党。德国左翼党是2004年成立的欧洲左翼党的一部分。我们邀请所有向往另一种政策和一个更美好世界的人们，支持自由和平等的人们，支持解放和社会公正的人们，支持国际团结、和平和生态的人们一起共同参与。

对于现行政策、资本主义制度、资本主义危机和不公正存在其他的替代可能性：一个与自然相协调的社会，一个基于自由与平等的社会，一个没有剥削和压迫的社会。我们要共同为之奋斗。

二、资本主义危机——文明的危机

今天的资本主义从空间和时间上没有了界限，它使全世界都听命于它。与自然的关系和几乎全人类的关系都变成了商品关系。植物、动物和人类的基因都要申请专利，从而普遍性被剥夺，种子不再是免费使用，从乡村水井一直到大城市的水都被私有化了，母亲身份成为交易品，土地资源掠夺毁坏了整个集体利益。粮食成为交易所里投机倒把的对象，数百万人已不再能支付得起充足的健康食品，此外，地下资源作为动力原料装进富人的油箱里。跨国公司决定价格，决定要发展什么，支持什么，主导了交易链。这对决定国际贸易、经济及社会政策的世界贸易组织、世界银行和国际货币基金组织产生了巨大影响。必须限制、减少并停止跨国公司的权力。土地改革是保证供养自主性和粮食权利的重要步骤。在资本主义不受约束的条件下,生产力会更快和更广泛地向毁灭性的力量转变。同时,工作岗位被消灭,富裕生活被摧毁,自然资源被掠夺式开采。如果以这种方式来提高和保证利益的话,还会导致战争,必要时还会披着人道主义援助的外衣。

资本主义自它诞生的几个世纪里,创造了不可估量的财富,也提高了许多国家大部分人们的生活水平。同时,也有亿万人民被排除在这种财富之外。社会的不公正愈来愈严重,贫富之间的差异也是愈来愈大。德国这样,国际上更是这样。资本主义市场经济的危机导致大量失业,工资收入减少,社会福利降低。虽然资本主义在技术上创造了永远克服贫困的先决条件,但它却凝固了一种世界秩序,在这种世界秩序下,每五秒就有一个孩子挨饿,有十多亿人吃不饱也喝不上干净的水。

在西欧战后的发展中也存在这种矛盾。"社会市场经济"构想是对危机、法西斯主义和战争所带来的打击的回答,因此来自于不受约束和野蛮的资本主义的经验。它是对强大工会、反资本主义运动、社会民主党、社会党和共产党的斗争的回答。"社会主义阵营"的存在也是一个挑战,并以社会福利国家这个政策作为妥协让步来应对。社会保障体系扩充了,民主权利扩大了,富裕程度提高了。随着制度竞争的垮台,劳动与资本的力量对比关系发生了变化,不利于依赖于工资的从业者。

"社会市场经济"是有偿工作和资本之间的妥协,并没有向资本的统治地位提出质疑。只要快速的生产力进步和高增长率能使大企业利润稳定以及强大工会和民主的对抗力量存在,那么这种经济模式就是起作用的。有偿工作与资本之间的妥协既不能消除对自然资源的掠夺,也不能消除存在于公共领域和私人领域的父权关系。

20 世纪 70 年代的经济危机标志着高速增长的"黄金年代"的结束。资本主义回到了它的正常状态,包括周期出现的危机阶段和停滞阶段。失去工作的人员数量增加,并固化为大规模结构性失业。许多人获得的不断增长的个性愈来愈多的变成互相竞争排斥的个人主义。随着失业人数的不断增加，工会和政治对抗力量的衰弱，资本持有者的要求变得愈来愈具有攻击性，并得到大企业日益增长的势力的支撑。这些大企业通过在国际市场上日益积极的活动所获取的榨取能力极大提高。

父权社会的压迫和分工

21世纪初，我们处在一个这样的社会：其中少部分人以牺牲大多数人利益为代价而富裕起来；少部分人掌控了大多数人的命运和时间；对利益的追求席卷了所有的生活领域；妇女还仍然生活在旧的压迫关系之下。这种社会关系的基础以及资本主义和父权制的根基都是随着劳动及其分工的历史开始的。

随着不断进行的社会分工，生产效率和生产数量都得到提高，反之，提高的生产效率又促进了进一步的分工：一个决定性的分工是妇女与男人的分工。在此，男人从事生产工作，在生产领域的技术进步得到推动，他们愈来愈多地在家庭以外自己的生产车间里进行生产并获得收入。而妇女却主要承担围绕家庭的一些工作，她们负责照顾家庭成员，也就是说她们所做的工作是没有收入的。直到今天，那些传统的"男性工作"仍受到很高的重视，而那些传统上被视为"女性工作"的工作却很少受到重视或者根本没有工资或者只被支付很低的酬劳。

生产效率的不断提高使得集体供养更多的人成为可能。同时也有一部分人能够利用其他人的劳动，他们占有其他人的时间，可以规定他人的工作内容，以此建立了等级和统治关系。这种等级分工成为压迫妇女的先决条件。家庭也出现分工，妇女和孩子成为男人的财产，男人拥有妇女的劳动力和她们的身体。直到今天，所有制关系和阶级关系仍与父权制紧密交织在一起。

父权制压迫早在资本主义生产开始前就已长期存在。然而在资本主义里，对妇女的压迫和性别之间的权利差距也牢牢地植根于经济、社会和文化之中，并用来保障这些关系。传统生产方式以及不是按照资本主义方式组织起来的领域受到排挤或被资本主义方式接管，这些都使得资本主义成功地传播到所有的生活领域和地球的所有角落。在工业化时期，妇女的劳动力被如此大量榨取，以至于最终威胁到了下一代的再生产。在接下来的时期内，妇女重新承担起赡养家庭和教育下一代的责任，而男人则从事工作。相应地，他们的工资应该养活全家，但常常不够用。

直到今天，女人仍然负责大部分的家务。西德战后制度受家庭妇女婚姻模式的影响，而这种模式直到今天仍享有纳税优惠。妇女完全没有被安排到工作范畴内，或者在最好的情况下也只是被当作"额外挣钱人"，她们在经济上仍依赖于"养家人"。在民主德国，妇女大规模参加工作，还经常进入传统的"男性职业"，并且同工同酬。一方面，基础设施更好，家庭和工作的关系更协调；另一方面，家务工作分配却与西德并没有什么不同。众多女性承担了内部领导职务，但她们在最高领导层的比例却不相适应。直到今天，大量妇女的就业仍不稳定，工资水平过低，或做兼职工作。

占优势地位的、以赡养者为中心的工作和家庭关系模式以异性恋的理所当然性为基础。直到今天，女同性恋者、男同性恋者、做过性别转换手术的人、雌雄同体的人以及做过转基因手术的人在职业生涯中一直在与歧视作斗争。大多数情况下，他们为了职业晋升的可能性而隐藏自己的性别和关系形式。

性别关系是生产关系

资本主义生产是作为商品生产发生的，以其劳动力的持续再生产为先决条件。在生产商品和食品时，生产力得到了迅速的发展。生产盈余为人类和社会发展创造了基础。旧的性别观仍继续在再生产工作的组织中发挥作用。在与人打交道的工作领域、教育领域、医疗领域、陪护领域的工作人员通常是女性，她们没有工资或者只有很少的工资，并且经常不受重视。在这样的角色里，妇女成为社会上不重要的边缘人，也没有公共影响力。

社会工作领域中的性别划分及其等级安排导致直到今天妇女还在被压迫。妇女主要就业的职业领域，工资水平一般都不高。企业通过支付妇女较低的工资而从中获利。她们除工作外，每年还要在家里无偿工作无数个小时，工作量远远超过男性。

人们总爱忽略关于照顾孩子和照顾需要照料的成年人的有偿和无偿的工作以及做家务，都对资本主义社会的运作和社会富裕程度具有重要的意义。左翼党把自己视为社会主义和女权主义的政党，将克服父权主义和资本主义的社会关系。

变革中的性别关系

妇女一直在为她们的权利而斗争。为妇女权利而斗争的女性争得了妇女的选举权。无产阶级妇女运动致力于女工的权利以及维护和平。与资产阶级妇女运动一样，她们也为男女法律地位的平等而奋斗。1968年以后，新的妇女运动开始为全面的社会解放而斗争。结果是妇女运动可以被视为是最成功的社会运动之一。妇女冲破了家务这一所谓女人地盘的界限，她们为教育权利、独立职业发展权利以及脱离男人经济独立的权利而斗争。妇女可以更加自由地过性生活，更加自由地规划家庭的事务。当代少女接受了比其祖母或曾祖母好得多的教育，她们可以上大学，创事业，学会男性工作。

目前，大多数妇女都有工作能力，然而她们大多数仅从事兼职工作，这些工作并不能保障她们的生存，她们往往也是不情愿接受这些工作的。在德国，妇女的收入比男性低20%多。她们几乎独自承担着来自工作和家庭的双重负担。如果她们想要成功，就必须适应这个由男性主导的世界。在经济、科学和政治的领导职位上，妇女一直明显处于弱势地位。税收权和社会福利权也仍然一直按照传统的单独养家者家庭而规定。父权制影响了语言、文化、身体和政治。妇女和少女，特别是那些有残疾的女人，一直经常成为强奸和家庭暴力的对象。残疾妇女也一直遭受到更多的歧视。

丈夫工作、妻子做家庭妇女的传统资产阶级小家庭已经失去意义，并且也愈来愈多的受到人们的质疑，因为新生产方式的形成也为人们带来了新的灵活的生活方式。丈夫与妻子之间旧的福特资本主义形式的性别协议已经失效了。这为妇女带来了更多的新自由和不依赖于男人的经济独立。

然而，新自由主义的盛行加重了妇女的负担，它要求灵活性，将妇女限制在困难的且不安定的工作条件下，用双倍或更多的负担来给妇女施压。当工业国家里愈来愈多的妇女参加工作时，那部分由男人承担的家务活却远远少于妇女承担的部分。通常，妇女的工作机会少，那些移民到德国的妇女的工资低、工作条件差。这又导致了妇女中新的不平等。我们还远远没有达到真正的妇女解放。

在这种情况下，所有关于实现男女地位平等、其他的家庭模式、工作和家庭的一致性的要求都是不够的。加倍的负担不可以个人化。工作和家庭难以协调的原因在于社会和经济。家庭意味着人们彼此之间承担责任，不管是以生活集体的形式、夫妻的形式、几代同堂的形式或其他集体形式。家庭就是人们为彼此着想，不论是何种性取向。

德国——一个阶级社会

德国是一个阶级社会。商品和服务产品的生产主要是以私人企业的形式进行，目标就是尽可能获取高额利润。大多数的工作者是领薪者。他们只能获得他们所创造价值的一部分，即他们的工资，剩下的盈余都被资本持有者获得。后者拥有这些盈余的使用权，决定投资和经济的发展，决定雇员的工作和生活条件。经济和社会的发展如同国家行为和政治一样，主要由资本的利益来决定。生存和教育机会在很大程度上取决于他们的资本状况和社会出身。

工人阶级的结构在发展的过程中发生了巨大改变。在工业领域和大公司就业的人数减少，愈来愈多的人在服务业领域和中小型企业工作。工作和工作内容也发生了变化。手工操作和体力劳动减少，而脑力劳动、监管和计划的工作增多。工人和职员的差别愈来愈不明显。同时，自主负责的工作活动也部分得到扩展。

工作关系也发生了变化。常规的全职工作部分减少。愈来愈多的工作岗位是有期限的，变成向劳务派遣岗位，或者被分割成多个小微工作岗位。受劳资协定保护的工人数量减少，在低工资领域工作的人数增多。不稳定的工作岗位增加。另一方面，出现了更多的自由职业者。然而这种自由职业者并不是真正自愿的，而经常是被迫的、假的自由职业者，他们的报酬低而且没有经济保障。

情况最糟的就是失业者，尤其是当他们已经长时间没有工作，几乎就没有获得好工作的机会了。他们会愈来愈穷，愈来愈被人压制，愈来愈脱离社会。

即使劳动关系和职业活动如此不同，从依赖资本的有偿工作的一般特点中仍能得出共同的阶级情况。依赖工资生存的人的共同目标是通过企业、劳资协议和法律规定来改善自己的工资、工作条件和社会保障，从而限制资本主义的统治和剥削。

此外，妇女仍然处于父权社会的压迫下。妇女被压迫的地位和两性间的权力差距牢牢地植根于经济和社会中。性别关系是生产关系的组成部分，特别反映在再生产的组织中。妇女主要负责养育孩子和照顾家庭成员。

共同的阶级情况并没有直接产生出一个共同的利益代表或阶级意识。特别是工作情况和生活情况的差异使之更困难。收入上的差异、职位和专业技能上的差异、家庭背景和移民背景的差异都对劳动者的不同环境有影响。这些方面连同世界观、宗教和政治传统一起导致了工人阶级内部不同的价值倾向和政治态度。在大规模失业的压力下，依靠工资生存的工人之间的竞争更加激烈。共同的意识和共同的利益代表在社会争论最激烈的时候形成了。

另一方面，资产阶级也绝不是完全一致的。资本作为财产和资本作为职能是经常分开的，这样就可以区分资本持有者及其委托方和管理者。不同的地位也能够对应于不同的利益。

除了大资本家和金融经理之外，还有许多中小企业家和自由工作者，他们不完全以对他人工作的剥削为生。这些人自己也部分地遭受大资本家优势的冲击。因此，他们有不同的利益需求，也与绝大多数依靠工资为生的人有共性。

新自由主义转折——再分配和投机倒把

自 70 年代以来,新自由主义转折的首要目标就是提高大型企业的利润率。实现这一目标的中心手段就是取消对劳动力市场的管控并削弱工会的政治力量,从而压低工资水平。民主权利、社会权利以及社会福利被削弱,降低利润和资本的税负,从而减轻企业负担,提高企业灵活性。以前属于公共的企业、服务业以及社会保险业的全面私有化为资本打开了额外的投资领域。统治阶级试图将随着技术进步而日益增加的社会财富占为己有,增加其个人财产和势力。

新自由主义是 20 世纪 70 年代初随着战后货币系统崩溃和放弃常规固定汇率而开始的。先是货币市场,接着是全球金融市场都愈来愈自由化。欧盟对推动金融市场的自由化发挥了重要作用。通过《马斯特里赫特条约》到《里斯本条约》以及公共服务领域自由化的欧盟指导方针,以及通过建立一个"自由竞争的开放的市场经济",以私有化、取消管制和灵活化为内容的新自由主义政策被确定下来。发展中国家被迫开放自己的国民经济,减少对资本交易的控制,限制社会福利支出,将公共产品私有化。许多国家被迫削弱对其农业经济的保护机制,开始农业出口生产,结果丧失了自给自足的独立性。随着中欧、东欧、南欧和苏联解体后各国过渡到资本主义市场经济,新自由主义达到了其发展的顶峰。

结果是,民族国家放弃世界市场上重要价格的制定权,如汇率和利息,放任银行和外汇交易者的投机倒把行为。当今的全球资本循环值是世界生产总值的很多倍。资本流的突然方向转变会使得所有国民经济走向深渊。取消金融市场管制不仅会带来又一个稳定的因素,同时还会开启一个广阔的获益领域,全球资本主义中不断增加的经济活动都瞄准了这个领域。

欧盟的成立曾经为保证欧盟成员国之间的和平而做出贡献,但它也发展成为推动新自由主义重组的力量。城市、地区和国家通过尽可能低的税率、薄弱的环保义务、低工资和低社会福利,在欧洲共同市场内开展竞争。区域竞争导致了倾销竞争,这尤其对公共财政的收入产生了灾难性的影响。国家份额下降、全面私有化、成员国社会福利制度逐渐崩溃，这些情况的出现已经被提前勾勒出来。整个欧盟国民经济都面临萎缩的危险。特别是德国的社会福利政策和工资倾销政策，以及国民经济被银行掠夺，都要为此承担责任。

金融泡沫和社会分裂

新自由主义的资本主义导致在低增长率的实体经济之上吹出了一个巨大的资产和债务泡沫。不断增加的利润和有利于资本持有者和高收入者的收入再分配，引起了在世界范围内寻找投资的资本的巨大盈余。此外，世界范围内养老保险和其他社会保障领域的私有化趋势也加强了这种资本盈余。

工资与生产发展无关以及社会收入减少都加剧了工业生产能力的过剩问题，使人没有勇气真正去投资。为了让富人更富，剥夺财产的经济使大多数人变得更穷。从愈来愈不平等的收入和财产分配中就可以知道，我们生活在一个阶级社会。

30年的经济增长不仅在德国，对世界范围内的许多人而言已经过去了。虽然发展中国家有数百万人，特别是妇女，获得了工作和解放的机会，然而，他们也同时屈服于资本主义的束缚中。社会团结和自然的生活空间被毁坏。工业国家的低收入人群和失业人群、弱小的个体从业者和创业者的生存境况也从根本上变得糟糕。许多人不再知道，该如何为每天的生活和孩子们的日常生活筹措资金。许多年轻人没有接受完整的教育和技能培训。在此期间，非正式的、不稳定的、低工资的和没有社会保障的工作属于常态。工作中所要求的更多的自主负责和创造力对于很多处于这种压力下的人来说是与强化的供应和对隶属关系和统治关系的自我适应相关联的。工作和自由之间的界限变得模糊。个人和社会的生存境况愈来愈屈服于自私自利的利益追求和最大的利润率期望。

新自由主义的政策没有兑现它所做的任何承诺。它不代表贡献公平，而是代表粗暴的再分配，这加重了劳动者的负担，但却有利于资本不劳而获的收入。取代社会福利国家的是更多的自主负责，这导致了愈来愈多的人被排除在社会之外并陷入贫穷。结果不再是竞争,而是无尽的对经济权力的集中。

虽然大众的收入受到冲击,为了提高他们的需求,美国和其他国家为过度的消费负债创造了框架条件。通过提高负债来平衡降低的工资,这种美国模式也同时是其他国家巨额出口盈余的先决条件,而这种情况也适用于德国。美国将不断增加的国家债务用于军备和战争,这也导致了金融泡沫的膨胀。

在大企业,靠债务融资收购企业和旨在提高短期利润率的股票回购项目愈来愈排挤用于新设施和技术以及创新研究和发展的实际投资。大型购买者和金融投资者迫使那些只会短期投资的企业推进毫无顾忌的合理化,分割不太获利的公司部分,降低工资、工作条件和社会福利标准。甚至是那些有着可观收益和低工资成本的高生产率企业也要解雇上千名员工或者关闭工厂。

21 世纪初的世界经济危机

2008 年开始的深刻的世界经济危机是一次经济制度的危机,这种经济制度只为利润而生产,只有当需求是购买力强的需求时才存在。景气危机、结构危机和世界金融市场危机成为自 1929 年以来最严重的资本主义世界经济危机。随着这次经济危机,影响和推动资本主义发展 30 年的全球模式也走到了它的边缘界限。

德国的情况也是如此。德国的经济发展极端地以提高出口为导向,并依赖于出口。同时内部需求被绞杀,进口也随之停滞不前。与出口盈余相应的是德国企业大量的资本输出。这不仅仅涉及生产的直接投资,还涉及大规模信贷、购买债务和有价证券,其中还包括大量没有价值的所谓"毒垃圾"证券。德国企业和拥有巨额财产的富人大规模地为美国的债务融资,因此也推动了世界金融危机的发展。

政治上对工作报酬施加的压力有利于出口增长和内部市场需求的削弱。公共社会福利支出的缩减也起到了同样的作用,即扰乱分配秩序,加重了依靠工资为生的人们的负担,同时长期削弱内部需求。德国当时是欧盟所有成员国中公职人员数量最少的国家之一。结果就是一种虚弱和分裂的经济发展。它只服务于出口行业，有利于大企业和金融资本的利益，是靠牺牲员工的利益和为国内需求生产的绝大多数中小企业的利益而获得成功的。虚弱的经济发展和基于降低企业和富人纳税而导致的税收减少都加剧了公共财政的财政危机。这反过来为进一步削减开支、裁减人员并将剩余的公共商品和企业私有化提供了理由。

德国带有攻击性的出口导向给其他国家带来了经济上的惨重损失。德国出口盈余的反面必然是其他国家的财政赤字和高失业率。德国必须停止促进出口（如通过赫尔墨斯担保公司，通过国内的工资倾销政策等），取而代之的是，去追求一种平衡的贸易决算。

这种发展表明：资本主义不仅仅是社会不公，它还破坏了经济的生产基础。它导致了对经济的制度性错误控制，导致了巨大的生产能力过剩，在另一方面又导致了严重的供应不足和巨大的生态损害。它的结果就是具有威胁性的全球不平衡，破坏生产与生产率，破坏工作岗位和生活富裕，破坏创新和创造力。它摧毁了中产阶级，导致收入和财产极端集中于富人手中，这些富人使金融市场膨胀并扼杀了商品市场的需求。

新自由主义政策通过取消管制、自由化和私有化等手段为现在的危机埋下了根基。如果不从政治上加以控制的话，这危机就很有可能成为灾难。经济和社会屈服于资本利用之下，这威胁到人类文明的存在。金融市场资本主义已经积累了四重危机的因素。这些因素涉及权力和财产的问题、自然和社会的关系、生产方式和生活方式以及安全和发展问题。

社会团结的危机

愈来愈多的人被迫置于极端的不安全和更加贫困的境地。对社会福利崩溃的担心影响了大部分人的生活，其中也有愈来愈多的受过良好培训的劳动力。泛滥的利益追求和不断增长的物质非平等性从内部瓦解社会。竞争、不信任、社会排斥和不安全因素增加，社会结构上的合作与信任以及承担社会责任的意愿消失。超越代际的团结也遭到同样的境遇。因为我们的社会是建立在过去几代人所创造的基础之上的，而在未来要依靠下一代人的教育、才能、工作和责任意识。教育制度促进了社会和文化的分离。种族主义、法西斯趋势、反犹主义和伊斯兰敌对主义在增加。女性移民、被迫犯罪的少女、正常妇女与残疾妇女仍然经常遭受暴力。移民遭到了违反人权的驱逐。内政中的压制性因素扩大了。

民主的瓦解

民主施加影响并参与建设的可能性减少的程度，和大型企业及金融资本的权力增加的程度一样，和经济私有化与自由化减少政治组织和公共组织参与空间的程度一样。全球化的盈利被私有化，而损失却被社会化。同时，国家的压制性监控措施扩大了。国家公民的权利被削弱，而公民权利的实施却愈来愈取决于个人收入。收入少且被排除在分享民主之外的人经常以政治愤怒来回应现状。经济权力和无助的反应就产生了破坏民主体制的危险的恶性循环。

民主危机和社会调控危机产生了。全球的统治精英并不是本着大多数世界人民的利益做决定。他们的利益与社会的、生态的及和平的全球发展背道而驰。各个国家和国际社会成为大财产主和投机倒把者的人质。区域竞争和对短缺资源的争夺将整个欧洲大陆和大部分工作者置于无阻碍的低价竞争、社会福利裁减和抢劫中。争取到的民主、获得的个人自由和社会福利国家的进步都被全球寡头统治所埋葬。

即使在机构层面，民主也被破坏了。新的利用互联网潜力对政治行为施加影响的可能性没有被应用。更多的直接民主影响措施被阻止。社会分裂导致了民主社会的分裂。多数人直接民主的施加影响被阻碍，因为他们没有参与的机会。那些工资很少或没有工资的人参与政治的余地有限，部分人不可能参与。同时，国家的压制性监控措施扩大。每一个技术的进步都会产生一些新的理念，以便能监控公民，并更好地执行惩罚措施。数据保护像信息自由、媒体自由和游行自由一样渐渐消失。为了将网络和与之相关的水平化交流与思想形成的可能性围堵并限制起来，国家和经济一直在开启新的进程。

政治不关心受亏待居民利益的现象以及被排斥在共同参与决定之外导

致了政治家和政党的恼怒。这样就产生了破坏民主体制的危险的恶性循环。这也导致了民主危机和社会制度危机的产生。

生态问题的核心地位

资本主义没有正确应对社会需求、经济挑战和生态问题的解决方法，其决策以愈来愈短的投资为导向。它利用汇率波动、证券及股票的行情变化、利率差别、房地产和资源的价格变动来牟取利益。有长期前景的决定和对自然长期循环的考虑与短期的利益谋算有着深刻的矛盾。过去250年的增长主要基于化石能源的利用，先是煤炭，20世纪初以来是石油和天然气。然而石油、煤炭和天然气的储备是有限的。在可预见的未来就会达到开采量的高峰期。在这之后，化石能源的供应呈回落趋势，而同时工业和发展中国家对化石能源的巨大需求却在增加。在资本主义条件下，这种需求增加推动了化石能源价格的增长和能源巨头利益的增长，并通过这种方式进一步加强了他们的社会权力和政治权力。

自然的和社会的生存基础危机和再生产危机来临了。粮食和耕地的投机摧毁了地方农业结构，加剧了饥饿和营养不良。当今的社会靠物质过活。特别是在动物领域，资本主义生产方式也以不道德的饲养方式和对世界海洋的过度捕捞形成工业化大规模生产。一方面是即将到来的气候灾害、对众多自然原料的快速开发、生物多样性的加速破坏；另一方面是社会分裂为新自由主义全球化的胜利者和失败者、泛滥的奢侈消费和增加的饥饿，它们是一枚徽章的两面。社会和生态问题必须共同解决。

21世纪初的巨大挑战是气候变化。干旱地区扩大，冰川融化，河水水位线下降，海平面上升，地区被淹。人们被迫迁移。为了限制地球的温度升高，必须大幅限制化石能源的消耗。二氧化碳埋存等技术解决办法有不可估量的危险和副作用，并且只是延缓了必要的改建。我们要求禁止二氧化碳的捕获与封存（CCS）。欧盟排放权交易到目前为止的经验也是令人失望的。令人担忧的是，作为有价证券的炭交易证券和其他书面确认的证券一样，被用于投机目的。工业国家制造温室气体的人从发展中国家购买排放权，是一种恶意的对抗贫困的环境污染交易。愈来愈明晰的是：生态的可持续发展与资本主义的增长逻辑相矛盾。生态问题同时也是经济、社会和文化问题，即制度问题。

帝国主义和战争

资本主义国家关心的是他们的企业能在世界范围内利用一切资源，他们能在世界范围内投资并利用他们的资本，能够在所有的市场上销售他们的产品。为此，他们利用自己在经济和军事上的优势地位及其在国际交易和金融机构中的统治地位。今天的帝国主义主要立足于经济依赖和债务。

帝国主义战争是从对地缘政治势力的争夺，对经济、政治和文化统治地位的争夺，对利益、市场和原材料的争夺中发展起来的。此外，战争起源于贫困和压迫，起源于气候转变，起源于自然资源短缺和不合理获取。它导致了进一步的军事、道德和宗教冲突，导致了国家的瓦解、原教旨主义和恐怖主义，以及对环境的破坏。在漠视联合国宪章的情况下，武力和战争也成为政治手段。战争还经常以反对恐怖主义或反对"无赖国家"的借口发生。后果特别严重的是以保护人权为由发动军事干涉。在制度争论结束后的90年代，战争又回到了欧洲。自法西斯主义以后，德国又再次派兵到国外，直接或间接地参与了无数的非法战争。德国在反对南斯拉夫的战争中是推波助澜的力量，直接或间接地支持了美国在伊拉克的战争，并参与了在阿富汗的战争。

但是，全世界发生了根本改变。作为两级对抗后剩余的唯一超级大国，美国的霸权主义遭遇挑战。多级世界正在产生。欧盟也愈来愈具攻击性地试图在争夺权力、影响力和自然资源的世界冲突中扩大地位。战争，包括防御型的战争，作为一种有用的政治手段，重新成为美国、北大西洋公约组织和欧盟的领导力量。国外军事基地的全球网络扩大了。人权保护在此被滥用于使战争合法化。

自欧洲共同体建立起，共同体内部的冲突就不再使用军事手段解决了。但是欧盟和欧盟国家今天在其领土之外经常进行战争：在打击南斯拉夫的战争之后，欧盟大多数成员国又参与了对阿富汗和伊拉克的战争。对于欧盟来说，军事手段日益重要的意义也反映在《里斯本条约》中。它不仅包括扩充军备的义务，而且还为欧盟以战争联盟的形式参与国际冲突提供了可能。相反，我们左翼党致力于建立以和平、裁军和国际团结合作为导向的政策。

三、21世纪的民主社会主义

资本主义不是历史的结束，而是人类历史发展的一个阶段，在这个阶段中虽然很多启蒙运动的希望已经实现，生产力也得到了极大提高，但它也带来了大量的贫困、种族屠杀和不可想象的人类战争。今天，因为资本主义已经成为一种全球性制度，所以它对人类和自然的掠夺推动了威胁人类文明的全球性危机。我们坚信，只有通过战胜资本主义剥削制度，改变生产和生活方式，通过全球团结，克服性别对立，实现所有生存领域的民主化并改变人类与自然的关系，才能抵制反复出现的危机。如果成功做到大多数人都想要另外一种工作和生活的方式时，资本主义就能够被战胜。

20世纪第一次建立非资本主义制度的伟大尝试因为缺少民主、过度的中央集权和经济效率低下而失败了。在社会主义思想被歪曲的情况下，发生了犯罪。我们有义务重新决定我们对社会主义的理解。我们希望建立一种适应21世纪社会的、全球的挑战与机会的民主社会主义。

对于罗莎·卢森堡来说，没有自由的平等会陷入压迫，而没有平等的自由则导致剥削。我们追求一种社会主义社会，在这个社会里，每个人都能在自由中自主决定其生活，并且能够在一个团结互助社会里的共同生活中实现这个目标。

战胜资本主义财产在经济中的主导地位和建立社会法治国家因此是最重要的基础。所有的人都应该分享财富。每个人都拥有获得自由生活条件的社会平等权和所有生活领域的民主化是相关的。社会主义和民主是不可分割的。为了保护自然环境并为后代留下一个更美好的世界，我们希望建立另外一种经济发展和科学技术进步的方式。我们希望将法治国家和社会福利国家统一起来，争取建立一个和平、团结与公正的世界秩序。这样，人们才能有好的生活，社会民主才能够产生和发展。

我们在争取与资本主义生产和生活方式相对的其他社会形式的斗争中并不是孤立无援的。最不相同的力量和不同的运动都相信，另一个世界是可能的：一个没有战争、剥削、依赖和生态破坏的世界。像拉丁美洲那样，他们寻找非资本主义发展的新道路，并且不仅仅要求我们的团结一致，还要求我们准备学习的意愿。在南半球国家中，发展出新的所有制形式和合作形式，强调反对新自由主义。左翼党怀着极大的兴趣观察了"美洲人民玻利维亚联盟"的国家模式，他们达成了团结一致的经济合作。问题和出发条件的复杂性不允许这个或那个国家、这个或那个运动或某一个政党要求拥有领导地位。

今天有可能保证每个人都能够生活在社会保障和尊严中，能够在全世界战胜贫困和不幸。

我们力求将工作岗位和其他的社会必要工作进行新的合理的分配。我们希望让所有人都能够共同参与到社会组织工作的过程中，平等地共同建设社会发展和文化，平等地影响民主决策进程。因此，我们努力建立一个公共的教育体制，它不会排除任何人，而是尽最大可能促进人们的发展，使他们有机会能够自主地决定自己的工作和生活道路。教育不能局限于人的能力培养并去适应预先规定的结构。教育的目的必须是使人能够改变世界，推动并实现社会、生态和民主改革。我们希望将团结互助和共同的研究性学习作为一条主要指导路线植根于教育中，为共同的社会改变创造基础。我们希望战胜阶级社会。民主社会主义所追求的更好的新制度是一个摆脱了阶级限制的社会。

左翼党贯彻这样一个目标，所有的人，不管他们生活在地球上的什么地方，都能够自主地、有尊严地、团结互助地生活。这个目标是以人的形象为基础的，而人的形象是从人权的普遍性和不可分割性出发的，它只需要一个理由：因为我是一个人。在马克思的《共产党宣言》中也体现了这一点："代替那存在着阶级和阶级对立的资产阶级旧社会的，将是这样一个联合体，在那里，每个人的自由发展是一切人的自由发展的条件。"这一愿景是以废除战争、停止破坏环境和自然生存基础为前提条件的，也是以消除剥削和压迫、消除歧视、消除饥饿和贫困以及消除不发达为前提条件的。只有通过将所有生活领域都进行全面民主化的道路，才可能实现这一构想。它同时是乌托邦和现实主义。21世纪我们的民主社会主义目标是一个没有统治的社会，在这个社会里，每个人都能够有尊严地生活着。

民主社会主义以自由、平等、团结的价值为导向，以和平及社会生态的可持续性为导向。这也决定了在通往民主社会主义社会道路上的手段。民主社会主义促进社会文明发展潜力的释放，目标是从根本上改变占统治地位的财产关系、支配关系和权力关系。它将抗议运动和抵抗运动、改善社会的努力、在现有条件下实施左翼改革项目的努力以及超越资本主义界限的努力汇聚成将决定21世纪伟大社会改革的进程。它与当今已经超越资本主义生产形式的经济发展相关联。

左翼党在一个伟大社会转型的变化进程中为21世纪的民主社会主义而奋斗。这一进程的标志是许多大大小小的改革步骤，以及具有革命深度的断裂和彻底变革。民主社会主义还始终是使人们从各种压迫关系中解放出来的民主运动。

所有制问题和经济民主

所有制问题在现在和将来都是改变社会的一个关键问题。经济权力也意味着政治权力。只要大企业的决策以利润愿望而不是以大众福祉为导向，政治就会被勒索，民主也会被破坏。一个社会的、和平的、正确对待环境的、民主的社会要求，在贫困、剥削、破坏自然、军备和战争中获益的经济权力应该被遏制并消除。

左翼党为所有制关系的改变而斗争。我们希望进行彻底的民主革新，它还要延伸到经济决策领域，将所有的所有制形式置于解放性的、社会的和生态的标准之下。如果经济中没有民主，那么相对于有限的利润利益，就不能实现大众的利益，民主就依然不彻底。因此，我们认识到经济民主是民主社会主义中的一个顶梁柱。在经济中贯彻更多的民主始终是工人运动的一个重要愿望。我们在这种传统中看到了自己。

在当今条件下，实施经济民主有国际、欧洲、国家和地区等几个层面。鉴于经济国际化进程,不再可能仅在民族国家层面上实施经济民主,为了限制并压制经济权力,国际准则是绝对必要的。

这里还包括让人们公开利用知识和信息。由公共资金资助的研究结果不能被公共利用,这是不能容忍的。对于一个和平、团结和民主的社会来说,公开利用知识和信息是必要的,这种权利绝不能只保留给个别人。我们希望将经济置于集体利益的标准下,因而是社会和生态可承受的。

民主地控制经济发展的前提是,约束金融市场,并把其原有功能重新引领到实体经济。一个服务于人类而非利益的经济必须首先满足以下的功能:第一,应该满足人们的需求,保证所有人都能够生活在富裕和社会保障中;第二,是生态可持续性的;第三,在应对新挑战的时候要有创新性;第四,节约地使用社会资源。此外,经济应该如此组织,即所有直接或间接参与经济的人都能够自由地发展自己的能力,在工作活动中接受培训并进一步深造。在一个团结互助的经济制度中,就像左翼党所追求的那样,不同的所有制形式都有其地位:国家的和地区的、社会的、私人的及合作社的。职工、消费者和集体利益代表,都应该有一种强有力的民主参与发表意见的话语权,并能够直接参与经济决定。

这涉及对人们所需要和所希望的一切进行全球的、男女公正的分配。每个人都能够凭借收入有尊严地生活。所有人都能够参与所有社会领域——工作、家庭工作、照料工作和家务工作以及社会工作和政治活动。每一份工作,有偿的或无偿的,都能够得到重视。

社会财富和所有工作的合理分配以及人人参与对社会未来的决定都属于民主社会主义社会的前提条件。我们以公正社会为前景提出我们的改革建议。我们希望现在就实现一种有价值的生活。

资本与劳动冲突的一个焦点就是工作时间问题。作为紧急必要的一步,我们要求大幅缩短工作时间,同时要求工作权利和同工同酬。这是前提条件,以便把对人的生活及其自然前提的照顾、护理工作从被忽略和无报酬地分配给妇女的角落中拿出来,这些工作将以社会的方式进行组织,每个社会成员都要参与进来。

公共所有制和职工所有制

我们想要更多不同形式的公共所有制。我们希望将经济中决定结构的大企业纳入民主社会的所有制形式中,消除资本主义所有制。民主社会化涉及哪些领域、哪些企业和哪些工厂,会以哪些公共和集体的所有制形式(国家或乡镇所有制、合作社、职工所有制)实现,必须在民主的进程中被决定。左翼党致力于建立合适的法律规范,降低职工共同接管工厂的难度,促进职工共同接管工厂。基于痛苦的历史经验,包罗一切的国家所有制形式不是我们的目标。

职工必须对企业的决定拥有实际的影响力。我们致力于使职工能够在不放弃工资的条件下,集体地分享由他们挣得的企业财产。在一些重要问题上,比如计划大量裁员或者关闭工厂,必须由职工参与投票决定。所有制关系不仅仅是占有关系。仅仅改变所有制的名目是不够的。最终还要取决于对社会财富的所有权和支配权。

生存照顾、社会基础设施、金融机构以及能源经济都属于公众,必须受到民主监控。它们不应该被私人企业的利润考虑所引导。特别是要停止欧洲机构对于成员国所有制制度的攻击以及欧盟对公共服务领域施加的强大自由化压力。取而代之的是,欧盟应该最优先保护公共产品和所有人享用公共生存服务的权利。

人类生活必需品的基本供应,如能源、水、居民迁徙,以及住房、社会基础设施、健康、教育、文化、运动都不能够听任资本主义的利益追求,而必须由公共组织和保障。因为以利润为导向的企业并不是提供人们所需要的产品,而仅仅针对那些支付能力强的需求。他们招揽富有者,并给予他们特权,却忽略财力弱的人。

私人能源供应者有利于工业大客户,但却主要加重了贫困家庭的负担。取而代之的应是能源必须对于工业大消耗者昂贵,以有利于采用节省能源的工业技术。相反,贫困家庭首先要从高昂的能源支出中减负,在节省能源中得到资助。同样地,铁路和长短途公共运输企业也不能以利润为导向。重要的是,它还可以实现小地方之间的灵活迁移,是对于私车交通的具有吸引力的、无障碍的、价格合理的、有利于环境的替代选择。我们必须坚定地遵循使交通运输业能源消耗大大降低这个目标：例如将商品运输从公路转向铁轨。电气供应、上下水供应、电信和网络、铁路交通和其他服务都连接到全国、地区和乡镇网络，自然也形成垄断。如果这一切都垄断在私人手里，那么价格暴利就是几乎不可避免的结果。私人的利益考虑经常会导致这些服务网络的管理和维护被忽略。结果就是消极的长期后果。必须捍卫数字通信领域的中立性，反对大企业给大供应商提供特权。生存照顾领域的网络服务和设施必须保留在或转入到公共所有制内，并置于民主监督之下。

大量的自然财产也属于所有的人，因此原则上也属于公共财产。根据基本法，财产必须服务于公众利益，而不是只服务于上层社会的一万人。只有私人大购买者和金融投资者在经济中没有优势地位，并且经济是以强有力的公共领域为基础的，才能在这样的经济中实现这一宪法原则。在此，强大而活跃的工会以及公民社会的各种组织也是不可或缺的。只有与他们一起，才能民主地进行社会福利调控。

左翼党支持由三个支柱组成的银行系统：储蓄银行、合作社银行和国有大银行。一个发挥作用的公共金融领域是公共财产，因此，提供公共财产是一项公共任务。欧洲的银行系统和金融系统长期处于社会控制之下。中央银行应该不仅仅以现金价值和货币的稳定性为导向，同样，也应该平等地以就业目标和可持续发展目标为导向。

公共的还是私人的所有制形式本身并不能判断社会和生态的发展质量。那些属于联邦、联邦州或乡镇的企业也需要监控。它们必须服从关于社会和生态的规定，从法律上履行集体利益的义务。必须保证职工拥有强大的参与权，作为集体参与管理决策。公民也应该真正有可能参与乡镇服务的发展。

与私人企业不同，公共企业并不看重短期利润。公共所有制不是一个保障，而是经济新标准和优先性的前提。还有，公共企业的盈利加强了公共收入，不论是在乡镇、各州还是联邦层面，它应该有利于大众的利益，而不是有利于私人财产者这个小阶层。

团结互助经济

合作社和其他团结互助的自救形式是在资本主义制度内部尝试发展出一种新的、以人的需求和潜力为导向的经济结构与实践。它们基于集体所有制和平等的使用权及参与权,目标是维持并恢复有人类尊严的生活条件和集体的团结互助关系。它们属于全世界工人运动、新社会运动以及解放和占领运动的传统。

团结互助经济为短期降低生活费开销并改善生活必需品和服务的供应做出了重要贡献。在很多方面,它都是生态产品、回收再利用、实现新的团结互助工作方式和生活方式的先行者。左翼党要通过合适的框架条件、地区经济政策和创业资助来促进团结互助经济。特别是住房合作社和住房领域里其他集体地、民主地组织起来的企业和自救组织都受到左翼党的支持,只要它们遵循为广大阶层居民提供支付得起的住房这一社会目标。

中小企业主

自由职业者的利益、小型企业的利益以及领薪者的工会的利益,这三方利益的平衡对于民主和国民经济是值得的。没有手工业企业、发明家和小型工商企业的勇气和毅力,可持续的生态产品是不可能实现的,地区性循环经济的扩张也是难以想象的。此外,中小企业和个体从业者经常有很高的创新潜力和创造潜力。左翼党携建议和行动参与其中,以便扩大关于内部购买力、脱离垄断资本主义束缚并摆脱银行专制的共同斗争。

在手工业、艺术和其他服务业领域里自信的自主从业者对于21世纪的民主社会主义是不可或缺的。在原则上,中小企业的私人所有制属于民主社会主义的多元所有制制度。这也包括农村的土地所有制。我们希望建立阻止自我剥削和对员工施压的框架条件。

一个高效的、民主的、社会的和生态的框架条件

经济的发展不能只听任市场和企业,它的基本方向必须受到民主的控制。除了有效益的公共企业之外,有目标地进行公共投资也是必需的。经济政策和金融政策必须争取达到充分就业，它要加强内需，也要考虑到生态的可持续发展。此外，要在生产率不断提高的条件下，在不减少收入的情况下进一步缩短工作时间。地区和行业经济政策必须基于民主框架计划和战略性的结构政策，对企业的投资决定施加控制性的影响。

左翼党除了支持扩展直接民主之外，还支持通过圆桌会议和各个层面的经济委员会及社会委员会来进一步扩展民主。在这些委员会中，工会、乡镇、消费者、社会、生态和其他利益团体都应该有代表出席。他们能够在对话中针对于不同领域的任务，提出那些应该被看作指引性的普遍利益并把它用于社会中。他们应该参与为了民主的、社会的和生态的框架条件的地区榜样的发展，并应当获得立法动议的机会。

四、左翼党的改革项目——社会改造的步骤

为了另一个更美好的世界和为民主社会主义的奋斗是随着我们所处的社会的改变而开始的。左翼党致力于实现社会公正，和平解决冲突和社会的民主化。收入和财产要以自然、知识和文化为基础并通过劳动而获得。财富不可长期集中在资本所有者和大土地所有者手中。有薪工作、家庭工作、照顾孩子、照顾配偶和朋友、参与文化和政治生活、个人深造和休闲都是基本的生活领域。左翼党希望为所有的人创造这样的机会，即在自主决定的平衡中将这些领域结合起来。其民主结构和性别合理分配对于社会的生活关系和民主的社会福利国家的建构发挥着重要作用。

我们要实现基本法中所表述的基本权利和要求：人类的尊严、人格的自由发展、所有人的平等、工作和职位的自由选择、住宅的不可侵犯性、言论自由、信仰自由和集会自由、通信和电信保密、政治避难权。所有制有义务，同时也应该服务于公众利益。以社会化为目的的土地、自然矿产和生产手段被纳入到共同所有制中。联邦德国应该是一个民主的、社会的、法治国家。它的任务就是保护自然的生存基础。所有国家权力机构都应该从人民的角度出发，在选举和投票中产生。准备或进行侵略战争必须受到惩罚。

左翼党要求进行经济、社会和政治改革，这些改革必须以人民的需求和利益为中心，而不是以少数上层社会的利益要求为中心。我们今天为左翼党的改革项目而奋斗，同时就是为我们的社会主义目标发挥作用。

持续克服经济危机、大规模失业危机、社会危机、能源危机和气候危机，要求建立另外一种不受追求经济利益最大化主宰的经济制度。作为第一步，经济和社会发展的根本方向改变是必要的，即进行社会生态改革。为此，所有经济和生活方式，特别是能源系统要与自然相容，转变到可再生能源之上。这必须与改善工作条件和生活条件的政策相结合。社会保障、公共服务和社会服务必须不能减少。由下而上的再分配必须停止或翻转过来。金融领域必须置于民主监控之下。必须以公共的和集体的经济领域的再度扩大取代私有化。民主和社会的权利，所有人的受教育机遇和参与机遇，特别是那些受歧视群体的受教育机遇和参与机遇，都应该被加强。必要的是和平和合作地解决冲突，裁军和全球团结一致，而不是打着任何借口的战争。左翼党相信，一个没有危机的、社会的、生态的、和平的资本主义是不可能的。然而，从社会政治斗争的结果和力量关系的改变来看，有可能开辟另一种发展方向并为进一步的民主社会主义改革创造初始条件。从这些斗争中将发展出一些方案、社会力量和主张代替资本主义的新方案的多数派。

（一）我们希望怎样生活？

好的工作，社会保障和社会公正

左翼党希望，每个人都能够在尊严和社会保障下自主地生活，能够行使自己对于工作、教育和文化的权利，不被歧视和排挤。

好的工作

人类生活包括物质的、文化的和精神的再生产，远远超过有偿劳动和雇佣劳动的领域。工作远不仅是有偿劳动，因为没有每天在家务方面、教育方面、照顾方面的工作以及在义务职位和文化领域方面的工作，投入到雇佣工作的劳动力也不能以社会的标准再生产。有偿劳动有其特殊的意义，在有偿劳动中，可以挣得工资，生产并出售商品和服务。生产力的进一步发展主要出现在有偿劳动领域中。

良好的有偿劳动会促进个人优势，开发潜力，开启个人和职业发展的前景。好的工作与家庭和社会生活是协调一致的。良好的有偿劳动的前提条件是：必须与所有的有偿劳动者的良知相符合，保障好的收入，重视职业技能，对灵活性和行驶时间没有过高要求。不应违背政治和宗教上的凭良心行动的权利。有偿劳动可能是自我实现的源头，但对于很多人来说，自我实现开始于劳动关系之外。

大规模失业是一种被逼迫的失业，必须被克服。失业对于所涉及的人来说是蒙羞的，它削弱了职工和失业者的地位以及与资本对立的工会的执行力。它导致社会福利国家承担巨大的财政压力。此外，还导致了一些如照料老人、病人和儿童的社会任务进一步转入无偿的私人领域中。结果意味着在专业化方面的众多损失，给妇女增加了时间和心理的负担。此外，大众失业削弱了所有生产方式和生活方式领域的社会和生态建构的政治追求。每个人都有工作的权利和拒绝具体工作的权利，而不必去害怕闭锁期或惩罚。我们拒绝强迫从事有偿劳动。

左翼党希望用好的工作取代没保障的、不稳定的和收入低的职位。因此，每一份有偿劳动都应该有社会保障。我们反对用劳务派遣、假性个体从业者和无尽的实习期或小微工作来代替常规就业。不取决于性别、年龄和职业地位必须适用于：相同和等值的工作要有相同的报酬和社会福利标准。要结束贫困工资和工资倾销。必须停止剥夺员工的财产。因此，我们要求一个能够保障生存的法定最低工资。这个最低工资至少要达到国家平均工资的60%。

劳资协议要比现在更容易具有普遍约束力。公共订单只能分配给执行劳资协议、按规定比例雇佣重度残疾人、支付最低工资并重视社会和生态标准的企业。规避劳资协议的情况必须被克服。未来必须在所有领域实施劳务派遣法，工作地标准必须适用于所有的雇主。劳务派遣必须被禁止。

必须改善解雇保护，期限规定必须从法律上严格限制。必须促进包括残疾人在内的劳动关系。工厂车间工人也需要能够实现自主生活的工资和报酬。

我们希望定期增长工资，这种工资增长至少要与生产增长和物价增长平衡。经理的薪资必须限定在企业最低工资群体的20倍，禁止以股票优先购买权作为报酬以及过度的补偿。

我们要在工资和人事完全平衡的情况下缩短工作时间。所有人都有好工作，但每个人的工作少一点——我们希望以此作为新的充分就业。必须改善工作与教育儿童和照料家庭的协调性。此外，职工需要更大的关于工作时间的自主决定权和参与决定权，需要更多的自由时间来进行休息、休闲和自主决定的活动。通过劳动时间法的改革，最高周平均工作时间将限定在40小时。未来我们争取将上限定为35小时，长期目标是定为在30小时。我们要保障就业人员享有完全的工资差额补偿。公职人员委员会和企业职工委员会的共同决定权首先要扩展到人事计划和职位计划方面。这样就做到了缩短周劳动时间带来更多就业，减小工作压力。我们希望改善企业的劳动保护法、健康保护法和青年劳动保护法。我们要扩大劳动者的进修权利。要通过免费提供进修培训，使因休孕产假和子女教育而中断工作的人更容易重新找到工作。

每个人都有好的工作要求在工厂和企业中的劳动者拥有更大的共同决定权。我们支持从业人员在一些重要的社会、经济和生态事物上拥有强制性否定权。强大的和有战斗力的工会也是必需的。左翼党支持他们所做的努力。不受阻碍的罢工权，包括政治罢工权和总罢工权，也必须得到保障。要禁止企业家把解雇罢工者作为反对工会的一种斗争工具。反罢工条款必须被废除。要从法律上禁止逃避劳资协议，赋予工会社团起诉权。

信息和通信技术以及网络技术的快速发展，使得人们能够解除工作与企业的关联，能够用自己的生产工具自主地工作。特别是个体从业者，作为假性个体从业者依赖于委托方，在合同败露后直接受到生存威胁，并且得不到足够的社会保障。同时，将高技术含量的"信息工作"也委托给国内外廉价供应商的风险在增加,这就给工资和劳动条件施加了压力。特别是在文化经济和创意经济、软件领域和呼叫中心,不受保护的就业关系、恶劣的支付和恶劣的劳动条件在蔓延。在恶劣劳动条件下工作的自主从业者、从事小微工作的人以及实习人员在很大程度上被剥削。左翼党致力于将实习确定为学习关系,并确定最低报酬。所有自主从业者必须被纳入社会保障的保护之下,同时,委托方应按照雇主份额为职工交纳保险费。如果可能的话,可以针对自主从业者为企业带来的业绩实施共同报酬规则。

积极的经济政策和劳动力市场政策

过去几年,新自由主义的去国有化和私有化政策在许多领域都导致了巨大的供应不足。克服公共投资阻塞和扩大公共就业已经过时了。在一个富裕的国家如德国,人们生活在贫困和无家可归的境地,儿童和青年人不能得到良好的教育,图书馆或游泳场被关闭,或者由于缺乏资金,学校的教学楼倒塌或街道坍毁,这是一件不光彩的事情。

我们需要在经济和金融政策上改变方向。必须追求新的充分就业,更高的大众收入并加强公共财政。同时,不允许不顾社会和生态的盲目的增长定位,增长必须同具有未来能力的结构改革、降低原材料消耗、减少环境负担相联系。为此,要通过有利于中低收入的再分配和扩大公共绩效来加强内需。左翼党要求在教育、社会、生态和无阻碍交通基础设施等领域开展大规模的公共未来项目和投资项目。这将为私人企业和公共服务业创造需求并提供就业机会。

从国际比较来看,公共和社会服务领域的就业在德国发展十分落后,而且这一行业的收入往往很差。我们希望在这些领域创造数百万个新的、常规的、劳资保护下支付薪水的工作岗位,同时也能满足紧急的社会需求。这能够并必须通过一个适合社会的、生态的调控政策而得到稳定资助,这一政策强有力地吸引了富人和资金雄厚的企业,对环境消耗和资源消耗尤其要征税。

为了阻碍非工业化并保障加工业、贸易业和服务业的工作岗位,一个积极的国家的工业和服务政策是必要的。我们要求禁止大规模解雇员工,这将为大规模来自缩水行业的职工向未来有希望行业过渡提供社会保障。

我们希望设立一项公共的未来基金，以帮助已经陷入危机但又有生存能力的企业，并促进它们进行社会—生态改革。同时，只有以相应的公共财产份额或职工份额才可以分得国家的救助。必须利用这种所有制权利去改变企业领导者的标准：当今的利润率规定仅仅有利于财产占有者或者股东，这必须由以长期增长、员工利益和生态可持续性为衡量标准的经营来代替。

我们希望实施积极的劳动力市场政策，它尤其支持在劳动力市场上工作机会差的那些人。老员工的知识、技能和能力必须可持续地融入劳动力市场。为此还应规定：保护50岁以上的人不被解雇，在他们失业的情况下，为他们提供符合其知识和技能的、按劳资协议支付工资的且对人人有益的工作。公共资助的就业必须提供合适的且按劳资协议支付工资的劳动岗位。特别是在市场不能够满足社会、文化和生态方面需求的地方应当做到这一点。接受这种工作岗位是自愿的。

我们讨论的是，通过公共资助的就业领域，在超越劳动力市场政策的情况下，非营利的领域能够继续向前走多远以及如何被加强。

民主监控金融领域和承担公共福利的义务

私人银行要对过去几年的投机泡沫和产生的数亿元损失负主要责任。因此，私人银行必须被国有化，并置于民主监督之下，服务于公共福利。通过严格的调控来保证银行业会在未来再次履行其公共任务：以优惠利息支持经济上的合理投资，尤其还包括中小企业、清理支付过程、为每个人提供免费转账账户和私人存款安全设施等。必须清理过去几年里快速增长的投资银行业业务。禁止银行用有价证券进行直接进出口贸易以及衍生的投机，同样禁止那些收支平衡表外的业务以及同那些在避税地区注册的企业和个人的业务。迫切需要制定关于贷款利息和应收利息的框架规定。银行必须在法律上承担义务，将结算总额中一个固定的最低份额以低息小额贷款的形式借贷给中小企业。

我们要求对国际资本流通进行有效的监控和调整，禁止高度投机的投资手段，它威胁金融系统稳定进而威胁整个世界经济稳定。我们希望禁止诸如对冲基金、私募股权融资公司以投机投资手段在德国进行业务活动。为了使投机活动丧失吸引力，所有的金融交易，如股票销售、交易厅外交易和外汇业务，都要交税。特别要禁止在农业使用面积上的投机，包括水资源在内的任何形式的农业原材料的投机。禁止卖空。作为第一步，我们要求在德国实施股票营业税。最重要的主导货币的汇率必须通过目标地区加以稳定。在欧洲层面，必须建立调节机构和监控机构，加强现有机构。我们致力于协调国家的税收政策，以结束欧盟内部的税收倾销。要通过切断同它们的交易，使那些没有有效调控的免税绿洲变干涸。

可持续的农业经济和农村的发展

农业经济的初级生产属于社会—生态改革和保证食物主权的关键领域。它必须通过可持续的生产方法和操作过程来满足为更安全的、健康的食品和饲料提供原材料的需求，以及对用作能源和材料的生物质的需求。同时，它应当保证土地肥沃、水质清洁、空气纯净以及在文化氛围下的生物多样性。我们希望建立创新型的、珍惜资源的农业和林业经济、园林建筑业和与自然和谐相处的渔业。我们反对超前的过度捕捞，反对对海洋资源和内河水域的剥削。我们要求明确促进生态农业，要求所有的农业企业在经营时，都能够与环境和谐相处，这样，所有的食品在未来都能够被可持续地生产。这能够降低农业化学剂、合成化肥、水和能源的消耗。

我们希望加强可持续经营的农村家族企业、联合企业和乡镇企业，反对私人地产的集中，保卫土地改革所取得的成果，支持跨企业的、地区的和跨地区的农业和食品企业的多种合作形式。我们致力于通过合作实现符合社会生态为指向的结构转变。

支持一个无基因技术的农业

左翼党致力于一个无基因技术的农业。农业基因技术仅仅有利于少数几个国际种子公司和农业化学跨国公司，他们试图对农业领域和食品进行全球控制。农业基因技术会给农民、园艺工人、养蜂人和消费者带来很高的健康风险、生态风险、经济风险和社会风险。农业基因技术声称的对农业的好处早就通过其他国家如加拿大和印度的灾难式的经验被驳倒了。农业基因技术既不能减少农药的使用，也不能解决世界粮食供给问题。一方面是基因技术种植，另一方面是生态或传统的种植，这二者的共存是不可能的。一旦转基因植物被释放，它们就不会再被召回。

左翼党要求立刻在德国、在欧洲和在世界范围内禁止农业基因技术。必须在种子产品上保持零容忍。必须禁止生产终代种子。左翼党支持建立无基因技术区域，建立来源于生态或传统农业的无基因技术产品的生产和销售联盟。必须加强蛋白饲料的本地种植。我们在耕地上、饲料槽中、盘子里和油箱中不需要基因技术。健康食品和饲料以及后续原材料的可持续性的、保护环境的生产只能在无基因技术的农业中实现。农业基因技术是一项危险的技术，与我们的社会生态改革目标相违背。

支持结构薄弱的地区；在德国东部的责任

左翼党致力于在德国所有地区实现等价的良好生活条件，以及在欧盟内实现生活关系的均衡。在这种背景下，欧洲政策必须大力支持严重落后的地区，同时支持所有其他地区的稳定。继续发展欧盟的结构推进必须符合气候保护的要求和能源转折的要求，必须促进生态改革、促进扩大公共服务。

经济不发达的联邦州和地区必须在互相协作的和社会福利的联邦国家里得到支持。我们反对联邦竞争主义，即各个联邦州通过不同的税率、标准和条件在公共服务方面互相竞争。这仅仅有利于富裕的联邦州、灵活的企业和富有的人群，但却损害了生活和工作条件变差的人的利益。

一个强有力的地区性政策是必要的，当地的公民都能够民主地参与其中，它可以在地区发展计划和公民家庭预算中促进所有现有的本地和地区发展潜力。增长中心和经济不发达的农村地区之间更好的合作和联合也是必需的。为此，要通过全面提供在教育、文化、业余活动机构和儿童照顾机构的服务，以及通过支持有吸引力的工作岗位，特别是为年轻人创造有生存价值的框架条件，来达到实现值得在这个地区继续生活的目的。

基于自身的历史发展，代表东部德国人民的利益对于左翼党来说有特殊的意义。东部德国需要新的政策，来结束极高的失业率和低于西部的工资，结束年轻人继续外流。为了有针对性地平衡东部的发展缺陷，东部的新发展道路需要联邦州的发展纲领和一项长期的全德国的创新、投资和结构政策。包括在教育、培训和研究上加强投资，支持未来行业和企业，通过科学机构和企业网的合作来支持地区经济发展。

再分配与合理的税收

左翼党希望为所有人提供社会保障并创造社会公平。因此，我们追求从上到下的社会再分配。合理平衡的分配关系对于加强民主也是十分重要的，因为拥有大量的金融手段也是被赋予了政治权力。

我们想要通过一种合理的税收政策加强公共财政，以实现更高的收入。只有富人买得起一个贫穷国家。金融资本主义的获益者、再分配政策的获益者以及国家银行救助行动的获益者必须担负克服危机和生态改革所带来的花费。我们要求重新引入财产税，方式是个人百万财产每年缴纳额度为5%的百万富翁税。同时，我们要求明显提高大宗财产的遗产税。所有这些措施对于减少个人财产的极端不平等性和集中化也是很重要的。左翼党支持旨在为减少资源消耗发挥有效调控作用的生态税，这种生态税必须加在生产过程中而不是加在终端消费者身上。

康采恩和其他资金雄厚的企业必须重新缴纳更多的税。我们希望堵住税收漏洞。我们要求极大提高所得税的最高税率。我们要求银行监督机构报告资本收益情况，必面申报在国外的金融投资及金融机关更多的人员，以克服逃税和漏税现象。资本收入在未来必须再次按个人税率付税，而不是总共只有25%的清偿税。相反，我们要在税收上减轻中低收入者的负担。我们要求废除夫妻分开纳税，因为这有利于传统的男性占主导地位的单独养家者的婚姻，阻碍了妇女的求职。这也会损害其他的家庭形式。取而代之的是，必须扩大资助儿童的公共措施。我们要实施一种与采用何种交通工具无关的每千米通勤补助，也适用于不需要交税的低收入者。左翼党希望将优惠的营业税率扩大到劳动密集的服务业。

在民主的社会福利国家中的社会保障

为了自主地决定生活，并能够全面行使民主参与的权利，每个人都需要社会保障。左翼党一贯支持基本法中关于社会福利国家规定的扩展和精确说明。这特别涉及，抵制今天已经存在的、只基于良好愿望的福利国家发展。因此，社会福利的基本权利必须写进宪法中。这就需要通过引入社会基本权利和工作权、教育权、居住权、社会文化存在保护权以及健康权，以加强基本法中社会福利国家的原则。

我们希望建立一个积极的社会福利国家，它可以团结互助地使疾病、意外、陪护需要、残疾、无劳动能力和失业等生活危险得到保障，它可以保护人们免受贫穷，保障人们在年老时能够有尊严地自主决定生活。我们靠公共工具资助自我组织，特别是失业者组织。社会福利国家的服务必须基于个人的权利要求，以阻止父权的依赖性和行政机关的专断。

必须抵制去国有化、自由化和无条件竞争的政策。必须保证满足人们在居住、教育和健康等方面的基本需求，而不需取决于每个人的钱袋。保证水、能源、运输和通信服务等领域的公共服务全面覆盖、可承受且高质量，是一项公共任务。它也必须像医院、学校和大学一样，在公共企业和非营利企业中安排。合乎人类尊严的居住权必须在法律上确立。必须保证对文化的分享权。我们要让青少年照管和业余活动变得没有问题，同样也包括家庭和教育救助等社会服务。必须通过民主的社会福利国家，毫无例外地保护在德国生活的所有人不受排斥，而不论他们的国籍如何。

一处合适的房屋和自主决定的住所对于每代人来说都属于社会保障和人类尊严的最重要条件。对所有人来说，住房必须是长期支付得起的。这里还包括社会均衡的租住权、与房屋价值有关的租金和一笔定期的相应的住房津贴。我们要求无阻碍地建设福利住宅，平等地促进所有房屋所有权形式，促进积极的城市建设。一种公益的住房经济应该作为公共服务的住房的载体，并且有利于住房市场的适当发展。左翼党将会进一步努力将基本居住权写入基本法。

引起社会福利开支财政问题的一个重要原因是大规模失业。此外还有加重社会保险负担的政治决策、工资倾销以及有社会保险的工作岗位的减少。这种发展导致了保险费收入被侵蚀。还没有人口统计方面的原因导致养老金削减。虽然人口中年长者的比例愈来愈大，还是可以实现养老金增长的。这种可能性基于不断提高的工作生产效率和社会工作潜力的完全开发。即使人口中老年人的比例不断增加，日益提高的劳动生产率也能够实现进一步增高的养老金的团结互助分配，同样能够实现劳动收入的团结互助分配。

我们希望建立一个作为养老保险的退休金保障制度，它使法定退休金明显高于贫困线，很大程度地保证了已取得的生活水平。它使得国家资助的个人养老保险成为多余。这种养老保险不能避免老年人受贫困威胁，并严重导致了金融领域的膨胀。我们要求建立一个团结互助的退休金保险，它将所有人都纳入一个对等支付的、法定的退休金保险制度中。为了避免出现老年人贫困，还要在退休金保险的框架下建立一个团结互助的最低退休金。这个团结互助的最低退休金一方面来自基于自主缴纳费用的退休金要求，另一方面来自针对那些收入和财产会导致低于贫困线生活的人们的税收手段。

我们希望加强法定退休金团结互助的均衡，其中也包括先提高，最后取消保险费上限，降低高收入的退休金要求。我们致力于使东部的退休金与西部平等。我们无条件拒绝67岁退休。我们要求在缴纳40年保险费后，包括40年，可以领取全额退休金，并且使60岁到65岁的人不用降低退休金就可以退出职业生活。

在失业的情况下，社会福利也要确保接近以前所取得的生活水平。因此我们要求：必须废除"哈茨Ⅳ"救济金。取而代之的是，左翼党要求一个以过去工资为基准的失业金，至少是可以满足需求的、无需审批的最低保障，它可以真正地阻止贫困，并且注重当事人的公民权利。还包括废除审批，废除对25岁以下年轻人的特殊规定，废除需求共同体和收入共同体，实施基于法定生活费用义务的个性化原则。

为了每个人有保障的生存权和社会参与权同有偿劳动脱钩，左翼党的一部分人支持无条件的基本收入的构想。党内也对这种构想进行过激烈的讨论。我们还将继续讨论下去。

左翼党支持为所有青少年建立一个儿童基本保险，防止青少年遭受贫困，为他们提供良好的参与机会和发展机会，并保护他们不被排斥和歧视。

左翼党为了民主的卫生事业而奋斗，它基于团结互助的公民保险和公共的健康保险。公民保险是普遍的医疗保险和护理保险。在团结互助的公民保险中，所有人都要缴纳与其收入（工资收入、资本收入和其他收入）相应的费用。团结互助的公民保险废除了法定医疗保险和护理保险与私人医疗保险和护理保险之间的界限，并以恢复对等支付和废除附加费为基础。

就如世界卫生组织所解释的那样，我们将健康理解为身体、精神和社会健康的完美状态，而不仅仅是没有疾病和缺陷。卫生事业的成就必须不受限制地为人们符合需求的、全面覆盖的、就近、快速的健康照顾提供，并提供给所有人，不论其社会状况、财政状况和居留权状况如何。

健康不是商品。公共财产关系和卫生事业的结构必须作为公共服务领域来组织。要从法律上控制药价。参保人、独立的患者代表机构和卫生领域职工的民主的共同决定都必须在法律上予以相应规定。在卫生事业上所取得的经济盈余必须用于参保人和职工的利益。必须禁止用参保人保险费从事投机业务等改变参保人保险费用途的行为。住院治疗和门诊治疗、康复和护理等服务必须作为一体化服务进行跨行业组织。我们希望促进门诊结构，建立配以不同专业方向的专业医生的门诊治疗中心，以保证合理利用资源而不是缩减服务。必须将促进健康、预防疾病作为卫生事业的独立支柱来发展，并写入预防法中。

我们希望在德国实行一种自由而开明的毒品政策。毒品在日常生活中经常出现。滥用酒精是一个社会问题。合法物质和非法物质的区别是随意的。毒品及其滥用会导致严重的健康、社会和经济问题。因此，我们支持理性的、人道的毒品政策，它包含毒品消费无罪化以及长期内所有毒品合法化。这意味着毒品依赖、组织救助和合法地、受控制地出售毒品都无罪了。原则上,我们希望建立一个这样的社会——不是基于惩罚并压制毒品消费者,而是通过预防措施和宣传来预防毒品滥用。

(二) 我们希望如何决策?

社会的民主化

德国作为民主的、社会的法治国家需要革新。因此,必须通过直接民主来扩大代议制民主。为此,人民的决定应该成为一个重要的手段。改变所有制关系,特别是在财政领域,加强公共事业、加强民主公开是我们对于新自由主义私有化及一个独裁的安全政府的替代方案。

加强议会和参与民主

对于左翼党来说,政治、社会、个人和集体的自由权利和参与权是属于一起的。左翼党希望扩大在经济、国家、大众传媒、教育、科学和其他社会领域的民主监控和共同决定。企业和职工不应长期成为金融投资者的支配群体。因此,我们致力于扩大对等的共同决定权,实现职工反对关闭没有受破产威胁的企业的否定权。

资本主义埋葬了作为人民主权的民主基础。如果当选人的决定受大企业和大财产者的操纵,从而逃脱民主的监督,选举就变成了装模作样。因此,我们要求经济团体和企业不允许向政党捐款,也禁止他们把州议会、联邦议会或欧洲议会的议员纳入其工资单上。个人的大额捐助也要受到限制,以保护民主免受大资本的影响。

我们支持加强所有的代表机构团体——从乡镇代表机构到欧洲议会——作为民主的决策委员会。为此,代表机构团体需要相应的权利和资源,以便能够与政府和管理部门平等地做出反应。议会必须不仅仅要通过政府更早地、更全面地获知决策的准备工作,还要将自己纳入这个决策准备工作中。议会的公开工作是进行评定。必须提前听取工会、社会协会、环境协会、消费者协会、承租人协会、残疾人协会、自助组织和民主运动的立场。必须加强委员会和议员的知情权和档案审阅权。欧洲议会必须获得独立的动议权。欧盟在地理上、社会上、文化上和行政上变得更加强大和复杂,其决定权限变得更加广泛,与此相一致,联邦议会和州议会在欧洲立法过程中拥有更大的监督权和共同参与权成为必需和不可缺少的基本因素。

左翼党进一步要求在所有选举中将选举人年龄降低至16岁。我们致力于自下层发展一种新的政治形式。这也包括政治罢工和总罢工。一种生机勃勃的民主必须在民众动议、民众请愿和民众决定以及公民请愿和公民决定问题上为直接民主的决策和共同参与创造可能性。同时,还应该对欧盟的条约强制进行公民投票。公民必须在欧盟范围内有权利对公民动议、公民请愿和公民表决等欧洲决策施加有效影响。

民主的乡镇

公民自主决定自己生活的自由,在很大程度上取决于乡镇。人们在那里决定日常的和未来的重要社会问题。因此,左翼党积极致力于加强乡镇自主管理,强化乡镇财产和公共服务的有效发展。为了使民主不成为空壳,乡镇在经济和社会进程中需要有充足的资金和施展空间。因此,我们也拒绝公共服务和社会保险体系的私有化,要求加强公共财产。

对左翼党来说,乡镇不仅是一个行政管理层面,还是一个重要的组织层面。这里,公民可以直接经历社会发展的所有矛盾,也可获悉政策是怎样起作用的。随着公民掌握了直接参与的手段,就可以引发改变。乡镇必须在联邦体制中取得更加强大的地位。只有这样,公民才能够在解决本地和地区问题上发挥更大的作用。在乡镇中,有机会试验新的生活方式。为此,必须为政治、社会和文化领域的自主组织创造新的空间。公共服务必须被乡镇自己感受到。这里没有为了利润利益的空间。因此,为了集体的利益,获得公共财产、不允许乡镇服务进一步私有化是合适的。更确切地说,重新乡镇化对于加强公共服务是必需的。

要想使乡镇在联邦体制中获得更加强大的地位,必须至少在三个领域着手进行改变。必须赋予乡镇这样的宪法权利,使其在更大程度上能够自主负责地履行自己的任务。保障乡镇合理财政要求的财政宪法是必需的。乡镇的经济权利必须这样组织，使得乡镇企业能够平等地参与经济生活。必须加强公共企业，使得地区的经济循环能够更好地发展。为了实现这三个领域的目标，扩大乡镇民主是必要的。与之相关的是加强公民参与决策过程，确保乡镇的公共服务。

左翼党致力于参与性预算政策，致力于作为乡镇民主重要形式的市政预算。我们的愿景是团结互助的公民乡镇，在这里，人们可以自主决定并组织他们的事务，能够集体独立地进行他们的社会生态改造。

公民社会的自主管理是民主地共同决定的一个重要领域。它加强了城市、村庄和乡镇的社会团结。社团、联合会和倡议组织使许多公民在众多领域中承担起社会任务。因此，左翼党致力于促进公民社会活动家承担社会任务。再次，左翼党同时要求透明度和公共监控，确保遵守社会和生态标准。民主的合法性和充足的财政支持是前提条件。

坚定贯彻三权分立——实行司法自治

按照欧洲标准，德国是最后一名，欧洲委员会议会大会要求德国以欧洲绝大多数国家为榜样，为了确保司法的独立性，通过司法委员会实现法院和检查机关的自治。

左翼党致力于在联邦层面和州层面，坚定贯彻三权分立原则和司法的民主化。即将组成的司法委员会不受政党政策的影响，仅仅对实现基本法赋予的司法权力负有义务。法官和检察官的任命完全通过法官选举委员会来实现。在此，要确保被选举出来的候选人适当地代表所有的社会阶层。只有一个具有代表性的司法组合才能确保让权利真正以人民的名义表达。此外，加强法治国家还要求检察官与法官具有相同的独立性。

民主监督的媒体

媒体力量和媒体操纵对于民主来说是一个危险。维护一个没有审查的、严格中立的自由的互联网愈来愈重要。互联网对于左翼党来说是一项公共财产，网络基础设施属于社会控制之下，必须被民主化。民主的媒体要求民主的编辑制度，要求强化广泛的反公开性以及在媒体领域应用卡特尔法。

媒体教育在数字化时代必须理解为全社会的任务。左翼党要求提供媒体教育，这种教育面向所有人，而不论其年龄、社会地位和地区等状况，还要传授如何使用网络和数字传媒的方法。公民必须发展自己的分析能力，以理解数字媒体及其内容，批判性地做出评价，并自主地在不同环境下进行交流。基于对青年保护的某种压制性，一种父权制想法的禁止性和保护性教育导致限制媒体运行，这不符合解放的人的形象意义。左翼党拒绝这样的教育。

许多人没有使用现代媒体的机会，因此也没有利用现代信息技术的可能性。大众媒体主要掌控在少数康采恩和金融投资者手中。他们决定了我们学习什么、知道什么，应该谈论什么和想什么。媒体的利用和通过媒体进行监督愈来愈叠加在一起。左翼党反对这种分裂，反对监督和控制，支持信息和言论表达自由，支持加强公法媒体。

数字社会中的民主

网络为参与、坦率和透明提供了新的可能。在网络里形成了愈来愈多的公共舆论。左翼党必须抓住在数字时代更多地参与政治决策的机会——代表那些回避政治的公民的意愿。左翼党开启了网络的民主潜力，以便通过开放政府和网络民主（例如网络请愿和公民预算）保护并扩展社会参与。我们致力于加强公开数据的提供和使用，但是不包括真正受保护的数据如档案和财政数据或法律文本。

互联网的社会网络、搜索引擎、地理数据服务、网店和其他内容的提供者搜集了世界范围内数百万人的个人数据并把这些数据连接起来，这也违背当事人的意愿。愈来愈多的使用者数据类型出现了，并被私人经济使用。由于个人数据被剥削，免费利用信息的优点和社会互动的优点被抵消了。世界作为媒体村需要一种保护机制，这样人们就不会在数字时代被淹没在数据堆和对它的利用中了。

网络中的平等和自由

信息已经成为愈来愈重要的资源和生产力。在数字信息生产和交际的网络里,使用者把世界范围内分散的知识变得可以下载,把接触文化记忆的可能性民主化,创造了公开性的新形势。接触知识产品、筛选和使用信息的决定权都决定了数字交流网络将来由谁统治以及被如何统治。利用信息和交流,作为所有制问题和获得数字文化技术的可能性形成了网络上民主、多元化及舆论形成的基础。左翼党要求为所有人提供作为基本服务的更快捷的网络基础设施。

我们要保护并扩展数字世界中的知识自由。开放的信息提供系统遇到了更多的监控和商业利益的反对,承受了广泛的限制。私人经济寡头和国家监督的需要威胁到网络的分散结构以及网络中的平等与自由。我们支持网络的多样化。我们拒绝对网络进行阻塞、审查并过滤网络内容。信息必须是自由的。数字技术打开并扩大了知识和文化商品的大门。将它们理解为一种公共财富在当今是很平常的。不是认定使用者犯罪,而是要针对创意和文化产业的新偿付模式提出政治解决方法。

互联网可以用作自由的自我组织的平台,用作规避康采恩强制和舆论势力的平台。它可以使所有人都变得具有自主创造力,并创造私密性。我们支持那些自由获取信息和自由表达的使用者。

加强个人权利

我们反对削减公民权利和扩大安全国家,我们依托加强个人权利、保护个人数据、社会组织和运动的参与可能性,依托国家安全机构的独立民主监督。我们支持公共空间的民主自治的倡议。我们拒绝扩大国家的监控系统,要求警察、联邦国防军和秘密机构的严格分离和民主控制。我们希望废除保密机构。

我们致力于使所有德国人和在欧盟生活的人都有相同的政治和社会权利,因为政治和社会权利是人权。法治国家必须是社会福利的国家。当今,生机勃勃的民主的条件是:平等在法律上被保护,在物质上却还没有实现。关于一个高额的、有争议的物件价值的诉讼程序，只有那些掌握了必要金融工具的人才能负担得起。这必须被修改，以使得在法律面前人人平等。

信息自决的权利愈来愈陷入危险之中。公民信息的透明令我们感到震惊。私密性权利和信息自决权利对我们来说是民主国家不可缺少的前提条件。"数据曝光"将所有人普遍置于怀疑之下，尤其涉及了包括申请社会救济的穷人和政治上积极的左翼人士，他们被完全监控起来。我们致力于数据登记的简洁性，在加工数据和保障数据安全时，致力于全面的处理权利。具体来讲，我们反对在网络上建立审查基础措施，反对在线搜索，反对扩大视频监控及电信数据的全面储存。

平等和性别公平

在性别之间始终存在着一种不平衡和不合理的关系。传统角色的陈腐思想一直影响着妇女和男人的生活，损害了他们的生活质量、职业以及社会发展的机会。父权制结构一直贯穿所有的社会领域。妇女从事了社会中超过一半以上的工作，特别是没有工资的家务、护理和再生产工作，但是她们的工作却很少受到认可，她们在工作领域的工资总是比男性同事低得多。与此相适应，她们社会救济的要求也更低。特别是工作条件、低报酬和长时间工作不利于妇女，而且还加强了传统的性别关系。结果就是妇女经常不能自主保障自己的生存。经济依赖也助长了暴力情况的产生。

世界上有三分之一的妇女，德国和欧洲有四分之一的妇女遭受着暴力。对妇女实施暴力是战争进行的重要手段。然而在私人领域和家庭中，妇女仍然遭受男人的暴力。在工作岗位上，妇女还遭到性骚扰。暴力有很多面：损害自主决定权利，身体和精神上的刁难，侮辱和歧视。女性移民和被强迫犯罪的妇女更经常是暴力的牺牲品。因此，左翼党希望扩大对妇女的保护，持续在财政上对独立的女性之家和防止暴力机构予以保障。性别暴力必须被认可为申请避难的原因，必须扩展对受害者的保护。这不仅适用于国家方面实施的性别迫害，还适用于那些在家庭和社会领域中的性别迫害——如强迫婚姻或生殖器摧残。妇女交易的受害者必须得到居留权。我们要有效地与性生殖器摧残和强迫婚姻做斗争。左翼党拒绝为了建立种族主义和进行战争而将妇女的权利工具化。

左翼党将自己定义为主张社会主义和女权主义要求的政党。我们致力于自主决定的、团结互助的生活，在这种生活中，有偿劳动、家庭工作、妇女和男人的社会参与和政治参与是互相协调一致的。我们支持改变社会保障制度，改变职业领域的形态，改变公共服务的供应，改变在经济和政治领域进行政治参与的框架条件，以克服歧视。必须对所有的政治决定和建议进行系统评价，它们对妇女和男人有哪些影响。

我们支持有利于提高妇女工作率的措施，为同工同酬而努力，支持缩短工作时间，支持将工作和家务合理分配给男人和女人。我们要求给予私人经济同等地位的法律。工作的灵活性不允许导致不断地强迫收回社会联系和自由。我们拒绝不稳定的、没有保障的就业和愈来愈多的工作灵活性，因为这样的工作关系是有害于家庭和儿童的。我们更多的是希望以有利于家庭和儿童的方式，更加灵活地安排工作时间和工作可能性，并以社会福利给予保障。我们要求在托儿所、幼儿园和儿童日看护所全天免费的护理和教育权利。这是促进儿童良好早期教育的基本前提，对于妇女和男人能够平等地协调工作和家务也是必需的。名额比例是促进性别合理的重要手段。我们致力于自主决定的团结互助的生活并从刑法典中删除将中止怀孕作为犯罪行为（第218条）的规定。

性别多样化和自主决定

左翼党代表一种解放的政策，它重视并支持不同的生活方式。异性恋和只存在两种性别的观念无声地作为政治和社会准则的尺度，这一准则应该被排除。左翼党支持社会中性别多样化的权利。这包括社会平等和接受女同性恋者和男同性恋者、变性人、转基因人和雌雄同体人的基本权利。婚姻状况权利必须正确对待人权，特别是雌雄同体人和变性人的人权。必须禁止在童年进行性别手术。我们要求在所有的法律领域和法律机构中都有合法的平等对待。

将移民与融合作为社会的和民主的问题——为困境中的人开放边界！

德国是一个移民国家。左翼党拒绝这样的移民与融合政策，即根据人们对资本"有用"或"无用"来分配社会和政治权利。我们希望使所有在德国居住的人都能够实现社会和政治参与。

必须允许移民的家庭成员，包括孩子、同性或异性伴侣以及不超过两层亲属关系的家庭成员，随后移民到德国。促进语言发展并促进教育成功是重要的，但对于融合来说仍然是不够的。我们想要克服在教育、培训、劳动力市场和社会服务准入方面的结构性歧视。保障所有在德国生活的人们，不论其居留地位如何，都能得到健康服务。不能拒绝寻求保护的人。我们希望为所有人提供开放的边界。

我们承认不同种族出身的人是不同的，我们致力于人们之间相互尊重的社会关系。这首先要求移民者可以民主地共同参与所有的社会决策。左翼党致力于所有主要生活在德国的人都有选举和被选举的权利，以及有进入劳动力市场的同等权利。所有在德国出生、父母在德国生活的儿童都应该获得德国国籍。必须使获得德国国籍再次变得容易。双重国籍原则上应该是可以的。左翼党承认所有移民团体经过认证的、在国外取得的资格证书。

不能拒绝或驱逐由于人权损害、战争或政治追捕等原因而逃亡的人。我们要求恢复难民的基本权利，反对难民非法化，反对驱逐，反对任何形式的特殊法律，如居住义务，并且反对难民营。欧盟的隔离政策是非人性的——我们不要堡垒欧洲。左翼党的难民政策以人道主义和人权为导向，因此，重要的是对处于困境中的人的保护，而不是政治或经济的考虑。所以，左翼党为废除欧盟国际边境管理局而努力，它是欧盟最重要的隔离工具。

反歧视政策

左翼党反对任何基于性别、年龄、世界观、宗教、种族出身、性别取向和性别身份的歧视，或基于身体、精神或心理损害的任何歧视。我们希望在积极考虑残疾人及其亲属的情况下,有目的地减少并克服所有在居民迁徙、学校教育和职业教育、职业和交际上的一切阻碍。我们希望平等地尊重、重视和保护不同的共同生活形式的多样化。家庭政策上的模式改变是十分必要的,它要求一个新的家庭形象。除了结婚的夫妇,还要认可非婚父母、拼合家庭、男女同性恋、双性恋、雌雄同体以及其他不属于正常性别角色的伙伴关系的教育抚养权。左翼党为积极地反歧视政策而努力,为男女同性恋者和其他不符合通常性别角色的人的合法平等地位而努力,为促进他们的公民社会结构而努力。

支持残疾人的平等和公正

为了使残疾人平等地参与社会生活,缺陷补偿并在所有层面上都有自我代表权是必要的。左翼党支持在所有社会领域里都注重并贯彻残疾人权利的政策。在所有行政机关、乡镇、教育机构、疗养机构、卫生机构,在政党、社团、利益团体和经济方面——必须在所有地方都贯彻无阻碍、自由、平等、友爱、参与、解放、包容和团结等公民权利。

左翼党致力于人格的自由发展以及所有人不受限制地参与到我们的社会中。社会(社会主义)政治包括了所有人。我们要求所有人都有人权:无残疾或有残疾的人、男人和女人、不同出身或种族的人。

左翼党的残疾人政策可以理解为贯穿所有政治领域的和所有规划的不断充实的使命。这不仅涉及关于机会公正的立法的恰当措施,关于缺陷的合理需求的补偿,或积极的反歧视政策。我们希望为一种积极的意识形成做贡献,这种意识重视特殊的优点和技能,促进人们之间互相尊重地交往。这关系到保护尊严和维护公道,关系到自治和公民的自由权利,关系到减少偏见。这涉及现有的多样性。在我国完全实施《联合国残疾人权利公约》是左翼党和其党员以及议员的意愿与目标。

与新法西斯主义和种族主义做斗争

我们积极反对新法西斯主义、右翼民粹主义、种族主义、反犹主义、反吉普赛主义、敌对伊斯兰教、憎恶同性恋以及其他的反人类形式。我们积极参加民主联盟，在公民运动和公民倡议活动中与所有热衷反对极权、右翼民粹主义及种族主义的人合作。我们在街上和政治委员会中与新法西斯主义、右翼民粹主义和种族主义做斗争。我们要求禁止一切极右组织；同时我们还意识到，禁止没有代替社会冲突。我们致力于加强反种族主义和反法西斯主义的教育工作，不仅在学校，还在学校外的领域。我们致力于积极地反歧视政策并支持更多的民主和各个层面上的参与及公民参与。

左翼党和他的民主力量一致认为，反对新法西斯主义和种族主义是一项任务，必须在德国的所有地区，并且始终以公民勇气通过所有公开方式进行。同时，我们明确反对种族主义激发的暴力，反对国家种族主义，也反对日常生活中的种族主义以及来自社会中的排外立场。

反法西斯主义是左翼党的基本态度。这对我们意味着：遏制所有极右的、右翼民粹主义的及种族主义的意识形态、政党和运动；与一切旧形式和新形式的反犹主义做斗争；与历史修正主义和所有从人类不平等立场出发的意识形态做争论；维护反法西斯主义运动的政治、科学和文化遗产。

左翼党强烈反对通过极权主义教义和极端主义理论将左翼党观点与法西斯主义思想等同起来。我们关于和平的、更公正的和民主的世界的观点绝不能与（新）法西斯主义者的蔑视人类的世界观等同起来。

平等对待丹麦人、弗里斯兰人、索布人、辛提人和吉普赛人

在德国生活的少数民族——丹麦人，弗里斯兰人，辛提人和吉普赛人以及索布人——必须能够平等表达并实现其特殊利益和要求。政治必须创造框架条件，使维护和继续发展身份认同、语言和文化得以保障。制定相应的联邦政治基本原则是必需的，必须在中期写入基本法条款。左翼党致力于保护少数民族的权利，特别是他们自主决定的权利，促进他们在社会观点和意志形成过程中的代表性和共同作用。在联邦德国，政策必须——在联邦和联邦州——最终以国际认可的标准为指导。

从开始就参与——青年人积极的共同作用

对我们来说,青年人积极参与到社会决策进程中是解放的民主的必需条件。青年人应该自主负责地构建他们的生活,并且能够积极地参与改变社会关系。为加强民主参与的政治教育,如以青年议会或青年论坛的形式,对我们来说很重要。他们必须具有职位,而不仅仅是一种表演活动。我们致力于使青少年参与到涉及他们自身的决策中来,能够积极参与青年机构和业余活动机构的建设。

老年人,积极而有尊严的

年长的人拥有丰富的知识和有趣的人生经验。他们希望自己构建他们的生活,并投身于团体组织中。他们必须能够在职业生涯结束后有尊严地自主决定生活。充足的退休金、良好的健康护理以及可以满足更高安全需求的、适合老年人的居住环境,都是老年人和老龄化文化的一个新前提。然而,年老远不止意味着退休金、健康服务、看护和花费。在媒体、政治、经济和社会上的思想转变必须服务于日益老龄化社会的日常生活以及高龄的挑战。我们依托于几代人有活力的团结,依托于更多的参与和共同决定。

因此,左翼党支持联邦州、县和乡镇的老年人代表机构,这样能够为搬家、见面、咨询和良好的老年人居住环境开发更多的手段和可能性。我们致力于老年人自主决定的住房和无障碍的居住形式。我们要鼓励老年人参加老年人俱乐部、业余活动场所和老年人学术机构,利用公民社团、家乡社团和运动社团并积极参与公民倡议组织和政治组织。

我们认为,在老年人和青年人之间的讨论中、在历史项目中、在文化和运动活动中,更加积极地塑造几代人之间的团结是充满意义的。

公正的、有对话能力的社会的文化

对一个生动的民主来说,文化的多样性和以所有方式表达的艺术是不可或缺的。

因此,为文化发展创造有利的框架条件和自由空间对于我们左翼力量来说，是竭力争取民主和公正社会的重要组成部分。国家的目标是文化属于基本法。

左翼党支持民主文化，所有的团体和阶层都能够在其中找到并表达自己的文化身份。所有人都应该有分享文化生活和社会文化财富的机会。这要求从开始就存在的文化教育。接受教育和文化，接受丰富的、传统的和现代的文化和交际形式，是21世纪最重要的社会问题之一，它决定了个体和作为整体的社会的发展可能性。文化和文化教育是解放的前提。

我们致力于获得公共的文化资助，反对文化服务的无限自由化及使用，反对私有化并减少公共基础设施。我们希望维护和促进文化产品载体的多样化——从公共的、免费公益的倡议直到独立的出版社、工作室、通讯社和艺术产品公司。我们希望促进所有地区和阶层的文化生活。我们希望在文化领域提供好的、确保生存的工作。艺术家和所有的艺术创作者都应该能够以自己的工作为生，并在社会福利上得到保障。

个人自由及其在所有矛盾中的社会束缚在各种方向的艺术中得到考虑和经历。因为艺术是社会大讨论的一个重要推动力，左翼党希望保障并保护艺术作为自治空间、实验领域和避难所的特有世界。左翼党在新的艺术趋势中看到了更开阔地理解世界和社会的推动力，必须尽力促进这种推动力。左翼党需要来自艺术家的倡议。

左翼党与所有批判地看待这个社会并坚决要求改变这个社会的人一致。我们对关于另一种有尊严的生活的替代方案持开放态度，并要加强解放的立场。

在左翼党中，来自不同社会文化阶层和不同政治文化的人汇聚在一起。他们的经验丰富了一个新的社会左翼党对文化更宽广的理解。

文化是记忆。文化连接了传统和当代。只有思考文化遗产，才能产生一种不同的文化理解。因此，在文化中蕴含着理解和宽容的基础。左翼党希望为民主的记忆文化做出贡献。我们要证实早期分裂的国家在其欧洲环境下的文化史。

全民体育运动

左翼党希望扩展必要的社会框架条件，使体育运动能够成为个人发展的一部分。

体育运动满足了一个重要的社会功能。左翼党致力于压制以利益最大化为目的的运动商业化，加强在体育中传播宽容、尊敬和公正等价值，通过质量标准持续地改善学校运动和职业学校运动，加强向青少年传播运动的乐趣，反对暴力和歧视，确保每个人——残疾的或非残疾的，不论其社会、种族、宗教或性别背景如何——都能够有机会参加体育运动，促进所有人都能够参加与自然和谐相处的、不受控制的体育运动。

教堂组织、宗教组织和世界观组织

左翼党捍卫所有人都能够信仰一种世界观或宗教的权利。左翼党支持保护世界观的少数派和宗教的少数派。政治回归俗世主义对我们意味着国家和教堂在机构上的必要分离。

我们接受我们的历史责任，并从民主德国对教徒所犯的错误中吸取教训。早在1990年，民社党执行委员会就承认对德国统一社会党的错误政策负有责任，这个错误政策引发了悲惨的命运、歧视、怀疑和无能为力被牵连，并请求教徒、教堂和宗教团体的原谅。今天，除了其他宗教团体的成员，左翼党中的基督徒和无神论者都为共同的目标和价值积极努力，这些目标和价值在各大宗教中同在启蒙主义思想及人文主义思想中一样，都有其根源：社会公正、和平、博爱与宽容。

左翼党重视教堂和宗教团体，重视他们的社会行为及其独立性。然而，基本权利和雇员权利也适用于教堂、宗教团体及其机构中，同样适用的还有罢工权和企业宪法。那些不信仰任何宗教的人不允许以任何方式被歧视。我们反对宗教的政治滥用。学校应该传授宗教的知识，促进信仰组织之间的相互宽容。必须在国家教育任务的框架下，通过国家承认的师资力量来进行授课，而不受教会和宗教团体的影响。

(三) 我们希望如何学习与研究？

免费接受教育和知识

教育是一项人权。它应该使人有能力作为个体及与其他人一起，过着自由的、承担社会责任的和自主的生活，并积极参与社会发展的塑造。这样的解放式教育要求学习者的自主决定，并要求创造力、批判力、行动力、团结互助和历史—政治意识。它发展了人类解决社会和全球关键问题的能力。教育对我们来说是全面的人格发展，不应只局限于有经济利用价值的知识获取中。当然，在欧洲层面上，我们也致力于一个相应的教育政策转折。

面向所有人的教育

几乎没有一个工业国家像德国这样，社会出身如此决定教育的成功。教育体制加剧了社会排斥，而不是社会融合，上层阶级的教育特权被固化。我们希望把包容的教育作为基本权利来贯彻，创造一个包容的教育系统，使所有的青少年能够尽可能长时间共同学习，尽最大可能促进他们的发展。

教育必须是免费的。这在早期的儿童教育、学校教育和职业教育一直到大学学习都是适用的。教育是一项公共财产，而不是商品。它必须由公共负责并由公共财政支持。我们反对在教育领域的私有化，因为它会加剧教育中的不公平性并削弱公共教育机构。面向所有人的平等教育机会要求显著改善对公共教育机构有好的财政支持，以及联邦和联邦州之间更好的合作。

青少年获得教育机会是由他们的生活条件决定的。在乡镇、业余活动和体育活动中的共同生活，应当由公共负责进行扩建，对所有人开放，并以儿童和青年的健康为导向。良好的学习条件要求为教育者创造同样良好的工作条件。然而，不稳定的就业、高工作负担、缺少时间、低报酬在教育领域仍然是常见现象。左翼党与工会的立场一致，都为教育领域从业人员享有更好的工作条件和良好社会福利而努力。

我们支持所有教育领域的民主化。中小学学生、学徒和大学生应该能够共同参与教育过程的塑造。

从幼儿园到进修的良好教育

我们支持所有儿童的全日制早期教育和照顾的权利要求,而不取决于父母的职业状况。为了促进儿童能够接受更高质量的教育,我们努力使教育工作者都能够接受高等教育。

我们教育政策的目标是建立联合学校,作为共同学习的包容性学校放弃对学生的分类。联合学校拥有这样的权利和能力,使所有青少年在不取决于个人条件和社会条件前提下在学习上取得最好的进步并获得尽可能高的学历。

我们要求提供广泛的、可供选择的培训岗位。所有企业必须用团结互助的分摊款项参与资助。我们希望在所有领域都提供良好的培训报酬,这样学徒就能够尽可能地独立承担生活费用。双轨制构成了我们职业培训的核心。我们希望改善培训质量,尽最大努力使雇主、雇员和公共手段在未来平等参与培训。必须使学徒在企业、职业学校和工作岗位上获得实质性的共同决定的权利。

左翼党希望扩建高等学校,显著提高大学生数量。这里还包括高等学校对职业培训者的开放。必须保障所有大学生都有独立的重点学习内容,并有攻读硕士学位的机会。教育和研究应该成为一个整体。不得在高校和研究机构进行军备研究,必须遏制经济施加影响和赢利愿望。左翼党坚决拒绝联邦国防军在教育机构的宣传招募,例如通过青年军官、军事演习和课堂资料等手段。相反地,教育和科学应该服务于人类,服务于社会的、生态的、和平的社会发展。我们希望为批判性的科学争取新的自由空间。

学习不能以第一份工作的开始而结束。我们希望将进修和终身学习作为一项公共任务和个人权利来扩展。企业必须对员工的进修承担更多责任。同时,我们需要提供全面的公共教育,它是免费的,包括一般性的、文化的和政治的进修。

我们希望通过一种结构改革把培训资助变成公共资助的成人教育资助模式，从而克服职业教育和进修中的社会不公。所有接受培训的成年人的个体需求都应获得被满足的、不依赖父母的资助。这种资助应当没有偿还义务，在第一次培训后也被提供，前途也得以保证。

知识产品和版权

我们希望这样的科学发展：使科学家和使用者承担更多的社会责任，使更多的人分享知识和成果，并排除其破坏性力量。掌握社会知识的私人垄断者违背了自由利用共有知识财富的民主原则和自由利用人类共有精神财富的民主原则。因此，我们拒绝科学机构的私有化，还有图书馆、博物馆、剧院和其他知识与文化场所的私有化。这包括为维持并保护自然环境和评估技术后果的科学使用。

左翼党致力于传媒和现代通讯手段的多样性和自由以及网络的自由使用。所有使用者必须能够发送和接收他们选择的数据。网络的中立性必须得到保障，所有人，不论穷富，不论在城市还是农村，都必须拥有平等使用网络的机会。这同样是公共任务，就像促进免费使用软件（开源资源）、限制数字所有权并保障大型及普遍开放的数字知识库一样。我们希望加强版权人相对版权使用企业的权利。我们致力于禁止这样的合同，即使用者通过缴纳固定的酬金，得到没有空间和时间限制的作品的全部使用权（完全转让）。我们致力于尽可能使所有出版者团体在有约束的报酬规定和版权合同上达成一致。我们希望专业创作人士的成果得到适当的报酬，同时找到一个平衡：使非商业化的使用和创造性的再加工受尽可能少的限制。在这个意义上，我们希望继续发展网络时代的版权。

不授予生命专利

左翼党致力于在世界范围禁止对植物、动物、人类和其他生物及其器官、基因和遗传序列、培育程序的专利。我们需要国际条约做出相应的改变，例如《与贸易有关的知识产权协定》或《欧洲专利公约》。

左翼党与环境保护组织、农业组织、发展救助组织和消费者保护组织团结一致，反对通过专利手段对种子产品和农业家畜的日益垄断。少数以利益为导向的康采恩试图在世界范围内以牺牲公众利益为代价，尽可能获得全面的专利保护，这样就能够向农民、职业和业余园丁、中小饲养企业、食物加工者和消费者收取种植与培育、研究程序与加工程序以及饲料和食物的许可费。这里涉及整个农业和食品业的全球统治，还有一些农业基因技术康采恩的大生意。农民和园丁愈来愈多地陷入对他们的依赖中。生物专利减少了物种的多样性，使农业中的植物种类以及家畜品种变得贫乏。生物专利也愈来愈多地阻碍了育种领域的进步和农业研究。

左翼党将生物专利看作是基本弊病，因为它促进了生物劫掠。研究人员和企业通过申请专利获得对可能发现的而不是被发明的基因的拥有权。这种科学殖民主义形式剥夺了每个人的种族基础。尤其是土著居民和发展中国家几乎不能对此进行抵抗。地球上存在了百万年的所有的生物遗产不属于任何人。必须禁止这种生物劫掠形式。

对生命的专利权是压迫工具和提高利润的工具。这与民主社会主义的原则相矛盾。因此，不允许存在对生命的专利。

（四）我们怎样维护自然和社会？社会—生态改革

左翼党将德国和欧洲的社会生态改革看作其重要目标之一，并作为贯穿所有政治领域的基本任务。

每个人都对地球上所提供的东西拥有普遍的平等的分享权，同时也具有保护其生活基础的普遍的、平等的义务。平等的使用权利和平等的保护义务必须成为全球行动的榜样。欧联和德国必须在国际上发挥先行者的作用。在此，不仅涉及遵守联合国发展目标框架下减少贫困、饥饿、儿童死亡、文盲、欠发达和环境破坏的义务，还涉及指导性地推动这些义务。这主要包括社会—生态改革。它不仅在生态上是必须的，在种族的、社会的和经济的改革中也是必要的。我们今天的生产和消费方式是不合理的，也因为它们太不生态了。今天的生产和消费方式是没有生态能力的，也是因为它是不合理的。

只有当社会同时变为更社会的、更民主的和更自由的,在此期间得到普遍接受的明显减少材料和能源销售额的目标才能够实现。只有这样,逐渐形成的新的、与环境和谐相处的生活方式和一种新的富裕形式才能被接受。社会保障、可靠而充足的收入、职业前景、在工作和社会中存在的统治势力变弱,都是增进人际关系、健康、教育、文化和休闲娱乐的基础。一个更加幸福的社会浪费较少资源,需要更多的平等。左翼党绝不会规定一定的生活方式,人们可以有很多种生态的生活方式。重要的是,每个人的生态足迹都保留在全球允许的框架内,也就是说每年不会产生超过一吨左右的二氧化碳。二氧化碳怎样产生是个人的自由,但却不仅仅是个人的任务。关键是塑造一个对于所有人来说都具有吸引力的低资源消耗的框架条件。

未来的经济要求减少90%的化石燃料的消耗。大幅减少依赖化石燃料的其他资源的消耗也是不可避免的。因此,左翼党希望,产品和服务的生产不再把利益作为最高准则,而是转向社会生态目标。将生态控制与更多的社会公正和扩展个人发展可能连接起来是很重要的。如果为了生态控制而使环境资源的消耗变得昂贵,如通过对二氧化碳征税,较贫穷的人必须从其收入中获得超比例的利益,不论是通过直接支付还是通过扩建公共服务。

一个以社会生态目标为导向的经济不为了增长而追求增长。日益上升的国内生产总值不会自动导致更多的富裕。社会生态改革意味着,将源于过度以利益为导向的、不公正的和压迫性关系的增长压力从社会和经济中排除出去。在收入分配、财产和工作时间上的高度不公正、公共财政的过度负债和社会保障制度对生活风险的不充分保障阻碍了放弃只重经济增长。统治性的、强调竞争的生活关系和劳动关系促进了有生态问题和社会问题的经济活动和消费行为方式。

我们希望使所有的政治领域都以经济和社会的社会—生态改革为导向。这尤其涉及经济和财政政策、社会和教育政策、科学研究和技术政策、结构和地区政策,以及和平与交通政策。

气候保护和能源转折

左翼党将能源经济改革同分散的能源生产及供应结构相结合。这必然导致能源经济的民主化,有利于公民参与并减少二氧化碳。长期来看,会产生一个更加安全、有利于环境的、不依赖于进口且所有人可支付得起的能源供应。

左翼党致力于使德国在2020年的温室气体排放无条件地减少到1990年的一半。到本世纪中期争取最低减少90%的温室气体。我们的目标是,到2050年,首先在地区可利用资源耗尽的情况下,实现100%的可再生能源供应。我们通过确定二氧化碳排放的极限值而不是通过基于市场的排放贸易来实现这个目标。这可能为地区带来工作岗位,并持续加强乡镇财政。

当食物和饲料以及来自农业的工业原料能够完全保障能源供应时,利用再生原材料中的生物质来生产能源,才是可替代的。我们拒绝进口由掠夺式开采和单一种植得来的生物质。对生物质的能源利用不允许导致粮食的价格提高,而必须以一种可持续的方式来进行。

《可再生能源法》是一部成功的改革法。我们致力于维护并扩展它,也是为了确保可再生能源的供给优先。伴随生态成功而提高的分摊款项主要由工业和私人家庭中的能源消耗大户承担。必须为所有人提供能支付起的基本能源消耗,并由能源消耗大户承担大部分支出。

我们要求立即停止所有的核电站,禁止出口核技术。在基本法中必须规定禁止任何和平的与军事的核能利用。对最终核仓库的找寻结果必须公开和透明,且必须在人们的参与下进行,核废料必须由制造者承担费用,在风险最小的地方储存。

我们希望阻止重建燃煤发电站以及地下储存二氧化碳。必须提高煤炭使用的价格,使得企业运行和计划建立新的燃煤发电站变得不经济。

改善能源利用率作为能源转折的一部分涉及所有的社会领域。特别是在优化建筑物的能源消耗方面,有着巨大的潜力。必须资助那些不是通过劣质的能源消耗而再筹资的改造措施。费用不能由建筑物的承租者承担,而是由能源经济的盈利者承担。因此，我们要求能源康采恩向公共财产和企业的民主控制转变，目标是实现对生态负责的能源利用，以及为对社会负责的改造措施提供财政支持。

为了改善电子仪器的能源利用率，我们希望引入法律规定，它可以保证，机械在其整个生命周期中消耗最少能源和资源的标准在短时间内被规定。另一个评判标准是易修理性。这个规定也应该适用于其他的产品。

必须将至今为核能，包括核聚变和化石能源系统，投入的研究和资助手段转投到扩大可再生能源系统和储存方法、改善能源利用率以及扩建和调控网络。特别要促进波动很大的可再生能源的网状基础设施的改建，例如通过力—热耦合。

自然是我们的生命

一个人利用自然也意味着另外一个人失去了利用的权利。谁要求增加对自然的利用，谁就损害了其他人的基本发展权。与自然资源可持续的相处不是令人厌烦的支出因素，而是打开了一扇更值得生活的未来的大门。我们希望在德国、欧洲以及世界范围内维护自然的生活空间。必须保护生物的多样性，为了其自身的缘故以及作为我们生活的基础。因此，要维持并保护剩余的地球大自然空间并把自然保护区互相连接起来。在公共负责任的情况下，利用并保护森林、海洋和山水，使其自然再生能力得以保持。将自然保护区转交给私人不利于这个目标。我们追求为环境组织和公民提供更多的民主计划权、监控权和申诉权。我们致力于维护自然河道，保护其不受洪水侵袭，当然也是为了维护典型的动植物品种和河滩地形的风景美学价值。

我们希望通过加强居民点的内部发展，减少住所和工作地点的距离并扩建公共短途交通，以抵抗不断增长的住宅和交通面积对自然风景的阻断。居民区结构的转变必须与改变的价格结构相关联。在居民区内部的居住、交易和加工业可以从阻断自然风景的费用中获得资助。不自然的东西必须便宜，不想要的东西变得困难，同时不能限制穷人的机会。城市内部的租金和土地价格必须规定上限，这样使建设在草地上的住宅和购物中心失去吸引力。

我们致力于保护自由生活的动物以及在人类的保护下生活的动物,特别要保持恰当的农业家畜品种并取消动物实验。我们支持大幅提高生态种植,要求所有企业都从事生态经济。为了实现这个目标,我们希望系统地为生态种植提供价格上的优惠待遇——就像可再生能源生产一样,这由非生态生产所缴纳的款项来提供资助。这样就使得所有人购买生态食物成为可能。

即使它在此期间是国家目标,我们仍然与有效的动物保护相距很远。我们支持动物保护联合会在联邦范围内的社团起诉权。社会立法应允许合适的动物饲养。动物运输、动物培育和动物园饲养需要更加严格的条件和更加民主的监控。左翼党致力于食物的动物保护印章。我们拒绝基于不可估计的危险的农业基因技术,必须把标明义务降低到技术上可证明的界限上。我们拒绝对动物和植物的专利。

为了所有人的居民自由迁居——生态的交通转折

一种可持续的基础设施发展依托于避免交通、短途道路和节省能源的交通手段。基本移动的需求必须在不依赖经济实力且尽可能有利于环境的前提下得到保障,这是公共服务的重要部分。我们的目标是覆盖面广的和无阻碍的公共交通,它具有有吸引力的时刻表、良好的转乘可能和负担得起的票价。我们把免费的短途交通看作需要我们长期为之努力的目标。公共的短途交通和长途交通必须在乘客代表、员工、环保团体和其他有关人士的参与下,以共同协作的和民主的方式进行调控和运行。

德国铁路必须处于一种更广泛的民主控制下。我们拒绝公共交通企业的私有化。长期的目标是使轨道交通领域只受公共影响。联邦必须保障对铁轨道路进行全面的维护和必要的扩建,长期为联邦州提供足够的手段,用于公共交通领域的交通服务和基础设施扩建。我们不支持建立竞争性的长途公共汽车网络。

在规划交通项目的时候,公民和规划机构的利益代表必须从一开始就明确参与进来,参与程度要加大,并在早期阶段实现全民公决。

我们希望从根本上改革联邦交通道路规划，使之成为有利于环境的居民迁移规划。我们迁移计划的支柱是与环境相结合的——步行、骑自行车、坐公交和乘火车。我们要明确提高交还给环境的部分道路，减少机动助力的个人交通方式。在空间规划上，我们致力于住所、业余活动地点、工作地点和教育地点之间的短途路程，也致力于有利于步行和自行车的住宅区结构。我们希望通过将交通面积改作他用，来明显提高生活质量：就近休养，而不是噪音和废气负担。

我们拒绝扩展高速公路和街道网。我们支持在高速公路上的普遍限速为120公里/小时。电动车和生物汽油不是由于能源和资源消耗以及堵塞的街道和交通事故所引起的问题的解决方法。

必须将德国国内航空交通和欧洲大部分的内部航空交通转移到轨道交通上来。第一步就是引进欧盟范围内统一的航空燃油税和国际机票费。必须结束对机场的国家补贴。必须明显减少货物运输，同时，使运输费来负担外部费用。相应的手段是在全欧洲实行更高的矿物油税和有约束力的卡车养路费。我们希望首先将剩余的货物运输转移到轨道和与自然和谐相处的海运和内航船运上来。随着尽可能在世界范围内或欧洲范围内实行化石燃料税，我们要促进珍惜资源和环境的动力。我们能够通过港口之间的合作而不是竞争有目的地引导货运流，最优地利用现有的容量和基础设施。一个现代化的内航船队被有目的的投入使用，它利用有意义的创新，不需要进一步扩大河流。

在交通基础设施上的投资必须更加可持续，并且无障碍地进行。必须减少许多人因交通噪音和空气中的有害物质，如粉尘，所带来的负担和身体上的损害。必须通过严格的阈值和积极的防护手段来明显减少在现有交通道路和飞机场的交通噪音。我们支持禁止夜间飞行。

地区的经济循环

我们希望实现向地区性的、创造工作岗位的经济循环和物质循环过渡。为此，我们不仅需要自治的地区发展基金、改变了的乡镇财政平衡以及结构资助和启动资助，还需要一个分散的食品生产、能源供应以及更高的运输价格。公共服务的其他领域如水/废水、垃圾处理、卫生和文化，必须尽可能在地区层面并且分散地安排。

我们支持持续将垃圾经济改造成一个能源高效的资源经济。因此，必须以提高再利用、高回收率和更加严格的要求为方向，继续发展循环经济法。必须禁止垃圾的出口。目标是人造物循环和自然循环的相容性。这就是说，只有在不加重自然过程和自然降解的负担时，才允许使用原材料和化学产品。

（五）我们怎样从根本上改革欧盟？民主、社会福利国家、生态与和平

欧盟直接地并在愈来愈大的范围内影响了所有成员国公民的生活。由欧洲议会、成员国国家和政府首脑组成的欧洲委员会、欧盟委员会和欧洲法院所做出的决议实质性地决定了联邦德国人民的生活条件和日常生活。在欧洲层面上所做的决定对保障欧洲大陆和其他地区的和平、经济和社会发展以及应对生态挑战有着核心意义。鉴于此，当今德国的左翼政策必须更多地考虑到欧洲层面，说明自己对制定欧洲政策的建议。欧盟对于左翼党来说是一个不可缺少的政治行动层面。

与其他左翼政党一起，我们支持欧盟内部政策的根本转变。我们希望建立另外一个更好的欧盟。欧盟必须成为一个真正民主的、社会的、生态的与和平的联盟。

对此，欧盟的条约基础是不合适的。因此，我们拒绝《里斯本条约》。我们的批评在过去和现在都首先反对条约文本中所包含的将欧盟安全政策和防御政策军事化的陈述，反对欧盟对新自由主义标准的基本倾向，反对放弃社会福利国家条款，反对警察局和安全局所追求的强化合作，反对欧盟及其机构中继续存在的民主赤字。

欧元危机为此带来了另一个证明，欧盟条约不利于民主、社会、生态与和平的欧洲，而是完全相反，加剧了危机。

欧盟需要一个新的开始，要对欧盟那些军事的、非民主的和新自由主

义的、具有基本权利性质的基本要素进行全面修正。因此，我们继续致力于一部这样的宪法：由公民共同参与制定，同时，所有的欧盟成员国的公民都能够在全民公投中对它进行表决。

同样地，我们还要在欧盟内部实现根本性的政治转变，本着绝大多数人的利益，将欧洲一体化置于一个新的基础上。

我们希望建立一个不为金融市场而牺牲民主和民族独立性的欧盟。我们拒绝所有对欧洲民主的攻击，诸如通过建立对民族国家财政采取有力措施的权利。

我们希望建立一个在联合国宪章意义上排斥战争的、和平的欧盟，它在结构上不具攻击能力，不拥有大规模杀伤性武器，不仅放弃扩展军事优势，还放弃在世界范围内的军事投入能力以及在世界范围内的军事出兵。我们寄希望于裁军、平民合作、欧洲和世界范围内的伙伴关系的发展。

我们希望建立一个没有排斥、没有贫困的欧盟，在这个欧盟里，可以保障人们有良好报酬和有社会保障的工作，保障所有人都能够有尊严地生活。社会福利的国家地位必须属于欧盟的价值和目标，且在欧盟所有政策实施时具有最高的优先权。左翼党支持使社会进步条款固定在欧盟基本权利中。如同竞争在欧盟中受到控制一样，在欧洲范围内必须检查社会福利规定的遵守情况，必须惩罚违反规定的人。为了阻止税收倾销，左翼党要求除了统一企业税的计算标准之外，还要在适当高度上确定欧洲范围内企业盈利的最低税率。

我们希望建立这样一个欧盟：在保持经济、政治中立的前提下构成其权利基础，在面对一种混合经济制度时，对重要的公共领域和未来的社会发展是开放的。欧盟的经济政策应该提升社会福利进步和生态结构转变。对此，更多的公共投资和加强内部经济是必要的。稳定和增长公约必须被可持续发展、充分就业、社会福利保障以及环境保护的公约所代替，也包括经济外的稳定措施。欧盟需要一个协调的、民主控制的经济政策，它反对通过降低工资、降低工作条件和社会福利补贴以及环境标准的低价竞争。欧洲中央银行必须受到民主的监控，它除了有稳定价格的作用以外，这应当发挥就业和可持续发展的作用。

我们希望建立一个共同的欧洲农业政策，它坚定地指向社会福利和生态，并更进一步考虑发展中国家的利益。为了遏制非农业资本的影响，不论企业大小和经营模式，农业初级生产企业必须因提供社会的和生态的服务而得到支持。

我们希望建立一个在世界范围内致力于将金融市场置于严格监控之下的欧盟，以使它再次为集体利益服务，而不是长期地服务于投机。对资本流通的控制必须在欧洲层面实现。欧盟需要一个公共机构，不通过私人商业银行，直接为国家提供贷款。

我们希望建立这样一个欧盟：拥有一个强有力的欧洲议会和在欧洲所有机构中的透明决议过程，公民有更多更直接的参与权利。在欧洲政策中，属于欧洲宪法传统的人权和基本权优先于内部市场的基本自由。

我们希望建立一个男女真正平等、人们不会因自己的种族出身、性别、宗教和世界观以及残疾、年龄和性取向而受到歧视的欧盟。我们希望使妇女最终在职业和社会上拥有和男人一样的平等机会。这要求法律措施来保障，例如儿童看护和克服工资歧视。

我们希望一个更多团结互助的欧盟，所有的问题——特别是资助和投资政策——都应该这样处理，即地区之间伙伴式地互相合作，改善工作和生活关系具有优先地位。在欧盟预算中，通过再分配资金，也包括通过提高成员国的会费，提供相应的资金。

我们希望建立这样一个欧盟，它保障法治国家、自由与安全，同犯罪做斗争不会损害基本权和人权。欧盟必须拥护三权分立原则和警局、秘密警察与军队的分离。必须保障避难的基本权利。因此，必须解散欧盟外部边境安全局。必须在欧洲范围内排斥新法西斯主义、仇外、种族主义、宗教原教旨主义、性别歧视和憎恶同性恋主义。

我们希望建立一个这样的欧盟，它作为世界的一部分，促进平等的国际关系，追求团结互助的世界经济，并适当承担自己在解决国际问题时的责任。

我们的所有政治工作都将以这些基本原则为基础。

欧洲左翼力量要开展争取欧盟的斗争。当成功改变欧盟的政治和发展，使其转向和平和非军事的冲突解决方案，转向民主、克服父权制，转向社会保障和生态可持续性以及服务于人类的经济时，另一个欧洲，一个为了世界上数百万人利益来使用它的组织潜力的欧洲是可能的。另一个欧洲将做出决定性贡献，使另一个世界也是可能的。

左翼党希望为此做出贡献，即在乡镇、地区和成员国层面以及愈来愈多地在欧盟层面上反对新自由主义政策。如在各级议会层面一样，我们要参加欧洲层面的反对欧盟及其成员国政策的抗议活动。我们要用令人信服的具体的项目来赢得民众，使他们有勇气再次参与政治。这样，我们就能够实现重新建设一个民主的、社会的、生态的与和平的欧盟基础的目标。我们要阻止新法西斯主义者和种族主义者蔑视人类的意识形态在欧盟成员国中得到支持。

（六）我们怎样获得和平？裁军、集体安全与共同发展

左翼党是一个国际主义的和平政党，它不支持暴力，不管是在社会内部还是国家之间。由此我们积极反对战争，反对破坏国际法，反对损害人权并反对在处理冲突时的军事思想逻辑。除了对暴力积极分子以及支持暴力的权力结构的批判，我们还致力于解释冲突原因的更深层关系。与和平运动及所有喜好和平的伙伴一起，我们争取从结构上预防暴力的途径以及一个民事的冲突解决方案。我们的理想是公正的和平理念，它不仅仅意味着脱离暴力，因为它把社会福利、经济和生态的可持续条件看作是持续和平发展的前提。

左翼党的国际主义政策基于四个原则：通过集体安全和相互安全而实现的和平，裁军以及结构上没有攻击能力；在克服贫困、不发达和环境破坏方面的团结互助政策；为一个民主、社会、生态与和平的欧盟而努力；改革并加强联合国。

团结中的和平而不是战争

左翼党认为战争并不是政治手段。我们要求解散北大西洋公约组织，在俄罗斯的参与下建立一个集体安全体系来代替北约，这个集体安全体系把裁军作为中心目标。不依赖让德国留在北约组织的决定，左翼党在任何政治形势下都主张德国退出军事联盟的军事结构，联邦国防军不受北约组织的命令支配。我们要求立即结束联邦国防军的所有军事行动。其中包括德国参与根据联合国宪章第六章的联合国授权的军事行动，特别是安理会还没有通过符合联合国宪章的关于反对侵略者的决议，如北约组织发起的南斯拉夫战争或美国发起的伊拉克战争。为了使外交政策的军事化得到接受，愈来愈多地谈到民用军事的合作和安全网络的方案。左翼党拒绝将军事措施和民事措施联系起来。她不愿将民事救助作为工具而用于军事目的。她希望在基本法中确立禁止武器出口。

改革并加强联合国

左翼党作为一个国际主义政党，把国际法和联合国看作地球上国家之间和社会之间和平谅解的最重要机构。人类只有通过和平的方式，通过对话和多边对话，在不断进步的法律框架下，才能够应对全球挑战。联合国必须回到它本来的宪章上。问题与挑战，如贫困、气候变化、大众疾病、战争、食物供应、水供应、能源安全、受控的全球化或公平的交易结构是所有人的课题。这些问题与挑战只能在全球的相互合作中处理，并接近解决方案。联合国的中心任务是维护世界和平，这就是说，预防、调停冲突并在国际法的基础上实现可持续的民事冲突解决方式。特别是放弃暴力的基本原则和平等安全的基本原则，此外还有同联合国精神与宪章一致的和平调停冲突的规定都是服务于这个任务的。为此，需要一个已经迟到的改革，包括使联合国有更大的权利，有更大的经济权，联合国机构有更高的效率，以及联合国安理会具有更好的合法性。特别是联合国缺乏一个强有力的非洲及拉丁美洲国家代表。确定日益强大的全体大会拥有更大的权利也是必要的。当然，地区组织如欧洲安全与合作组织，也能为联合国宪章目标的实现做出特殊贡献。

裁军及结构上不具侵犯能力

取代扩充军备、国外军事行动及欧盟与北约的伙伴关系，即战争逻辑，转向一种和平的外交政策和安全政策是必要的，它严格遵守联合国宪章确立的在国际关系上禁止使用暴力的规定。因此，左翼党致力于裁军和军备控制，严格要求禁止出口武器并在严格防御潜力基础上改建军队。欧盟和德国必须放弃所有形式的核武器，必须撤回和完全销毁所有安置在德国的核武器。禁止所有的大规模杀伤性武器。欧盟应该在民事预防冲突方面发挥先锋作用，创造必要的能力。因此，必须拒绝一个军事—民事的欧盟对外服务，拒绝在共同外交安全政策和欧洲安全防御政策框架下参与军事行动，以及拒绝参与欧盟战斗群和欧盟干预军事力量。左翼党反对欧盟的军事化。

左翼党反对将联邦国防军改组为在世界范围内进行战争的军队。左翼党致力于逐步裁减联邦国防军，最有能力进行战争的部分应当首先被裁军。伴随裁军的是对从事军工生产的员工，对士兵和联邦国防军的地产所进行的转换项目。

左翼党长期追求的目标是一个没有军队的德国和欧洲，一个没有战争的世界。基本法禁止准备和参与侵略战争。在德国的土地上永不允许会再发生战争，这一规定必须再次有效。联邦国防军必须从所有的国外军事行动中撤兵，除了必要的灾难救助外，还必须严格禁止在国内使用军队。必须废除规定并允许在国内动用联邦国防军的紧急状态法。代替投入军队的是，左翼党希望提供人道主义救援。我们要将迄今为战争所投入的数十亿资金都用到克服国际危机和灾害救助中。一个有效的灾害保护需要受过培训的帮助者：没有军队，而是医生、技术人员和科学家。因此，我们建议建立一个民事的帮助团体——维利·勃兰特国际灾害救助团体。这是针对投入军队的一个和平的替代方案。

左翼党要求结束联邦警察局和州警察局参与支持战争及独裁政府的国际警察派遣。还必须结束军事咨询任务。左翼党要求建立一个在联合国保护下的有自己的民事容纳能力的民事灾害保护。德国应当在国际层面致力于由联合国所领导的灾害救援。长期内,维利·勃兰特团体应当融入这一灾害救援中。

必须关闭所有德国境内的外国军事基地。绝对不可以把德国的基础设施用于违反国际法的战争和反人类的措施以及绑架犯罪者。

国际合作与团结互助

我们的目标是团结互助的世界经济制度,它为较贫穷的国家创造可持续的发展前景,实现全球的及社会的权利、生态权利与民主权利,而不是推动对世界出口市场份额的竞争。直接投资和跨国公司必须遵守严格的规定与监控。必须保证遵守社会福利标准和生态标准。国际机构必须进行民主化。

团结发展与和平互为条件。公共发展合作最终必须以至少7%的国民生产总值来资助,如同它在数十年前所达成的一致一样。特别是那些不发达、遭遇国家衰败和内战的国家,必须得到加强。为此,一些措施如免除债务、迅速提高发展救助、支持建立有效的公共服务,特别是在教育、卫生和生存照顾方面,以及法治、民主结构及合适的技术转让,都能够为此做出贡献。

21世纪的社会生态改革只有在全球的、团结互助的条件下才能获得成功。除了富裕国家为发展救助提供的但迟迟未兑现的国民生产总值7%的费用外,据专家估计,仅仅避免气候灾害就需要地球北部的国家每年为地球南部的国家额外支付大约千亿美元的资助。左翼党要求德国和欧盟要从财政和技术上为此做出贡献,即克服贫困,使发展中国家适应气候变化,以及为了限制气候变化,无条件地以必要的额度提供支持。环境技术应该免费或以最优惠的特殊条件供发展中国家使用。我们坚决反对将任何大量消耗能源和资源的产品从地球北部的国家转移到地球南部的国家。发展政策必须加强南南关系以及地区市场和小农产品,促进发展中国家的原材料加工,为世界市场的公平价格而努力,将性别公正作为发展政策的重点并促进少女和妇女的教育。通过规范金融市场和建立地区性储备,禁止食物商品的投机倒把。必须排除将进口的农业原材料用于生物汽油的生产。我们反对发展中国家的出口补贴,支持将之用于保障粮食独立自主。欧盟与世界上南部国家的能源伙伴关系应当在能源转折中被塑造为一种共同的能源利益。必须停止不利于克服贫困、不发达和环境破坏的计划。

五、共同为政治转变和一个更美好的社会而努力

左翼党已经开始着手改变联邦德国的政治力量对比关系。它的贡献在于以新的力量来争取更高的工资、公共的未来投资项目、免费的大学学习、社会保障、可持续的能源政策、自然环境保护、民主与和平。当今的政治不会再受新自由主义政党联盟的控制。

左翼党在原则上、社会上和政治上与新自由主义和资本统治的立场相反。她争取民主的、社会的、解放的与和平的社会。随着社会抗议运动的动员及对根本改革的投入,我们走上了社会主义社会的道路。同时,我们把它与社会福利国家成果、法治国家成果、民主的成果以及生态调控连接起来,而这些成果已经在过去的社会和政治斗争中得以实现。我们希望继续发展这些成果,并利用它们作为进一步改变的出发点。

左翼党的战略核心任务在于为社会的力量关系的改变做贡献,以实现一个团结互助的社会改革和一种左翼民主的、社会的、生态的与和平的政策。我们追求权力关系和财产关系的改变。为此,雇佣劳动者团结起来是必要的,包括核心职工、失业者、不稳定工作者等。左翼党的一个重要任务是强调它的共同利益。传统的工人运动与工会群众组织、政治群众组织、教育和文化协会、消费者联合会、妇女和青年组织及其在工人居住区中的牢固根基的关系,在很大程度上解体了。反对减少社会福利和非民主化并争取左翼替代方案的大型群众运动的动员变艰难了。然而我们正经历着能够产生新的阶级意识的冲突。

对于阶级权力的产生和实现,工会组织和政治组织是必要的,这些组织提出了共同的利益,也为实现这些利益而进行斗争。有意识地、积极地促进这一进程是左翼党的任务。

广泛的左翼联盟

左翼党认为自己是正在学习的政党。它愿意与公民一道构建政策。我们知道，我们关于一个更美好社会的设想，既不能单独实现也不能在反对社会大多数人的条件下实现。我们希望以一个更好的论据来进行公开的、透明的、充满文化的以及民主的辩论，着手研究来自社会的纲领草案，自主发展，并赢得更广泛的社会大多数。政治方向转变不能仅仅只在议会层面进行，它只有在议会外和议会内的政治辩论的相互影响中才能取得成功。

社会福利转变和政治改变必须从社会中产生，并由许多人来承担。因此，我们为建立一个广泛的社会联盟而努力。它反对新自由主义和资本统治，支持左翼民主的、社会的、生态的与和平的政策，目的是团结互助地改造社会。这一联盟应该不仅吸引雇佣劳动者和社会弱势群体，如受到威胁的中产阶层，还应该吸引社会的、自由的和博爱的其他社会阶层。我们以德国、欧洲和世界范围内的劳动者、失业者和受歧视者的共同利益及其具体问题为出发点。

我们希望建立一个由工会、全球化批判和社会批判倡议组织、社会运动、科学界和文化界的进步人士以及左翼政党人士组成的联盟。我们支持建立反对新法西斯主义、种族主义、反犹主义和敌对伊斯兰的联合，并且和他们一起，为社会公正、更好的教育、解放、更多的民主、和平以及维护自然而努力。

为了实现政治方向转变和一个团结互助的改造，我们需要强大的、积极的、有战斗力的以及在政治上独立行动的工会。它不仅仅在公民社会里有所作为，还要扎根在工作领域中。它赋予工会组织的员工一种社会权力地位，这对于社会改革和社会主义改革的实现具有核心意义。社会运动以其机动灵活的、具有宣传能力的网络和独立的结构，对于实现社会改变也具有突出意义。

左翼党从它作为左翼政党的功能出发，为政治联盟带来特有的能力，并用自己的资源来支持这些政治联盟。作为政党，我们考虑政治伙伴的愿望和活动，履行我们自己的功能。我们支持我们的党员积极参与工会、社会组织、社会倡议组织、项目和全球化批判运动。

我们要鼓励人们反对与其利益相矛盾的政策——利用游行、公民请愿和公民不服从以及政治罢工和总罢工等手段。最后这些罢工的手段，就像欧洲其他国家所证明的那样，是限制统治者、确立资本边界迫使其做出改变的最有效的抗争形式。

我们将与其他的左派力量一起，为改变社会发展方向的核心替代纲领而努力，并重点支持这些纲领。这些纲领从当今的社会和政治冲突中发展而来，也必须在公共讨论和不同力量的行动中进行发展。我们将民主和社会的抗议、当今的政治参与构建以及长期改革替代方案的发展三者之间的联合看作是战略性的挑战。

与新自由主义意识形态的辩论

左翼党以另一条发展道路的替代立场来反对新自由主义意识形态。我们将它与企业中、乡镇中和日常生活中的经验与冲突联系起来，并在公共讨论中通俗地、进攻性地表达出来。我们把经济、生态和社会问题的尖锐化首先理解对资本利益影响下的新挑战所做出的具有新自由主义特点的回应的结果，同时也是资本主义经济带来的危机过程和矛盾的表达。同时，左翼党也使单一经济和共同社会前景之间的矛盾更加突出。这涉及批判性的辩论、公关工作和行动、广泛的教育工作、网络事业心以及参与经济和大众传播的讨论。

在议会、人民代表机构和政府的工作

议会政治工作和议会外政治工作对于左翼党是不可分的。在选举和政治斗争中，我们代表我们的替代改革纲领，并为了实现纲领而争取大多数人的支持。我们这样构成议会工作，使它服务于与议会外左派力量的合作，向公众阐述自己的改革建议，发展新的社会力量对比关系并赢得政治大多数。我们为政治进程的透明度而努力，要揭露并阻止政治权力的滥用。

议会反对派以及在政府中的作用是左翼党政治行动的手段和构建社会的手段。改善被歧视者的状况、发展并实现左翼纲领和改革计划、改变力量对比关系并引导政治转变的斗争是我们的政治行动成功的标准。我们同意与其他政治力量组成议会联盟，如果它能够促进我们所追求的政治方向改变和社会方向改变。我们在政策中会考虑政治在乡镇、州、联邦和欧洲层面的不同作用。联邦政治层面对实现政策转变具有决定性作用。这里有与此相关的大多数职位，大多数重大转折都在这里发生。

在选举前和选举后，我们的可信性是左翼党发展、保持以及成功的前提条件。左翼党必须以纲领的鲜明特征及其内容中的基本立场在所有政治局势中显露出来。我们希望另外一种政治，并在公共讨论中争取统治地位。只有当左翼党能够实现脱离新自由主义的政治模式，开启社会生态方向转变时，左翼党参与执政才有意义。当左翼党能够实现改善人类生活条件的目标时，我们力求参与执政。这样使左翼党和社会运动的政治力量得以加强，遏制存在于许多人身上的软弱无力和无可选择的感觉。参与政府必须在具体的条件下进行讨论，并以政治要求来衡量。由相关负责的党代表大会对选举纲领和联盟协议做出决定。

我们不会参与一个这样的政府，即进行战争、允许联邦军队进行国外军事行动、推动扩充军备和军事化、促进公共服务的私有化或减少社会福利、其政策不利于公共服务任务的完成的政府。对我们而言，在联邦层面政策改变的重点是扩大公共财政空间和加强社会福利国家。对我们来说特别重要的是：更强大的和有行动能力的公共服务、实现法定最低工资、反对工资倾销和低于劳资协议的工资支付、克服"哈茨 IV"体系。左翼党要求一种这样的政策：克服社会的、文化的教育特权和改善穷人的状况。左翼党致力于扩大民主权利，反对国家监视并进一步限制公民权利。

为了不屈服于资本利益和议会逻辑的结构权力，左翼党的政策必须能够一直（也包括在政府中）依靠工会和其他社会运动以及议会外压力。我们希望鼓励人们为他们自己的利益而行动起来。

欧洲合作和国际合作

我们希望与欧洲左翼党、欧洲议会中的左翼议会党团议员、政治和社会组织以及社会运动中的积极分子一起，继续为民主的、社会的、生态的、和平的欧洲而努力。仅仅依靠议会，欧盟是不能实现这种新转变的。没有反对力量的有效的议会外组织，机构的民主化和欧盟中经济力量的民主化都是难以实现的。出于这个原因，我们要尽力促进议会外政治网络和所有专业领域项目在欧洲范围内的相互联系。

左翼党要为欧洲左翼党能够成为欧洲政治生活中的一个重要因素而做出贡献。就像左翼党在德国一样，欧洲左翼党也促进了左翼人士的统一，并能够推动力量对比关系朝着民主的、社会的、生态的、和平的方向发展。我们支持在欧洲左翼党内的所有左翼人士平等。我们要使欧洲左翼党求同存异。我们只有在共同的想法和共同的政治方案的基础上联合起来，才会变强大。在这个意义上，左翼党将会把自己的建议引入欧洲左翼党的工作中和欧洲左翼政策的构成中。同时，我们一直在找寻希望和我们一起为另一个欧洲而努力的伙伴。这样就产生了一些绝大多数人同意的替代方案，它们能够参与到社会的讨论中，并能够引起符合欧洲人大多数人利益的改变。

同欧洲其他国家，特别是德国邻国的左翼党分部的伙伴关系被我们赋予特殊意义。左翼党不可撤回地打破了欧洲中心主义的视角。左翼党是国际主义政党。它支持与社会运动在世界范围内的联盟。

一种新的政治风格

左翼党支持一种透明度的、社会对话的和公民直接参与的新政治风格，只有当左翼党在社会中扎下根基且得到社会支持，左翼党才会强大。左翼党在议会中的政策需要有推动性的批评、公共压力和议会外的动员。左翼党代表妇女的利益，妇女在左翼党中拥有政治空间，她们可以克服父权制的性别关系，无阻碍地为政治改变而努力。职业政客与义务为左翼党积极奔走的力量紧密合作。所有的州议会议员、联邦议会议员和欧洲议员都有义务公开其收入的来源和数额。议员在行使代表职能的过程中不允许出现在企业或经济联合会的工资单上。我们党不接受大型企业和银行的捐赠。

左翼党的潜力在于党员的能力、他们的社会基础和生活经验。政治参与和政治利益是通过自决的、平等的行动以及构建和发展社会的过程中的民主参与而产生的。我们要将这种观点也纳入自己的政党中。左翼党是在选举出的领导层和党员的紧密共同作用下，在基层民主的根基上，发展自己的政策。多元化和透明性是我党的支柱。在决定政治方向时，左翼党必须在党内和有议会外基层群众参与的情况下开展讨论，并在有约束力的党员公决中决定怎么办。

共同为一个更好的社会而努力

愈来愈多的人拒绝无节制的资本主义，想要一个自由、平等、公正和团结的社会。与他们一起，左翼党要为一个民主的、社会的和生态的社会而奋斗，为民主社会主义而奋斗。替代选择方案不是"自由或社会主义"，而是在民主社会主义社会中的民主和自由，没有剥削和压迫。我们可以共同改变这个国家，建设一个更好的社会。

（原文出处：https:///www.die-linke.de/partei/dokumente/programm-der-partei-die-linke/）

（闻牧、王婷婷 译）

德国自由民主党纲领

对自由负责

自民党的卡尔斯鲁厄自由纲领

面向一个开放的公民社会

（2012年4月22日在卡尔斯鲁厄举行的自民党第63届年度联邦党代表大会上通过）

自民党对推动自由的力量的责任

在经历了20个月的争论后，自由民主党于2012年4月22日在第63届年度联邦党代表大会上颁布了新的基本纲领。

它终于为这场给人留下深刻印象的争论画上了句号。大概从来没有哪一个政党曾如此全力以赴、如此充满激情并如此广泛地讨论其基本态度。总共5000余位政党友人和公民参与其中。托马斯·德勒之家收到了数以千计的文章、评论、电子邮件以及书信。基本原则委员会已在11轮纲领论坛中同150位职业政客和专家进行了深入对话。这些政党友人在数百所机构、纲领研讨会、工会、自民党沙龙，以及支部和县委员会，并在区、州和联邦层面，对自由议题以及如何应对时代挑战进行讨论。这是自民党人一次意义深远的交流，同时也是所有自民党人学习的良好契机。

讨论中的思想表明：德国的自由主义是强大的，是有力量的，是有生命的，是有未来的。

我们特别要感谢克里斯蒂安·林德纳,他作为秘书长长期决定性地领导和影响了这场讨论。还要感谢基本原则委员会的成员,他们在各论坛中共同领导了这个伟大而又具有模范作用的过程。但最重要的是我们由衷感谢数千名参与讨论的广大市民和政党友人。他们用自己的生命在完成这项事业。

我们讨论的是,在改变了的世界里重新确定自民党的政策。我们的原则是不受时代限制的,但我们要解决的问题是受时代限制的,决定先解决哪个问题是受时代限制的。

我们上一部基本纲领,即自由公民社会的威斯巴登基本原则来自1997年。政治局面已经改变了:当时的总理是赫尔穆特·科尔,并且首都还在波恩。据说诺伯特·布鲁姆的退休金当时还是有保障的。奥斯卡·拉方丹那时候是一个左翼政党的主席,但当时还是社民党。自民党也变了:党内60%的党员都是在1997年之后才加入的。

从那以来的世界也发生了变化:谷歌和智能手机当时还不为人熟知,电子邮箱也只是年轻人在使用。支付手段还是德国马克。2011年9月11日,不仅世贸大厦倒了,西方人关于"不可战胜"的信念也轰然倒地。2008年和2009年的金融危机给政治和经济都带来了迫在眉睫的和深刻的挑战。债务危机过去和现在都同样严重,今天动摇了整个欧洲。这一危机要求我们一方面更多地考虑欧洲,另一方面彻底重新调整我们国家的财政。

但最主要的是,危机使我们开始怀疑我们的社会制度,怀疑社会市场经济的能力和民主政府的效率。一些观察家因此认为,我们生活在一个"没有保障的时代"和一个"没有保障的社会"。过去看似毋庸置疑的事情现在却出现了问题。

在这个没有保障的世界,自由对许多人而言不再是承诺,而是过分的要求,是威胁,也是不安的源泉。我们自民党人需要认真对待人民的这些顾虑和恐惧,同时坚定地与之作斗争。用勇气战胜沮丧,用乐观抵抗恐惧。但最重要的是用坚定的信念,用自由主义观念来回答问题并解决问题。

亚里士多德曾经说过:"给我一个支点,我可以撬动地球。"对自民党人而言,个人的自由就是政策上的亚里士多德支点。

但这并不是指不关心政治的利己主义,除了个人的自由外什么都不关心。相反,自由对我们而言意味着承担责任。因为人们生活在一起,有子子孙孙,共同分享一个地球,所以我们都希望得到有责任的自由。

因此,我们自民党人希望在一个自由的公民组成的社会里塑造自由人民的共同生活。我们称其为自由开放的公民社会。我们将威斯巴登基本原则中的这一自由主义计划继续写入卡尔斯鲁厄自由纲领中。

这首先意味着:每个人都有公平的机会施展才华,实现理想,靠自己的工作生活,用自己的方式获得幸福。既是为了个人利益,也是为了集体利益。我们要为其创造前提条件。自民党人的机遇政策的目标是:对他人宽容,成年人为自决生活而获得教育以及培训,以及人人参与社会活动。

同时,我们必须保持个体自由与大多数人自由之间的平衡。"一个人自由的终止即为另一个人自由的开端"是自由主义的公共财产。为了明确这一界限并对其进行保护,我们在我国建立了自由制度:自由的法治国家、社会市场经济和民主。它们规定了政治、经济和社会中各种力量的自由游戏规则。它们服务于一个伟大目标:保障基本权利和自由空间,消除强制以及打破权力垄断。这样,我们就维护了言论自由,保护了少数派,保护了每个人的尊严。

我们的任务是:为每个人制定自由的机遇政策并为社会制定自由的规划政策。二者相互关联,共同为自决生活创造前提条件。我们在自由纲领里写入并继续发展这一任务。

我们在第四章阐述自由主义的六项传统如何共同起作用:公民权和法治国家自由主义传统、社会自由主义传统、我们的进步传统、已发展成为国际自由主义传统的国家自由主义传统、经济自由主义传统以及政治自由主义传统。这六项传统强调了一种促进个人自由、包容、参与、教育和增长的政治。因此我们保证了个人机会和自我发挥的权利。我们同时提出了一个德国和欧洲社会的自由制度的新愿景:强大的社会市场经济、新的公民民主以及公平和没有债务的国家。

包容始终是一个自由社会不可缺少的基础。只有在一个任何人都能自由地施展才华和能力的地方,只有在人们没有恐惧和不受强制的地方,真正的自由和真正的自我实现机会才会出现。因此在公民权自由主义传统下,我们反对任何限制个人生活抉择的行为。每个人都应当拥有平等的权利和义务,不受个人喜好、出身和个人态度左右。因为,我们遵循一条准则:我也许不同意你的观点,但我会尽我所能使你能够按照你的想法生活和表达。

然而,自民党人的包容并不是无限的。我们的包容结束于他人的权利遭到损害的地方。我们致力于建立法治国家而不是监视型国家。因为自由的法治国家是保障自由而不是限制自由。因此不是需要愈来愈多的安全,而是更好的安全。刑事起诉和危险预防必须切实有效,每一次干预都必须是适当的。作为自由的朋友,我们是任何形式极端主义的反对者。但我们不会把自由牺牲给恐惧。因为不论是现在还是将来,在怀疑中争取自由始终适用于自民党人。

对于我们自民党人而言,教育属于公民权利,完全不受个人身份地位影响,这是由于教育是实现自决生活最重要的前提条件。这种认识并不新鲜,但它在德国却一再遭到忽视。教育政策成为那些自恋的教育建设者们的乐园,他们不断用新的结构形式和现场试验来实现各种可能性,唯独不提供教育机会。

教育政策并不是每隔几年就彻底翻新教学楼。我们致力于个人教育。为此我们要制定公共标准,减少联邦州的官僚主义,加强学校、教师和父母。我们希望教育国民协定应当规定这些内容:更新联邦教育状况、更多选择自由,更高质量和更高可靠性。所以我们完全在社会自由主义传统下为更多的上升机会和更多的参与提供可能的基础。

良好的自民党教育政策保障人们从一开始就拥有相同的机会,但不保证相同的结果。有存在差异的权利,也有参与的权利。自民党的机遇政策使人们敢于并能够自决和相互负责。

因此我们支持那些需要我们帮助的人。因此我们要引入公民津贴作为基本保障。因此我们要为在业的社会中间群体提供公正和自由空间。因此我们要致力于税收公正。因为我们也要考虑那些通过自己的劳动为自由社会福利国家打造基础的人。完善参与机会意味着开放选择自由。因此我们希望改善儿童看护来保证工作与家庭的协调关系。我们要为所有年龄层的居民建立值得居住的城市和乡镇。我们需要一个现代的社会形态以及合理的且能丰富我们社会的移民法。我们不希望活在限制下，活在看不见的法制围墙里。相反，我们渴望开放的、充满好奇心的、自由的德国。

通过一个教育、宽容和参与的政策，我们为生活在德国的人们提供新机会。所有这些同时也促进我们社会的增长。增长本身同时又提供新的动力，为更多的自由、更多的繁荣和更好的生存环境创造前提条件。我们并不想如其他党派一样单纯地阻止问题产生。绿党、社民党、左翼党以及基民盟和基社盟习惯于闭上眼睛，祈祷问题可以通过限制而自动解决。相反，我们想要解决问题。通过创新的增长、可持续发展以及新的机遇来解决问题。这就是自民党的进步传统。

包容、教育和经济理性是增长的三大支柱。这是我们通向更高增长的道路。通过这条旨在更高增长的道路，我们为强大的中间阶层和强大的国家创造了前提条件。增长带给我们力量，革新我们的国家，加强我们的自由制度。因为这也是并且一直是德国自民党在未来的一项重要任务。

我们希望社会市场经济国际化，以便在全球市场和全球金融时代捍卫我们经济制度的基础。然而这只有在一个对自由制度心怀感激的共同欧洲里才能做到。因此我们力求推行更多欧洲政策。要建立一个自由的、法治国家的和民主的欧洲。欧洲必须改变自己才能走上这条道路。

我们自民党人肩负着国际自由主义的使命来建设欧洲。为此，我们需要更多的欧洲法治国家。为此我们需要一部欧洲的自由宪法。这是深化欧洲一体化进程的基础。欧洲已经打开了边界，推倒了围墙，将各国人民聚集到一起，建立起了我们共同的欧洲家园。现在要做的就是维护和扩大它。

金融市场危机和国债危机也导致了对社会市场经济的怀疑。不单单只有左翼政党推行一个更像是以市场为导向的国营经济政策。坚定拥护社会市场经济的只有我们——自由民主党。

为了捍卫社会市场经济，我们必须加强社会市场经济。在经济自由主义传统下，我们认为：担保原则必须重新有效。获得利益的人必须也承担风险。这不仅仅适用于中小企业、手工业或零售业者。同样的原则也适用于所有人，也包括银行。为了未来，我们需要严格的管理和强大的市场制度，从而让负责人，而不是让大众承担经济失败的后果。

我们不仅必须革新市场制度，还必须改变国家制度。债务危机的教训是：我们必须停下债务时钟，才能开始从进入债务国家到走出债务国家。我希望，截止到2030年我们要将德国国债从目前的80%下降到50%。这需要增长和支出约束，同时也需要结束给国家造成昂贵负担的取悦于人的政策。我们必须将基本法中的债务限额发展成为真正的节约准则。因为我们再也不想为过去的债务而支付利息，我们想要重新投资未来。我们想要一个没有债务的德国。这是一个几代人的规划。

为加强我们的自由制度，重新赢得对自由制度的认可，特别也包括对经济制度的认可，强化社会市场经济和深化国家革新必不可缺。但我们自民党人也知道：只有更好的参与以及更好、更自由的民主，才能获得更多的认可。独立自主的公民所期望的不仅仅是选举厅，而且还要实现政治参与的其他机会。

为此，我们不是要重新发明民主，但却必须将其进一步发展成为公民民主。在政治自由主义传统下，我们加强议会，并同时使其开放，允许公民参与。作为公民政党，我们要开辟崭新的党内理解、协商和变革的道路。如过去几年几十年一样，我们将以身作则。通过网络参与，通过党员公决，通过一个活跃的、紧张的纲领讨论过程，成为一个有更多民主的政党。我们将继续走这条道路，因为我们自民党人是自由民主的！

我们自民党政策的愿景始终不渝地追寻启蒙运动的目标和理想。我们希望成年人作为自主的公民生活在自由、和平和多种多样的世界公民社会中。同时我们知道，我们必须不断重新赢得并保证每个人的自由。为此我们投资于一个有行动力和没有债务的国家，投资于每个人的终生教育，投资于深受自决影响的开放的公民社会，投资于基础设施建设和未来创新，以及投资于国际自由制度的建设。由此我们为所有人带来多元化的增长，这会不断重新带来新的自由空间。只有这样，我们才能保证人民的自由和国家的自由，保证未来的发展机会。

卡尔斯鲁厄自由纲领是一部意义深远的集体作品。我们共同重新制定政治行动基本原则，也为未来 15 年的政策确定了新的指导方针。纲领不会为所有问题提出解决方案，因为永远都有新挑战、新问题。世界在不断变化。因此我们的基本纲领不能结束争论。没有预先准备好的解决方案。但是这部纲领奠定了一个公共基础，规划了自民党政策的未来和准则。所以，基本纲领并不是一个结束，而是未来工作的开始。通过基本纲领，我们交给自己一个自民党的任务，同时也为此承担责任。

因此，我们起草了一份通告并准备向全国发布：德国需要自民党，因为只有我们能够保证增长和基础。这样，和平、自由与繁荣才有沃土来成长。只有我们自民党注重增长机会、自决机会以及对自由的推动力。所以德国需要自由民主党，我们的自民党！

帕特里克·多林 联邦议会议员

总书记

2012 年 4 月

一、个体自由是自民党政策的基础和界限

1. 自民党的政策保障个体机会和社会制度

个体自由是自民党政策的基础和界限。自由意味着能够不受外界因素限制掌控自己的生活。自民党的政策为此奠定了前提条件：每个个人的机

会和开放的公民社会的自由秩序。

每个人都应当享有公平的机会来根据自己的才能和思想去发展，依靠自己的工作生活，按照自己的方式获得幸福。这是自民党的机遇政策：通过教育和培训使人们过上自决生活，自决地、负责任地参与到经济、政治和公民社会中去。

在我们的民主中，法治国家和社会市场经济共同构成自民党的基本制度。它们为政治、经济和社会中不同力量的相互制约奠定基础并设定界限。自民党的制度政策旨在保障基本法和自由空间，规避强制，防止并消除通过权力垄断而产生的对自由的威胁，由此保证个人与大多数人之间自由的合理平衡。

2. 自由需要公平和责任

个人自由的前提是要存在公平的共同规则以及平等的个人机会。同时我们希望，个人本着对自己的生活，对周围的世界、环境和后人负责的态度行使自由的权力。因此，自由、公平和责任是当今开放的公民社会的基本价值。自民党政策对此承担义务。

3. 我们相信自决会带来进步

我们信任自决且有责任意识的人。个人追求自由的努力过去和现在都是推动历史向前发展的动力。为此，人们推翻了独裁统治，制定了法律，在政治、经济和社会中获取主动权。一旦一个社会决定推行自由的基本制度，那么民众的个人自由将成为进步、公共福利和美好未来的动力。与所有对未来的恐惧、倒退的想法和对增长的批判相反，我们相信人们会在一个自由的基本制度框架下，建立起一个和平、自由、公正的世界。谁在成年人中失去信任，谁终将失去自由。

二、加强德国的自由思想

4. 德国有自由主义的基本制度

我们在德国生活在和平、繁荣和多元财富中，因为我们成功地建立起了拥护自由的基本制度。核心在于成年人是独立自主的公民。自由的法治国家保证每个人的自由。它实现了井然有序的日常生活，保障了私人空间以及我们的财产。我们的民主使每个人都参与自治，力求民事平衡，改正发展错误。因为社会市场经济对工作和努力给予回报，所以释放了发展，创造了富裕。我们希望同大家分享所有这些成果，因为作为自由主义社会，我们为每个人争取公平、教育以及参与的机会。这样，每个人都能得到社会提升。我们的拥护自由的基本制度并不是完美的，但它是一个公正的制度，所有人都从中受益。

5. 自由是一项成就

在我们国家内的自由和我们国家的自由并不是理所应当的。正是德国曾为自由权利奋斗过很久。只有在经历了长时间的迷途和弯路之后，我们才开始实现启蒙运动、人文主义和19世纪资产阶级革命者的殷切期望。如今，统一自由的德国是世界集体中受尊敬的一员，是欧洲的重要推动者，因为我们是一个自信、谦和、勤奋和开放的民族。我们自民党始终为这一历史成就指明决定性的方向，不管是在年轻的联邦德国经历经济奇迹的时期，还是在社会民主化时期，抑或是德国统一以及过去几十年的全球化时期。我们在任何地方都看到个人自治和自我成就在发挥积极作用。德国在寻求美好未来的历史变革中逐渐成长为自由的国家。我们为此感到自豪。

6. 我们的自由永远没有终点

自民党始终承担着争取国家自由的责任，所以我们担心国家的自由受到威胁。一旦习惯了自由，就存在愈来愈忽视自由的危险。我们必须长期捍卫我们的自由。

如今有许多政治力量将自由一词挂在嘴边，却不去思考、感受或实践自由的精髓。尽管他们并不缺乏高尚的动机，但却往往只是他们自己道德中不宽容的传道者，他们不尊重持不同意见者的看法。他们常常促成这样一种信念，即允许人们期待国家比期待自己更多。如此一来，他们过分苛责国家而又过分宽容公民。这种取悦于人的政策导致懒惰且缺乏自主权的要求型社会。

与此相反,我们自民党信任个人多于国家。我们促进公民社会中团结互助的自我组织,而不是官僚管理下的自我活动。我们依托个人责任而不是国家承诺。我们不会忘记,繁荣需要的是自己的努力,而不是对国库的要求。社会体系的过重负担将威胁到自由和社会市场经济。为此我们将社会市场经济从缺乏自主权的种种枷锁中解救出来。我们绝不会为了虚幻的安全而放弃自由和公民权。与其他政治力量不同,我们不会满足于现状,而是保持着对变化和未来的好奇心。我们投资个人教育,而不是阻碍结构改革;我们开始维护和扩建基础设施,而不会出于物质的方便性或意识形态的原因而忽视它们。我们自民党确信,首先必须通过一个开放的公民社会的经济增长来创造出明天的财富,然后人们才能争论财富的分配问题。我们清楚,自由公民组成的自由社会建立在我们不断完善的基础之上。

7. 鼓足勇气以对抗恐惧

自由的虚伪的朋友一步步地摧毁我们的开放社会,而不是稳固其未来的基础。对改革的恐惧、畏缩、没有理由的自我怀疑以及对危机的恐惧愈来愈主导讨论话题。道德自负、陈旧的意识形态和悲观主义取代了理性、公开性和乐观主义。然而,在法治国家、经济增长和变化被理解为一种阻碍和威胁的地方,自由将丧失基础。如果个人因受到企业和国家的意识形态、官僚主义和权力的压制而失去主动性,那么自由也就丧失了。卓越的自主创造力也随之消亡。哪怕不考虑我们这个时代的挑战,我们也不希望、不允许这样的事情发生。

几乎 20 年前,追求自由的人们就已经将欧洲的高墙推倒。尽管如此,从那时起,许多德国人和欧洲人就已经失去了对经济、国家和政治制度的信心。许多人由于金融市场、公共预算、周围环境和社会的畸形发展而焦躁不安。他们开始怀疑自由的公正平衡,因为他们担心自由被滥用。然而,对基本制度公平性的怀疑削弱了人们对社会市场经济、法治国家和民主的信任。我们希望通过将自由制度重新纳入到公平和责任的平衡中以及保证个人自由的机会,重新赢得这种信任。我们希望建立一个富有生机、公平和开放的公民社会,尽可能使每个人都能通过自己的贡献而生存其中。

8. **我们承担责任**

各国的文化、社会以及经济在全球化进程中越过国界紧密结合在一起,这不仅带来了增长与繁荣,同时也迎来了新的挑战:熟悉的民族国家制度陷入压力。跨国企业拥有的经济实力甚至比一些国家还强。管理不善的金融市场使人们一辈子的积蓄面临落空的危机。除全球化外,快速发展的数字化还塑造了一个虚拟世界,带来了施展个性、全球联网与交流以及进行商业活动的机会。全球性的联系、事件和信息就在眼前,创新、评论和合作有了新的空间:国与国之间的界限丧失了意义,私人与公共之间的界限也日渐模糊。

我们对于其他国家人民命运的意识,以及对全球范围内环境、气候和资源危机的意识逐渐增强。不断上升的自然资源和能源消耗使环境和气候失去平衡,如今已经威胁到许多地方的人道主义未来。到2050年止,一百亿人口将能够生活在自由、和平且充满责任意识的地球上。只有世界上愈来愈多的人有机会过自决且有尊严的生活,这种期望才能得以实现。

我们自民党人肩负着参与全球秩序的任务,不仅保障自由,而且为愈来愈多的人创造机会。法治国家、民主以及社会市场经济将始终承受考验并不断改进。第一个解决方案就是欧洲一体化进程。

德国与欧洲的人口变化以老龄化、多元化以及城市化为标志,导致带有移民背景的人的社会融入成为当今社会的一个中心话题。迥异的生活模式及丰富的生活已经成为新常态。自民党欢迎、支持并保护这种多样性的产生。这种改变影响了我们社会保障体系的基础,也影响了我们对公共设施的需求。

我们的社会早已无法满足自民党对机会平等以及参与权的要求。尽管现在许多人都拥有比过去更好的发展机会,但仍有贫困存在于这社会的一些地方。教育和培训仍是社会经济核心问题。贡献必须带来提升,这样所有人才能拥有自由。

9. 我们的德国应当是一个充满自由和机会的国家

德国必须是一个自由国家。只有我们意识到是什么为国家带来繁荣，才能战胜未来的挑战：是思想和行动力，是劳动和责任心，是德国人的知识和价值。是自决的力量创造美好的未来。自民党相信，只要每个人都拥有公平的自我发挥的机会，只要每个人都同等遵守国家的规则，只要每个人都平等地加入到保卫未来的行动中，那么德国将愈来愈好。我们自民党人愿为更多人更多代的自由而不懈奋斗。

三、我们所想要的自由

10. 自民党是唯一的自由政党

每个人都是独一无二的。自民党是德国唯一一个将个人自由作为一切政策的标准、核心及目标的政党。我们主张给予标新立异的人、新人以及无权者机会。我们维护所有在社会中以及为社会承担责任的人。我们主张宽容、自由决定、个人解放以及社会多元化。基于传统经验，我们反对由大多数主导的压制和统治，反对约束和平均主义，反对适应性压力和经济上的权力垄断。我们自民党人主张社会上男女间的真正平等。男女之间的差异、不同能力和才华丰富了这个社会。我们接受并珍视这个多姿多彩社会的重要性。

坚持以人为本，而不是仅仅把人当作政策客体。保守主义传统注重国家、阶层或者教堂的权威。左翼传统则认为阶级和群体重于人民，并坚持经济和社会的可控性。而按照生态公平主义的逻辑，自然优先于人类。所有这些想法都首先是信任国家。他们希望通过国家推行一种新的、教条且封闭的社会，进入一种受时代精神主宰的生活模式。只有我们自民党人是首先信任成年人和独立自主的公民。

自民党不会陷入政治阵营的束缚中。我们要同民主同盟共同努力，最好地实现我们的目标，为更多的人争取更多的自由！

11. 个人的自由是自决地施展才华

自由就是人们能自决地施展才华。每个人都应当真切地感受并获得这种个人自由。因此我们为自由而战,努力将生活掌握在自己手中。每个人都有权在此时此地为明天的幸福而努力。每个人都应当有能力决定自己的生活方式、内容和意义。因此教育是一项公民权利,而自由则是自决的守护者。

我们相信个人的意志和理性,可以指导他为自己的生活做出正确的决定。同时我们怀疑所有对他人生活指手画脚的行为。我们帮助那些在发挥潜能的过程中需要帮助的人。我们的目标是每个人都能不受个人条件的影响,真正地参与到社会生活中去。

12. 大多数人的自由是自决地发展

自由的人只存在于自由的社会中,因为个人的自由与大多数人的自由相互制约。我们希望不仅能保证人们的生存机会,同时还能不断改善这些机会。法治国家、社会市场经济以及民主的自由制度共同保障自由社会的力量、开放与活力能够走上文明、公正并且富于责任感的发展道路。这些制度防止由于个人自由空间的滥用而给别人带来负担。它们一再打破权力的集中,因为在外力压迫下无法进行自由且有尊严的生活。

13. 公平和公正防止平均主义的产生

我们希望对自由负责。需求公正是指满足个人的生存需求。成就公正是指肯定不同的努力。机会公正是指每个人从一开始就拥有公正的机会,以便在自由的社会中表达需求,发挥潜能并展示才华。平等保证了法律面前人人都有平等的权利。人们的共同生活需要所有这些形式的公正。然而具体情况下公正到底是什么样的,还需要在开放的社会中不断修正。对我们而言,公平原则是我们不断追求公正的前提和标准。

公平同时是一种二次机会的文化。我们不主张平均主义,而是坚持竞争和成就原则。这样就防止了社会地位受出身、观念或者性别的影响。有了竞争和成就原则,就有机会通过自己的努力得到社会提升,而不再需要期待特权或为之辩护。

公平并不意味着结果一致。它是一种前提，让人们可以通过公正的机会诠释不一样的人生，用自己的方式去追求幸福，获得收入和财富。人与人之间的差异使我们的天资得以体现，同时带来进步。因此，不公正就像将不平等掩饰成平等一样不可理喻。

14. 自由需要责任、团结和持久

不承担对个人、同时代人、环境和后代的责任，自由将无法想象。不负责任地滥用自由是损害他人的利己主义。它破坏共同生活的基础，因而破坏自由本身的基础。自由政策从本质上来讲是要保护并扩大自由，因此它与责任原则休戚相关。

负责任的人也会从他的付出中得到回报。谁获得利益，谁就要承担风险。成就公正以及个人担保原则是自我负责的两个方面。我们希望在社会市场经济以及政治和社会中更全面地强化自我负责。

如果只有个别人或少数人拥有自由，这个社会本身是不自由的。自民党的政策是对所有人的自由负责。我们在德国、欧洲乃至整个世界为人类的自由而奋斗。我们主张持续发展来为后代的自由保留生态、社会及经济基础，同时在全球范围内增加这种基础。我们主张团结和自由的社会国家，因为个人自由和社会自由的前提是物质自由。

15. 自由的政策与全体公民的责任心休戚相关

作为代表个人自由的政党，我们自民党是社会中间阶层的政党。我们的立场和中间的特点。对于我们来说，注重人类绝不是注重时代精神的流行舆论，而更多的是我们热烈拥护理性、责任和适度。注重公民并不是单单重视有特殊贡献的人，按照我们的理解，每个人只有承担起公民责任，对自己、同时代人、环境以及后代负责，才能成为合格的世界公民。

自民党认为政治必须是理性的。决定从来不是别无选择的，所以我们反对那些所谓的必要性带来的专制。我们用寻找更好的方案，以及为可能性赋予意义来抵抗臆想的压迫和提前的时间压力。宽容对我们而言就是认

真地对待另一方的良好意图，因为它的出发点很可能的确是好的。对自民党而言，政策必须是理性的。

个人的自由需要以大多数人的自由为基础，并为所有人的自由奠定基础。因此自民党的政策是争取一个开放的公民社会的政策。它是自由和权利平等的公民的共同体。其共同利益既不是个人利益的总和，也不是良好观念或者情感不满的结果。这种共同利益更多的是追求共同进步的结果。相应地，国家也不是个人和特权利益的仆人，而是自由制度的守卫者和人民的公仆。

16. 通过自决实现未来

人类的未来不能处于中央专制统治之下。任何人、任何组织或国家机构都不知道世界在变革的过程中会给我们提出什么问题，带来什么挑战。今天的真理往往是明天的谬误，因此不断寻求更美好的未来需要我们为实验、尝试以及错误提供诸多不同的、分散的自由空间。我们为这种追求确定了一系列框架条件：针对市场上公平竞争的条件、针对自我组织和公民社会的团结合作的条件，并通过对社会和议会各层面的思想和替代方案的民主开放和科学自由来实现这些条件。所有这些都通过自己的方式将人们的知识和智慧汇聚到一起，为创新、更新和改变做出贡献。不存在权威的问题答案，因为开放的社会是一个不断学习的社会，逐步走向美好的未来。

17. 文化价值为自由创造空间

除了法规和法律外，社会的文化框架也决定了我们的社会，决定了我们如何对自由负责。文化传统影响着社会习俗，确定了身份和信任。它必须由公民持续地进一步发展。它本质上不受国家统治的约束，而属于自由公民特有的塑造领域。一种包容自由的文化会将社会中的所有成员都联系在一起。它超越了边界，通往在其中所有文化相互尊重的世界社会。

18. 自由是一个全球性价值

德国的统一史、法律史和自由史事实上是为公民社会、为法律统治、为个人自由的优先权或为德国统一而战的历史。自民党曾以多种形式参与过联邦德国辉煌的历史。然而个人的自由不会止步于国土疆域。自民党的政策保证自由社会中自由人的未来，不论是在我们国家、在整个欧洲还是在全世界。

自由和责任是我们的主导价值，二者密不可分。甚至拒绝自由的人也是在用自由来反对自由。只有在追求自由的前提下才能达成全球一致。自由是人权的基础，因此是不可分割的。我们支持那些呼吁并捍卫普遍人权形式的人。正是由于认同自由的魅力及作用，我们才不会停止在全球范围内呼吁人权。

四、自由人的机会——开放的公民社会的制度

19. 自由主义的所有传统共同起作用

自民党的政策旨在保证在开放的公民社会中自决生活的前提条件。自由主义的所有传统共同起作用。只有人们自决主宰生活的一切行为才能保证增长与未来机会。自由是不可拆分的。我们对自民党的传统负责，保证增长和可持续发展带来进步。我们在社会自由主义传统下，保障人们自我发挥和社会提升的机会；在公民权自由主义传统下，通过法治国家的自由制度保障公民的主权；在民主和公民社会的政治自由主义传统下，保障独立公民的自决；在经济自由主义传统下，我们建立了社会市场经济作为增长和繁荣的制度框架；民族自由主义的传统发展成为国际自由主义——我们要在世界中建设自由的欧洲。

（一）多元化、转变、增长及可持续发展促进进步

20. 进步带来更多机会

进步就像自由一样经常受到威胁，从未完全掌握在我们手中。增长和发展是通往进步的道路。只有人类、思想、企业、社会以及国民经济能够转型并且增长，繁荣程度和生活质量才能有所提升。增长带来的多元化收

益保证并创造了新的自我发挥的机会,自由社会的开放发展也确定了什么样的发展和什么样的机会在哪里产生和如何产生。我们希望所有人都能摆脱饥饿、贫穷、恐惧以及困境,我们同时希望所有人都拥有自决生活和满足需求的机会。这就是我们所说的社会进步。

进步既不是一帆风顺的,也不能完全由中央命令保证。只有人们不断探索、不断犯错,同时不断修正再不断重新建立,才能完善关系,才能长久进步。对我们而言,人类的活动形成了人类的发展史,它展示了不断发展的多元化过程。历史的进步在于它为更多的人创造了愈来愈多的生存机会。开放的公民社会是一个不断追求进步的社会,这需要大力宣扬民主,也需要市场创新和科学认识。

21. 新的增长概念

我们需要一个新的增长概念:我们知道,经济增长本身并不是目标,也不是任何形式的增长都是可接受的。我们自民党同时从全社会以及个人的角度来定义增长,并确定了一项具体的政治使命。只有自由制度政策能为增长提供所必须的条件,而增长又将经济进步、教育和知识、生活质量、个人和经济的塑造空间以及个人道德和政治行为紧密地结合在一起。对于我们来说,增长不仅限于经济增长,它是自由社会的一个特征。增长是发挥和发展的机会。个人增长是个体的自由发挥,社会增长体现在现代社会的分化和个性化上。经济增长意味着获得繁荣和生活质量所必需的各种收益,其中包括工作岗位和提升的前景。增长意味着知识的增进,效益的增收、解决方式的改善。换言之,就是推陈出新、增效创收和方法优化。增长创造了多元化。增长是根本。

个人以及大多数人的增长离不开教育和知识,离不开创新和投资。于是产生了新思想、新技术、社会创新和优质产品,以提高富裕程度和生活质量。增长使我们更容易应对个人的、社会的以及全球的挑战,不管是能源转型还是经济现代化,不管是人口发展变化还是与病魔做斗争。增长政策对自民党人而言,始终是至关重要的,这不仅是对我们这个自由社会的理想负责,同时也是对整个人类及自然界负责。

22. 发展就是个人及社会的成长

我们自民党人认为，增长始于自主发挥带来的个人增长。每个人都应当有机会超越自我，只要人们能够自由行动和决定，那么他们就能共同为生活世界、社会和国民经济的转型和发展而努力。谁阻碍和限制社会经济增长，谁就是在阻碍和限制个人的自由发展。相反，教育、文化和社会的多样性同样促进个人的增长。

对我们而言，增长也是社会的增长。一个人口减少的多元化社会需要不同于现在的其他增长方式。只有牢牢抓住改革、动力和创新这些机会，我们才能建立一个更完善的开放型未来。从这种意义上讲，增长意味着社会进步的结果和动力，没有增长的社会是一个静止的僵化的社会。一个社会只有是增长的，才能紧密结合在一起。

23. 经济增长促进繁荣

我们自民党支持经济增长。它来源于人类社会对更好的生活的追求。经济增长是关于如何能够创造物质价值和非物质价值上的知识的增长。德国的繁荣及高生活品质是人民想象力和创造力的结果，因而也是自由的结果。增长不是目的本身，而是获得更好自由的途径。我们的目的是通过增长可以长久地保证社会的繁荣和生活质量。增长是人们通过自己的劳动改善生活环境的基础。经济增长为个人的经济地位提升创造了更多的机会。与此同时，经济增长为长期良好的医疗服务、真正的教育机会、有能力的社会福利国家、多元文化以及环境保护奠定了基础。

增长对我们还意味着帮助那些贫穷的国家实现其繁荣的梦想。综上所述，经济增长是在德国、欧洲乃至全世界为更多人民创造更多机会的手段。

24. 增长造就质量

在现代工业社会，富裕不再单纯是一个物质范畴。因为人们对富裕的理解正如他们的愿望一样丰富多彩：除经济富裕外，获取居住环境的生活品质、人际关系以及时间自主权也愈加重要。

我们主张继续将国内生产总值作为一个清晰的衡量值，同时要更加重视关于社会繁荣和生活质量中的其他因素的指标。比如儿童教育是一项社会服务，并不是国内生产总值的一个衡量标准。社会的、文化的和名誉的活动也是社会必不可少的一部分，和有偿劳动一样重要。提高国内生产总值并不是首要目标，而是社会进步的表现和结果。国内生产总值反映的不仅仅是单纯的数量和物质，而且还有价值的增长，这种增长是建立在产品、技术和基础设施的质量改善的基础之上的。

增长、繁荣以及生活品质在发达国家并不是主要通过生产扩大而达到的，而是经由创新和进步来实现的。因此，增长并不一定意味着更多，而主要是更好的商品和服务。从这种意义上说，工业国家的增长是技术进步的经济影像，因此本质上是质量的增长。

25. 增长需要知识、研究和技术带来的创新

科学和研究对我们来说不仅仅是一个经济因素，作为启蒙运动的成就，它们拥有自身价值，是我们文化遗产的一部分。

如果对科学技术没有热情，就无法实现社会的进步，也无法发挥其未来的能力。我们国家需要教育、科研自由以及对进步持有乐观主义的精神。禁锢思想和敌视科技的氛围压制着科学研究的潜能。国家必须在人类尊严和自由条件受到威胁的地方设立防线。

自民党政策促进所有科学领域的卓越研究和发展。我们的目标是扩大和保持高质量的德国高等学校的卓越地位和科研能力。除基础研究外，高校科研不应当脱离于日常的生活和经济。不同科研机构同大学外力量的合作是一种补充。科研成果应当激励人们，继续钻研并实现其他的想法。我们希望推动这种创新。

创新最能促进增长。如果没有富于创造力的中小企业，德国绝不会是当今这番景象。因此，我们在全球化的经济世界中，竭尽所能，更快地将实验室里的思想付诸市场之中。为此，我们需要科学与经济之间积极的、相互的交流，以便于将概念快速地转变为创新产品，提供更多的就业岗位，保障我们的繁荣。

26. 负责地对待自然的界限

批评增长的人相信，增长必须有绝对的界限，从静止的和机械的角度来看，为了创造更多财富，资源终将被耗尽。因此，他们要求将我们的价值观和生活习惯通过国家控制的手段，进行彻底的改变。我们用自民党政策的目标和手段，即自由来反对这些批评者。当然自由对我们而言并不意味着没有界限。自由意味着能够调整界限。

自民党人知道资源是有限的。生态系统存在着负荷临界。物种一旦灭绝将永远不复存在。短期经济效益的考量不能也不允许在德国存在。因此生态系统负荷临界对可持续发展而言是一道明显的安全栏。

长期的可再生资源只允许在这样的意义上使用，即自然界或一种可持续的耕作能够恢复。

相反，如果我们使用有限能源，就必须研发知识和技术，使我们将来有可能通过别的途径实现相同的目的。我们相信人类的创造力可以用技术创新改变增长的极限并超越极限。经济增长对我们来说并不是用光烧尽有限资源。我们的目标更多的是采用创造性手段制造高质量产品，在负责任地使用能源时提高效率。将陈旧低能的产品更新换代也意味着增长。

个别动物的承受能力限制了富有责任感的自民党的自由。因此，自民党支持对野生动物和食用动物的保护以及对动物合适的饲养方式。

27. 绩优成长

可持续发展并不是强制性放弃。它不仅表示减少消耗，同时也意味着智慧利用；不仅表示减少丢弃，同时也意味着更多地循环使用。高效地、在循环经济的意义上使用资源需要技术创新和智慧的使用方案。

预期之外的相互影响阻碍了将目标合理但却考虑不周的想法付诸行动，譬如可再生能源与环境保护、景观保护之间产生的冲突，生态食品加剧了土地的使用，节能灯采用有毒的水银材质。只有懂得用联系和相互影响的方式看待问题，才可能使可能性有意义并发现创新机会。缺点亦能成为优点，一种产品的废料也可能是其他产品的原料。

因此，不应当根据是否减少了当今经济的个别负面结果，过早地评价新技术和新方法，而要看它们是否总体上改善了经济、社会和生态状况，是否带来了正面影响。以开放的、系统的方式看待创造价值链，释放出绩优成长的出乎预料的潜能。正如社会讨论中绿色经济升级为蓝色经济一样，我们寄希望于工艺、创新和全面的解决办法。我们追求的是可持续的、负责任的、系统化的智慧增长，这种增长是绩优成长。

28. 自由和增长需要制度框架

对于自民党人来说，社会市场经济同时也对生态目标负责。我们希望同群众、企业、雇员以及消费者一起改造德国，这意味着与他们携手共进，而不是与他们对立。我们希望发挥市场经济的创造力以取得进步。这就需我们将保护自然生存基础的事业愈来愈密切地与经济上的个人利益相连。为此我们希望设定市场经济的框架条件，将自然短缺以价格的形式体现出来，激励人们通过这种方式提高资源利用效率。市场能有效应对短缺信号，但前提是短缺信号已发出。如果商品没有价格，那么市场将无法高效运作，生态消耗也会因此在世界地区与世代间失衡。

因此，自民党的制度政策必须为后代的需求、长期的生态危机以及外部影响付出代价。必须制定制造者原则，如有可能还要定义财产权。通过制度法来趋利避害。首先必须通过控制量的市场手段来有效调整承受范围，比如排放权交易。这样，消耗经济才会演变为高效经济。

29. 增长需要代际公正

自民党认为我们的自由同后代的自由同等重要。一个充满活力的开放社会为将来做好打算。我们无权用不可挽回的行为限制后代的自由。我们现在过着超出自己实际水平的生活，不管是经济还是生态都是如此。如果我们现在的消耗要由后代来买单，那么可想而知，他们的起步将会是怎样的艰难。比如一个人生活在残缺的生存环境中，接受着糟糕的教育，同时不得不为他的祖先偿还债务，试想他该如何发挥自己的潜能创造价值。

自民党有关可持续发展的理解以明确的价值决策为基础：我们有义务

承担起对世代协议的责任以及全球责任。我们的后代应当同我们享有同等的自由权利。自民党认为，可持续发展不仅保证愈来愈多的人拥有机会，可以在地球上持久地享受有尊严的生活，同时还不断地创造这种机会。这其中也包括分享自然财富、加入社会集体并参与经济。

考虑到国家财政和社会福利体系，自民党始终致力于推动可持续经济原则的扩大。自民党力求达到世代之间的平衡，这也是我们可持续政策的一个基本准则。为保证政策的透明，代际核算势在必行，同时还应将它应用于法律后果评估中。

30. 可持续发展对自由负责

只有在自由环境下，通过自由途径才能实现可持续发展。自由越普遍的地方，可持续发展越有成效；而一旦自由受到限制，可持续发展也将终止。对自民党来说，可持续并不是限制欲望，今天的人们也有权过上好日子。我们不能也不应当将这个世界保存起来，但我们一定要对自己的行为负责，这样才能对得起自然和后代。在这个学习型社会中，我们认为可持续发展是人类关于自己消极的和积极的长期行为后果的第二次启蒙运动。

自由本身是社会成功地寻求、学习以及塑造可持续过程的前提和基础。我们主张进行关于可持续生存方式及可持续消费的讨论，但却不希望相关价值由国家规定。可持续发展需要科技上的、社会中的、经济方面的以及科学方面的创新。承担责任的自由、创新竞争的自由、伙伴间的自决合作、多元化创意和生活计划是所有改良过程的基础。

31. 塑造数字化进步

我们将数字化进步看作是机遇而非挑战。网络用自己的基本原则为自由打开了崭新的空间。中立、开放、分散以及原则上的匿名不仅是网络的技术特征，同时也是网络交流的必要前提。网络向每个人敞开大门，使人们可以自由发挥、获取信息、直接交流以及承担（全球）责任。一个原则上技术开放且没有歧视的中立网络是经济、社会以及个人活动多样性的基础。自民党人希望保持网络空间的自由化，并使关于保护私人领域和知识产权的法规足以应对网络挑战。我们支持德国和世界范围内的知识产权保护。

32. 增长需要基础设施

对基础设施的投资是经济增长的必要前提。我们需要新的研究机构、生产工厂、便捷的交通、再生能源及传统能源的高效设备、现代化电力网以及广泛覆盖的网络，因为只有拥有这些设施，我们国家才能抓住时代的机会。

我们自民党一方面主张维护并扩大已有的国有基础设施建设，另一方面支持私人投资计划。我们希望将德国建设成为工业大国及科技大国，并逐步扩大其规模。在人口数量急剧变化的今天，基础设施也必须随之改进，以便通过新技术和各级的解决方案来满足人们的需求。我们希望为所有人打造可靠且有法律保障的环境，这些人当然也包括那些为建设德国未来而进行私人投资的人。只有同公民一同努力才能实现这一目标，国家和投资人必须提早让公民参与、向公民宣传并加入到公民中去。除此之外我们还在社会范围内大力宣传建立基础设施的统一思想，以达到德国与世界相连。

33. 通过新能源实现增长

尽早退出核能、对化石燃料的依赖以及我国的气候政策目标，给德国提出了严峻任务。我们不仅要在十年内完全摆脱核能，而且更重要的是要在这期间成功进入再生能源的时代。我们希望到2050年基本完全采用再生能源发电，基本不再依赖化石能源。为实现这一目标，除了国家努力外，还需要一个有效的欧洲内部能源市场以及同欧洲及地中海地区伙伴的密切合作。在扩大可再生能源的过程中，我们必须注重技术进步、经济效益以及环境和风景区的保护。

能源转型是一个机遇，抓住这个机遇德国就能够成为新时代的重要推动力量。能源转型同时也提出了挑战。我们希望德国保持工业大国的地位。而想要保持这种竞争力就势必要保障节约与环境和平相处以及能源供应的安全。在这种条件下，我们需要定期审核德国及欧洲的能源策略是否符合目标，如有必要则要调整策略。想要国家富强，人民安康，工业工作岗位增加，就需要一个安全的、能够负担的并且可靠的能源供应系统。为使能源价格对居民是可承受的、对工业是有竞争力的，必须提高能源利用率，同时避免不必要的消费负担。一旦这些需求得到保障，群众就会积极参与到彻底的改革进程中。

因此，我们坚决理性地推行能源转型。我们需要快速扩大能源网，扩大电网计划在欧洲内的合作，推广再生能源，在短期和中期内建立起新的、高效的火力发电厂。必须持续以市场为导向继续发展可再生能源的促进手段，这样消费者成本就能降低，竞争力就会有所增强，长此以往就会形成能源市场完善的市场经济秩序。我们主张能源领域，尤其也包括可再生能源领域间的竞争，这样能够维护消费者的利益。电力生产、电力配送以及电网稳定不再仅仅是民族国家的问题，而是需要欧洲的解决方案。因此，我们呼吁完善欧洲能源内部市场。我们支持科技开放性发展，为此我们需要进一步推动研究和发展，尤其是在可再生能源、储存技术、常规能源的新技术准备、聚变工艺以及转移突变等方面。自民党对几十年的核能利用负责。最终如何解决贮存的问题，还需要严格遵照责任承担原则，采用公民积极参与方式以及专业性最优的解决方案。此外我们还会努力提高能源效率，既不生产也不运输那些不被使用的能源。此外，我们主张鼓励而非禁止。

34. 增长和发展解决全球问题

大的发展中国家终将走上工业化道路。人们都在努力摆脱贫穷和饥饿，并走上富裕之路，任何人都无权阻止他们这样做，相反，我们应当合理利用这种动力并支持这种行为。

世界人口正持续增长，世界能源需求也在不断提高。气候变化将会改变自然系统并威胁人类生存空间。保障世界范围的食物供给以及减少具有威胁性的气候变化是长期的全球生存机遇政策中的重要任务。为保证全球增长与全球生态目标一致，我们需要有先进的技术知识以及全球创新工艺，这样才能提高效率并保护重点自然领域。全球化应当给每个人都带来积极影响，其中也包括新兴工业化国家和发展中国家。

35. 增长和气候变化

化石能源的燃烧不仅是对有限资源不可挽回的消耗，同时也对气候产生了不可估量的巨大影响。砍伐热带雨林带来的后果同样不堪设想。只有全世界共同努力才能应对气候变化带来的挑战。联合国已经设定了最紧迫的目标，即将预期的全球变暖限定在两摄氏度之内，以及截止到2050年全球温室气体排放至少减少一半。长期目标是全球范围内每人每年排放的温室气体最多不超过两吨。必须根据历史责任、增长动力和经济实力在各国家中间分配相应任务。德国和欧洲无法独自对抗气候变化，但可以成为有利于气候发展的先驱以及新能源经济的榜样。我们有能力向世界展示如何将气候保护与繁荣增长协调一致。全世界都认同只会抑制增长的气候政策终将走向失败。必须用效率来验证气候政策的优劣。我们希望用创新和进步来减少气候变化，并加强而不仅仅是保持我们的工业基础。积极的气候保护政策可以成为长期有效的经济发展和生态发展的预防措施，同时也可以成为增长的动力。

只有合作才能完成必要的全球行动，因此我们支持适应气候变化、雨林保护、气候友好的工业化，尤其是发展中国家的工业化。国际能源、资源及环境合作直接关乎德国的利益。

36. 承担国际责任的增长

自民党的发展政策是对全球有尊严的未来的投入。我们希望在机会公正的社会中摆脱困境和恐惧。自民党发展政策的基础是人权。人权并不是我们谈判的内容，而是合作的前提。我们力求建立自由的基本制度，在此制度下通过自决创造更多机会。因此我们支持个人行使权利。我们不能通过克服这些特征进行未来的发展，我们及我们的伙伴为此承担义务。

自民党希望提高发展政策的作用，这要以自我负责及伙伴国的联邦框架条件为前提。在此我们还要保证措施的高效透明。我们主张伙伴国保障个人自由,通过有效的法治国家手段保障安全并建立社会市场经济体制。这样才能实现持久的、经济的、生态平衡的、社会的和政治的发展。想要取得进步,就需要国家着眼于这些基础,一步步完善制度和政策;同时需要政府关注民主责任并且清正廉洁。根本责任在于国家本身。我们的最终目的是使需要帮助的人摆脱依赖,每一项发展政策的目标是最终不再需要这项发展政策。

可持续发展需要更多有责任感的人参与其中,这些人要具备企业实力和创新精神,要进行工艺和社会创新的投资,并务实地寻求有效措施。我们鼓励并授权这些来自国家、教会、公民社会以及经济界的参与先锋进行批判式的讨论与合作。只有尽可能分散地自我负责,才能保证良好的发展,才能为更多的人带来更多的自由。

(二)自我发挥的勇气——社会提升的机会

37. 多元化为个人自我发挥和社会提升提供机会

自由的社会集活力与开放于一身。对我们来说,生活模式的多样化及自我发挥的机会既是我们自由社会的基础,也是自由社会的结果。只有人们抱着各式各样的生活理想,共同合作,才会创造新的社会提升机会,才会使每个人得到个性施展的机会。开放社会的这种多元化不仅带来更多的机会和财富,同时也提高了弱势群体和穷人的生存条件。我们抵制社会抹平人与人之间的差异并拒绝个人决定,也抵制社会将个人出身特征固化,还抵制社会阻碍个人发展。

我们不仅追求消除歧视,还努力创建多元社会和劳动世界,这样每个人才能真正拥有个人提升和自我发挥的机会。性别、种族、性取向、身体状况、信仰以及世界观属于一个人的人格。因此,我们赞同并全力支持残疾人全方位参与到我们当中来。我们自民党坚持一切差异都是正常。自民党全面保护多样化的生存方式和生活规划,并保证另类不再受到歧视。

38. 解放意味着成年并拥有同等参与权

自民党人认为，解放不单单意味着性别解放，同时还包括家庭、年龄以及少数民族的解放。从这种意义上看，解放是个人及社会的自由过程。因此，我们支持那些通过教育来争取提升机会的人。对自由的自我责任要求人们能够独立理解，不受他人权威的控制，同时摆脱束缚和依赖。自民党抵制将自由和责任委托给他人的心态，不论是委托给国家、群众组织或其他任何形式。我们希望进一步保证人们生活在开放的经济和社会中。想要自由发挥的人需要自信和自由空间。想要承担责任和做出奉献的人，会在新的认同和赏识文化中赢得尊重与支持。

39. 真正实现妇女参与

自民党深感肩负着男女机会平等要求的责任。这一要求同时符合我们对自由的理解，即在真正平等的条件下走上自决、自我负责及竞争的道路。因此我们自民党人反对强制定额。同时我们着重指出，过去放弃积极地支持妇女并未导致在政治上和企业领导岗位上的女性比例上有值得一提的改善。妇女在社会、经济以及政治的许多领域受到结构性歧视，这体现在较少的妇女岗位上，也体现在同等资历和同等劳动得不到与男性相同的报酬上。想要改变这种状况，就需要在未来有目的地加强对妇女的支持，并努力实现她们真正的参与。

40. 保护有孩子的家庭

一切积极的人格发展都以实现理想的基本需求为前提，例如爱、安全和认可。满足这些理想的基本需求以及建立稳定的关系，对今后的生命历程，对乐观和积极的思想，以及对自己给予他人爱、安全和认可的能力都有指导作用。

每个孩子都有权自我负责地施展个性。每个孩子都有权享受一个没有暴力的童年并接受适合他能力的教育及培训。国家的组织保护孩子不受身体和精神的漠视，促进他们的权利。每个人从孩童时期就应当得到不受出身影响的机会。自民党认为，首先要为孩子负责的是家长，其次是国家和社会。然而国家干预是必要的，以保障孩子相对于父母的基本权利。所有有关孩子的措施都必须优先考虑孩子的幸福，并尽可能地为每个孩子提供最佳的发展机会。

现在对家庭的定义不再仅仅是生身父母同孩子共同生活，如今还有独自抚养子女的人，拼组家庭以及同性伴侣抚养孩子这些具有高度责任意识的家庭共同生活。自民党希望所有人都可以为家庭和孩子的责任做出决定。

41. 培训、职业和家庭的协调

照顾孩子的决定不应当牺牲培训、工作和社会方面的利益，也不应当造成生活危机或受到年龄限制。这里指的是实际存在的，特别是发生在妇女身上的亏待情况。国家应当针对职业领域要求保障可靠的工作环境，并通过有利于家庭的基础设施使做出照顾孩子的决定更容易。

首先要做的是全面增加多元化的合格日托所机构，这些日托所不仅要具备灵活的配备、全天制的模式，还要有其他形式的看护。除了数量要有所增加，托儿所早期儿童看护的质量也必须有所提高，这样才能完成托儿所的教育任务。照料儿童的资金投入必须优先于其他的家庭政策开销。只有更好地协调家庭和工作的关系，才能在工作领域树立新的榜样，建立新的结构。独自抚养孩子的母亲或父亲需要更灵活的劳动市场和劳动模式，这样他们才能实现工作和家庭的协调一致。

42. 加强承担责任的团体

生活模式的多样性也体现在丰富的共同生活中。我们社会的根基是承担起对彼此的长期责任，但人们共同生活的形式却不由外人决定。他们在社会中寻求怎样的地位，建立怎样的人际关系，结束哪些关系，都由人们自己决定。

家庭作为承担世代传承责任的团体是最重要，也是最基本的生活模式。家庭是超越代际的认可和团结的源泉。我们对于婚姻、家庭和其他责任团体的观点十分开放。所有情侣都应当有权缔结婚姻。我们不会将同性生活伴侣与婚姻伴侣在权利和义务上区分开来。实际如何安排自己的生活模式是每个人自己的事情。

无亲属关系或性伴侣关系的人也可以共同组成长期团体，这样上了年纪之后也可以尽可能推迟接受养老机构的照顾，或者可以相互照料生活等等。人们通过以上这些形式自由地承担对彼此的责任并建立起责任团体。

因此我们主张建立一个法制机构"责任团体"，并赋予它婚姻的权利和义务。另一方面，夫妻的权利和义务不能理所当然地加诸到非婚生活团体中。自由的共同生活必须是可能的。

43. 教育促进成长

自由需要教育，反之教育也离不开自由。教育是一个终生的学习过程，它使人们具备自主发挥并成为自由社会成年参与者的能力。教育保证我们社会经济和文化繁荣的基础，并为个人增长和社会提升创造机会。教育同时与工作培训、科研和发展共同构成我们经济在全球竞争中最重要的因素。

我们现在的教育体系不足以使每个人都获得符合其水平的、最好的教育。教育成果的好坏很大程度上取决于父母的支持和生活经历。德国有能力并且应当赢回领先的教育大国的称号。实现这一目标需要获得显著的成果以及乐于在学习型社会中学习到老的观念。

44. 教育是公民社会的前提基础

投资教育就意味着投资开放的公民社会以及投资文化科技德国的繁荣。我们自民党认为，每个人都接受个性化的教育是社会和世代协议中不受社会出身影响的平等机会的基础。为争取个人生存机会而接受教育将由于社会变革而加深其意义，而关乎社会繁荣的知识和研究也将获得更大的意义。

学习型社会深受好奇心、实验乐趣、创新和终生教育的影响。我们需要教育体系最大限度的透明化，也需要各层面强大的配置以及负责任的教育机构。正是由于教育的重要地位，幼儿园、学校、职业教育机构及高校的教育工作者和学生才应受到社会更多的重视。

人们如何行使其教育公民权对我们而言是一个重要的、关乎未来的、公益的、经济的和社会的问题。

我们自民党坚持普通教育和职业教育的等值原则。职业教育将企业培训和学校教育结合到一起，保证经过长时间的培训后，能够为手工业、经济和管理领域提供高质量的接班人。德国的双轨制是一个富有成效的模式，为其他国家的教育制度树立榜样。

45. 自民党的教育政策让每个人都能接受个性化的教育

自民党的教育政策切实地面向每个人。我们致力于教育机会的公平和日常有效的教育制度。为所有孩子提供个性化的教育支持是自民党教育政策的总方针。考虑到孩子个性化的需求和能力，做出的决定必须围绕学习者本身，因此需要尽早地了解孩子的能力并因材施教。

成功的教育并不取决于学校的体制，而在于有良好专业培训和教育学培训的教师、学生和家长的投入以及学校自主负责地选择教学模式和方法。更好的教师培训是高校和其他教育机构的任务。教师的进修也必须得到进一步完善。同时我们还必须着力加强教育体制的内容和组织形式。我们希望青少年成长为成年人，我们希望使他们了解这个社会的自由人文价值观、民主、承担社会及个人责任、掌握日常处事能力、接受工作培训、培养经济思维、掌握使用机会、辨别危险的能力、独立探索文化价值和商品。

这就需要在这个紧密相连的全球化世界里掌握外语，拥有全面的传媒技术，对经济和生态基础有所了解，并且对自然科学及科技始终保持敏感。我们的总体教育注重传授知识和技能，同时促进个人才能，这一观念旨在让学生掌握全面的判断力，并为个人提升奠定基石。这是实现自由负责的自决生活最重要的技能。

46. 教育面向青少年

自民党坚持以人为本，因此我们致力于早期教育和个性化教育、学校最大化的自由以及不同学校间和教学模式之间更多的相互渗透。国家应当并且只能设定基础框架，家庭不应当逃避应当承担的责任。公民社会的学习机会及儿童世界的学习机会对教育机会意义重大。

早期儿童教育是对孩子的第一笔机会投资，任何孩子都不该由于受到家庭环境影响而失去接受基础的早期教育的机会。教育生涯的第二步是良好的学校教育，每个孩子和青少年都应该尽可能早地接受教育并从奋斗和成就中得到收获。学习带来成功与喜悦，成功带来欢乐、认可与赞扬。

47. 教育需要丰富且热心的环境

教育只有拥有自由才能满足儿童的需求，挖掘他们的优缺点并为他们开启各种大门。来自低教育程度家庭的孩子尤其需要公民社会环境、青年工作及学校的支持，由此获得生存机会。

我们支持从学校过渡到工作岗位过程中学校和经济的紧密合作。毕业后令人堪忧的就业前景不是国家有能力独立解决的问题。我们主张残障儿童同非残障儿童在所有教育机构中共同学习生活。为了孩子的幸福，有必要的话保留特殊的协助型学校作为选择。教育必须丰富多彩，不拘一格。所有学校形式都是平等的，且处于共同的竞争中。对天才儿童的培养也属于教育项目。教学内容、教学方法以及教育环境应当更多关注生活实际，这样才能激发青年人的创新能力和好奇心，来掌控生活并在社会中找到自己的立足点。高校的学术教育以及双轨制不能超出一般人的能力范围，二者的选择不应受制于家长的财政状况。国家必须保证人们拥有平等的机会。

私立学校始终是我们教育框架中的一部分，其教育理念和教育结构时常被当作典范。此外，私立学校通过公民基金会及其他形式体现我们公民社会的特点。自民党的教育政策力求在政治层面上将所有教育形式联系起来，其中包括早期儿童教育、普通教育、双轨制教育，或是职业教育，或是学术教育，作为第二种教育途径或继续教育。所有儿童和青少年都应该有机会受教育并发挥潜能、施展个性。因此自民党认为，教育不会局限于中小学、培训或是大学，教育应当是以职业进修和普通进修形式进行的终身任务。进修提供了更多的发挥机会，并为职业提升提供了可能。我们坚信，除个人和企业外，国家也对此负有责任。国家可以通过资助个人教育或职业进修来支持个人努力。

48. 实行自民党的公民津贴来保证最低生活水平

惧怕贫穷和担心受到排挤的人、为医疗和养老发愁的人都是没有自由的人。每个人都要预先为自己做好预防准备。自民党会保证那些能力暂时或长期受限，因而无法完全或完全无法通过个人努力维持生活的人有尊严地生活在社会中。保障最低生活水平，以及共同对抗个人无法独自应付的生存危机是我们不会放弃的社会文明成就。这是我们拥护的社会市场经济的一个支柱。这种防范生存危机的措施使我们敢于在求职过程中放手一搏，而恰当规范的社会保障同时促进了创新和增长。

因此，我们希望通过自民党的公民津贴尽可能多地在公平透明的系统下将各种税收资助结合在一起：公民津贴按照地域水平给付并保证穷人的社会文化最低生活水平。特殊的生存环境需要给予同样特殊的照顾。公民津贴统一发放。税务局按照负所得税的纳税义务来评估需求。个人挣得的收入应当这样按比例划为资金的一部分，以使得自己劳动总是值得的。这样，公民津贴建立了一个使人不感到耻辱的基本保障，它唤起人们的积极性，鼓励人们努力奋斗。

49. 励志的社会福利国家：提供参与机会而不是供养

自民党希望机会不受社会出身影响。每次更新提升承诺都会强调市场经济秩序的合法化。公平地追求梦想的机会不应当受到家庭出身的束缚。失败或者错失一次机会的人有权获得第二次机会以达到追求的社会地位，但这第二次机会必须由每个人自己争取。拥有能力却失去工作机会的人不该永远享受供养福利，而是应该得到帮补，有机会再次参与工作。

因此励志的社会福利国家是一个活跃的、积极向上的社会福利国家。我们的核心手段就是自民党的公民津贴，因为它使每个人的付出都能得到回报并消除了官僚主义。励志的社会福利国家在职业生涯中搭建桥梁，消除了失业和劳动力市场间的障碍。社会福利国家相信个人，因而不去约束他们。对每个人来说，工做贡献必须是值得的。因此我们需要简明、公正和低税率的税制，它鼓舞人们通过自己的努力挣更多的报酬。此外，我们希望不仅认可成就和结果，还要认可看得出来的个人努力。

劳动力市场正面临双重考验：一方面是有竞争能力的行业缺乏专业人员，另一方面是失业人员由于没受过专业培训或不愿工作而长期处于无工作状态。面对这样的发展态势，一种好的经济政策是远远不够的。培训措施在那些被分离的领域碰到其极限。因此限定于特定目标群体的劳动力市场手段也是励志的社会福利国家的一部分，如有必要，这些手段也将保证第一劳动力市场的公平参与。它奖励努力找工作，而不是长期地发放救济。

50. 代际之间新的社会协定

人口的变化改变着我们社会协定的基础，正如它在社会保障体系及基础设施资金投入方面表现的那样。然而自民党从人口发展中看到的并非只有它的弊端，同时还有机遇。每个人在人口变化的过程中都获得了自由空间和更长的寿命。这要求用新观点看待老年人和老龄化。如今新一代老年人在更长的时间里保持身心安康。他们希望并应当积极投入到社会劳动中，因此我们反对针对老年人的任何形式的歧视。

与此同时，社会的萎缩及老龄化也在期待变革的发生，不管是在乡村地区还是在人口密集的中心地区：基础设施不该再以惯常的方式进行投资建设和维护，城市及其设施必须为满足老年人的需求而进行新的改建。

此外，我们必须做早该做的决定，即建立公平且可持续的社会保障体系。我们已经负担不起代际之间不公正承担财政负担的社会保障体系。必须按照老年人和青年人的生存机会重新平衡个人预防措施和团结互助措施。将来每代人都必须支付足够的费用来支撑个人预防措施。金融市场危机、通货膨胀以及人口变化必须通过适时确定多种预防措施模式的组合来加以限制。

51. 人口变化中的健康与护理

自民党的健康政策面向的是病人。每个人首先是自己要为健康负责。保障性组织通过团结互助对个人无法负担的健康危机进行援助。

对于老龄化社会而言，卫生事业的防治措施尤为重要。有效的防治措施不仅保障健康，提高人们的生活质量，同时也是对未来的一项投资。促进预防的效果是重中之重。预防首先是个人任务。通过运动提高精神和身体状况，积极参与到自己的生活圈子都是获得幸福的重要部分。为此，这个老龄化社会必须在城市规划、乡镇地区及建筑方面做足功夫，使人们能够无障碍地生活下去。有自由选择医生、医院、疾病保险及医疗方案的权利始终是自由的卫生系统的特点。在人口急剧变化的背景下，保证居住地就近医疗供应，保障合格药品的购买渠道以及新的供应形式，如远程医疗、移动服务等势在必行。我们必须为卫生及护理供应做更多准备。医疗进步并不是免费的。只有卫生体系是在供应者的相互竞争中高效建立起来的，给人们更多自由选择保险的权利和在卫生领域的选择权，我们才能进行医疗发展的投资。我们自民党坚持卫生事业的透明化。疾病保险究竟支付哪些服务项目，哪些项目要由公民自己承担，这还需要由社会来决定。

如今社会保险的税收财政已不能满足人口变化所带来的未来挑战。因此，我们需要更多的财政资金。这特别涉及社会护理保险，从而使未来的护理服务能够使那些需要护理的人有尊严并且有质量地生活下去。因此，护理必须考虑到痴呆患者的特殊护理开销。人们都希望即便到了老年仍生活在自己的家中，所以我们要尽力保持这种自决。要提高门诊服务的首要地位，尤其要支持进行护理的亲属。

52. 在开放的公民社会中共同成长

数百年来我们始终是一个移民社会。我们并不在意移民来自哪里，而要看他们想实现什么。只有彼此之间相互宽容、相互交流，并将多元化融合在一起，开放的公民社会才会继续存在下去。社会团结是在开放的公民社会中宣扬自由的前提基础。当移民成为公民，对我们大家而言是机会。

他们不必放弃自己的文化传统。这就是自民党对一体化的理解,但绝不包含同化的思想在里面。

和平共处是一项成就。两条道路通向和平共处:重补一体化和有控制地进行移民。我们主张整体的一体化计划,因此它符合这个时代的挑战,同时能够促进我们社会的共同成长。想要真正达到一体化就需要人们共同生活在多彩的生存环境中,共同为实现公民社会目标而努力,也包括在体育中提倡勇气、尊重和公平。这也包括拥有长期居留权的外国人的孩子可以拥有双重国籍。我们支持私营企业和公共事务中的一体化典范。

正是在人口急剧变化的背景下,我们关注有控制的移民。为此我们希望通过推行积极高效的移民政策在全球劳动市场中招揽人才。毫无疑问,一个社会具备的吸引力和应对未来的能力在这样一个全球化的时代下体现在人口的移入或移出。我们希望德国成为一座灯塔,能够吸引全世界高素质且乐于融入社会的移民,只要他们愿为自己和家庭寻求提升,愿为社会的繁荣发展贡献力量。

我们希望移民和所有公民一样承认我们的法律制度,承担个人教育的责任、自我解放的责任以及个人供养的责任。这一切的前提是要掌握德语,德语是融入社会家庭的钥匙。我们坚定地主张建设国家以吸引更多的人才,重点在于要建立一种好客的文化,并不断推动社会开放。

53. 自民党的社会政策加强公民社会的积极性

自民党的社会政策不仅仅局限于使社会保障体系具有应对未来的能力,还旨在增加公民的生存机会。为达到这一目的,人们必须摆脱束缚,将人们对国家管理的"善举"的依赖限定在理智范围内,即通过对自己负责以及个人贡献参与到积极的公民社会建设中,开创自由空间,同时为自己、他人和集体承担责任义务。这样才能创造机会以保证自决满足的共同生活。公民社会的积极性也是在自由平等的社会中为弱势群体和需要帮助的人提供所需帮助和关怀的前提。因此自民党的社会政策支持并促进公民社会中一切符合这一目的的创新和积极性。

(三) 用法治国家来保护独立自主的公民

54. 自由需要法治国家

人人生而平等,然而人们的自由却受到强制的威胁。不管这强制来自人民、企业或是最高权力代表:自民党坚定地支持人道主义关怀,在此关怀下严格地控制对自由的约束。为了实现这一理想,法治国家是不可放弃的成就:法治国家通过法律来代替强者的统治,用法律面前人人平等取代封建特权,用对国家有辩护权的、独立自主的公民身份取代臣民身份。

法治国家在基本法的共和价值制度下认证并通过参与权和设计权,使社会发展成为自由和自主公民的开放社会。对他们而言,自民党法治国家政策有一个作用,即为自由、自决和公平而战。因此,自民党是代表法治国家和公民权的党派。

55. 私人领域和强制的自由

自民党的法治国家政策保护公民不受强制,并保证每个人能够自由发挥才能。人类尊严要求国家和个人为隐私的不可侵犯性负责,重要的私人领域不受国家干涉。此外,自决的人有权独立决定私人领域的哪些内容可以公开,哪些不必让外界知道。基本权利是防御权,它建立一道保护自由的屏障,来对抗国家、私人以及公司的行为。

自民党希望不仅仅通过强大的联邦法院来设立这道屏障。我们要保护基本法,这不仅是我们自民党的一项历史使命,同时还是我们义不容辞的责任。因此我们也清楚,不是所有联邦法院认定的法律界限都可及。如果基本权利受限,应当定期考察这种限制的程度和效果,如有必要也可以废除该限制。

56. 数字世界的公民权

我们自民党保持网络中立,并主张没有技术歧视的网络使用权利。维护公民权,尤其对言论自由及私人数据的保护是国家的任务与目标。

每一项公民权都是对历史发展进程中出现的对自由的具体威胁的回

答。这些公民权在那些对实现自由尤为重要以及特别容易受到侵害的生存领域起保护作用。这些生存领域随着经济、社会以及技术的变革不断发生着变化。电脑、互联网和移动电话带来的数字通讯革命创造了日常生活中随处可见的商品。正是在数字世界中，用户数据才能被悄无声息地加工和使用。通过国家或企业渠道大量搜集、存储并联接个人数据使人们面临成为"透明人"的危机。因此我们自民党反对国家数据采集，它牺牲的自由远大于创造的价值。我们同时关注私人关系，人与人的关系在这个社会日渐重要，尤其是消费者同企业主之间的关系日益重要。不少个人信息沦为数字行业的商品，为企业带来愈来愈多的经济利益。

因此，自民党人认为首要任务是弄清如何自我负责地保护个人数据。只有正确认识并衡量机遇与挑战，并将它作为行为导向才能更好地融入这个数字社会。即使有自我保护意识的人，也无法在生活的所有方面仅通过自己的力量防止个人数据遭到滥用，比如付款、打电话以及互联网等。所以，我们现在必须重新定义公民权的概念。

数据独立的保护权和私人领域的保护权必须紧跟技术发展的脚步。国家间的界限在数字空间中逐渐淡化，因此只有加强国际合作才能有效地保护数字世界中的自由。当然对自民党而言，只有满足高度透明化才能进行有效的国际合作。公民有权知道通过什么法规可以在国外保护自己的自由。

57. 自由需要安全，安全同样需要自由

人道的集体生活要求自由与安全，对自民党而言，二者并不是相互对立的。安全对我们来说就是个人的自由不被国家或其他公民剥夺，因此保护自由也要求有效的惩罚手段和危险防御手段。

只有当惩罚措施和危险预防带来的自由多过付出的代价时，才能称之为有效。因为如果人们失去了自由，自由也就无法再保护人民。那些单纯为了表现政治决策，或服务于象征性政策"强制手段"的公民权措施不是我们所要求的，而那些保证了安全却失去了更多自由的公民权措施对我们自民党而言是不恰当的，是为我们所拒绝的。如果预期无法确定公民权措

施是付出更多自由还是获得更多自由，那么在有疑虑的情况下我们选择自由。为了防止做出错误的预测，我们在特别困难的情况下，对看起来有必要的干预自由的措施进行期限限定并定期检查。在颁布新法律前，我们要先对已有法律进行完善。

58. 自由和责任需要财富

私有财产是自由和社会责任的必要条件。私有财产保证公民的经济不受国家束缚，并按照财产比例赋予财产所有者个人责任。获得私有财产的可能性鼓励人们做出更大贡献。没有财产，社会市场经济和人们争取幸福的竞争就不会实现。此外，私人财产还是公民支持文化、社会和科学领域的前提。不曾拥有就无法给予。只有人们相信拥有的财产足以应付生存，才能投资公益事业。因此，私人财产的保护并不是次一等重要的基本权利，而是首要的基本权利。因此除了对收入、收益和利润收税之外，对私人或企业财产征税是禁止的。同时，保护私人财产使国家有制定一个动态的财产权制度的义务。尽管它保证所有公民都享有获得财产的机会，但并不会固化世代间的财产不均。

59. 知识产权必须得到保护，并可以利用

私有财产制度理念不只涉及实体对象。在知识社会及数字革命社会中，思想作品的意义愈来愈大。为此，对知识产权进行保护和安置是重要的未来任务。因为只有思想作品也能保证创作者的生存和获利，才会带来个人的创造性贡献、科研以及进步。在承受着巨大风险的情况下，投资于新科技及其市场完善的企业家应当享有平等获得市场回报的机会。数字世界中现存的权利模糊需要用新的著作权来替代，新的著作权将公平平衡创作者、权利享有者以及使用者的利益，并开启通往知识和创新的大门。

拒绝知识产权为损害所有参与者的社会主义的知识共享铺平道路：使创造性活动失去热情，使我们的社会丧失创新潜能和创造潜能。知识产权需要以使财产权理念如此成功的条件为指导，其中包括明确性和通过公开性达到透明性。只有明确了哪些思想成果属于谁，人们才能尊重这种财产

关系，建立公平的贸易关系并发展出新的商业模式。因此，知识产权法的明确性和透明性是一项重要的政治任务。

贯彻现有的知识产权条例必须始终优先于制定新的法规。

60. 保证公民主权

人们只有在自由的社会中才能发挥其兴趣、才华和爱好，并加入集体。基本权利保护着自由社会。在自由社会中，人们能够自由地发表言论、获取信息、遵照信仰生存，能够缔结工会、社团或是加入党派，可以为利益进行游行而不必担心遭到镇压。

对自民党人而言，自由权利绝对不容侵犯：必须不断发挥自由多元社会的活力。同时要保证人们积极参与社会活动，因为自由的民主依赖人民的参与。越多的公民加入到集体的建设中，整个国家就越民主。因此我们会把握每个机会，通过新媒体以及新的公开方式同公民进行对话。国家不是公民的监护人，而是建立并保护公开的公民社会的公仆。

61. 自由签订合约而不受国家监控

在私法中实现自我负责地行使自由这一理想：公民自决地决定事务的同时享有自由并承担责任。它以自由签订合约以及个人自主协议优先于国家监管为前提，因此二者是我们法制政策的核心。此外，自由签订合约还保证了我们法制的创新潜能：只有当公民和企业拥有自由，为满足需求能够达成有法律保障的合适的解决方案时，私法才能尽快实现经济、科学和社会中的飞速创新和多元化，才能对此做出积极的反应。

一旦公民或企业地位不平等，那么法律必须保护弱势群体不受强者滥用权力的侵害。考虑到自由签订合约的作用，同时出于对拥有自我意识的公民的尊重，不应当草率地用政策来界定强者和弱者之间不平等的地位。我们总是优先支持那些对自己行为负责的公民，他们能最好地认识到自己的利益，实现自己的利益。只有在确实无法自主做出决定的情况下，立法者才进行立法。

我们反对滥用私法，按照家长式的模式来培育社会。私法应当将公民自主处理个人事务的权利交还到公民自己手中。它不应当成为按照政治计划"改善"公民和社会的工具。在社会权力中实施强制份额之类的措施完全不符合我们对私法的看法。

62. 医疗中的自决权和道德

个人自由包括人们可以自主决定自己的身体。自决优先于第三方救济。自我负责地决定治疗手段，以及提前做出相应决定是每一个人的权利。自民党坚决反对有悖于病人及其家属意愿的治疗。我们希望每个人都能够有尊严地走到生命的最后一刻。对于生殖医学我们认为，只要它不损害尊严，父母有权决定医疗措施。我们希望每个人都能够不受家庭状况影响地获得生殖医学方面的救治。自民党主张援助和治愈的道德准则。一旦触犯人类尊严则到达科研自由的底线。

63. 宗教、国家以及共和国

寻求个人生存意义和价值属于自由范畴。宗教和世界观能够帮助人们在全世界内找到对个人而言和谐的和有意义的位置。因此，自由的宪政国家不会与宗教竞争。基本法的自由民主价值规范对所有公民而言都是一种辨别标准，不论他来自哪个宗教团体，也不论他拥有怎样的世界观。这种价值规范的核心在于基本法的基本权利。

国家必须持中立态度来对待各个宗教。只有对世界观宽容的法律才能有效地在多宗教并存的社会中安抚并调节民众情绪。只要基督教开设了宗教课程，那么基本法承认的其他宗教也有权进行宗教课程的讲授。除了保护宗教自由以及各宗教之间的平等地位之外，自民党致力于最大限度地将宗教和国家分隔开。

（四）开放的公民社会中的自决以及民主

64. 开放的公民社会是一项全面的自由计划

中央控制政策无法应对 21 世纪社会所面临的考验。由自主公民组成的开放社会是一个属于公民的全面计划，涉及历史、经济、社会、生态以及文化，自民党在议会中为此打好基础。开放的公民社会深受带来生存机会的多元化影响，体现了一个现代的、对自由负责的社会。

65. 自营组织和积极公民社会的非国有化

公民社会的行动优先于国家行动。公民社会想要持续发展下去就必须始终支持其社会成员自由发挥。公民自营组织活跃在建设有利于当代、环境和后代公民的社会中，活跃在艺术、文化和体育领域，公民自营组织本身不仅实现自身价值，而且相互团结合作。在此，体育运动作为最广泛的公民活动具有特殊意义。自营组织的这些付出不仅改变了它自己的生存环境，同时也影响了开放的公民社会中的其他成员。从文化角度看，不论是在日常生活、公民社会、经济还是政治领域中，每个为挖掘个人潜能而做出贡献的人都是自由公民社会计划的践行者。

公民社会只存在于自由公民的公共生活中。在公民社会中，公民积极参与各种协会、公民自发组织、党派、宗教团体、世界观团体、基金会以及许多其他形式团体，如同参与工会和企业一样，因而对公民社会有着深远的影响。数百万人付出的名誉投入和公益行动是积极的公民社会赖以生存的根本。如果没有这些人的付出，我们的国家将变得贫穷且冷酷。个人的付出决定了我们社会的福祉。

与其他社会相比，德国社会的投入和力量被系统地低估，被官僚化，并最终被边缘化。相反，我们自民党希望个人的付出和公民自营组织不受国家阻碍或遭到排斥，而能得到国家无限的鼓励和支持。不论哪里有私人的动议组织，我们都承认它们优先于国家的权利。

66. 民主就是自我管理

个人自决和个人责任实现了政治的共同决定和共同责任。因此，政治的自由制度的基本思想是自主公民的自决，这种自决同时构成了共同的共和国。共和国的前提是法治国家，它保证了政治自由、平等、三权分立并关注法制安全。我们认为，民主就是拥有相同权利的自由公民进行自我管理——为了公民，通过公民。

公民社会的民主依赖于开放的公众讨论和公民的自发参与，也包括在政党和政治团体中的参与。政党只是参与意志形成，而不是取代他们。知识社会为政治参与提供形式与机会，相应地，这种参与也必须尝试性地、有把握地不断完善。从这一点来看，公民与政党承担着相同的责任。我们自民党人清楚地意识到民主带来的成果。我们希望重新为我们的共和国赢得社会重视，同时消除人们与政治体系之间的隔阂。

67. 政府的任务

代议制民主是自由的政治制度。公民选举公民进入议会。由议会选举并受议会控制的政府在一段时间内领导国家和管理国家。在经济、科学以及公民社会自营组织中无法自己解决的问题，由公民在政治中处理。政治属于公民范围而非国家范围。自民党认为，一个优秀的政府要完成以下基本任务：维持并逐步扩大自由制度；控制国家行政机构的权力扩张；负责地处理国家预算；为更多的人创造更多的机会，如保障有效的基础设施。我们认为政府的政策同时也是个人的机遇政策以及社会的秩序政策。

68. 为了公民和国家间的新平衡

公民社会包括公开的讨论和争论，以及在联合会、团体和协会中的合作。理解和改变民主进程需要时间，为此，我们希望完善议会并加强政党中的现代化参与。同时我们希望采用新技术，通过预选模式将我们的拥护者紧密地团结在一起。

我们自民党希望成为团结公众的先锋。我们的自由民主基本制度以自主的成年公民为出发点，同时信任每个人的理性。因此，代议制民主应当加入直接民主的元素。联邦州过去积累了相关的第一手经验。这些方法应当得到推广和改善。此外，自民党还坚持在联邦层面推行公民投票和全民公决。

开放的社会同时也意味着错综复杂的社会。负责解决所有社会问题已经超出管理部门的能力和国家财政的能力，国家的能力已经达到了极限。我们需要的是国家、市场、公民社会同公民之间的全新分工。政府如今面临着巨大的挑战,即如何改掉讨好性政策的坏习惯,如何偿清国库债务,如何加强公民的自主意识,这些只有在与公民达成相互理解的基础上才能得以实现,并证明改革能力富于领导性。

如今法治、政治参与决策及有效的政府需要一种新的平衡,以保证民主的稳定。我们通过这种平衡来保证未来的民主执政能力,这就是自由民主党政策的目标。

69. 联邦主义就是多样性中的统一性

公民自主、辅助性以及民主控制是自民党关于加深欧洲一体化的原则。欧洲一体化进程必须始终服务于欧洲公民的自由。我们希望在乡镇与联邦之间的各层面实施有效的联邦主义,在欧洲补充联邦元素。我们也希望增加公民对欧洲一体化的信任。为此,有必要通过议会推行更有力的民主控制,也有必要加强乡镇与城市各区层面。

在德国,促进联邦制还需要透明的表决渠道以及明确的责任分配。应当尽量避免政治交叉。联邦和州之间的财政关系也必须更加明确化。长期目标即为明确区分州税和联邦税,并最终取消共享税。宪法中需要加入真正的从属原则:只有立法者保证了资金到位,乡镇才接受由联邦和州给予的额外任务。最终是谁预定,谁支付。将来涉及支出的国家计划需要确切的终止日期,这样后代才有可能对预算做决定。

70. 公民社会需要强大的乡镇

人口的变化将成为农村地区发展的一个未来课题。形势的特征是,人口将进入老龄化,年轻人的数量将急剧下降,并且有愈来愈多的人离开乡镇,涌入大城市。

71. 公民社会肩负着实行辅助性原则的任务

政治决定必须充分考虑公民的利益。合法性和群众认同来源于公正透明的操作,这一操作同时将意志形成的参与和有效的政府结合到一起。公民主权就是公民在公开的公民社会中用优先于国家的自决方法解决问题。而辅助性原则是只有当下层决策者无法很好地处理问题时,高一层的决策者才出面调整。对我们而言，这种辅助性原则不仅仅是一项制度原则，如有可能，它同时也是一项去中央化的任务。辅助性原则同样适用于欧盟与其他成员国之间的职权分配。如何在个体上体现这种职权分配还需进一步磋商。

72. 自民党的文化政策保证创造性的文化投入不断增加

开放的公民社会也体现在自民党的文化政策中，属于自民党政治的最重要的行动领域。一个社会的文化既是这个社会的基础，同时也是它的反射。艺术立于文化活动的中心。关于创新和自由的艺术对话对社会革新也起着根本性的作用，因此拓展这种对话的自由空间也属于自民党文化政策的一项任务。这项任务包括促进能开展这种对话的文化教育。然而自民党认为，塑造文化应当从公民出发。因此，文化权必须属于公民。公民能投入到创新文化中是我们的目标。所以，推动文化发展是我们对国家未来能力的一项必要投资。自民党的文化政策构成了具有高度优先权的总体任务，文化教育亦然。这一文化政策促进了有关文化遗产的争论，以及有关当代艺术表现形式的争论，同时促进了发挥自主创造力，以及公民社会的市民在文化领域的投入。自民党的文化政策更加关注付出的时间和金钱，以及文化和创新经济。它认识到，这都是文化活动的主要承担者。

73. 借助自民党的体育政策提高自决

愈来愈多的人进入高龄，但希望尽可能自决地掌握生活。运动可以为人们提供长久增强身体和精神状况的可能性。尤其在体育协会中，老年人不仅能够获得重要的社会接触，而且还能用特定的体育器械进行定期运动。我们希望这一领域的职业和义务人员尽可能少地受官僚机构和国家规定的管制。

从预防疾病和康复的角度来看，体育运动对每个人都有很大的好处，还能有效控制卫生事业的开销。我们欢迎疾病保险公司及雇主鼓励其员工增加运动。自民党还意识到，体育运动对城市和乡镇而言仍是一个相当薄弱的环节，但对经济而言却是具有高新创造价值的重要增长因素。

74. 自民党的美德

开放的公民社会需要共同的自由道德准则。作为共同的、公平的共和国中的自由和平等的成员，公民之间相互尊重。这个共和国的美德除公平和责任外，还包括宽容和团结。

宽容的美德一方面要求有耐心，能够忍耐不同的意见和政治纲领；另一方面要求有勇气和自信，能够在公开讨论中中肯地、坦率地和坚定地表达自己的观点。自民党支持言论自由和言论多样化。言论自由并不表示不存在异议。举报不仅损害了我们的价值观也破坏了社会的内部团结。宽容是有界限的，歧视、暴力和仇外行为是不可容忍的。这些现象危害了集体自由，同时破坏了社会和平。

团结美德体现在社会责任上。它以自我责任为前提，时刻为他人考虑，关心他人的公平机会。推卸社会责任的人损害了人们的自由相处及其制度，因而损害了他人的自由。

75. 数字变革中的开放的公民社会

迄今为止，不断扩大的数字化社会为个人发展、市民创新、自由评论和跨国合作提供了无限的空间，带来了新的开放性和相互学习的平台。此外，出现了相互影响和共同参与的新形式。利益表达的障碍和成立公共利益组织的障碍降低了。出现了新的社会参与和政治参与的可能性。我们不想阻止数字化社会带来的利用网络解决政治问题的机遇，而是要发展它。大型民主对话可以发展成为学习型社会的众多尝试。

（五）社会市场经济是增长和繁荣的机遇制度

76. 社会市场经济是一种价值体系，创造增长并提供机会

社会市场经济是经济的自由价值体系。它是一种着眼于繁荣、就业和社会均衡的，促进经济可持续发展的经济制度。在这方面，社会市场经济始终充分发挥其优越性。在开放的、面向未来的、以人为本的自由社会中，每个人都有机会通过自己的劳动、智慧和努力分享物质财富。

因此，社会的均衡发展和自由竞争是社会市场经济的组成部分。社会均衡发展旨在促进国民团结；自由竞争则通过不断追求更有效的途径和新的更优质的产品来提高经济活力，增加就业岗位。竞争防止权力集中，关注支出控制，关注市场活力，提供工作岗位。它按贡献分配利益，并创造全世界的繁荣和稳定。

结果是社会市场经济带来繁荣、就业和社会均衡，并能够为可持续发展的经济负责。它将透明化和竞争与个人对财产和损失的责任联系起来，因而实现了社会的和道德的制度意志。在这一点上，社会市场经济始终发挥其优越性。

77. 社会均衡促进参与和团结

社会均衡是我国公民团结的体现，也促进我国公民的团结。它赋予所有人义务，使其不仅要关心自己，还要关心集体，而且每个人都要尽其可能地关心集体。这种社会均衡赋予社会市场经济力量，以集体形式获得比个人更多的成就。它还保证所有公民不受巨大的生存危机的困扰，无论这些人是否能够以个人之力做到这一点。

社会团结需要公民通过共同参与带来不断更新的归属感。因此，为每个人提供公平的可参与的机会十分重要。参与在财政手段上需要的最少，但还是需要较多的一起做事的可能。我们这个时代面临着巨大的挑战，因为劳动力市场的竞争已经跨越了国界。

78. 国家是市场的仲裁人而非参与者

市场活动由国家的框架制度调节。其规则必须适用于所有人。法律统治虽然可以保证市场中个人的自由，却无法保证市场的自由或垄断市场的企业的自由。它更多地是旨在打破专制，建立起公平的竞争环境。国家是仲裁者而非参与者。乡镇企业和国有企业扰乱竞争。如果银行、基金会或企业对系统具有重要意义，则会对社会市场经济造成威胁。我们需要加强银行监管。对自民党而言，独立的银行是我们金融系统不可或缺的组成部分。存在不受限制的市场参与者一定会导致责任缺失，并且阻碍市场的自我调节。

79. 担保原则和财产构成有义务承担责任

财产是通往自由大门的钥匙。知识财富和物质财富一方面是个人创造力的体现和成果，促进了物质上的独立性；另一方面也为参与社会生活提供了可能性和推动力。自民党认为，获得财富即得到了承担世界共同责任的机会。因此，我们希望社会中人人拥有财产，同时我们也会通过法律来保护财产。

但财产也提出了维护财产的义务，以及有责任意识行为的义务，它是责任的化身。在社会市场经济中，主要是竞争和担保原则保证了财产为公众的福祉服务。只有在竞争是为了提供最好商品的地方，财产才主要是服务于消费者的利益。只有在获利者需要承担风险这条原则成立的地方，才能保证个人的错误决定不需要社会来承担后果。因此，保护财产、实现竞争和保持竞争以及个人担保原则是密不可分的。我们自民党完全有义务维护这些原则。

80. 市场责任：成年消费者、诚实商人、参与共同决定的员工

从社会市场经济的精神出发，我们不想保护公民不受市场影响。我们更多地希望成年的、自我负责的消费者自主地在市场上做决定。理性的消费者能最好地保证释放竞争和增长的创造性和建设性。我们信赖个人，因此我们将个人的消费责任有意识地交还给公民自己，但前提是要拥有更好的更全面的信息、透明性以及关于产品的更多的知识。

自我责任和责任原则显然也适用于经济，无论是工业还是小企业，无论是农业还是服务业和金融业。社会市场经济平等地依赖企业文化和企业中的雇员。追求独立自主的人们用他们的创造和创新丰富了我们的社会。即使企业的根本目的是营利，我们仍希望他们不仅仅作为企业，同时还作为"好的同乡人"，尽力寻求社会的接受。更大的投资需要一个有建设性的环境以及社会共识。此外，我们需要同大众建立对话。

自民党的经济政策和有效的消费者保护并不是对立的，相反，它们是

同一事物的两个方面。有效的消费者保护是为了每个人的经济政策。有效的市场经济需要市场参与者之间的相互信任。这就迫切要求以消费者同企业间的信任关系为前提。一旦这种关系被打破,市场经济就会陷入信任危机中。因此,成年消费者需要以法律框架为保证,遇到争端时有法可依并能有效地保护自己不受蒙骗。

我们希望所有企业主和经理都以信誉商家为榜样,承担起对企业价值和对工人、合同伙伴的长期责任。企业主对企业职工利益的关注应当等同于经济效益,雇员应当更多地参与分享企业收益。雇主和雇员对员工的业务进修和个人进修负有同样的责任。因为职业培训是防止失业的最好保证。有了合同双方的自我责任,就可以放弃国家对劳资协定的干预了。

81. 共同处理工作领域的人口变化

从长久来看,只能通过雇主和雇员的共同责任来克服人口变化带来的挑战。仅仅保护老年人不受失业威胁或保护企业免受因缺少专业人员而带来的危机是远远不够的。只有通过对员工进行长期培训,推行面向家庭的工作时间以及适合老年人的工作,才能避免出现技能缺失。不是老年人,而是老龄化过程必须得到处理。因此,自民党支持"老年管理计划",它将青年人和老年人看作是针对人生各阶段的个人政策的体现。它均等地分配雇主和雇员的利益与责任。

82. 只有贡献和竞争才能使人们平等公正地分享财富

公平决定了我们分享财富的观念。我们首先推崇竞争原则和贡献原则。它们防止社会地位受出身、观念或性别的影响。这是我们的社会提升承诺的一部分。自民党希望每个人都拥有施展才华的机会,如果这些机会受到外界因素的影响,就说明我们还没有实现自由社会的理想,比如妇女的工作机会问题、老人的就业问题、残障人士的社会融入问题以及有移民背景的人的问题等等。这也要求政治给自决提供更多的机会,不管是提供教育、培训和深造机会,还是推行促进措施,或是树立榜样和政治领导。

83. 为具有战斗力和防御能力的市场经济而革新经济制度

一旦商人的诚信美德不受重视,个人风险后果由国家承担,社会复杂程度加深而个别参与者力量过大，我们的社会市场经济就将受到威胁。这就需要对社会市场经济进行像卡特尔法那样的革新。另一方面，社会市场经济还受到外部威胁，比如有人在剧烈的经济危机的背影里诋毁市场经济。对金融市场交易征税通常会导致加重实体经济企业和消费者的负担，比如通过养老金的低利润率或是借贷成本上升。"有害的"交易最好通过担保进行限制或用法律手段制止。有目的的高效征税不会带来税务收入，而只会带来行政开销。

因此，自民党主张通过有战斗力和防御能力的市场经济来抵抗内忧外患。国家作为制度权力必须通过担保来降低风险，通过有效竞争来控制市场力量。这样我们的经济制度才能再次得到认可。

84. 有防御能力的市场经济需要管理更为合理的金融市场

管理不善、不负责任的行为以及国家债务负担促成了金融市场危机和欧元危机的产生。财产和担保之间的联系作为社会市场经济的一个中心原则而被阻断。这样我们也无法想象公平有序的社会市场经济竞争。任何银行及企业都不应当具有因倒闭而给国家乃至全球经济带来危机的实力。任何国家都不应当负担过高的债务，以至于不得不依附于投机性的金融市场。

自民党信仰自由，但不主张无节制的金融市场。这也包括对肇事者责任的明确规定。国家的任务是防止个体市场参与者持续扰乱自由市场的平等原则。而自民党经济政策的任务则是保证经济重创的后果由责任人承担，而非由大众承担。经济失败的结果只能是无能力偿还，而不是国家出面援助或资助。这一原则适用于国家、企业，尤其适用于银行。

因此，自民党希望阻止实体经济和金融经济的相互分离，二者应该重新结合到一起。只有自民党的创造性要求能为这些存在了几十年的巨大挑战找到有效的解决方案。我们现在要做的就是将社会市场经济的秩序框架重新置于金融市场的中心，并限制债务。我们希望摆脱债务。

85. 有战斗力的市场经济加强了实体经济和中小企业

中小企业是德国国民经济的支柱。尽管国家援助能直接缓解金融危机和银行危机，但长久来看，想要消除危机只能通过实体经济的高速发展。中小企业早已在用它们的开拓精神、爱国主义热情、勇气、创造力和责任感重新建设我们的国家，并带来了德国的经济奇迹。自民党希望继续发扬中小企业的这些美德。为此，我们不仅需要采取措施来保障对专业人员的需求，还要求劳动力市场更加灵活。我们绝不会偏袒任何企业群体，而是关注整个国家经济的核心。从这个意义上讲，我们希望加强大型企业集团中资产持有者和股东相对于管理者的地位。因为大股东是用自己的资本直接承担企业的风险，所以是对所雇用的管理者的最好监管人员。

86. 社会服务中更多的竞争和成年消费者

自民党认为，虽然国家或社会保险必须保证每个公民都有权享有社会服务，在必要情况下，国家应该予以资金投入，但国家并非自己提供服务。相反，国家在社会层面也是糟糕的生产者，不论是作为垄断的供应商，还是作为市场上不公平的竞争者。我们支持个人企业、社会企业以及公益组织在市场上开展竞争。

我们希望接受服务的人成为客户。因此如果有可能，机构的补贴资金应当以优惠资金或现金津贴发放给受资助人。始终将主体融资优先于客体融资。如果无法贯彻这个原则，那么就要检查投标方案。我们希望为有创新精神的小型私人供应商创建公平的竞争环境，这样才能对抗社会中的大型企业以及国有机构。

87. 终止借贷政策：逐步从限制负债走向无债务负担

明天要为今天的承诺付出更多代价的讨好性政策最终将使国家陷入对金融市场的依赖中。这同世代平等原则及公民自主原则相悖，而这两项原则恰恰是我们财政纪律的要求。投入多于产出的国家终将走向破产。

自民党想要一个承担可持续经济义务的财政健康的国家。政治分配的利益不能多于公民所能创造的价值。因此我们力争限制负债。应当在联邦以及各州范围内通过对债务罪人实行强制惩罚，更好地控制负债，防止滥用。我们希望将限制负债的思想扩展到长期的代际平衡的层面上。这样国家行政体制就不可能扩张。此外，考虑到基础设施项目带来的挑战，必须再次降低行政体系过去几十年制定的高标准和严要求，取而代之的是对国家设立的和承担的任务进行定期检查。只有国家任务资金得到长期保证，才允许批准国家任务。我们同时希望经济增长能够保证国家财政健康发展、偿清债务。最根本是能用税收收入来减少国债。在联邦和各州预算达到黑色的零①之后，必须开始逐步削减现有债务。

自民党认为，为减轻目前纳税人的负担，提供防线十分必要。直接税不应当超过总金额的50%。这种半分原则应当得到法律认可。国家税收和个人责任的关系在税收制度中起决定作用。我们支持增长和支出纪律，反对通过不断提高税收来增加社会中间阶层的负担。我们希望简化德国税法。税法必须像所有其他法律条款一样简明易懂，不需要专家帮助。自民党至始至终都追求一个简单的、低税率的和公正的税制。因此，税收的主要作用，也就是国家有足够的金融措施，不应被忽视。这并不是相互矛盾的，相反，它需要对所有支出做必要且长期的严格检查。

88. 将全球化看作机遇

全球化影响着社会的方方面面。因此受民族国家影响的社会逐渐转变为开放的社会，在其中能感受到世界集体的存在。全球化带来的机遇多于风险。必须把握并充分利用这些机会。因此，我们希望加强我们社会中的宽容和国际化，也包括通过中小学教育和高等教育。但全球化首先是提供了在世界范围内战胜贫穷的希望。为此，世界首先需要得到更多自由、开放的商品、服务以及资本市场。由此，能够形成新的增长型市场。同时，全球竞争及其竞争优势需要得到更多的公众认可。世界能从进一步的合作和一体化中获得巨大利益。经济全球化并不一定同文化多样化和民族责任相对立。全球化帮助我们扩大行动范围同时加强根基。

---

① 指无赤字，也无盈余的财政状态。——译者注

（六）为了世界上自由的欧洲

89. 将全球化看作自由的机遇

我们生活在一个开放的、同时错综复杂的世界社会中。人员、信息、商品以及资本愈来愈自由并愈来愈快速地游走于世界各个角落，国家边界愈来愈丧失意义。因此，我们所面临的全球挑战需要用全球性的解决方案来应对，比如气候变化、饥荒或是国际金融市场秩序等问题。外交政策逐渐成为一项全球内政。

自民党将全球化更多地看作一个机遇，而非危机。德国的自由、安全以及经济优势很大程度来源于这种国际联系。因此，为了我们民族的利益，明确拒绝各种形式的保护主义倾向，不论这种倾向来自经济、政治还是文化。同时，全球化提供了机遇，能比过去更广泛地实现人权，更好地满足人们有尊严地生活并充分发挥个人特长。我们同时认识到，自由开放的社会如果想长期存在，那么在全球化背景下也需要建立秩序。因此在国际关系中，我们也依靠法制的力量，而不是所谓强者的权力。我们支持德国承担国际法责任，并主张更好地实施国际刑事法。因此我们支持将国际刑事法庭作为对抗损害人权不可或缺的工具。

90. 在合作和伙伴关系中建立国际自由制度

许多民族的、地方性的和国际性的组织都面临着一个问题，即为法律和政策、市场和开放社会建立一个崭新的有效框架。这样就有两种典型的社会规划相互竞争，一个是看似和谐的世界中的新权威主义社会规划，或极权宗教立场；另一个是开明、法治、民主社会的规划，其中，每个人及其自由是政治的核心。

作为西方世界的价值观集体，我们处于早已实现了多极化的竞争中。因此我们具有极大的兴趣，不仅对全球趋势做出反应，还要积极全面地引导全球化。这包括在我们的战略中考虑新崛起力量的利益，以及通过国际合作的方式维系长期合作的伙伴关系，并在可能的情况下建立新的伙伴关系。与美国和加拿大的跨大西洋战略伙伴关系依然具有核心地位，应当通过诸如关税同盟的方式来加强这种地位。

91. 不断发展全球制度政策联盟

我们的国际事务目标是为我们自己和其他人带来自由的和平与繁荣。在此，我们坚定地主张将德国的外交政策实施到联合国、北大西洋公约组织、欧洲安全与合作组织以及欧盟系统中，并在其中为法治国家、安全、自由和繁荣而奋斗。我们一直以来都关注这些集体制度政策的发展，并重视如何应对全球化挑战。

联合国以及其附属机构是建立在国际法上的全球制度的基础。联合国及其附属机构始终是解决国际争端的决定性平台，为此必须不断得到完善，其组织必须能够反映21世纪新的地缘政治现状。北约作为史上最成功的安全联盟是西方价值观和社会责任的表现。这是德国安全政策以及我们全球外交政策的支撑。欧盟是我们大陆上对和平、稳定、法治国家、繁荣和自由的保障，同时也是欧洲人找寻并实现应对全球化挑战的方案的框架。我们支持欧洲安全与合作组织在欧洲内外为安全合作模式所做的杰出工作，以及通过民主机构与人权办公室为民主发展和促进人权所做的工作。

92. 作为自由的承诺与自由的义务的欧洲

对自民党而言，欧洲是我们文化认同的一部分，是我们自由的双保险，同时也是我们屹立于全球竞争中的必要条件。欧洲卓有成效的一体化进程给这片土地带来了60年的和平，使它成为世上唯一一个集自由、繁荣与多元文化于一体的地区。但这还没有结束。我们要捍卫这些成就，并发扬下去。同时，我们欧洲将面对全球化挑战继续发展。

认为德国能在全球化世界中独自保持经济、政治以及文化地位是种天真且危险的妄想。因此，我们主张拓展欧盟之路。我们欧洲人只有团结起来，才能建立全球自由制度，从贸易规范到尊重人权，再到和平与安全问题。为此，我们希望建立一个强大且具有行动力的欧盟。但它只在欧洲方案比各国自己承担责任更好时起作用。

自民党认为，除欧盟外，欧洲理事会及其附属机构也属于欧洲。拥有47个成员国的欧洲理事会在实行民主、法治国家以及人权方面都扮演着重要角色，对此我们自民党鼎力支持。

我们拥护欧洲人权法庭并积极支持其改革，以应对不断增加的申请所带来的挑战。只有这样才能保障欧洲人权法庭的可操作性。

欧盟加入欧洲人权公约填补了欧洲人权保护的一大空白。对我们自民党人而言，这意味着欧洲人权公约系统的一次受欢迎的扩大，而不是本质的改变。

93. 欧洲应为所有人提供生存机会

关于分散性竞争和辅助性自我负责的明确规则，以及不采取官僚的中央集权制，造就了有竞争力和行动力的欧洲，使之成为为所有人提供生存机会的大陆，同时作为成功的典范吸引着所有生活在束缚中的人们。对我们的大陆而言，欧洲一体化是一段无可比拟的成就史。对外而言它又生动地证明了法治国家、安全和繁荣带来了经济发展，并且这一发展不会牺牲别人的利益。正是为了在全欧洲创造更多的生存机会，自民党重视共同内部市场的作用，以及统一欧洲内所有行业中关于生产基地的安排。

欧盟始终是开放的。我们在欧盟扩大中看到巨大机遇，只要我们有能力接纳所有有能力加入欧盟的国家。

自民党始终支持有尊严的政治避难。我们作为欧盟成员没有自己的外界限制，希望竭尽所能，将欧盟建设成为世界上更安全的政治避难所。因此，我们主张推行欧洲范围内的人道避难基本法。目标在欧洲不应当是最小的共同分母。我们要求建立高水平的尽可能全面的难民保护，保证公平实施难民程序，同时提高已在德国和欧洲生活的避难申请者与难民的生活水平。

94. 我们需要一个欧洲的政治联盟

我们希望加深欧洲一体化，建立欧洲政治联盟。在此，我们依靠强大的欧洲机构。强调集体行动促进了欧洲内的信任。集体行动是我们从历史中吸取的教训。它让世界聆听到欧洲的声音。自民党主张深入的欧洲一体化。为防止欧洲一体化超越职权，它必须集中在欧洲行动先于国家行动或地方行动的核心区域发挥作用。欧洲的思想来自理性。只有我们为所有欧洲人共同的"我们—感觉"感奠定基础，欧洲思想才会真正持久有效地发扬。

欧洲是一个在社会、政治、法治国家和经济方面拥有独特共性的国家联盟。自民党希望欧洲在这条深化的路上越走越远，并最终成为坚持联邦原则、拥有民主结构及明确补助制度的政治联盟。发展的最终目的应该是通过成员国人民表决建立具有合法性的欧洲联邦国家。

在通往具有欧洲宪法的政治联盟的道路上，我们不仅要求加强经济、环境、财政以及货币政策的合作，还要继续发展欧洲民主。我们希望完善欧洲内部市场，让共同的农业政策更加面向社会市场经济和可持续性，加强欧洲在科研、技术以及服务等核心领域的领先地位。这就需要由竞争力和未来应对能力来确定方向。我们希望在欧洲联盟内部继续发展外交政策和安全政策，使欧盟在对外事务上始终保持一致态度。欧洲应当成为各国人民和平生活的典范。

95. 公民和民主控制的辅助性的欧洲

我们自民党力争一个公民的欧洲。它有义务维护公民主权。不断深入的欧盟一体化并不仅仅是一项精英的项目，而是关乎我们整个大陆未来能力的问题。更多些欧洲并不会削弱我们的实力，相反，它会使我们在国际上愈来愈强大。欧洲的存在并不是以牺牲公民为代价，反而要服务大众。

公民的欧洲的特征是坚定明确的职权以及辅助性原则和适当性。在这里绝不存在官僚制度或中央集权。我们希望更强大的贴近大众的地区。我们希望更好地从机构方面保障辅助性原则的法律基础，同时建立欧洲援助法庭。

公民主权同时意味着欧洲联盟建立在民主合法性和控制的基础上。因此，欧洲议会必须成为在立法中享有平等动议权和全面预算权的完整的议会。我们希望选举法的欧洲化，通过实行两票选举制度而进入欧洲议会。此外，欧洲政党将来应该以跨国家的议员名单进入议会。我们期待欧洲委员会主席的直接选举，以体现直接合法性。我们希望加强欧洲委员会保护合同的作用，这就需要提高委员会的效率，而不是增加委员会的成员数量。相反，我们主张缩小欧洲委员会。

除欧洲议会外，从控制与平衡意义上来看，欧洲理事会也是民主决议的第二大重要组成部分。欧洲理事会将会在欧洲多级系统中占据举足轻重的地位。

96. 自民党的外交和安全政策的自我认识

自民党的外交和安全政策建立在基本法和国际法的价值与规则之上，并以我国的国家利益为导向。德国和平、自由、安全以及繁荣的未来与欧洲和世界的政治发展密不可分，因此我们支持德国扎根于欧洲，支持联合国宪章。

自民党的外交和安全政策是一项和平政策，它有助于保障德国的自由民主基本制度，保证领土完整以及保持政治行动力。这项政策同时也保障了德国的内部和外部的安全，保护自由的世界贸易和保证原材料的供应。我们的外交和安全政策在根本上还保留着军事克制的文化。实行军事投入始终是最后选择。做出这一选择必须同时考虑到用于保障和重建相关战事地区和平与安全的军事措施和民事措施。基于政治和外交谈判的、采用非军事危机预防手段的解决方法总是优先的。

自民党的政策意味着，德国只有同欧盟和北大西洋公约伙伴一起，在明确具有国际法合法性的基础上，才可以采取军事行动。在此，我们完全支持议会在派遣德国士兵进行军事行动问题上的保留权。联邦国防军作为志愿军是德国外交政策不可或缺的力量，因此我们希望为士兵提供尽可能好的培训。

一旦军事派遣不可避免，我们希望已经做好充分准备。我们自民党希望在国家层面不断更新的、连贯的安全战略，并时刻准备好相应的装备。安全战略必须始终在德国和欧洲利益的基础上，为了在冲突情况下形成欧洲的集体意志，明确定义政治任务、可执行的计划和可靠的程序。必须在军事投入之前制定好一套退出战略。退出战略是同和平克服冲突原因的措施联系在一起的。

以色列作为犹太国家的存在权利是自民党外交政策中不可放弃的内容。我们在安全范围内支持这种权利，同时我们还主张在中东地区建立持久公正的自由制度。

97. 进一步发展欧盟公共安全和防御政策

进一步发展欧盟公共安全和防御政策，并进一步扩大欧洲承担和平、自由与安全的公共责任的愿望。自民党主张与共同的欧盟和平与安全战略结合起来的共同、全面的欧盟外交与安全政策。未来发展的首要目标是欧盟能够在任何时候、在任何层面，就外交和安全政策问题，在政治上共同地、在操作上互相交叉地采取行动。欧盟安全政策的优点就在这里，必须利用并发扬这一优点。我们的长期目标是组织欧洲有战斗力的军事力量，但前提是要在政治上明确共同安全政策的利益，同时还被政策和民众理解和接受。我们自民党完全支持这一观念。

除了要进一步发展有行动能力的共同的欧洲安全政策外，北约依然是保证我们国家安全的保护者。北约是史上最成功的安全联盟，是欧洲和北美之间价值和责任共同体的体现，因此是德国外交与安全政策最重要的根基。自民党认为北约应当继续扩大。同时，欧洲在北约的分量将更大。正是由于自民党的外交和安全政策是一项和平政策，所以我们主张世界范围的裁军和军备控制。

98. 应付对和平、自由和安全的非对称威胁

对和平、自由和安全的威胁层出不穷且变化多端。东西方冲突结束后，安全政策的框架条件已发生明显改变。在过去的几十年中，和平被国与国之间的直接对抗所威胁。尽管从长远来看这不一定会引发冲突，但也不能完全排除这种可能性，因此应当将这种对抗作为威胁分析中不可或缺的一部分。

如今对和平、自由和安全的威胁使安全挑战很少局限于地区，也不再单纯涉及国家范畴。全球恐怖组织网以及有组织的犯罪利用了虚弱的国家权威机构。地方和区域冲突逐渐带来全球化影响。沙漠化、纯净饮用水的短缺、极地冰川融化、海平面上升、极端气候变化、饥荒，所有这些都会导致国内或国际间冲突的发生。最不发达国家的人口急剧增长以及农村地区人口无节制地向城市人口密集区迁移导致并激化冲突，对逐渐减少的食物和资源的争夺也增加了这种冲突的强度。流行病造成的安全风险由于全球化而明显扩散。金融危机和经济危机能够动摇国家并引起国内人民的不安情绪。此外还有虚拟空间以及宇宙的挑战。

99. 自民党的安全政策侧重于非军事手段

面对这些复杂的挑战，今天的安全政策必须全球性地和相互交叉地做出反应。网络化安全方案包括拥有必要的手段来保障国家安全。在网络化的框架下，所有相关部门也要相互合作，并在国家共同体内部进行协调。在此，保证将内部安全和外部安全的责任分开对自民党不成为问题。

安全政策首先必须是一项非军事的预防政策。自民党的政策主要致力于解决起因，而不仅仅是消除表象冲突。我们希望为人们提供个人财富和增长前景，因为绝望为宗教和政治极端主义提供了土壤。只有对话而不是对立才能保持长治久安。

因此，我们致力于外交、发展合作、经济伙伴关系、警务合作和法治国家合作。具有远见的政策的基本措施是进行纠纷调解和利益均衡，还有促进跨国合作，促进法治国家对话，促进农业发展，促进教育和科学合作，促进行政、司法、警务、军事以及国家建设。为了提高行动力并加倍提升效果，必须改革并扩大超越国家的以及国家间的结构。这就要赋予诸如印度、巴西或南非这样的新崛起势力更多的责任。

100. 合作和发展促进自由社会

法治国家、民主、财富以及社会市场经济是和平、自由与繁荣的最好保证。我们国际发展政策的核心就是对全世界生活在受歧视环境下的人负责。因此，我们认为个人的自由同对别人的责任紧密相连。

现在仍有些国家由于治理不善、危机、冲突乃至内战和自然灾害而无法发展。那些走在积极发展道路上的国家一定要感谢经济和政治改革。尤其是在那些实现了平等的人权和民主，广大群众获得了经济增长和繁荣的那些地方，人们才有获得自由的机会。对人权的保护是发展的重要前提，其中包括公民、政治、经济、社会、文化权利以及妇女儿童权利。

101. 发展政策带来自由秩序和生存机会

自民党信任人类的优点并支持人们通过自己的力量来改善生活。自民党认为，发展政策是建立在伙伴关系基础上的发展合作政策的核心。自民党全球发展政策的任务有两方面，一方面，发展政策应当为人们创造更多物质分享和社会参与的框架条件。全球自由既依赖于国际机构，也依赖于私人倡议组织。联合国、国际货币基金组织、世界银行以及其他国际组织和欧盟一样，是民族国家重要的伙伴。世界的进步表明，市场向私有制敞开大门，扶持企业主，市场价格机制，与法治国家相关的竞争和自由贸易、民主和教育投入在许多国家都促进了经济发展。因此，实行自由的全球贸易不仅符合我们的经济利益，同时也符合发展政策的利益。我们欧洲的自民党以及世界的自民党都对自由的全球贸易基本原则和清除贸易障碍负责。

另一方面，我们将给文明公民带来深刻变革的全球化看作是贯彻自由价值的机会。核心是对抗贫困及贫困原因。这就需要我们不断检验我们的方案和计划是否改善了人们的生存机会。它们不应当制造新的依赖性，而应当保障自我负责的自由。只有社会在自由制度框架下发展，只有人们获得自决发挥的机会，才会形成多元、长期稳定的和开放的公民社会。

自民党通过其威斯巴登基本原则展现了一幅自由公民社会的愿景。这些灵感来源于东部邻居们的自由运动以及1989年的和平革命。他们提醒人们警惕讨好性政策，而应支持国家为自由和公民自我负责提供自由的空间。我们着重强调国家财政可持续性和生态可持续性的原则。威斯巴登基本原则在至今仍不失其现实意义的价值和原则的基础上，回答了当时的问题。

自1997年该基本原则通过之日起，世界发生了巨大的变化。全球竞争已经加剧。市场可能陷入威胁整个国家和货币稳定的危机之中。欧洲一体化有所进步，同时受到新的紧张关系影响。国家失败成为恐怖主义的温床。自然生存基础始终受到威胁。老龄化和移民导致的人口变化改变了社会的面貌。个人生存机会更多地依赖于职业训练。电子媒体遍及生活的各个角落。所有这些都影响着人们自由的生活。因此自民党面临着新的构建任务。

因此，2009年5月第60次年度联邦党代会决定，至2012年联邦党代会止，自民党应制定一份新的基本原则大纲，以反映社会变化并在新时代推行政治自由主义。

因此，联邦执行委员会于2010年6月28日在秘书长的领导下成立了基本原则委员会。委员会应当就基本原则纲领的内容、重点以及结构达成一致意见，并为自民党和大众提供一份基本原则纲领的建议。在该委员会的倡导下，有超过5000名党内党外自由派人士参与到基本原则的讨论中。2012年2月6日基本原则委员会颁布了自由纲领第一版。截至3月初，它考虑了1800余项具体的评论。2012年3月19日联邦执行委员会通过了自由纲领草案修改版，以此作为第63届年度联邦党代会的指导议案。党代会在2012年的4月21日、22日处理了近800个修改议案之后，集体通过了卡尔斯鲁厄自由纲领。

（原文出处：https://www.fdp.de/content/grundsatzprogramme）

（闻牧、周荃 译）

图书在版编目（CIP）数据

世界主要政党规章制度文献. 德国 / 俞可平，陈家刚主编；
张文红分册主编. —北京：中央编译出版社，2016.12

ISBN 978-7-5117-3218-7

Ⅰ.①世… Ⅱ.①俞… ②陈… ③张… Ⅲ.①政党-
规章制度-文献-德国 Ⅳ.①D564

中国版本图书馆 CIP 数据核字（2016）第 321864 号

世界主要政党规章制度文献. 德国

出 版 人：	葛海彦
出版统筹：	贾宇琰
责任编辑：	李媛媛
责任印制：	尹 珺
出版发行：	中央编译出版社
地　　址：	北京西城区车公庄大街乙 5 号鸿儒大厦 B 座（100044）
电　　话：	（010）52612345（总编室）　　（010）52612335（编辑室） （010）52612316（发行部）　　（010）52612317（网络销售） （010）52612346（馆配部）　　（010）55626985（读者服务部）
传　　真：	（010）66515838
经　　销：	全国新华书店
印　　刷：	山东鸿君杰文化发展有限公司
开　　本：	787 毫米×1092 毫米　1/16
字　　数：	579 千字
印　　张：	42.5
版　　次：	2016 年 12 月第 1 版第 1 次印刷
定　　价：	260.00 元

网　　址：www.cctphome.com　　邮　　箱：cctp@cctphome.com
新浪微博：@中央编译出版社　　微　　信：中央编译出版社（ID：cctphome）
淘宝店铺：中央编译出版社直销店（http：//shop108367160.taobao.com）　（010）52612349

凡有印装质量问题，本社负责调换。电话：（010）55626985